브레이크아웃

1950 겨울, 장진호 전투

나남
nanam

나남신서 1990

브레이크아웃
1950 겨울, 장진호 전투

2004년 5월 10일 발행
2019년 2월 15일 4쇄

저자 Martin Russ
역자 任相均
발행자 趙相浩
발행처 (주) 나남
주소 10881 경기도 파주시 회동길 193
전화 031)955-4601(代)
FAX 031)955-4555
등록 제1-71호(1979. 5. 12)
홈페이지 www.nanam.net
전자우편 post@nanam.net

ISBN 978-89-300-8990-6
ISBN 978-89-300-8655-4(세트)

나남신서 1990

브레이크아웃

1950 겨울, 장진호 전투

마틴 러스 / 임상균 역

나남
nanam

BREAKOUT
The Chosin Reservoir Campaign, Korea 1950

추
천
의
글

인류의 역사가 시작된 이래, 평화는 인류의 염원이고 전쟁은 가장 큰 죄악인데도 불구하고 전쟁은 지구상에서 사라지지 않고 있습니다. 전쟁(war)은 국가와 민족의 운명을 결정하는 중대사이며, 따라서 국가총력전일 수밖에 없습니다. 전쟁에 이기기 위해서는 매전투(combat)에서 승리해야 하며, 그 과정에서 필연적으로 수많은 사람이 죽게 됩니다.

이를 예방하기 위해서는 전쟁에 대한 경각심을 갖고 유비무환(有備無患)의 자세를 견지할 때 가능하다고 생각합니다. 동서고금을 막론하고 전쟁의 가르침을 존중한 민족은 융성했고, 이를 무시한 민족은 멸망의 길을 걸었음을 역사가 증명하고 있습니다.

과거 우리는 960여 회의 전쟁을 겪었고, 가까이는 한국전쟁과 월남전쟁에서 싸웠으며, 현재는 이라크에서 싸우고 있고, 앞으로도 싸울 것입니다.

그러나 전쟁은 시험이 있을 수가 없고, 전투는 목숨이 걸려있는 가장 큰 중대사여서 예행연습이 있을 수가 없습니다. 단지 과거(過去)의 역사교훈에서 배워 자기의 경험으로 삼는 슬기가 있어야 합니다.

장진호 전투는 1950년 10월 26일, 원산(元山)에 상륙한 미 해병 제1사단과 미 육군보병 제7사단의 일부가 개마고원에 있는 장진호(長津湖)지역으로 진격하였다가 중공군 6개 사단의 침투식 공격으로 포위되어 전멸의 위기에서 극적으로 포위망을 돌파하여 흥남에서 해상으로 철수하기까지를 말합니다.

이 전투는 제2차 세계대전 때 독일과 소련 간에 벌어진 스탈린그라드(Stalingrad) 전투와 함께 세계의 2대 동계전투의 하나입니다. 스탈린그라드 전투에서는 독일 제6군이 소련군에게 항복(降伏)했으나, 미 해병사단은 혹한 속에서도 사상자와 편제장비 대부분을 거느리고 포위망을 돌파하여 중공군 제9병단에 막대한 타격을 가함으로써 중공군의 추격을 불가능하게 만들고, 유엔군은 재편성을 할 수 있는 귀중한 시간을 획득할 수 있었습니다.

당시 해병 사단장은 "우리는 후방(後方)으로 후퇴하는 것이 아니라 후방으로 공격한다"는 유명한 말을 남겼습니다.

《브레이크아웃》은 당시 전투에 참여했던 사단장에서부터 소총수까지 전투에 참가한 각자의 전투체험을 인터뷰를 통해 정리하여 어떤 전사책보다 전투현장의 생생한 모습을 보여주고 있습니다.

6·25전쟁에 참전했던 유엔군과 특히 미 해병이 바친 희생, 그것이 조국의 명령에 의한 것이었더라도 그들이 흘린 피와 땀의 결과로 내 조국의 공산화를 막고 오늘의 번영이 있을 수 있었다는 점에서 큰 의미가 있다고 생각합니다.

전투기간중 사단장 스미스 소장이 보여준 선견지명(先見之明)과 솔선수범의 지도력은 오늘날 각계의 지도자와 기업의 경영책임자 및 작은 조직의 책임자들까지 모두가 본받을 교훈입니다.

전쟁은 늘 우리와 함께 있습니다. 따라서 전쟁을 준비하고 있으면 살아남고, 전쟁을 잊고 있으면 나라가 위태롭다는 역사의 교훈을 명심해야 합니다. 특히 우리나라는 11월부터 3월까지 5개월간은 동계전투를 해야 하는 시기로 군인은 물론 우리 모두가 관심을 가지고 준비할 때 나라는 평안하다고 생각합니다.

이 책을 번역한 임상균 씨는 대학과 ROTC 후배이며, 군사문제와는 관련이 없는 금융인이지만, 장진호 전투의 실상을 널리 알리고자 바쁜 업무중에도 틈틈이 시간을 할애하여 이 책을 준비하였습니다. 원서의 뜻을 우리말에 맞도록 충실히 번역하였습니다. 많은 사람들의 일독을 권장합니다.

2004년 4월 도곡동에서
예비역 육군중장 서 경 석

역자 서문

노랫말의 첫 구절이 "눈보라가 휘날리는 바람 찬 흥남 부두에"로 시작되는 〈굳세어라 금순아〉라는 가요(歌謠)를 기억하시는 분이 많이 있으리라고 생각한다. 그 노래는 한국전쟁 때 함경남도(咸鏡南道) 흥남(興南)에서 유엔군 (軍)이 철수하면서 많은 수의 피난민을 대동하고 남하(南下)한 사실을 배경으로 하고 있다. 나도 군복무시 이 흥남철수와 관련된 '장진호(長津湖) 전투'라는 이름을 한두 번 들어 보았지만, 제대 후 20여 년 동안 군사적인 문제와는 거리가 먼 직업에 종사하면서 그 전투에 대해 생각해 본 적도 없고, 들어본 적도 없었다. 아마 대다수의 한국사람이 장진호 전투가 무엇인지도 모르거나, 알더라도 나와 비슷한 정도의 피상적(皮相的)인 지식만을 가지고 있으리라고 여겨진다.

2년 전에 우연히 모(某) 일간지의 서평(書評)에서 그 장진호 전투를 내용으로 한 마틴 러스(Martin Russ)의 《브레이크아웃》(Breakout)이란 책을 접하게 되었다. 서평을 상당히 흥미롭게 읽었으나 업무에 바빠 곧 잊어버렸다가, 얼마 후 외국출장을 가는 길에 공항서점에서 우연히 그 책을 발견하고는 출장기간 동안 읽을 기회가 있었다. 50여 년 전에 우리 땅에서 외국 군대끼리 우리의 운명(運命)을 놓고 벌인 대결을 다룬 책의 내용에 깊은 인상(印象)을 받았다. 우리가 꼭 알고 있어야 할 내용이고, 또 그런 점에서 누군가가 번역 출간하리라는 생각이 들었다. 그러나 지난 2년 동안 번역본이 출간되지 않았기 때문에 내가 직접 번역 출간해 보겠다고 결심하였고, 군사문제에 문외한(門外漢)이면서 영어문장이라고는 10페이지 이상 번역해 본 적이 없었지만 용감하게(?) 번역에 뛰어들게 되었다.

책의 내용은 1950년 10월 함경남도 원산(元山)에 상륙한 미 해병 1사단이 흥남과 함흥을 거쳐 황초령(黃草嶺)을 넘어 개마고원 지대에 들어선 뒤 낭림산맥(狼林山脈)을 넘어 평안도(平安道) 지방으로 진격하려다가, 장진호 지역에서 중공군 제9병단에게 포위(包圍) 당해 전멸의 위기에 몰렸다가 극적으로 탈출, 흥남으로 후퇴하여 해상(海上)을 통해 철수하는 이야기이며, 그 해상 철수작전이 우리들이 알고 있는―눈보라가 휘날리는 바람 찬 흥남 부두에서 실시된―흥남 철수작전이다.

시기적으로는 그 해 10월에서 철수할 때인 12월 중순까지의 두 달여 동안을 사건발생 순으로 배열하였고, 전쟁을 다룬 일반적 기록물과는 달리 군사작전의 전문적 분석(分析)이나 일방적 서술(敍述)이 아닌 전투에 참가한 개개인, 위로는 사단장을 비롯한 주요 지휘관들과 참모들로부터 아래로는 중대장, 소대장, 분대장, 말단 소총수에 이르기까지 모든 전투 참가자들과의 인터뷰를 통해 당시 상황을 생생하게 재구성(再構成)했다. 책 속에 서술된 해병 사단장의 지휘관으로서의 선견지명(先見之明)과 솔선수범(率先垂範)은 오늘날을 사는 모든 경영자들과 조직의 책임자가 본받을 만한 전범(典範)을 제시해 주고 있다고 생각한다. 또, 참전자 개개인의 용기(勇氣)와 고민(苦悶), 인간애를 발견할 수 있는 이야기가 많아 비록 전쟁과 관련된 책이지만 가슴을 뭉클하게 하며, 그 외에도 미군의 전략적 실수나 아군끼리의 갈등(葛藤)문제도 다루고 있다.

장진호 전투의 군사적 의의(意義)는 무엇보다 중공군 제13병단(兵團)의 기습공세(奇襲

攻勢) 앞에 속절없이 무너져간 서부전선의 유엔군—주로 미 육군과 국군(國軍)부대—에 비하여 제1해병사단이 악조건하에서도 부대 건제를 유지(維持)하면서 보름간에 걸친 탈출 작전 동안 중공군 제9병단의 병력 대부분의 발을 묶어, 함경도 지방으로 진출한 다른 미군과 국군 부대들이 철수하거나 흥남으로 집결할 시간을 벌어주었고, 나아가서 동 병단에게 전투력을 상실할 정도의 막대한 타격을 입혀, 중공군이 38선을 넘어 유엔군을 추격(追擊)할 때 9병단이 참가할 수 없게 만들어 유엔군과 국군이 재편성(再編成)하여 반격을 개시할 수 있는 여유를 갖게 되었다는 데 있다.

만약 제1해병사단도 맥없이 무너져서 큰 손실을 입지 않은 9병단이 주공(主攻)인 13병단과 함께 남진(南進)해 왔더라면, 그 압력(壓力)을 못 견딘 유엔군은 한국에서 전면적으로 철수했을지도 모르고, 그렇게 됐을 경우 우리 대한민국이 이 땅에 존재할 수 있었을까? 이 가정(假定)은 충분히 근거가 있는 것이, 13병단만의 남진에도 유엔군은 서울을 다시 내주고, 오산(烏山)-제천(堤川)-원주(原州)를 잇는 37도선까지 후퇴하여야 했기 때문이다.

번역을 해 나가면서 가장 크게 느낀 점은 우리에게 미국은 무엇이며 한미동맹(韓美同盟)의 의미는 어떤 것인가 하는 것이었다. 국제정치나 외교문제에 아는 것이 별로 없는 역자(譯者)로서는 경험과 상식의 잣대로 판단할 수밖에 없지만, 좁게는 이 책에서 다루고 있는 장진호 전투, 넓게는 한국전쟁 전 기간 동안 미군이 바친 희생(犧牲)을 생각해 보았을 때 그 희생의 수혜자(受惠者)인 우리가 간단하게 그들이 자기들의 이익을 지키려다가 죽은 것이라고 말할 수는 없다고 생각한다. 용산(龍山)에 있는 전쟁기념관(戰爭記念館)에 가보면, 본관 양쪽 회랑(回廊)에 한국전쟁 전사자의 이름이 동판(銅版)에 새겨져 벽에 걸려 있다. 왼쪽 회랑에 있는 유엔군 전사자의 동판을 보면 대부분이 미군인데, 한국에 무슨 큰 이해(利害)가 걸려 있었기에 54,000명이나 되는 군인들이 이국(異國)땅에서 죽어야 했을까 하는 의문이 들며, 우리가 그 희생을 이해의 문제로 해석(解釋)하려고 해서는 안 된다는 생각이 들었다. 그것은 우리가 그들에게 진 부채(負債)이고, 부채는 언젠가는 갚아야 하는 법이다.

이 책이 잊혀져 가는 한국전쟁의 기억을 우리 사회에 되살리는 기회(機會)에 도움이 되기를 바라며, 또 한국전쟁 기간 동안 결과적으로 우리를 위해 하나뿐인 목숨을 바친 미군과 여타 유엔군(軍) 참전용사들의 희생을 다시 한 번 생각해 보는 계기(契機)가 되기를 빈다.

참고로 미 제1해병사단은 1941년 2월 창설(創設)되었으며, 2차 세계대전 중 과달카날과 오키나와를 비롯한 태평양전쟁의 주요 전투에 모두 참가하였다. 전후(戰後) 사단 전체가 예비역(豫備役)으로 편입되었다가 1950년 9월 인천상륙작전 직전에 다시 현역(現役)에 소집되어 인천상륙작전과 서울 탈환전(奪還戰)의 주력부대로 활약하였고[그 이전에 사단 소속의 제5해병연대가 제1임시 해병여단으로 증편(增編)되어 낙동강 교두보 전투에 참가하였다], 이어 10월에 원산에 상륙하여 장진호 전투를 수행하였다. 흥남에서 철수한 뒤에는 마산(馬山)에서 부대를 재편성, 대구(大邱) 인근까지 침투해 온 인민군 10사단을 안동(安東), 풍기(豊基)지역에서 소탕하였고, 유엔군의 반격에 발맞추어 중동부 전선으로 진격, 최대 격전지의 하나인 펀치볼 지역을 담당하였다. 그후 1952년 봄 서울지역의 방어를 강화하기 위한 작전계획에 따라 경기도 문산(汶山)지역으로 이동하여, 휴전(休戰) 때까지 중공군과 대치해 있다가 휴전 2년 후인 1955년 봄 한국에서 철수, 본국으로 돌아갔다.

끝으로 책을 번역한 지난 몇 개월 동안 본업과 번역을 병행(倂行)하느라 밤낮 정신이 없던 남편을 잘 이해해 주고, 이 일을 끝맺도록 성심껏 도와준 아내 박종녀와 판권 교섭

13

에 도움을 준 처형 박혜숙에게 고마움을 전하며, 이 책이 햇빛을 보도록 애써주신 정광수 회장님, 서경석 장군님, 나남출판의 조상호 사장님께 감사드린다. 그리고 번역 원고(原稿)를 정리하고 교정하느라 수고를 아끼지 않은 비서 권선영에게도 고마움을 표한다. 여러분들의 도움이 없었더라면 이 책의 출간은 생각도 못했을 것이다.

2004년 4월
인왕산(仁王山)을 바라보며
임 상 균

일러두기

1. 독자의 편의를 위해 각 장에 원서에는 없는 소제목을 넣었다.
2. 원서에는 없지만, 독자의 이해를 돕기 위해 한국전쟁 및
   미 해병대와 관련된 사진과 지도를 삽입하였다.

사진 및 지도의 출처

① 홈페이지 : http://www.chosinreservoir.com/
② 서적 : Goldstein, Donald M. & Harry J. Maihafer(2000),
   The Korean War, Brassey's, Inc.
③ CD-ROM : "The Sea Services in the Korean War, 1950~1953",
   produced by the U.S.Naval Institute and Sonalysts, Inc.
   in conjunction with the historical offices of the U.S.Navy,
   Marine Corps, and Coast Guard.

브레이크아웃

1950 겨울, 장진호 전투

차 례

16

장진호 전경

장진호

유담리

후동리

하갈우리

고토리

황초령

진흥리

수동

오로리

함흥

흥남

함경남도

평안남도

동 해

원산

마전리

고저리

강원도

들어가기

　國토 면적이 플로리다주(州)와 비슷한 한국에 도착한 이후 두 달 이상 농민출신으로 편성된 북한인민군(北韓人民軍)에게 쫓기기만 하던 미군(美軍)은 1950년 9월 15일 인천(仁川)에서 반격작전을 펼치는 데 성공하여 퇴각하는 적군을 소탕하고 있었다. 한국전쟁(韓國戰爭)은 더글러스 맥아더 장군에게 영광스러운 승리(勝利)를 안겨주면서 끝나가고 있었고, 또 그럴 것같이 보였다. 맥아더는 "나는 적군을 격멸(擊滅)할 것입니다"라고 언명(言明)했다.

서울을 탈환(奪還)한 유엔군은 무질서하게 도주(逃走)하는 북한 인민군(人民軍)을 38도선 너머로 밀어내고 있었고, 10월 1일 맥아더는 북한 지도자 김일성(金日成)에게 즉시 항복(降伏)하라는 통첩을 방송했다.

이제 귀하의 군대가 패배하고, 귀측의 전쟁 수행능력(遂行能力)이 완전하게 붕괴된 것은 피할 수 없는 사실이 되었다. 추가적인 인명의 손실과 재산의 파괴를 최소화하면서 유엔(國際聯合)의 결정사항을 실행에 옮기기 위해 나는 유엔군 총사령관으로서 귀하와 귀하 휘하의 군대에게, 그들이 한반도 어디에 위치해 있던 간에, 즉시

22

무기를 버리고 적대행위(敵對行爲)를 중지할 것을 요구한다.

이틀 후 공산중국(共産中國)의 외무장관 주은래(周恩來)는 만약 유엔군이 38선을 넘는 다면 중공이 개입(介入)할 것이라고 경고했다. 미군이 10월 9일 아침 38선을 넘어 진격하 자 김일성은 인민군에게 최후까지 싸우자고 호소하면서 그들은 혼자가 아니며, 소련(蘇 聯)과 중국인민의 절대적인 지지(支持)를 받고 있다고 격려했다. 북경의 중공 외교부(外交 部)는 "조선(朝鮮)에 대한 미국의 침략(侵略)은 처음부터 중국의 안전에 위협이 되었으며, 미군이 대규모로 38선을 넘은 지금 중국인민은 방관(傍觀)하고 있을 수 없다"라고 선언(宣 言)했다.

맥아더의 정보참모 찰스 윌로비 소장은 그 선언에 대한 응답으로 다음과 같은 성명서 를 발표했다. "미군이 38선을 넘으면 북한으로 진입하겠다고 위협하는 중공군 지도자들의 선언은 아마 외교적 공갈의 범주에 속할 것이다."

3일 후 중앙정보부(CIA)는 상황평가 보고서를 트루먼 대통령에게 제출했다. 그 보고서 는 "주은래의 성명(聲明)과 만주(滿洲)에서의 병력 이동상황, 잔혹행위와 국경침범에 관한 비난 선전(宣傳)에도 불구하고, 중공이 한국에 전면적으로 개입하려는 의도를 확실하게 보 여주는 징조는 없다"라고 기술하고 있었다.

10월 15일 웨이크섬에서 있었던 회담(會談)에서 트루먼은 맥아더에게 중공의 개입가 능성에 대한 의견을 물었고, 맥아더는 그럴 것 같지 않으며, 북한군의 저항(抵抗)이 추수감 사절까지는 끝날 것 같다고 덧붙여 말했다. 90분간의 회담이 끝나기 전에 대통령은 다시 그에게 중공이 개입할 기회에 관해서 질문했고, 맥아더는 "거의 없습니다. 그들이 개전(開 戰) 후 첫 번째나 두 번째 달에 개입했더라면 결정적이었겠지만, 이제 우리는 그들의 개입 을 더 이상 두려워하지 않습니다"라고 대답했다.

   나흘 뒤 미 육군 제 1기병사단과 한국 육군 제 1사단이 북한의 수도 평양(平壤)을 점
령했고, 그 다음날 맥아더는 미 육군 187공수연대(空輸聯隊)가 평양 북방 50km 지점에 공
수 낙하하는 것을 참관했다. 그는 공수작전이 퇴각하는 북한군과의 간격을 줄였다고 말하
였으며, 다음날 동경(東京)의 사령부에서 전쟁이 확실하게 곧 끝날 것이라고 언명했다.

   더글러스 맥아더 같은 위대한 전쟁 지도자도 승리를 예언(豫言)하는 것이 현명하지
않다는 것을 배우는 데 실패했다. 그가 전 세계를 향하여 한국전쟁이 거의 끝났다고 장담
하고 있을 때, 임표(林彪)가 지휘하는 중공군 제 4야전군(野戰軍)의 주요 부대는 압록강을
건너 한반도로 물밀듯이 들어오고 있었다. 도보(徒步)로 야간에만 행군했기 때문에 그들은
유엔군의 추적(追跡)을 피할 수 있었다.

   물론 나중에 웃음거리가 됐지만, 역사의 그 시점에 보여진 맥아더의 과신(過信)에는
변명의 여지가 있었다. 1950년 10월 중순까지 북한군은 거의 분쇄되었고, 단지 남은 것은
도주하고 있는 패잔병(敗殘兵)들뿐이었다. 중공이 개입하겠다는 위협(威脅)에 관한 한, 국
방부나 국무부, 또는 백악관(白堊館)의 어느 누구도 맥아더와 마찬가지로 그것을 심각하게
받아들이지 않았다. 북한군의 미약한 저항에 비추어 봤을 때, [윌로비는 그의 상관에게 서
면(書面)으로 "적군은 조직적 저항능력을 상실했습니다"라고 보고했다] 그가 휘하병력을
나누어 진격하게 한 것도 이해될 수 있었다.

   9월의 인천상륙작전과 서울 탈환 후에 맥아더는 월튼 워커 중장의 8군(軍)을 한반도
의 서북쪽으로 진격하게 하였으며, 에드워드 알몬드 소장의 10군단 병력은 수송선을 타고
한반도의 연안(沿岸)을 따라 항해하여 동북(東北)쪽 해안에 있는 원산(元山)에 상륙하게
했다. 직접통신망이 설치되지 않았던 두 부대 사이에는 험준한 낭림산맥(狼林山脈)이 가로
막고 있었다.

이 책은 1950년 11월과 12월 사이에 생사의 갈림길에 섰던 미10군단의 운명을 주로 다루고 있으며, 특히 군단의 주력 전투부대였던 제 1해병사단(海兵師團)의 작전에 초점(焦點)을 맞추어 서술해 나갈 것이다.

1950년 11월과 12월에 장진호 전투에 참가했던 제 1해병사단과 미 육군 보병(步兵) 7사단 예하 부대의 간략한 편제표(編制表)는 다음과 같다.

올리버 스미스 소장이 지휘하는 제 1해병사단은 해병 1연대, 해병 5연대, 해병 7연대의 3개 보병연대(步兵聯隊)와 포병연대(砲兵聯隊)인 해병 11연대를 주력으로 구성되어 있었다.

각 보병연대는 3개 보병대대를 위주로 구성되어 있었다.

제 1해병연대(보병연대)는 루이스 풀러 대령이 지휘하고 있었으며, 예하 3개 보병대대 대대장들은 1대대장 도날드 슈먹 중령, 2대대장 앨런 슈터 중령, 3대대장 토마스 리쥐 중령이었다.

제 5해병연대(보병연대)의 연대장은 레이몬드 머레이 중령이었고, 예하 대대장들은 1대대 존 스티븐스 중령, 2대대 해롤드 로이스 중령, 3대대 로버트 태플렛 중령이었다.

제 7해병연대(보병연대)는 호머 리첸버그 대령이 연대장이었고, 예하 대대장들은 1대대 레이몬드 데이비스 중령, 2대대 랜돌프 록우드 중령, 3대대 윌리엄 해리스 중령이었다 [주(註): 완전편제(完全編制)된 1개 보병연대와 1개 보병대대는 대략적으로 각각 3,500명과 1,000명의 병력을 보유하고 있다].

장진호 전투에 참가한 미 육군 보병 7사단 예하부대는 앨런 맥클린 대령이 지휘하는 제31보병연대와 제57야전포병대대 그리고 제31전차중대였는데, 맥클린의 예하 3개 대대장들은 32연대 1대대장 돈 페이스 중령, 31연대 2대대장 윌리엄 라이디 중령, 31연대 3대대장 윌리엄 라일리 중령이었다.

피일드 해리스 소장이 지휘하는 제1해병항공단은 장진호 전투기간 내내 해병과 육군 부대에 근접항공지원(近接航空支援)을 제공하였다.

전통적으로 해병대(海兵隊)는 해안교두보(海岸橋頭堡)를 확보하고 증원군(일반적으로 육군병력)이 도착할 때까지 교두보를 지키는 것을 임무로 하는 기습작전(奇襲作戰) 부대로 간주되어 왔다. 제2차 세계 대전시 두 개의 전선(戰線) — 유럽과 태평양 전선 — 을 통틀어 해병대는 제대(梯隊) 단위별로 가장 강한 전투력을 발휘했는데, 이는 그들이 남보다 더 용감하다거나 신(神)의 은총을 입어서가 아니라, 해병대원들 개개인이 선택된 정예부대(精銳部隊)에 속해 있으며, 동료들을 절대적으로 신뢰하고 서로간에 의지할 수 있다는 입대 초부터 갖게 되는 확신에서 비롯되었다.

당시 대부분의 해병들은 전투에서 동료가 죽느니 자기가 죽는 것이 낫다고 믿었으며, 이러한 단결력은 궁극적으로 전투를 승리로 이끄는 저돌적 공격정신(攻擊精神)을 배양(培養)하였다. 전쟁터에서의 인간 심리에 대해 잘 알고 있던 어네스트 헤밍웨이는 "나는 위기에 처했을 때, 이 세상 누구보다도, 설사 부상을 당했더라도, 한 명의 용감한 해병을 곁에 두고 싶다"라고 썼다.

이런 군사적으로 자랑할 만한 자세의 기초는 패리스 아일랜드(Parris Island)[1]나 샌디에이고(San Diego)의 신병훈련소에서 실시하는 기초 군사훈련(基礎軍事訓練)을 통해 세워졌다. 지원자(志願者)들은 10주

동안 외부와 단절된 적대적 환경에서, 전투 그 자체와 비슷한 괴로움
과 혼란에 적응하도록 계산된 훈련의 모든 과정을 통해 절망적 상황에
서도 무리 없이 임무를 수행할 수 있는 준비를 갖추게 되었다. 그러면
서 향수(鄕愁)에 찬 마음들 속에 위계질서(位階秩序)에 대한 갈망과
애정이 생기고, 드디어는 그것에 의해 자신의 안전과 생존이 보장된다
는 생각을 갖게 되었던 것이다.

자주 어깨를 나란히 하고 전투를 수행하여야 하는 육군병사(兵士)
들(해병들은 결코 자신들을 '병사'라고 부르지 않았다)보다 해병이 우월
하다는 해병대에 관한 부인할 수 없는 신화(神話) 비슷한 것이 있는
데, 대체로 해병들은 주변머리가 있고 대담한 기질을 가지고 있었으
며, 육군의 병사들보다 위험을 더 감수할 준비가 되어 있었다. 뿐만
아니라 미 본토와 전세계에 흩어져 있는 주둔지(駐屯地)에 근무하는
해병들은 트리폴리,2) 몬테수마의 홀,3) 벨로우드,4) 과달카날,5) 이오
지마,6) 인천(仁川)과 같은 격전지에서 쓰러진 선배 해병의 영혼(靈
魂)들이 요구하는 것처럼 협동정신, 군기, 용기, 또 지옥에 떨어지는
한이 있더라도 임무를 완수해야 한다는 헌신적 자세를 갖추고 있었다.

비록 미군 전체 중에서도 가장 패기가 넘치는 병력이었지만, 해병에
게는 외양(外樣)만의 멋은 없었다. 어떤 해병부대도 멋있게 들리는 부

---

1) 미국 노스캐롤라이나주에 있는 해병대 신병훈련소.
2) 1805년 미국 해병대가 미국 상선을 약탈하는 지중해(地中海) 해적을 소탕하기
   위해 리비아 연안의 트리폴리를 점령했다.
3) 1845년 미국-멕시코 전쟁에서 해병대가 몬테주마의 홀이란 별칭을 가진 멕시
   코 시티의 차펄테페크 요새를 점령했다.
4) 제1차 세계대전시 미국 해병대가 최초로 참전한 전투. 프랑스에 있다.
5) 남태평양 솔로몬 군도의 섬. 미국 해병대가 1942년 최초로 육전(陸戰)에서 일
   본군에게 승리를 거둔 곳.
6) 일본 본토에서 640 km 떨어진 태평양의 섬. 유황도라고도 불린다. 태평양전쟁
   최대 격전지의 하나. 1945년 2월 미국 해병대가 점령.

대의 별명, 예를 들어, '열대의 번개'라든지 '울부짖는 독수리' 같은 이름을 갖고 있지 않았다. 해병의 제복은 공식적 의식 때 입는 청색 정복(正服)을 제외하고는 계급장, 명찰, 훈련기장, 부대기장, 도금된 단추 등으로 장식된 육군의 제복과 비교하여 단순한 짙은 녹색이었고 장식이 없는 소박한 것이었다.

제1해병사단의 공보관, 마이클 카프라로(Michael Capraro) 대위 : "당시 사단의 기간장교단(基幹將校團)에는 브라운, 데이비스, 존슨, 존스, 스미스, 윌리엄스, 윌슨 등의 흔한 이름들이 많이 있었으며, 그런 평범한 이름들이야말로 해병대 자체의 소박함에 어울리는 것이라고 생각했습니다."

사단의 명칭은 단순하게 제1해병사단(海兵師團)이었고, 각각 약 3,200명의 병력을 가진 1·5·7해병연대의 3개 보병연대(步兵聯隊)와 포병연대(砲兵聯隊)인 11해병연대로 구성되었다. 대략 1만 2천 명의 사단병력이 장진호(長津湖) 전투기간중 대부분의 전투를 담당하였으며, 그 후방에는 제1해병항공단(航空團)을 포함한 1만 명 정도의 전투지원병력이 있었다.

카프라로 대위 : "제1해병사단은 세계에서 가장 강한 사단이었습니다. 나는 사단이 마치 가죽끈에 묶인 채 으르렁거리며 주인의 적을 물어뜯으려는 사나운 도버맨종 사냥개와 비슷하다고 생각했습니다. … 많은 기간병과 장교들이 남부(南部) 출신이었기 때문에, 사단이 로버트 E. 리 장군7)이 남북전쟁(南北戰爭) 때 지휘했던 북(北)버지니아군의 전통을 직접적으로 이어 받았다고 말하는 사람들도 있었지요. 물론 남부 연맹군처럼 그들도 지원병들이었으며 용맹스러웠습니다."

많은 미국인들은 해병대를 국가의 보배와 같은 존재로 여겼고, 소집

---

7) 남북전쟁시 남군 총사령관. 게티즈버그 전투를 지휘했다.

나팔이 울릴 때 의지할 수 있는 것은 임전태세(臨戰態勢)를 갖추고 있는 해병이라는 생각은 상식이었다. 해병대의 역사는 신속하게 전투를 승리로 이끌었던 기록으로 가득 차 있다.

해병 5연대 A중대 소속이었던 레이 워커(Ray Walker) 일병은 그의 동료들 가운데 모병(募兵) 포스터에 묘사되어 있는 잘 생기고 각진 턱을 가진 모델을 닮은 해병은 없었다고 회고했다.

"수염을 막 깎기 시작한 약간 거칠긴 했지만 평범한 모습의 10대들이었습니다. 기자(記者)들은 그들을 남자들이라고 언급했지만 리버티 병력수송선(兵力輸送船)에 함께 승선해 보면 그들이 맥주나 위스키보다 캔디와 아이스크림을 더 많이 사먹는다는 것과, 여자들에게 수줍어한다는 것을 알게 되지요. 그들은 애인의 엄마에게 '맴'이라고 경칭(敬稱)을 붙이곤 했습니다. 물론 나는 실제 전투의 대부분을 담당했던 졸병들에 대하여 말하는 겁니다."

이 젊은이들의 으스대는 경향은 해병대의 뛰어난 전투기록에 의해 뒷받침되었으나, 이런 것이 그들의 숙달된 전투능력과, 어떻게 한반도(韓半島) 동북부(東北部)에서 그들을 섬멸하기 위해 파견된 중공군(中共軍) 대부대를 무찌를 수 있었는지를 설명하지는 않는다.

1950년 10월 20일 미 제10군단장 에드워드 M. 알몬드(Edward M. Almond) 장군은 군단사령부를 원산(元山)에 설치했다. 해병사단이 아무런 저항도 받지 않고 상륙(上陸)하기를 기다리는 동안 그는 '민사행정'(民事行政)을 처리하느라 바빴는데, 그 업무는 지방관리들과의 회의와 민간인 대표들을 만나 그들의 요구사항을 들어주고 그들에게 담배와 캔디를 선물로 나누어주는 일도 포함하고 있었다.

미 육군 7사단이 해병사단의 뒤를 이어 상륙할 예정이었고, 이어 두 사단은 한반도의 잘록한 허리 부분을 횡단하여 평양(平壤) 북쪽에서 워커 장군의 미8군과 합류하기로 되어 있었다. 그 작전계획은 험준한 낭림산맥(狼林山脈)을 넘는 190 km의 행군을 포함하고 있었다.

제1해병 사단장 올리버 P. 스미스(Oliver P. Smith) 소장은 그 행군명령을 읽고 걱정이 되었는데, 그 간단명료한 문장은 그의 사단이 분산 전개되며, 통합된 작전능력을 잃게 된다는 의미를 내포하고 있었다. 최초 작전구역은 남북(南北)의 거리가 일직선상으로 480 km이었고, 동서(東西) 간의 거리도 96 km나 되었다. 해안가의 도로를 제외하고 원산과 평양 간 도로의 대부분은 전차나 트럭이 기동하기에 적합하지 않은 좁은 산길이었다. 작전지도를 연구하면서 스미스는 머지 않아 10군단장과의 관계가 어려워질 것 같다는 걸 느꼈다.

원산시민의 환영을 받는 알몬드 장군

제 1해병사단의 병력은 현역(現役)과 미국 전역에 걸쳐서 차출된 동원예비역(動員豫備役)으로 구성되어 있었다. 소집통고 기간이 짧아 소집에 응하는 데 어려움을 겪었던 대부분의 예비역들 중에서 윌리엄 B. 홉킨스(William B. Hopkins) 대위의 경우가 전형적 예인데, 버지니아주 로아노크(Roanoke)에 살던 그는 8월 8일에 소집되어 개업(開業)한 지 2년밖에 안 되는 법률사무소의 문을 닫아야만 했다.

"어떻게 작별인사를 해야할지 생각하느라 매일 밤 자다가 깨곤 했습니다"라고 그는 회고했다.

날씨가 흐린 일요일 아침 로아노크 지역 소집 예비역들은 무기고 앞에 집결해 내발 리저브(Naval Reserve) 대로를 따라 노포크 웨스턴역으로 행군(行軍)했다. 교회에 가던 길이었던 성 요한 성공회(聖公會) 교회 앞의 몇 명을 포함하여, 길 옆 보도에 서 있던 소수의 행인들만이 조용히 지켜보는 가운데, 군인들이 신은 정글화가 자갈길을 밟아내는 절그럭거리는 소리만 들렸다. 기차역에서 《로아노크 타임즈》 신문의 사진기자가 아버지와 악수하는 홉킨스의 사진을 찍었는데, 신문에 실린 사진의 제목은 "아들아, 행운을 빈다"였다.

동원예비역의 상당수가 겨우 5년 전에 끝난 제2차 세계대전의 참전자(參戰者)들이었다. 미네소타주 둘루쓰(Duluth)에 거주하는 로이 펄(Roy Pearl) 상병은 부겐빌,[1] 팔라우,[2] 괌, 그리고 오키나와 전투에 참가했었다. 전후(戰後) 동원예비역에 편입된 그는 주말 군사훈련과 하계(夏季) 병영훈련에 참가하였으며, 얼마 안 되는 예비역 수당을 받아 자동차 정비공으로 버는 수입에 보탰다. 대부분의 동료들과 마찬가지로 그도 아무 불만 없이 동원소집에 응했으나, 몇 가지 걱정거리가 있었다. 그 중 하나는 세 살과 생후 6개월된 두 딸이 아직 세례(洗禮)를 못 받은 것이었는데, "우리 교구 목사님이 집에 들러 거실에서 세례식을 베풀어주기로 해서 안심이 됐습니다"라고 회고했다.

둘루쓰 지역 동원예비역들은 다음날 아침 기차역까지 행군했다. 두 딸과 함께 기차역에서 남편과 만나기로 약속했던 헬렌 펄은 처음에 기차에 이미 타고 있던 해병들 가운데서 남편을 찾지 못했으나, 미친 듯이 찾아 헤맨 끝에 씩씩하게 웃고 있는 그를 만날 수 있었다. 하지만 '헬렌이 로이에게'라는 글이 새겨진 기념반지를 주고 작별키스를 하고 나니 출발시간이 되어 버렸다.

츄엔 리(Chew-Een Lee) 중위는 집 떠날 때의 기억을 50여 년이 지난 지금도 생생하게 기억하고 있다.

"우리 가족은 생계수단이 뚜렷하지가 않았는데, 중국식 이름의 뜻이 현명한 학자였던 아버지는 새크라멘토 지역의 호텔과 식당에 과일과 채소를 배달하는 일을 했습니다. 그날 아침 아버지는 일을 나가지 않으셨고, 금 비취라는 중국식 이름을 가진 어머니는 별식(別食)을 만들어 주셨습니다. 벽시계가 출발시간을 알리자 분위기가 잠시 어색해졌

---

1) 남태평양 솔로몬 제도의 섬. 1943년 11월 미 해병대가 점령했다.
2) 서태평양 팔라우 제도의 섬. 1944년 9월 미 해병 1사단이 점령했다.

샌디에이고항에서 승선대기중인 미 해병대원들

습니다. 어머니는 씩씩한 분이셨지만 아무 말도 하지 않으셨고, 아버지는 중국어 신문을 읽는 척하고 있었습니다. 아버지는 대담한 분이셨고 나는 그런 대담함을 존경했는데, 자리에서 일어서시더니 갑자기 나에게 악수를 하시는 것이었습니다. 뭔가 말씀을 하시려고 했지만 아무 말씀도 못하셨고, 그때 어머니가 울음을 터트리셨습니다. 집안의 맏이인 내가 이제 집을 떠나려 하고, 또 어쩌면 영원히 돌아오지 못할지도 모르니까 그러시는 것 같았습니다. 살아남기 위해 그렇게 열심히 일하는 분들을 두고 집을 떠난다는 것이 무척 어려웠습니다."

가족과 헤어지는 것은 무척 어려운 일이었지만, 자기가 살고 있는 조국을 떠나는 것도 고통스럽기는 마찬가지였다. 포병장교였던 프란시스 페리(Francis Parry) 소령은 다음과 같이 회고했다.

"1950년 9월 1일 초저녁에 우리가 탄 배가 샌디에이고항(港)을 빠져나와 석양(夕陽)을 향하여 항해하기 시작했는데, 그것은 잊을 수 없는 경험이었습니다. 해병 군악대(軍樂隊)가 그 당시에 유행하던 '잘 자요, 아이린'(Goodnight, Irene)이란 노래를 연주하자 배이필드호의 갑판에 서 있던 수백 명의 해병들이 노래를 따라 부르기 시작했고, 부두에 모여 있던 가족과 친구들도 함께 노래를 불렀습니다. 배가 로마(Loma) 포인트를 지나 검푸른 태평양(太平洋)으로 들어섰는데도 그 노래의 후렴이 항구 쪽에서 들려왔습니다."

갑판 난간에 서 있던 나이 18살의 소총수였던 프레드 데비드슨(Fred Davidson) 일병은 컴컴한 산 그림자와 도시의 불빛, 그리고 그 노래를 아직도 기억하고 있다. "큰 교회의 성가대 대원이 된 것 같은 기분이었습니다."

원 산 상 륙

    프레드 데비드슨 일병은 10월 11일 인천(仁川)에서 한반도의 연안(沿岸)을 일주하는 항해를 하기 위해 병력수송선 벡사호에 승선했다. "배가 외양으로 나오자 긴급 뉴스가 전달됐습니다. 해병대가 동해안(東海岸)을 절반쯤 거슬러 올라가 상륙한 다음 저항을 계속하는 얼마 안 되는 북한군을 포위할 거라는 겁니다"라고 그가 기억했다. 수송선이 부산(釜山)을 지나 북쪽으로 선수를 돌리자 그는 갑판의 난간에 서서 왼쪽으로 지나가는 한국의 산들을 지켜보았다.

    "19일쯤이었던 것 같은데, 상갑판에 올라갔더니 육지가 오른쪽에 보이는 겁니다. 배가 남쪽으로 항해하고 있었지요. 이걸 놓고 우리들 중 몇몇은 전쟁이 이미 끝나서 인천으로 돌아가는 중이며, 바로 귀국할 거라고 생각했습니다. 그러나 그날 늦게 배가 유턴하더니 다시 산들이 왼쪽에 보이더군요. 도대체 무슨 일이 일어나고 있는지 알 수 없었습니다."

    원산 상륙의 디데이는 10월 20일로 예정되어 있었지만, 항구 접근 수로에 기뢰(機雷)가 부설되어 있는 것이 발견되어 소해정(掃海艇)들이 위험한 기뢰 제거작업을 하는 동안 병력 수송선들은 선수를 남쪽으로 돌렸다가 북쪽으로 돌리고, 또 다시 남쪽으로 돌리는 일을 해야만 했다. 요요작전(作戰)이라고 불렸던 그 힘든 2주간의 과정은 해병대

원산 상륙에 앞서 기뢰제거 작업을 하는 미 7함대 소속 소해정

의 공식역사에 기록된 것처럼 계속된 단조로움 속의 막간극(幕間劇)이 었다("시간이 지나가지 않아 괴로워 죽을 지경이었습니다").

수송선 조지 클라이머호에서는 제임스 스튜어트가 주연하는 〈부러진 화살〉(Broken Arrow)이 유일하게 상영(上映)되는 영화였다. 기관총 사수 패트릭 스팅글리(Patrick Stingley) 상병은 그 영화를 여러 번 보았는데, 왜냐하면 배에서는 먹고, 자고, 총기 수입하고, 카드놀이하고, 문고판 책을 읽는 것 외에는 할 일이 별로 없었기 때문이었다.

"그 영화에는 오랫동안 인상이 남는 장면이 하나 있었는데, 인디언 역으로 나오는 배우들 중 한 명이 주어진 제안을 거부하면서 '나는 그만 두겠어'라고 말하는 겁니다. 나이 어린 해병들이 그 대사를 좋아해 자주 써먹었죠. 뭐든지 하기 싫은 일이 생기면 그 자부심 강한 인디언처럼 '나는 그만 두겠어' 이러는 겁니다. 문제는 복무선서(服務宣誓)를 한 해병대원으로서 진짜 그만 둘 수가 없었다는 거지요. 하지만 그렇게 말하는 것이 재미있었습니다."

요요작전이 끝나갈 무렵 해병들은 사단 항공대의 정비부대(整備部

수송선 조지 클라이머호

隊)가 먼저 상륙했다는 소식에 기분이 나빠졌는데, 설상가상으로 코미디언 밥 호프(Bob Hope)와 여배우 마릴린 맥스웰이 레스 브라운 악단과 함께 그 지원부대 병력을 대상으로 전선위문공연(戰線慰問公演)을 했으며, 호프가 수송선에서 내리지 못해 불퉁거리고 있는 해병들을 놀리는 농담까지 했다는 것이었다.

서해안에 있는 펜들턴(Pendleton)[1] 해병기지에 도착한 로이 펄 상병은 병력 배치담당 장교에게 자기가 훈련된 무선통신병(無線通信兵)이라는 것을 알리려고 애썼다. "나는 그에게 세 번이나 공손하게 이야기했지만, 그는 그때마다 공손하지 않게 대답하더니 결국 7연대 Λ중대 소총수로 배치되었죠." 하지만 펄은 "난 관두겠어"라고 말하지 않았다. 무선통신 특기를 잊지 않기 위해 그는 요요작전 기간 동안 수송선의 조타실에서 음어(陰語) 통신 연습을 하곤 했는데, 하루는 마침 경험 있는 무선통신병을 찾던 통신장교의 눈에 띄어서, 레이몬드 데이비

―――――――
1) 캘리포니아주에 있는 해병대 기지. 제1해병사단의 주둔지.

스(Raymond Davis) 중령에게 신고하라는 지시를 받았다.

펄은 데이비스에 대한 첫 인상을 평균키에 가슴받이 작업복을 입고 있어도 잘 어울릴 것 같은 평범한 모습이었다고 기억하고 있다. "조지 아주 출신인 그는 부드럽게 말을 했으며 퉁명스럽거나 허세를 부리지 않았습니다. 얕보는 투로 얘기하지도 않았고 같이 있으면 편안했습니다." 펄은 데이비스가 과달카날과 케이프 글로스터[2]에서 특수화기대대를 지휘했다는 것과 나중에 전설적 인물인 루이스 B. 풀러(Lewis B. Puller) 밑에서 해병 1연대 1대대장을 지냈다는 것을 알았다.

병력·전차 상륙함인 LST Q010호에 승선하고 있던 츄엔 리 중위의 기관총 소대 소대원들은 같이 타고 있는 일본인(日本人) 승무원들에게서 섬뜩한 느낌을 받았다. 왜냐하면 일본인들은 끝난 지 얼마 안 되는 태평양전쟁에서 맞서 싸웠던 적군(敵軍)이었기 때문이었다.

소대원들의 식사 메뉴에 변화를 주기 위해 리 중위는 함장에게 부탁해서 해병들의 전투식량인 C-레이션과 일본인들의 음식을 교환(交換)하기로 주선을 했는데, 이것은 두 가지 이유로 해서 실수였다는 것이 드러났다. "너무 빈약해서 배고파 죽을 지경이었습니다"라고 리가 말했다. 더 큰 문제는 해병들의 소화기관이 그런 이국적 음식을 다룰 수가 없다는 것이었다. 현역 해병장교가 된 첫 번째 중국계(中國系) 미국인이었던 리는 일본인이나 일본식 생활방식을 좋아하지 않았는데, 그는 그의 조상들이 세련된 문명을 발전시킨 후에도 일본인들은 시끌벅적거리는 야만인(野蠻人) 생활을 오랫동안 했다고 믿고 있었다.

일본인 승무원들을 의심스러운 눈초리로 관찰했던 리는 그들의 저열한 위생상태가 소대원들 사이에 퍼진 설사병의 원인일지도 모른다는 생각이 들었다. 요령부릴 줄 모르고 생각을 바로 행동으로 옮기는 리

---

2) 뉴 브리튼 섬의 남쪽에 있는 지명. 미 해병 1사단이 1943년 12월 점령.

월미도로 향하는 인천상륙작전부대

는 부하 몇 명을 보내 증기호스로 갑판 위에서부터 아래 선실까지 청소를 시켰다. 한편, 지사제(止瀉劑)가 다 떨어진 위생병 윌리엄 데이비스는 어떻게 할지를 몰라 리 중위에게 상의했으나 별로 도움이 되지 못했다. "설사 따위로는 죽지 않아"라고 리는 코웃음을 쳤다.

엄격한 교관이었던 리 중위는 태평양 횡단(橫斷) 항해 도중에 날씨가 나쁠 때도 비상갑판에서 훈련을 실시했는데, 헨리 포스터 중사가 눈을 깜빡이며 소대가 육지에 있었다면 아마 반은 벌써 탈영(脫營)했을 거라고 농담조로 말했다. 유머감각이 잘 발달되지 않았던 리 중위는 포스터 중사를 웃기는 친구라고 생각했다.

전투에 참가하고 싶어 조바심을 쳤던 리는 그의 소대가 그 유명한 인천상륙작전이 진행되는 동안 배에 잔류(殘留)하여 청소를 담당하게 된 것에 분개했다. "육군과는 달리 해병대는 항상 병력수송선을 정리된 상태로 유지해야 했기 때문에 그건 합리적 임무였습니다. 하지만 동료 소대장들이 나보다 먼저 북한군(北韓軍)의 총알 세례를 받는 명예를 누린다는 것에 화가 났습니다"라고 리는 기억했다. 물론, 육지에

인천 시내를 통과하여 전진하는 미 해병대

상륙만 하면 격렬한 전투가 기다리고 있었다.

인천과 서울이 며칠 간격으로 탈환된 후 예상치도 않게 동생이 리 중위를 방문했다. 낙동강(洛東江) 방어선에서 혈전(血戰)을 치른 츄몬 리 육군 중위는 병원에서 퇴원한 지 얼마 되지 않았다. 형제간의 재회는 간단했다. 츄엔은 동생이 걸치고 있는 육군용 탄띠 지지대가 수류탄을 휴대하기에 편할 것 같아 츄몬에게 그걸 벗어 줄 수 있느냐고 물어 보았고, 츄몬은 존경하는 형님에게 지지대를 기꺼이 벗어 주었다. 바로 그때 준비를 갖추고 원산행 수송선에 승선하라는 명령이 7연대 B중대에 하달되었고, 츄몬 리 중위는 배낭에서 사진기를 꺼내 츄엔이 소대의 기관총 뒤에 웅크리고 있는 모습을 찍었다. 작별인사를 하고 헤어진 형제 앞에는 힘든 전투가 기다리고 있었다.

수송선 아이킨 빅토리호에 승선해 있던 18살 된 동원예비역 조지 크로츠(George Crotts) 일병은 요요작전 동안 권태로움을 이겨내기 위해 배 밑창에서 벌어지는 피노클 카드놀이에 끼어 들곤 했다. 배 밑창에는 침상들이 다섯 층으로 겹쳐 설치되어 있고, 침상들의 상하간격이 너무 좁아 누워서 몸을 돌리기도 힘이 들었다. "먹는 거 말고는 할 일이 별로 없었습니다. 기름이 느끼하게 낀 깡통 베이컨, 덩어리가 덜 풀린 물 탄 가루우유, 설익은 스크램블 에그 등 음식이 형편없었지요." 진흙빛 황해(黃海) 바다의 물결이 요동을 쳤고 배멀미를 해서 무엇보다 식욕이 없었다. "남을 괴롭히는 것으로 동료의식(同僚意識)을 나타내기 좋아하던 해병들에게 그런 상황은 아주 좋은 기회였습니다"라고 크로츠가 회고했다.

"싸구려 시가의 연기를 담배 안 피우는 동료들에게 내뿜는 것은 언제나 웃음을 자아냈고, 또 먹은 것을 토하지 않으려고 애쓰는 가장 친한 동료에게 '어이, 찐 칠리 콩을 한 접시 먹으러 갈까?'하고 물어보는 겁니다. 나는 침상에 누워 쓰레기통 속의 음식 토한 것에서 나는 악취를 무시하려고 노력했지만, 결국은 침상을 내려와 토하려고 쓰레기통 앞에 줄을 서곤 했던 것이 기억에 납니다. 정말 지겨운 항해였습니다."

7연대 D중대에 기관총 견습사수 겸 탄약수(彈藥手)로 배치된 크로츠는 그 자리가 주로 탄약상자를 둘러메고 산비탈을 오르내리는 일을 하는 것이라는 걸 알았다. 그는 기관총 사수들의 사망률이 높다는 말을 들었는데, 그 말은 다수의 기관총 사수들이 전투중에 사망한다는 말을 공식적으로 표현한 것이었다. 인천과 서울로 가는 도중의 전투에서 사상자가 많이 발생한 D중대는 운이 별로 없는 부대라는 말을 들었다. 소대 선임하사가 그런 일을 이렇게 표현했다. "7연대 D중대는 하도 운이 나빠서 반쯤 죽어 가던 적군도 1km를 기어와서 죽기 전에 우리에게 최후의 총알 한 발을 쏘는 특권을 누리려고 한다니까." 크로츠는 그 말이 진짜일까 하고 눈을 크게 뜨고 들었다고 지금도 말한다. "원산에 상륙할 때까지 몹시 놀란 상태였습니다."

1950년 10월 26일 날이 밝아왔고, 맑게 갠 하늘에 날씨는 서리가 약간 내릴 정도로 쌀쌀했다. 머지 않아 기온이 떨어지면서 해병들은

원산에 상륙하는 미 해병대

부산 교두보에서의 그 무더웠던 나날들을 향수 비슷하게 기억하게 되겠지만, 그때는 날씨가 시원하고 쾌적했다. 원산에 대한 행정상륙(行政上陸)은 잘 진행되었지만 사고가 없었던 것은 아니었다. 상륙한 지얼마 안 되어 땔감을 구하러 돌아다니던 두 명의 해병이 해변에 떠밀려 온 나무더미를 건드려서, 그 안에 설치해 둔 부비트랩이 터졌다. 공식보고서에 따르면, 폭발력이 하도 강해서 두 사람의 몸은 문자 그대로 산산조각이 났고, 누가 누군지 구분할 수 없었기 때문에 그 둘을 한 무덤에 같이 묻었다는 것이었다. 그들은 한반도 동북부 전투에서 죽은 첫 번째 미국 군인이었다.

그때까지 38군, 39군, 40군 그리고 42군으로 편성된 중공군 제4야전군(野戰軍)이 만주와 한반도를 가르는 압록강(鴨綠江)을 건너 한반도에 들어왔으며, 주로 야간(夜間) 행군을 통해 반도의 중심 산악지대로 들어서고 있었다. 각 군은 약 3만 명의 병력으로 편성되어 있었으며, 이들을 모두 합하면 미10군단보다 병력수가 이미 훨씬 많았다.

고 저 리

스미스 장군은 10군단장 알몬드에게 여러 가지 이유로 짜증이 났다. 알몬드는 인천상륙작전 기간중 해병 사단소속의 제7차량 수송대대를 멋대로 빼가더니 원산에서는 트럭 4대를 한국군 1군단에 양도하라고 지시했다. 스미스에게는 그것이 참을 수 있는 한계였다. "우리는 한국군의 보급창(補給廠) 노릇을 하는 선례(先例)를 만들고 싶지 않았습니다." 따라서 그는 알몬드에게 급전(急電)을 보내 그 트럭들이 사단의 편제장비이며, 넘겨 줄 수 있는 것이 아니라는 것을 지적하면서 지시 내용을 확인해 달라고 요청했다.

그 문제에 대하여는 더 이상 거론되지 않았지만, 해병대와 육군 사이의 어색한 관계는 이미 부산(釜山) 교두보전투 때부터 드러났다. 감소편제된 해병여단(海兵旅團)은 육군소속의 연대들을 전투력에서 압도하여 8월과 9월초에 걸친 낙동강 돌출부(Naktong Bulge)[1]의 위기 때, 월턴 워커(Walton Walker) 장군은 몇 번이고 해병대의 출동을 요청했고, 해병여단은 육군이 포기한 엄청난 양의 무기와 장비들, 전차, 포병장비, 중박격포, 트럭, 그리고 산더미 같은 탄약을 회수했다.

공교롭게도 인천상륙작전 직전에 가장 심각한 문제가 발생했다. 육

---

1) 인민군 4사단이 1950년 8월 부산-대구 간의 교통을 차단할 목적으로 경남 창원군 남지읍에서 낙동강을 도하, 낙동강 동안(東岸)에 구축한 교두보.

군 장성인 알몬드가 해병대의 전문분야인 상륙작전을 지휘한다는 것이 해병대에게는 이미 상당한 모욕(侮辱)이었음에도, 게다가 알몬드는 상륙부대로 해병 5연대 대신 육군보병 32연대를 기용하겠다고 발표했다. 스미스 장군은 이 발표에 벼락을 맞은 듯이 깜짝 놀랐는데, 32연대 병력의 40%는 상륙전(上陸戰) 훈련을 전혀 받아 본 적이 없는 한국 민간인 징집병(徵集兵)들로 채워져 있었기 때문이었다. 그 시점에서 스미스는 단호하게 그 계획을 받아들이는 것을 거부하여, 그가 파이프 담배나 피우는 온화한 성격의 은발신사처럼 보이는 겉모습과는 다른 사람이라는 것을 과시했다. 결국 알몬드가 그 계획을 철회(撤回)하여, 해병 5연대는 같은 사단소속의 해병 1연대와 나란히 9월 15일 상륙작전을 수행하였고, 그 작전은 군사상(軍史上) 가장 위대한 반격작전(反擊作戰) 중의 하나가 되었다.

육군 소장 에드워드 M. 알몬드는 이제 해병대의 기다란 기피인물(忌避人物) 리스트의 맨 상단을 차지하게 되었는데, 해병대의 고위 장교들은 그가 군사적 면에서 영민하지 못하다고 여겼다. 해병 1사단의 작전참모(作戰參謀)였던 알파 바우저(Alpha L. Bowser) 대령은 알몬드를 변덕스럽고 경박한 사람이라고 생각했다. 스파르타인들같이 검박(儉朴)한 해병들은 냉장고, 온수 샤워기, 수세식 변기가 갖춰진 알몬드의 주거용 차량에 눈살을 찌푸렸으며, 도자기와 린넨 식탁보, 은식기, 냅킨말이가 갖춰진 10군단 장교식당과 극동군 사령부에서 매일 수송기편으로 날아와 그 식당에 공급되는 신선한 채소, 과일과 고기 같은 것들이 거친 생활에 익숙한 해병들로 하여금 사치를 좋아하는 장군을 신뢰(信賴)할 수 없게 했다.

해병 1연대 1대대의 해병들은 느긋한 기분으로 원산 남쪽 64 km지점에 있는 해안가 마을인 고저리(庫底里)행 기차에 올라탔다. 대대는 임시 보급품 집적장(集積場)을 지키고 있는 한국군과 임무교대를 하

기로 되었는데, 하얀 모래사장과 햇빛에 반짝거리는 푸른 바다를 옆에
두고 있는 고저리는 해병들이 이제껏 한국에서 보아온 곳 중에서 가장
매력적인 마을이었다. 기차를 마중 나온 한국군 장교들은 대대가 임무
를 수행하는 데 어려움이 없을 것이라고 안심시키면서, 소수의 북한군
낙오병(落伍兵)들이 주위에 준동하고 있지만 그 불쌍한 김일성(金日
成)의 졸개들은 저항보다는 생존에 더 관심이 많다고 말했다. 그래서
해병들은 잘 조직된 북한군 1천여 명이 근처의 나지막한 산에 잠복(潛
伏)하고 있는 것을 알지 못했는데, 그 북한군은 전(前) 원산시 공산당
서기였던 조일권 대좌가 지휘하는 북한군 5사단 10연대 소속 병력이
었다.　.

　대대장 잭 호킨스(Jack Hawkins) 중령은 보급품 집적장을 수비하기
위해 바다 쪽만 제외하고 마을을 둘러싸고 있는 고지대를 점령하기로
결정하고, 마을 남쪽 3km 지점에 있는 논에 둘러싸인 고립된 3개의
작은 산에 웨슬리 노런(Wesley Noren) 대위의 B중대를 배치했다. "우
리는 포병의 지원도 없이 너무 멀리 나와 있었습니다"라고 노런은 기
억하고 있다. A중대와 C중대는 마을의 서쪽에 진지를 구축했고 호킨
스의 지휘소는 해변에 설치되었다.

　본부중대장인 로아노크 출신 동원예비역 윌리엄 B. 홉킨스 대위는
그날 밤이 제2차 대전 후 처음으로 야지에서 잠을 자는, 아니 자려고
노력했던 날이었다고 기억하고 있다. "전형적인 10월의 서늘한 밤이었
습니다. 바닥이 딱딱하고 몸이 배겨서 잠을 자려고 애써도 잠이 오지
않았습니다." 다음날 아침 해병들은 밤사이 논의 물이 얼어 햇빛에 반
짝이는 것을 발견했다. "우리 부대의 중국주둔 경험이 있는 고참병(古
參兵)들은 함정으로 돌아갈 때까지 산 속으로 얼마나 진격해 들어가야
하는지 궁금해했습니다." 바다로부터 멀리 떨어진 지역에서 펼칠 작전
에 필요한 장비를 갖추지 못한 이 해병상륙사단은 계획된 작전이 종료
될 때까지 내륙으로 125km를 진격하게 되어 있었다.

중화기 중대장 윌리엄 L. 베이츠(William L. Bates) 소령은 하얀 옷을 입은 민간인 남자, 여자, 그리고 어린 아이들 행렬이 기차역을 지나 터덜터덜 걸어가는 것을 무심하게 바라보고 있었다. 그러다가 무장한 남자들이 그 행렬을 몰고 가고, 삽을 가진 일단의 무리가 그 뒤를 따라가는 것을 보고는 깜짝 놀라 자리에서 일어섰다. 베이츠가 통역관을 불러 함께 쫓아가 보니, 삽을 든 남자들이 그 민간인들을 언덕에 있는 바위 뒤로 밀어내고 있었고, 총을 든 사람들은 사격하려고 줄을 서 있었다. "사수들이 준비를 마칠 때까지 기다렸다가, 그런 후 민간인들이 개활지로 우르르 도망가게 내버려두고 나서 그들을 이동표적(移動標的)으로 삼으려는 계획인 것이 확실해 보였습니다."

해변 근처의 정찰에서 막 돌아온 홉킨스 대위는 "군목이 손을 쥘락펴락 하면서 왔다갔다하는 것을 보고는, 무슨 일이 있냐고 물어보니 작은 산 쪽을 가리키며, '무시무시한 일이 일어나려고 해', 이러는 겁니다. 군목은 일단의 청년들이 마을에서 70명쯤 되는 공산주의자들을 골라냈다고 설명하면서, '묻을 자리가 준비되면, 그들 모두가 총살될 거야'라고 말하더군요."

베이츠 소령은 그 청년그룹의 지도자와 맞서 처형(處刑)의 집행(執行)을 중지하라고 명령했다. 그런 미군의 간섭(干涉)에 격분한 그는 통역관을 통해 그들이 공산주의자들이며 죽어 마땅한 자들이라고 큰소리로 항의했다. "그 말이 맞을지도 모르겠습니다만, 재판도 없이 약식(略式) 처형한다는 것은 내가 알고 있는 법의 집행에 대한 생각하고는 전혀 맞지 않았습니다. 게다가 그 민간인들 중 15명은 열 살도 안 된 어린 아이들이었습니다"라고 베이츠가 말했다. 처형을 준비하던 청년들의 항의에도 불구하고 베이츠는 그 공산당 용의자(容疑者)들을 떠맡아 기차역으로 데려가서 그날 고저리를 출발하는 마지막 기차에 타고 있던 한국군 장교에게 넘겼다. 하지만 대대의 중국주둔 경험이 있는 고참병들은 기차가 원산역에 도착하자마자 그 용의자들은 총살될 거라고 예측했다.

본대에서 멀리 떨어진 노런 대위의 B중대 소속 1개 분대가 진지를 구축하고 있는 산비탈에 네 명의 민간인이 달걀을 담은 바구니를 들고 나타났다. 해병들은 일손을 놓고 마을사람들의 선물을 감사하며 받았는데, 그 네 명이 미군의 방어상황(防禦狀況)을 파악하러 109고지(숫자는 고지의 높이를 미터로 표시하여 나타낸다)에 올라온 첩자일지도 모른다는 생각은 아무에게도 떠오르지 않았다. 그날 늦게 하얀 옷을 입은 나이든 여자가 근처의 언덕에 나타나 해병들에게 큰 소리로 외쳐대기 시작해, 해병들은 통역관에게 그 여자가 무슨 소리를 하는 거냐고 물었다. 통역관은 미심쩍어 하는 헛웃음을 지으며 마을에서 왔다갔다 하는 남자들의 대부분이 민간인으로 위장한 북한군이라고 경고(警告)하는 것이라고 설명했다. 분대장은 손을 흔들고 고개를 끄덕여 정보를 제공해 줘 고맙다는 인사를 했고, 그 여자는 짙어지는 어둠 속으로 사라졌다.

해병들은 별다른 염려 없이 길고 쌀쌀한 밤을 지낼 준비를 했는데, 경계태세(警戒態勢)는 평소와 같이 50% 경계방식, 즉 두 명이 함께 있는 참호에서 최소한 한 명은 깨어 있는 것을 택하였다. 전날 밤에는 건너편 산에서 모닥불도 보이고 고저리의 동네에서 켠 호롱불의 불빛도 보였지만, 홉킨스 대위는 "그날 밤은 2차 대전 이후로 처음 겪는 깜깜한 밤이었습니다. 등불도 모닥불도 안보였고, 단지 밤하늘에 별들만 반짝거렸습니다"라고 기억하고 있다.

홉킨스는 어두워지자 바로 침낭으로 기어들어 가서 이번에는 힘들지 않게 잠들 수 있었다. 하지만 잠시 후 취침중이던 해병들은 근처에서 들려오는 시끄러운 총소리에 잠에서 깨어났다. 수류탄이 폭발하고 따발총 탄환이 날아오는 혼란 속에서, 침낭 속에서 잠자던 해병들은 침낭지퍼를 열고 나오려고 무진 애를 썼다. 지퍼가 걸려 열리지 않으면 침낭은 시체 운반용 부대나 마찬가지가 됐는데, 적의 초기공격 때

7명의 해병들이 침낭 속에 갇힌 채 총검에 찔려 죽었다. 클래이턴 로버츠 병장(Clayton Roberts)이 기관총으로 혼자서 용감하게 맞서 싸워 B중대의 1개 소대가 후퇴하는 것을 엄호(掩護)하였고, 그 자신은 적에게 둘러싸여 죽음을 당하였다. 해군 위생병 도린 스태포드(Dorin Stafford)도 자기가 돌보던 부상병들을 내버려두고 후퇴하지 않겠다며 뒤에 남았다. 두려움에 떠는 소대장 한 명이 대대 지휘소에 나타나 자기 소대 진지가 적에게 유린됐다고 보고했는데, 홉킨스 대위는 그가 대대장에게 소대원 대부분이 전사했으며, 여러 명이 침낭 속에서 총검에 찔려 죽었다고 보고하는 것을 들었다.

전투가 소강상태(小康狀態)에 들어가자 호킨스 중령은 원산의 연대 본부에 긴급전문을 보냈다.

일몰(日沒)부터 다음날 일출(日出) 시까지 남쪽과 북쪽, 그리고 서쪽에서 다수의 적에게 강력한 공격을 받았음. 적 병력은 1천 명에서 2천 명으로 추정됨. 1개 중대는 아직도 교전중임. 민간인 보고는 3천 정도의 적군이 이 지역에 있을 가능성을 암시하고 있음. 전사 9명, 부상 39명, 전사한 것으로 추정되는 실종 35명의 사상자가 발생. 밤새 두 곳의 진지가 적에게 유린됨. 현 진지를 확보하기 위해서는 일 개 연대의 병력이 필요함. 적은 현재 남, 북, 서쪽에 위치하고 있으나, 북쪽의 도로는 아직도 통행할 수 있는 것으로 사료됨.

날이 밝자 호킨스는 잔여병력을 해변 근처의 잘 정비된 사주(四周)방어진지[2]에 통합 배치하였다. 그때 마을에 숨어 있던 200여 명의 북한군이 갑자기 서쪽의 산을 향하여 논둑을 건너 달아나기 시작했고, 1대대의 해병들과 새로 도착한 포병연대의 F포대가 합동작전으로 그들

---

2) 적이 어느 방향에서 공격해 와도 대응할 수 있도록 화기와 병력을 배치하여 노출된 측면이 없도록 편성된 방어형태.

의 절반 가량을 사살하였다.

그날 낮에 정찰대가 로버츠 병장과 다른 전사자 15명의 시신을 회수했다. 위생병 스태포드의 시신은 끝내 발견되지 않았는데, 포로들의 진술(陳述)에 의하면, '해병 의무병'이 포로로 잡혔고 부상한 북한군을 돌보는 일에 투입되었다는 것이었다. 그날 오후까지 17명의 실종자가 돌아왔다. 실종된 해병들을 찾기 위해 땅 위를 샅샅이 내려다보면서 비행하던 헬리콥터 조종사 조지 패리쉬 대위는 그 덕분에 외딴 농가 근처에 짚단을 이용해서 '도와주세요'(HELP)라고 써 놓은 글씨를 발견할 수 있었고, 헬기를 잠시동안 땅 위에 착륙시켜 기뻐 어쩔 줄을 모르는 윌리엄 마이스터 일병을 태웠다.

병력들이 진지를 새로 구축하는 사이, 전날 민간인 처형을 시도했던 청년그룹의 지도자가 미군이 그 처형계획에 간섭한 것에 대한 불만(不滿)을 표시하려고 대대본부를 방문했다. 그는 통역을 통해 체면을 많이 손상해서 피란(避亂)을 가야만 하게 됐다고 불평을 털어놓았지만, 호킨스와 홉킨스는 그가 돌아서 남쪽으로 피란을 떠나는 것을 아무런 동정심도 느끼지 않고 바라보았다.

그때까지 다시 작성된 사상자 명단에는 23명의 해병이 전사하고 47명이 부상, 4명이 실종된 것으로 나타났다. 북한군은 250명 정도가 전투에서 죽은 것으로 평가되었으며, 포로가 된 83명은 감시 하에 도보로 끌려가 한국군에게 인계(引繼)되었다.

해병 1연대 연대장 루이스 B. 풀러 대령은 말수가 적은 호위병 보드니 병장을 대동하고 해가 지기 한 시간 전에 헬리콥터 편으로 도착했다. 그는 대대장 호킨스 중령을 해임(解任)하기로 결심하고 왔는데, 이는 대대가 전날 밤 적의 공격을 격퇴(擊退)할 준비가 되어 있지 않았기 때문이었다. 산 그림자가 진지 앞의 논 위로 길게 뻗으면서 밤이 되면 적이 다시 공격해 올지 모른다는 걱정으로 어린 해병들의 눈동자에 공포의 기미가 어른거리는 것을 본 풀러는 참호와 참호 사이를 다니면서 해병들과 이야기를 나누고 격려를 했다. 홉킨스는 대령이 순찰(巡察)을 돌면서 몇 마디 간단하면서도 효과적인 조언을 했던 것을 기억하고 있다. "적이 가까이 다가올 때까지 기다려라. 맞추지 못하면 적을 멈추게 할 수 없어." 풀러는 홉킨스 옆에 앉아 비프스튜 깡통을 따서 숟가락으로 떠먹기 시작했다. "그래, 로아노크 예비역, 지내기는 어떤가?"라고 대령이 물었다.

풀러 대령과 홉킨스 대위는 대령이 다 식은 저녁식사를 하는 동안 버지니아주의 아름다운 경치를 포함해 이것저것에 대하여 잡담(雜談)을 나누었다. 홉킨스는 자기가 2차 대전 초기에 대령의 동생 샘과 같이 근무했었다고 말했다.

"자네도 알겠지만 샘은 괌에서 전사했지."

"예, 알고 있습니다."

"샘이 보고 싶네."

잠시 침묵이 흐른 뒤 홉킨스가 이야기의 주제를 바꿨다. 그는 풀러에게 자기는 원산상륙의 전략적 의미를 이해 못하겠다면서, 서울을 탈환한 뒤 왜 사단이 워커의 8군이 평양(平壤)을 점령하는 것을 돕기 위해 북진하지 않았는지 이해할 수 없다고 말했다. 풀러는 그 말에 대한 설명을 질문으로 시작했다.

"이 전쟁의 전체 책임자는 누구지?"

"그거야 맥아더 장군 아닙니까?"

"맥아더는 육군출신이야. 해병대가 서울을 탈환했지? 만약 자네가 맥아더라면 해병대가 서울과 평양을 둘 다 차지하게 내버려두겠나?"

그날 밤에는 적의 공격이 없어서, 공격을 격퇴할 준비가 되어 있던 많은 해병들을 실망(失望) 시켰다.

중공군의 출현

10월의 마지막 날, 해병 1연대장 풀러 대령은 토마스 L. 리쥐 (Thomas L. Ridge) 중령이 지휘하는 3대대를 원산에서 서쪽으로 48 km 떨어진 마전리(馬轉里)로 파견했다. 북한군 낙오병의 퇴각로로 사용되는 지형적으로 좁고 긴 회랑지역(回廊地域)에 가로 걸쳐 있는 마을에서 제일 눈에 띄는 것은 러시아식 양파 모양의 돔을 가진 학교건물이었다〔공식기록에 의하면, 그렇게 조그만 농촌지역에 어울리지 않게 허세를 부려 세워진 학교건물은 아동교육(兒童教育)이 아니라 성인들에게 공산주의 교육을 시키는 데 사용되었다〕.

학교건물에 대대본부를 설치한 리쥐는 전략적 교통요충지를 방어하고 그 지역을 지나가는 모든 사람을 검문(檢問)하는 업무를 시작했다. 피란민(避亂民)들 중에는 민간인으로 가장하고 그 지역을 통과하려는 놀랄 만큼 많은 숫자의 북한군 군인들이 있었다. 성인 남자를 검문하는 방법은 세 가지가 있었는데, 머리를 짧게 깎고 있거나, 북한군 정규복장의 상의에 있는 V자 칼라에 따라 목이 햇볕에 그을려 있거나, 또는 군화를 신고 장거리 행군을 하여 발에 군은살이 박혀 있으면 그 자리에서 체포(逮捕)하여 학교건물 옆에 세운 영창에 가두었다.

리쥐는 호킨스가 고저리에서 병력을 분산 배치하여 저지른 실수를 반복(反復)하지 않았는데, 중대 전초를 세우기에는 마을을 내려다볼 수 있는 지형이 너무 먼 것을 안 그는 부대를 사주방어형태로 배치했으며, 결과적으로 다음 며칠간에 걸친 적의 탐색공격을 물리칠 수 있었다.

11월 4일 로버트 배로(Robert Barrow) 대위가 지휘하는 A중대의 호위 하에 탄약과 보급품을 수송하던 4대의 차량행렬이 원산과 마전리의 중간쯤 되는 곳에서 도로장애물에 부딪혔다. 밤이 다가오자 배로 대위는 원산으로 돌아가 다음날 다시 시도하는 것이 현명하다고 판단하고 차량행렬을 돌렸다. 다음날 그는 도날드 존스 중위의 소대를 호송차량 행렬보다 1,500 m쯤 앞서 보낸다는 새로운 전술(戰術)을 실시했는데, 의도는 트럭들이 언덕을 오르느라 내는 시끄러운 소리를 들은 뒤에야 적군이 매복진지에 들어갈 것이고, 은밀하게 도보로 접근하는 보병들을 알아차리지 못할 거란 것이었다. 그 전술은 효과를 거두었다. 로버트 코젤스카 일병의 4인 첨병조가 도로가 급하게 굽어진 지점을 지나자마자 산비탈에서 식사를 하며 쉬고 있는 일 개 소대 규모의 북한군을 발견, 그들이 도망치기 전에 여러 명을 사살했다.

짐을 내린 후 그때까지 마전리의 영창에 수용되었던 600명이 넘는 북한군 포로들이 트럭에 가득 채워 태워졌고, 적 감시병의 눈에 띄지 않도록 화물칸을 방수포로 덮었다. 비록 포로의 숫자가 세 배나 많은 것에 신경이 쓰였지만, 배로 대위와 그의 중대원들은 차량행렬을 무사히 원산에 있는 포로수용소까지 호송할 수 있었다.

산업도시 함흥(咸興)과 해안가에 있는 원산에서 해안을 따라 112 km 위에 있는 함흥의 인접도시 흥남(興南)은 누가 보기에도 아늑하고 깨끗한 도시가 아니었다. 밀집한 창고들과 철도 야적장, 부서진 공장들이 들어서 있었고, 민간인들은 외국 군인의 손길이 닿는 것을 피하려고 우왕좌왕하고 있었다. 폐허(廢墟) 속의 함흥에 진주(進駐)한 리첸버그 대령이 지휘하는 해병 7연대의 나이 어린 해병들은 시간이 남고 심심해서 장난기가 발동하려 했다.

박격포소대 소대장 조셉 오웬(Joseph Owen) 중위는 소대원 로버트
켈리(Robert Kelly) 상병이 물건을 얻거나 구해오는 데, 다른 말로 여
기저기 쑤시고 다니는 데 천부적 자질이 있는 친구라고 여겼다. 함흥
에는 쑤셔서 얻을 것이 별로 남아있지 않았지만, 철도 야적장에서 낡
은 증기기관차(蒸氣機關車)를 한 대 발견한 켈리는 자기가 그 기관차
를 움직일 수 있다고 주장했고, 소대원들 아무도 그의 말을 믿지 않자
기분이 상했다.

"내가 이 기관차를 운전할 수 있다는 걸 보여주지"라고 말한 그는 기
관차에 껑충 뛰어올랐다.

조셉 오웬 중위 : "잠시 후에 칙칙폭폭 소리를 내더니 '기관사 켈리'
가 혼자 모는 기관차가 움직이기 시작하는 겁니다[켈리는 해병대에 입
대하기 전에 일리노이 중앙철도회사에서 기관차 화부(火夫)로 일했다].
결론은 연대장 리첸버그 대령이 중대장 윌콕스 대위에게 B중대가 증
기기관차를 몰고 함흥 시내를 돌아다니며 기차놀이를 한다는데 사실이
냐고 물어봤고, 중대장이 확인해 보고 사실인 걸 알자, 켈리는 중대장
에게 지독하게 혼이 났죠. 왜냐하면 연대장에게는 기차놀이가 우리만
큼 재미있지 않았을 테니까요."

알몬드의 이해할 수 없는 작전계획에 따라 이동을 계속한 해병대의
3개 보병연대―제 1·5·7연대―는 매일 부대간의 간격이 점점 더
벌어졌다. 스미스 장군이 해병사단이 270 km가 넘는 지역에 분산되어
있다는 것을 지적하자, 알몬드는 부대경계를 약간 재조정하는 데 동의
하여 신흥리(新興里) 근처에서 별 성과도 없는 수색정찰 작전을 벌이
고 있던 5연대의 복귀를 허락했다.

10월 30일 7연대 작전주임 헨리 J. 우스너(Henry J. Woessner) 소
령은 작전 브리핑에 참석했다. 브리핑에서 알몬드 장군은 커다란 지도
걸이 옆에 서서, 데이비드 바(David Barr) 소장의 보병 7사단과 올리

함흥 교외에서 처음 붙잡힌 중공군 포로

버 P. 스미스 소장의 해병 1사단은 북쪽으로 밀고 올라가고, 로버트 소울(Robert Soule) 소장의 보병 3사단은 후방수비를 담당할 거라고 발표했다. "우리가 이 지역을 평정하고 나면 한국군이 인수할 예정이고, 우리는 한국에서 철수할 것입니다"라고 손으로 지도를 훑어내리면서 알몬드가 말했다.

우스너는 알몬드의 참모부에 배속된 에드워드 H. 포니 대령의 주선으로 해안으로부터 125 km 떨어져 있는 장진호까지의 예정진격로에 대한 정찰비행을 했다. 공군 T-6 정찰기에서 내려다보면서 그는 적 병력의 흔적은 발견하지 못했으나, 험준한 지형과 충적평야(沖積平野) 지대에서부터 가파른 산비탈을 따라 고원지대에 이르는 도로가 뱀처럼 꼬불꼬불하게 구부러지고 좁은 것을 확인했다.

10월의 마지막 날, 7연대 B중대의 정찰대는 3대의 지프에 분승하여 내륙(內陸) 쪽으로 48 km를 이동, 수동(水洞)에 주둔한 한국군 26연대를 방문했는데, 7연대는 이 부대와 11월 2일에 교대하기로 예정(豫定)

되어 있었다. 윌콕스 대위는 무전으로 리첸버그 대령에게 한국군이 말 끝마다 "많은 중공군, 많은 중공군"이라고 하면서 그 지역을 빨리 떠나고 싶어한다고 보고했다. 한국군이 붙잡은 16명의 중공군 포로들은 4야전군 9병단 42군 124사단 370연대 탄약소대 소속이었고, 그 포로들은 북한군 전차의 지원을 받는 42군의 나머지 부대가 북쪽의 산악지대에 주둔하여 장진호로 가는 도로를 차단하고 있다고 말했다.

다음날 알몬드 장군은 포로들을 확인하고 그의 일기에 다음과 같이 기록하였다.

그들은 솜을 누빈 전형적인 만주식 동절기 군복을 입고 있으며, 많이 아는 것 같지는 않았지만 자기들이 알고 있는 중공군의 작전에 대하여 진술하고자 했다. 그들의 진술에 따르면, 그들은 10월 16일에 압록강을 건너 만포진(滿浦鎭)에 들어왔으며, 말과 노새에 장비를 싣고 도보로 남쪽을 향해 이동해 왔다는 것이었다.

알몬드는 무전으로 동경에 있는 맥아더에게 정규 중공군 병력의 존재가 확인됐다고 보고했고, 이에 맥아더의 정보참모 찰스 윌로비(Charles Willoughby) 장군이 현장확인을 위해 비행기로 동해(東海)를 건너왔다. 이미 서부전선의 미 8군 작전지역에서도 중공군의 출현에 대한 보고가 있었으나, 윌로비는 그들이 모택동이 북한 지도자 김일성에게 한 정치적 약속을 지키기 위해 파견한 명목적 지원병(支援兵)들일 것이라고 믿으려 했다.

10월 31일 저녁, 프란시스 페리 소령은 누군가가 그의 지휘소 문을 두드리는 소리를 들었다. 밖을 내다보았더니 그의 포대원들 중 하나가 할로윈 호박등(燈)을 들고 서 있었고, 촛불이 호박등에 뚫어놓은 구멍 사이로 깜빡거리고 있었다. 상쾌한 가을 저녁의 풍경과 냄새가 소년 시절의 할로윈 축제와 낙엽을 태우던 기억, 집 생각을 떠오르게

했다. 달빛 아래 선명하게 그늘진 멀리
동북쪽의 산맥을 바라보면서 그는 불길
한 느낌과 함께, 사단이 곧 본거지인 해
변, 함정, 바다에서 멀리 떨어진 그 산맥
을 향해 모험(冒險)을 떠난다는 것을 깨
달았다.

11월의 첫날인 다음날 아침 스미스 장
군은 미 육군의 제1기병사단(騎兵師團)
이 중공군 대부대와 충돌해 막대한 피해
를 입었다는 연락을 받았다. 당시 서남쪽
으로 대략 96 km 떨어져 있던 워커의 미
8군은 더 이상 전진하지 못했다. 스미스

해병 7연대장
호머 리첸버그 대령

는 "우리의 좌익은 사단의 수색중대를 제외하고는 우군이 전혀 없었습
니다만, 10군단에서는 우리보고 장진호 방향으로 빨리 전진하라고 끊
임없이 압력을 가해왔습니다"라고 회고했다.

전투에서 중공군을 무찌른 첫 번째 미군부대가 되는 해병 7연대는
호머 리첸버그(Homer Litzenberg) 대령이 지휘하고 있었다. 단추가
두 줄로 달린 양복을 입으면 은행의 간부로 여겨질 수 있는 건장한 풍
채를 가진 그는 중공군이 대거 출현한 것을 의심치 않았다. 그의 텐트
옆에 있는 작은 언덕에 연대 간부들을 집합시킨 리첸버그는 다가온 중
공군과의 전투가 3차 세계대전의 서전(序戰)이 될 수도 있다며, "초전
(初戰)의 승리가 중요하다. 왜냐하면 세계가 그 결과에 주목(注目)할
것이고, 초전의 승리가 중국과 소련의 기를 꺾을 수 있을 것이기 때문
이다"라고 말했다.

한 시간 후 7연대는 도로를 따라 종대로 북쪽을 향해 행군하기 시작
했다. 서늘한 아침에 붉은 빛이 감도는 안개가 드리웠던 산자락은 햇
빛이 뜨거워지자 가을 단풍에 물든 모습을 드러냈다. 남한에서의 전투

에 참전했던 해병들은 지형이 다른 것을 알아차렸는데, 산들이 훨씬 높고, 경사가 더 급했으며 숲도 울창했다.

3대대 정보장교 패트릭 로(Patrick Roe) 소위는 행군로 주위가 도시에서 시골로 변해 가는 모습을 자세하게 기억했다.

"벽돌로 지은 집들, 포장된 도로, 잘 정비된 하수도가 점점 사라지더니 아시아의 다른 도시들의 변두리에서 흔히 발견할 수 있는 양철과 판자로 얼기설기 엮어놓은 판잣집들이 나타났습니다. 그러다가 갑자기 바퀴자국이 나 있는 논 사이의 좁은 도로를 지나 소달구지가 서 있는 진흙 벽의 초가집들이 띄엄띄엄 보이고, 멀리 황량한 산들이 눈에 들어오는 첩첩산중으로 들어서고 있었습니다."

7연대 B중대는 여느 때처럼 츄엔 리 중위를 선두로 해 10 m에서 15 m 정도의 간격을 유지하며 행군했다. "나는 언제나 상황의 중심에 있고 싶었습니다. 그 당시 나는 전투능력을 충분히 보여주기도 전에 너무 빨리 부상을 당할까 봐 걱정을 많이 했지요"라고 리는 지금도 이야기한다. 리는 서울 근교에서 전투에 참가했으나 그가 원하던 격렬하고 드라마틱한 총탄의 세례 같은 것은 없었다. 서울의 북쪽에서 그는 능선 위에 보일락 말락 하는 북한군을 발견하고는 충동적으로 그들의 측면을 돌아 수류탄을 던지고 카빈 소총으로 사격을 퍼부으며 능선의 후사면까지 돌격해 올라갔으나, 혼자서 공격을 시작하기도 전에 적군이 그곳을 떠나버린 것을 알았다. "바보가 된 것 같은 기분이었습니다."

리는 전쟁에서 살아남을 거라고 생각하지 않았다. "부모님에게 무언가 실질적 도움이 될 수 있는 것을 남기고 싶었기 때문에 1만 달러짜리 국가공무원 생명보험에 들어서 무척 기뻤습니다. 그랬습니다. 내 태도는 운명주의적이었지요. 오늘날까지도 그때 왜 그랬는지 모르겠어요. 하여간 젊어서 죽을 것 같았습니다."

오로리(五老里)를 지난 개활지에서 리는 잘 정리된 논과 줄지어 심어진 감나무들, 산 위로 오르는 고갯길에 인접한 포도밭을 부러운 시

선으로 쳐다보았다. 캘리포니아의 새크라멘토계곡에서 자란 그는 농
사주기와 자연(自然)의 균형(均衡)에 예민한 편이었으며, 방금 지나
온 초가집의 농부가 봄까지 견딜 충분한 난방용 장작을 준비해 놓은
것도 파악하고 있었다. 리 중위의 소대원들은 어두워지기 전에 숙영지
를 구축하고 C-레이션을 데우고, 추위를 막기 위해 불을 피울 준비를
하려 했다. 농부 한 명이 조금 떨어진 밭에 서서 외국 군인들이 불쏘
시개로 쓰려고 포도밭에 있는 포도시렁의 얇은 널빤지를 뜯어가는 것
을 힘없이 바라보고 있었는데, 그 모습을 본 리가 소리쳤다. "너희들
모두 그거 원위치 시켜라!" 비록 168 cm의 키와 60 kg의 몸무게를 가
진 리가 사단에서 덩치가 가장 작은 축에 속했지만, 만만한 사람이 아
니란 걸 이미 알고 있었던 그의 소대원들은 소대장이 노려보는 사이에
뜯어가졌던 널빤지를 재빨리 제자리에 가져다놓았다.

"전달!" 리가 소리쳤다. "아무것도 손대지 말 것."

B중대원들은 그 농부를 홀로 두고 행군을 계속했으며, 리는 "농부
는 하얀색 옷을 입고 성긴 턱수염을 가진 전형적인 한국 노인이었는
데, 고마워서 계속 허리를 숙여 인사하고 있었습니다"라고 말했다.

몇 분 후 리는 언덕 위에서 우연히 뒤를 돌아보다가 B중대의 뒤에
오던 다른 중대의 병력들이 그 오래된 포도시렁 전체를 다 부숴 버리
는 것을 목격했지만 어떻게 막을 방도가 없었다. 그 농부는 산 아래의
밭에 우두커니 서 있었고, 리는 돌아서서 행군을 계속했다.

연대의 선봉은 산악지대가 시작되는 수동계곡으로 들어서고 있었는
데, 매복하기에 아주 좋은 지형이었다. 리첸버그가 나중에 북한에서
의 전투에 관해 다음과 같이 설명했다.

"그건 해병대에게는 새로운 경험이었습니다. 기본적으로 산악전(山
岳戰)이었는데, 우리는 따로 산악전 훈련을 받아본 적이 없었지요. 도
로를 둘러싸고 있는 산들은 평균높이가 계곡 바닥에서부터 300 m에서
450 m나 되었고, 계곡에는 보통 암반 위로 물이 흘렀으며, 거의 대부

분 마실 수가 있었습니다. 산 너머에는 또 다른 산들이 있었고 항상 더 높았습니다. 우리는 고지를 확보해야 한다는 생각을 자제(自制)해야 했는데, 그렇게 하면 부대 간격이 너무 벌어지게 되거든요. 적이 계속 우리를 감시하고 있다는 사실을 받아들여야 했으며, 그래서 기본적으로 우리는 적이 어느 방향에서 공격해 와도 막을 수 있게 사주방어 태세를 갖추고 이동했습니다."

전선의 교대(交代)는 11월 2일 정오쯤 함흥에서 내륙으로 30 km 들어간 수동의 남쪽에서 이루어졌다.

로이 펄 상병 : "한국군은 웃으면서 산비탈을 내려와 우리에게 손을 흔들더니 북쪽을 가리키며, '중공군 많아!' 이러더군요. 그들은 내가 그 전이나 그 후에 본 어떤 한국군 부대보다도 더 질서정연하게 이동해 갔습니다."

츄엔 리 중위 : "한국군은 급하게 이동하느라 몇 명의 포로를 떨구고 갔습니다. 윌콕스 대위가 부르더니 그들을 심문해보라고 시키더군요. 나는 그들이 정보라고는 제공할 것이 아무것도 없는 만년 졸병들이란 걸 금방 알아차렸습니다. 포로를 심문해야 한다는 것에 분개했는데, 왜냐하면 중국말을 할 줄 아는 사람에게는 당연한 보직인 정보참모과로 전속될 가능성이 생기거든요. 하지만 나는 헐렁한 참모생활을 하고 싶지 않았습니다."

레이몬드 데이비스 중령이 전방상황을 파악하려고 수동마을 북쪽으로 정찰대를 내보냈는데, 바로 교전이 발생했고 사격이 멎자 몇 명의 동양인(東洋人)이 땅바닥에 경련을 일으키며 누워 있었다.

A중대 기관총사수 프랭크 스톡맨 상병 : "기념품을 찾으려 시체들을 뒤졌는데, 군용 잡낭 하나에서 나온 내용물을 보니 틀림없이 중공군이었습니다. 물건들은 모두 새 것이었고, 가장자리에 붉은색 한자(漢字)가 인쇄된 수건, 녹색 상의와 바지 몇 벌, 신발 한 켤레, 치약 한 개 등이 있었습니다. 그날 밤은 아주 추워서 나는 옷 위에다가 중공군의

상의와 바지를 겹쳐 입었지요. 그러면서 만약 내가 중공군에게 포로가 된다면 그들이 어떻게 생각할까 하고 궁금해지더군요."

연대봉

　11월 2일 오후 진군이 정지됐을 때 행군종대는 그늘이 져 쌀쌀한 수동계곡 안의 자갈투성이 도로를 따라 6 km나 늘어져 있었고, 알몬드 장군은 그 가을날에 해병 7연대가 그렇게 조금밖에 ─ 1,500 m를 약간 넘는 정도 ─ 진격하지 못한 것이 기쁘지가 않았다.

　한국인들이 연대봉(煙臺峰)이라고 부르는 698고지는 도로의 서쪽에 솟아 있었고, 고지의 정상부에서 교량과 철도터널을 감제(監制)할 수 있었다. 만약 적이 그 고지를 통제한다면, 그 좁은 지형에서는 우회로나 보조보급로가 없었기 때문에, 해병대의 보급로(補給路)가 차단된다는 것을 의미했다. 고지의 산자락에서 E중대 소속의 존 얀시(John Yancey) 중위는 분대장들에게 공격명령을 내렸다. 루기에르 카글리오티 병장의 분대는 산비탈의 오른쪽에서 산을 오르고, 리 필립스 상병의 분대는 왼쪽에서 그리고 얀시 자신은 가운데에서 기동하기로 했다. 얀시가 말했다. "수류탄 투척거리에 도달하면, 내 신호에 따라 각자 한 개씩 던진다. 수류탄이 폭발하면 바로 일어나 저 씨팔 놈들이 저항하기 전에 달려들어 끝내버린다." 그는 카빈 소총에 대검을 끼우고 45구경 권총의 노리쇠를 뒤로 잡아당기고 나서 말했다. "저 염병할 놈의 고지를 빼앗으러 가자. 소대, 공격 앞으로!"

　〔제2차 세계대전중 칼슨 특공대의 대원이었던 얀시의 얼굴은 1943년 마

킨1) 공격 때 박격포탄 폭발로 곰보가 되어 있었다. E중대의 위생병이었던 제임스 클레이풀(James Claypool)은 얀시의 검은 콧수염과 완벽한 자세, 보일랑 말랑 하는 미소가 이탈리아 바람둥이 역을 맡은 성격배우를 연상케 했다고 말했다.〕

얀시와 그의 부하들은 산등성이를 넘어 동남쪽 산비탈을 따라 위험을 무릅쓰고 오르기 시작했다. 적이 산 정상에서부터 쏘는 기관총 사격이 그들 앞에 교차해서 떨어지기 시작하면서, 좌우의 부하들이 총에 맞아 쓰러지고 나머지 소대원들이 주춤거리자, 얀시는 "계속 달려"라고 소리쳤다. "나를 따르라!"

적이 일제히 던진 방망이 수류탄이 헝겊으로 만든 신관(信管)을 단 채 포물선을 그으며 그들 앞에 떨어졌다.

얀시 : "마치 새떼가 새까맣게 날아오는 것 같았습니다."

사상자 때문에 병력이 줄어든 소대가 얀시의 호통에 이끌려 공격을 계속하던 중 수류탄 파편 하나가 그의 야전상의 소매를 찢어놓았다. 카글리오티 병장이 가슴에 총을 맞아 쓰러지자 얀시가 소대의 문제아라고 부르던 스탠리 로빈슨(Stanley Robinson) 일병이 카글리오티 분대의 잔여병력 5명을 이끌고 공격을 계속했다. 정상에 이르렀을 때까지 절반 이상의 소대원들이 쓰러졌지만 남은 화력을 가지고도 중공군을 고지 후사면(後斜面)으로 밀어낼 수 있었다.

얀시 : "로빈슨이 고지 정상에 처음 도착했는데, 방망이 수류탄에서 나는 연기에 가려 공제선상에 실루엣처럼 보이던 호리호리한 그애가 몸을 숨기려는 중공군에게 총을 후려갈기고 있었습니다. 굉장한 광경이었습니다만, 그런 식으로 계속하다간 죽기 딱 알맞겠다는 생각이 들더라구요."

---

1) 태평양 길버트 제도의 환초. 1943년 9월 미군이 점령.

  허벅지 위쪽에 총상(銃傷)을 입은 아비드 헐트만 일병이 얀시의 오른쪽에 있는 바위 위에 누워 버둥거리고 있었다. 얀시는 헐트만의 브라우닝 자동소총(BAR)을 집어들고 역습을 준비하기 위해 산 아래에 모여드는 중공군을 향하여 사격을 시작했다. 탄창을 갈아끼우며 얀시는 전술적 상황을 잠시 점검해 보았는데, 소대 전령인 릭 마리온과 마셜 맥캔 일병은 다친 데 없이 전투임무를 수행중이었고, 왼쪽으로 조금 떨어진 곳의 필립스 상병 분대는 3명만이 교전(交戰) 중이었다. 오른쪽에는 스탠리 로빈슨 일병이 혼자 버티고 있었는데, 나머지 분대원들은 죽거나 부상당했다. 헐트만은 부상의 고통에도 불구하고 포복으로 얀시에게 다가와 자기가 가지고 있던 탄창벨트에서 자동소총 탄창들을 넘겨주었다. 벨트가 비자 그는 산비탈을 몇 미터 기어 내려가서 부상을 입은 해병들이 건네준 M-1 소총 탄창에서 빼낸 탄알들을 빈 자동소총 탄창에 채워 가져왔다.

  얀시가 말했다. "맥캔, 산 아래에 연락해서 이 염병할 고지를 빼앗았다고 전해라."

  잠시 후 무전병이 부중대장 레이몬드 볼(Raymond Ball) 중위가 소대장하고 통화하고 싶어한다며 SCR-563 무전기를 그에게 건네주었다.

  "얀시, 훌륭해. 현재 상황은 어떤가?"

  "그렇게 좋지 않아. 6명만 남았는데, 국(gook)[2]이 역습(逆襲)을 해 올 것 같아 도움이 필요해."

  "알았어, 잠깐 기다려."

  도로 옆에 있는 중대지휘소에서 볼과 중대장 월터 필립스(Walter Phillips) 대위는 지금 증원병(增援兵)이 출발해도 너무 늦게 도착해 도움이 안 될 것 같아서 증원병을 보내야 할지, 아니면 얀시에게 698고지 철수를 지시하고 내일 다시 재점령을 시도해야 할지 고민했다.

---

  2) 동양인 성인 남자를 낮추어 부르는 말. 여기서는 중공군을 가리킴.

그때 얀시의 목소리가 수화기를 통해 들렸다. "빨리 몇 명만 올려 보내주면 지킬 수 있습니다."

"그럴 수 없네." 중대장이 말했다. "적의 사격이 너무 심해."

"아니, 우리는 뚫고 올라왔잖습니까?"

"그러니까 6명만 남았지."

3소대장 레오나드 클레멘스(Leonard Clements) 중위는 무선 교신을 듣고 과감한 전술적 기동을 감행(敢行)하기로 결심했다. 중대지휘소 방어를 위해 소대원의 절반을 남겨 둔 클레멘스는 전투의 소강상태를 이용해 소대원 17명을 이끌고 698고지의 서쪽 사면을 올라왔는데, 그때 중공군이 귀에 거슬리는 나팔소리와 함께 역습을 개시했다.

얀시가 외쳤다. "적이 온다. 해병답게 싸우다 죽자!"

반원형의 진을 쳤던 그들은 탄약이 거의 없었다. 헐트만은 이제 기력이 쇠잔해져 M-1 소총의 탄창을 모아올 수가 없었고, 로빈슨만 세열 수류탄 두 개와 백린 수류탄 한 개를 가지고 있었다. 맥캔과 마리온은 얀시의 옆에서 착검하고 대기하고 있었고, 필립스 상병은 중공군에게 던지려고 모아놓은 자갈돌더미 뒤에 웅크리고 있었으며, 왼쪽에는 소대 선임하사 앨런 매딩이 M-1 소총을 겨누고 있었다.

로빈슨이 백린 수류탄을 산비탈 아래로 던지며 "와 봐, 이 개새끼들아!"라고 외쳤고, 수류탄이 폭발해 오렌지색 화염이 하얀색 군복을 입은 중공군들 위에 덮쳤다.

얀시 : "수류탄으로 중공군 몇 명을 보냈지만 우리가 고지 정상에서 밀려날 건 의심의 여지가 없었죠."

위기의 순간, 키 작고 땅딸한 제임스 갤러거(James Gallagher) 일병이 7kg이나 나가는 기관총과 삼각거치대, 탄약벨트를 가슴에 껴안고 산비탈을 뛰어 올라왔다(위생병 클레이풀은 나중에 갤러거에 대해 이렇게 말했다. "그는 대체로 그저 그런 친구이었는데, 전투시에는 용감했습니다. 168cm의 키에 애늙은이 같은 얼굴을 하고 있었지만, 힘이 셌고 호전

적이었죠"). 갤러거는 기관총을 사계(射界)가 좋은 곳에 설치하고 바로 방아쇠를 잡아당겨 중공군들을 비탈 아래로 쓰러뜨렸다. 하지만 곧 그도 탄약이 떨어지자 모두 중공군에게 유린당할 상황에 처했다.

바로 그때 클레멘스와 그의 소대원들이 측면에서 나타나 기습(奇襲)으로 중공군들에게 사격을 퍼부었다. "그건 내 일생에 가장 멋진 광경이었습니다"라고 얀시가 말했다. "그들은 역습의 한가운데 나타나 좆 같은 중공군 놈들에게 한방 먹인 거지요."

어둠과 함께 연대봉에서의 전투가 끝났고, 초연(硝煙)이 가득한 전투현장에 정적(靜寂)이 감돌았다. 중공군은 역사상 처음으로 미 해병대와 만났고, 안 만나는 것이 나을 뻔한 결과를 남겼다.

수 동 전 투 Ⅰ

자정 때쯤 보초(步哨)를 서던 로이 펄 상병은 주위의 움직임에 신경을 쓰면서 집 생각을 하고 있었다.

"소름이 끼치는 나팔과 뿔피리, 호루라기 소리에 공상에서 정신이 번쩍 들었습니다. 그러더니 예광탄(曳光彈)이 강을 따라서 줄지어 떨어지는 것이 보였습니다. 수동(水洞) 계곡의 산굽이가 너무 깊어서 메아리가 몇 초 동안 앞뒤로 계속해서 들리더군요. 그러더니 잠시 동안 아무 소리도 안 들리다가 데이비스 중령의 목소리가 들려왔습니다. '해병들, 잘 들어라, 적군이 강 건너편에 있는 우군 부대를 공격하는 중이다. 우리 쪽에도 곧 공격이 시작될 것 같으니 무기와 탄약을 갖추고 대기하라. 건투를 빈다.'"

오전 2시쯤 윌리엄 데이비스(William J. Davis) 중위는 북쪽에서 접근해 오는 절거덕거리는 궤도차량 특유의 소음을 들었는데, 그 소리를 들은 다른 해병들처럼 데이비스도 그것이 해병대 불도저가 내는 소리라고 단정했다.

"전차(戰車) 출현!"하고 소리친 건 데이비스 중위의 박격포반 반장인 도날드 존스 하사였다.

"어떻게 전차가 우리한테 접근할 수가 있겠어? 틀림없이 불도저일 거야"라고 데이비스가 말했다.

"소대장님, 제가 한밤중에 일본군(日本軍) 전차가 움직이는 소리를 많이 들어봐서 아는데, 저건 절대로 불도저가 아닙니다."

전조등을 켠 전차가 굽어진 도로를 돌았을 때 100 m쯤 위쪽의 도로에서는 클래이턴 본디트 하사와 졸병 두 명이 지휘소 북쪽에서 전화선을 깔고 있었다. 그것이 소등(消燈)명령을 못 들은 우군 전차일 거라고 생각한 본디트는 지프의 시동을 걸고 바로 차를 몰아 전차를 가로막았다. "그 망할 놈에 전조등 좀 꺼라"라고 그가 전차의 엔진소음 속에서 외쳤지만, 아무 소용도 없었다.

본디트 : "잠시 후 해치가 열리고 동양인 얼굴이 나타나더니 기관총을 사방팔방으로 갈겨대더군요. 내 부하 두 명은 순식간에 모습을 감췄고, 나도 차를 후진으로 몰아 재빨리 내뺐지요."

전차가 도로를 따라 육중하게 굴러가더니 배수로 근처에 설치되어 있던 본부 텐트 앞에 섰다. 윌리엄 데이비스 중위와 존스 하사는 양말바람으로 우두커니 그 모습만 바라보고 있었다. "카빈 소총을 손에 들고 전차에 대항(對抗)한답시고 서 있을 때의 무력감보다 더한 것이 있는지 잘 모르겠습니다"라고 데이비스가 말했다. 정지해서 엔진을 공회전시키고 있는 전차는 60 mm 박격포 진지를 내려다보는 외눈박이 괴물같아 보였다. 그러더니 81 mm 박격포 진지를 찾아 도로를 따라 더 내려가 당황해 있는 박격포 반원들 머리 위로 전차포를 몇 발 발사한 후 방향을 돌려 내려온 길을 따라 다시 올라가 버렸다. 펄 상병은 통신반장의 성난 목소리를 들을 수 있었다. "그 웬수 같은 전차가 전화선을 다 잘라 버렸잖아!"

이윽고 충격에서 벗어난 해병들이 대전차공격조를 출동시켰으나 그리 효과적이지 못했다. 단지 3.5인치 로켓포 하나가 장갑을 강화하기 위해 전차 위에 얹어 놓은 모래주머니 표면에 불을 일으켰을 뿐이었다. 연기를 내뿜으며 수동의 초가집들 사이로 사라진 그 괴물 같은 소련제 T-34 전차1)는 북한군 344전차대대 소속으로, 서울방어전 때 거의 전멸했던 그 부대의 마지막 남은 4대의 전차와 승무원들이 도로를 따라 5 km쯤 올라간 수동마을의 북쪽에 포진(布陣)하고 있었다.

새벽 3시경 존스 하사는 진지 앞에서 신발을 질질 끄는 소리를 들었다. "그놈들이 오고 있군"이라고 그가 말했다. 데이비스 중위는 J. D. 패럴 상병에게 2번포로 거의 수직에 가깝게 조명탄을 발사하라고 명령했다.

데이비스 : "조명탄 발사로 박격포 진지가 노출됐지만, 760 m를 솟구쳐서 11만 촉광의 빛을 발하며 조그만 낙하산에 매달려 천천히 내려오는 조명탄의 모습은 아름다웠습니다."

10초 정도 비친 조명탄 불빛에 카키색의 솜으로 누빈 군복을 입은 4명의 동양인 군인의 모습이 보였다. 3정의 소총이 불을 뿜었고, 3명이 쓰러졌다. 네 번째 군인은 가죽끈으로 목에 멘 기관단총이 가슴에 걸려 흔들리는 채로 눈이 등잔만해져서 손을 들었다. 데이비스 중위는 전령 할버슨 일병을 거느리고 상황을 파악하러 진지 밖으로 나갔다. 한 명뿐인 생존자는 손을 머리 위로 올린 채 포로가 되려고 기다리고 있었다.

"할버슨, 이거 중공군이잖아."

"예?"

부중대장 유진 호바터(Eugene Hovatter) 중위가 현장에 나타나 멀리서 비추는 불빛 아래서 시체들을 살펴보고는 그들이 북한군 낙오병일는지도 모른다는 의견을 냈다. 데이비스는 그들이 중공군이라고 주장했다.

"그렇게 생각하는 이유가 뭐지?"

설명하기 어려웠지만 남경(南京)에서 대사관(大使館) 수비대를 지휘했던 데이비스는 중국인인지 아닌지는 보면 안다고 말할 수밖에 없

---

1) 제 2차 세계대전 시 소련군의 주력전차로 독일군 기갑부대를 무찌르는 데 크게 활약하여 명성을 떨쳤다.

었다. 중국근무 경험이 있는 다른 해병이 시체들을 검사하고 나서 데이비스의 의견에 동의했다.

중공군이 출현했다는 이야기는 빨리 퍼졌다.

펄 : "모두 깜짝 놀랐습니다. 바로 하루 전날, 맥아더가 만주로 침입 (侵入) 하는 것을 방어하기 위해 중공군 대병력이 압록강변을 따라 집결하고 있다는 풍문을 들었거든요. 그런데 압록강에서 160 km 남쪽인 수동에서 중공군을 만났으니 말입니다."

수 동 전 투 II

강 건너 B중대 구역에서도 풍문(風聞)이 현실이 되어 있었다.

해롤 카이저 중위 : "두려워서 눈을 감아버리고 싶었습니다. 숲과 바위 사이마다 중공군이 꽉 차있었거든요."

아치발드 반 윙클(Archibald Van Winkle) 하사는 소대 진지를 순찰하고 있었다. "진지 앞 100 m 지점에 전초(前哨)를 설치했습니다. 네 명이 얕게 판 참호 안에 들어가 있었는데, 다 신병들이었고 두려움에 사로잡혀 있길래 예정보다 더 오래 머물러 있었죠."

긴장해서 적의 공격이 시작되기를 기다리던 츄엔 리 중위 소대의 분대장인 셔만 리히터 하사에게 근처 참호에 있던 해병이 고개를 돌려 낮은 목소리로 속삭였다. "분대장님, 누가 이리로 오는데요."

그날 밤의 암구호는 '딥 퍼플'이었는데, 리히터가 큰소리로, "딥"이라고 말했지만, 공제선상의 그림자는 "퍼플"이라고 답하지 않았다. "알았어." 리히터가 말했다. "그 자식, 쏴버려."

이렇게 해서 B중대 구역에서의 전투가 시작됐다.

반 윙클과 4명의 해병들은 공제선 반대편에서 나는 나팔과 호루라기 소리를 듣고 있었다. "적이 너무 가까이 다가와서 돌도 못 던질 정도였어요." 반 윙클이 말했다. "신병들에게 '뒤로 물러가자'라고 말했는데, 놀랍게도 두 번 말할 필요가 없었습니다."

중공군이 대규모로 진지를 공격해 왔을 때 카이저 중위는 윌콕스 대위에게 전화를 하고 있었다.

카이저 : "산 밑의 지휘소에 있는 중대장이 시끄러운 소리를 듣고 큰 소리로 묻더군요. '거기서 무슨 일 난 거야?' 나는 국(gook)들이 여기까지 몰려왔다고 하면서 곧 지휘소도 위험할 것 같다고 말해 주었습니다."

반 윙클 : "주위에 아군보다 중공군이 더 많은 것을 보고 우리가 위험에 빠졌다는 걸 알았지요."

B중대의 박격포 소대장은 키가 큰 조셉 오웬 중위였는데, 그의 소대가 가지고 있는 60 mm 박격포 중 두 문은 산 중턱의 포진지에 배치되어 있었고, 또 산 아래에 있는 한 문은 윌리엄 그래버 중위의 소대를 지원(支援)하기로 되어 있었다. "중공군이 떼거지로 몰려오더니 행크 카이저의 소대를 밀어내고, 산 밑에 있는 박격포 진지도 휩쓸고 가 버렸습니다." 오웬이 말했다.

"나는 경황이 없어서 박격포 진지에서 아무런 움직임이 없는 것도 모르고 있었는데, 박격포 사수 한 명이 어둠 속에서 나타나 중공군에게 박격포를 빼앗기고 자기를 제외하고는 다 죽었다는 것이었습니다. 맙소사! 첫 번째 전투에서 박격포를 잃어버린 겁니다.

지원자를 뽑아서 박격포를 되찾기 위해 함께 산 아래로 내려갔습니다. 켈리와 윙켓, 내가 다른 대원들보다 앞서 가면서 눈에 띄는 것은 다 카빈 소총으로 쏘아버렸습니다. 국(gook)들이 달아나는 것을 보고 우리의 역습(逆襲)에 적이 놀란 것 같다고 생각했죠. 양각대도 없이 진지 구석에 놓여 있던 박격포를 회수하여 그때 적군의 총알이 심하게 날아오던 철도 터널 쪽을 향해 바로 설치했습니다.

첫발은 불발이었는데, 포열 안에 그대로 있더군요. 불발탄(不發彈) 처리는 낮에도 겁나는 일이었습니다. 한 명이 불발탄이 미끄러져 나올 때까지 포열의 바닥을 살살 들어올리면, 다른 한 명이 손을 모아 포열의 입구에 대고 불발탄을 받아내는 겁니다. 내가 불발탄을 받았죠. 다른 포탄을 장전했지만, 그것도 불발이어서 겁나는 불발탄 처리를 반복해야 했습니다.

누군가가 주위에 온통 중공군들뿐이니 여기서 빠져나가자고 제안했지만, 그때 포열 안에 이물질(異物質)이 있을지도 모른다는 생각이 떠올랐습니다. 다행히 포열 안에서 포열을 청소하는 수입포를 찾아냈고, 우리는 도망치지 않았죠. 진지를 지키면서 터널 근처의 적에게 박격포탄 세례를 퍼부었습니다. 조금 있으니까 그 박격포반 반장이 나타나더니 국(gook)들이 어떻게 진지를 유린했는지 설명하더군요. 그의 변명의 요지는 내가 낮동안 자기를 너무 오래 붙잡고 있었기 때문에 박격포를 여기로 운반해 왔을 때는 너무 깜깜해져서 제대로 설치할 시간이 없었다는 것이었습니다. '거짓말 마! 네가 개판 쳐 놨잖아'라고 말했습니다. 다음날 그는 사단으로 소환되어 갔고, 우편물 처리반에 배치되었죠."

B중대 전방 진지의 왼쪽 측면도 유린당했다. 리 중위는 긴 산비탈의 꼭대기에서 누군가 중국말로 말을 하는 것을 듣고 적이 그렇게 깊숙이 침투해 온 것에 깜짝 놀랐다. 리와 포스터 중사는 흩어진 해병들을 모아 진지를 구축하고 다시 배치했다. "부하들이 무서워 떠는 것을 쉽게 느낄 수 있었습니다." 리가 말했다. 그는 적의 정확한 위치를 확인하고 가능하면 의도(意圖)를 알아내기 위해 적에게 행동을 강요해야겠다고 결심했다.

리 : "적이 산등성이까지 공격을 계속하려는 건지, 그 순간에 우리 코앞에까지 침투해 온 건지 등을 확인하기 위해 단독으로 정찰하기로 결심한 거죠. 물론 위험했지마는 산비탈에는 적의 사격으로부터 몸을 숨길 수 있는 땅이 움푹 들어간 곳이나 경사가 급한 곳이 많았습니다."

산비탈을 오르면서 그는 소리를 지르거나 총을 쏘거나 수류탄을 던

져 적의 사격을 유도하려고 했다. "뭐라고 소리를 질렀냐구요? 기억이
나지 않지만 주의를 끌려고 시끄러운 소리를 냈습니다." 그는 여기 저
기 쓰러져 있는 죽은 해병들의 탄띠에서 카빈 소총 탄창을 거두어 탄
약을 보충했다. 한 곳에서는 브라우닝 자동소총을 주워서 그걸로 사격
을 퍼붓기도 했다.

"적에게 얼마나 가까이 접근했는지를 알고는 나 스스로도 놀랐고,
돌아가기에는 너무 늦었다는 것도 알았죠. 뒤로 물러나는 것이 앞으로
나가는 것보다 위험했으니까요.

'쏘지마!, 적이 아니야'라고 중국말로 말했지만 여하튼 총을 쏘더라
구요. 그래서 공격하는 수밖에 없었습니다. 수류탄을 총열 구멍에서
불꽃이 나온 방향으로 던지고 오른쪽으로 뛰면서 탄창이 빌 때까지 적
에게 총을 쏘았죠. 다시 올라가면서 세 명이나 네 명쯤 되는 중공군들
이 무기를 손에 쥔 채 바위 위에 쓰러져 있는 것을 보았습니다. 산꼭
대기에 오르니 달이 떠올라서 적이 반대쪽 산비탈 아래로 후퇴하는 모
습이 보였습니다. 그 위치에서 나는 아군으로부터 100 m쯤 앞에 있었
는데, 확실히 위험을 무릅쓰긴 했지만 그건 계산된 위험이었습니다.

즉각적으로 내가 고지의 돌출부를 점령했고, 적을 몰아냈다는 것을
알았습니다. 적은 혼자 공격해온 내가 두려워서가 아니라 여러 명이
공격해 온 것으로 착각한 거죠. 숨을 고르기 위해 잠시 쉬는 동안, 주
위의 다른 고지들에서는 격렬한 전투가 벌어지고 있는데도 그 근처는
조용하다는 것을 알아차렸죠. 예광탄들이 산비탈을 넘어서 교차되어
날아가곤 했는데, 아군의 붉은색, 중공군의 초록색, 그리고 어떤 때는
북한군의 파란색 예광탄도 보였습니다. 충분히 쉬고서 고개를 돌려 손
을 입에 모아 아군에게 올라오라고 소리쳤습니다."

오늘날까지도 리는 산비탈과 고지 위에서 발견했던 죽은 해병들을

생각하면 마음이 우울해진다.

"18살 된 금발의 곱슬머리였던 티몬스 일병이 죽어 있었습니다. 달빛 아래서 보니 대리석에 새겨진 그리스 조각의 소년같이 보이더군요. 소대 선임하사인 롱도 죽어 있었는데, 야전 침낭에서 빠져 나오려다 죽은 것 같더군요. 다른 전사자들도 다 똑같이 전투준비가 안된 상태에서 기습당한 것이었습니다. 변명(辨明)의 여지가 없었지요! 솔직히 말해서 해병대답지 않았습니다. 다시는 후방에서 브리핑이나 하며 있지는 않겠다고 다짐했습니다. 교훈 한 가지를 얻었지요. 다시는 이런 일이 일어나지 않도록 전방진지에 계속 남아 있겠다고 말입니다."

리가 배낭을 남겨두고 온 곳으로 돌아왔을 때 새벽이 밝아왔다. 그는 혼자 앉아서 커피를 끓여 마실 생각을 했다("나는 항상 다른 사람들과 일정한 거리를 두려고 했습니다. 어떤 신비감 비슷한 것을 유지하려고 했다고 할 수도 있지요. 물론, 나도 브리핑 후에 한두 마디 친근한 대화를 나눌 수도 있었지만, 결코 어슬렁거리며 쓸데없는 말이나 지껄이지 않았습니다").

자기 참호로 돌아온 뒤 리가 동생이 인천에서 준 탄띠 지지대를 벗어 옆에 서 있는 나뭇가지에 걸려는 순간, "휭 하더니 뭔가가 쇠망치로 치듯이 내 오른팔을 쳤습니다. 나는 땅에 쓰러져 뒹굴다가 몸이 마비되고 아파서 언덕 아래로 몇 미터 굴러 내려갔습니다. 내 부하들이 재빨리 나를 도우려고 모여든 것에는 정말 마음이 찡해졌고, 급하게 몇 마디 말을 하려고 했지만 목소리가 나오지 않았습니다. '탄띠 지지대를 줘. 잃어버리지 않게 해'라고 말하려고 했습니다."

해병 11연대 I포대는 밤새도록 중공군 진지에 고사계(高射界)[1] 사격으로 포탄을 퍼부었으나 새벽에 유효사거리(有效射距離)를 알아낸 적군 저격수가 포진지를 위협하기 시작했다. 프란시스 페리 소령은 포대

---

1) 포신의 각도를 높이 조정하여 능선이나 고지의 후사면에 대하여 가하는 포격.

장에게 대포들을 길 아래의 방어진지 안쪽으로 후퇴시키라고 지시하고
는 지시사항을 연대장에게 보고하러 지프를 타고 내려갔다. 단단한 체
격과 각진 턱을 가진 연대장은 자기 텐트 옆에 서 있었다.

페리 소령 : "내가 보고를 끝내자 연대장이 나를 똑바로 쳐다보면서
말하더군요. '포대가 원 위치를 고수하도록 하게. 중공군과 미국 해병
대의 첫 만남에서 후퇴(後退)한다는 인상을 주어선 안되지.'"

수동 전투 III

　연대봉(煙臺峰) 위로 날이 밝았다. 안개가 자욱하게 끼었으나 얀시 중위는 E중대가 포위된 것을 시야가 가려 있어도 알 수 있었다. 얀시의 부하들은 밤새 중공군과 서로 총질을 해댔지만 어느 쪽도 별 피해를 입지 않았다.

　"중공군들은 마치 자기집의 현관 앞 흔들의자에 앉아 이야기하는 것처럼 평소와 다름없이 이야기를 하더군요. 우리가 여기 있는 걸 알고 있었고, 우리도 중공군이 거기 있는 걸 알고, 또 우리가 자기네 위치를 알고 있다는 것도 알고 있었습니다. 그런데 뭣하러 귓속말을 하겠습니까?"

　나팔소리가 안개 속에서 희미하게 들렸다. 산 위에 남아 있는 해병이 몇 명 안되어 얀시는 소리를 지를 필요도 없었다.

　"고개를 들고 목표가 눈에 들어올 때까지 쏘지 마라."

　그들은 눈을 가늘게 뜨고 몸을 앞으로 기울여 적이 그들을 발견하는 것보다 먼저 적을 발견하려고 했다. "적이 다가오는 신발소리를 들을 수 있었는데, 처음 눈에 띄는 건 그들이 신고 있는 테니스화와 양말이었습니다. 안개가 걷히면서 중공군이 보이기 시작했고, 우리는 사격을 시작했지요. 적들이 줄줄이 쓰러져 갔는데, 정말 통쾌했습니다."

　바람이 불어오면서 안개가 완전히 걷혔을 때 고지 위에 있던 해병들

78

은 중공군이 그들의 진지와 강가에 있는 지휘소 사이를 점령하고 있는 것을 보고 깜짝 놀랐다.

칼 윈슬로 병장 : "도처에 중공군이 있었습니다."

웹 소여 소령 : "우리는 대단히 곤란한 처지에 놓였지요."

A중대 소속 제임스 스템플 중위의 소대는 도로의 동쪽에서 산개대형으로 무모하게 돌진해 오는 중공군을 막아내고 있었다.

"그들이 돌진해 오는 모습을 봐서는 마약(痲藥)을 먹은 게 아닌가 하는 생각이 들었습니다. 돌격해 오는 적 한 명에게 총을 쏴, 네 발이나 가슴을 관통했는데도 우리에게 수류탄을 던진 후에야 쓰러지더라구요. 카빈 소총은 M-1만한 파괴력이 없었어요. M-1 소총에 직통으로 한 방 맞으면 누구든지 쓰러졌는데, 카빈 소총은 네 방이나 맞고도 계속 돌진해 오더군요."

아침 8시쯤 중공군은 공격을 중지하는 것 같았다.

자동화기 사수인 빈센트 이스티드 일병은 자기참호 왼쪽 측면에 있는 스템플 중위에게 강 건너를 보라고 가리켰다. 망원경을 통해 소대장은 카키색 군복을 입은 병력이 698고지 북쪽사면의 골짜기를 따라 내려와 후퇴할 통로를 찾아 기차길 쪽으로 행군하는 것을 보았다.

"수아 병장, 기관총을 이쪽으로 가져와라." 스템플이 어깨 너머로 말했다. 말라야 수아 병장과 기관총 사수들이 두 정의 기관총을 행군 중인 중공군 쪽으로 설치했다. "준비되면 사격개시"라고 스템플이 말하자 기관총들이 강 건너 중공군에게 사격을 시작했다.

로이 펄 상병은 그것을 다른 방향에서 목격했다. 누군가 "저것 좀 봐!"라고 외쳐서, 데이비스 중령 옆에 서 있던 펄은 고개를 돌려 그가 가리키는 쪽을 보니, 중공군들이 사방이 환해졌는데도 이열종대로 기찻길을 따라 북쪽을 향해 행군하고 있었다.

펄 : "중공군은 겨우 100 m쯤 떨어져 있었는데, 우리 쪽에는 신경을 안 쓰더군요. 사실 같지가 않았지요. 갑자기 아군 기관총이 불을 뿜었

고, 뒤따라 나를 포함해서 다른 해병들도 사격을 시작했습니다. 사격하고 있는데, 누가 내 어깨를 툭 치더군요. '펄, 그만하면 됐어. 무전기로 돌아가라'라고 데이비스 중령이 말했습니다."

조셉 오웬 중위 : "중공군이 기찻길을 따라 집결하고 있다는 애기를 듣고는 전화통을 붙잡고 포사격 방향을 지시하자 곧 박격포탄이 비오듯 적의 머리 위에 쏟아졌죠. 60 mm 박격포는 적절하게 운용(運用)하면 아주 유효한 무기였는데, 그때야말로 적절한 운용의 기회였습니다. 포탄이 도랑, 골짜기, 언덕 후사면, 강변 등 적이 숨을 만한 곳에는 다 떨어졌습니다."

해병들은 소수의 중공군 생존자들이 동료들의 시체 위를 기어 넘어 그곳에서 벗어나려고 몸부림치는 것을 보면서 사격장에서처럼 편안한 자세로 적군 생존자들을 골라가면서 사격을 가했다.

7연대 부연대장 프레데릭 다우세트(Frederick Dowsett) 중령은 수동(水洞) 전투를 다음과 같이 요약했다.

"중공군은 대대규모에서는 잘 협조된 공격을 가해 왔지만, 중대 이하에서는 지휘관들이 자기생각이 없었고 지휘능력도 부족했습니다. 기찻길에서는 중대병력의 반이 우리 기관총 사격에 쓰러졌는데도 지휘관이 호루라기를 불자 생존자들이 재집결해서 행진을 다시 시작하더군요. 우리가 다시 사격을 가하니까 마지막 생존자 열 내지 열다섯 명이 대열을 이탈해서 미친 듯이 도망쳤지요. 중공군은 병력 자체는 말할 것도 없고 개개인의 목숨도 가벼이 여기는 것 같았습니다. 그들과 싸우려면 특별한 전술교범(戰術敎範)이 있어야 하지 않나 하는 생각이 들었습니다."

전투가 끝나자 얀시 중위는 잠시 쉬려고 땅바닥에 몸을 쭉 뻗었다. 그는 담배를 피우며 주위를 살펴보다가 제임스 갤러거 일병이 옆으로 지나가자 기관총을 가지고 구원에 나섰던 용감한 행동에 대해 가볍게 말을 건넸다. "어떻게 그런 용감한 행동을 할 수 있었냐?" 갤러거는 얼굴이 빨개지면서 무표정한 얼굴의 소대장에게 진지하게 설명했다. "우리 엄마는 자식들을 겁쟁이로 키우지 않았거든요."

스템플은 A중대가 고지에서 내려왔을 때 연대장 리첸버그 대령이 손에 커피잔을 들고 지나가는 부하들의 등을 가볍게 두드리며 격려를 하던 것을 기억하고 있다. 소총수, 박격포 사수, 기관총 사수들이 거둔 전과에 만족한 대령은 전에 참모부에 근무했던 스템플을 알아보고 같이 커피를 마시자고 권했다. "스템플, 적에게 항복권유 전단을 뿌려야 될까?" 그가 농담조로 물었다.

"연대장님, 이것이 적의 마지막 공격은 아닌 것 같은데요."

"글쎄, 당분간은 우리를 귀찮게 할 것 같지 않아."

"예, 저도 그렇게 생각합니다."

로버트 B. 골트(Robert B. Gault) 하사의 임무는 필수불가결(必須不可缺)한 것이었지만 주목받은 적이 없었다. 그와 그의 조수들의 임무는 연대의 전사자들을 처리하는 것이었는데, 항상 임무에 걸맞은 인물을 찾던 리첸버그 대령은, 주어진 임무를 철저하게 처리하는 그 흑인 해병대원의 태도를 알아보고는 영현(英顯) 등록반을 책임질 수 있느냐고 물어봤고, 인디애나 출신인 조용하고 꾸준한 성격의 골트는 좋다고 대답했다.

"그 일은 짬이 없었습니다"라고 골트가 다음과 회고했다.

"차를 몰고 이리저리 다녔지요. 트럭 한 대와 반원이 다섯 명 있었는데, 차를 세우고 전방 중대까지 걸어 올라가면 소총수들이 전사자의 위치를 알려 주었죠. 전사자의 목에 걸린 군번줄에서 인식표를 떼고 밧줄로 발목과 손목을 묶었지요. 이런 조치들을 천천히 조심스럽게 해야 했는데, 보고 있던 전사자의 동료들이 시신을 정중하게 다루어 주기를 원했기 때문이었습니다. 전사자의 이름, 계급, 군번을 작은 공책에 기입하고는 배낭과 호주머니를 뒤져 편지나 개인 소지품을 찾았습니다. 어떤 때는 폭발로 인식표가 날아가 버렸거나, 편지도 없거나, 전사자가 보충병이었기에 주위에 아는 사람이 아무도 없는 경우도 있었습니다. 그럴 경우에는 전사자의 지문을 채취해서 본부에 돌아와 그 지문을 기록과 대조(對照)해 보고, 주소지를 확인한 뒤 전사통지를 누구에게 해야하는지를 결정했죠."

대대 구호소에 있던 반 윙클 하사는 함흥에 있는 야전병원으로 후송되기 전에 그의 회복을 빌며 불시에 찾아오는 동료들이 고마웠지만, 통증 때문에 이야기를 나눌 기분이 아니었다. 반 윙클은 역습을 이끌다가 무릎에 총상을 입었고, 출혈이 심했기 때문에 해롤 카이저 중위가 병문안을 왔다가 처음에는 시체가 누워 있는 줄 알았다. "사람의 얼굴이 그렇게 창백해지고도 살아 있다는 것이 믿어지지 않았습니다."

같은 대대 구호소에서 조급하게 군의관을 기다리던 츄엔 리 중위는 군의관이 부상 부위를 확인하고는 그를 당연히 있어야 할 곳인 B중대로 돌아가라고 말할 거라고 확신하고 있었다. 한구석에서는 반창고를 감은 일병 하나가 앉아서 손으로 얼굴을 감싸고 울고 있었다. 우는 모습과 소리에 기분이 상한 리는 "왜 훌쩍거리고 있나?"라고 물었다. "어디를 다쳤지?"

그 어린 해병은 고개를 들고, "친구가 죽는 걸 봤어요"라고 흐느끼며 말했다.

리는 일어서서 떨리고 있는 오른팔을 왼손으로 어루만지면서 그의 앞을 왔다갔다하더니 "상처 좀 보자"고 말했다.

그 일병은 가슴과 머리가 아팠기에 달리 보여줄 것이 없었다. 2차세계대전 때 있었던 그 악명 높은 사건에서의 조지 패튼 장군처럼, 리도 겁에 질린 전투원을 동정(同情)한다거나 용서한다는 것이 불가능하다는 것을 깨달았다. 그는 위축되어 있는 일병 앞에 서서 다치지 않은 팔을 들고 말했다.

"주위를 한번 봐라. 다 부상을 입은 사람뿐이다. 저 친구는 배에 파편이 박혔고, 이 친구는 어깨에 총상을 입었어. 그런데 그들이 눈물을 흘리거나 훌쩍거리는 걸 들었나?"

리는 패튼 장군이 한 것과는 달리 그를 때리지는 않았다. 대신에 말문이 막힌 그 일병을 꾀병쟁이라고 부르면서 해병대의 수치(羞恥)라고 말했다.

"지금부터 이 용감한 해병들에 대한 존경의 표시로 조용히 한다. 알았나?"

그 어린 해병은 흐릿한 눈을 하고서 고개를 끄덕였다.

잠시 후, 대대 군의관이 리에게 부상 부위를 적절히 치료하기 위해 함흥으로 후송되어야 한다고 주장했다. 리는 강력하게 항의했지만 아무 소용없었다. 조셉 오웬 중위는 리가 몸을 굽히고 남행(南行) 구급차에 타면서 성난 얼굴을 하고 있었던 것을 기억하고 있는데, 리는 곧 원대복귀(原隊復歸)할 거라고 확신하고 있었기 때문에 작별인사를 하지 않았다.

진흥리

11월 3일 밤, 미 해병과 새로운 적 중국 공산군(共産軍)과의 첫 대결이 종료됐다. 중공군 124사단 예하 2개 연대의 잔존병력은 북으로 5 km를 후퇴해서 황초령(黃草嶺) 고개로 올라가는 도로를 내려다보는 두 개의 고지에 진지를 구축했다. 나중에 미 해병대의 공병단이 그 고갯길을 확장하지만, 그때는 좁아서 전차가 통과할 수가 없었기 때문에 북한군 344 전차연대의 T-34 전차들은 고개의 입구에 남아 있어야만 했다. 4일 아침, 해병 7연대가 조심스럽게 진격을 개시하자 북한군 전차병들은 자신들과 전차들을 숨기려고 노력했다(미군은 전차와 함께 남아 있었던 전차병들을 '광신자'라고 부르지만, 현재 그들의 이름은 평양에 있는 '전쟁영웅들의 명부'에 새겨져 있다).

해병 수색정찰대는 북쪽 끝에 있는 삼거리역을 통과, 3 km 북쪽의 좁은 산골짜기에 자리잡은 철도종점인 진흥리(眞興里)에 진입했다. 함흥에서부터 연결된 협궤철도가 거기서 끝나고, 고원지대에 자리잡은 외딴 마을 고토리(古土里)에 이르는 케이블카의 선로가 시작되었다. 도로의 구부러진 곳을 돌다가 연대행군 종대의 첨병 조원인 조셉 맥더모트(Joseph McDermott) 상병은 그가 나중에 잔나뭇가지와 건초를 쌓아놓은 것 같다고 묘사했던 주위에 어울리지 않는 물체를 발견했다. 확인을 해보려고 월터 콜 일병을 대동하고 길 아래로 내려간 맥더모트는 돌들이 여기저기 쌓여있는 밭을 반쯤 지나서야 그것이 T-34 전차인 걸 알아냈고, 전차의 후방으로 이동해 은폐용으로 사용한 잔가지를 치우고 전차 위로 올라갔다. 포탑의 해치를 열려고 시도해 본 후 소총의 개머리판으로 전차 망원경을 세게 두드리자 망원경 보호유리가 안으로 밀려들어갔다. 위험을 무릅쓰고 그 사이로 들여다보다가 하마터면 얼굴을 스치고 지나간 자동소총 탄알에 맞을 뻔한 그는 가지고 있던 수류탄의 안전핀을 뽑아 틈새 사이로 떨어뜨렸다.

전차 내부에서 수류탄이 터져 뜨거운 공기가 망원경 파이프를 타고 외부로 분출됐고, 그 순간 전차가 움직이기 시작하더니 성난 코끼리처럼 앞으로 맹렬하게 굴러갔다. 한 손으로 포탑에 매달린 채 다른 손으로 벨트에 달린 수류탄을 꺼내려다가 실패한 맥더모트는 전차에서 뛰어내린 뒤 손과 무릎을 재빠르게 움직여 콜이 기다리는 큰 바위 뒤로 숨었다. 전차는 주위를 맴돌다가 그들이 있는 곳 가까이에 멈췄다. 이제는 콜 일병이 위험을 무릅쓸 차례가 되었다. 정지한 전차 위로 올라간 콜은 수류탄을 깨진 망원경 틈새로 밀어넣고는 화염과 연기가 전차 포탑과 깨진 망원경에서 품어 나오기 전에 머리를 숙였다. 전차는 덜컹거리며 몇 미터쯤 굴러가더니 더 이상 움직이지 않았다.

도로 위에 서 있던 도날드 샤론 중위는 길옆에 있는 초가집이 갈라지면서 그 안에서 전차가 행군하는 해병들에게 85 mm 전차포를 위협적으로 휘두르며 나타나는 것을 보았다. 병력들이 재빠르게 길 양쪽으로 흩어져 바로 대전차 공격을 실시했는데, 로켓포와 무반동총, 항공기의 공격에 4대의 전차가 파괴되었으며, 그것이 북한군 344전차연대의 최후였다.

이런 일들이 진행되는 동안 재미있는 사건이 훨씬 뒤쪽에 있는 도로 위에서 일어났다. 전날 저녁에 있었던 적 전차의 기습이 그의 부하들을 기겁하게 했던 것을 잊지 않고 있던 데이비스 중령은 또 그런 상황이 재발하는 것에 대비하여 대전차 중대에서 대전차 지뢰(地雷)를 몇 개 얻어 자기 지프의 모래주머니에 넣어 보관했다. 4일 아침 전초에서 적 전차와 조우(遭遇)했다는 소식을 들은 그는 전령 왓슨 일병을 불러, "도로 폭이 협소한 곳에 있는 배수로 옆에 대기하다가 적 전차가 도로에 나타나면, 지뢰를 전차궤도가 지나갈 만한 곳에 설치하라, 알았나?"라고 지시했다.

몇 분 후 데이비스는 왓슨이 준비가 됐는지 보려고 배수로 쪽으로 가보았다. "그는 무척 당황해 하고 있었는데, 그가 임무에 대해 혼란스러워 한다고 생각해 다시 자세하게 설명을 했습니다. 이마에서 땀이 나고 있더군요. 설명을 열심히 듣다가 내가 그 자리를 벗어날 수 있는 가장 좋은 방법에 대하여 얘기를 하니까, 그가, '아! 대대장님'이러더군요."

"왜 그래, 왓슨?"

몸을 떨고 있던 그 젊은 해병은 갈라진 목소리로 자기는 대대장이 지뢰를 안고 전차궤도 밑으로 들어가라는 줄 알았다는 것이었다. "다시 말해서, 그 친구는 가미카제 특공대처럼 지뢰를 품에 안고 전차에 몸을 부딪쳐 폭발시키라는 걸로 알아들었더군요. '그럴 필요까지는 없다'고 말해 주었습니다. 그 친구 이름이 로버트 R. 왓슨이었는데, 고향이 어딘지는 기억나지 않지만 훌륭한 해병이었습니다"라고 데이비스가 말했다.

11월 6일, 어두워진 후 11연대의 대포들이 일제사격을 실시해 중공군 124사단의 잔존병력을 괴멸시켰는데, 리첸버그 대령은 나중에 인터뷰에서 이것을 사무적으로 간결하게 말했다. "적 124사단의 예비대가 무너짐으로써 동(同)사단의 패배가 확정되었습니다."

스미스 장군도 평이하게 언급했다. "괜찮은 전투였습니다."

박격포 소대장 조셉 오웬 중위는 좀 더 직선적으로 말했다. "우리는 적을 내쫓아버렸고, 해병 7연대가 남한에서 전투를 치른 5연대만큼 강한 부대라는 걸 증명했습니다."

7연대는 적군을 수동 주변의 고지와 계곡에서 몰아내기 위해 꼬박 닷새를 소비했고, 삼천 명의 연대병력 가운데 약 50명의 전사자와 200명의 부상자가 발생했다. 중공군 쪽은 약 1,500명쯤이 전사한 걸로 보고되었다.

적군 전사자의 시체가 산처럼 쌓여 있는 모습은 신참 해병대원들의 호기심을 일으켜, 그들은 황초령고개를 향해 북쪽으로 진군을 재개하기 전에 시체들 사이를 오가며 구경을 했다(태평양전쟁 기간중 이런 모습을 자주 본 고참 해병들은 그러지 않았다). 중공군 병사들은 솜으로 누빈 카키색 코트와 바지를 입었고, 귀마개가 달린 털모자를 쓰고 있었다. 소수만이 털이 든 부츠를 신고 나머지 대부분은 해병들이 테니스화라고 부르던 크레이프 고무를 댄 천운동화를 신고 있었다. 그들의 배낭을 검사한 정보장교들은 각자가 미리 익혀서 따로 연기를 피우며 요리할 필요가 없는 쌀, 옥수수, 콩으로 된 4~5일분의 식량과 80~100발의 탄약 그리고 몇 발의 방망이 수류탄을 휴대하고 있다는 것을 발견했다.

알몬드 장군은 해병들에게 신뢰를 또 잃었는데, 전장검사를 하는 도중 해병대 포병의 곡사포(曲射砲)의 포신이 하늘 쪽을 가리키고 있는 것 — 고지의 후사면을 포격하기 위한 고각(高角) — 을 보고는 리첸버그 대령에게 "해병대가 고사포(高射砲)를 여기까지 가져온 줄 몰랐군"이라고 말했기 때문이다. 이것은 재미있는 일화일 수도 있지만, 만약 10군단장이 수동전투를 자기의 지휘일기에 기록할 가치가 별로 없는 거라고 여기고 있다는 걸 해병들이 알았다면 그들은 정말 낙망(落望)하였을 것이다. 수동계곡에서 격전이 있던 날, 그의 일기에는 다음과 같이 씌어 있었다. "10군단 지휘부가 사용하기로 한 풀맨 기관차와 승객용 객차의 준비상태를 검사했다."

아직도 참전 중공군이 소수의 지원병으로 구성되어 있다고 확신하는 동경 맥아더 사령부의 정보참모 윌로비 소장은 11월 3일 단지 16,500

명에서 3만 4천 명의 중공군이 북한에 들어와 있다고 발표했다. 그 숫자는 이만저만 틀린 것이 아니었으니, 그때까지 제 9병단(兵團)의 12개 사단이 미 10군단을 대적하기 위해 압록강을 건너 쏟아져 들어오고 있었고, 또 한편으로는 임표[1]가 지휘하는 제 13병단 소속의 18개 사단이 월턴 워커 장군이 지휘하는 미8군의 전면에 배치되어 있었는데, 그 시점에 벌써 약 30만 명의 중공군이 북한에 들어와 있었다.

---

1) 당시 한반도에 파견된 중공군 총사령관은 팽덕회였고, 13병단장은 이천우(李天佑)였다.

사라진 중공군

해병 7연대 D중대, 동원예비역 알 브래드쇼(Alfred Bradshaw) 일병 : "우편물 발송실에서 근무하고 있었는데, 전속명령이 내려 진흥리에 있는 해병 7연대 인사부(人事部)에 신고하라더군요. 인사부에서는 나를 도로 서쪽편 산 위에 있는 E중대로 명령을 냈고, 내가 땀을 뻘뻘 흘리고 숨을 거칠게 몰아쉬는 것을 탐탁지 않게 여겼는지, E중대에서는 날더러 D중대에 가서 전입신고를 하라는 겁니다. 그 말은 산을 내려가서 도로를 건너 반대편에 있는 더 높은 산으로 올라가라는 얘기였는데, 세인트루이스(St. Louis)에는 정말 그런 산들이 없었어요.

산밑에 내려 왔는데 문제가 하나 생겼습니다. 누군가가 '앞을 봐' 하길래 봤더니, 국(gook) 한 명이 총을 어깨에 걸고 거기 서 있는 것이었습니다. 아무 생각 없이 보초근무를 하는 것처럼 말입니다. 하지만 처음 만난 적군이라서 M-1 소총을 조준했더니, 다른 해병이 먼저 쏘아버렸습니다. 그 불쌍한 친구는 항복하려는 것 같았지만, 누가 알 수 있나요?

D중대진지로 올라가니 나를 소타 중위의 소대로 배치하더군요. 진지에 자리를 잡고 보니 바로 옆 참호에 있는 해병이 다름 아닌 세인트루이스 출신의 얼 데먼트(Irl Dement)였는데, 개성이 독특한 친구였어요. 속사수(速射手)인 얼 데먼트는 전입 첫날밤에 종이조각 하나가 바

람에 날려오자 거기다 대고 45구경 권총을 갈겨댔지요. 다음날 아침에 중대장 밀턴 헐(Milton Hull) 대위가 오더니 누가 총을 쐈으며, 시체는 어디 있는지 알아야겠다는 겁니다.

'중대장님, 그건 종이 조각이었습니다.'

'그래, 그 종이 좀 보자, 지금.'

얼 데먼트와 나는 중대장이 팔짱을 끼고 기다리는 동안 종이를 찾으러 내려가 산비탈 10미터 아래에서 찾아 중대장에게 내밀었습니다.

'좋아, 총알 구멍은 어디 있나?' 중대장은 그의 부하가 종이조각에다가 총을 쏘았다는 것이 이해가 안 되는데다가, 더 어이가 없는 것은 그 종이조각을 맞추지도 못했다는 것이었습니다.

그날 밤 참호 옆에다 소변을 보고 있는데, 왼쪽에서 방아쇠 잠금장치를 푸는 소리가 들려 재빨리 땅에 엎드렸죠. C-레이션 깡통에 오줌을 누는 것이 생리현상을 해결하는 최적의 방법은 아닐지라도, 얼 데먼트에게 목숨을 위협받는 것보다는 훨씬 좋은 방법이었습니다. 다음날 아침 옆의 참호에서 제일 먼저 나에게 활짝 웃는 사람은 바로 얼 데먼트였습니다.

'너도 어제 밤에 중공군을 보았지?'

'얼, 이 얼빠진 놈아, 그건 중공군이 아니었어, 내가 오줌 누려고 했던 거야.'

'어, 그래?'

딸딸이 얼, 그와 나는 고향 세인트루이스에서부터 친구 사이였습니다."

그날 밤 나팔소리가 황초령고개 아래로 메아리치면서 뚜렷하게 들리는 곡조(曲調)가 북쪽에 있는 깊은 계곡의 벽에 울려퍼지다가 점점 약해지더니 마침내는 들리지 않았다. 11월 7일과 8일 밤 중공군은 흔적도 없이 사라졌다.

왜 중공군 124사단이 수동(水洞)에서 저항을 했는가에 대해서는 여러 가지 의견이 있었다. 그 중 하나는 한반도 동북부에 있는 수력발전설비(水力發電設備)를 보호하려 했다는 것인데, 그 발전소가 압록강을 넘어 만주의 도시들에 전력을 공급하기 때문이었다. 또 하나는 그들의 국경이 침범당하는 것을 조기(早期)에 차단하려 했다는 것인데, 스미스 장군은 중공군이 북쪽에서 강력한 반격을 준비하는 동안 미군의 진격을 지연(遲延)시킬 목적으로 적 124사단이 황초령의 입구에 주둔했다고 추론했다. 비록 미 해병대가 수동에서 국지적(局地的)으로 눈부신 승리를 거두었지만, 스미스는 적 42군의 다른 2개 사단이 어디에 있는지에 대한 궁금증을 떨쳐버릴 수 없었다.

삼거리역 근처에서 연기를 내뿜고 있는 T-34 전차의 잔해(殘骸)를 지나자 도로가 급격히 가팔라졌다. 니콜라스 트랩넬(Nicholas Trapnell) 중위는 그 도로가 신비에 싸인 동양의 왕국으로 다가가는 길 같았고, 톱니모양의 지평선 너머에 숨어있는 식인 괴수(怪獸)를 만날 것 같은 느낌이었다고 회상했다. 13 km 거리의 고개 위에 깔려 있는 도로는 오른쪽은 절벽, 왼쪽은 골짜기였는데, 길이 굽어지는 곳이 너무 좁아서 트레일러를 단 트럭들은 트레일러를 풀고서야 통과할 수가 있었다. 해병들은 고개를 서서히 올라가 고원지대에 도달했는데, 고개 서쪽의 숲에서 산불이 나 차가운 바람 속에 나무를 태우며 좋은 냄새를 풍기고 있었다.

해병사단장

　55세의 올리버 프린스 스미스는 만약 전형적인 해병대 장군 타입이란 것이 있다면 거기 속하는 사람이 아니었다. 조용하고 생각에 잠기기를 좋아하는 이 파이프담배 애연가는 패기만만하다기보다는 좀 수줍음을 타는 신사였다. 텍사스에서 태어났지만 북부 캘리포니아에서 자란 그는 버클리에 있는 대학을 고학(苦學, 원예 관련된 일)으로 마치고 1917년에 해병 소위로 임관했으며, 프랑스 육군대학에서 공부했고, 2차 대전 때는 뉴 브리튼, 팔라우, 그리고 오키나와 전투에 참가했다.

　그는 수줍음을 타기는 했지만 소심하지는 않았다. 11월 7일 알몬드 장군과의 회의에서 그는 해병연대들을 분산 배치하려는 것에 반대의사를 표시했다. "나는 10군단의 주력 전투부대인 해병 1사단이 예정대로 분산 배치되면 전투력이 약화(弱化)될 수밖에 없다고 지적했습니다." 그날 해병사단의 각 부대는 서로간에 최장 270 km까지 떨어져 있었는데, 1연대는 원산 주변, 5연대는 신흥계곡, 7연대는 수동 북쪽에 있었다.

　"나는 겨울이 다가오는 것과 산악지대에서 보급품 조달의 어려움을 고려해서 정군(停軍)하는 것을 생각해 보자고 다시 강력하게 건의했지요. 알몬드는 해병사단을 집중 운용하는 것에 동의하는 것처럼 보였습

제 1해병사단장
올리버 P. 스미스 소장

니다."하지만 해병 장군의 안도감은 오래 가지 못했으니 알몬드가 자기는 해병대가 황초령을 넘어 고토리를 지나 장진호 밑에 있는 교통의 요충인 하갈우리(下碣隅里)까지 진출하기를 원한다고 덧붙여 말했기 때문이었다.

스미스는 이제 무방비상태인 자기 사단의 왼쪽 측면을 걱정하기 시작했다. 그 전에 알몬드가 10군단 특수작전부대가 파견한 정찰대가 방어를 담당할 거라며 그를 안심시켰지만, 스미스는 이 약속을 확신할 수 없었는데, 벌써 그 부대의 허약한 전투력에 대한 부정적 보고를 들었기 때문이었다. 11월 2일 특수작전부대 소속의 병장이 지나가던 해병대의 트럭을 세워 그의 부대가 300여 명 가량의 중공군에게 공격을 받고 있으며 도움이 필요하다고 얘기했다. "마침 그 근처에 있던 해병 1전차대대 소속부대가 3대의 전차로 구성된 정찰대를 출동시켜 문천(文川) 서쪽 2 km 지점에서 적군과 조우, 지체 없이 적을 산악지대로 쫓아버렸습니다. 특수작전부대의 전투력이 그 교전에서는 신뢰할 만하지 않았습니다"라고 스미스가 나중에 말했다. 장진호 전투기간중 미 해병이 전투력이 약한 미 육군부대를 돌봐주어야 했던 경우는 그것이 마지막은 아니었다.

작전참모 알파 L. 바우저 대령 : "해병사단은 10군단의 선봉이었지만, 알몬드 장군은 선봉부대가 거의 움직이지 않고 있다는 것을 눈치채기 시작했습니다. 사실 우리는 교묘하게 빈둥거렸지요. 병력이 더 분산 배치되기 전에 적이 나타나 주기를 기대하면서 진군을 천천히 하려고 모든 방법을 다 썼습니다. 동시에 진군하는 도로 곳곳에 보급품 더미를 쌓아놓았습니다."

함흥에 있는 육군 제121후송병원에 입원한 츄엔 리 중위는 다루기 쉬운 환자가 아니었다. 뿐만 아니라 그 병원에 근무하는 육군 위생병들도 그를 친절하게 돌보지 않았다. 오른쪽 팔의 격심한 아픔 때문에 평소보다 더 성미가 까다로워진 그는 "후방부대의 바보들과 같이 지내는 것은 정나미 떨어지는 일이었습니다. 그들은 내가 아무것도 하지 않기를 바라더군요. 나는 아무런 의무도 책임도 목적도 없었습니다"라고 말했다.

좌절감을 느낀 리는 조용히 중얼거렸다. "여기를 벗어나야만 해."

허벅지에 부상을 입었던 81 mm 박격포반 반장 윌리엄 켈러 하사도 거의 리 중위만큼이나 안절부절못했다.

"산보 나가려는데, 중위님, 같이 안 나갈래요?"

리는 아픈 팔에 팔걸이를 한 채 다리를 저는 켈러와 함께 병원 구내를 이리저리 서성이다가 병원 수송부(輸送部) 근처까지 갔다.

켈러가 시동이 켜진 채 있는 지프 한 대를 발견하자 두 사람은 얼굴이 환해져 서로를 바라보았다. 수송부의 한쪽 구석에서는 여러 명의 육군 운전병들이 불붙은 200 ℓ들이 석유 드럼통 주위에 모여 몸을 녹이고 있었다. 리가 앞자리에 앉자마자 켈러는 운전대를 잡고 차를 출발시켰다. 놀라서 돌아본 운전병들 중 한 명이 고함을 질렀지만, 그들이 움직이기 전에 지프는 쏜살같이 시가지를 통과해 북으로 달려나갔다. 시가지 끝쯤에 와서 리 중위는 헌병이 쫓아오는지를 확인하려고 뒤를 돌아봤는데, 놀랍게도 육군 구급차 세 대가 쫓아오고 있는 것이었다.

"우리는 쫓기고 있어, 켈러. 더 빨리 달려."

그들은 운전병 세 명이 어떻게 그렇게 신속하게 행동했는지 이해할 수가 없었지만, 그건 당장 중요한 것이 아니었다. 추격이 진행중이었기 때문에 그들은 곧 개활지로 나가 논두렁 위를 빨리 달려갔다. 리는 자리에서 돌아앉아 추격자들을 주시했는데, 구급차들이 바짝 뒤따라붙었다.

"더 빨리!" 리가 외쳤다.

"중위님, 더 빨리 가면 …."

도로가 왼쪽으로 꺾어져 있었지만, 켈러는 차가 뒤집어질까 봐 운전대를 갑자기 왼쪽으로 돌릴 수가 없었다.

"우리는 비행기처럼 붕 떠서 물 빠진 논 위에 떨어졌습니다." 리가 회고했다. 지프는 덜컹거리다가 멈추었고, 구급차는 왼쪽으로 돌아서 수동(水洞) 쪽으로 달려가 버렸다. "그때서야 그들이 우리를 추격해 온 것이 아니란 걸 알았죠." 그 일화와 관련하여, 리는 켈러와 자기가 차가 떨어지는 충격에 아파서 잠시 동안 신음을 하다가는 웃음을 터트렸다고 말했다.

리는 오웬이 고지 위로 터벅터벅 올라오는 자기를 보고 쉰 목소리로 인사를 하는 것을 못 들은 척했다. B중대원들은 리가 다시 중대로 돌아와 반갑다고 환영하면서도 이해할 수 없다는 표정들이었다. 중대원들이 그를 둘러쌌을 때 그는 짧게 고개만 끄덕했다. 중대장 마이론 윌콕스(Myron Wilcox) 대위는 안경을 벗고 콧등을 문질렀다. "그래서, 리 중위, 병원에서 놓아준 거야, 아니면 그냥 방문한 거야?"

"저는 복귀신고를 하는 겁니다. 그래버 중위가 뇌진탕으로 후송됐다고 들었는데요."

윌콕스 대위가 고개를 끄덕였다.

"그의 소대를 맡고 싶습니다."

"그렇게 해."

2소대의 해병들은 그 소식에 다소 걱정이 되었다. 왜냐하면 윌리엄 그래버 중위 밑에서 지내는 것과 츄엔 리 중위 밑에서 지내는 것이 다르다는 것을 알고 있었기 때문이었다.

조셉 오웬 중위 : "리는 모든 것을 교범(敎範) 대로 했습니다. 참호는 더 넓게 더 깊게 파야 했고, 수류탄 처리공(處理孔)도 만들어야 했지

요. 그는 소대원들이 교범대로 작업을 마칠 때까지 모든 것을 철저하게 검사했습니다."

리 중위는 보급계 텐트에서 무기와 장비를 다시 지급받고는 다음 전투에 대비해 차근차근 준비를 마쳤다.

"나는 그때까지 충분한 영예(榮譽)를 얻었다는 확신이 서질 않았습니다."

황초령

　노출된 연대의 측방이 걱정스러워진 리첸버그 대령은 병력을 도로가 협소하고 적이 매복할 가능성이 높은 황초령으로 진출시키기 전에 북서쪽의 미확인 지대에 대한 수색정찰을 실시하기로 마음먹고는 40 km에 이르는 위험스러운 수색정찰 임무에 참가할 지원자를 모집하라고 지시했다.

　1대대 중화기중대 랄프 뵐크(Ralph Boelk) 일병 : "연대장이 지원자를 모집했을 때 약 200명이 손을 들었습니다. 지원동기는 적에게 한 방 먹이고 싶다거나, 안절부절 해서 무언가를 행동에 옮기고 싶다거나, 또는 그저 운동을 하려는 것이었지요. 나는 적에게 한 방 먹이고 싶은 쪽이었습니다."

　리첸버그는 대대장들에게 그 임무를 지휘할 소대장을 한 명 지명하라고 지시했고, D중대의 소대장인 윌리엄 고긴(William Goggin) 중위가 뽑혔다. "고긴은 성격이 조심스럽다고 알려져 있어 후보자 세 명 중에서 선택됐는데, 장교는 용감해야 하지만, 동시에 부하들의 목숨을 아낄 줄도 알아야 하거든요"라고 리첸버그가 나중에 이야기했다. 정찰임무에 대해 설명하고 나서 레이몬드 데이비스 중령은 마지막으로 고긴에게 "만약 길을 잃으면 골짜기를 만날 때까지 동쪽으로 이동하라, 그리고는 도로가 나타날 때까지 골짜기를 따라 내려와라"고 조언

했다. 8개의 확인점(確認点)이 설정되었으며, 정찰대의 무선 호출부
호는 드리프트우드 아이템이었다.

11월 8일은 날씨가 쌀쌀하고 안개가 끼었다. 15명의 정찰대는 정오
경에 행군종대로 서쪽을 향해 출발했고, 첫 번째 확인점까지 두 봉우
리 사이의 암반 위를 흐르는 계류(溪流)를 따라 5 km쯤 행군했다. 고
긴 중위는 산에 가려서 확인점 1과 2에서는 대대와 무선교신을 못했
다. 오후가 한참 지나서 정찰대는 북쪽으로 방향을 틀어 고원지대에
이르는 2 km쯤 되는 가파른 산비탈을 오르기 시작했으나 적은 보이지
않았다.

어스름해지자 고긴은 행군을 멈추고 몇 시간 동안 휴식을 취하기로
결정했다. 로버트 맨디히 상병이 보초를 서다가 밤 12시경에 산비탈
아래쪽에서 신발 밑창이 끌리는 소리를 들었다. 여러 명이 접근하고
있었는데, 그가 "정지! 누구냐?"라고 정식으로 수하하자 접근하던 무리
는 방향을 돌려서 달아나버렸다. 뷜크를 포함한 정찰대원 몇 명은 그
들이 적의가 없는 민간인들일 거라고 생각했지만, 고긴은 그들이 중공
군 보병이라고 가정하는 것이 현명하며, 그의 임무가 전투정찰이 아니
고 수색정찰이기 때문에 재빨리 이동하는 것이 낫겠다고 판단했다.

정찰대가 산 정상에 있는 확인점 3에 도착했을 때 동쪽하늘에 먼동
이 터 오고 있었다. 숲 사이를 빠져 나와서 그들은 장진강(長津江)이
고토리를 지나 서쪽으로 흐르는 동서로 펼쳐진 협곡을 내려다보게 되
었다.

랄프 뷜크 : "달이 막 지려 하고 있었고, 산과 들은 첫서리에 덮여
있었다고 기억하는데, 낯설면서도 아름다운 풍경이었습니다. 산 아래
로 보이는 초가집들에서는 굴뚝에서 연기가 나고 있었고, 어떤 초가집
밖에는 말들이 매어져 있었습니다."

강을 따라서 여러 명의 민간인들이 사금(砂金) 채취를 하고 있었는
데, 해병사단이 사용하던 일본인이 만든 지도에 그 지역에 금광(金鑛)

이 많다고 나와 있어 정찰대원들은 놀라지 않았다.

빌크 : "초가집 한 군데서 중공군 한 명이 아침 소변을 보러 밖으로 나와 우리는 눈에 안 띄려고 땅에 바짝 엎드렸습니다. 그가 안으로 들어가고 나서 우리는 다시 이동하기 시작했는데, 그때 개 한 마리가 우리를 보고 짖기 시작해 다시 엎드렸죠. 그러자 중공군 여러 명이 밖으로 나왔고, 그 중 한 명이 우리를 봤습니다. 그들은 집안으로 소리를 지르면서 우르르 들어가더니 소총을 가지고 나오더군요. 우리는 그들의 시야에서 벗어나려고 동쪽으로 빨리 이동하기 시작했습니다."

잠시 총격전이 벌어졌고, 고긴 중위가 손에 부상을 입어서 위생병 제임스 월쉬가 포복으로 다가가 상처를 소독하고 붕대를 감아주었다. 중공군들은 갑자기 사격을 멈추더니 말에 안장을 채워 고토리 쪽으로 길을 따라 내려가버렸다. 정찰대는 확인점 4로 설정된 1413고지 위에 머물면서 지시받은 대로 한 시간 반 동안 도로를 감시했지만 더 이상 적의 움직임을 발견하지 못했다.

90분이 지나자 정찰대는 고토리 마을이 내려다보이는 1328고지를 넘어 이동했는데, 마을은 텅 비어 있는 것 같았다.

빌크 : "우리가 그 지역을 떠나려 할 때 서너 마리의 사슴이 근처의 덤불에서 뛰어나와 깜짝 놀랐었죠."

계곡의 입구에 다가갈 때쯤에 무전병 도날드 해밀턴 상병이 드디어 데이비스 중령과 교신에 성공했고, 그때 시간은 11월 9일 오후 2시 47분이었다.

빌크 : "나는 무전병이 데이비스 중령에게 고긴 중위를 바꿔줄 터이니 기다리라고 말하는 것을 들었습니다. 중위가 '대대장님, 정찰대는 골짜기 끝에 다 왔습니다. 곧 공제선상에 올라서서 손을 흔들겠습니다'라고 하더군요. 그는 우리가 중공군으로 오인(誤認)돼 사격당할까봐 걱정이 되었던 겁니다. 하지만 산 아래에 있던 해병들도 손을 마주 흔들어 주었고, 우리는 무사히 귀환했습니다."

고긴의 정찰대는 26시간 동안에 40 km를 행군하여 지형이 엄청나게 험한 지역에 대한 수색정찰을 실시했고, 그 결과 고토리에서부터 서쪽으로 난 도로는 적의 병력이동이나 보급품 수송에 사용되지 않는다는 것을 알아냈다.

황초령을 넘어 행군하는 동안 7연대가 만난 유일한 저항은 11월 9~10일 밤에 걸쳐 곰 한 마리가 G중대 1소대 전면에 으르렁거리며 나타나 서북쪽으로 뻗어 있는 케이블카 궤도를 오른쪽으로 터벅터벅 넘어가면서 침낭 안에 잠들어 있던 해병들을 놀라게 한 것이었다. 10일 아침 일찍 츄엔 리 중위의 소대를 첨병으로 한 데이비스 중령의 7연대 1대대는 황초령을 넘어 넓고 평평한 고원지대에 진입했고, 리첸버그 대령은 다음과 같은 간략한 보고를 스미스 장군에게 했다. "오늘 부로 고토리 점령완료."

데이비스의 참모들은 대대본부로 눈에 잘 띄는 장소를 택했고, 케이블카의 궤도가 끝나고 협궤철도가 다시 시작되는 기차역이 본부로 선택된 것 알았을 때 데이비스는 눈살을 찌푸렸다. "그곳은 대대 점령지역의 가운데 있었지만 적의 공격에 취약했습니다. 우리는 대대본부 건물 주위의 경계초소들을 증강하고, 본부요원 전원이 참가하여 마을 동쪽으로 몇백 미터 떨어져 있는 골짜기까지 대피훈련을 실시했습니다." 그 문제를 해결한 후 데이비스는 장진강에서 스펀지에 물을 적셔 목욕을 했다. 강은 고토리에서 북쪽으로 방향을 돌려 16 km쯤 흘러가서 하갈우리에 이르러 넓게 펼쳐져 있는 장진호의 남쪽으로 흘러들어 갔다. 데이비스는 그날이 가을의 마지막 날이란 것도 깨닫지 못하고 차가운 물에 몸을 씻었다.

1950년 11월 10일은 데이비스가 자랑스럽게 말한 '우리의 위대하고 영광스러운 해병대'의 창설 175주년 기념일이었고, 이상적 상황은 아니었지만 기념일 행사가 엄숙하게 치러졌다. 여느 때처럼 해병대 사령관의 기념일 성명이 전 장병에게 낭독되었고, 저녁에는 함흥에 있는 사단사령부 식당에서 조촐한 기념식이 있었다. 고원지대 고토리에서는 데이비스 중령이 해병대 교범에 별도로 준비되어 있는 구절을 낭독하고, 노획한 북한군의 장교군도(軍刀)로 커다란 케이크를 자른 후 처음 조각은 참석한 해병 중에서 가장 연장자에게, 두 번째 조각은 가장 나이가 어린 해병에게 나누어주었다.

데이비스 : "그날 저녁 체구가 작은 중공군 낙오병 한 명이 끌려왔는데, 계속 웃기만 하더군요. 배가 무척 고팠는지 우리가 데워 준 C-레이션과 커다란 케이크 조각을 게걸스럽게 먹어 치우더군요. 대대본부에 있던 침낭 속에 뉘어 주었더니 바로 잠들어 버렸습니다. 잠에서 깬 뒤에는 통역에게 산으로 돌아가 탈영하려고 하는 다른 동무들을 모아오고 싶다고 이야기했습니다. 나는 '나쁠 것 없지?'라고 생각해서 그에게 C-레이션과 담배, 해열제를 안겨서 대대 방어선의 외곽지역까지 호송해 주었고, 그는 케이블카를 타고 올라가서 산 위에 내려서는 우리에게 크게 손을 흔든 뒤 가버렸습니다. 다시는 그를 보지 못했습니다."

조지아주 출신의 레이몬드 G. 데이비스 중령은 1950년 6월 한국전쟁이 발발했을 때 시카고(Chicago)에 있는 예비대대(豫備大隊)의 검열교관으로 근무하고 있었다. 그는 중령 계급에 11년간이나 머물고 있었는데, 해병대에서는 같은 계급을 오래 다는 것이 드문 일이 아니었다. 해병대는 장교들에게 완벽한 교육을 실시하고 대상인물이 진급할 자격이 있다는 걸 증명해 보일 때만 진급을 시켰다.

데이비스의 해병 제9보병대대는 기차 편으로 펜들톤(Pendleton) 기지에 아침 5시에 도착했다. 101번 고속도로 위를 차 한 대가 불빛을 비추며 지나갔고, 철길 옆에 정렬해 있다가 75명씩 그룹으로 나뉘어 어둠 속으로 흩어져간 병력들은 다시는 그들을 훈련시킨 교관들을 만나지 못했다. "솔직히 얘기해서 우리 예비대대가 그날 새벽 어둠 속에서 예고도 없이 무질서하게 해체된 것에 대해 아직도 화가 납니다. 우리 대대는 가족적 분위기였는데, 갑자기 뿔뿔이 흩어진 거지요. 해병대에서는 보통 모든 일들이 질서 있게 다루어졌지만, 단연코 그 조치는 비정상적이었습니다. 대한민국(大韓民國)이 북한 공산주의자들에게 유린당하고 있었고, 만약 우리가 남한사람들을 구원하려면 모든 것이 신속하게 이루어져야 된다는 것은 알고 있었죠. 하지만….

내가 전입신고를 하니 '어디 있었나? 자네는 5일 안에 우리 연대의 1대대를 구성해서 승선(乘船)해야 해'라고 하면서 리첸버그 대령이 반겨주었습니다. 그는 소령 세 명을 배속시켜 주었고, 나는 그들과 함께 대대병력을 충원해야 했습니다. 우리는 바스토 보급창에서 보급품을 수송해 온 트럭 몇 대를 징발해서 각자가 트럭을 몰고 기지 주위를 다니다가 해병대원들(작업반, 피교육반, 빈둥거리는 비번자들)을 만나 지원자를 모집했습니다. 해외출정은 해병대의 임무였기에 트럭을 채우는 데 아무런 문제가 없었지요.

다음 나흘 동안 우리는 펜들톤 기지의 야외(野外)에서 지휘소 훈련을 한 번 하느라 시간을 다 보냈고, 부대가 제 기능을 할 때까지 거기에 머물러 있었죠. 골치 아픈 일은 리첸버그 대령이 헬기를 타고 나타나는 것이었는데, 바로 우리 위에 떠서 무전으로 질문을 계속 퍼부어대는 겁니다. 그리 자랑할 건 못되지만 나는 경계병을 세워 헬기가 날아오는 소리가 나면 경보를 울리게 해서 문제를 해결했습니다. 경보가 울리면 헬기가 떠 있는 동안 모두들 분주하게 왔다갔다했지요.

어느날 저녁 소등나팔이 불기 직전에 부대원들에게 훈시를 했습니다. '우리는 곧 출정할 것이고, 우리 대대는 사단의 최정예 부대가 될 것이다. 작업시에는 누구보다 더 열심히 일할 것이고, 전투시에는 전력을 다해 싸울 것이다. 우리 대대에서는 주어진 책임을 회피하는 해병을 용납할 수 없다. 임무가 막중하기 때문에 쓸모 없는 사람을 데리고 갈 여유도 없다. 명령이 떨어지면 바로 승선할 수 있게 준비하여야 한다. 부근에 가족이 있으면 한 번 만나서 작별인사를 하도록.'"

산악지대의 기온이 다시 급격히 떨어졌고, 더 큰 추위가 곧 들이닥칠 것 같았다.

스미스 장군 : "나는 동절기 피복장비를 흥남에 있는 보급품 야적지에서 불출(拂出)하라고 지시했는데, 이게 어려운 일이었습니다. 수송선의 반을 채울 만한 양의 피복장비들이 탄약과 식량 야적지들 사이에 흩어져 있었거든요. 7연대가 벌써 고지대에 있었기 때문에 그 부대에 먼저 피복을 보급했습니다. 동절기 피복장비는 산악용 침낭, 알파카 털이 달린 파카, 방풍바지, 두꺼운 모(毛)양말, 동절기 군화 등이었습니다. 파카는 긴 해군용이었는데, 산악지대에서의 장거리 행군보다는 군함에서의 관측임무에 더 어울리는 것이었지요. 동절기 군화로 말하자면, 오리 사냥꾼이 신는 장화 타입이었고, 영하의 기온에서 동상 걸리기 딱 좋은 모양이었습니다."

중공군이 항공관측으로부터 자신들을 숨기는 데 얼마나 능숙한지를 알고 있는 리첸버그 대령은 그들이 그 지역을 떠났다는 것을 확신할 수가 없었다. 수동에서의 교전 전(前)에 해병항공대가 7,500명의 병력을 가진 중공군 124사단의 머리터럭 하나도 알아채지 못했기에 더욱 그러했다.

박격포 소대장 조셉 오웬 중위 : "우리들 대부분은 우리가 전진할 곳 어딘가에 엄청난 숫자의 국(gook)들이 우리를 기다리고 있다고 의심하고 있었습니다."

동장군의 내습

맥아더 장군은 11월 초에 있었던 중공군의 공격을 별 것 아닌 것으로 여겼다. 서부전선의 미8군과 동부전선의 미10군단은 제각기 압록강을 향해 맹렬히 진격할 예정이었고, 그들이 압록강에 도달하면 5개월에 걸친 이 소규모 단기전은 끝날 거라는 것이 맥아더의 예상이었다. 중공군은 다른 계획을 가지고 있었다. 만약 송시륜(宋時輪) 장군이 예상한 대로 전술적 상황이 전개된다면, 미 해병대는 진흥리, 고토리, 하갈우리 그리고 유담리 사이에 길게 늘어져서 배치될 것이었다. 그러면 그는 그의 병력들로 하여금 미 해병의 분산된 부대들을 포위하게 하고, 황초령의 교량을 폭파해 버린 후 미군을 분쇄할 수 있을 것이었다. 그것이 송 장군의 예상이었다.

전시 동원되는 전형적인 중공군 사단은 6,500명 내지 8,500명으로 구성되어 있었다. 3개 사단이 미군에서는 군단(軍團)이라고 불리는 군(軍)을 이루고 각 사단은 3개 연대와 1개 포병대대로 구성되어 있었다(산악지형과 부족한 수송용 차량, 미군의 공습에 대한 취약성 때문에 송 장군은 포병부대의 대부분을 후방에 남겨 두어야만 했다). 북한에 진입한 중공군 병사 개인은 솜으로 누빈 한쪽은 흰색, 다른 한쪽은 짙은 황토색의 양면 겸용 군복을 입고, 모피로 테를 두르고 귀마개가 달린 솜을 넣은 모자를 쓰고 있었다. 앞에서 본 것처럼 수동에서 조우한 중공군은 울퉁불퉁한 고무밑창을 댄 천운동화를 신고 있었고, 나중에 도착한 병력은 반(半) 가죽 신발을 신었는데, 더러는 가죽 부츠를 신은 경우도 있었다. 통신장비는 원시적(原始的)이어서 연대 이하의 부대에는 무선 통신장비가 거의 없었고, 유선 통신장비도 대대 이하 부대에는 없었다. 중대 단위에서는 전령이나 나팔, 뿔피리, 호루라기, 심벌즈, 신호탄, 전등 등의 신호장비를 주요 통신수단으로 사용했다. 중대 수준에는 전술적 재량권이 거의 주어지지 않았고, 설사 공격지점에 적이 가장 강력한 방어진을 구축해 놓았어도 탄약이 떨어질 때까지 완고하게 원래 공격계획에 충실하려는 경향이 있었다.

중공군은 그들의 강점(스태미나, 은밀성, 우세한 병력)을 최대화할 수 있고, 약점(공습에 대한 취약점, 부족한 수송차량, 제한된 화력지원)을 최소화할 수 있는 야간전투를 선호하였다. 중공군에게는 명예로운 전역이란 규정이 아예 없었는데, 중국인 농부가 한 번 입대하면 죽거나 포로로 잡히거나, 또는 임무수행이 불가능할 정도로 심한 부상을 당한 경우를 제외하고는 군대생활을 계속해야 했다.

나이 많은 장교와 사병들의 일부는 전설적인 장정(長征) 참가자들이었다. 1934년 10월 모택동(毛澤東)이 이끄는 누더기차림의 중공군은 장개석(蔣介石)의 국민당군이 구축한 포위망을 뚫고 전투를 수행하면서 9천 km가 넘는 거리를 행군했다. 이 기간 동안 그들은 18개의 산맥을 넘고 24개의 강을 건넜으며, 235일 동안 하루에 평균 40 km를 걸었는데, 강서성을 출발한 10만 병력 중 단지 2만 명만이 연안(延安)의 새 근거지에 도착했다(42세인 송 장군은 장정기간 동안 연대를 지휘했다). 1950년 당시의 중공군 보병은 아마 세계에서 가장 거칠고 다루기 힘든 병사였을 것이다.

그해 가을 송 장군의 제9병단은 한반도 서북부에서 미8군과 대치한 제13병단에 측면방어를 제공하고, 장진호 부근에서 미10군단 예하의 해병 1사단과 다른 부대들을 격멸하라는 이중(二重) 임무를 부여받았다. "지연전(遲延戰)에 관하여"(On Protracted War)란 논문에서 모택동은 "우리가 항상 적을 깊숙하게 끌어들이려 하는 정책을 주장하는 이유는 그것이 강력한 적에 대한 가장 효과적 전술이기 때문이다"라고 썼다. 10군단을 험준한 산악지대로 끌어들이는 것이 한반도 동북부에 있어 송 장군이 세운 전략의 핵심 성공요건이었다.

10군단장 알몬드 장군은 육군이 보급품을 지켜줄 거라고 안심시켰지만, 육군의 임무수행 능력에 의구심을 품고 있었던 스미스 장군은 진흥리에 수비대를 남겨놓고, 또 7연대가 북쪽을 향한 진격을 재개하자 고토리에도 따로 수비대를 배치했다. 그는 보급의 측면에서 싸울 준비가 되어 있지 않은 병력을 겨울전투에 투입시키고 싶지 않았고, 10군단 지휘부의 비현실적 요구사항에 직면하여 해병대의 진격속도를 거의 명령불복종에 가까울 정도로 지연시켰다.

중공군이 그 순간에 전투에 개입하려고 했는지 여부는 불분명하지만, 똑같이 무서운 다른 적이 출현하려 하고 있었다. 수세기에 걸쳐 많은 전투의 결과에 막대한 영향을 끼친 동장군(冬將軍)이 강력한 화력을 가진 어떤 군대도 이루지 못한 전과를 올리려 하고 있었던 것이다. 11월초에는 날씨가 며칠 동안 미국의 인디언 섬머(Indian summer)[1]와 비슷하게 따뜻했다. 하지만 점차 저녁에는 쌀쌀해지고 아침이 되면 안개가 끼면서 하늘도 맑게 개지 않더니, 11월 9일 밤에는 첫눈이 내려 고개의 좁은 도로가 하얗게 눈에 덮였다. 다음날 기온은 몇 시간 만에 13도나 곤두박질쳐 밤이 되자 영하 13도가 되었고, 초속 10~15 m의 속도로 불어오는 시베리아 바람이 체감온도를 더 떨어뜨렸다.

5연대 2대대 군의관 헨리 리트빈(Henry Litvin) 해군중위 : "다른 일을 하느라 얼마나 추워졌는지도 모르고 있었고, 아침밥을 먹을 때가 돼서

---

1) 북아메리카에서 늦가을에 비정상적으로 따뜻한 날이 계속되는 기간.

야 알았습니다. 식당용 텐트도 없었기 때문에 바람 속에서 스크램블 에그를 가능한 한 빨리 입안에 떠 넣었고, 맛이 형편없어서 그냥 삼켜 버렸지요. 계란을 빨리 해치우고 나서 커피를 즐기려고 방책 말뚝 위에 올려놓았던 커피 컵을 들어보니, 맙소사! 컵이 너무 차가워져서 손가락이 그 금속컵에 쩍 달라붙고, 커피 위에는 얇은 얼음이 얼었더군요. 그 전투기간중 처음으로 날씨가 문제를 일으킬 수 있겠다는 생각이 들었습니다. 전투원들에게 주는 영향은 정말 심각했고, 충격적이라고 할 만한 경우가 꽤 있었습니다. 그런 맹추위에 전혀 준비가 안돼 있었기 때문이었지요. 그래서 텐트를 치고 난로를 피우는 한편 취사반에서는 전투식량을 데워 먹으라며 끓는 물을 공급해 주었습니다."

데이비스 중령 : "정말 심각했습니다. 참모들과 함께 부하들 사이를 돌아다니며 동상의 증상인 새하얀 반점이 발이나 다리에 난 해병들을 발견하면 그들을 가장 가까이에 피워 있는 불가로 데려갔습니다."

7연대 F중대 칼 윈슬로 하사 : "잠에서 깨니 몸이 오그라들 정도로 추워서 커피를 끓이려고 빨리 불을 피우려 했지요. 전날 밤에 불쏘시개로 쓰려고 잔 나뭇가지를 좀 모아 놓았거든요. 장갑을 벗고 성냥불을 켰는데, 판초로 바람을 막고 있었는데도 불이 꺼지더라구요. 판초가 바람에 하도 펄럭거려 소리도 잘 안 들렸습니다."

로이 펄 상병 : "나는 미네소타에서 자라나서 그런 추위에 익숙했지만, 추위가 그렇게 갑자기 몰아친 것은 충격이었습니다. 어떤 남부 출신 해병들은 울더군요. 폭격으로 부서진 집들에서 판자를 뜯어내서 휘발유를 끼얹고 불을 피웠습니다. C-레이션은 딱딱하게 얼어버렸는데, 바람 때문에 불이 날려서 데우기도 쉽지가 않았습니다."

11월 11일 함흥에 새 군단지휘소를 설치한 알몬드 장군은 스미스 장군에게 해병 일개 중대를 경계부대로 파견해 달라고 요청했다. 스미스는 최소한 2천 명의 지원부대 병력이 함흥-흥남 지역에 있는 상황에

서 그 요청은 소총중대를 잘못 운용하는 것이라고 여겨졌지만, 여하튼
잭 존스 대위가 지휘하는 5연대 C중대를 경계부대로 파견했다. 그 사
소해 보이는 사건은 해병들에게 미10군단장이 병력절약(兵力節約)의
원칙을 이해하지 못한다는 것과, 휘하병력을 함부로 사용하려는 경향
이 있다는 것을 새롭게 인식시켰다. 같은 날 알몬드 장군은 해병사단
에게 압록강을 향해 진격을 재개하라고 단호하게 명령했다. 스미스 장
군은 지도상으로 거리를 재 보았는데, 황초령에서 압록강 국경까지는
대략 240km 정도 되었다.

13일 스미스 장군은 흐린 날씨 속에 헬기 편으로 진흥리로 날아가
철도연변의 보급창을 경비하던 5연대 3대대에서 지프를 빌려 황초령
까지 가보았다. 스미스 장군은 "산의 옆구리를 잘라 만든 도로는 대부
분이 단선(單線)이었고, 수백 미터마다 있는 차량대피소과 함께 급격
한 회전을 해야만 하는 곳이 많았으며, 골짜기의 바닥까지 400 m에서
900 m에 이르는 낭떠러지가 도처에 있었습니다"라고 기억했다.

고개 위로 올라가는 길의 2/3 지점에 골짜기의 밑바닥에 위치한 발
전소에 연결된 거대한 네 개의 도수관이 설치되어 있는 도수장(導水
場)이 있었고, 그곳에서 고개 아래쪽으로 콘크리트로 만든 다리가 깎
아지른 듯한 절벽 위에 걸려 있었다. "내가 갔던 날에 기온이 영하로
내려갔는데, 도로는 물이 흘러나오는 곳마다 빙판이었고, 꽁꽁 얼어
있었습니다. 산악지대의 기온이 흥남보다 7도는 낮다는 것을 알았죠"
라고 스미스 장군은 말했다. 장진호 전투를 치르고 난 뒤 역사학자 S.
L. A. 마셜과의 인터뷰에서 그는 "장진호를 둘러싼 지역은 군사작전을
수행할 수 있는 곳이 절대 아니었습니다. 아마 칭기즈칸이라도 시도하
려고 하지 않았을 겁니다"라고 언명했다.

하갈우리

츄엔 리 중위의 첨병조는 영하 20도의 추위 속에서 장진강에 놓여 있는 긴 콘크리트 다리를 조심스럽게 건넜다. 해병 7연대는 드디어 거대한 인공호수(人工湖水)인 장진호의 남쪽 끝에 있는 하갈우리(下碣隅里)에 도착하였고, 파랗게 언 얼음판처럼 보이는 호수는 벌써 군용 지프의 무게를 견딜 만큼 얼어 있었다. 도로는 마을에서 두 갈래로 갈라졌는데, 왼쪽은 23 km 떨어진 유담리(柳潭里)로 향했고, 오른쪽은 호수 동안(東岸)을 따라 북쪽으로 뻗어나가다가, 모호하게 그려진 일본지도에 따르면 산 속 어디선가 길이 끝나게 되어 있었다.

브래드쇼 일병 : "다리 위에는 잡동사니가 쌓여 있었는데, 부비트랩이 설치되어 있을까 봐 걱정이 되었습니다. 바싹 긴장해서 다리 끝에 도착한 뒤 거리 안쪽으로 걸어 들어갔습니다. 어린이와 노약자는 그대로 두고 청년들만 연행(連行)해 오라는 명령을 받은 우리 첨병조는 마을 한복판에서부터 수색을 시작해서 건물 안에 처음 진입할 때 순번을 정해 들어갔지요. 학교 건물에 처음 들어갈 때 내 순서였습니다. 건물 안에는 여러 개의 교실과 하갈우리 같은 마을에는 있을 것 같지 않은 강당(講堂)이 있었으며, 그 안에는 무대도 있었고, 무대 뒷면에는 모택동과 스탈린의 초상화가 걸려 있었습니다. 어두컴컴한 속에서 둘러보다가 무대 한구석에 쪽문이 있는 걸 발견했는데, 느낌이 이상했습니다.

하갈우리로 진격중 적군과 교전중인 해병 7연대 2대대 중화기 중대

문이 약간 열려 있어서 재빨리 문을 쾅하고 밀었더니 문 뒤쪽에 무언
가 있는 것 같더라구요. … 나는 문 뒤에 숨어 있던 민간인을 벽에 밀
어붙였는데, 그 친구는 오른손에 권총을 쥐고 있었어요. 대검의 끝을
그의 옆구리에 대고 권총을 낚아챈 후 그를 밖으로 끌어냈습니다. 막
포로수집소에 인계하려는 순간 그 자식이 뛰쳐나가더니 가까이에 있는
거리 구석으로 숨는 거예요. 나는 그곳까지 쫓아가 조심스럽게 총을
겨냥했고, 그가 뒤를 돌아보더니 총에 맞을 것 같으니까 땅바닥에 바
짝 엎드리더군요. 달려가서 군화발로 몇 대 차주고는 목덜미를 잡고서
수집소까지 끌고 갔습니다. '그 자식 그냥 도망가게 내버려 둬, 다시
뛸 수 있나 보게'라고 얼 데먼트가 말하더군요."

"뭐 때문에?"

"그러면 사격연습을 해볼 수 있잖아."

"바보 같은 소리하지 마."

잔뜩 흐린 날씨 속에 도로의 훨씬 뒤쪽에서는 7연대 2대대가 전진해
오고 있었다. 망원경의 성능을 시험하던 신임 대대장 랜돌프 록우드

(Randolph Lockwood) 중령은 원거리 목표물이 아주 잘 보였다고 나중에 말했다. 관측된 목표물 중의 하나는 도로에서 400 m 떨어진 곳에 있는 철문이 달린 수직광구(垂直鑛口)의 입구였는데, 록우드 중령은 그것을 확인하려고 첨병조를 파견했다. 돌아온 첨병조장은 닦지 않은 쌀밥 그릇과 젓가락을 발견했고, 마늘냄새도 맡았다고 보고했다.

록우드 중령 : "우리는 계속해서 도로 위쪽으로 걸어나갔고, 바람이 점점 강해졌습니다. 너무 세서 장갑 낀 손으로 얼굴을 가리거나 아니면 등을 돌려서 뒷걸음으로 걷기도 했습니다."

호머 리첸버그 대령은 유능한 연대장으로 존경을 받았지만, 가끔은 대하기가 어려운 사람으로 알려져 있었다. 알파 바우저 대령은 그를 다음과 같이 기억했다.

아주 고집이 센 네덜란드계 미국인이었는데, 제 주장이 강하고 비판을 받아들이지 않으며 항상 자기가 옳다고 확신하는 사람이었습니다. 부하들에게 임무완수를 요구했는데, 그건 좋은 거지만, 좀 제멋대로였고 대대장들을 꼼짝 못하게 했습니다.

중령 한 명이 리첸버그에게 배속되었는데, 그가 리첸버그에게 기죽지 않았던 랜돌프 스코트 듀이 록우드였다. 하버드를 우등으로 졸업하고 아나폴리스(Annapolis) 해군사관학교를 나온 록우드는 11월 9일에 고토리에서 리첸버그 연대장에게 전입신고를 했다. 연대장은 몸이 통통하고 뺨이 발그레 상기된 이 신입 중령을 못마땅하게 쳐다보면서, 카메라 두 대와 망원경을 목에 건 록우드가 비록 훈련이 잘 되어 있고 열의가 있으며 똑똑하더라도, 그가 부하로 거느리고 싶어하는 단순하고 우직한 유형의 장교가 아니란 걸 알아차렸다.

"살이 좀 쪘군." 연대장이 말하자, 록우드 중령은 산악전투가 아마 과체중을 감소시켜 줄 거라며 여유 있게 대답했다.

"자넬 2대대장에 임명하겠네"라고 리첸버그 대령이 말했다. 사실 그는 선택의 여지가 없었는데, 록우드가 소령인 웹 소여보다 계급이 높았기 때문이었다. "나는 임무완수에 물불을 가리지 않는 사람이야"라고 리첸버그가 경고하듯이 말하자, "잘 알고 있습니다, 연대장님"이라고 록우드가 대답했다.

대대 지휘소를 케이블카 선로가 끝나는 철도 기관차고에 설치한 후 록우드는 여가활동차 라이카 카메라로 사진을 찍기 시작했는데, 그것도 연대장이 좋아할 만한 일이 아니었다.

조지 크로츠 일병 : "우리 분대는 보조선로(補助線路)에 서 있던 화물수송용 화차(貨車)에서 쉬었는데, 분대장이 나더러 불쏘시개를 구해 오라고 시켰습니다. 하갈우리는 참 가난한 곳이었습니다. 선로 옆의 창고에는 어디로 수송하려는 건지 깨진 유리와 다 떨어진 신발들이 수북히 쌓여 있었지요. 나는 불쏘시개로 쓰기에 아주 좋은 젓가락이 가득 들어있는 부대를 하나 찾아내 돌아오다가 중대 부식차(副食車) 뒤칸에 실려 있는 딸기잼 한 통을 슬쩍 해서 화차로 돌아왔더니 모두들 영웅대접을 해주더군요. 우리는 젓가락과 다른 땔감들로 불을 피웠는데, 연기는 어쩔 수가 없었어요. 왜냐하면 얼어죽느냐 연기에 질식해 죽느냐 하는 거였거든요. 하갈우리에서 오래 머물지는 않았습니다. 해병은 원래 오늘은 여기, 내일은 저기, 그렇지 않습니까?"

랜돌프 록우드 : "연대에서 폭격으로 형편없이 부서진 그 마을에 영내매점(PX)을 개설했는데, 파는 거라고는 구두약, 시가, 그리고 캔디뿐이었습니다. 상상이 가시죠? 카운터에 가서 물어보았죠. '시가를 판다며? 상표가 뭔데?'

'레드 닷입니다. 두 개비에 5센트예요.'

'두 갑만 주게.'

'죄송합니다. 한 사람에게 하루 한 개비만 팔게 되어있습니다.'

'5센트에 두 개비 판다면서 어떻게 한 개씩 팔 수 있나?'

'간단합니다. 사는 사람이 이틀에 두 개비를 사면 되거든요.'"

조지 크로츠 일병도 하갈우리의 매점을 기억했다. "매점은 철도선로 옆에 있는 텐트였습니다. 파는 물건이라고는 구두약, 시가, 캔디가 전부였어요. 시가를 몇 개 샀는데, 시가를 피우지는 않았지만, 그때 나는 얼굴에 솜털이 난 18살 먹은 일등병이었고, 나이 어린 일등병답게 폼을 잡고 싶었던 거지요. 화차로 돌아갔더니 분대는 이동준비를 하고 있었고, 모두들 새 대대장이 전 대대병력을 적의 움직임에 대비하여 외곽진지에 배치하라고 그랬다며 불만들이 많았습니다. 또 우리가 다시는 실내에서 지내지 못하게 대대장이 조치를 취할 것 같다는 말이 퍼졌습니다."

해병과 민간인들 간의 접촉은 매우 드물었지만, F중대의 그래이던 데이비스와 두 명의 분대원들은 우연히 주민들과 조우하였다.

"우리는 추위를 피하고 C-레이션을 데우려고 조그만 오두막집에 들어갔습니다. 집주인인 듯한 여자가 음식을 만들고 있었고, 코흘리개 아이들이 주위에서 놀고 있더군요. 굴뚝이 마루 밑으로 깔려 있어서 그런지 방안은 따뜻했는데, 우리는 그런 걸 느껴본 지 꽤 오래되었습니다. 식사하는 동안 우리들 중 누군가가 옛날 노래의 몇 소절을 흥얼거리는 걸 집주인 여자가 들은 것 같았습니다. 아이 하나를 밖으로 내보내더니 몇 분 후 주인 남자가 나타났습니다. 가족이 우리를 보고 웃었지만, 우리는 무슨 일이 벌어지는지 알 수가 없었지요. 주인 남자가 감자자루에 팔을 넣어 다 낡은 찬송가책을 꺼내더니 온 가족이 우리 앞에 줄을 서서 나도 곡조를 아는 찬송가를 부르더군요."(북한은 공산당이 들어서기 전에 아시아에서 기독교 선교가 가장 성공한 지역이었다)

15일 오후 7연대의 전 병력이 장진호의 남쪽 끝에 집결했고, 제1해병공병대대는 불도저를 사용해 야전활주로 건설을 진행하고 있었다. 그날 밤 기온이 영하 26도까지 떨어졌는데, 록우드 중령은 기상학적

(氣象學的) 으로 이상한 현상을 목격했다고 회상했다.

"북쪽에서 미세한 흙먼지를 몰고 불어오던 바람이 기온이 떨어지면서 잦아들더니, 다음날 내내 호수의 표면에서 수증기가 올라오는 거예요. 한밤중이 되니까 짐을 실은 트럭이 지나갈 수 있을 정도로 얼음이 두꺼워지더군요."

하갈우리에서의 짧은 휴식기간중에 존 얀시 중위의 소대원들은 스탠리 로빈슨 일병을 좀더 자세히 관찰할 기회가 있었다. "그는 좀 특이한 경우였습니다"라고 위생병 제임스 클레이풀이 회상했다.

"내가 그를 처음 본 것은 샌디에이고의 부두에서였습니다. 우리가 항해를 시작하기 직전이었죠. 그는 함정 영창에서 불려나온 죄수들의 무리 속에 있었는데, 헌병들이 그들을 바짝 붙여세워 갑판으로 끌고 올라가는 것이었습니다. 로빈슨이 몇 번이나 탈영해서 구제불능이라고 여겨졌을 터인데, 어떻게 포츠머스 해군교도소에서의 종신수형 (終身囚刑) 생활을 피했는지는 모르겠지만, 한국전쟁이 터졌을 때 사단은 병력부족 상태에 있었고, 모을 수 있는 해병은 다 모으려 했기 때문에 로빈슨도 고전적 제안인 영창과 일선보병 중에 택일 (擇一) 하라는 요구를 받았겠지요. 그는 키가 크고 비쩍 말랐는데, 14살쯤으로 보였습니다. 로빈슨이 698고지에서 캐글리오티의 분대를 떠맡아서 수류탄으로 중공군의 공격을 격퇴하고, 백린 수류탄으로 적 기관총사수를 죽여 고지 정상을 몇 분 동안 혼자서 지켜냈다는 것을 모두 알고 있었지요."

2차 대전 참전자인 클레이풀은 로빈슨과 친해지려고 노력했다.

"하갈우리에서 그와 얘기를 하면서 또래의 어린 아내와 아기가 있었으며, 가족한테 문제가 생겨 탈영했었다는 것을 알았습니다. 얀시 중위 소대에 배치된 것이 그에게는 행운이었죠. 얀시 중위는 내가 아는 가장 거친 해병 중 한 명이었지만, 친절하게 대해 주어야 할 사람에게는 친절하게 배려해 주는 마음을 가진 사람이었습니다. 그는 로빈슨과 약 5분 동안 이야기를 나누더니 몇 달 동안 그의 심리를 파악하려고 했던 해군소속의 어느 심리학자보다 더 로빈슨을 잘 알게 됐지요. 로빈슨도 자기가 얀시 중위, 부중대장 레이 볼 중위, 중대장 월터 필립스 대위에게 책임을 져야 한다는 것을 깨닫게 되었습니다. 그 결과 그는 하룻밤 사이에 일급 전투병으로 바뀐 것 같았습니다. 인생에서 뭘 할지 몰라 갈피를 못 잡던 잃어버린 영혼이 잘 할 수 있는 뭔가를 찾아낸 경우였죠. 사실은 로빈슨이 할 줄 아는 것이 별로 없었으니까요. 몇 년 후에 그가 콜로라도주 고속도로 순찰대와 총격전 중에 사살됐다고 들었습니다.

옛날 좋았던 시절에는 미국의 모든 초등학교 학생들이 알고 있던 — 지금은 아무도 관심이 없지만 — 해병대의 표어는 '항상 충성을'이란 뜻의 라틴어 셈페르 피델리스(Semper Fidelis)였습니다. 해병대원이라면 그 말의 의미를 심각하게 받아들였고, 아시다시피 해병대는 로빈슨 같은 젊은이들에게 충성(忠誠)을 바칠 대상을 제공해 줬지요.

로빈슨과 나는 하갈우리에서 잠시 머무는 동안 완벽하게 의사소통이 된 적이 한 번 있었습니다. 마을의 한모퉁이에서 불을 피워 놓고 손을 녹이려고 그 주위에 웅크리고 있었는데, 한국인 남자 한 명이 8살쯤 되는 여자아이를 데리고 나타났습니다. 말이 안 통해도 젊은 해병들은 어린아이가 곁에 있어서 기분이 좋아 보였습니다. 어른들과 달리 그 여자아이는 우리를 무서워하지 않았거든요. 그 남자는 고개를 끄덕이고 웃으면서 불 옆에 서 있었는데, 꼬집어 말할 수는 없었지만 그가 평범한 농부가 아닌 것 같다는 생각이 들었습니다. 아마 나이가 40도 안 돼 보이고 어색하게 행동해서 그런지도 모르죠. 여하튼, 맞은 편에 있던 로빈슨과 눈이 마주쳤고, 둘이 동시에 일어나 그 남자를 붙잡고는 몸을 철저히 수색한 뒤, 헌병들이 간첩이나 적 동조자로 의심되는 민간인들을 억류하고 있는 다리 위로 끌고 갔습니다. 돌아와 보니 다른 해병들이 여자아이에게 C-레이션을 먹이면서 달래고 있더군요.

그날 오후에 지프가 우리 옆에 서기에 보니까 리첸버그 대령이 앞에 타고 있더군요. 소대에서는 연대참모는커녕 자기 대대장도 보기 힘들어서, 연대장이 방문한 건 귀빈방문이나 마찬가지라 차려 자세를 취하고 그를 바라보았습니다. 나중에 들으니 연대장이 698고지 무용담을 듣고는 로빈슨을 개인 경호원으로 데려가려고 왔다더군요. 로빈슨을 부르더니 아래위로 훑어보고 나서 개인장구를 챙겨서 지프 뒷자리에 타라고 하더군요.

얀시 중위와 소대원들은 로빈슨을 다시 보지 못할 거라 생각하고 그가 떠나는 것을 섭섭해했습니다. 하지만 스탠리 로빈슨은 또 한 번 탈영을 하게 되지요."

추 수 감 사 절

11월 15일의 기자회견에서 트루먼 대통령은 전세계를 향하여 미국이 중공에 대하여 전쟁을 벌일 의도가 전혀 없다고 확언했다.

나는 평화유지에 대한 우리의 헌신과 중국(中國) 국민에 대한 오래된 우정 때문에 극동지역에서 적대적 행동의 확대를 방지하기 위해 모든 명예로운 조치를 취할 거라는 것을 확실하게 말해 둡니다.

같은 날 맥아더 장군은 알몬드 10군단장에 전문을 보내 군단의 진격방향을 바꾸라고 지시했다. 그 지시에 따르면 제1해병사단은 장진호 서쪽 끝에 있는 유담리(柳潭里)로 진군한 뒤, 서쪽으로 진격방향을 바꿔 험준한 낭림산맥을 넘어 유담리에서 88km 떨어진 교통요충지 무평리(武坪里)를 점령하게 되어 있었다. 휘하 연대들이 분산되는 것에 대한 스미스 장군의 걱정은 작전계획상의 한 가지 문제로 인해 점점 커져갔다. 리첸버그 대령의 7연대가 장진호에서부터 서쪽으로 진군방향을 돌리고, 머레이 중령의 5연대는 뒤따라 황초령을 넘어와 장진호의 동안(東岸)으로 나아가 7연대의 우측을 방어하도록 되었으나, 두 부대 사이가 너무 멀어 서로 측면방어를 제공할 수가 없었다. 풀러 대령의 1연대는 아직도 80km 떨어진 후방에 있었다.

부사단장 에드워드 크레그(Edward Craig) 준장 : "지휘소를 떠나기
전에 알몬드 장군은 진군속도의 중요성을 강조했습니다. 우리는 장진
호의 남쪽 끝인 하갈우리에 막 도달했는데, 그는 5연대가 장진호 동안
(東岸)으로 행군해 가는 동안 7연대가 23 km 떨어져 있는 유담리를
향해 진군하기를 원했습니다. '차량을 이용해서라도 빨리 진격해야 해'
라고 알몬드가 말했습니다. 스미스 장군은 '안됩니다'라고 대답했지만,
알몬드는 못 들은 척하더군요. 그가 떠난 후, 스미스 장군이 '사단병력
이 다 집결하고 야전 활주로가 완성되기 전에는 우린 아무곳에도 가지
않을 거야'라고 말했습니다."

　그의 부대들이 그런 식으로 분산되는 것이 염려돼서 스미스는 예외
적으로 해병대 사령관인 클립톤 케이츠 장군에게 사신(私信)을 보내
당면한 상황을 자세히 설명했다.

　　비록 중공군이 북쪽으로 후퇴했으나 7연대장에게 빨리 진격하라고
　　하지는 않았습니다. 우리의 좌측은 무방비(無防備)상태이고, 7연대
　　의 남서쪽 130 km 안에는 8군의 부대가 전혀 없습니다. … 나는 사단
　　을 192 km나 되는 단선(單線) 산악도로를 따라 한만(韓滿) 국경까
　　지 전개한다는 구상이 마음에 안 듭니다. … 사단 사령부가 있는 곳과
　　7연대가 있는 곳 사이의 온도는 상당히 차이가 납니다. 어제 09시
　　현재 여기의 온도는 영하 8도였고, 7연대 주둔지인 하갈우리의 온도
　　는 영하 18도였습니다. … 전방에 있는 병사들이 젊고 또 파카, 겨울
　　용 군화, 산악용 침낭이 보급되어 있지만 타격이 큽니다. … 나는 10
　　군단장의 전술적 판단력이나 작전계획의 현실성에 확신이 가지 않습
　　니다. 계속해서 부대를 분산시키고 달성하기 어려운 임무가 부여되
　　고 있습니다. 몇 번이나 10군단장에게 군단 전투력의 근간(根幹)인
　　해병사단의 병력이 분산되면 전투 효율성을 잃게 될 거라고 건의했
　　습니다. 사단의 임무는 아직도 한만 국경까지 진격하는 것입니다.
　　남서쪽으로 130 km 떨어져 있는 미8군은 20일까지는 공격을 개시하

지 않을 것입니다. 더 나아갈수록 곤경에 처할 수 있으므로 8군의 공격과 상관없이 독자적으로 진격해서는 안 됩니다. 나는 한국 산악 지대에서의 겨울 전투가 미 육군병사나 해병들에게는 감당하기 어려운 일이라고 믿으며, 또한 겨울동안에 이 지역에 대한 보급문제와, 환자와 부상자의 후송문제를 적절하게 해결할 수 있을지 의심스럽습니다.

다음날 스미스 장군은 난방장치가 된 유개(有蓋) 차량을 타고 흥남의 사령부를 떠나 북으로 향했다. 고토리와 하갈우리의 중간쯤에서 그는 지나가던 무개(無蓋) 지프의 앞자리에 피일드 해리스(Field Harris) 소장이 시퍼렇게 얼어서 타고 있는 것을 발견하고는 차를 길옆에 세우고 "같이 타고 갑시다, 장군"이라고 권유했다. 해리스 소장은 감각이 없는 다리를 주춤거리며 차에 옮겨 탄 뒤, "어휴, 따뜻하군. 이런 차 또 한 대 있어요?"라고 물었다.

"예, 한 대 더 있죠."

"나한테 빌려주지 않겠습니까?"

나중에 스미스 장군이 역사가(歷史家) 로버트 렉키에게 말한 것처럼, 해리스 장군의 제1해병항공단이 누구보다도 더 제1해병사단을 전멸의 위기에서 구해내는 데 도움이 된 것을 고려해 보면, 그건 아주 작은 호의를 베푸는 것이었다.

제1해병항공단장
피일드 해리스 소장

해리스 장군의 아들인 윌리엄 해리스(William Harris) 중령이 6일 전에 7연대 3대대장에 임명이 되어, 자랑스러운 아버지가 하갈우리로 아들에게 축하해주러 가는 길이었다. 아들을 만난 뒤 해리스 장군은 스미스 장군과 다시 만나, 둘이

같이 길이 1,500 m의 야전활주로를 건설할 만한 평평한 땅을 마을 남
서쪽 끝에서 찾아냈고, 공병대가 즉시 작업을 시작했다. 5대의 캐터필
라 트랙터를 가지고 작업하던 제1공병대대 D중대가 이미 콘크리트처
럼 단단하게 언 땅을 밀어내 활주로를 건설하기 시작했는데, 기온이
계속 떨어져 작업이 힘들어지자 땅을 깎아내기 위해 불도저의 굴삭면
에 강철 쇠스랑을 용접해 붙여야만 했다.

그날 해롤드 로이스(Harold Roise) 중령의 2대대를 앞세운 머레이의
5연대가 황초령을 넘어와 7연대와 근접한 거리에 이르렀다는 반가운
소식이 들려왔다.

B중대 츄엔 리의 소대를 앞세운 7연대는 장진호의 서쪽 끝에 있는
유담리를 향해 산을 넘어 서서히 접근해 가고 있었다. 아픈 팔을 팔걸
이에 한 리 중위는 무릎도 쑤셨는데, "다리를 똑바로 펼 수가 없었어
요. 계속 구부러지더군요. 물론 아무한테도 얘기 안 했습니다." 그는
아파서 전보다 더 짜증이 잘났다. 유담리 쪽으로 반쯤 갔을 때 리 중위
는 B중대원들이 적 저격수에 무방비로 노출된 채 공제선에 서 있는 것
을 보았는데, 보병이 기동(機動)하는 데 있어 병력이 한 군데 모여 있
는 것만큼이나 잘못된 행동이었다. 그는 수백 미터 떨어진 곳에서 쏜
82 mm 박격포의 '텅' 하는 발사소리를 듣고도 놀라지 않았다. 공제선
상에 있던 해병들은 포탄이 어디로 떨어질지 몰라 제자리에 꼼짝도 못
하고 서 있었고, 포탄은 떨어지지 않았으면 하는 지역에 정확히 떨어
져 해병 몇 명이 다쳤다. 눈에 보이지도 않는 적 박격포 사수들은 박격
포의 발사각도를 조정한 후 5발을 더 쏘아댔으며, 포탄이 날아오르자
오웬 중위의 박격포 소대원들 중 한 명인 프랭크 비풀크 상병이 근처에
서 있던 그 키 작은 장교에게 "리, 엎드려!"라고 갑자기 경고를 했다.
두 번째로 발사된 포탄들이 아무런 피해 없이 터진 후, 리 중위는 무서
운 표정으로 그에게 얼굴을 돌리더니, "뭐라고 했지?"라고 물었다.

"저, 저는…."

리 중위는 검지 손가락으로 자기가 서 있는 땅바닥을 가리키며, "이리와, 당장"이라고 말했다.

비풀크는 근처에 떨어진 82 mm 박격포탄의 폭발로 생긴 파편과 자갈들이 굴러 떨어지는 산비탈을 엉덩이를 대고 미끄럼을 타면서 내려왔다.

"일어서."

비풀크는 포탄이 터져 파편이 사방으로 튀고 있는데도 벌떡 일어나 차려자세로 섰다.

"내 말 들리나?"

"확실히 듣고 있습니다."

"다시는 나를 '리'라고 불러서는 안돼. 알아들었나?"

"확실히 알아들었습니다."

그러는 중에 포탄이 또 떨어지자 비풀크는 죽는 줄 알았다고 나중에 말했다.

"내 이름은 리 중위 또는 미스터 리야. 알았어?"

"예, 알았습니다."

원칙주의(FM) 장교가 군사예절을 지키지 않은 얼빠진 해병을 파편이 날리는 가운데 혼을 내주었다는 이야기는 순식간에 퍼졌고, 그 광경을 직접 목격한 조셉 오웬 중위는 장진호 전투기간중 제일 웃기는 장면이었다고 생각했다. 리 중위 자신은 그렇게 생각하지 않아서 몇 년 후 인터뷰를 하는 자리에서 이렇게 말했다. "그 자식이 그렇게 말했지만 내 걱정 때문이란 건 알았지요."

포연이 그치자 리 중위는 파이프 담배를 피우려고 땅에 앉았다("나는 파이프와 담뱃잎을 지도 주머니에 넣고 다녔고 전투 후에만 피웠습니다. 18살 때부터 파이프 담배를 피웠는데, 멋있어 보이고 싶었거든요").

비록 적의 저항은 없었지만, 7연대는 아주 천천히 진군을 계속했다(11월 10부터 26일까지 평균 진군속도는 하루에 1,500 m였다).

알파 바우저 대령 : "충분한 보급품을 확보하기 위해 많은 노력을 기울였으며, 궁극적 목표는 사단의 화력을 유지할 수 있는 충분한 양의 탄약을 확보하고, 전차를 수송해 와서 운용하는 것이었습니다. 1공병대대 A중대는 하갈우리 북쪽에 작은 제재소를 가동(稼動)했는데, 교량수리를 위한 목재를 생산하는 것이 목적이었죠. 주목할 것은 그 모든 준비들이 스미스 장군의 선견지명 덕분이었고, 결국은 전투원 수천 명의 목숨을 구하고 해병사단 전체를 구하게 된 거란 겁니다."

해병 11연대의 대럴 버트 상병은 24일 새벽을 다음과 같이 회고했다. "해가 뜨자 하늘이 맑게 개더군요. 공기중의 습기란 습기는 다 얼어붙어 버린 것 같아 천지사방이 다 얼음으로 덮여 다이아몬드가 번쩍이듯 빛나고 있었는데, 황량한 풍경 가운데서도 아름다워 보였습니다." 오전중에 하늘이 흐려지더니 눈이 내리면서 바람이 몰아치기 시작했다.

패트릭 로 소위 : "그날 점심때쯤에 흥분한 민간인 한 명이 하갈우리에서 13 km 떨어진 신하리란 조그만 마을에 중공군 정찰대가 들어와 중공군 1만 명의 숙영지로 쓸 예정이니 주민들에게 집을 비우라고 명령했다는 소식을 가지고 왔습니다. 그때는 말도 안 되는 숫자 같았는데, 조그만 한국식 가옥에 수백 명을 쑤셔넣는 적의 놀라운 능력에 대해 아는 바가 없었죠."

오후에 전통적인 추수감사절 식단이 배부되었지만, 주어진 상황과 날씨로 봐서 어울리지 않는 것이었다. 식단은 새우 칵테일, 칠면조 고기, 그레이비 소스, 월귤 소스, 설탕에 졸인 고구마, 과일 샐러드, 다진 고기파이, 과일 케이크, 견과류, 속을 채운 올리브, 커피로 되어있었다.

위생병 윌리엄 데이비스 : "그레이비 소스가 제일 먼저 얼고, 그 다음에 고구마가 얼더군요."

7연대 1대대는 아직도 유담리 남쪽 6 km 지점에 있었다.

레이몬드 데이비스 중령 : "우리 부대는 전술적으로 어려운 상황에서 벗어나려 하고 있었습니다. 칠면조가 도착했을 때 하도 꽁꽁 얼어 있어 취사병들도 어떻게 녹여야 할 줄을 모르더군요. 궁리 끝에 얼린 칠면조들을 두 개의 야전 취사용 스토브 위에 산더미처럼 쌓아 놓고서 전체를 두 개의 커다란 텐트로 덮은 뒤 그 틈새는 눈으로 다 막았습니다. 아침에 보니 칠면조가 취사병들이 요리용으로 썰 수 있을 만큼 녹았지만, 써는 데도 몇 시간이 걸렸습니다. 하루종일 고지에 있는 소대들을 교대시켜 가면서 식사를 시켰는데, 전초근무중이던 리 중위의 소대는 교대명령을 듣지 못했습니다. 분유가루로 만든 우유 한 컵과 갓 구운 빵 두 조각에 만족해야 했던 그 소대원들에게 미안한 생각이 들었습니다."

리 중위 : "식사는 매우 맛있었습니다"(이름을 밝히기를 꺼려하는 리 중위의 찬미자들 중에 하나가 리 중위는 아마 냉수 한 잔에 곰팡이 핀 빵 한 조각을 먹어도 맛있다고 그랬을 거라고 증언했다).

데이비스 중령은 "그 식사를 마지막으로 이후 17일간 따뜻한 식사를 못했는데, 그때는 그럴 줄 몰랐습니다"라고 말했다.

그날은 가족 생각이 나는 날이었지만, 집에 편지를 쓰는 것 이외에는 할 수 있는 일이 없었다. 7연대 F중대 로렌스 슈미트(Lawrence Schmitt) 중위도 아내에게 편지를 썼다.

우리는 함께 '성조기여 영원하라', '미국', '너와 나의 조국' 등의 노래를 불렀다오. 이어서 군목이 기도를 했고 대대장이 연설을 했지. 나로서는 감사할 것이 너무 많다오. 멋진 나의 아내와 아이, 집, 건강, 그리고 우리의 신앙. 하나님께 우리에게 이런 관대하심을 계속 베푸시기를 빌겠소.

사랑하오. 래리

알몬드 장군은 추수감사절 만찬에 해병대의 스미스 장군과 해리스 장군, 풀러 대령과 바우저 대령을 포함하여 28명을 초대했다. "사치스러웠습니다"라고 바우저 대령이 회고했다. "식사 그 자체가 칵테일 바, 하얀 식탁보와 냅킨, 도자기, 은제 식기, 지정좌석 이름표 등 워싱턴의 공식행사에서나 볼 수 있는 여러 가지 특징들을 포함하고 있었습니다." 해병들은 곤경에 처해야만 행복을 느낀다고 말을 하지만, 네 명의 해병 장군과 장교들은 그런 호사스러운 분위기 속에서 식사하는 것을 불편해했다. 하지만 그들이 그러는 가운데도 다행이라고 생각한 것은 3개 연대가 곧 한곳으로 집결할 것이란 것과, 지난 열흘 동안 사상자가 거의 없었다는 것이었다.

다음날인 25일 해병 7연대는 유담리(柳潭里)에 진입했다.

조셉 오웬 중위 : "유담리, 문제가 터진 바로 그곳에 도착했지요."

중공군의 계획

　맥아더 장군은 미8군이 공격을 재개하는 것을 참관하기 위해 전용기 C-54 수송기 바탄을 타고 동경에서 날아왔다. "만약 이 작전이 성공적으로 끝나면, 병사들이 성탄절까지는 귀국하게 될 겁니다"라고 그는 기자들에게 말했다.
　그 전날 그는 다음과 같은 성명서를 그의 휘하 전 장병에게 배부하라고 지시했다.

　　공산군에 대한 UN군의 북한지역에서의 대규모 압박포위(壓迫包圍)는 이제 결정적 순간을 맞고 있다. 포위망의 독립적 축인 우리 공군은 지난 3주 동안 지속적이고 모범적인 협조와 효율성으로 북으로 연결된 적의 병참지원선을 성공적으로 차단, 추가적 힘의 증강을 억제시키고, 필수물자의 공급을 제한시켰다. 해군의 효과적 지원을 받는 포위망의 동쪽 축은 적이 이용할 수 있는 북쪽의 지리적 이점을 둘로 나누는 포위망을 완성하려는 단계에 있다. 오늘 아침 포위망의 서쪽 축은 포위압박을 완성하고 악의 무리를 끝장내기 위한 노력의 하나로 총공세를 개시했다. 만약 이 공세가 성공하면, 실질적 면에서 전쟁은 끝나고 한국에 평화와 통일이 이룩되고, UN군의 신속한 철수가 가능해지며, 한국과 한국국민은 완전한 주권(主權)과 국제적 평등성을 향유하게 될 것이다. 이것이 우리가 싸우는 목적이다.

UN군 공격을 전용기에서 참관하고 있는 맥아더 장군

그날의 작전은 적의 저항이 없었기에 특기할 만한 것이 없었다. 공격이 시작되는 것을 참관한 후 맥아더는 그의 전용기 기장에게 기수를 북으로 돌리고서 또 동쪽으로 가라고 명령했다. 장군은 그의 오랜 경험을 가지고 적의 후방에서 무슨 일이 일어나고 있는지를 유추(類推)해 보기를 원했지만, 적의 징후는 나타나지 않았다. "우리 앞에 펼쳐 있는 것은 끝없이 넓은 황량한 들판과 뾰족뾰족한 산들, 쫙 벌어진 골짜기들, 그리고 눈과 얼음으로 뒤덮인 압록강의 검푸른 물줄기뿐이었습니다. 그것은 황무지 그 자체였습니다"라고 그가 나중에 썼다.

맥아더의 성명에 대한 스미스 장군의 간결한 반응은 그의 11월 24일자 지휘일지에서 발견된다. "미8군의 공격이 개시됐다. 맥아더 장군은 평소처럼 화려한 문체로 곧 효과를 발휘할 양익(兩翼) 포위작전에 관한 성명서를 발표했으며, 제1해병사단이 포위기동의 북쪽 날개라는 것을 알았다."

공격방향을 서쪽의 낭림산맥으로 돌리라는 미 10군단 사령부의 명령
에 해병사단의 작전참모는 등골이 서늘했다. "스미스 장군은 그 멍청
한 명령에 큰 충격을 받았습니다"라고 바우저 대령이 나중에 말했다.
10군단 참모장이었던 클라크 러프너(Clark Ruffner) 소장은 더 심한
말을 했는데, 1979년 역사가 에릭 함멜에게 보낸 편지에서 러프너는
장진호로부터 서쪽으로 공격하라는 맥아더의 결정을 '정신나간 계획'이
었다고 불렀다.

츄엔 리 중위의 소대는 보통 때처럼 선두에서 계속 앞으로 나아갔
다(왜 2소대가 그렇게 자주 첨병소대 노릇을 했는가를 설명하면서 리 중
위는 "중대장 윌콕스 대위가 소대장의 뛰어난 지휘로 2소대를 가장 믿을
만하다고 여겼기 때문"이라고 인터뷰에서 말했다). 50미터쯤 뒤를 쫓아
가면서 리 중위는 3인 첨병조를 순서대로 교대해 주었으며, 나머지
소대원들은 그의 뒤를 따르게 했다. "나는 임무교대를 하지 않았는데,
그럴 필요가 없었거든요. 나는 항상 상황을 철저히 통제하고 있었습
니다."
해병소대의 소대장이 된다는 것은 아버지나 큰형의 역할을 대신 한
다는 것을 의미하지는 않았지만, 그것은 지휘자가 되어야 한다는 것을
의미했고, 지휘를 하기 위해서는 가끔은 소대원들을 심하게 다룰 필요
도 있다는 것을 의미했다. 첨병조 조원들 중의 한 명인 칼빈 건 일병은
다른 조원들보다 자주 뒤로 처졌는데, 하루는 리 중위가 곁에 와서,
"건, 다른 조원들하고 보조를 못 맞추는데, 왜 그러지?"하고 물었다.
"발이 아파서 그렇습니다, 소대장님."
"그래?" 리 중위가 바짝 다가오더니 카빈총을 건의 얼굴에 겨누고
는, "이거 보이지? 이걸로 네 엉덩이를 치면 더 많이 아플걸!" 건 일병
은 다시는 뒤에 처지지 않았다.
다른 해병 하나가 그에게 특별한 관심을 표한다는 것을 리 중위가

안 것은 그때쯤이었다.

리 중위 : "그의 이름은 아틸리오 루파치니였고, 자동소총사수였습니다. 미국시민권을 얻으려고 해병대 복무를 하는 이민자 출신이었죠. 여하튼 그가 항상 가까이 있으려 하고 나를 계속 감시하고 있다는 것을 안 건 유담리로 행군하는 도중이었습니다. 왜 그렇게 행동하느냐고 물어보려다가 나를 보호하려고 그런다는 것을 깨달았죠. 그는 자신을 내 개인 경호병으로 자임(自任)한 겁니다."

11월 25일 오후 늦게 데이비스 중령과 해리스 중령이 지휘하는 7연대의 2개 대대는 산줄기에 둘러싸인 유담리를 내려다보는 고지까지 진출했다. 장진호의 서쪽 끝이 마을 근처까지 뻗어 있었고, 골짜기 아래에는 해병들의 눈에 익은 논 대신에 줄기가 몇 그루 서 있는 밀밭이 펼쳐져 있었다. 조심스럽게 여기저기 흩어져 있는 건물들과 오두막집을 뒤진 후에 해병들은 그 마을이 비어 있다는 것을 알았다. 그날 늦게 1대대의 작전장교인 토마스 타이(Thomas Tighe) 소령은 골짜기 아래에 있는 민가에서 사람의 움직임이 있는 것을 포착하고 개인적으로 확인해 보려고 결심했다. 그는 통역을 대동하고 소리가 들릴 만한 거리까지 접근해, 은폐된 곳에서 통역을 시켜 집안에 있는 사람에게 밖으로 나오라고 소리쳤다. 아무 답변이 없어 타이가 1분 안에 사격을 하겠다고 경고하자 잠시 후 중공군 한 명이 손을 머리에 얹고 나타났고, 뒤이어 두 명이 더 나타났다. 타이 소령은 그들을 연대 정보주임 도날드 프란스(Donald France) 대위에게 인계했는데, 포로들은 굉장히 협조적이어서 프란스 대위의 심문에 자세히 대답했다. 그들의 주장에 따르면 중공군 제20군 소속의 58 · 59 · 60 의 3개 사단이 유담리에 6일간 주둔해 있었으며, 자기들은 60사단 소속의 소총수들이라는 것이었다.

7연대 부연대장 프레데릭 다우세트 중령 : "포로들이 말하기를 중공군 1개 사단이 유담리의 미 해병을 북쪽에서 공격할 것이고, 다른 1개 사단은 서쪽에서 공격할 거라고 하더군요. 또 말하기를 세 번째 사단은 유담리와 하갈우리 사이의 연결도로를 차단(遮斷)할 것이고, 네 번째 사단이 하갈우리를 공격하고 고토리로 이어지는 도로를 차단할 거랍니다. 다섯 번째 사단은 고토리와 진흥리 사이의 도로를 차단할 거라면서 말입니다. 총공격은 2개 해병연대가 하갈우리와 유담리 사이에 있는 덕동(德洞)고개를 통과한 바로 뒤가 될 거라며 해병항공대의 근접항공지원을 두려워하여 어두워진 후에 공격을 시작할 거라고 진술했습니다. … 굉장히 흥미로운 정보였지만, 평범한 병사가 어떻게 그런 고급정보에 정통할 수 있는지 의심스러웠지요. 그래서 그들의 말을 별로 믿지 않았고, 사실은 그들이 허위정보를 적에게 전할 임무를 띠고 그 민가에 남겨진 미끼가 아닌지 의심했습니다."

그날 밤 3대대 진지 쪽으로 터벅터벅 걸어오던 민간인 한 명이 수하(誰何)에 걸려 프랑스 대위에게 인계됐다. 심문을 했더니 그는 엄청나게 많은 수의 중공군을 남서(南西) 방면으로 길 안내를 해주고 집으로 돌아가는 길이라고 밝혔다. 숫자가 얼마나 되느냐는 질문에 그는 행군 종대의 길이가 세 시간 걸리는 정도였다고 말하면서 말이 끄는 대포도 있었고, 일부 장교들은 말을 타고 있었다고 대답했다. 다른 민간인들도 하갈우리로 이어지는 도로의 서쪽과 남쪽에 중공군이 집결해 있는 것을 알려왔다.

스미스 장군 : "중공군에게 식량을 징발당하거나 길 안내를 강요당한 민간인들과 전선을 넘나드는 첩보원의 보고가 적의 병력과 우리의 보급로를 차단하고 역습을 실시하려는 적의 의도를 파악하는 데 도움이 됐습니다."

임표[1]가 이끄는 중공군 제13병단 소속의 18개 사단이 25일 저녁에 워커 장군의 미8군에 대하여 공격을 개시하기로 예정되어 있었고, 송

---

1) 당시 중공군 13병단의 사령관은 이천우(李天佑)였다. 저자의 착오로 보임.

장군이 지휘하는 중공군 제9병단은 그때쯤 장진호의 동안에 도달한 미 육군 7보병사단의 일부 부대와 유담리, 하갈우리, 그리고 고토리에 있는 미 제1해병사단을 격멸하려 하였다. 그리고 나서 중공군은 미 육군 3보병사단과 7사단의 나머지 부대, 그리고 동해안(東海岸)을 따라 진격하던 2개의 한국군 사단을 무찌르려는 계획을 가지고 있었다. 미 10군단에 대한 중공군의 공격은 11월 27일 저녁에 개시하기로 예정되어 있었다.

중공군은 11월초 미 제1기병사단(騎兵師團)과 전투를 치른 후 미군을 두려워할 아무런 이유가 없다는 것으로 판단했다. 중공군 66군 사령부에서 발간한 〈전투교훈〉이란 소책자가 11월 20일 전 예하부대에 배부되었는데, 익명(匿名)의 저자는 미군은 포병과 전차에 대한 의존도가 심하다고 지적하면서, 그러나 "보병은 전투력이 약하다. 병사들은 죽음을 두려워하고, 맹렬하게 공격하거나 죽을 때까지 방어하지 않는다. … 주간에는 활발하게 활동하다가도 야간에 접근해 오는 적에게는 약하다. … 보급이 차단되면 전투의지가 약화되고, 후방과의 연결이 차단되면 후퇴한다"라고 기술했다.

송 장군의 정치지도 위원 중의 한 명이 작성하여 9병단의 예하부대에 배부한 팜플렛은 다음과 같은 내용을 담고 있었다.

"곧 우리는 미 해병대를 전장(戰場)에서 만날 것이고, 그들을 격멸할 것이다. 미 해병대가 패배하면 적 전체가 붕괴할 것이고, 조국은 침략의 위협에서 벗어날 것이다. 고향에서 뱀을 죽이듯이 미 해병들을 죽여라!"

장진호의 동안(東岸)

스미스 장군 : "내가 의도했던 것은 5연대와 1연대가 합류할 때까지 정군(停軍)하는 것이었고, 26일이나 돼서야 합류가 이루어졌습니다. 그때 가서 1연대의 1개 대대를 하갈우리에, 또 하나를 고토리에 그리고 나머지 1개 대대를 황초령 아래에 있는 진흥리에 배치할 수 있었지요. 그들의 임무는 우리의 주 보급로를 방어하는 것이었습니다."

그는 한 달 전 원산에 상륙한 이래 이루려고 꾸준히 노력했던 것을 달성했는데, 그것은 해병 1사단의 병력을 집중운용하는 것이었다. 스미스 장군이 나중에 말한 것처럼 이 집중운용은 막 일어나려는 사태에 비추어 볼 때 매우 성공적이었다. 유담리에 2개 연대와 하갈우리, 고토리, 그리고 진흥리에 각 1개 대대를 배치하여 사단은 한쪽 끝에서 다른 쪽 끝까지 지프로 한 시간에 횡단할 수 있는 전술구역 내에 사단 병력을 집중할 수 있었다.

알파 바우저 대령 : "그렇게 했어도 우리는 길고 추운 눈 덮인 산악지대의 끝에서 끝까지 전개되어 있었고, 전체 범위는 측량을 시작하는 곳에 따라 104 km에서 120 km 정도의 길이였습니다."

부사단장 에드워드 크레그 준장은 5연대와 7연대 사이의 거리에 신경을 쓰고 있었는데, 수주 전보다는 가까워졌지만 두 연대는 아직도 호수를 사이에 두고 떨어져 있었다. 다시 한 번 육군이 선봉에 있는 2

개 해병연대가 문제 발생시 서로 지원하는 것을 의도적으로 막으려 하는 것 같아 보였다. 문제가 발생할 것을 예견(豫見)하고 있던 크레그 준장은 "나는 위쪽의 상황에 대해서 신경이 무척 쓰였습니다. 스미스 장군에게 이런 상황에 대해 이야기하면 그는 '육군이 원하니까'라고 대답했습니다. 내게는 돌아가는 모든 상황이 불리해 보였습니다"라고 회고했다.

장진호의 동안(東岸)에 도달한 첫 번째 미 육군부대는 돈 페이스 (Don Faith) 중령이 지휘하는 제7보병사단 32연대 1대대로, 그 부대가 해병 5연대의 전술책임구역을 인수했다. 데이비드 바 장군의 사단은 전반적으로 불안정한 상황에 있었다. 개전(開戰) 초 사단은 병력부족으로 8천여 명의 한국 민간인들을 보충병으로 받아들여야 했고, 게다가 1천여 명에 이르는 고참병과 하사관들을 다른 2개 육군사단의 병력증강을 위하여 차출하여야만 했다. 바 장군의 기록에 따르면, 강제모병(募兵)된 그 한국인들은 아무런 준비나 훈련도 없이 전투에 투입되었는데, 위축되어 있었고 혼란스러워 했으며 지쳐 있었다. 사단장도 지휘력에 문제가 있어 예하부대에서는 부사단장인 헨리 호즈(Henry Hodes) 준장이 실질적인 부대지휘를 한다고 믿고 있었다.

26일 정오경 부사단장이 기쁜 소식을 가지고 페이스 중령의 지휘소를 방문했다. 윌리엄 라일리(William Reilly) 중령이 지휘하는 31연대 3대대와 레이 엠브리(Ray Embree) 중령이 지휘하는 57야전포병대대의 대부분이 산길을 따라 행군중이며, 곧 1대대와 합류할 것이라는 것이었다. 이 혼성부대는 31연대장 앨런 D. 맥클린(Allen D. MacLean) 대령이 지휘할 예정이었다.

32연대 1대대에 배속되었던 에드워드 스탬포드(Edward Stamford) 해병대위가 함포사격과 공습을 유도하는 기술을 훈련받은 3인으로 구성된 팀을 지휘했다. 이 기술은 해병대가 태평양전쟁중 개발했으며, 한국에서도 효과적으로 사용되었는데, 이 팀의 존재가 장진호 동안(東

132

미 육군 32연대 1대대
항공통제관
에드워드 스탬포드 해병 대위

岸)의 미 육군부대에는 커다란 행운이었던 것이 나중에 밝혀졌다.

스탬포드 대위 : "처음에는 별 일이 없었습니다. 부하들을 제 자리에 배치하고 나서 군종신부인 부루너트와 나는 하갈우리로 돌아가 미사에 참석한 뒤 아는 사이인 해병 11연대 군종신부 오토 스포르를 만나러 갔습니다. 내가 기억하기에 스포르 신부는 해병대가 그렇게 내륙 깊숙하게 진격하는 것에 대해 분개(憤慨)하고 있었습니다. 그는 훈련된 상륙작전 전문부대를 잘못 사용하는 거라고 말했지요."

페이스 중령과의 회의를 마치고 해병 5연대장 레이몬드 머레이(Raymond Murray) 중령은 하갈우리로 돌아가서 다시 연대의 최종 목적지인 유담리로 향했다.

머레이 중령 : "나중에야 생각이 났지만 유담리로 가는 길에 흥미로운 것을 하나 보았습니다. 하갈우리와 유담리 중간지점에 있는 덕동고개 위에서 동양인 남자가 한 명 높이 솟아 있는 암반에 앉아 도로 쪽을 쳐다보고 있더군요. 꽤 추웠는데도 미동(微動)도 않고 마치 동상처럼 거기 있었는데, 적정(敵情)을 살펴보려는 것 이외는 거기 그렇게 있을 이유가 없었습니다."

스미스 장군 : "26일까지 5연대 전체가 장진호 동안의 전술책임구역을 미 육군 31연대에 물려주었습니다. 이 육군부대들은 북쪽으로 두서없이 급하게 이동하여 와서 난로나 막사시설도 제대로 가져오지 못했고, 많은 병사들이 개인 방한장구를 제대로 보급받지 못했습니다."

그는 비망록에 육군 지휘관들이 자기에게 방한장구를 요청했다고 기록하였다. "그 불쌍한 친구들이 나에게 방한외투나 다른 월동장비를 얻으려 찾아왔습니다. '이봐, 우리도 한 사람 앞에 방한외투가 하나밖에 없네'라고 말했습니다."

11월 25일 토요일 아침 평야지대인 진흥리의 기온이 영하 22도까지 떨어졌다. 56 km 북쪽의 산악지대에 있는 유담리의 기온은 그보다 더 떨어져 매우 추웠다.

서부전선의 미8군은 점령지를 뒤로하고, 예정보다 더 빨리 수십 km를 진격하고 있었다. 월턴 워커 장군과 그의 참모들은 자신감에 차서 예하 사단들이 측면엄호도 없이 도로를 따라 나아가고, 전방부대들이 포병의 화력지원망을 넘어 진격하는 것을 허용했다.

중공군은 해가 진 후 행동을 개시, 한국군 2군단을 기습해 격파하여 미8군의 중앙부를 공격에 노출시켰고, 다시 로렌스 카이저(Laurence Keiser) 장군의 미 보병 제2사단을 공격해서, 사단은 당일 4천 명의 병력과 사단 포병장비의 대부분을 잃어버렸다. 맥아더 원수의 대공세는 해병대가 유담리에서부터 서쪽으로 공격을 시작도 하기 전에 실패로 돌아갔다.

제1해병사단의 임무는 적의 대병력을 포위망 안에 빠뜨리기 위한 양익(兩翼) 포위작전의 한쪽 축의 역할을 수행하는 것이었다. 미10군단의 관점에서는 해병대가 낭림산맥을 넘어서 중공군을 공격하여 미8군의 우측(右側)에 가해지는 압력을 감소시키는 것이 매우 긴박한 문제였는데, 해병대의 공격으로 혜택을 보아야 할 미8군 예하부대들은 이미 남쪽으로 무질서하게 도주하고 있었다. 스미스 장군은 후에 아무런 감정표현 없이 그때 상황을 다음과 같이 설명했다.

"포위작전에서 방어부대는 포위기동부대가 공격임무를 완수할 때까지 버텨주어야 하는데, 이 경우 방어부대인 미8군은 11월 25일에 후퇴하기 시작했고, 포위기동부대인 해병 1사단이 공격을 개시한 11월 27일에는 전군이 총퇴각중이었습니다. 그래서 해병대가 11월 27일에 실시한 공격은 미8군의 운명에 아무런 영향도 미치지 못하였고, 오히려 후퇴하는 미8군을 추격하는 중공군 부대와는 별개인 다른 1개 병단(兵團)과 사단의 운명을 건 전투를 치르게 되었습니다."

26일 일요일 아침이 되어서야 알몬드 장군은 맥아더 총공세의 좌익이 무너졌고, 미8군의 후퇴가 패전으로 이어질지도 모른다는 충격적 소식을 접하였지만, 알몬드 자신이나 10군단 사령부의 어느 참모도 이 재앙을 해병대에게 알리려 하지 않았다.

유담리 I

　스미스 장군은 26일 아침 일찍 헬리콥터 편으로 유담리에 도착했다. 마침 착륙장 근처에 있던 레이몬드 데이비스 중령이 헬리콥터가 마지막 3 m를 공중에서 돌면서 떨어지는 것처럼 착륙하는 것을 목격하고는 걱정이 되어 다가가 보았지만, 스미스 장군도 조종사도 다치지 않았고 단지 충격을 받은 것 같았다. 스미스 장군은 데이비스 중령에게 고개를 끄덕이더니, 침착한 표정으로 리첸버그 대령의 지휘소가 어느 쪽이냐고 물었다.

　"바로 저깁니다. 그런데, 괜찮으십니까?"

　"괜찮네"라고 대답하고 나서 스미스 장군은 바람에 흔들리고 있는 텐트 쪽으로 성큼성큼 걸어갔다.

　스미스 장군은 리첸버그 대령을 만나 머레이 중령의 5연대가 다음날 진군에서 선봉을 담당할 거라고 알려주었고, 그 말을 들은 적극적 성격의 리첸버그는 기분이 좋지 않아 보였다.

　스미스 장군이 하갈우리를 향해 돌아갈 때 날씨는 춥고 청명했다. 헬리콥터 위에서 아래에 펼쳐진 지형을 내려다보았지만, 눈 덮인 능선에서는 아무런 적정(敵情)도 발견할 수 없었다.

　점증하는 민간인들의 제보를 확인하기 위해 리첸버그는 유담리의 남서쪽으로 정찰대를 파견하기로 결심했다. 26일 아침 유진 호바터 중위가 지휘하는 7연대 A중대가 출발했는데, 정찰대의 임무는 적군의 병력규모와 동향을 파악하는 것이었다. 정찰계획은 산줄기를 따라 남서쪽으로 3 km 내지 4 km쯤 나아가다가, 능선을 타고 내려와 골짜기 길을 따라 유담리로 복귀하는 것이었다.

전날 밤에 눈이 내려서 산줄기를 따라 행군하기가 어려웠고, 정찰대원들은 정찰도중 계속 감시당하고 있다는 느낌을 받았다. 오후 늦게 소대장 프랭크 미첼(Frank Mitchell) 중위가 너무 빨리 나아가는 바람에 중대 전체가 허둥지둥 뒤를 따라가게 되어서 행군소음이 너무 심해지자 중대장 자신이 쫓아가 소대장에게 천천히 가라고 이야기했다. 중대장이 그들을 따라잡았을 땐 어둠이 깔리기 시작했고, 미첼 중위가 이끄는 첨병조는 능선에서 내려가 지도에 항산리(恒山里)라고 표시된 조그만 마을이 내려다보이는 산기슭에 도착했다. 잠시 후 첨병 하나가 여러 명의 거동수상자가 마을에 있는 오두막을 들락날락거리고 있는데, 자기네들끼리 떠들어대고 있으며 싸울 의사는 없어 보인다고 하면서 중공군 같다는 생각이 든다고 알려왔다. 통역관 김 씨를 대동한 호바터 중위는 무장하지 않은 것 같아 보이는 그 거동수상자들에게 말을 붙여보려고 산기슭을 내려갔다.

호바터는 통역에게 그들이 중공군인지를 물어보았고, 그가 "예, 중공군입니다"라고 대답했다.

호바터 중위 : "나는 중공군에게 산기슭에서 내려가 대화를 나누고 싶은데, 그들이 사격을 하지 않겠다는 보증이 필요하다는 걸 통역에게 말하라고 시켰습니다. 중국말로 몇 마디 대화를 나눈 후 통역이 중공군이 말을 알아들었고 총을 쏘지 않을 거라고 말해 우리는 첨병조의 엄호 하에 산기슭에서 내려갔습니다. 그런데 평지에 내려서기 전에 그 망할 놈의 중공군들이 자동소총을 쏘아대기 시작했어요. 통역과 나는 땅에 바짝 엎드렸는데, 총알들이 우리 주위에 있는 나뭇가지를 파고들

더군요. 그때 통역이 총에 맞아 엄호사격을 받으며 그를 산기슭 쪽으로 몇 미터 끌어올렸습니다."

첨병조장인 즈웰 코카트 상병이 쓰러지고 뒤따라 자동소총사수도 쓰러졌다.

짙어지는 어둠과 혼란 속에 월터 오데이 상병이 추가로 전사했는데, 해병들은 세 구의 시신을 잠시 동안만 그 자리에 두고 온다고 생각하면서 후퇴했다. 교전은 총구에서 내뿜는 불꽃이 사방에서 번쩍거릴 정도로 치열했다. 호바터 중위는 미첼 중위가 벌떡 일어서더니 전사한 자동소총사수의 무기와 수류탄을 챙겨서는 단독으로 적에게 달려드는 것을 보았다.

제스 스와포드 하사 : "미첼 중위는 무모할 정도로 용감했습니다. 실탄이 떨어질 때까지 자동소총을 쏘아대더니, 적의 소나기 같은 따발총 사격에 쓰러질 때까지 수류탄을 몇 개인가 던졌습니다. 정말 장렬하더군요."

티미 킬린 일병은 주변의 누군가가 "미첼 중위한테 무슨 일이 있었어?"라고 말하는 것을 들었다.

아무도 프랭크 미첼 중위가 전사했다는 걸 인정하려 하지 않았지만, A중대 화기소대장인 윌리엄 데이비스 중위는 유일하게 미첼의 전사에 놀라지 않았다. 둘은 인천에서 원산으로 이동할 때 수송선의 선실을 같이 썼는데, 항해중에 미첼은 그에게 자기가 북한에서 전사할 것 같은 예감이 든다고 고백한 적이 있었다.

비록 소대장들이 그 지역에서 버티다가 아침 일찍 시신들을 회수해 오기를 원했지만, 중대장 호바터 중위는 부상자들이 밤새 살아남지 못할까 봐 두려워하였다.

킬린 일병 : "그날 밤은 산과 눈 덮인 소나무가 그려져 있는 성탄절 카드의 풍경처럼 구름도 없이 별이 반짝이는 밤이었습니다. 하지만 바람은 살을 에이는 듯했죠."

138

해병 5연대 2대대 군의관
헨리 리트빈 중위

호바터 중위 : "해병은 항상 전사자의
시신과 부상자를 회수하기 위해 모든 노
력을 기울인다는 것에 자부심을 가져왔
고, 그래서 미첼과 코카트, 그리고 오데
이의 시신을 별빛 아래 그대로 두어야 한
다는 것이 몹시 괴로웠습니다. 하지만 시
신을 회수하려면 추가적 인명손실이 불가
피했기에 하지 않기로 결심했습니다. 물
론 우리는 시신을 회수하러 다음날 가려
고 했습니다. 그건 당연히 해야 할 일이
었지요."

26일 밤이 되자 기온은 다시 영하 28도 아래로 떨어졌고, 북풍(北
風)이 얼어붙은 호수를 넘어 불어와 호숫가에 주둔하고 있는 해병들과
육군병사들에게 몰아쳤다. 유담리 서쪽에 주둔한 해병 5연대 2대대장
해롤드 로이스 중령은 등화관제된 텐트 안에서 휘하 3개 중대장들(사
무엘 스미스 대위, 우엘 피터스 대위, 사무엘 자스킬카 대위)과 서쪽으로
진격하는 다음날의 작전계획에 대하여 의논하고 있었다. 중대장들은
진격이 아침 8시에 시작될 것이고, 대대는 사단 선봉이 되기 위해 7연
대 진지를 통과할 것과, 웨인 리차즈 중위의 공병소대와 해병항공대에
서 파견된 정찰기가 진격을 지원할 것이라는 이야기를 들었다.
대대 군의관 헨리 리트빈은 대대가 사단의 선봉부대가 된다는 것을
알지 못했다. "나는 무척 당황했고, 우리가 지금 어디 있고 어디로 가
는지를 전혀 몰랐습니다. 단지 내가 아는 건 그곳이 우리가 출발한 곳
보다 더 나빠 보인다는 것이었습니다. 다른 일에 정신이 팔려 동쪽에
있다는 거대한 얼음판도 못 보았습니다. 저수지요? 무슨 저수지? 군대
일에 대한 나의 무지(無知)는 한심한 지경이었습니다. 그건 내가 멍청

하거나 순진해서가 아니고, 군사훈련을 받은 적이 전혀 없었기 때문이었죠.

인천상륙작전을 앞두고 보급하사관이 나에게 카빈 소총과 대검, 실탄이 가득 든 탄창을 지급하더군요. 그 금속과 플라스틱, 나무로 된 물건들을 몇 분 동안 물끄러미 쳐다보다가 적을 향해 어느 쪽을 겨누는지도 모른다고 농담하면서 도로 돌려주었습니다. 그랬더니 그가 45구경 권총과 권총집을 주면서 어느 쪽으로 쏘아야 하는지를 가르쳐 주었습니다. 해병대원들은 참을성이 많더라구요. 다음날 아침에 바깥에서 시끄러운 소리가 나기에 사다리를 타고 올라가 보았더니 내 눈앞에서 인천상륙작전이 벌어지고 있었습니다.

'군의관님은 제8상륙제댑니다.'

'뭐라구!'

그 말을 기억하려고 노력했지만 무얼 해야 하는지 몰라 무거운 군장(軍裝)을 짊어진 상륙대원들과 함께 좁은 함상 통로를 따라 천천히 미끄러지듯이 걸어나갔습니다. 로이스 중령의 2대대에 배속된 것은 알았지만, 내 눈에 띄는 사람은 태평양횡단 항해중에 알게 된 칼 세이들(Karle Seydel) 중위뿐이었습니다. 그는 D중대의 기관총 소대장이었는데, 덩치가 크고 구레나룻 수염을 기르고 있었지요. 내가 어찌 할 바를 모르는 것을 알아채고는 나를 돌보아 주었습니다. 좋은 교육을 받은 성숙한 젊은이였고, 그의 보살핌 덕택에 편해졌지요.

세이들 중위가 싸준 군장을 메고 통로를 비틀거리며 나가면서 함정의 외벽에 설치된 망사다리를 기어내려가 수면에 출렁거리며 떠 있는 상륙주정(上陸舟艇)에 옮겨 타야 된다는 것을 깨달았습니다. 나는 운동을 잘 안 했고 더욱이 체력훈련을 받은 적도 없었습니다.

'군의관님, 내려갑시다.'

내려갔지요. 세이들 중위는 내 옆에서 나를 가르치며 망사다리를 타고 내려왔습니다. 두 손으로 발판을 꼭 잡은 채 발은 밑의 발판에 올

한반도 연안에 함포사격을 퍼붓는 전함 위스콘신

려놓고 몸은 그 사이에 감자자루처럼 늘어져 있었습니다.

'두 손으로 꼭 잡으세요'

'그러고 있네.'

'자 오른발을 똑바로 15 cm쯤 뒤로 빼세요. … 잘 했어요. 이제 오른쪽 다리를 천천히 쭉 펴세요. … 좋아요. 지금 오른발을 수평 로프 위에 놓으세요.'

상륙해서 처음 치료한 환자는 대퇴부 위쪽에 큰 상처가 나 있었는데, 전투중에도 누군가가 상처 밑을 지혈대로 묶어 놨더군요. 나는 흥분되고 불안한 상태였고 그 상처가 나를 더 불안하게 했지요. 하지만 이럭저럭 치료를 할 수 있었습니다. 위생병들, 특히 2차 세계대전 참전자인 넌 위생조장이 하는 것을 잘 살펴보면서 빨리 배웠습니다. 전장 소음 때문에 허둥거린 적도 있었습니다. 처음 우리 뒤의 바다쪽에 있는 전함에서 함포사격을 시작했을 때 마치 머리 위로 화물열차가 지나가는 것 같아 숨으려고 땅을 파헤쳤더니, 넌 조장이 '걱정 마세요, 군의관님, 지나갔어요'라고 말하더군요.

인천에 있던 응급구호소는 내가 인턴생활을 한 필라델피아 종합병원의 시설이 완비된 수술실과는 상상도 못할 정도로 차이가 났습니다. 예를 들어 수술할 때는 위생병들이 야전전등으로 불빛을 비추었고, 부상자들은 먼지 속에 누워있어야 했습니다. 위생붕대와 모르핀을 제외하고는 무균처리된 의료장비는 하나도 없었습니다. 그래도 부상자를 후방으로 후송할 수는 있었죠. 장진호 전투 때는 중공군이 우리를 포위한 다음부터 후방이라는 게 없었습니다. 충격이라는 것은 한 번 시작되면 계속되는 것 같더군요. 서울로 진격하는 도중에 위생병들이 너무 많이 죽어서 해군은 함정근무 위생병들로 빈자리를 보충해야 했습니다.

한국전쟁에 관해서는 잊지 못할 것이 여러 가지 있지만, 그 중에 하나는 의정부 부근에서 전입신고를 했던 금발머리의 두 젊은 위생병에 관한 겁니다. 그들은 인천에 정박해 있던 함정에서 바로 왔다고 하면서 어디로 가야 되느냐고 묻더군요. 나는 그들(친구 사이더라구요)을 그때 사상자가 많이 발생했던 우엘 피터스(Uel Peters) 대위의 F중대로 보냈습니다. 둘이서 중대지휘소를 향해 길을 따라 쭉 걸어갔고, 다음날 아침이 되기도 전에 둘 다 전사했습니다.

참 끔찍한 일이었지요. … 그 둘은 부족한 일손을 보태려고 배에서 내려온 거였는데, 한국의 산과 마을들, 논이 어떻게 생겼는지 볼 새도 없이 죽은 겁니다. 나는 넌 조장에게 두 사람의 이름을 종이에 적어달라고 부탁했죠. 그가 이름을 적어주어 내 지갑에 간직했습니다. 나는 아직도 그 금발의 두 젊은이를 애도하고 있습니다."

유담리 II

　유담리에서의 첫날밤 2대대 부대대장 존 홉킨스(John Hopkins) 소령이 오늘이 자기 생일(生日)이라고 하자 군의관 리트빈은 즉시 가방을 열더니 50g짜리 의료용 알코올병을 꺼내 그에게 주었다. 소령은 놀랍고도 흐뭇해서 같이 마시자고 제안했지만 그가 사양하자 여느 때처럼 카멜 담배를 피우고 서 있던 대대장 로이스 중령에게 다가가 반 병쯤을 군용컵에 따라서 주었다.

　(리트빈 : "나는 조용하고 상황을 잘 통제할 줄 아는 로이스 중령을 좋아했는데, 그는 줄담배를 피워대는 것을 제외하고는 우리에게 걱정스러워하는 모습을 결코 보여주지 않았습니다. 하긴 아무 일이 없을 때도 담배는 피웠지요.")

　"이게 뭐지?"

　"오늘이 제 생일이라고 군의관이 술을 조금 줬습니다."

　로이스 중령은 컵을 들어올리며 "건강하길 비네"라고 말했다.

　홉킨스는 술병을 들고 서쪽에 보이는 높은 산봉우리들을 바라보면서 다음날 무평리(武坪里)로 진격하는 것에 대하여 말한 뒤 "80km의 진군을 위하여"라고 건배했다.

　11월 26일 저녁 장진호 동안(東岸)에 주둔하고 있는 유일한 해병부대는 빈약한 화력을 보유한 조지 킹(George W. King) 대위의 해병 제

1공병대대 A중대로 일본 지도에 사수리(泗水里)라고 표시되어 있는 버려진 제재소가 있는 마을에서 야영하고 있었다. 그 마을은 하갈우리부터 3 km 떨어진 호숫가 후미진 곳에 위치해 있었다.

그때까지도 하갈우리에 주둔하던 7연대 F중대의 기관총 소대장 래리 슈미트 중위는 중대 보유의 소화기들이 영하의 날씨에 어떻게 작동하는지 알아보려고 임시로 만든 사격장에서 사격을 실시했다.

"M-1 소총은 문제가 없었지만, 카빈 소총은 탄알이 장전이 안 되더군요. 노리쇠의 장전이 잘 되도록 스프링을 늘여 이 문제를 해결하려고 했습니다. 기관총은 괜찮았지만 자동소총도 탄알 장전이 잘 안돼 문제였는데, 약실에 끼는 기름찌꺼기 탓 같았습니다."

하갈우리는 조용했다. 105 mm 곡사포부대인 벤자민 리드(Benjamin Read) 대위의 H포대는 다음 임무를 기다리며 마을의 북쪽에 야영하고 있었다.

새벽 1시 45분쯤 포대 선임하사 엘머 윌링이 리드 대위를 깨우더니 포대 내선전화를 감청해 보라고 권해서, 대위는 식은 커피를 홀짝 마시고는 전화기에 귀를 기울여 스탠리 로코위츠 상병이 말하는 것을 들었다.

"여기는 추운 한국의 산골짜기에서 보내드리는 H포대 방송입니다. 윌버 헨던 중위가 경영하는 테네시 썹는 담배회사에서 찬조하는 신비의 소리방송을 시작합니다. 본 방송에 들어가기 전에 베르그만 상병이 크리스마스 캐롤을 한 곡 선사하겠습니다." 잔잔한 박수소리가 잦아들자, 미시간주 출신의 스무 살된 스웨덴계 시어트 베르그만이 '고요한 밤'을 불렀다. "그럼 신비의 소리를 시작합니다"고 말하더니 로코위츠는 목소리를 바꾸어서 낮게 깔린 목소리로 오늘밤은 사람에게나 동물에게나 지내기 적당한 밤이 아니라고 말했다. 포진지에 있던 해병들은 그가 누구의 목소리를 흉내내고 있는지 추측해 내려고 했다.

"해리 트루먼?" 3번포 진지에서 누군가가 응답했다.

"틀렸습니다."

다른 대답들이 나왔지만 로코위츠는 다 틀렸다면서 힌트를 하나 주었다. "너희 모두를 돌려보내 주겠다, 성탄절까지, 내가 돌아가듯이." 확실한 힌트여서 모두들 그 목소리가 맥아더 장군이라는 것을 알았지만, 상은 처음 대답한 해병에게 돌아갔다. "응답자에게는 백린탄 두 발이 장전된 105 mm 곡사포로 본인이 선택한 목표에 그 두 발을 쏠 수 있는 기회를 상으로 드립니다. 안녕히 계십시오. 행운을 빕니다"라고 로코위츠가 말했다.

나중에 이 일화를 언급하면서 리드 대위는 낮은 기온과 차가운 바람, 점증하는 중공군의 위협에도 불구하고 해병들의 사기가 얼마나 높았는지를 보여주는 것이라고 말했다. 그때쯤에는 유담리에 있는 모든 부대가 중공군이 공격해 올 것을 감지(感知)하고 있었다.

눈이 조금 내린 뒤 기온이 다시 떨어지기 시작했고, 자정에는 영하 32도까지 내려갔다. 경계병들이 고통을 느끼기 시작해 막사 안에 있는 뜨거운 난로 옆에서 몇 분 만이라도 몸을 데우라고 교대제를 실시했다. 기온이 해병들의 사기에는 몰라도 행동에는 심각한 영향을 미친다는 것이 확실해졌다(7연대장 호머 리첸버그 대령은 후에 영하의 상태에서 기온이 1도 떨어질 때마다 업무효율이 2% 떨어진다고 평가했는데, 이 말은 온도계가 영하 32도 이하를 가리키면 부대는 정상시의 약 50%만 기능한다는 말이었다. 실제적 면에서 그것은 막사설치와 같은 일상업무에 두 배의 인원이 필요했다는 의미였다).

11월 27일 새벽이 되자 유담리 일대는 혈액순환이 잘 되라고 제자리 뛰기를 하거나 장갑 낀 손들을 마주치는 파카차림의 해병들로 활기를 띠기 시작했다. 잠시 후 모닥불 주위에는 병사들이 얼어붙은 음식과 무기를 녹이려고 옹기종기 모여들었다. 몸이 마비가 될 정도로 추웠는데도 해병사단의 내재된 조직력이 발동하기 시작했다("해병부대는 가만히 있는 것을 증오합니다"라고 해병대의 빅터 크룰라크 장군이 말한 적이 있다).

로이스 중령의 2대대는 7시 30분에 지형이 험준한 서쪽으로 신속하게 이동했다. 마을을 1,500 m쯤 벗어나자 전개되는 지형들이 점점 험악해졌는데, 산들은 다른 어떤 곳보다도 더 높았다. 정찰기가 비스듬히 날아와 도로 위에 떨어뜨리고 간 연락용 튜브가 선두에서 나아가던 F중대장 우엘 피터스(Uel Peters) 대위에게 전달되었다.

전방에 다수의 도로장애물, 인원은 안 보임.

아홉 개나 되는 도로장애물은 통나무와 커다란 돌들로 되어 있었다. F중대는 공병들이 불도저로 그 장애물들을 길 옆으로 밀어내도록 내버려두고는 오른쪽으로 우회해서 1403고지의 산허리를 넘어 나아갔다. 로이스 중령은 F중대를 오른쪽에, 사무엘 스미스(Samuel Smith) 대위의 D중대를 왼쪽에 배치하고, 사무엘 자스킬카(Samuel Jaskilka) 대위의 E중대는 예비대로 운용했다.

F중대는 그 지역에서 제일 높은 산인 삿갓산(笠峰) 밑으로 접근하고 있었는데, 동쪽 사면에 중공군이 구축한 계단식의 차폐된 포진지들이 보였다. 처음에는 간헐적이었던 적의 사격이 곧 맹렬해져 많은 수의 중공군이 포진해 있는 징후가 보였으며, 정오쯤에는 적이 미군의 진격을 지연시키기보다는 완전히 정지시키는 데 관심이 있다는 것이 확실해졌다. 중공군은 후퇴하려는 의사가 전혀 없었다.

로이스 중령 : "전반적 상황이 불리하여 연대장 머레이 중령에게 보고했고, 그는 '알았네, 진격을 정지하게. 내일 아침에 다시 하지'라고 말했습니다."

그때가 오후 2시 30분이었고, 5연대 2대대는 약 1,500 m쯤 전진해 있었다. 다시 한번 알몬드 장군은 해병대가 지지부진하게 전진하고 있다는 보고에 불쾌할 것이 뻔했다.

로이스 중령 : "그날 우리 부대가 많이 전진하지 못한 것은 신(神)의 섭리(攝理)였습니다. 우리가 그 산 속으로 더 전진했더라면 어떻게 되었겠습니까?"

진격이 취소됐을 때 사단 첨병의 위치에 있던 로버트 존슨 일병이 해병이 통제하던 두 개의 고지(7연대 3대대가 점령하고 있는 왼쪽의 1426고지와 오른쪽의 1403고지) 사이로 행군종대를 이끌고 있었다. 존슨 일병의 앞에 얼어붙은 개울과 돌로 만든 다리, 그리고 그 뒤로 삿갓산이 보였는데, 그곳이 미 해병 1사단 서진(西進)의 종착점이 될 줄은 아무도 몰랐다.

츄엔 리 중위는 7연대 B중대를 이끌고 유담리 남쪽의 1276고지로 향했을 때부터 무척 지쳐 있었다. 팔에 부상을 입었고 무릎이 아픈 데다가 독감까지 걸려있어서 죽을 맛이었다.

리 중위 : "나는 보통 아프다는 소리를 하지 않았는데, 중대장 윌콕스 대위가 보더니 그날 하루는 쉬라고 명령했습니다."

그래서 그는 B중대의 정찰대가 A중대의 전사자 3명의 시신을 회수하러 출동했을 때 빠졌다.

정찰대는 유담리 남동쪽으로 5 km쯤 행군한 뒤 방향을 바꾸어 조그만 협곡으로 들어가 서쪽으로 한 시간쯤 더 나아갔다. 조셉 오웬 중위는 여느 때처럼 그의 전령 로버트 켈리 상병의 특출한 시력(視力)에 의존하고 있었는데, 과연 켈리는 누구보다 먼저 공제선상의 중공군을 발견했다.

"어디?"

켈리가 손가락으로 가리키며 "굉장히 많은데요"라고 말했다. 중공군은 모두 백색 위장복을 입고 450 m쯤 떨어진 능선 위에 서 있었다.

"보이세요?"

"보여. 가서 중대장님께 보고해라."

중공군 진지에 포격을 하는 박격포반 반원들

켈리가 중대장에게 중공군을 손으로 가리키며 보고했을 때 윌콕스 대위는 "오웬 중위한테 가서 계속 전진하라고 전해라"라고 말했다.

중공군은 백색 위장복을 입고 있어서 눈에 가려 잘 보이지 않았지만, 정찰대가 전진하면서 시야가 바뀌자 다른 중공군 부대들도 눈에 띄기 시작했다. 그 중 한 부대는 해병들이 다가갔을 때 산 중턱에 모여 앉아 젓가락을 들고 식사를 하고 있었다.

제임스 키간 일병 : "문제가 터질 것이 확실해지자 중대장이 우리를 방어하기에 유리한 높은 지역으로 이동시켰습니다. 이동중에 하얀 망토를 걸친 장교 두 명이 옆의 능선 위에 서 있는 것이 보였는데, 바로 중공군이 사격을 시작하더군요. 나는 지금도 적들이 쏜 총알이 주위의 바위에 튕기면서 내던 소리를 기억할 수 있습니다."

셔만 리히터 하사 : "교전이 시작되면 아무 생각도 없이 그냥 쏘는 겁니다. 제 정신도 아니에요. 틀림없이 죽은 시체에다가 사격을 계속 퍼부어대는 걸 무엇으로 설명할 수 있겠어요?"

조셉 오웬 중위 : "국(gook)들이 접근해 오면서 우리도 사상자가 발

생하기 시작했는데, 기지에서 멀리 떨어진 곳에서 사상자가 발생하면 복합적인 문제가 일어납니다. 부상자 이외에도 전투원의 손실이 생기는데, 산악지대에서는 부상자를 실은 들것을 나르려면 네 명이 필요했거든요. 그때 우리는 꼼짝할 수가 없었고, 나는 바짝 긴장이 되었지요. 교전시에는 공포감이 온몸을 짓누르는 느낌이 듭니다."

오웬 중위의 박격포 사수들이 박격포 한 문을 설치하고 남쪽의 경사면을 넘어 접근하는 적의 대형(隊形)에 박격포탄을 한 발 발사했다. 오웬 중위는 꼬리에 방향조정판이 달린 포탄이 하늘 위로 떠올라서 적군 대형의 한가운데 떨어지는 것을 보았다. 완벽한 사격이었다. 포탄이 불발탄이었던 것만 빼고.

오웬 중위: "가끔은 포탄 표면에 낀 파란 녹을 보고 불발탄을 미리 식별(識別)하기도 했는데, 그건 육군의 보급담당 놈들이 제대로 관리를 안 했다는 뜻이죠. 병신 같은 땅개놈들! 일본에서 제 할 일도 제대로 챙기지 못하다니. 우리 탄약이 다 거기서 오는데 말입니다. 잠시 후 우리는 중공군에게 완전히 포위 당했다는 걸 알았습니다. 우연히 옆에 같이 있게 된 행크 카이저 중위와 나는 살아나가면 좋은 일만 하자고 다짐했죠. 국(gook)들은 계속 접근해 왔다가 물러가고 했는데, 마침내는 울화통이 터지면서, 그때 공격을 이끌던 적의 소대장이 죽이고 싶도록 미워지더군요. 그래서 그놈을 사살하는 대신 패죽이겠다고 마음먹었죠."

키가 195 cm나 되고 여러 날 동안 기른 턱수염이 더부룩한 오웬 중위는 눈 속에서 벌떡 일어나 착검된 카빈 소총을 움켜쥐고 위협적으로 앞으로 나아갔지만, 오웬의 부하들이 먼저 그 중공군 장교를 사살했다 (오웬 중위: "내 행동은 바보 같았지만 상관치 않았습니다").

턱에 총알을 맞은 윌콕스 대위는 고통이 심한 데다가, 걸을 순 있어도 말을 할 수 없어 B중대의 지휘권을 부중대장 조셉 쿠르카바(Joseph Kurcaba) 중위에게 넘겼다.

"우린 여길 빠져나가야 해"라고 쿠르카바 중위가 말했다.

우선 그는 능선 위에 밀착된 사주방어망을 치고는 부하들에게 어두워지면 빠져나갈 것이라고 알려주었다. 부상자를 운반할 4명으로 편성된 운반조도 구성되었다. A중대 전사자 3명 — 프랭크 미첼 중위, 즈웰 코카트 상병, 월터 오데이 상병 — 의 시신은 정찰중에도 발견하지 못했고, 상황이 너무 심각해서 수색도 할 수가 없었다.

제임스 비더 일병 : "그들을 위해 기도를 많이 했습니다."

쿠르카바 중위의 무선병인 조셉 헤드릭 일병은 코르세어[1] 전투기 두 대가 날아가는 것을 발견하고는 공지통합무전기(ground-to-air radio)를 써서 "항공기, 항공기"하고 그들을 호출했다.

비행기 조종사들 중 한 명이 "여기는 러브레이스"라고 응답했다. 그들은 유담리 부근에서의 임무를 마치고 돌아가는 길이었고 비행기에 탑재된 캘리버 50 기관총의 탄약이 좀 남아 있었다.

비더 일병 : "잠시 후 우리 왼편에 쌓여 있던 눈과 흙이 선두 비행기의 기총소사 때문에 여기저기로 튀는 것이었습니다. 꽤 많이 어두워져 있어서 총구에서 쏟아져 나오는 불빛이 마치 카메라의 플래시 불빛 같았습니다. 비행기 조종사들이 우리를 중공군으로 오인하고 있다는 걸 알고 어이없어 하고 있는데, 그 비행기들이 두 번째 사격을 위해 선회해 오더라구요. 바로 그때 나는 그 전투 중 가장 용감한 행동을 목격했습니다. 샘 라이스 일병이 일어서더니 대공포판(對空布板)을 흔들어 대면서 우리가 우군인 미 해병이라고 신호를 보냈습니다. 비행기에서 라이스를 알아볼 수 있을 만큼 하늘이 아직 어둡지 않아서 살아날 수 있었습니다."

어두워지자마자 B중대는 빠져나갔지만, 그것을 예상하고 중공군은 새로이 사격을 가하기 시작했다.

---

1) 제2차 세계대전시 활약한 미 해군·해병항공대의 주력 전투기.

오웬 중위 : "그들은 마치 우리가 어느 방향으로 가든 웅웅거리며 따라오는 호박벌떼 같았습니다. 동쪽으로 한 시간쯤 전진하니까 앞쪽에 불빛이 보이더군요. 우리는 유담리에서 남쪽으로 5 km 떨어져 있었는데, 처음에는 뭐가 뭔지 모르겠더군요. 나중에야 그게 자동차 전조등인 걸 알았습니다."

환자후송용 지프들을 가지고 마중을 나와 있던 대대장 데이비스 중령이 B중대를 도로 쪽으로 유도하기 위해 운전병들에게 차량전조등을 켜라고 부탁했던 것이었다. 데이비스 중령은 또 구원병력이 필요할 경우를 예상하여 존 모리스(John Morris) 대위의 C중대를 거느리고 왔다.

오웬 중위 : "우리는 구원이 필요 없었습니다. 나중에 밝혀지겠지만 구원이 필요한 건 운이 나쁜 C중대였지요."

유담리에서 출발해 남쪽으로 향하는 트럭 행렬이 길모퉁이를 돌아나오고 있었다. 울퉁불퉁한 도로 위에서 나는 덜컹거리는 소리로 그 트럭들이 빈 차들이란 걸 알 수 있었다. 데이비스 중령이 길 한가운데 서서 선도차량에게 깃발을 흔들어 트럭 행렬을 세웠고, 부상병들을 싣고 23 km 떨어져 있는 하갈우리까지 다시 출발한 트럭 행렬은 중공군의 포위가 시작되기 전 유담리를 출발한 마지막 차량행렬이었다.

쿠르카바 중위의 7연대 B중대는 너저분한 모습으로 1276고지의 진지로 돌아왔다. 한편, 모리스 대위의 C중대는 주 보급로를 방어하기 위해 연대장 리첸버그 대령이 지시한 대로 유담리 남쪽으로 5 km 떨어져있는 곳에 새 진지를 구축했다〔새 진지가 위치한 1419고지는 터키 힐 (Turkey Hill)이란 이름이 붙여졌는데, 추수감사절에 먹다 버린 칠면조 뼈를 거기에다 묻었기 때문이었다〕. 그때까지 아무도 알지 못했던 것은 중공군이 7연대 B중대를 따라 도로에까지 진출해 왔다는 것과, 감소편제 되어 있는 C중대를 공격할 준비를 마쳤다는 것이었다. 해병사단의 병력분산과 고립이 막 이루어져 가고 있었다.

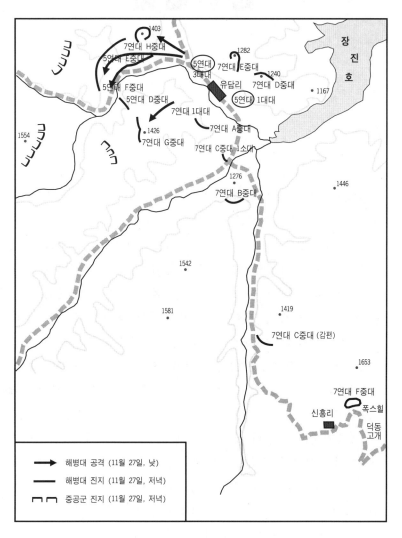

유담리의 해병 5·7연대(1950년 11월 27일)

진지구축

랜돌프 록우드 중령의 2대대에 소속된 E중대와 D중대는 별다른 사고 없이 유담리에 도착했다. 연대장 리첸버그 대령은 대대장이 아직도 하갈우리에 F중대, 중화기 중대 및 본부중대와 함께 남아 있다는 소식을 듣고 기분이 안 좋았지만, 도착한 중대장들을 불러서 록우드 중령이 도착할 때까지 데이비스 중령의 지휘를 받으라고 지시했다. 5개 소총중대를 지휘하게 된 데이비스 중령은 월터 필립스 대위의 E중대와 밀턴 헐 대위의 D중대에게 유담리 마을이 북쪽과 북동쪽에서 내려다보이는 서로 인접한 1282고지와 1240고지를 점령하라고 지시했다.

7연대 D중대 조지 크로츠 일병 : "우리는 얼음이 얼어 거대한 스케이트장같이 변한 호수가 오른쪽 끝으로 보이는 산 정상으로 올라갔습니다. 호숫가에는 불에 탄 집들이 몇 채 보이더군요. 저녁때쯤 누군가가 그곳에서 수상한 흔적이 보이기 때문에 내일 전투정찰(戰鬪偵察)을 실시할 거란 얘기를 하더라구요. 11월 27일은 재수 옴 붙은 날이었는데, 우선 나를 깨우기로 한 친구가 제때 깨우지 않아서 정찰대가 준비를 마치고 출발했을 때 잠도 덜 깨어 있었고, 입은 텁텁한 채 커피도 못 마셨습니다. 게다가 정찰대의 꽁무니를 따라가려고 뛰고 있는 나를 보고 중대장 헐 대위가 엉덩이를 제대로 놀리라고 고함을 쳤지요."

85명의 정찰대가 고지 아래로 내려간 후 1240고지에 있는 중대본부에 소대장들 중의 한 명인 폴 물라니(Paul Mullaney) 중위를 열외(列外)시켜서 본국 귀환수속을 위해 사단사령부로 보내라는 명령이 내려왔다〔홍남에 있는 사단 인사부에서는 물라니 중위가 두 개의 퍼플 하트(*Purple Heart*)[1]를 탄 걸 발견했는데, 사단 방침이 퍼플 하트를 두 개 받으면 전투임무에서 면제해 주는 것이었다〕. 문제는 정찰대의 선두에 있는 물라니 중위의 소대가 이미 호숫가에 있는 마을로 접근하고 있어서 헐 대위는 그 명령의 전달을 잠시 동안 보류하기로 했다.

D중대 알프레드 브래드쇼 일병 : "그 지역은 눈이 쌓인 가파른 산봉우리가 많은 산골짜기여서 경치가 좋았는데, 갑자기 하얀색 군복을 입은 중공군 여러 명이 오른쪽 20 m 떨어진 곳에 나타났습니다. 총을 어깨에 메고 있는 것으로 봐서 근무를 마치고 돌아가려는 모습처럼 보였고, 마치 실수로 서로 마주친 꼴이 돼버렸지요. 그들은 싸우려는 생각이 없어보였습니다. 나는 가장 가까이에 있는 중공군에게 총을 내놓으라고 손짓을 했지만, 그 친구는 내가 한 걸음씩 다가갈수록 뒷걸음을 치더라구요. 눈초리를 놓치지 않으려고 서로 잠시 마주보고 있으려니 이 자가 나를 자기 쪽으로 끌어들이려 한다는 생각이 들어서 제 자리에 섰지요. 갑자기 근처에서 총소리가 들리기 시작해 나도 거의 동시에 중공군들에게 사격했는데, 나를 유인하려 했던 중공군에게도 총을 쐈습니다. 총격전의 규모가 점점 커졌고, 능선 위에 있는 중공군도 우리를 향해 사격했습니다. 6명 정도의 중공군이 우리 측면으로 포복해 오는 것이 보였는데, 나를 못 본 것 같았습니다. 그들이 몸을 노출할 때까지 기다리다가 다른 해병 두 명과 함께 동시에 사격을 퍼부어 사살했습니다."

크로즈 일병 : "총격전이 멈추자 오존과 유황냄새가 공기 속에 진동했습니다. 마치 양쪽이 다 휴식에 들어간 것 같았습니다. 담배가 지독

---

1) 미군의 명예전상(戰傷) 기장.

154

하게 피우고 싶을 때가 있는데, 마침 나는 아침밥도 못 먹었고 아침담
배도 못 피웠거든요. 그때는 중대가 전멸당하는 것보다도 담배 한 대
가 더 소중했지요. 껴입은 옷 속에서 찌그러진 담뱃갑은 — 옷을 여러
벌 껴입고 있는 그런 날씨에서는 힘든 일이었지요 — 꺼냈지만, 성냥
을 못 찾겠더라구요. 그래서 제일 가까이에 있는 해병에게 성냥 좀 달
라고 소리를 질렀더니 던져 주더군요. 하지만 성냥이 3m 앞에 떨어
지는 바람에 포복해 나가 눈 위에 떨어져 있는 것을 낚아채 참호로 껑
충 뛰어 돌아왔습니다. 멀리서 총알을 발사하는 소리가 들리더니 이름
이 닐이라고 하는 그 해병이 울부짖더라구요, '오! 하나님, 맞았어요.'
총알이 나를 겨냥했는지는 모르겠지만 안도감과 미안함을 같이 느꼈습
니다. 내가 불을 달라고 해서 총에 맞은 건 아닌지 하는 생각이 떠나
지를 않더군요. 종아리에 총상을 입었지만, 뼈는 다치지 않았더군요.
하지만 전투병 노릇은 끝난 거였지요.

잠시 후에 적의 사격이 심해져서 다른 두 명의 해병과 함께 다 무너
진 농가 안으로 피신했는데, 헐 대위가 여기저기 다니며 흩어진 병력
을 모으다가 그 조그만 집에 숨어있는 우리를 발견했지요.

'너희들은 소속이 어디야?'

'톰슨 중위 소댑니다.'

'그래? 그런데 여기서 뭘 하고 있지?'

나와 그 둘은 전투중에 땅에 엎드려 있는 거라 생각했기에, 중대장
의 질문에 적절하게 대답을 못했습니다. 중대장은 땅에 엎드리지 않
고, 불런 전투[2] 때의 스톤월 잭슨[3]처럼 서서 왔다갔다했거든요. 그
러니 우리가 어떻게 땅에 엎드려 있을 수가 있었겠습니까?

'너희 3소대가 있는 저 고지로 올라가' 중대장이 전투소음보다 더 큰

_____
2) 남북전쟁시 남군이 승리한 전투. 워싱턴 근처에 있다.
3) 미국의 군인(1824~1863), 버지니아주 출신. 남군 장군으로 남북전쟁시 불런
전투에서 명성을 떨쳐 스톤월의 칭호를 받았다.

산비탈에 포진하여 적과 교전중인 해병대원들

소리로 외쳤습니다.

그래서 땅에서 벌떡 일어나 소총과 탄약 두 상자를 들고 다른 두 명과 함께 밖으로 나왔는데, 적의 사격이 더 격렬해져서 그 빈 집안으로 다시 피하지 않으면 죽을 것 같더라구요. 그랬더니 헐 대위가 씩씩거리며 다가와서는 우리를 성난 눈으로 노려보는 것이었습니다. 뒤에도 눈이 달려 있었던 게 틀림없었어요. 45년이 지났는데도 그 다음에 일어났던 일을 생각하면 황당해집니다. 중대장이 권총집에서 45구경 권총을 꺼내 총구를 우리 쪽에 겨누고는, 이렇게 소리치더군요. '선택은 간단하다. 저 고지로 돌격해 올라가든지, 중대장 권총에 바로 여기서 머리가 날라 가든지.' 헐 대위는 정말 성깔 깨나 있는 멋진 남자였습니다.

우리는 그 산비탈 꼭대기에 나무들이 서 있는 곳까지 뛰어올라가 총을 거치하고, 중공군에게 사격을 퍼붓기 시작했습니다. 눈뜨고 보기 힘들었던 것은 토마스 톰슨 중위가 조금 떨어진 곳에 널브러져 있는 모습이었습니다. 그의 그런 모습이 나한테는 충격적이어서 받아들이

기가 힘들었지요. 그는 깔끔한 사람이었고, 대하기 편안했지만 다부진 성격이었습니다. 전투에 투입된 해병 소대장의 평균수명에 대하여 들어보셨을 겁니다. 얼마인지 잊어 버렸지만, 하여간 짧았어요. 소대장들은 부임했다가 바로 죽어갔지요. 물론 임관했을 때 각오한 일이었겠지만요.

물라니 중위가 돌격하는 모습을 가까이에서 봤는데, 산 정상부로 올라가서는 카빈 소총을 머리 위로 휘두르며 '해병대, 앞으로'라고 외치더군요. 뒤에 남은 우리들은 중공군들이 머리를 들지 못하도록 엄호사격을 퍼부었습니다. 나는 물라니 중위가 총에 맞아 쓰러지는 것을 목격했는데, 그에게는 60일 동안에 세 번째 부상이었죠. 하지만 그는 다시 한번 살아나서 그때 이야기를 하곤 했지요. 나중에 본국의 병원에서 찍은 그의 사진을 보았습니다."

알 브래드쇼 일병 : "140 m쯤 떨어진 곳에 있는 중공군 기관총 사수를 포착했는데, 총은 냉각수통이 총 위에 가로로 걸쳐있는 영국제 루이스 형(型) 같았습니다. 래인 병장이 포복해 왔을 때 그 기관총 얘기를 했지요.

'나는 봤지만, 그 자식은 아직 날 못 봤어요.'

'무슨 자식?'

'염병할 국(gook) 사수 말이에요!'

자기 위치에서 그 중공군을 볼 수가 없었던 래인 병장은 '알았어, 아직도 보이냐?'라고 물었습니다.

중공군 사수가 우리 쪽으로 사격하지 않아서 고개를 들어보니 아직도 거기 있더군요.

'예, 아직도 보입니다.'

'좋아, 그러면 그 새끼를 쏴버려.'

그래서 사격훈련장에서 배운 것처럼, 나는 숨을 깊이 들이쉬고, 호흡을 멈춘 다음, 조준하고, 몸이 움직이지 않은 상태에서 방아쇠를 천

본국에서 도착한 우편물을 수령하고 있는 미 해병 7연대 해병들

천히 잡아당겼습니다. 쉬웠습니다. 결과는 환상적이었지요. 중공군
사수는 앞으로 꼬꾸라지며 총에 부딪히더니 데굴데굴 산비탈을 굴러가
버렸습니다. 나는 굉장히 만족스러웠고, 분대장이 보고 있는 앞이라
더 그랬습니다. 마른 입술을 오므려 해병의 노래를 휘파람으로 불렀더
니, 래인 병장이 크게 웃더군요."

헐 대위는 중공군이 추적해오는 가운데 예하 소대들을 1240고지로
신속히 후퇴시켰다. 사상자가 16명 발생했고, 적이 후미에 추격해 오
는 상황에서 그들을 후송하기가 어려웠다. 해병들이 1240고지의 진지
로 돌아왔을 때 해가 막 삿갓산 너머로 지고 있었다. 해병들은 지치고
배고팠으며, 그 마을에서 겪은 중공군의 전투력에 충격을 받았다.

크로츠 일병 : "저녁 무렵에 우편물이 전달됐는데, 마음이 좀 편안해
지더군요. 하지만 전투로 흥분된 마음이 잘 진정되지 않았습니다. 정

찰활동 때의 일들을 잊으려고, 집에서 온 편지를 가물가물한 햇빛 아래서 읽으려 애쓰고 있는 빌 러셀에게 계속 말을 걸었더니, 그가 드디어는 고개를 들고는 이렇게 말하더군요. '헛소리 좀 그만해, 알았어?'

'뭐라구?'

'입 닥치란 말이야, 크로츠. 내가 편지 좀 읽으려는 게 안 보이냐?'

우리는 바로 곧 불을 피웠고, 불을 끄고 경계태세에 들어가라는 명령이 내려온 걸 나중에야 알았지만, 그때는 그 말을 듣지 못했거든요. 식사 후 야간전투에 대비해 장비를 정돈하고 탄약은 손에 바로 닿을 수 있는 곳에 두었습니다. 군화와 꽁꽁 언 양말을 벗어 그 안에 꽉 찬 얼음 부스러기들을 털어내고는 녹이려고 겨드랑이 사이에 끼고 있었지요. 양말을 녹이기는 좋았지만 추위를 더 느끼게 하는 방법이었습니다.

두 시간씩 교대로 경계근무를 서게 되어 있었는데, 우리 조에서는 나만 시계가 있어서 일번초를 맡은 친구가 시계를 빌려달라기에 건네주었습니다. 그리고는 야전침낭 속으로 기어 들어가 등을 대고 누워서 하늘의 별들을 쳐다보았지요. 중공군이 그날 밤에 공격해 올 것을 알고 있었다고 말할 수는 없지만, 우리를 추격해 온 건 정말 두려웠습니다. 꿈에도 보이더군요."

1240고지에서 서쪽으로 800 m 떨어진 1282고지에는 월터 필립스 대위의 7연대 E중대가 주둔하고 있었다.

존 얀시 중위 : "우리 등뒤에 유담리가 있었고 앞에는 수많은 산줄기가 펼쳐져 있었습니다. 그날은 중공군을 보지 못했지만 그들이 그 산 속에 포진해 있는 건 알고 있었지요."

한밤중에 우측에 있던 기관총 사수가 자기진지 앞에서 인기척을 포착하고는 수류탄을 던지자 신음소리가 들려왔다. 신음소리가 그친 후 야전 전등으로 비추어 아직도 체온이 남아 있는 중공군 장교의 시체를 발견했는데, 그는 알리데이드(alidade) 측량기구와 측량판, 줄자를 휴대하고 있었으며, 군복을 뒤져서 찾은 서류를 보고 그가 중공군 79사단 소속이라는 것을 알아냈다.

얀시 중위 : "내 전령인 릭 매론이 왜 중공군 장교가 측량기구를 가지고 이곳에 나타난 거냐고 물어와, 그건 적이 우리가 이 고지를 점령하고 있다는 것을 아직 모른다는 것과, 이곳에 박격포 화집점(火集点)을 설정하려 했다는 걸 뜻한다고 말해 주었습니다."

록우드 중령의 세 번째 소총중대인 7 연대 F중대는 12 km 떨어져 있는 덕동

해병 7연대 F중대장
윌리엄 바버 대위

고개를 점령하고 있었다. 부임한 지 며칠밖에 안 되는 중대장 윌리엄 바버(William Barber) 대위는 켄터키주가 고향인 사병출신으로 2차 세계대전 때 유황도 전투에 소대장으로 참전해 두 번 부상을 당했다.

로렌스 슈미트 중위 : "일본에서 바로 왔기 때문에 바버 대위는 풀을 빳빳하게 먹이고 잘 다린 작업복을 입은 산뜻한 모습을 하고 있었습니다. 우리는 지난 몇 주 동안 계속 이동해서 모습들이 아주 지저분했지요."

바버의 취임훈시는 별로 인기가 없었고, 특히 다음 말은 중대원들을 짜증나게 했다. "나는 전략에 대해서는 잘 모르지만, 전술에 대해서는 많이 알고 있다. 솔직히 얘기해서 나는 정말 능력 있는 보병장교다."

27일 이른 오후에 록우드 중령과 바버 대위는 덕동고개를 통과하는 주 보급로를 방어하기에 적당한 위치를 찾아보라는 리첸버그 대령의 명령을 받고 북쪽으로 차를 몰아갔다. 두 장교가 대대장 지프를 타고, 좁은 도로를 요리조리 차를 몰고 가는 동안 F중대원들은 바람을 맞으며 반쯤 완성된 하갈우리의 야전활주로 옆에 대기하고 있었다. 바버는

덕동고개를 감제하는 덕동산 중턱에 방어진지로 유리한 위치를 찾아
냈다.

"제게는 여기가 좋아 보이는데요, 대대장님."

록우드는 전투경험자의 의견을 존중하여 길옆에 차를 세웠다(록우드
자신은 1941년 12월 7일 진주만에서 근무했지만, 보병 전투경험은 없었
다). 지프를 세워 놓고 두 장교는 산비탈을 올라가 주위를 살펴보았
다. 바버는 덕동산까지 뻗어 있는 800 m 거리의 산등성이를 주목했는
데, 산등성이의 양 사면(斜面)이 매우 가팔랐다.

"적이 공격해 온다면, 아마 이 길로 올 겁니다"라고 바버가 말했다.

록우드도 그 길이 가장 가능성이 높은 접근로라는 데 동의했다.

지도에 따르면, 진지의 위치는 유담리보다는 하갈우리 쪽으로
1,500 m 정도 가까웠으며, 록우드가 회고하기를, "그건 F중대에게 상
당히 유리했는데, 하갈우리로부터 포병지원을 받을 수 있었거든요."
진지가 북쪽으로 400 m만 올라가 있어도 F중대는 11연대 H포대의 사
정거리 밖에 위치하게 되어 있었다. H포대의 대포들은 하갈우리로 이
르는 긴 콘크리트 다리에서 180 m 북쪽에 있는 장진강 동쪽의 평지에
자리잡고 있었다.

"돌아가지"라고 록우드가 말했는데, 벌써 오후가 반쯤 지나갔고 F중
대는 아직도 11 km 떨어진 곳에 있었다.

"대대장님, 저는 여기 남아서 지형연구를 더 하고 소총소대와 지원
부대를 어디에 배치해야 할지 생각해 봤으면 합니다."

내키지 않았지만 록우드는 바버 대위가 홀로 그 고지에 남는 데 동
의했다.

록우드 : "내가 도로 쪽으로 내려왔을 때 알고 지내던 준위가 차를
타고 지나가다가 얘기를 나누려고 길옆에 차를 세웠습니다. 우리는 지
난 2~3일간 미 해병에 대한 한국 민간인들의 동향(動向)이 달라진 것
에 관해 이야기를 나누었지요. 전에는 우리에게 먹을 것을 요구하기도

하고, 아이들도 거리낌없이 과자를 달랬지만, 지금은 아이들도 어디
론가 없어졌고, 드문드문 보이는 민간인들도 우리와의 접촉을 가능한
한 피하려 했습니다. 같은 주제와 관련한 다른 현상에 대해서도 의논
했는데, 그건 그 지역에 풍부한 야생짐승들, 특히 사슴들이 놀라서 무
엇에 쫓기듯이 산 아래로 내려온다는 것이었습니다. 우리는 그것들이
불길한 징조라는 데 의견을 같이했습니다."

록우드가 떠난 뒤 바버는 진지 예정지 위를 이리저리 거닐면서 방어
계획을 짰다. 중공군이 산지에 이미 출몰하고 있었기 때문에 그의 모
습이 적에 의해 감시되고 있을지도 몰랐다. 하지만 도로가 가깝고 아
군 교통량이 많은 시간이었기 때문에 바버는 안전할 수 있었다.

한편, 하갈우리에서는 록우드가 F중대를 이동시킬 수송수단을 구하
지 못해 애를 먹고 있었다.

로버트 맥카시(Robert C. McCarthy) 중위 : "중대원들은 하갈우리를
오후 3시에 출발해서 11 km에 이르는 오르막길 도보행군을 해야 할
것 같아 걱정들이 많았습니다. 하지만 F중대에 배속된 포병 전방관측
장교(前方觀測將校)인 도날드 캄벨(Donald Campbell) 소위가 H포대
장 벤자민 리드 대위가 트럭 9대를 보내주기로 했다는 반가운 소식을
가져왔지요. 트럭 행렬은 바로 출발했고, 각 트럭에는 화기와 군장,
침낭, 전투식량, 탄약을 휴대한 25명에서 27명의 해병들이 탑승했습
니다."

리드 대위는 자신이 F중대의 강력한 후원자라는 것을 곧 증명할 것
이지만, 포대의 트럭을 제공해 준 것이 바버와 그의 부하들에 대한 마
지막 봉사가 아니었다.

리차드 그로간 일병 : "힘든 길이었습니다. 목적지에 도착했을 때는
이미 어두워 있었고 주위에 보이는 거라곤 길옆에 있는 헛간 같은 빈
집 몇 채와 영하의 날씨에도 물이 흐르고 있는 샘뿐이었습니다."

윌리엄 바버 대위 : "한 가지 내가 오랫동안 고민한 것은 참호를 파라

는 명령을 내리느냐 하는 것이었습니다. 땅이 얼어 있었고 병사들도 지쳐 있어 참호파기가 어려웠거든요. 나 혼자서 '무슨 놈의 참호파기, 오늘밤에 아무 일도 없을 거야'라고 생각했지요. 그러나 마지막 순간에 마음을 바꾸었습니다. 적들이 어떻게 나올지 누가 알겠습니까?"

해병들은 시간과 노력의 낭비라고 확신하면서도 연장을 가지고 땅을 파고 흙덩이들을 잘게 부쉈다. 오늘날 바버는 서슴지 않고 그가 참호를 파라는 명령을 내리지 않았다면, F중대는 그날 밤에 전멸했을 거라고 말한다. "어떤 논리적 가정을 적용하더라도 우리는 살아남지 못했을 겁니다."

F중대는 밤 9시에 진지배치를 완료하고 중대원의 반이 오리털 침낭 안에서 잠들었다. 진지 주변은 은색의 달빛을 받아 부드럽게 빛나고 있었고, 바람이 숲 덤불과 산비탈의 키 작은 소나무들에 매섭게 몰아쳐 중공군 공격대형이 은밀히 접근해 오면서 내는 소리를 막아주었다.

한 시간 후 마지막 트럭 행렬이 전조등을 켜고 덜커덩거리며 도로를 내려갔고, 정적이 덕동고개를 내리 덮었다.

중공군의 접근

해병부대는 병력의 집중을 어느 정도 이루었으나, 데이비드 바 장군의 육군보병 7사단은 그때까지 예하부대들이 여기저기 분산 배치되어 있었고, 서로간에 연락도 되지 않았다. 27일 저녁 무렵 31연대전투단(*Regimental Combat Team*)[1]의 병력은 하갈우리에서 북동쪽으로 뻗어 있는 장진호 동안(東岸)의 도로를 따라 분산배치되어 있었다.

7사단 31연대 G중대 에드워드 R. 아니 일병 : "모든 것이 엉망이었고, 아무도 우리가 어디로 가고 있는지 몰랐습니다. 내가 아는 거라곤 내 앞에 가는 동료의 엉덩이를 따라간다는 것이었지만, 그 엉덩이가 나를 어디로 끌고가는지는 몰랐죠. 내게는 그 산골짜기가 세상의 끝같이 느껴졌습니다."

연대장 앨런 맥클린 대령은 2대대의 소재지를 알지 못했는데, 그 부대는 그가 그날 통제력을 상실한 두 번째 부대였다. 장진호 전투와 관련된 미스터리의 하나는 31연대 수색정보소대에 관한 것이다.

연대장의 지시에 의해 리차드 코크 중위가 지휘하는 소대는 캘리버 50 기관총을 탑재한 지프를 타고 동쪽에서부터 장진호로 흘러들어가는 풍유리강(豊留里江) 근처에 전초를 설치하려고 동북방 쪽으로 출발

---

1) 보병연대를 근간으로 포병, 기갑, 공병부대를 포함, 제한적 독립작전을 수행하도록 구성된 특수임무부대.

했다. 맥클린은 그 소대로부터 무전 또는, 전령에 의한 아무런 보고도 받지 못했다. 수색정찰소대가 단위 제대로서의 역할은 끝났던 것이었지만, 전멸했다는 것이 정확한 사실이 아니었던 것은 소대원 중의 두 명, 제임스 아리 병장과 로이 시라가 일병이 며칠 후에 하갈우리에 나타났기 때문이었다. 코크 중위나 무전병이 구원을 요청할 시간이 없었던 것으로 봐서 압도적 기습을 당했음이 틀림없었고, 31연대의 입장에서는 수색정보소대가 그냥 사라져 버리고 만 것이었다.

그때쯤 총병력이 6만여 명에 이르는 중공군 8개 사단이 그들의 은신처인 숲 속, 광산의 갱구, 터널, 민가를 떠나 장진호 주변의 황량하고 눈 덮인 고지들에 집결하고 있었다. 그 끝없이 긴 행군 종대는 기도비닉(企圖秘匿)을 유지하면서 골짜기와 산비탈의 오솔길을 따라 유담리와 하갈우리를 향하여 모여들고 있었다. 역사가 로이 애플맨에 의하면, 장진호 전투시 보여준 중공군의 행군군기(行軍軍紀)는 역사상 존재했던 어느 군대와도 비교될 수 있을 만큼 강했다. 당일의 이동은 보통 오후 8시에 시작해서 오전 3시에 끝났으며, 전 병력을 은폐시키는 공습에 대한 경계조치는 새벽까지 끝냈다. 주간활동은 소규모 정찰대가 다음날 밤의 숙영지를 물색하기 위한 것으로 제한되었다.

전술적 면에서 중공군은 기습효과를 포함한 여러 가지 유리한 점을 갖고 있었다(유담리에 있던 해병들은 중공군이 다가오고 있다는 것을 알았지만, 그 병력 수가 몇만 명에 이른다든가, 2개 연대나 되는 병력이 포위당할 것이라고는 상상조차 안 했다). 전차나 트럭, 중포, 불도저 등을 끌고다니는 번거로움이 없는 중공군은 기동성이라는 이점도 보유하고 있었지만, 뭐니뭐니 해도 가장 큰 이점은 압도적으로 많은 병력이었다.

"병력 수에서 압도당한 해병대는 불리한 점을 상쇄하기 위하여 우세한 화력과 제공권, 그리고 다른 중요한 요소인 감투정신(敢鬪精神)에 의존해야 했습니다"라고 스미스 장군은 나중에 썼다.

8개 사단 중 3개 사단이 유담리의 해병을 공격하기 위한 준비를 하는 동안 중공군 80사단은 장진호의 동안(東岸)으로 이동해 하갈우리를 포위할 준비를 하고 있었으며, 포위를 위한 이동을 하기 위해서는 조직적 방어준비가 안되어 있는 맥클린 대령의 31연대를 먼저 쓸어내 버려야만 했다.

미 육군병력의 사기는 해병보다 낮았는데, 그 이유 중의 하나는 카투사(미 육군에 배속된 한국군)라고 불리는 거의 쓸모가 없는 한국인 보충병들 때문이었다. 31연대 3대대 소속의 소대장이었던 제임스 모르투루드 중위는 어두워진 뒤 순찰을 돌다가 카투사들이 평소처럼 나태한 자세로 있는 것을 발견하고는 혈액순환도 되고 경각심을 일깨우기 위해 그들에게 참호 밖으로 나와 주위를 걸어다니라고 명령했다고 회고했다. 미 육군병사들은 그들의 한국인 전우들이 전투를 치를 준비가 거의 안 되어 있고, 도움을 기대할 수도 없다는 것을 알고 있었다.

그날 오후 알몬드 장군이 하갈우리를 방문해서 7연대 부연대장 프레데릭 다우세트 중령에게서 즉석 브리핑을 들었는데, 내용은 주로 해병부대의 배치현황과 서쪽을 향한 5연대 2대대의 진격이 저지당한 이유를 설명하는 것이었다.

"그건 나도 다 아는 내용이고, 정보장교는 어디 있나?" 알몬드가 브리핑을 중단시키며 물었다.

"여기 대기하고 있습니다." 다우세트가 도날드 프란스 대위를 소개했다.

"최근의 정보는 어떤가?"

알몬드가 자기에게 질문을 하리라고 예상 못했던 그 젊은 장교는 다소 퉁명스럽게 대답했다. "장군님, 저 산악지대에는 중공군이 엄청나게 많이 깔려 있습니다."

그날 저녁 안락한 함흥의 사령부로 돌아온 알몬드는 그의 일기에 기계적으로 다음과 같은 내용을 써넣었다. "11월 27일 날씨가 하루종일

추웠다. 특히 장진호를 둘러싼 산악과 고원지대가 더 추웠다." 그게
다였다.

비록 5연대와 7연대가 합동작전을 실시하고 있었지만, 부사단장 에
드워드 크레그 준장이 텍사스에 있는 아버지의 임종(臨終)을 하러 그
날 오후 한국을 떠났기에 현지에서 두 연대를 같이 통제할 지휘관이
없었다. 지휘관의 부재에도 두 명의 연대장들은 예하 대대들을 상식적
판단을 근거로 배치했다.

7연대 작전장교 헨리 우스너 소령 : "진지배치를 조밀하게 한 사주방
어를 실시하고 싶었지만, 면적이 너무 넓어 불가능했습니다. 두 연대
는 엄청나게 큰 땅덩어리를 지키고 있었거든요. 진지 사이가 연결되도
록 방어하기에는 너무 넓어서 골짜기들은 단속적(斷續的)인 사주방어
형태로 막아야 했습니다. 그것이 우리가 할 수 있는 최선이었죠."

본국으로 전속명령을 받은 해병 5연대 E중대장 사무엘 자스킬카 대
위는 오후 늦게 휘하 장교들과 회의를 하면서 푸근한 마음으로 농담
을 하기도 했다.

"누구 아는 사람이 있나요?" 에드윈 뎁툴라 중위가 물었다.

"해병대 사령관과 내가 펜팔 친구잖아. 그거 몰랐어? 사령부에서 날
필요로 한다는 걸."

자스킬카 대위가 대답했다.

회의가 끝나고 소대장들이 자기 소대로 돌아가려고 몇 발자국 걸어
갔을 때 뎁툴라 중위가 땅에 쓰러졌다.

"어, 중대장님."

"왜 그래?"

"총에 맞은 것 같아요."

"엉덩이 빨리 들지 못하겠나." 자스킬카가 꾸짖었다. "그런 식으로
장난하지마."

"아니에요, 정말 맞았다니까요. 보세요."

확실하게 총알이 뎁툴라의 왼쪽 장딴지를 관통했다. 들것에 실려 가면서 그가 웃으며 말했다. "중대장님, 본국에서 뵙겠습니다."

"너나 나나 본국에는 못 가게 생겼다"라고 자스킬카가 한숨을 쉬며 말했다.

육군 일병 체스터 베어(Chester Bair)는 32중전차 중대에 파견된 트럭운전병 겸 정비병이었다. 27일 장진호 동안에 있는 육군진지로 탄약 수송을 나갔던 그는 탄약을 내리기 시작하던 병사들이 무척 긴장하고 있는 것을 알았다. "나도 긴장이 되어서 빨리 탄약을 내리고 그곳을 빠져 나오고 싶었습니다만, 서두르다가 실수를 하나 저질렀지요. 우연히 32연대 1대대 수송관 휴 메이(Hugh May) 중위를 만났길래 떠나도 좋으냐고 물었더니 안 된다고 하면서 '내일 아침에 트럭 호송행렬'이 있을 예정이니, 준비되면 알려 줄게.' 이러더라구요. 그래서 너무 성실한 덕분에 포위망에 갇히게 되었지요. 내 요놈의 혓바닥만 놀리지 않았더라면 그냥 트럭을 몰고 산길을 내려오는 건데 말입니다"라고 그는 회고했다.

오후 내내 베어는 일에 달라붙어 고장 난 트럭을 고치는 일을 도왔다. 차량들은 오래 전에 동절기 운행준비를 했지만 항상 시동이 잘 걸리지는 않았다. "연료펌프의 얼음이 많은 문제를 일으켰는데, 우리는 연료펌프의 부품을 들어내 깨끗이 닦거나, 교체했습니다. 너무 추워서 피부가 부품의 금속 부위에 쩍쩍 달라붙었습니다"라고 베어가 회고했다. 운전병들은 엔진이 동파되는 것을 방지하기 위해 규칙적으로 엔진을 돌려야 했고, 이런 조치는 휘발유의 보급이 잘 이루어지지 않고 있는 상황—다른 것도 다 마찬가지였지만—에서 휘발유 소비를 증가시켰다.

장진호 지역에 있던 다른 많은 해병들처럼 해병 제1수송 대대장 올린 빌(Olin Beall) 중령도 못마땅한 눈초리로 육군 부대를 바라보았다.
그는 흥남에서 유담리까지 오는 동안 '땅개들'(해병들이 육군병사들을
일컬을 때 항상 쓰는 단어)의 행동을 여러 번 관찰할 기회가 있었는데,
운전병 랄프 밀턴 일병의 말에 따르면 빌 중령이 조직력과 군기의 결
여(缺如), 그리고 다른 너저분함들 때문에 진저리를 쳤다는 것이었다.
아이러니컬하게도 장진호 전투에서 살아남은 '땅개들'은 그 눈살을 찌
푸리던 해병장교를 구세주로 여기게 된다.

폭풍전야

해롤드 로이스 중령의 5연대 2대대 소속의 3개 소총 중대는 르로이 쿡(Leroy Cook) 대위의 7연대 H중대와 함께 유담리 외곽의 서북쪽을 따라 단속적으로 진지를 구축했다. 한편 로버트 태플렛(Robert Taplett) 중령의 5연대 3대대는 2대대 진지와 유담리 마을 사이에서 예비대(豫備隊)로 대기하고 있었다. 태플렛은 그의 부대 900명의 병력이 아침에 서진(西進)을 재개하라는 명령을 받을 것으로 기대했지만, 그때 그가 받은 지시내용은 현 위치에서 야영할 준비를 하라는 것이었다. 그는 또 월터 필립스 대위의 7연대 E중대가 3대대 진지 바로 북쪽에 있는 고지를 점령하고 있다고 들었으나 그 사실을 의심스러워했는데, 왜냐하면 어떤 움직임도 보이지 않았고 아무런 소리도 들리지 않았기 때문이었다. 초저녁에 그는 산비탈을 조금 올라가 두 손을 입에 모으고 소리쳤다. "거기 해병 있나? 어이, 거기 산 위에 누구 있어?"

잠시 후 통신대 텐트로 돌아온 태플렛은 연대본부에 있는 참모 한 명과 유선통화를 했으나, "7연대 E중대가 거기 있으니 염려 마세요"라는 얘기만 들었다.

그러자 태플렛은 연대장 머레이 중령과 통화하고 싶다고 말했다.

"무슨 일이 있나?"

"느낌이 안 좋습니다. 우리 대대의 측면이 무방비상태예요."

"7연대 E중대가 자네 부대 북쪽 산에 있어."

"아닌 것 같습니다."

"알았어, 잠깐 기다려."

잠시 후 전화로 돌아온 연대장이 "E중대가 거기 있는 게 확실하네"라고 말했다.

상당한 경험과 자기확신이 있는 보병장교인 태플렛은 육감에 따라 산비탈 중턱에 전초(前哨)를 설치하기로 결심했다. 그 전초에는 미 해병에 의해 훈련된, 군기가 있고 상당한 전투력을 가진 한국 전투경찰(戰鬪警察) 부대가 운용하는 기관총 진지가 함께 배치되었다. 밤 10시 조금 넘어 연대에서 전화가 와 착오가 있었다면서 태플렛의 주장이 맞는다는 것이었다. 7연대 E중대는 동쪽으로 800m 떨어진 1282고지를 점령하고 있었고, 태플렛의 3대대 진지를 내려다보는 고지에는 그가 줄곧 이야기한 대로 아무도 없었다.

날씨는 누구도 겪어보지 못했을 정도로 추웠다.

7연대 E중대 존 얀시 중위 : "추운 계절인데다 더 추운 장진호 지역에 있었으니 얼마나 추웠겠습니까? 그런데도 부하들에게 참호를 파라고 다그쳐야 했죠. 그들은 추위에 벌벌 떨고 발이 아파서 기진맥진해 있었습니다. 게다가 C-레이션만 먹어서 다들 설사를 하고 있었죠. 전술적으로 소대진지의 위치는 괜찮았는데, 왜냐하면 내가 산비탈을 30m쯤 내려가 거기서 1282고지 정상을 중공군의 관점(觀點)에서 연구해 봤거든요. 자동화기 위치를 조정하기에도 좋았습니다. 거기에는 측량기구를 휴대한 중공군 장교의 시체가 누워 있었고, 나는 그 시체가 누워있던 산비탈의 모양 때문에 아직도 그를 기억하고 있습니다. 나중에는 적의 시체가 너무 많이 널려 있어서 산비탈에 쌓인 눈도 잘 안 보였지만요.

진지배치를 완료한 뒤 모닥불을 피웠지요. 나는 항상 배낭에 부서진 탄약상자에서 떼어낸 불쏘시개를 매달고 다녔거든요. 불을 피우니까 소대원들 몇 명이 불 옆으로 모여들었습니다."

위생병 클레이풀 : "얀시 중위는 소대원들을 '우리 아이들'이라고 부르곤 했는데, 아이들은 그가 하는 가벼운 농담에 즐거워했죠. 얀시는 때로 재미있는 사람이었고, 사람들을 웃기기 좋아했습니다. 그는 말도 안 되는 소리로 중대장 필립스 대위를 놀림감으로 만드는 방법을 알고 있었죠. 한 번은 맨해튼에서 강 하나 건너에 있는 뉴저지에 있었다고 그가 말하는 지옥(地獄)의 규모, 위치, 그곳에 사는 인물들에 대해서 상세히 설명하던 것이 기억나는데, 확실한 것은 그가 뉴저지를 지나가 보긴 했지만, 가 보지는 않았다는 것이었습니다. 얀시는 오자크1) 지방 출신의 진짜 시골뜨기였고, 그가 하는 농담은 분위기를 밝게 했지요. 그날 밤 모닥불 주위에서 한 그의 농담은 어린 해병들로 하여금 더운 음식에 대한 욕구와 추위, 공포감, 향수를 잊게 해주었습니다."

누군가가 얀시에게 의정부(議政府)에서 은행(銀行)을 날려버린 전설적 이야기를 해달라고 부탁하자 "C-3 폭약을 너무 많이 쓰는 바람에 은행의 앞문이 뒷문까지 날아갔지"라고 말해 주었고, 또 누가 영등포(永登浦)의 못공장에서 있었던 이야기를 해달라고 졸랐다. 그때 소대는 부서진 공장에 숙영하고 있었고, 얀시는 맥주 약탈을 목적으로 정찰을 나갔는데, 그가 돌아와 보니 모든 것이 달라져 있었다.

"놀랍게도 베이컨과 계란이 프라이팬에서 지글지글거리고 있고, 돼지를 한 마리 쇠꼬챙이에 꿰어 불에 굽고 있는데다가 쟁반에는 통닭이 여러 마리 놓여 있더군. 동네 여자들이 빨랫통에서 빨래를 하고 있고, 어떤 여자들은 셔츠와 바지, 양말, 내복을 말리려고 빨랫줄에 빨래를 널고 있었구 말야. 해병들은 수건만 두르고 벌거벗은 채 서성거리고

1) 미국 중남부의 미주리주 남서쪽에서 아칸소주 북서쪽을 거쳐 오클라호마주 동쪽에 이르는 전형적 농업지대.

있었지. 게다가 위층에 있는 사무실에서는 여자 웃음소리도 들렸어.

'오툴 하사, 앞으로!'

우선 내가 없는 사이 모든 걸 엉망진창이 되도록 내버려둔 소대 선임하사를 꾸짖었지. '현지인들과 친하게 지내는 것이 엄격하게 금지되어 있는 걸 몰랐나? 가축이나 가금류를 징발(徵發)하는 것이 절대 금지사항인지 몰랐나? 현지인들에게 빨래를 강제로 시키는 것이 대민관계에 나쁜 줄 몰랐나? 위층에서 벌어지고 있는 일은 말할 것도 없고.'

'소대장님.' 오툴이 대답하더군. '그런 것이 아닙니다.'

'뭐라고?'

'다 돈 주고 시킨 겁니다.'

'어떻게? 봉급 받아본 지가 언젠데.'

'소대장님이 의정부의 은행에서 훔친 — 아니, 몰수한 — 돈으로 지불했습니다.'

그때 마침 옷을 벗고 있던 소대원 한 명이 다가와서 좋은 냄새를 풍기는 고기 한 조각을 내밀며, '소대장님, 닭다리 드실래요?' 이러더라구. 내가 무슨 말을 하고, 뭘 할 수 있었겠어? 소대장 권위는 다 날아간 거지. 닭다리를 잡고 뜯기 시작했는데, 다만 그 순간에 중대장이 소대순시한다고 나타날까 봐 신경이 쓰였지."

그때까지는 E중대의 2개 소대만이 전개되어 있었고, 로버트 베이 중위의 3소대는 반대편 산비탈에서 명령을 기다리고 있었다. 부중대장 레이몬드 볼 중위가 얀시와 상의하려고 모닥불 쪽으로 왔다.

"부중대장이 3소대를 배치하는 것에 대해 나의 의견을 구해서, 동쪽으로 몇백 미터쯤 떨어져 옆에 있는 1240고지 방향으로 뻗어나간 오른쪽 측방에 배치하는 것이 좋겠다고 권유했습니다. 30분 내에 3소대가 우리 진지와 1240고지를 이어주는 넓은 산등성이에 전개됐지요. 하지만 두 산봉우리 사이에는 그래도 방어되지 않는 넓은 간격이 있었습니다. 지금 생각해보니 그때 그 권유가 잘못이었다는 생각이 듭니다. 베이의 소대를 그렇게 길고 얇게 배치할 것이 아니라 예비대로 후사면에 배치했어야 했습니다. 우리는 전면방어보다 종심방어(從深防禦)²⁾를 택해야 했어요. 기분이 우울해져 그것에 대해서는 더 이상 이야기하고 싶지 않습니다."

마지막 호송차량 행렬이 밤 10시쯤에 유담리를 출발했다. 몇 분 후에 덕동고개 위에 배치된 바버 대위의 F중대원들은 빈 트럭의 덜컹거리는 소리와, 가파른 경사와 급하게 굽어지는 도로를 통과하기 위해 힘들게 기어를 바꾸는 소리를 들었고, 이어 고개 아래로 내려가는 자동차 전조등의 불빛을 보았다. 마침내 호송차량 행렬이 하갈우리쪽으로 사라져 버리자 자동차 소리도 스러져갔다. F중대는 후방에 위치해 있어서 바버 대위나 중대원들은 해병대의 유일한 주 보급로를 차단하려고 산지로부터 은밀히 내려온 중공군들이 그 도로를 따라 접근하여 자기들을 포위하리라곤 아무도 생각하지 않았다.

벤자민 리드 대위는 다음날 이동할 H포대의 위치를 선정(選定)하기 위해 지프를 몰고 유담리까지 갔다. "차를 타고 가는 동안 엄청나게 추웠습니다"라고 그가 회고했다. "뺨이 얼지 않게 장갑 낀 손으로 얼굴을 계속 가리고 있어야 했어요. 포진지를 선정한 뒤 K포대의 로버트 메스맨(Robert C. Messman) 중위를 만났는데, 자기도 곧 나를 따라 하갈우리로 돌아갈 거라더군요. 나는 항상 내가 적의 공격이 시작되기 전의 마지막 밤에 유담리를 빠져 나와 하갈우리에 도착한 마지막 해병이라고 생각해 왔습니다. 메스맨은 도착을 못했지요."

알려진 바는 다음과 같다. 10시 조금 지나 로버트 메스맨 중위는 11연대의 참모장교에게 다음날 아침 일찍 155 mm 포탄의 수송을 재촉하

---

2) 예비병력을 기동부대로 활용할 수 있고 상호지원이 가능하도록 편성된 종심진지에서 적의 공격을 봉쇄 또는 흡수하는 방어형태.

기 위해 그의 지프를 타고 하갈우리로 달려가야겠다고 말했다. 그 참 모장교는 메스맨이 지프에 올라타 달빛이 비치는 산길을 달려나가는 것을 보았다. 지프는 나중에 유담리에서 5 km 떨어진 곳에서 발견됐는데, 차에 총알 구멍이나 핏자국은 없었다. 아마 메스맨은 중공군에게 정지당해서 포로가 된 것 같았는데, 유일한 목격자는 그를 포로로 잡은 중공군들이었다. 메스맨은 장진호 전투기간중에 잠깐이나마 모습—최소한 목소리로라도—을 나타냈다.

11월 27~28일 밤 미 해병대 및 육군의 병력 배치상황은 대강 다음과 같았다.

장진호 동안, 육군 2개 보병대대와 1개 포병대대—거의 3천 명의 병력/ 장진호 서쪽, 유담리를 둘러싼 고지를 점령하고 있는 7해병과 5해병연대—약 8,200명의 해병과 배속된 해군 위생병/ 5 km쯤 떨어져 덕동고개 위로 올라가는 도로를 방어하는 7연대 C중대—190명의 해병과 해군 위생병/ 7 km 더 가서 덕동고개에 진지를 구축한 7연대 F중대—218명의 해병과 해군 위생병/ 하갈우리, 3천 명의 해병과 해군 위생병, 추가로 600명의 미 육군병력/ 고토리, 1,500명의 해병 및 해군 위생병과 추가로 1천 명의 미 육군병력/ 진흥리, 1,600명의 해병과 해군 위생병.

대략적 병력 총계는 해병과 해군 위생병 13,500명, 육군 4,500명이었다. 장진호 지역의 중공군 병력은 어림잡아 약 6만 명이었다.

1403고지

르로이 쿡 대위의 7연대 H중대 소속 민라드 뉴턴(Minrad P. Newton) 소위의 소대는 중대 예비대로 유담리의 서북쪽 방면 돌출부인 1403고지의 밑자락에 위치하여 휴식을 취하고 있었다. 뉴턴과 소대원들은 그들이 안전한 위치에 있다고 생각했는데, 로이스의 5연대 2대대가 좌측의 가까운 곳에 진지를 구축하고 있었고, 태플렛의 5연대 3대대가 우측 몇백 미터 떨어진 곳에서 야영하고 있었기 때문이었다. 하지만 H중대의 다른 두 소대는 가파르고 높은 1403고지의 정상부에 고립되어 있어 근처에 있던 5연대의 부대들과는 전혀 접촉이 되지 않았기 때문에 그렇게 안전하지 않았다.

7연대 H중대 로버트 P. 카메론(Robert P. Cameron) 일병 : "다른 대부분의 중국 근무경험이 있는 해병들처럼 나도 천진(天津)에 있는 술집, 매춘굴, 시장 등에서 시간을 보내는 것에 아무런 문제가 없었지만, 내 중국어 실력으로 중공군 포로에게서 정보를 캐내는 건 솔직히 무리였죠. 여하튼 나는 함흥에 있는 정보부서에 배치되어 수동 전투에서 잡힌 포로들을 심문(審問)하게 되었습니다. 포로들이 내가 하는 중국어가 우스꽝스럽다고 생각하는 것을 장교들이 눈치채지 못하게 하려고 중국어를 잘하는 척했지만, 얼마 안 있어 정보과장이 중국계 해병을 보내 나를 시험하더군요. 그가 '카메론 일병은 중국어를 세 살짜리 아이만큼 한다'고 판정하자, 정보과장인 대위가 '카메론, 전방으로 전출 가야겠어.' 이러더라구요. 그것이 내가 공격이 시작되던 날 밤 1403고 지 꼭대기에 진지를 구축하고 있던 H중대에 배치되게 된 전말(顛末) 입니다."

밤 10시경 쿡 대위의 중대 지휘소와 각 소대를 연결하는 유선통신망 이 두절됐고, 몇 분 후 볼티모어 지역 동원예비역 카메론 일병은 오른 쪽에 있는 산비탈을 뛰어 올라오는 그림자들을 보았는데, 해병대의 진 지가 막 적군에게 유린되려는 순간이었다. 총성은 아직 들리지 않았지 만 1403고지와 1,500m쯤 떨어져 있는 대대장 윌리엄 해리스 중령의 지휘소를 잇는 전화선은 이미 절단되어 있었다.

로버트 P. 카메론 일병 : "그 차갑고 거센 바람을 '시베리아 특급(特 急)'이라고 불렀는데, 나는 1403고지의 시베리아 특급이 지나가는 통 로의 바로 오른쪽에 위치해서 기관총을 왼쪽으로 겨냥하고서 기관총이 얼어 붙어버리는 것을 막으려는 생각에 덮개를 열어놓고 2~3분마다 손잡이를 앞뒤로 잡아당겼습니다."

카메론은 기관총을 다루고 연구하는 것을 좋아해 틈이 생길 때마다 《해병대 주보》(週報)에 보낼, 접을 수 있는 기관총 삼각거치대 앞발 의 디자인을 제안하는 독자투고(投稿)를 준비했다.

"나는 독자투고를 보낼까 말까 망설이고 있었는데, 왜냐하면 나 같 은 졸병이 보낸 투고를 실어줄 것 같지가 않았거든요. 여하튼 그 생각 을 하던 중에 산밑에서 소란스러운 소리가 들려왔습니다. 그 소리는 중국에서 생일잔치나 결혼식, 장례식을 치를 때 나는 합창소리, 뿔피 리 불기, 쇠종과 심벌즈 치기, 북을 두드리는 것을 다 합친 것 같았 고, 조명탄이 머리 위로 떠오르자 많은 숫자의 적군이 우리에게 달려 드는 것이 눈에 들어왔습니다. 기억은 과장(誇張)되는 경향이 있지마 는 밀집대형을 갖춘 천여 명의 적군이 몰려오는 모습이 마치 토요일 아침 패리스 아일랜드의 연병장을 연상(聯想)시켰습니다. 내 생각에 적의 공격목표는 바로 미합중국 해병대 로버트 P. 카메론 일등병의 기관총 진지였습니다."

카메론은 기관총의 뚜껑을 열고 총알을 장전한 다음 짧게 끊어 쏘았다. 적은 횡대로 공격해 왔고 공격대형대로 쓰러졌다. 사격을 뚫고 나온 적들은 산비탈 아래에 산개하여 공격 제대(梯隊)를 형성했으며, 해병의 1개 소대병력에 맞먹는 30~40명 정도의 적군이 개개의 공격제대를 채웠다. 공중으로 날아오르는 조명탄 빛에 만들어진 그림자들이 마치 악몽을 꾸는 듯한 느낌이 들게 만들었다. 적의 공격제대는 계속 다가왔고, 카메론은 4발 점사(點射)로 사격을 해 탄약을 아끼려고 했다. 기관총 탄약통에는 250발의 실탄이 들어 있었지만, 사격을 시작한 지 얼마 되지 않아 네 번째 탄약통의 실탄을 쓰기 시작해 그는 탄약이 떨어질까 봐 걱정될 지경이었다.

오른쪽에 있던 기관총사수 라이프 헤그 상병은 기관총을 거치대에서 떼어내어 양손으로 들고 호스로 잔디에 물을 뿌리듯 산비탈에 기관총 사격을 퍼부었다. 쌓여가는 적군의 시체들이 계속 공격해 오는 적에게 엄폐를 제공해 주어 해병들이 아무리 사격을 해도 적은 점점 더 가까이 공격해 왔고, 드디어는 수류탄이 중대진지로까지 날아들기 시작했다.

H중대 르로이 마틴(Leroy Martin) 일병은 수류탄 폭발음에 잠이 깼지만, 소리가 멀리서 들려 건너편 산에서 전투가 벌어지고 있다고 생각해 몸을 돌려 다시 잠들었다. 그러나 잠시 후 그의 분대장이 그를 흔들어 깨우며 말했다. "빨리 일어나, 임마!"

침낭에서 고개를 내민 마틴 일병은 하얀색 옷을 입은 중공군과 그들이 가진 따발총 총구에서 불꽃이 튀는 것을 보았다. 재빨리 침낭에서 일어난 그는 소총과 탄띠를 움켜쥐고는 소대향도 가쓰 병장이 기다리는 산비탈로 달려 내려갔다. 가쓰는 소대의 후퇴를 엄호하는 후위(後衛) 역할을 담당했는데, 막상 전투에 임해서는 추위에 얼어붙은 그의 카빈 소총이 문제를 일으켰다. 그 둘은 나란히 엎드려 적이 능선을 넘어 밀고 내려오지 못하도록 공제선을 향해 사격을 계속했다. 단발로 사격을 할 수밖에 없었던 가쓰는 산 위에 실루엣이 나타나면 총을 쏘고 나서, "제기랄"이라고 투덜거렸다. 실탄이 떨어지자 그는 "날 따라와"라고 말했고, 둘은 눈 위를 포복해서 뒤쪽으로 빠져나왔다. 마틴 일병은 후퇴했던 소대원들이 바로 뒤에 있어 깜짝 놀랐는데, 너무 빨리 후퇴하는 바람에 기관총을 산 정상의 진지에 그냥 두고 와 크리그 중위가 자원자들과 함께 기관총을 회수하러 가는 도중이었다.

그 순간에 중대장 쿡 대위가 다가와서는, "진지를 다시 뺏어야 해"라고 말했다. 소대 선임하사 월턴 왓슨이 역습을 이끌었는데, 산 정상에 올라가 보니 중공군들이 죽은 해병들의 시신에서 군화를 벗겨내고, 주위에 흩어진 C-레이션 상자들을 찾고 있는 것이 보였다. 하지만 왓슨이 전사해 역습은 실패로 끝났고, 남은 해병들은 산비탈을 포복으로 내려왔다. 크리그 중위는 전투중에 실종되었다고 보고되었다.

조지 카라다키스 소위가 산 아래에서 81 mm 박격포의 포격을 지휘하고 있었는데, 뉴턴의 예비소대는 아직도 상황파악을 못한 채 왜 이 시간에 포사격을 하냐고 불퉁거렸다. 왜냐하면 포사격 소리가 시끄러웠고, 포탄을 발사할 때마다 일어나는 화약연기와 불꽃으로 인해 어둠 속에서 금방 위치가 식별되어 중공군의 주목을 끌까 염려되었기 때문이었다. 그때까지 중공군은 예비소대를 공격해오지 않았다.

전투가 소강상태에 들자 카메론 일병과 다른 두 명이 실탄과 수류탄을 보충하러 탄약을 쌓아 놓은 곳에 달려갔다. 그들이 진지로 돌아오니 기관총반 반장이 카메론에게 후퇴할 경우에 대비해 기관총 예비진지를 선정하라고 명령했다. 15 m쯤 후방에 진지를 선정하고 돌아와 보니 상황이 급변해서 중공군이 진지 우측으로 침투해 들어와 쿡 대위는 전사했고, 모두들 후퇴하고 있었다. 그 상황에서도 카메론 일병과 헤그 상병은 계속 기관총 사격을 적에게 쏟아부었다.

카메론 : "그날 밤에 실탄 약 10상자를 쏴 버린 것 같았는데도 중공군은 여기저기서 계속 몰려왔습니다. 백병전(白兵戰)을 해야겠구나 생각을 하니 걱정이 되더군요. 왜냐하면 백병전 훈련을 받기는 했지만 티셔츠와 반바지차림으로 받았지 그렇게 옷을 두껍게 입고 받지는 않았거든요.

위생병이 착검된 소총은 그냥 둔 채 부상당한 해병을 진지 뒤로 끌고 가는 것을 목격했는데, 나는 기관총 사수라 개인화기가 권총밖에 없어 뛰어가서 그 소총을 가져왔습니다. 마침 중공군 1개 분대가 나타나 오른쪽으로 비스듬히 지나가더군요. 총검술 훈련을 받았지만 그런 긴박(緊迫)한 순간에는 적이 찌르기 전에 먼저 찔러야 한다는 본능에 의지해야 했습니다. 적들이 나를 발견하지 못한 것 같아 가만히 엎드려 있다가 맨 마지막으로 가던 놈이 내 앞을 지날 때 벌떡 일어서서 총검으로 그놈의 옆구리를 길게 찔렀더니 놀라서 눈을 크게 뜨고는 온몸이 축 늘어져서 쓰러지더군요. 총검을 빼지 않은 채 한번 더 찔러 숨을 끊어버렸는데, 그때 라이프 헤그의 기관총을 어깨에 멘 빌 스포츠가 삼각거치대를 들고 오른손에는 45구경 권총을 쥔 헤그와 함께 내 옆을 지나가더라구요. 물러가야 할 때였습니다."

5연대 3대대장 태플렛의 야전 전화기가 '따르릉' 하고 울렸다. 대대 군의관 존 H. 문 중위였다. "대대장님, 이리로 잠깐 오시겠습니까?"

"무슨 일 있나?"

"부상자들이 이리로 왔는데, 이해가 안 돼서요."

"그래?"

"7연대 소속이라는데요."

태플렛과 부대대장 존 캐니 소령이 가까이에 있는 대대 구호소에 가서 보니 7연대 H중대의 낙오병들이 중공군이 1403고지를 공격해 온 것에 대해 이야기하고 있었는데, 그들 중 많은 수가 맨발에 덜덜 떨면서 정신이 멍한 채 있었다. 그들의 상태로 보아 기습을 당해 진지가 바로 유린당한 것이 틀림없었다.

　비크 병장의 75 mm 무반동총반과 함께 산밑에서 잠을 자고 있던 민라드 뉴턴 소위의 소대는 1403고지에서 전투가 시작되자 소대장이 소대원들을 깨워 옆에 있던 물이 흐르지 않는 개천의 바닥에 만들어놓은 방어진지로 이동시켰다. 갑자기 이동하는 바람에 모닥불은 그냥 타고 있었고, 침낭과 2인용 텐트도 그대로 두고 왔다. 통신 가설병들이 열심히 노력해서 7연대 3대대 지휘소와 예하 부대간의 유선망이 다시 개통되었다.

　패트릭 로 소위 : "해리스 중령이 H중대를 연결하라는 지시가 들리더니 중대장 쿡 대위가 전사하고, 뉴턴 소위를 제외한 모든 소대장들이 부상을 입었거나 실종됐다는 보고를 듣고는 무척 당황해 하는 것 같아 보였습니다."

　대대장은 즉시 호워드 H. 해리스 중위에게 1403고지를 장악하라고 명령했다. 해리스 중위는 고지 아래로 이동하면서 하늘과 산비탈 위를 뒤덮은 파란색, 붉은색, 초록색 예광탄들을 목격했고, 1403고지 전투가 유담리를 둘러싸고 있는 고지들에 대한 공격의 일부분이라는 것을 알고는 충격을 받았다. 1403고지 산자락에 도착한 그는 뉴턴 소위의 예비소대를 재촉하여 산비탈을 오르기 시작했다.

　7연대 H중대 존 갤러거 상병 : "새벽 3시쯤 됐는데, 상급부대에서 아무런 조치를 취해주지 않아 우리를 잊어버렸나 생각하고 있었습니다. 믿음직스러운 해병인 허버트 나이트 상병은 얼어죽더라도 대니 중위가 선정해 준 화기진지를 고수(固守)하겠다고 말하더군요. 중공군이 한 명 공제선에 나타나 수류탄을 던지자 나이트가 그에게 사격을 퍼붓더니 수류탄이 땅에 떨어져 구르다가 폭발하자 눈 위에 납작 엎드렸습니다. 바로 그때 등뒤에서 목소리가 들려와 벌떡 일어났지요.

　'말소리 들리냐?, 너 말이야.' 호워드 해리스 중위였습니다.

'예, 들립니다.'

'분대원들을 모아라. 고지에서 물러날 거니까.'"

로버트 P. 카메론 일병 : "근처의 산에서는 전투가 계속되고 있었지만 1403고지는 전투가 소강상태에 들어갔지요. 왼쪽에서 사람 말소리가 들려 아군인지 확인하려고 그쪽으로 포복해서 가다가 기관총이 거치되어 있지 않은 삼각대가 눈에 띄어 그걸 손에 쥐고 기어갔습니다. 하지만 그 목소리가 중공군의 것인 걸 알고는 제자리에 멈춰서 마음을 침착하게 먹은 뒤, 적군이 나를 우군으로 착각하게 하려고 오랫동안 잊었던, '잘 있었니?'라든지 '무슨 일이야?' 같은 구어체 중국말을 연습하기 시작했죠. 내가 잊을 수 없는 일은 그 고지에서 후퇴해야만 한다는 것에 대한 심리적 고통이었습니다. 3주 전에 해병대가 무적이고 내가 절대로 죽을 리 없다는 확신을 품고 한국에 왔는데, 눈앞에서 부대가 뿔뿔이 흩어져 버리고 내 자신은 내일까지 살아 있을 수 있는지조차 확실치 않았으니 말입니다. 여하튼 가지고 있던 삼각대의 다리를 분질러 가지고는 무릎으로 기어 바위 옆에까지 가 일어섰습니다. 몸이 너무 떨려 그 중공군이 내 몸의 뼈가 부딪히는 소리를 들을까 두렵더군요.

바로 그때 악몽(惡夢) 같은 광경을 보았습니다. 내 바로 앞에서 중공군 한 명이 다른 쪽으로 얼굴을 돌리고는 무릎을 꿇고 있었는데, 동쪽에서 희미하게 먼동이 터와 그가 죽은 해병이 입고 있는 파카를 벗기려고 시체의 팔을 소매에서 빼고 있는 모습이 보였습니다. 정말 두렵게도 그가 내가 접근하는 소리를 듣고는 고개를 돌려서 무언가 말을 하려고 하더군요. 나를 우군이라고 생각한 것 같았습니다. 나는 바로 달려들어 4 kg짜리 거치대로 그의 머리를 향해 온 힘을 다해 휘둘렀습니다. 오른쪽 관자놀이를 명중시켜 한 번에 끝내버렸는데, 머리통이 달걀 껍데기같이 부서지더군요.

죽어 있는 해병을 쳐다볼 수가 없었습니다. 해병의 시신을 바라보는 것은 충격적이었고 소름끼치는 일인 데다가 이름을 아는 해병일까 봐 두려웠죠. 그래서 그냥 돌아서 산길을 내려오고 있었는데, 맙소사! 산 구비를 하나 돌았더니 여러 명의 중공군이 모닥불 앞에 웅크리고 있는 겁니다. 그들은 불을 쬐느라고 정신이 없었고, 바람소리와 불타는 소리가 시끄러워서 내가 지나가는 것을 보지 못했지요. 그건 기적 같은 일이었습니다.

러스 씨, 한 가지 더 말할 것이 있는데요. 그날 밤에 기관총으로 여러 명을 죽였지만 나를 괴롭히는 건 마지막에 그 옷을 벗기고 있던 중공군을 일반 살인범처럼 죽인 겁니다. 따뜻한 옷을 가지려고 애쓰던 불쌍한 녀석을 뒤로 살금살금 다가가 패 죽였으니 말입니다. 나중에 그걸 생각할 때마다 수치심에 몸둘 바를 모르겠더군요. 지금까지 아무에게도 그 일이나, 또는 1403고지에 버려두고 온 해병의 시신에 대해서도 이야기한 적이 없었습니다. 아직도 전우의 시신을 회수해 오는 자랑스러운 해병에 대한 글을 읽을 때마다 마음이 불편해지는데, 나는 죽어 쓰러져 있던 해병의 얼굴도 쳐다보지 않았거든요."

윌리엄 해리스 중령은 여러 보고 중에서 1403고지에서 발생한 상황과 중공군 병력이 고지의 오른쪽을 침투해 들어왔다는 보고에 무척 당황해 했다〔2차 대전이 발발했을 때 중위였던 해리스는 필리핀에서 일본군에게 포로가 되었으나, 다른 해병 한 명과 함께 포로가 된 첫날밤에 탈출에 성공해 호주로 가기 위한 방법을 찾으려고 몇 주(週) 동안 노력하다가, 그 해병은 성공했으나, 해리스는 다시 붙잡혔다. 그런데, 그가 포로생활을 겪고 나서 성격이 바뀌었다는 것을 누구나 알고 있었다〕. 1950년 11월 하순의 그날 밤 해리스 중령은 그런 마음의 상처가 다시 터진 것 같은 징후를 보였으니, 서로 상반되는 명령들을 남발(濫發)하고, 가죽으로 만든 화장실 깔개, 개인용 칼, 망원경 등 개인 소지품들을 버리는 행동을 했다. 또 대대 지휘소의 안전에 대해서도 공공연히 불평을 늘어

놓기 시작했고, 1403고지의 잔존 병력에게 고지를 포기(抛棄)하라는
섣부른 명령을 하기에 이르렀다.

1403고지의 상실은 로이스의 5연대 2대대를 심각한 위기에 빠뜨렸
는데, 적군이 대대와 유담리의 연대를 연결하는 생명선인 도로를 내려
다볼 수 있는 위치를 차지하였기 때문이었다.

H중대의 생존자들은 아직도 그날 밤 전투의 결과에 대해 가슴아파
한다. 당시 H중대에서 상병으로 복무했던 조셉 F. 핀(Joseph F. Finn)
은 그들의 입장을 다음과 같이 변호(辯護)한다.

"우리는 주어진 여건에서 최선을 다했습니다. 그 가파른 산에 다른
부대들과 접촉을 유지하지 못한 채 2개 소총소대만 외따로 전개되어
있었지요. 버틸 수 있을 만큼 버텼지만, 측방이 노출되어 중공군에게
포위당할 상황에 놓였지요. 우리가 무너져 도망쳤다고 이야기하지만
우리는 무너지지 않았습니다. 물론, 몇몇은 도망쳤지만, 그건 당시 상
황에서는 불가피한 행동이었죠. 왜냐하면, 거기에 계속 버티고 있었
더라면 아마 전멸했을 것이고, 그게 뭐가 좋았겠습니까? 결론적으로
우리는 해리스 중령의 명령으로 그 고지에서 철수했지 밀려난 것이 아
닙니다. 우리가 최선을 다하지 않았다거나, 또는 해병대의 명예를 지
켜내는 데 실패했다고 한다면 그건 7연대 H중대의 전사한 전우들에
대한 모욕(侮辱)입니다."

분전(奮戰)

땅거미가 질 무렵 안개가 계곡(溪谷)에서부터 능선(稜線)으로 서서히 올라오기 시작했고, 보름에서 나흘 지난 달이 6시 조금 지나서 능선 위에 떠올랐다. 안개 때문에 희미해진 달빛이 5연대 2대대 구역을 한 시간쯤 비추었을 때 계곡에서 바람이 불어와 안개를 흩어버렸다. 이런 상황을 이용하여 중공군 대병력이 우엘 피터스 대위의 5연대 F중대와 사무엘 자스킬카 대위의 5연대 E중대가 지키는 방어선을 향해 은밀하게 기동해 왔다.

10시에 잭 놀란 소위는 자스킬카에게 자기 소대진지 앞에서 사람들이 말하는 소리가 들린다고 보고했다.

5연대 E중대에 배속된 기관총 사수 호와드 박스터 상병은 갑자기 사격을 시작하라는 이해할 수 없는 명령에, "알았습니다. 그런데 목표는 어딘가요?"

"사격 개시!"

박스터는 실탄 낭비라고 확신하면서도 마지못해 방아쇠를 잡아당겼는데, 예광탄의 불빛에 그의 앞쪽으로 몰려오는 중공군 무리의 모습이 비쳐졌다. 적군은 박스터가 총알이 살을 파고들 때 나타나는 얼굴 표정을 볼 수 있을 정도로 가깝게 접근해 왔다.

5연대 D중대 잭 스테판스키(Jack Stefanski) 일병 : "처음에 중공군

장교가 부하들에게 공격 전(前) 훈시를 하는 소리가 들리고는, 잠깐 동안 조용하더니 적군이 뿔피리와 심벌즈 소리를 내면서 움직이기 시작하더군요. 우리는 위치를 노출시키고 싶지 않아 소총사격 대신 수류탄의 안전핀을 뽑고 시끄러운 소리가 들리는 방향으로 가능한 한 멀리 던졌습니다. 수류탄이 폭발하자 중공군들은 사라져 버렸는데, 단지 우리 위치를 탐지(探知)하려고 했던 것이었습니다. 자동화기 진지의 위치를 알고 싶었던 것이었습니다만 그 수법에 넘어가지 않았죠."

본공격은 10분 후에 시작되었다.

"적이 온다!"

E중대와 F중대의 경계선(境界線)을 뚫고 나온 밀집대형의 중공군 300여 명이 두 곳의 기관총 진지를 유린하여, 대대 지휘소로의 접근로가 적에게 노출되었다. 존 미드 일병과 도날드 켈만 일병이 위생병 르랜드 안츠와 함께 그 공백을 메우려 달려갔고, 다른 해병들도 명령을 기다리지도 않고 합류했다. 실탄이 부족해지자 미드가 실탄을 구하기 위해 탄약 야적장에 세 번이나 갔다 와, 사격하던 해병들에게 실탄을 나누어주었고 자신도 같이 사격했다. 하지만 네 번째로 탄약을 가지러 갔던 미드는 다리에 총알을 맞아 땅에 쓰러졌으나, 억지로 일어나 수류탄 한 자루를 진지에 있는 해병들에게 가져다주었다. 위생병 안츠가 달려가 그를 억지로 땅에 눕히고 상처 부위에 붕대를 감은 후 진지 후방으로 그를 끌고 갔다. 나중에 미드의 전우들은 미드 혼자서 최소한 25명의 적군을 쓰러뜨렸고, 그들 대부분이 얼어붙은 개울물의 얼음 위에서 죽어 자빠져 있거나 아파서 몸부림치고 있었다고 말했다.

마침내 조명탄이 머리 위에서 터지자 조명탄 불빛 아래 달려드는 중공군 보병들과 나무들의 그림자가 산비탈까지 뻗쳤다. 조명탄 불빛 속에서도 주위에 쌓인 눈 때문에 흰색 군복을 입은 중공군의 모습을 식별하기가 어려웠는데, 해병들은 보이는 숫자만 가지고도 중공군 병력의 막대함에 깜짝 놀랐다.

군의관 헨리 리트빈이 손목시계를 보니 밤 10시 5분이었다. 위생병 한 명이 캠벨 수프 깡통에서 숟가락으로 무언가를 뜨고 있었는데, 묘한 초록빛을 띠고 있었다. "그게 뭐냐?"

"셀러리 수프인데요."

그때 어린 해병이 한 명 텐트 안으로 뛰어들었는데, 신발도 안 신었고 파카나 장갑도 없이 추위에 얼굴이 퍼렇게 얼어 있었다.

리트빈 : "기온이 뚝 떨어진 영하(零下)였고 텐트의 거적문이 벌어지면 살을 에이는 것처럼 차가운 공기가 그 틈으로 들어왔습니다. 그 친구는 몸이 반쯤 얼어 있을 뿐더러 정신도 멍해 있었고 눈동자도 돌아가 있었습니다. '대대장님 텐트는 어디지요?'

'무슨 일인데 그래?'

'국(gook)들이 우리 방어선을 뚫고 들어왔어요.'

'뭐라고!'"

진지 우측의 참호에 있던 E중대 소속 분대장인 아서 코호 상병은 9시쯤 가까이에서 불어대는 나팔소리를 들었고, 그 듣기 싫은 소리는 가까이 다가오면서 산비탈에 부딪혀 메아리쳤다.

코호 : "머리털이 곤두설 정도로 무서웠고 실제로 머리털이 곤두섰어요. 나팔소리가 사라지자 확성기로 사람 목소리가 들리더니 이어서 호루라기를 불기 시작하더군요. 나는 굉장히 무서웠는데, 그 상황에서 누군들 안 무서웠겠습니까? 달빛 속에서 적군의 모습을 보고는 내 눈을 못 믿겠더라구요. 마치 눈사람이 살아서 움직이는 것 같았는데, 고함을 지르고 하늘을 향해 주먹 쥔 손을 흔들어대더군요. 같은 시간에 옆에 있는 고지(1403고지)에서도 큰 소동이 벌어지고 있었습니다. 중공군은 우리들이 하는 사격과 기동 같은 방식으로 접근하지 않았고, 그저 미친 개떼처럼 달려들더군요. 나는 맞아 싸울 준비가 되어 있었지만 정말 무서웠습니다."

5연대 E중대에 배속된 기관총 사수 패트릭 스팅글리 상병 : "14 kg 나가는 기관총을 메고 다니느라 어깨에 항상 움푹 들어간 자국이 남아있고, 탄약상자를 나르느라고 손가락 관절이 휠 지경이었지만 기관총 주특기(主特技)가 좋았습니다."

스팅글리는 빈집의 지하 저장고에서 잠을 자고 있었는데, 소대 선임하사 잭슨이 저장고 입구에서 불렀다. "기관총 사수들, 거기 있나?"

"예."

"빨리 움직여. 진지가 곧 유린당할 것 같아."

달빛 속에 밖으로 나와 처음 만난 사람은 바넷 중사였다.

"그는 엠파이어 스테이트 빌딩의 꼭대기에 올라가 지나가는 비행기를 손으로 치려고 할 정도로 괴짜였고, 이상스러운 습관도 있었습니다. 특정한 일을 누군가에게 강조할 때면 그 사람의 코앞에 바짝 서서 이야기하곤 했는데, 그러는 걸 보고 있으면 재미있었지만 그때는 나에게 그러더군요.

'스팅글리, 네가 할 일은 저 골짜기로 오는 국(gook)들을 막는 거야.' 바넷이 긴 턱으로 그곳을 가리키며, '알았나?' 이러더군요.

우리는 그 골짜기가 내려다보이는 곳에 기관총을 설치했습니다. 엄청난 수의 적군이 몰려오더군요. 하지만 곧 실탄이 바닥나려고 해 탄약 야적장에 탄약을 가지러 갔더니 소속부대도 잃고 적의 기습에 떨고 있는 해병 몇 명이 거기 있었어요. 그들에게 탄약상자를 들고 따라오라고 했더니, '네가 뭔데?'라고 그 중 하나가 따졌습니다.

그래서 나는 '미합중국 해병대 패트릭 스팅글리 상등병(上等兵)'이라고 대답하고는 중공군이 곧 이곳으로 몰려올 터이니, 내 말을 듣는게 나을 거라고 말해 줬더니 재빨리 움직이기 시작하더군요."

10시 15분에 로이스 대대장이 지휘소 방어를 위해 본부중대원들을 진지에 투입시켰다.

군의관 리트빈 : "이름을 밝히고 싶지 않은 소위 한 명이 텐트의 거

적문을 열어젖히고 들어오더니 큰 목소리로 외쳤습니다. '군의관, 위생병, 군목, 행정병, 취사병, 제빵병 모두 열외 없이 지금 당장 바깥에 집합하라!' 우리가 바깥에 몰려나갔더니 그 소위가 '저 골짜기를 향해 사격자세를 갖추고 내가 명령하면 사격을 시작한다'라고 이야기했습니다.

나는 다른 사람들을 위해 말을 할 수도 없었고, 대신 숨을 만한 곳을 찾았지만 숨을 곳도 없더군요. 사방에서 나팔과 호루라기 부는 소리, 고함소리가 들렸으니까요. 나는 항상 휴대하고 있던 45구경 권총의 안전장치가 나도 모르게 풀려 발이나 더 심한 곳이 오발(誤發)로 다치게 될까 봐 걱정하곤 했습니다. 안전장치를 어떻게 푸는지는 지금도 잘 모르지만, 그때는 너무 당황해서 누구에게 물어보지도 못하겠더라구요. 마침 천주교 군종신부가 카빈 소총을 끌어안고 있길래 그 옆으로 가서는, '신부님, 명령이 떨어지면 사격을 하실 겁니까?'라고 물었습니다. '안 그럴 거지만 잘 모르겠네.'

'사격'이라고 그 소위가 외쳤습니다."

리트빈은 탄창이 빌 때까지 골짜기를 따라 올라오는 그림자들을 향해 권총을 쏘았고, 권총의 안전장치가 늘 풀려 있었다는 것을 그때 순간적으로 알았다. 그 군종신부는 사격을 하지 않았다〔리트빈은 45년이 지난 지금도 이렇게 말했다. "의사는 방아쇠를 잡아당겼고 신부(神父)는 안 했는데, 그 차이가 뭔지 아직도 궁금합니다"〕.

몇 분 후 리트빈은 구호 텐트로 돌아와 야전 랜턴 아래서 일을 계속했다. 대부분의 부상병들에게 우선적으로 해야 할 일은 지혈(止血)을 시키고 상처 부위를 고정시킨 뒤 소독약으로 상처를 소독하고 압박붕대를 감아주는 것이었다.

"잠시 후 본부요원들을 바깥으로 내몰았던 그 소위가 들어왔지요. 평소에는 낙천적인 사람이었지만 그때는 심리적으로 불안해 보였습니다. '저기 눕게'라고 구석에 있던 내 침낭을 가리키며 말했지요. 내가 상급자였기 때문인지 내 말대로 하더군요. 50 g짜리 코냑 병을 갖다주면서, '이걸 다 들이키고 잠이나 자게'라고 말해 주었습니다."

리트빈도 그 소위만큼이나 심리적으로 동요되어 있었다. "몇 번이고 자제력(自制力)을 잃을 것 같았는데, 부상병들이 그렇게 많이 줄지어 누워 있지만 않았어도 나도 어떻게 됐을지 모르겠습니다. 그렇게 많은 수의 나이 어린 해병들이 제대로 치료도 받지 못하고 죽어가는 것을 보는 것은 내 일생에 가장 마음이 아픈 일이었습니다. 허파에 총알을 맞았어도 야전병원으로 후송되면 살아날 가능성이 있었습니다. 하지만 침을 뱉으면 땅에 떨어지기도 전에 얼어버리는 추위와, 쓰레기통처럼 지저분한 대대 구호소에서는 어떻게 해볼 수가 없었습니다"라고 그가 인정했다.

로이스 중령은 대대의 후방에서 무슨 일이 벌어지는지 알고 싶어 본부중대장 프랭클린 마이어(Franklin B. Mayer) 대위를 보내 알아보게 했다. 7연대 H중대의 낙오병들이 산길을 따라 2대대나 3대대의 방어선 쪽으로 내려오고 있었고, 소규모의 적군 보병들이 뒤를 따르고 있었다. 만약에 중공군이 이 침투한 병력을 조직적으로 운용한다면 그 병력은 2대대의 후방에 공격을 가해 2대대와 유담리의 본대를 분리(分離)시킬 수 있는 이상적 위치에 있었다.

마이어 : "나는 어둠 속에 혼자서 길을 따라 내려갔습니다. 현명한 행동이 아니었지만 후방이니까 비교적 안전할 거라는 환상을 갖고 있었지요. 하지만 그렇게 가다가는 침투하는 적군으로 오인될지도 모르겠다는 걱정이 앞서더군요. 바로 그때 나중에 1403고지에서 밀려내려온 마지막 낙오병들로 판명된 해병들을 몇 명 만났는데, 중공군이 바로 뒤에까지 쫓아왔다고 말하더군요. 그들 어깨 너머의 캄캄한 어둠 속을 바라보면서 그날 저녁에 한 말 가운데 가장 바보스러운 말을 했습니다. '중공군은 안 보이는데.'

그들 중의 한 명이 '조금만 더 길을 따라가면 보고 싶어하시는 중공군을 보실 수가 있을 겁니다'라고 말하더군요. 그래서 그만 가도 되겠다고 결정을 했습니다.

'뭐 발견한 것이 있나?' 대대장이 묻더군요.

'중공군이 우리 뒤까지 침투했습니다.'

'그래, 다른 것은?'

'다른 것이요? 대대장님, 그것만도 엄청난 소식이 아닌가요?'

로이스 중령은 언제나 담배를 피우고 있었는데, 담배를 한 모금 빨더니 연기를 내뿜고 나서 말하더군요, '그놈들을 먼저 처리해야겠군.'"

2대대 구역에서의 전투는 E중대의 기관총 사수들이 진지에서 180m쯤 떨어진 초가집으로 뛰어들어 가는 중공군들을 향하여 사격을 가한 것이 전환점이 됐다. 그들을 향하여 발사된 예광탄 때문에 초가지붕에 불이 붙어 불빛에 드러난 적군은 중대장 자스킬카 대위가 공식 보고서에서 사용한 표현처럼 맞추기 쉬운 표적이 되었다.

"적의 모습이 확실하게 보여 수십 명을 쉽게 사살했음. 적은 부상자들을 이송(移送)하려 처절한 노력을 기울였으나 어쩔 수 없이 그 노력을 포기해야만 했음."

아침 6시가 되자 공격해 왔던 중공군 병력 중에 몸이 성한 병사들이 땅바닥에 깔려있는 자기 동료들의 시신을 타고 넘어 숲속으로 물러가는 모습이 보였다.

패트릭 스팅글리 : "와! 온 천지에 시체가 가득했습니다. 날이 밝을 때까지도 그런 줄을 모르고 있었는데, 나중에 보니 지형이 진짜 바뀔 정도로 시체가 엄청나게 많이 널려 있더군요."

자스킬카 : "명령에 의해 보직이 해제(解除)되었지만 나는 당분간은 사단을 떠날 수 없겠다는 것을 깨달았습니다. 전투가 계속되었기 때문에 몸이 성한 해병은 사단이 곤경(困境)에서 빠져나올 때까지는 전출이 가능하지 않았습니다."

적의 사망자에 대한 평가는 300명에서 400명까지 엇갈렸고, 상대편

의 병력을 분리, 고립시킨 후 가용한 병력을 동원하여 섬멸해 버리는
중공군의 전술은 해병대의 화력 앞에서 효과를 발휘하지 못했다. 5연
대 2대대는 그날 밤 전사 7명과 부상 25명의 사상자가 발생했으며 60
명이 동상에 걸렸다.

스팅글리 : "누군가가 나에게 오더니, '스팅글리, 전화 왔어.' 이러면
서 손가락으로 소대장의 야전전화를 가리켰습니다. '전화 왔어' 그러는
건 사제(私製) 방식으로 말하는 거여서 나는 그 말이 농담이라고 생각
했고, 수신자부담(受信者負擔)이기 때문에 받지 않겠다고 대답했지
요. 그랬더니, 그가 '빨리 가보는 게 좋을 걸'이라고 말하더군요. 그래
서 내가 또, '알았어, 침실에서 받을게'라고 대답했더니, 그 친구가 다
급하게 말하더군요. '빨리 받아, 임마. 떠벌이 바니야.' 다시 말해서
바넷 중사라는 겁니다. 전화를 받자 '편할 때' 지휘소에 들리라는 위협
적이 목소리가 들려오더군요. 실제로 그 말을 듣자마자 달려갔습니다.
'무슨 일 입니까, 중사님?'
'별거 아냐. 네가 커피 생각이 날 거 같아서.' 바넷 중사가 이렇게
말하더군요.

내가 얼마나 놀랐는지 상상이 갈 겁니다. 어떤 멍청한 놈이 내가 전
투중에 실종됐다고 보고해 중사는 내가 뻣뻣하게 눈 위에 누워 있는
해병들 속에 있을 거라고 밤새 생각했으나, 내가 아직도 멀쩡하게 살
아 있는 것을 알고, '내가 커피 한 잔 타 줄 수 있게 네가 살아 있어
서 기쁘다' 이러더군요. 그리고는 커피를 타서 주었는데, 사람이 생각
한 것보다 더 인간적이더라구요."

2대대 작전구역 안의 해병들은 새벽에 피운 모닥불 주위로 모여들기
시작했다.

잭 스테판스키 일병 : "적 저격병이 불을 피우려고 애쓰는 나를 겨냥
해 한 방 쏘았는데, 멍청하게 내 몸을 다 노출시켰거든요. 그러면서
중공군이 지난밤에도 나를 어찌지 못했는데, 지금 뭘 어쩌겠다는 거야

하는 생각이 들더군요. 하지만 일 초도 안돼 그게 얼마나 바보 같은 생각인지 깨달아서 재빨리 엄폐물 뒤로 숨었고, 불 피우는 일을 처음부터 다시 해야 했습니다. 불쏘시개를 잘게 부러뜨리고 있는데, 조지 맥노턴(George McNaughton) 중위가 내쪽으로 오더군요.

'별일 없냐?'

그때 나는 내가 멍해 있다는 것을 깨달았고, 그래서 그런지 목소리가 안 나오더라구요. 소대장이 내가 대답하기를 기다리며 서 있는 걸 알아채고서야 말이 나왔습니다.

'소대장님?'

'응?'

'지난밤에 국(gook)들이 많이 쳐들어 왔었습니다.'

소대장은 웃으면서 내 등을 친근하게 두드리더니 내 옆에 있는 다른 해병에게 가버렸습니다. 몇 분 후에 불이 잘 타올랐고 우리들은 그 주위에 둘러앉아서 노래를 부르기 시작했죠. 밀스 브라더스(Mills Brothers)의 히트곡인 〈중국에서의 신혼여행〉(On a Chinese Honeymoon)을 부르고, 〈성탄절에는 집에 가리〉(I'll be Home for Christmas)도 불렀습니다. 소대장이 그 노래는 부르지 말라고 했는데, 우리가 너무 희망에 부풀어오를까 봐였다고 말했습니다. 우리 모두는 그 고원지대를 떠나 따뜻한 음식을 먹을 수 있고 뜨거운 물 샤워를 할 수 있는 수송선에 다시 타서, 지긋지긋한 한국을 뒤로 하고 떠났으면 하는 꿈을 꾸고 있었습니다. 하지만 지난밤을 겪고 난 후 그리 큰 희망을 품지 않게 되었는데, 지난밤의 전투는 우리들의 희망과 꿈을 산산조각내 버렸습니다."

리트빈은 로이스 대대장에게 대대의 부상자들 중에서 특히 네 명은 후방으로 즉시 후송되지 않으면 죽을 것 같다고 알렸다.

"그러면, 군의관 자네가 할 수 있는 것만큼 그들을 후송해 봐."

리트빈이 그들을 트럭에 태워 바로 출발하게 했으나, 트럭은 유담리의 남쪽 끝에서 멈추어야 했다. 유담리의 해병들은 그때까지도 자기들이 중공군에게 완전하게 포위당했고, 후방으로 연결되는 도로가 차단되었다는 것을 인식하지 못하고 있었다.

11월 28일 새벽 1시 45분에 로이스에게 연대로부터 온 전문이 전달됐는데, 당면하고 있는 상황을 철저하게 무시하는 내용이었다. 작전명령 41-50에 의거하여 로이스는 "공격을 계속하여 연대 공격목표 일(one)을 점령하라"는 지시를 받았다. 이 지시는 기본적으로 5연대 2대대가 험준한 낭림산맥 속으로 서진(西進)을 재개하라는 뜻이었다. 침착한 로이스는 명령을 읽고 고개를 끄덕인 뒤 다시 자기대대를 전멸의 위기에서 구해내는 일에 몰두했다. 이런 전멸의 위기만 아니었더라면, 항상 의무에 충실한 로이스에게는 다음날 아침에 명령에 따라 진격을 재개한다는 것 말고 다른 일이 생긴다는 것은 생각조차 할 수 없는 일이었다.

역습

　로버트 태플렛 중령의 5연대 3대대는 7연대 H중대의 낙오병들과 그들을 뒤따라오는 중공군 척탄병(擲彈兵)[1]들을 구별하느라 애를 먹었다. 낙오병들이 혼자 또는 그룹으로 방어선에 접근해 오면 해롤드 윌리엄슨 대위의 중대원들은 엄격하게 수하를 실시하여 진지 안으로 들여놓기 전에 그들이 해병인지 아닌지를 확인했다. 태플렛은 중공군의 압도적으로 많은 병력 때문에 진지가 유린되었다는 낙오병들의 주장에 회의적이었고, 자기대대에 가해지는 것과 같은 적의 소규모 탐색공격에 H중대가 공황(恐慌)을 일으킨 거라고 추단(推斷)했다.

　3대대원들 대부분이 가지고 있던 이런 생각은 그날 밤에 있었던 예외적 음향 차단효과 때문이었다. 산비탈과 골짜기, 바람의 지형적 상관관계(相關關係)로 인하여 태플렛과 3대대의 해병들은 1403고지 고지에서 나는 전투소음을 들을 수가 없었다. 오히려 너무 조용해서 대대 작전장교인 토마스 더햄(Thomas A. Durham) 소령이 순찰을 돌 때 군화가 얼어붙은 눈을 밟아 나는 서걱서걱하는 소리가 들릴 정도였다. 더햄은 그날 밤은 거의 보름달에 가까운 달이 높이 떠서 골짜기가 소름 끼칠 정도로 환했다고 기억했다. 그가 대대 지휘소에 돌아와 얼

---

1) 수류탄 투척을 전문으로 하는 병사.

마 안 있어 대대 구호소에 들렀다가 돌아온 태플렛이 난로 불을 쬐려고 지휘소에 모여든 행정병들과 운전병들을 발견하고는, "전원 소속부대로 돌아가라"고 호통쳤다.

더햄 : "나는 대대장이 작전에 관한 문제들에 관하여 아무런 상의도 하지 않고 스스로 알아서 처리하는 바람에 붕 떠있는 상태였습니다. 태플렛 중령은 키가 크고 몸이 말랐으며 성격이 급했고, 부하들이 먹는 것과 잠자고 싶은 것, 또 추위에 몸을 녹이고 싶어하는 누구나 가끔 가질 수 있는 인간적 욕구(欲求)를 거의 용납하려 하지 않았죠."

난로 불을 쬐고 있던 해병들을 소속부대로 돌려보낸 것은 결과적으로 시의(時宜)적절한 조치였는데, 바로 직후 대대 책임구역에서의 전투가 시작되었기 때문이었다. 참모부 텐트에 혼자 있던 더햄은 중국어로 지껄이는 소리가 들려 적군이 텐트 바로 옆에까지 침투해 온 것을 알아차렸다. 그는 권총을 꺼내어 실탄을 장전하려고 노리쇠를 잡아당겼으나 노리쇠가 마치 용접이라도 된 것처럼 얼어붙어 있는 것을 발견했다. 그래서 이런 상황에서는 권총을 손에 쥐고 책상에 앉아 있다가, 혹시 적군이 텐트 안으로 들어오면 권총으로 머리통을 후려치는 것이 낫겠다고 결심한 뒤 야전 전등을 끄고, 나뭇조각을 난로에 더 넣었다 (기름을 때는 난로였지만 연료공급선이 얼어붙어 나무로 된 탄약상자를 부수어 불을 땠다).

"생각나는 조치(措置)를 다 취한 뒤 다음에 일어날 일에 대해 생각하면서 전화 옆에 앉아 있었습니다. 가끔 유탄과 수류탄 파편들이 텐트를 관통해 지나갔고, 그 뚫린 구멍으로 바람이 세차게 들어왔습니다. 숨을 곳이 전혀 없었죠. 나는 전화통 옆에 대기하고 있어 나름대로 쓸모 있는 역할을 수행하고 있다는 생각이 들었으며, 그것은 해병대에 입대하면 처음 배우게 되는, '나는 명령이 있기 전에는 위치를 이탈(離脫)하지 않는다'는 해병대 복무규정 제5호의 정신을 준수(遵守)한 행동이기도 했습니다. 이상하게도 전화는 한 번도 울리지 않았는데, 전화선이 절단되었을 거라는 걸 그때 깨달았죠."

수류탄 파편이 통신대 텐트의 전화 교환기를 때려 교환기가 고장났고, 통신대장 허큘루스 켈리 중위가 수리하는 동안 루이스 스윈슨 일병이 켈리 중위를 보호하기 위해 대대본부의 텐트들 사이를 돌아다니는 중공군을 여러 명 처치했다.

허큘루스 켈리 : "난장판이었습니다. 그 중에서도 참모부 텐트에 들어갔더니 더햄 소령이 오른손에 쥐고 있던 45구경 권총의 총구를 나에게 겨누었을 때가 최악이었죠. 그가 나를 알아보고 권총을 내렸지만 정말 가슴이 철렁했습니다."

교환대가 복구된 후 더햄이 받은 첫 번째 전화는 윌리엄슨 대위로부터였는데, 그는 자기 중대의 상황이 '치열하지만 심각하지는 않다'고 보고하면서 대대본부 지역의 상황은 어떠냐고 물었다. 더햄은 대대본부 지역이 후방이라 안전하다는 것을 강조하고 싶어서 '응, 별일 없어'라고 대답했다(전투가 끝난 뒤 해병들이 이 말을 자주 써먹었다). 해롤드 쉬러(Harold Schrier) 대위도 'I중대는 치열하게 전투중이지만 상황은 그리 심각하지 않습니다'라고 보고해 왔다.

하지만 대대본부 지역의 전술적 상황은 심각했다. 부대대장 캐니 소령은 태플렛 대대장에게 본부중대가 도로 너머로 후퇴했다고 알렸고, 대대장은, "존, 그 녀석들에게 당장 이리로 다시 복귀하라고 하게"라고 말했다. 그리고 나서 태플렛은 참모부 텐트의 거적문 안으로 머리를 들이밀고 더햄이 겨눈 45구경 권총의 총구도 무시한 채 그에게 역습을 실시할 준비를 하라고 G중대장 허만슨 대위에게 연락할 것을 지시했다. "공격과 역습, 해병이 당연히 해야 하는 일이죠"라고 태플렛이 나중에 말했다.

5연대 G중대원이었던 오클라호마 출신의 프레드 데비드슨 일병은 투덜거리기 좋아하는 전형적 보병이었다. "항상 추웠습니다. 그리고 산을 넘으면 또 다른 산이 기다리고 있었습니다. 눈이 와도 추웠고 햇빛이 비쳐도 추웠습니다. 정말 지쳐 있었는데, 나는 인천상륙작전과 서울 탈환전은 물론 8월부터 한국 남부에서의 전투를 쭉 치렀거든요. 계속 코를 흘렸고, 해병대에서는 손수건이 지급되지 않아 콧물이 윗입술에 닿지 않도록 소매로 코를 닦아야만 했습니다. 나중에는 그냥 흐르게 내버려 둬 콧수염에 지저분하게 콧물 언 것이 묻어 있었지만, 나 같은 처지에 있는 동료가 적지 않았습니다. 얼어붙어 빙판이 돼 버린 산비탈을 오르내리느라 무릎이 다 까져 피가 흘렀고, 손에는 아무런 감각도 없었으며 발의 상태는 말할 것도 없었죠. 발에 대해서는 더 이상 이야기하고 싶지 않군요.

한 가지 말할 것은 그놈의 장진호 지역의 바람보다는 기온이 41도까지 올라가던 부산 교두보의 찌는 듯한 더위가 훨씬 낫더라구요. 이것저것이 다 귀찮아져서 중공군이 사격을 해와도, '맘대로 해봐, 자식들아'라고 말하면서 땅에 엎드리지도 않았습니다."

역습을 실시하기 위해 도로 옆에 집결해 있던 G중대 쪽으로 백린탄이 날아와 떨어졌다. 데비드슨은 갑자기 생각이 바뀌어 포탄을 피하려고 돌아서서 뛰었는데, 포탄이 자기에게 달려들고 있다는 느낌이 들어서였다. 그가 있던 곳에서 멀지 않은 곳에 떨어진 세 번째 포탄이 오렌지색 화염을 일으키며 폭발하면서 일으킨 바람이 그를 눈 위에 내동댕이쳤다. 날씨가 너무 추워서 그는 몸에 불이 붙은 것을 이삼 초 지난 후에야 깨달았다. 데비드슨은 도와달라고 소리쳤고 두 명의 해병이 대검으로 그의 옷을 찢고 화상 부위에 눈을 덮었다. 하지만 별 효과가 없자 그를 대대 구호소로 데려갔고, 위생병이 그를 보고 고통이 심할 거라고 말했다. 텐트 안에 빈자리가 없었기 때문에 데비드슨은 전사자가 쓰던 침낭을 하나 받아 가지고 부상을 입은 다른 해병들과 함께 야지에 누울 자리를 잡았는데, 그들 모두가 방수포를 턱까지 뒤집어쓰고 있었다. 그는 거기에 누워 유담리 지역에서 벌어지고 있는 전투 때문에 점점 커져 가는 전투소음을 들었고, 새벽 3시쯤에 위생병이 밖으로 나와 유담리와 하갈우리 사이에 중공군이 설치해 놓은 도로장애물들이 제거되면 트럭으로 후송될 거라고 이야기했다.

데비드슨: "그 말을 듣고 움직일 생각을 했지요. 중공군이 도로를 차단하다니! 잠시 동안 생각한 후 침낭에서 간신히 빠져 나와 두 다리로 일어섰습니다. 거기서 부상자들과 있는 것보다는 G중대로 복귀하는 것이 더 낫겠다고 생각했죠. 등에 입은 화상이 고통스럽기는 했지만, 그거야 거기 있으나 중대로 복귀하나 마찬가질 터이니까요. 침낭을 말아서 전화줄로 묶어 둘러메고, 옆에 쌓여 있던 버려진 무기더미에서 M-1 소총을 하나 집어들고서 중대로 복귀했습니다."

G중대의 2개 소대가 도로 옆에서 역습대형을 갖추는 동안 조명탄이 머리 위로 떠올라 소형 낙하산에 매달려 떨어지면서 시끄러운 소리를 냈다. 데비드슨 일병은 제 시간에 중대에 복귀하지 못해 장진호 전투 기간에 벌어진 가장 훌륭한 역습작전의 하나인 G중대의 역습작전에 참가하지 못했다. 존 카힐 중위와 대너 캐션 중위의 소대들은 도로를 훌쩍 넘어 전진해서, 기습효과를 이용하여 중공군을 대대본부 지역에서 몰아냈으며, 공격의 기세를 타고 75명의 해병들은 태플렛이 몇 시간 전에 올라갔던 산비탈 위까지 밀고 올라갔다.

"내가 본 것 중 가장 멋진 장면 중의 하나였습니다." 역습을 자기 텐트에서 지켜본 태플렛이 말했다.

"해병들은 총을 쏘면서 공격을 했고, 인디언들처럼 내내 거친 고함을 내지르며 텐트들이 세워져 있던 야영지를 휩쓸었습니다. 내 옆을 가까이 지나는 흑인 카힐 중위가 이를 보이고 웃으면서, 씹는 담배를 우적우적 씹는 모습도 볼 수 있었습니다. '계속 공격해'라고 외쳤죠."

그 사이에 태플렛은 연대본부로부터 전화를 받았고, 연대 참모가 새벽에 서진(西進)을 재개하라는 통상적 명령을 전달했다. 이 명령에 태플렛은 불같이 화를 내며, "제기랄, 역습을 실시하고 있는 순간에 그런 멍청한 통지로 나를 귀찮게 하지 마!"라고 말했다.

존 카힐 중위 : "대너와 나는 고지 정상부를 넘어 후사면까지 밀고 내려가려 했지만 대대장이 우리를 정지시켰습니다. 무척 실망했었는데, 적군은 도주하고 있었고, 해병들은 사기가 올라 적군을 추격하고 싶어했거든요."

태플렛 : "내가 돌아오라고 명령하지 않았더라면 그들은 압록강까지 밀고 나갈 기세였습니다. 그 역습이 그날 우리를 구했습니다."

역습을 실시했던 2개 소대가 물러나기 전에 잠시 휴식을 취하면서 불을 피우고 실탄을 불 속으로 던져 넣었다. 불에 달구어진 탄환들이 터져 그들이 마치 사격을 계속하는 것 같은 느낌을 줘 해병들이 철수하는 동안 중공군이 사격을 하려고 고개를 들지 못하게 하려는 생각에서였다. 카힐은 지금도 그 계략(計略)이 통했다고 말하는데, 결과적으로 불 속에 던져 넣었던 실탄들이 열을 받아 터졌고, 역습부대는 적군의 사격을 받지 않고 고지를 내려올 수 있었다.

역습의 성공에 기뻐하던 태플렛은 스원슨 일병이 그의 텐트 안으로 들어와 그가 아끼던 부대대장 존 캐니 소령이 머리에 총을 맞고 전사했다고 보고하자 할 말을 잊고 망연자실했다. 스완슨은 바로 전에 통신대 텐트 뒤에서 캐니의 시신을 발견했던 것이었다. 전우의 죽음을 슬퍼하는 것은 나중에 해도 되는 일이었기에 그 둘은 잠시 묵묵하게 서 있은 후 하던 일을 계속했다.

1282고지

지난 9월부터 동원 예비역들의 전입(轉入)이 갑자기 늘어나자 E중대 내부에서는 불만들이 높아졌고, 1소대의 고참병들은 신임 소대장이 주말 병정놀이 출신이란 걸 알고는 최악의 상황이라고 생각했다. 이런 분위기를 눈치챈 얀시 중위는 소대원 35명을 의정부 교외(郊外)에 있는 축구장의 잔디밭에 모아 놓고 짧게 연설을 했다.

"너희 현역병들이 무슨 생각들을 하는지 내가 아는데, 그래, 나는 동원 예비역이다. 하지만 나도 어려운 과정을 겪고 임관했으며, 앞으로 현역과 예비역이 서로 갈라서서 으르렁거리는 것을 용납하지 않겠다. 전투가 벌어졌을 때 그게 뭐가 중요하냐. 중요한 것은 우리 모두가 미합중국 해병대원이라는 것이다."

얀시는 고참병들이 자기경력을 알아보게 내버려두었다. 그는 1개 분대를 이끌고 일본군 병력을 공격하여 30명을 죽인 공로를 인정받아 현지임관(現地任官)을 했으며, 그 중에는 머리를 자르려고 일본도(日本刀)를 휘두르며 달려들던 지휘관도 포함되어 있었다. 얀시는 전쟁이 끝난 후 예비역에 편입되었고, 결혼한 뒤 리틀 록(Little Rock)에 얀시 주류판매점이라는 상점을 개업했다.

위생병 제임스 클레이풀 : "얀시와 나는 연대장 경호병이 된 스탠리 로빈슨 일병이 연대에서 어떻게 지내는지 궁금했습니다. 나는 로빈슨

이 얀시의 보호감독(保護監督)을 떠나서는
그 거친 성격을 억누르기가 힘들 거라고
걱정을 했는데, 그 친구는 난폭하다고 여
겨져서 승선할 때도 감시병이 따를 정도였
거든요. 하여튼, 그날 오후 늦게 로빈슨이
고지 위로 힘들어하면서 올라오는 것이 아
니겠습니까? 우리들은 그를 만나게 되어
반가웠고, 또 그가 소지한 자동소총(BAR)
을 보니 안심이 되었죠. 그런데, 로빈슨이
다리를 절룩거리길래 소대장에게 신고도
하기 전에 내가 자리에 앉히고 군화를 벗
겼습니다.

해병 7연대 E중대
존 얀시 중위

　나는 항상 소대원들의 발관리를 철저하게 했습니다. 유담리로 행군
하는 도중에도 휴식시간마다 소대원들에게, 군화를 벗고 방수천도 걷
어낸 뒤 양말을 갈아 신으라고 말하곤 했습니다. 발을 말리고 주물러
주라고 했고 젖은 양말은 옷안에 끼고 말리도록 했지요. 또 군화를 신
은 채 잠자리에 들지 못하도록 했으며 더러운 양말을 신지 못하게 했
는데, 양말 속의 모래가 사포(砂布) 효과를 내 발에 찰과상을 일으켰거
든요. 1282고지를 점령하자마자 소대원들의 발을 돌보는 일에 착수해
서 눈으로 발을 깨끗이 닦게 하고 발이 마르면 붕산 연고를 발라주었
습니다.
　로빈슨은 물론 내 말을 들으려 하지 않았지만, 나는 그의 눈을 똑바
로 쳐다보며 말했습니다. '내 말을 안 듣겠다는 거야?' 그가 잠시 생각
하고는 군화끈을 풀었는데, 발 모양을 보고 충격을 받았습니다. 발가
락 사이의 피부가 갈라져 생살이 보였고, 발목의 피부도 마찬가지였는
데다 곪아있기까지 했습니다. 2도 내지는 3도 화상과 맞먹는 것이었지
요. 게다가 동상으로 다리를 절고 있었습니다. '고지를 내려가 본대로

돌아가거라'라고 말했지요.

'안 가.'

'로빈슨!'

'날 내버려 둬.'

결국 얀시에게 이야기해야 했는데, 그건 선생이 반항하는 학생을 교장에게 일러바치는 것 같았습니다. 얀시에게 로빈슨의 발상태는 내가 갖고 있는 치료수단으로는 어떻게 할 수 없으니 후송을 시켜야 될 것 같다고 말했습니다. 얀시는 로빈슨의 발을 쳐다보지도 않았는데, 그건 내 말을 있는 그대로 받아들였다는 뜻이었죠. '로비, 너를 만나서 반갑지만, 고지를 내려가 대대 구호소에 가 봐라'라고 얀시가 말하자 로빈슨은 화가 나서 작별인사도 안 했고, 우리는 그가 다리를 절룩거리며 산길을 내려가는 것을 지켜보았습니다. 그가 떠나서 모두 실망했지요.

로빈슨이 떠난 뒤 얀시는 제임스 갤러거 일병과 언쟁을 벌였는데, 갤러거는 필라델피아 출신의 다 아는 인종차별주의자(人種差別主義者)였지요. 당시 해병들은 남부의 백인(白人) 하류계층(下流階層) 출신이 많아서 일반적으로 인종차별주의자들이라고 알려졌지만, 사실은 그렇지 않았습니다. 갤러거 같은 친구는 특출한 경우였지요. 그의 아일랜드계 아버지와 이탈리아계 어머니가 사는 지역에 흑인들이 모여들어 살기 시작해 갤러거는 그걸 싫어했죠. 얀시는 남부출신이었지만 소대 내에서 인종차별주의를 용납(容納)하지 않았습니다.

갤러거는 두려움을 모르는 젊은이였는데, 얼굴은 애늙은이 같았습니다. 수동 전투에서 그는 로빈슨만큼 용감하게 싸웠고, 기관총과 탄약상자 두 개를 들고 698고지를 800m나 달려 올라와 얀시 일행이 고지 정상을 지키는 것을 도왔지요. 솔직히 말해서 나는 그 자식을 별로 좋아하지 않았습니다. 적이 아니고 우리편인 것이 다행이라고 여겼지요. 여하튼 얀시가 갤러거에게 주의를 주고 있을 때 경계를 서던 누군가가 수백 미터 떨어진 왼쪽의 공제선 위의 흰색 옷을 입은 사람을 쳐다보라고 알렸습니다. 그는 망원경으로 우리쪽을 보고 있었는데, 보게 내버려두었죠. 숨길 것이 없었으니까요."

월터 필립스 대위는 얀시의 소대와 레오나드 클레멘스 중위의 소대를 고지 정상부에 말굽 모양으로 배치했고, 통상적인 50% 경계태세를 취하도록 했다. 필립스와 1240고지의 밀턴 헐 대위는 매 30분마다 각 중대에서 정찰대를 내보내 두 고지를 연결하는 산등성이 중간에서 만나게 하기로 합의를 했다. 그날 밤의 암구호는 '루아 루아 레이'였고, 응답구호는 '하와이'였다. 땅거미가 지기 조금 전에 얀시는 리 필립스 상병의 분대를 약 250 m 앞으로 내보내어 참호를 구축하게 했는데, 그 분대가 그날 밤 E중대의 청음초(廳音哨)를 맡기로 되어 있었다. 필립스가 목표지점에 거의 도착했을 때 코르세어기 두 대가 1282고지 위를 날아가다가 쟁기로 밭을 간 것처럼 눈 위에 총알자국을 남기며 기총소사를 가해 필립스와 그의 부하들이 거의 맞을 뻔했다. 전방 항공통제관 닐 E. 헤퍼난 중위가 무전기를 들고 사격을 중지하라고 요구했다. "블루베리, 목표물을 확인하라!"

얀시 : "필립스의 분대를 다시 불러 들였지요. 왜냐하면, 그 하늘을 나는 놈들을 믿지 못했거든요."

〔"지금도 장진호 전투 참전자(the Chosin Few) 재회행사에 가면 항상 코르세어기 조종사들과 그들이 제공해 준 근접항공지원에 고마움을 표하지요. 그러나, 어떤 때는 그 조종사들이 임무에 너무 열중해 있었거나 신호를 헷갈려, 중공군을 위협하는 대신 해병들을 위협하는 경우도 있었다는 걸 기억하고 있죠. 현실이 그랬습니다."〕

6시가 조금 지나 달이 남쪽 산 능선 위에 떠올랐다.

얀시 : "달이 우리 진지 뒤로 떠서 걱정이 되었습니다. 능선 위에 우리 모습이 실루엣처럼 보이게 되거든요. 우리 앞에는 황량한 풍경(風景)이 펼쳐져 있었는데, 오른쪽 끝에 거대한 얼음판으로 변해 버린 호

수가 있었고, 그 위에서는 눈보라가 치고 있었습니다."

몇 명의 해병들이 멀리서 울리는 소리를 들었다고 생각했는데, 바람의 방향이 바뀌자 희미하게 들리지만 섬뜩한 느낌을 주는 중공군의 나팔소리라는 걸 알아차렸다.

9시 45분에 E중대의 무선병이 1240고지를 점령하고 있던 D중대로부터 이상한 경고전문을 접수했다. "거기도 졸지 말고 머리를 들어라! 우리 중대원들이 침낭에서 자다가 대검에 찔렸어." 무선병이 그 전문을 확인하려고 시도하는 동안 1282고지 정상부의 진지에는, "얀시 중위가 소총에 착검(着劍)하라고 지시했다"는 말이 빠르게 퍼졌다.

기관총 사수 얼 픽큰스 상병 : "크루즈 병장이 맨 처음으로 눈앞의 움직임을 감지했습니다. 그가 음향 증폭기에 손을 대려고 할 때 중공군 한 명이 우리앞 3 m 지점에서 뛰어오르더니 공격해 오더군요. 내가 무슨 일이 벌어지는 건지 깨닫기도 전에 크루즈가 45구경 권총을 빼어들고 그 자의 얼굴을 쏘아버렸지요. 갤러거가 사격을 시작하자, 그 소리가 내 귀에는 음악같이 들렸습니다. 기관총이 얼어 버렸을까 봐 걱정을 하고 있었거든요. 중공군은 흰색 군복을 입고 있어서 그림자와 따발총 총구에서 나오는 불빛만 볼 수 있었습니다. 공격해 온 적군은 소수였는데, 우리의 사격을 유도해서 자동화기 진지의 위치를 확인하려는 소규모 탐색공격이란 걸 알았죠."

중공군이 물러간 후 필립스 대위와 헐 대위는 무선으로 교신해서 연결된 산등성이를 따라서 매시간 실시하기로 했던 정찰을 취소(取消)하기로 결정했고, 다음 두 시간 동안 1282고지와 1240고지는 조용했다.

"소대장님, 이것 좀 보실래요?"

"나중에, 지금 바빠."

그러나 갤러거가 계속 졸라 얀시는 그의 참호로 가 보았다.

얀시 : "전투 때는 여러 가지 이상한 장면을 보게 되지요. 이를 보이며 웃던 갤러거의 기관총 오른쪽에 적군의 시체들이 일렬로 누워 있었고, 마지막 시체의 팔꿈치는 기관총 삼각거치대의 앞발에 닿아 있었습니다. '굉장하지요, 소대장님?'이라고 말하더군요. 그에게 시체 두세 개를 끌어다가 모래주머니처럼 기관총 진지 앞에 쌓아서 사용하라고 이야기해 주었더니 좋은 생각이라고 여기는 것 같았습니다."

다시 소대구역을 순찰하기 시작한 얀시는 나이가 어린 해병들을 달래 줄 필요가 있다고 느껴서 "적군은 틀림없이 다시 온다. 하지만 우리는 맞서 싸울 준비가 돼있어, 그렇지? 내가 말한 대로만 하면 돼"라고 다독거려 주었다.

멀리서 총소리가 나더니 유탄이 얀시의 오른쪽 뺨을 스쳐서 코에 박혔다. 그는 침착하게 장갑을 벗고는 탄환을 빼내었다.

얀시 : "피가 뺨을 타고 흘러 입안으로 들어오는 것 같더니 금방 얼어붙어 버리더군요. 아무에게도 그 얘기를 하지 않았습니다."

일단의 중공군들이 두 고지 사이의 산등성이를 침투해 올라와서 계곡 아래에 있는 5연대본부에 직접 사격을 하기 시작했다.

당직근무를 서던 4.2인치 박격포 소대장 토마스 깁슨 소위는 하늘에 날아오르는 초록색 예광탄이 무어냐는 전화를 여기저기서 받았는데, 그는 야전 랜턴의 심지 타는 소리 때문에 전투가 시작되는 소리를 들을 수 없었다. 세 번째 전화를 받고서 밖으로 나가보니 정말 초록색 예광탄이 날아오고 있었다.

깁슨 : "미군은 초록색 예광탄을 쓰지 않기 때문에 안으로 들어가 작전장교를 깨워 상황을 이야기해 주었습니다만, 그는 별 반응을 안 보이고는 다시 잠을 자더라구요. 당직일지에 그때까지의 상황을 제대로 기록하고는 다시 상황을 파악하려고 여기저기로 전화를 돌렸지만, 아무도 신경을 쓰지 않았습니다. 하지만 사격의 빈도(頻度)가 높아지자 다시 작전장교를 흔들어 깨웠고, 그는 한쪽 눈을 가늘게 뜨고 귀를 쫑

굿 세우고 듣더니 걱정하지 말라고 말하더군요. 바로 그때 자동화기 사격이 우리 텐트를 뚫고 지나갔고, 난로 연통 위에 있던 불똥막이 (*spark-arrestor*)가 총알을 맞아 덜그럭거렸습니다. 지금 생각해 보니 작전장교는 사격이 끝나기도 전에 신발을 신고 무장을 갖추더니 텐트 밖으로 뛰어나간 것 같습니다."

모두들 텐트 밖으로 나와 도로옆 배수로에 방어진지를 구축(構築) 했다.

레이몬드 머레이 중령 : "한국에서 작전하는 동안 적의 야간공격을 자주 받았었기에 처음에는 그것도 국지적 야간공격일 거라고 생각하고 있었는데, 갑자기 지휘소까지 사격을 받게 되자 신경이 쓰이더군요. 그래서 부연대장에게 '자리를 옮기는 게 낫겠는데'라고 말했습니다. 나는 도로 옆에 있는 조그만 언덕까지 전화선을 끌어갈 수 있으면 그 언덕을 엄폐물로 해서 작전지시를 할 수 있겠다고 생각했지요. 허허벌판에다가 지휘소를 차렸다는 것을 알리지 않고 예하 대대들과 접촉을 유지할 수 있게 말입니다.

3대대장 태플렛에게 전화를 걸어 옆의 부대에서 무슨 일이 벌어졌는지 아느냐고 물었더니, 그가 자기대대 지휘소가 지금 적의 공격을 받고 있으니 나중에 전화하겠다고 말하더군요. 그의 구역에서 요란한 총소리가 들리더니 뒤따라 엄청난 함성이 들렸습니다. 처음에는 중공군이 고함을 지르는 것인 줄 알고 3대대 지휘소가 유린당한 줄로 생각했지요. 그래서 잭 스티븐스(Jack Stevens)의 1대대에게 역습준비를 시키려는 순간에 탭이 전화를 걸어와 2개 소대가 역습을 실시하고 있다고 보고해 함성을 지르는 게 해병이라는 걸 알았습니다."

로이스의 2대대 측면이 노출된 것을 알게 된 머레이는 그 대대를 후퇴시켜 좌측에 있는 윌리엄 해리스의 7연대 3대대 및 우측에 있는 태플렛의 5연대 3대대와 연결을 유지하게 해야겠다고 결심했다.

28일 아침 5시 45분에 자기대대가 뒤로 물러서야 할지 모른다는 연대장의 경고에, 해병이 뒤로 물러난다는 상황에 익숙하지가 않았던 로이스는 머레이가 준 지도상의 좌표(座標)를 읽고 나서, 연대에서 독도법(讀圖法)을 잘못한 것이라고 생각하고는 즉각적으로 좌표를 확인해 달라고 요구했는데, 좌표가 맞다는 확인을 받자, 깜짝 놀랐다.

이제 로이스 중령은 제1해병사단의 전진이 정지되었고, 아마 장진호 지역에서의 전투에 관한 한, 전진을 재개(再開)하지는 못할 것이라는 걸 깨달았다. 몇 년이 지난 후 그는 인터뷰에서 다음과 같이 말했다. "그걸 받아들이기가 어려웠습니다. 대대 전체가 지속적으로 공격할 준비가 되어 있어서 취소하기가 쉽지 않았지요. 솔직히 말해서 좌절감을 느꼈으며, 지금도 나는 우리가 할 일을 다했다고 생각합니다."

파상공격

얀시 : "한두 시간 조용하더니 산자락에서 이상스러운 소리가 시끄럽게 들렸는데, 마치 수백 개의 발들이 콘플레이크(*cornflakes*)가 깔린 길을 밟고 오는 것 같았습니다."

얀시가 야전 전화기의 손잡이를 돌렸더니 부중대장 레이몬드 볼 중위가 낮게 깔린 목소리로 응답했다.

"자네, 레이야?"

"말해 봐, 존."

"놈들이 올라오고 있어."

"확실해?"

"놈들이 눈을 밟고 오는 소리가 들려. 조명탄 좀 쏴 주겠나?"

"잠깐 기다려."

박격포 소대장 윌리엄 슈라이어 중위 : "추운 날씨 때문에 신관의 점화율(點火率)이 영향을 받았습니다. 첫발이 공중에서 터지기도 전에 땅에 떨어졌기 때문에 두 번째부터 장약을 최대한으로 장전해 마침내 조명탄들이 머리 위에서 터지기 시작했습니다. 조명탄 30발 정도와 100개가 안 되는 고폭탄을 가지고 있었지만, 그것 가지고는 충분치 않다는 것을 곧 알았죠."

그때 눈을 밟고 오던 발자국 소리가 그치더니 1소대의 해병들은 적군장교 한 명이 영어로, "아무도 영원히 살지 않게 해주셔서 하나님 감사합니다!"라고 날카로운 목소리로 외치는 것을 들었다.

얀시 : "그런 말은 아시아 대륙의 전쟁터에서는 들을 수 있는 종류의 말이 아니었습니다. 하지만 그 작자가 그 말을 했고, 우리 모두는 그 말을 들었죠. 열을 많이 받았는데, 나는 그 자식이 기독교(基督敎) 선교회 계통의 학교에서 영어를 배웠을 거라고 단정해 버렸습니다. 그 개새끼는 미국인이 먹여주고 재워주고 잘 가르쳐 주었는데, 여기서 우리에게 대항하여 공산군을 지휘하고 있다니, 그 생각이 나를 화나게 했습니다."

첫 번째 조명탄이 머리 위에 떠오르자 얀시는 공격해 오는 첫 번째 대열의 앞에 기관단총을 손에 들고 있는 그 장교를 찾아냈다. 해병들은 그의 뒤에 10 m에서 13 m의 간격으로 늘어선 여러 개의 대열(隊列)이 산비탈을 올라오는 것을 보고 충격을 받았다. 1282고지 전투는 얀시가 "그래, 아무도 영원히 살지는 못하지, 이 배반자 새끼야!"라고 고함을 지르며 그 장교를 카빈 사격으로 쓰러뜨리면서 비로소 시작되었다. 공격대열은 계속해서 산비탈을 올라왔고, 적군 병사들은 구슬픈 목소리로, "해병대 개새끼들, 죽여 버리겠어. 개새끼 해병들 죽는다"라고 외쳤다.

얀시 : "정말 소름이 오싹 끼쳤습니다."

위생병 클레이풀 : "기관총 사격을 짧게 끊어서 쏘던 갤러거는 적의 사격을 받았지만, 겁을 먹고 주춤거리지 않았습니다. 우리 바로 뒤에 있던 중대의 박격포 진지에서 사격할 때마다 불꽃과 연기가 났습니다. 누군가 위생병을 찾는 소리가 들려 안전한 참호를 떠나야 했죠. 그런 가운데 별 모양의 조명탄이 떠오르더니 눈 덮인 산야가 갑자기 밝아지면서 모든 것이 환하게 보이더군요. 흰 군복을 입고 땅바닥에 뒹굴며 발버둥치는 적군들이 눈에 띄었고, 다른 적군들은 그 주위에 모여 있거나 우리를 향해 계속 돌격해오고 있더군요. 해병들은 조직적으로

대응해 탄창이 빌 때까지 사격하고 재장전해서는 또 쏘았습니다. 얀시의 소대 선임하사 알렌 매든은 나를 보더니 신호를 보내 쓰러져 있는 두 명의 해병들을 가리켰습니다. 그와 함께 사선에서 한 명을 끌어내고, 두 번째를 데리러 갔을 때는 소형 천막 천을 썰매 대용으로 쓰려고 했지만, 부상병들이 너무 많아서 천막 천을 깔고 그 위에 눕히고 할 시간이 없어 그들이 입고 있는 파카의 모자를 잡아끌고 뒤로 빼냈습니다."

이미 팔과 다리를 부상당한 월터 필립스 대위는 힘이 들어 말을 더듬으면서도 "잘 싸우고 있어"라고 하면서 부하들을 열심히 격려했다.

중공군들은 수류탄을 한꺼번에 모아서 던졌고("수류탄이 마치 새떼처럼 새까맣게 날아왔습니다"라고 얀시가 말했다), 그 전투의 생존자들은 중공군이 수류탄을 바켓츠에 담아서 나르는 것을 보았다고 말했다. 참호와 참호 사이를 옮겨 다니며 M-1 소총의 탄띠를 전달해 주던 얀시의 발 옆에서 수류탄이 터져 파편이 그의 입천장을 뚫고 들어갔다. "그 일로 피가 목까지 흘러나와 계속 뱉어내야만 했습니다."

필립스 대위의 목소리는 그 와중에도 간간이 들렸다. "해병들, 정말 잘하고 있다. 사격을 계속해 … 잘 한다."

얼 픽큰스 상병 : "중공군들은 그 고지를 정말로 차지하고 싶었는지 밀려오는 파도처럼 계속 공격해 왔습니다."

기관총반 반장 로버트 케네모어(Robert Kennemore) 하사는 부상자와 전사자 사이를 포복으로 다니면서 실탄을 모아 필요로 하는 해병들에게 분배했다. 중공군이 너무 근접해 와 그는 그들이 방망이 수류탄의 신관을 장전하려고 손잡이를 얼어붙은 땅바닥에 두드리는 소리까지 들을 수 있을 정도였다. 중공군이 아래 참호에서 해병 기관총 사수를 끌어내 총으로 때리고 대검으로 찌르는 것을 목격한 케네모어는 사격할 위치를 찾으러 밑으로 내려갔다.

"어디 가?"

필립스 대위였는데, 얼굴이 창백하고 몸을 비틀거리고 있었다.

"제 부하가 적에게 당했습니다."

"거기로 내려가지마, 멍청아"라고 말한 중대장은 힘들게 방어선을 따라 움직이면서 부하들을 계속 독려했고, 케네모어는 세 명의 기관총 조원이 빗발치는 총알 속에서도 함께 계속 사격하고 있는 진지에 탄약을 가져다주었다. 중공군의 수류탄이 부사수의 옆에 쌓여 있는 눈위에 떨어지자 그는 재빨리 그걸 집어들어 터지기 전에 산비탈 밑으로 굴려보냈다. 두 번째 수류탄은 집을 시간이 없어 발로 차서 눈 속으로 밀어넣었고, 세 번

해병 7연대 E중대 기관총반장
로버트 케네모어 하사

째가 옆에 또 떨어지자, 동료들을 구하고 대신 죽으려는 생각에 그 위에 주저앉아 폭발을 몸으로 막았다. 덕분에 기관총 조원들은 잠시 귀가 멍했지만 다치지는 않았다.

얀시 : "그날 밤 어느 땐가 나는 레이몬드 볼이 앉은 자세로 카빈 소총을 쏘는 것을 보았는데, 우측 능선을 넘어 중공군이 올라올 때마다 침착하게 한 명 한 명 쓰러뜨리더군요. 그러다가 옆으로 침투한 적의 따발총 사격에 쓰러졌습니다. 볼이 죽었다고 생각했지만, 죽지는 않았더군요."

대대 지휘소에 보고하러 후사면을 따라 내려간 E중대의 기관총 소대장인 소위가 탄약 운반병들과 증원병력을 이끌고 1282고지로 돌아오기로 되어 있었다.

얀시 : "레이 볼이 그 친구하고 무선교신을 하면서 1282고지로 빨리 복귀하라고 하자 '시도해 보겠다'고 대답을 하더군요. 그러자 레이가

'시도해 봐? 그게 무슨 말이야'라고 말했지요."

그 소대장은 무슨 이유 때문인지 죽음과 혼란이 뒤범벅이 된 고지 위로 돌아오지 않았는데, 거기서는 미국 해병대 1개 중대가 전멸해 가는 중이었다.

발의 피부가 까져 대대 구호소의 들것에 불퉁거리며 누워서 멀리서 들려오는 포격소리에 귀를 기울이던 스탠리 로빈슨 일병은 E중대가 잘 버티는지 궁금했다. 그때 구급차가 옆에 서더니 들것에 실어온 부상병 하나를 그의 옆에 뉘어놓고 가버렸다.

"소속이 어디야?"

"7연대 E중대."

"피해가 커?"

"엄청 당하고 있어. 중대장하고 볼 중위는 쓰러졌고, 얀시 중위도 다쳤는데, 아직 버티고 있어."

자리에서 일어난 로빈슨은 어두운 텐트 안에서 부은 발을 딱딱한 군화 속에 밀어넣으며 아파서 몇 마디 욕을 하고는 몇 분 만에야 신발을 신을 수 있었다. 신발을 간신히 신은 그는 더러운 파카를 걸치고 텐트의 거적문을 밀고 비틀거리며 밖으로 나왔다. 그가 버려져 있는 무기 더미에서 소총과 탄띠를 찾고 있을 때 위생병이 나타났다.

"어디를 가려고 그래, 로빈슨?"

"이 총이 어때 보여?"

"안으로 들어가."

"막지 마."

그 비쩍 마른 젊은이는 총을 둘러메고 다리를 절룩거리면서 고지를 향해 터벅터벅 걸어갔다. 한 시간쯤 후 그는 가파른 산비탈을 기어올라가면서 만나는 해병들에게 1소대가 어디에 있냐고 물어보았다.

"산꼭대기, 똑바로 올라가."

"얀시 중위 봤어?"

"두 번이나 총을 맞았지만, 아직도 버티고 있어."

누군가가 기관총 사수 옆에 엎드려 사격을 지휘하던 얀시의 군화 바닥을 두드렸다. "아래를 내려다보니 로빈슨이 얼굴을 찡그리며 웃고 있었는데, 평소보다도 더 한심한 차림이더군요. '너 여기 웬일이냐?' '사랑스러운 전우들이 도움이 필요하다길래 왔습니다.'

'정말 그래서 왔단 말야?'

'그런데, 자동화기 사수가 할 일이 있습니까?'

오른쪽을 가리키며, '저기 있는 애들 보이지? 걔들을 좀 다독거려 주어라. 격려해 주어야 할 것 같아.' 로빈슨은 그들보다도 나이가 어렸지만 해낼 수 있으리라 생각했습니다."

클레이풀 : "로빈슨은 제 집에 돌아온 거죠."

병력이 부족해진 얀시는 레오나드 클레멘스 중위에게 가, "클렘, 측면에 있는 중공군을 밀어 내버리게 1개 분대만 빌려줄래?"라고 부탁했고, 분대장에게 오라고 지시하던 클레멘스가 이마에 총알을 맞고 쓰러졌다. "'너희 소대장은 전사했어. 분대원들을 데리고 날 따라와'라고 내가 분대장에게 말하고는 로빈슨이 데리고 있던 네다섯 명까지 다 합쳐서 20명 정도의 해병을 모았습니다."

윌리엄 스위트 일병 : "얀시가 '가자'라고 소리치고 로빈슨과 함께 앞서 나가면서 뒤를 돌아보았지만 아무도 따라오지 않자, '경호(gung ho),[1] 이 겁쟁이 새끼들아! 나를 따르라'라고 말하고는 서서 기다리자 병력들이 따라 움직이기 시작했고, 곧 돌격대형을 갖추게 되었죠."

얀시 : "한 번 발동이 걸리자 몇 명은 나보다도 앞서 돌격해 들어갔는데, 죽거나 다칠 위험이 더 높은데도 불구하고 앞서서 돌격한다는 것이 쉬운 일이 아니란 건 다 알고 있죠. 하지만 해병은 그래야 하고,

---

1) 중일전쟁 때 팔로군(八路軍)이 쓰던 한자어인 '공화'(共和)에서 유래한 말로, '함께 잘 하자'라는 뜻이다. 태평양전쟁 때 에반스 칼슨이 미 해병 제2 기습특공대의 전투구호로 채택하여 퍼지게 되었다. '파이팅'과 같은 뜻으로 쓰인다.

그래서 뒤처지지 않습니다."

　1282고지 정상부에서의 전투는 오전 2시쯤에 중공군이 나팔신호에 따라 산비탈을 내려가 후퇴하면서 소강상태에 들어가기 시작했다. 곧, 산 정상에서는 죽어가는 부상자들의 신음소리 외에는 아무런 소리도 들리지 않았다.

7연대 E중대

중공군의 다음 공격은 오전 3시쯤에 시작되었다. 얀시는 전령인 마셜 맥캔 일병을 돌아보고, "맥캔, 당장은 네가 필요 없으니까 릭의 참호로 가서 탄약을 아껴서 사격해라"고 명령했다. 공격이 시작된 후 얀시는 해병 한 명이 "나 총 맞았어"라고 외치는 것을 들었다.

"맞은 데가 어디냐?"

"불알이요."

얀시는 포복으로 그에게 접근해서 살펴보았다. "불알이 아니고 허벅지를 스쳐 지나갔어. 총 다시 잡고 밥값을 해!"

위생병 클레이풀 : "총에 맞으면 처음에는 죽는다는 생각이 들지요. 어떤 해병은 따발총의 연사(連射)에 맞아 쓰러졌는데도, 털끝 하나 안 다쳤더군요. 파카, 야전상의, 털스웨터, 조끼, 속옷 등 옷을 많이 껴입고 있어서 살 수 있었습니다. 그 친구는 자기가 여러 군데에 총을 맞아 죽어가고 있다고 확신했었지요.

'위생병, 나 죽을 것 같아.'

'글쎄.'

'내 말 듣냐, 여러 군데 맞았다니까.'

'야, 너 상처 하나 안 났어.'

그 말에 기분이 나빴는지, 나를 치사한 놈이라고 부르더군요."

(군의관 헨리 리트빈 : "이 책 어딘가에 해군 위생병의 역할에 대해서 독자들에게 말해 주시기를 바랍니다. 해군 위생병은 부상병이 발생하면 지혈을 해주어 계속 싸울 수 있게 해주거나, 최소한 후송되어 수술대에 오를 때까지는 살아있게 해주지요. 최전방의 해군 위생병은 부상자 후송 체계에서 가장 중요한 존재였습니다. ")

클레이풀 : "돌보던 부상병이 죽으면 지체 없이 옆에 있는 다른 부상병을 돌보기 시작합니다. 전투 초기에는 '전사'라고 쓴 표에 대체적 절명(絶命) 시간을 써 시신의 상의 단추에 붙여 놓곤 했는데, 나중에는 전사자가 너무 많아 시신에 표를 붙일 틈도 없었습니다. 그날 밤 살아서 고지를 내려가지 못할 것 같다는 생각이 여러 번이나 들었지요. 주위에 널려있는 시신들과 죽어가는 해병들을 보면 살아남을 기회(機會)가 적다는 것이 확실했습니다. 주위에서 수류탄이 하도 많이 터져 신경도 쓰지 않았지요. 허리를 구부리고 일을 하다가 일어서면 수류탄의 파편들이 파카의 위로 접혀진 부분과 입고 있는 바지를 관통해서 둘 사이를 핀을 꽂아 놓은 것처럼 묶어 놓는 바람에 접혀졌던 파카의 아래가 다시 펴지지 않았습니다. 그래서 자주 허리를 펴고 파카 아래 부분을 흔들어 수류탄 파편들을 털어냈습니다. "

클레이풀은 얀시가 고함을 지르고 피를 내뱉으면서 목구멍이 피로 꽉 찬 채 소리를 지르며 앞뒤로 왔다갔다하는 것을 계속 주시(注視) 하고 있었다. "경호, 해병대!" 그는 조명탄 불빛에 노출되어 바로 적 사격의 쉬운 표적이 되었다.

"경호!" 갤러거가 외쳤고,

"경호!" 로빈슨이 따라서 외쳤다.

얀시 : "영화에 나오는 커스터의 마지막 저항과 비슷했습니다. 나는 '이 많은 중국놈들이 어디서 오는 걸까?'라고 계속 궁금했지요. "

클레이풀 : "몇 번이나 멈춰 세우고 상처를 치료해 주려고 했지만, 쇄도(殺到) 해 오는 적을 막아내기 위해 얀시는 '아이들'을 유리한 위

치로 이동시키느라 너무 바빴지요. 아무도 얀시의 명령을 거역하지 않았고, 그 없이는 아무도 그 엿 같은 고지에 남아 있으려 하지 않았습니다."

방어선이 흔들리기 시작해 막 무너지려는 순간 필립스 대위가 착검한 M-1 소총을 들고 해병들 뒤에 나타났다. 거꾸로 들고 있던 소총으로 힘을 다해 간신히 땅바닥을 치면서 그는, "여기는 E중대 진지고, 우리는 여기를 지켜야 해!"라고 쉰 목소리로 소리쳤다.

하지만 그는 바로 적이 쏜 연발사격에 쓰러졌고, 여러 군데에 부상을 입어 몸을 거의 움직이지 못하는 볼 중위가 대신 지휘를 맡아, 앉은 채로 카빈 소총을 쏘면서 때때로 지시사항을 큰 소리로 외쳤다.

클레이풀 : "또 한 명 있는 중대 위생병의 이름은 조지 피셔였는데, 당시 26살이었던 나보다 나이도 어리고 체격도 아주 작은 마음씨 착한 친구였습니다. 외모가 그저 그런 조지는 군에서 지급한 안경을 쓰고 있었고, 우리 둘은 호흡이 잘 맞았습니다. 나는 덩치가 커서 부상병들이 제 힘으로 움직일 수가 없을 때 그들을 사선에서 끌어내는 일을 했고, 조지는 구호소에서 부상병들을 돌보았습니다."

얀시 : "예, 나는 두 가지 이유로 조지 피셔를 아주 잘 기억합니다. 우선 걔는 많이 울었어요. 고통으로 어쩔 줄을 모르는 부상병들을 보면 마음이 아파서 울었고 숨기지도 않았습니다. 두 번째로 그는 하는 일에 소질(素質)이 없었어요. 서투를 뿐만 아니라 마음도 약했습니다. 단지 꾹 참고 억지로 하는 모습이었지요. 그렇지만 자기 책임은 다 했지요. 아시다시피 해병들은 해군 위생병들을 정말 존경합니다."

클레이풀 : "우리는 부상병들이 쇼크로 죽는 걸 막기 위해 그들을 가능한 한 침낭 속으로 집어넣으려 했습니다. 모르핀은 가슴이나 복부에 총을 맞은 부상병용으로 아꼈고, 일회용 주사제(注射濟)를 녹이려고 입안에 계속 물고 있어야 했습니다. 주사를 자주 부상병의 손목 안쪽에 놓아야 했는데, 모두들 먼지와 모닥불에서 묻은 검댕으로 손목이

더러워져 깨끗한 상태는 아니었습니다. 모르핀과 붕대가 다 떨어졌고, 시간도 별로 없어 정말 하기 싫은 결정을 내려야만 했는데, 그건 현장에서 바로 치료(治療)를 해 주어야 할 부상병과 어차피 죽을 테니 무시해야 할 부상병을 결정해야 하는 것이었습니다. 시간이 없어 숨이 넘어가는 순간에 손을 잡아줄 수도 없었는데, 대부분 엄마를 찾더군요. 나는 2차 대전 때부터 그런 상황에 익숙했지만 조지는 그렇지 못했습니다."

중공군 한 명이 20 m 떨어진 거리에서 얀시를 향해 총을 연발로 쏘았다. 그 중 한 발이 얀시의 오른쪽 눈 밑을 맞혀 눈알이 튀어나왔고, 얀시는 바닥에 쓰러졌다. 얀시는 왼쪽 눈으로 적군이 웅크리고 앉아 탄창을 총에 갈아 끼우는 것을 보면서 카빈 소총을 더듬거리며 찾았으나, 찾을 수가 없자 겨드랑이 밑에 차고 있던 45구경 권총을 꺼내 두 발을 그 적군에게 퍼부었다. 그리고 나서 장갑을 벗고는 조심스럽게 눈알을 제자리에 끼워 넣었다. "딱딱하게 삶은 계란을 판자 옹이에 끼워 넣는 것 같았습니다만 제자리에 들어가더군요."

1282고지와 1240고지에서 버티고 있는 중대들에게 증원병력이 안 보내지면 유담리 방어선의 북쪽이 무너질 것이라는 것이 명백해졌다. 필립스의 E중대는 간신히 버티고 있었고, 헐의 D중대는 1240고지에서 밀려났다가 고지 정상을 탈환(奪還)하기 위해 반격을 펼치는 중이었다. 밤 12시가 지나 전투가 소강상태에 들어가자 필립스는 데이비스 중령에게 전화를 해 상황을 심각하지 않은 것처럼 말하는 당시의 해병대식 말투로 도움을 요청했다. "사상자가 많이 발생했지만 버티고 있습니다. 그래도 도와주면 도움은 받을 수 있습니다."

운이 없는 랜돌프 록우드가 하갈우리에 발이 묶여 있는 사이 레이몬드 데이비스는 5개 소총중대를 지휘하느라 골치를 썩였는데, 그 중 최소한 2개 중대는 심각한 위기에 처해 있었다. 데이비스가 통합 연대본부에 있는 머레이와 상의한 후 5연대 1대대가 증원군으로 지정되어 비상(非常)이 걸렸다. 잭 존스(Jack Jones) 대위의 C중대에서 1개 소대는 1240고지에 대한 헐의 역습을 지원하고, 나머지 2개 소대는 1282 고지에 남아 있는 필립스의 잔존병력을 구원하기로 결정되었다.

5연대 1대대장 존 W. 스티븐스(John W. Stevens) 중령은 혼란스러운 상황이 7연대 3대대장 윌리엄 해리스 중령이 걸어오던 전화 때문에 더 복잡해졌다고 기억하고 있는데, 해리스는 스티븐스에게 대대를 출동시켜 자기를 함정에 빠지는 것으로부터 구해달라고 애걸했다. "나는 그에게 우선 기다리라고 해놓고 잠시 후에 다시 전화를 주겠다고 말했습니다. 그리고 나서 북쪽 고지의 후사면을 공격할 존스의 중대와 히터의 중대로 구성된 증원병력들에게 브리핑을 하러 갔습니다. 브리핑에서 한 말은 별로 없었고, 단지 고지의 정상부에 오르면 치열한 전투가 기다리고 있을 거라고 이야기해 주었습니다."

잭 존스 대위는 그의 중대병력이 분산되는 것에 분개했던 것을 기억하고 있다. 그것은 전술교리(戰術敎理)에 어긋나는 것이었지만, 다른 한편으로 그는 비상상황이고 고지정상에 전투원이 증원되어야 한다는 필요성을 인정하였다.

5연대 A중대 레이 워커 일병 : "우리는 마을 가까운 곳에서 잠자고 있어서 안전하다고 생각했지요. 나는 짚단 위에 누워 초록색 예광탄이 북쪽의 고지 정상부 위로 날아가는 모습을 바라보고 있었습니다. 마치 쇼를 보는 것 같았는데, 예광탄들이 유성(流星)처럼 날아가 산비탈에 부딪치거나 하늘의 별들을 향해 똑바로 날아갔고 가끔씩 중공군 조명탄의 노란색 불빛도 보였습니다. 그렇게 쇼를 즐기고 있는데, 스탠리 밀라 중사가 나타나 쇼 감상을 중단시켰습니다.

'자, 세웠던 좆 죽이고, 벗어놓았던 양말 집어라. 저기 고지 위로 올라간다.'

'무슨 일입니까, 중사님?'

'7연대가 평소처럼 도움이 필요하단다. 출발 준비!'

즉시 우리는 낙오병 몇 놈도 다루질 못해 현역들에게 해결해 달라고 애처롭게 부탁하는 한심스러운 예비역들을 욕하기 시작했습니다."

7연대 병력의 절반이 동원 예비역으로 구성되어 있었다.

5연대 A중대 니콜라스 트랩넬 중위는 증원군이 산비탈을 오르면서, 첨병이 "E중대 어디 있냐? E중대?, 야, E중대!"라고 계속 소리쳐도 아무런 반응도 없이 사방이 조용했다고 기억했다.

얀시 : "전화선이 절단되고 무전기도 전투중에 부서져 증원군(增援軍)이 오고 있다는 것을 몰랐습니다. 두 번째 전투 후의 소강상태 때 우리는 시간을 내어 전사한 해병들의 시신을 판초에 싸서 탄약 운반수들이 산밑으로 끌고 갈 수 있게 후사면의 산길 위에 옮겨 놓았습니다."

달이 산너머로 져서 사방이 갑자기 어두워지자 얀시는 온갖 유령이 난무하는 환영(幻影)을 보았는데, 산비탈에 쓰러져 있던 중공군 시체들이 갑자기 살아나서 꿈틀거리고, 몸을 구르고, 포복해 오고, 일어나 앉고, 또 두 다리로 벌떡 일어서는 것 같다는 생각이 들었다.

위생병 클레이풀 : "사방에 시체가 널려 있었고, 특히 갤러거와 로빈슨의 진지 앞에 많았습니다. 죽은 적군의 배낭과 주머니를 뒤지던 로빈슨이 쌀과 다른 곡식을 함께 익혀 망고만한 크기로 뭉쳐서 노란 손수건에 싼 덩어리를 발견하고는, '위생병, 이것 좀 봐!'라면서 나에게 보여주었습니다."

로버트 베이 중위와 그의 부하들이 산꼭대기에 있는 중공군들을 살펴보고 있을 때 다니엘 머피 하사가 베이에게 다가왔다.

베이 : "위에서 들리는 거라곤 중공군들의 말소리뿐이었습니다. 그들이 고지정상을 점령하고 있다는 것은 의심할 여지가 없었죠."

"역습하게 해주시면 적군을 지휘소에서부터 밀어내 버릴 수 있습니다"라고 머피가 말했다.

베이는 자기소대의 3분대를 머피에게 넘겨주었고, 클레이풀이 같이 가겠다고 자원하자, 모두들 위생병이 함께 가는 것을 좋아했다.

클레이풀 : "자원이란 말은 적당하지가 않았습니다. 얀시의 지휘소에서 내려올 때 중공군 몇 명을 보았는데, 그들이 나를 보지 못해 그들이 지나갈 때까지 땅바닥에 몸을 엎드리고 있었습니다. 머피 하사가 역습조를 조직하고 있을 때 역습조와 함께 있는 것이 이 고지에서 가장 안전한 방법이라고 생각해서 따라나섰지요. 숫자상으로는 많지 않았어요. 머피와 케이스 병장의 분대와 클레멘스 중위 소대의 낙오병 5명이 전부였습니다. 하지만 우리는 정상부로 밀고 올라가서 중공군을 아래로 밀어내 버렸습니다. 역습 도중에 외투를 입고 그 밑에 스웨터를 받쳐입은 중공군 장교 한 명을 가까운 거리에서 보았는데, 내가 왜 그를 잘 기억하느냐 하면, 그가 손에 권총을 쥐고 있었는데도 나를 쏘지 않았기 때문이었습니다."

부상자들을 돌보던 클레이풀은 머피가 그들에게 질문을 하는 것을 들을 수 있었다. "모두들 어디 있어?"

"중대장님은 전사했고 볼 중위도 전사했습니다."

"클레멘스 중위는 어떻게 됐나?"

"전사했습니다."

갑자기 어둠 속에서 목소리가 들려왔다. "무슨 소리야. 나 살아 있어!" 레오나드 클레멘스 중위는 따발총 총탄에 이마를 맞았는데도 살아서 이 이야기를 했다. "누군가가 큰 망치로 내려친 듯한 느낌을 받았는데, 머리 일부분이 날아가 버렸을까 봐 손으로 총 맞은 곳을 만져보지 못 하겠더라구요. 얀시 중위는 어떻게 됐냐고 물었더니 여러 번 총을 맞아서 피를 너무 많이 흘려 죽었다고 누군가가 대답했습니다. 웃기는 건, 존은 내가 죽었다고 생각했고 나는 존이 죽었다고 생각한 거였죠."

그때 클레멘스는 그가 나중에 '복장이 단정한 신사'라고 호칭한 장교가 아직 전투를 치르지 않아 말쑥해 보이는 복장을 한 병력을 이끌고

산비탈을 올라오는 것을 목격했다. "나는 잭 존스야"라고 그 복장이 단
정한 신사가 말했다. "내 중대병력의 일부를 인솔하고 왔네."

"제 부하들이 어디 있는지 알려드리겠습니다"라고 클레멘스가 말했다.
힘이 빠져가던 볼 중위가 조명탄 불빛 아래서 약하게 손을 흔들고 미소
를 지으면서 존스 대위를 맞이했다.

윌리엄 슈라이어 중위: "모두들 부상을 입고 있었지요."

슈라이어 자신도 부상을 입어 걷기가 힘들었는데, 그는 손목에 입은
간단한 부상이 그렇게 큰 영향을 미치는 것에 놀랐다. 하지만 자기도
모르게 파편이 가슴을 뚫고 들어가 허파 하나를 망가뜨렸고 나머지 하
나에는 물이 가득 차 있었다. 슈라이어는 움직여 보려고 애를 써 보았
지만 꼼짝도 할 수 없어 들것에 실려 산 아래로 후송되었다.

슈라이어: "전투는 계속되고 있고 내가 할 일이 남아 있었기에 기분
이 별로였습니다. 물론 부상을 입어서 해낼 수는 없었습니다만."

전투의 소강상태는 나팔신호와 함께 끝났고 트랩넬 중위의 증언에
따르면, "내가 본 것 중에서 가장 놀랄 만한 불꽃놀이가 펼쳐졌는데,
온갖 종류의 폭죽이 엄청나게 많이 밤하늘에 떠올라 터진 후 적군이
다시 한 번 우리를 향해 산비탈을 올라오기 시작했습니다. 산등성이
비탈의 경사가 급해서 사격을 다시 시작하기도 전에 적이 가까이 다가
왔습니다. 적군의 몸냄새를 먼저 맡았는데, 마늘냄새가 그렇게 지독
한지 미심쩍어 하는 사람도 있지만, 숨결에서만 냄새가 나는 것이 아
니라 입고 있는 옷에서도 냄새가 났습니다. 마늘을 오랫동안 먹으면
땀구멍에 냄새가 배어 계속 난다니까요.

곧 전 진지에 걸쳐 전투가 벌어졌고, 우리는 적이 뒤쪽에 있는 골짜
기로 침투하지 못하게 강력하게 대응했습니다. 먼동이 트자 고지 정상
부가 수류탄 공격과 포격으로 평평해진 것을 발견했습니다."

레이 워커 일병의 자동화기가 고장이 나, 노리쇠의 볼트가 앞으로
나가지 않았다. 한 무리의 중공군이 워커의 왼쪽으로 지나가면서 그를

보고도 아무런 적대적 행동을 취하지 않았다. 워커는 그의 무기를 분해해서 방아쇠 뭉치를 떼어내어 한쪽으로 던져버리고 공이를 빼내어 다른 쪽으로 던져버렸다. 버려진 무기가 널려 있었기에 워커는 M-1 소총을 한 자루 집어 총알을 한 방 쏘았으나 그것도 작동하지 않았다. 산을 내려가면서 워커는 중공군 한 명이 해병 기관총 사수에게 살금살금 마치 머리를 깎으려는 이발사처럼 뒤로 다가가 권총을 해병의 귀에 대고 방아쇠를 당기고는 산비탈을 걸어 내려가는 것을 목격하였다.

워커 : "그때 나는 미친 듯이 작동되는 무기를 찾았고, 점점 더 투지(鬪志)가 발동하더군요. 때마침 덩치가 작고 검은색 고수머리를 한 해병이 나타나서는 나에게 '수류탄이 있는 곳을 알고 있어'라고 말해, 수류탄 상자를 통째로 끌어와 산비탈 아래로 던지기 시작했습니다. 수류탄과 포탄의 파편이 너무 많이 날아다녀서 수류탄 투척을 안전하게 할 수 있는 장소를 찾는다는 것이 의미가 없었고, 게다가 그때까지는 고지 전체가 벌레가 꿈틀거리듯 포복을 해오는 하얀색 군복을 입은 중공군으로 가득 덮여 있었거든요."

무슨 일이 일어났는지 모르겠지만, 워커가 수류탄을 집으려고 보니 안전핀이 빠져서 폭발하려 하고 있었다. 그가 오른손으로 그 수류탄을 집어서 던지려는 순간 폭발이 일어나 오른쪽 팔의 쇄골이 부서지고 왼쪽 가슴, 입술, 이마, 손가락에 파편이 박혔다. 파커라는 이름의 위생병이 모르핀 앰플을 입안에서 꺼내 워커에게 놓아주었고, 몇 분 후 날이 밝자 그는 부상을 입은 한 무리의 해병들과 함께 고지의 후사면을 내려갔는데, 그 중에는 존 얀시도 포함되어 있었다.

부상당한 해병을 찾으려고 숲과 바위 사이를 뒤지던 위생병 클레이풀은 등을 자기쪽으로 향한 중공군 병사 한 명이 총의 개머리판을 얼굴에 대고 고지 후사면을 내려가는 부상병들을 겨냥하고 있는 것을 발견했다. 그가 10 m쯤 떨어진 거리에서 그 적군을 사살해 버렸는데, 적군의 머리가 무릎 위로 고꾸라지며 솜으로 누빈 모자와 귀마개가 날

224

아가 버렸다. "그는 누가 자기를 맞추었는지도 몰랐고, 그래서 죽음의 공포를 경험할 시간도 없었지요."

항공지원이 가능할 만큼 날이 환해졌다. 1282고지의 해병들은 그날 첫 번째 공습을 실시하려고 날아온 코르세어기가 능선의 반대쪽에서 순식간에 왼쪽에서 오른쪽으로 움직이는 모습을 볼 수가 있었고, 피폭 지역이 너무 가까이 있어 조종사가 적재하고 있는 폭탄을 해병진지 몇 미터 앞에 쏟아 붓는 것 같았다.

턱이 탈골된 얀시 중위는 그 자신도 어떻게 해서 그렇게 되었는지 잘 몰랐고, 담요 조각으로 그저 턱을 붙들어 매고 있었다. 얀시는 존 스 대위를 보자 그에게 다가와 1282고지의 상황에 대하여 설명해 주려고 했다. 하지만 그의 얼굴은 응고된 피로 덮여 있었고, 한쪽 눈은 감겨 있었으며, 수류탄 폭발 충격으로 비틀거리고 있었다. 그런 모습을 본 존스 대위는 얀시에게 걸을 수 있는 부상자들과 함께 호송병력의 호위를 받으며 산 아래로 내려가라고 말했다.

얀시 : "병장 한 명이 '이쪽으로'라고 나에게 소리치고는 긴 막대기를 나에게 내밀더군요. 내가 그 막대기를 잡으니까 나를 인도해서 산길을 내려갔습니다. 대대 구호소에 도착하자 다시 피를 흘리기 시작해 위생병이 나를 텐트 지지대에 기대어 앉혀서 피가 기도(氣道)를 막지 못하게 하더군요."

클레이풀 : "얀시가 없었더라면 우리 누구도 그날 밤 살아남지 못했을 겁니다. 아무도 그처럼 부하들을 위협하고 달래가면서, 다가오는 죽음에 맞서도록 하지는 못했을 테니까요. 가끔 나는 얀시 혼자서 1282고지의 해병들뿐만 아니라 유담리에 주둔하던 해병대 전체를 구한 것이 아닌지 생각해 봅니다. 왜냐하면, 만일 중공군이 1282고지를 점령했더라면 방어선의 틈을 비집고 들어와 5연대와 7연대의 지휘소를 유린해 버렸을 겁니다. 얀시가 없었더라면 중공군이 1282고지를

유린했을 것은 물론 확실했죠.

얀시에 대해 할 말이 하나 더 있습니다. 만약 내 아들이나 손자가 전투임무를 수행하여야 한다 할지라도 존 얀시의 소대에서는 복무하지 않았으면 합니다. 그의 소대원들은 다른 소대보다도 두 배나 넓은 지역을 방어하면서 중공군을 두 배나 많이 죽였고, 또한 그들도 두 배나 많이 전사했으니까요. 물론 그렇게 하는 것이 해병다운 일이었지만 내 아이들은 그렇지 않았으면 합니다."

공식 전사(戰史)는 1282고지 전투를 다음과 같이 요약했다. "그것은 중공군 235연대 1대대의 자살공격에 관한 이야기였다." 1282고지 전투에서 전사한 중공군 병력에 관한 공식기록은 없지만, 수백 구의 시체가 고지 전사면과 정상부에 쌓여 있었다. 해병쪽은 7연대 E중대에서 최초 176명의 중대병력 중 120명이 전사했거나 부상당했다(스탠리 로빈슨과 제임스 갤러거는 상처 하나 없이 고지를 걸어 내려왔다). 잭 존스의 5연대 C중대는 전사 10명, 부상 30명, 히터의 5연대 A중대는 전사 5명, 부상 37명을 기록하였다.

고지 아래로 탄약을 구하러 보내졌던 소위는 결국 돌아오지 않았고, 그런 겁쟁이들은 전쟁영웅들과 함께 영원히 기억되었다. 그들은 각종 회의에서 자주 언급(言及)되었고, 참전자들은 그들의 동료가 전투현장에서 보여준 연약함에 대해 아직도 고개를 절레절레 흔든다. 하지만 그들의 사생활은 철저히 보호되었는데, 이름이 외부인이 있는 자리에서는 결코 언급되지 않았고, 면전에서 경멸이나 반감을 거의 표시하지도 않았다. 만약 어떤 감정을 나타내는 경우라면, 그것은 그 겁쟁이가 평생을 짊어지고 살아야 할 부끄러움을 이해하는 데서 오는 연민(憐憫)이었다. 그 특정한 장교의 경우는 임무 불이행의 정도가 심각했는데, 그는 소속부대가 탄약의 공급과 증원병을 절대적으로 필요로 하는 시점에 그런 임무를 띠고 보내졌음에도 결국 복귀하지 않았다.

레이 워커 일병은 자신의 부상을 무시하고, 아침 내내 제 힘으로 서서 깡통에 소변을 볼 수 없는 부상병들을 도와, 바지를 적시지 않게 해주었다. 그러는 중에 파편에 맞아 턱이 부은 채 들것에 누워 있던 자동화기 부사수 미들카우프 일병을 발견했다. "뜨거운 코코아를 타서 그를 앉힌 다음 마시게 해주었습니다"〔34년 후 뚱뚱하고 머리가 벗겨진 신사가 장진호 전투 전우회(Chosin Few) 연례모임에서 워커에게 자기를 소개하며 외로움을 느끼고 있을 때 워커가 보여준 동료애(同僚愛)에 고마움을 표시했다〕.

잘 알지 못하는 해병 한 명이 텐트의 거적문을 젖히고 들어왔다.

"어이, 워커, 로이벤 피일즈가 자네 친구 맞지? 막 바깥에서 트럭에 실려 있는 걸 봤어."

"그에게 무슨 일 있어?"

"힘든 것 같아."

"죽었단 말이야?"

"아직은 아닌 것 같아."

워커 : "로이벤 피일즈는 켄터키주 할란 출신이었고, 아버지가 밀주업자(密酒業者)였습니다. 나는 팔이 부서져 있었지만 그를 끌고 안으로 들어왔습니다. 의식불명이고 계속 신음을 해 군의관들도 치료하려 하지 않아 화가 났지만, 누군가가 로이벤은 뇌 손상을 입어 치료해 보아야 소용이 없다고 설명해 주더군요. 우리는 그를 다시 밖으로 들고 나와 짚단 위에 뉘었습니다. 내 팔에 안긴 채 죽었는데, 나는 많이 울었습니다. 최소한 로이벤은 혼자 외롭게 죽지는 않았지요."

클레이풀 : "그날 아침 늦게 볼 중위가 대대 구호소에 누워 있는 것을 보았는데, 나를 알아볼 수 있을 만큼 의식이 있었습니다. 그가 중대는 어떻게 되었냐고 물어서 아직 버티고 있다고 대답했지요.

볼 중위는 피가 부족해 얼굴이 잿빛이었습니다. 혈장도 얼어서 쓸모가 없었지요. 햇빛도 아직 골짜기 밑까지는 비추지 않아서 대대 구호

소 텐트는 무척 추웠습니다. 나는 두 명의
죽은 해병이 쓰던 침낭을 벗겨서—사후
강직(剛直) 현상 때문에 쉽지는 않았습니다
—장거리 후송에 대비해 그것으로 중위님
을 덮어드리고 들것 밑에도 더 깔아드렸습
니다. 하지만 그는 내 손을 쥔 채 운명(殞
命)했고, 그때 시간이 아침 8시 30분경이
었습니다.

나는 볼 중위가 보고 싶고 필립스 대위도
그립습니다. 그 둘은 서로 친한 친구사이
였고, 서로간에 보완(補完)이 잘 되는 그
런 관계였죠. 볼 중위는 조용하고 조심스

해병 7연대 E중대 위생병
제임스 클레이풀

러우며 매사에 철저했고, 반면에 필립스 대위는 외향적이고 힘이 넘치
는 타고난 지휘관이었습니다. 두 사람 다 청춘(靑春)을 해병대에 바쳤
고, 해병대원이라는 것에 특별한 의미를 부여했었습니다. 나는 그 두
사람을 존경했고, 나아가 내가 속했던 중대 전체를 존경했는데, 7연대
E중대는 내가 만났던 사람들 중에서 가장 예외적인 사람들이 모인 부
대였습니다."

1240고지

　동남쪽으로 1,500 m 떨어져 있는 1240고지의 상황은 더 심각했다. 헐 대위의 D중대 소속 1개 소대가 진지를 유린당했고, 다른 2개 소대는 포위를 피해 후퇴했다. D중대 전체는 오전 2시경 많은 전사자의 시신을 뒤에 남기고 고지에서 물러났다.

　알 브래드쇼 일병 : "적의 탐색공격은 9시쯤에 시작되었고, 11시쯤 우리는 치열하게 싸우고 있었습니다. 그런데 존 데머가 전투중에 나에게 고개를 돌리더니 담배에 불을 붙여달라는 겁니다. 그는 태어나서 그때까지 담배를 피우지 않았거든요. 그리고 나서 싸움에 정신이 없어 존이 담배를 피우고 나서, 아마 그랬겠지만, 어지러워했는지 알아볼 기회가 없었는데, 뒤쪽에서 우리를 향해 기관총 사격이 가해지는 것이었습니다. 데머와 나는 바람막이로 쳐놓은 2인용 텐트의 천에 총알 구멍이 뚫리는 것을 보고는 사격하는 쪽을 향해 사격을 중단하라고 미친 듯이 소리쳤지만 사격이 멈추지 않아 국(*gook*)들이 기관총 진지 중에 하나를 탈취(奪取)한 뒤 우리를 겨냥해 사격하는 거라고 단정했습니다. 그래서 기관총의 사격방향이 바뀌자 내가 벌떡 일어나 8발들이 탄창이 다 빌 때까지 그 기관총 진지에 사격을 퍼부었더니 기관총 사격이 멈추더군요. 지금까지도 나는 그 기관총 진지에서 사격하던 자들이 적군이었는지 아군이었는지 확실히 모르겠는데, 안들 이제 어떻게 하

겠습니까? 그때 래인 병장이 나타나 고지 후사면에 있는 중대 지휘소를 방어하기 위해 자동화기 사수가 필요하다고 해서 데머가 래인 병장을 따라갔지요. 갈 때 내가 '조심해'라고 말했고, 그때 존 데머를 마지막으로 보았습니다."

프랑코 라센트라 일병 : "몇 명이 같이 청음초(聽音哨, listening post)에 있었는데, 조명탄이 공중에서 터지면서 중공군들이 떼지어 몰려오는 것이 보이더군요. 내가 '자리를 뜨자'고 말해 네 명이 주진지로 뛰어가 보았더니 아군이 다 죽어 있었습니다. 그래서 중대 지휘소 텐트로 달려갔더니 거기도 텅 비고, 텐트 여기저기에 총알 구멍이 숭숭 뚫려 있어서 D중대가 고지에서 밀려났다는 걸 깨닫고 충격을 받았습니다.

그때 따발총을 가진 국(gook) 한 명이 텐트 옆으로 접근하길래 서로 간에 총을 들고 방아쇠를 잡아당겼지만, 둘 다 총이 작동이 안 되더라구요. 그순간에 국(gook) 몇 명이 나에게 달려들더니 나를 쓰러뜨렸습니다. 그 중 한 명이 나를 보고 파카의 지퍼를 내리는 시늉을 하고 나머지 두 명은 쭈그리고 앉아서 내가 차고 있던 탄띠에 달려 있는 수류탄을 제거하더군요. 내가 놀란 것은 그들이 마치 세상사에 관심이 없는 것처럼 전투에 열의가 없어 보이는 것이었습니다. 한 명이 내 손목시계를 빼앗더니 다 함께 떠났는데, 따발총을 가진 국(gook)이 뒷걸음을 치며 내 허벅지에 총을 쏘았습니다. 그들이 떠난 후 나는 양쪽 통로가 개방되어 있는 벙커로 기어들어 갔고, 나중에 보니 가까이에서 중국말 소리가 들리는 것이었습니다. 그래서 국(gook)들이 벙커 위에 기관총 진지를 구축했다는 걸 알았으며, 그들이 벙커 위에 걸터앉아 있었기 때문에 발이 벙커 위에서 흔들거리는 모습도 보았습니다.

지금 돌이켜 보면, 누군가의 의도에 의해 목숨을 건진 것 같다는 생각이 듭니다. 그 중공군은 왜 머리나 가슴에 총을 쏘지 않았는지 모르겠어요. 내가 움직이지 못하게 허벅지를 겨냥해 총을 쏜 것이 틀림없었습니다. 벙커 위에 있던 적군들도 마찬가진 것이, 보통 국(gook)들은 벙커에 접근하기 전에 수류탄을 벙커 속에 던져 넣었는데, 그렇게 하지 않았거든요. 왜 나만 목숨을 건졌고, 다른 해병들은 그렇지 못했는지 지금도 모르겠습니다."

로이 펄 상병 : "적군이 북쪽에 있는 두 고지의 사이를 뚫고들어와 대대 지휘소가 위험에 빠진 것 같자, 데이비스 중령이 비상을 걸어 행정병, 운전병, 취사병 그리고 통신병들로 임시 방어부대를 편성해 대대본부 텐트 주위에 배치했습니다. 나도 포함되어 있어 진지로 나가려는데, 중령이 '펄, 너는 여기 남아'라고 말하더군요.

대대장은 무선이나 전화, 또는 전령에 의해 보고가 접수될 때마다 전반적 상황을 판단하느라 바빴고, 헐 대위가 무선으로 D중대가 고지에서 밀려났다고 보고하자 내가 그의 무전병이 된 이래 처음으로 언성을 높였습니다. 데이비스 중령은 큰 소리로 헐 대위에게 부하들을 재편성해서 고지를 탈환하여 계속 지키라고 명령했습니다."

레이몬드 데이비스 중령 : "나는 내가 지휘하는 다섯 개 중대에 그날 밤 충분한 지원을 해줄 수 없어 좌절감을 느꼈고, 잘못했다는 생각이 들었습니다. 그때 겪었던 상황 때문에 수 시간 동안 고문을 당하는 느낌이었는데, E중대는 간신히 버티고 있었고, D중대는 고지에서 밀려났으며, 조금 시간이 지나서는 F중대와 C중대가 어려움에 봉착했습니다. B중대만 비상상황이 아니었지요."(츄엔 리 중위 : "철저하게 정찰을 실시해 적이 공격해 온 날 우리 중대지역은 공격을 받지 않았습니다.")

조지 크로츠 일병 : "나 개인에게 1240고지 전투는 누군가가 군화 코로 내 옆구리를 툭툭 차 깨우면서 시작되었습니다. 눈을 깜박이며 침낭에서 벌떡 일어나 전투준비를 하려고 했지요. 나와 타고 있는 모닥불 더미 사이에 키가 조그만 사람이 서 있었는데, M-1 소총을 움켜쥐고서 총을 쏘려고 했지만 방아쇠가 얼어 있더라구요. 그래서 숨을 세게 불어 방아쇠를 녹였고, 기온이 영하 26도였지만 그 행동이 효과가 있어 한 클립의 실탄을 다 쏘아버릴 수 있었습니다. 총구에서 나오는

불빛 때문에 앞이 보이지 않다가 잠시 후 시력을 회복해서 보니 그는 어디론가 사라져 버렸습니다. 영문을 알 수 없었는데, 내 사격을 피할 수가 없었거든요.

여하튼 대규모의 총격전이 시작되었고, 나는 체스터필드와 밥 마틴과 함께 중공군에게 수류탄을 투척해 그들이 다가오지 못하게 하고 있었습니다. 얼마 지나서 누가 접근해 오길래 총을 쏘려니까, '쏘지 마! 나 바텔이야. 중공군이 이쪽으로 오고 있어'라고 소리치더군요.

바텔이 합류한 뒤 마틴이 사격방향을 바꾸어 접근해 오는 중공군의 공격대형에 사격을 퍼부었습니다. 기관총 탄띠가 거의 소모되어 내가 새 탄띠로 갈았고, 마틴이 몇 발 사격을 했는데, 총알이 걸려 나가지 않았습니다. 그가 불발탄을 제거하려고 미친 듯이 노력했지만 실패했고, 그런 상황에서 할 수 있는 말이라고는 '씨팔!'밖에 없었지요.

나머지 중대원들이 고지 후사면을 달려 내려가 후퇴하자 나는 마틴과 체스터필드와 함께 탄띠가 늘어져 있는 기관총과 삼각거치대, 탄약 상자를 들고 헐 대위가 역습을 하기 위해 병력을 재편성하던 곳으로 달려내려갔습니다.

'빌 러셀이 죽었어'라고 마틴이 이야기했습니다. 빌이 내 손목시계를 가지고 있었는데, 사실은 아버지 시계였지요. 내가 소속된 동원 예비군 부대가 현역 소집이 되자 아버지가 내 시계와 당신 시계를 바꾸자고 하시는 거예요. 왜냐하면 당신 것은 방수(防水)가 되고 내 것은 안되었거든요. 내가 그 시계를 그날 밤에 보초를 서던 동료들에게 빌려주었다고 이야기했던가요? 하여튼 빌의 시신을 뒤져서 시계를 찾을까 생각을 했었지만, 동료 해병의 시신을 뒤져 시계를 벗겨내는 것을 누가 본다면 그 모습이 어떨까 생각해 보니 참 난감하더라구요. 나는 빌 러셀과 친했는데, 시계를 잃어버리는 것은 빌의 죽음과 비교해 보면 사소한 일이었고, 게다가 아버지가 이해하시리란 걸 알고 있었거든요. 그런데 이런 사실을 마틴에게 이야기하자, 그가 말하길 빌이 그 시계를 진 바텔에게 그 전날 밤 빌려주었다는 겁니다. 헌데, 바텔이 바로 전에 부상을 입어서 들것에 실려 산밑으로 내려갔거든요.

'뭐, 이런 경우가 있어.'"

"자, 저놈들을 박살내러 가자"라고 헐 대위가 말했다.

역습에 대한 대비(對備)가 되어 있지 않았던 중공군은 기습을 당해 쫓겨갔고, 헐의 부하들은 1240고지에 거점을 다시 확보했다. 새벽녘에 16명의 해병이 정상 부근에 급조된 사주방어 진지를 지키고 있었는데, 진지가 너무 좁아서 헐의 전령인 월터 미나드 상병이 진지의 한가운데에 위치해서 수류탄을 필요로 하는 해병에게 가볍게 던져줄 수 있을 정도였다. 그 16명 중의 한 명인 알 브래드쇼 일병은 부상병을 산밑으로 후송하라는 임무를 맡았다.

브래드쇼: "부상병의 덩치가 너무 커 어네스트 콜드웰 일병이 어깨를 부축해서 내려갔고, 나는 그들의 소총을 가지고 뒷걸음치며 따라갔는데, 중공군들이 멀찌감치 따라오고 있었거든요. 소대 선임하사 아서 윌스가 때맞춰 합류해 산을 내려갈 때까지 중공군이 따라오지 못하게 도움을 주었죠. 어네스트 콜드웰 일병이 살아 있는 건 그때 마지막으로 보았습니다.

진지로 돌아와 보니 상황이 급박해져 있더군요. 8발 탄창이 금방 비었고, 마지막 총알이 약실에 걸려 발사가 안 됐을 때 오른쪽 장딴지에 총을 맞았습니다. 그때 중공군이 너무 가까이 접근해 와 돌을 던져 맞추었고 다시 오른쪽 허벅지에 총을 맞았지요. 다른 해병이 총에 맞아 산비탈을 통나무처럼 굴러내려 가는 것이 보이더군요. 나는 윌스 하사와 다시 조우했고, 그때 수류탄이 날아오기 시작해 윌스 하사와 나는 수류탄 폭발로 몸이 공중에 떴다가 땅에 떨어졌습니다. 윌스 하사의 머리에 피가 흐르는 것을 보고 내가 '퍼플하트(Purple Heart)를 확보했네요'라고 말하자 그가 웃었습니다. 그것이 윌스 하사가 살아 있는 걸

본 마지막이었습니다.

허벅지의 상처는 상당히 심각해서 숨을 쉴 때마다 피가 솟구쳐 나오는 것을 보니 동맥이 다친 것 같았습니다. 지혈하는 유일한 방법은 손가락으로 상처에 난 구멍을 막고 누르는 것이었는데, 더러운 손가락을 날고기 같은 모양을 한 상처 부위의 구멍에 넣는 것을 상상해 보세요, 기분이 어떤지. 그로버 보아즈(Grover Boaz) 일병이 나타나 자기가 지니고 있던 구급낭에서 붕대를 꺼내 건네주고는, 내가 붕대를 찢고 있는 동안 소독약 가루를 나의 상처 부위에 쏟아부었습니다. 보아즈는 자기 머리에 부상을 입어 상처에서 피가 나고 있는데도 내 상처를 치료해 주었습니다. 그가 '또 봐'라고 말한 뒤에야 나는 그가 자기 구급낭을 나를 위해 다 써버렸다는 것을 깨달았는데, 내가 그에게 무어라고 말을 했으리라는 것은 미루어 짐작할 수 있지요? 그때 그로버 보아즈가 살아있는 걸 마지막으로 보았습니다.

날이 밝았을 무렵 포탄이 폭발해 철모가 날아가 버리고, 다시 몸이 공중에 붕 떠 두 조각이 나는 줄 알았습니다. 몸이 몇 미터 산비탈 아래쪽으로 떨어졌는데, 눈앞이 하얗게 되면서 아무것도 안 보이더군요. 일이 분쯤 지나 시력(視力)이 회복된 뒤에 여기저기 포복해 가면서 총을 찾으려고 다니다가 부상을 입은 채 톰슨 기관단총을 갖고 있던 국(gook)을 한 명 발견하고는 그의 손에서 총을 빼앗고, 나를 물끄러미 쳐다보면서 그냥 누워 있기에 더 다가가서 허리에 차고 있던 탄창 벨트도 낚아챘지요.

상황이 그리 좋아 보이지 않았는데, 산비탈에 있던 해병들은 모두 죽거나 다친 것 같았고, 적이 한 번만 더 공격해 오면 우리는 전멸당하고 단지 기억 속에나 남는 존재들이 되겠더라구요. 그날 아침에는 바람도 불지 않아 사격과 수류탄 폭발로 발생한 초연(硝煙)이 낮게 드리운 구름처럼 공중에 떠 있었습니다. 1240고지 전투에서 마지막으로 기억이 남는 것은 내가 있던 곳에서 오른쪽으로 산 아래로 내려가는 길에 중공군 두 명이 해병의 발목을 잡고 질질 끌고 가고, 그 뒤에 다른 한 명이 총검으로 그 해병을 쿡쿡 찔러가며 따라가는 모습이었습니다. 그 해병은 이미 죽었거나 아니면 죽어가고 있었고, 그래서 나는 톰슨 기관단총을 겨누어 탄창이 다 빌 때까지 총알을 퍼부었습니다. 끌려가던 해병과 끌고 가던 중공군들 모두에게 말입니다."

날이 밝고 얼마 후에 해롤드 도 소위가 지휘하는 5연대 C중대 소속의 1개 소대가 모습을 나타냈는데, 대열을 선도하던 해병이 분대 규모의 방어진지의 모양을 보고는 웃으면서 말했다. "꽤나 힘들었던 모양이구만."

프랑코 라센트라 : "미군의 말소리와 간헐적으로 터지는 수류탄 폭발음을 듣고는 해병들이 국(gook)들을 몰아내고 전진하면서 수류탄을 투척하고 있다는 것을 깨달았습니다. 그들이 내가 숨어 있던 벙커로 접근해 왔을 때 소리를 내어 불렀고, 해병 한 명이 '여기 누가 있네'라고 말하는 소리를 들었습니다.

'국(gook)이야.'

'야, 멍청한 놈들아! 나는 빌어먹을 미합중국 해병대원이야! 그놈의 수류탄 저리 치워, 이 멍청이들아!'

그들이 나를 벙커에서 끌어냈을 때 나는 그 국(gook) 세 명이 죽어 있고 기관총도 찌그러져 있는 것을 보았습니다. 그들이 가지고 있던 대검 한 개를 기념품으로 가졌지요."

알 브래드쇼 일병 : "날이 밝을 때쯤 되자 나는 피를 너무 흘려 힘이 하나도 없었고, 머리도 잘 돌아가지 않았습니다. 그래서 이건 내 착각이었겠지만, 살아 있는 해병은 한 명도 눈에 띄지 않았고, 중공군이 움직이는 것만 보이는 것이었습니다. 그런데, '여기 또 한 명 있네'라고 말하는 소리가 들렸습니다.

'아니야. 시체야.'

그들이 나를 지나쳐가려고 하자 나는, '여기에는 국(*gook*) 하고 죽은 해병밖에 없으니까 빨리 도망가라'라고 말해 그들을 깜짝 놀래 주었습니다.

붉은 콧수염을 기른 병장이 웃으면서 '나머지 중대원들은 어디 있냐?'라고 물었고,

'이게 다야.'

'머?'

'이게 7연대 D중대란 말야.'"

그날 아침 구호소에서 음식을 삼키려고 애쓰고 있던 브래드쇼는 누가 자기 이름을 부르는 소리를 듣고 사방(四方)으로 고개를 돌려보았지만, 들것에 누워 있는 부상병들뿐이었고, 아무도 그에게 주의를 기울이지 않고 있었다. 몇 분 후 D중대원 한 명이 그에게 다가와서 말했다.

"그가 너를 찾고 있었는데."

"누구?"

"존 데머."

"어, 그래. 어디 있는데?"

그 친구가 턱으로 구석을 가리키며 말했다. "방금 숨을 거두었어."

"이런, 씨팔."

브래드쇼는 존 데머가 그의 이름을 부르던 소리가 지금도 들린다고 말한다.

포위 I

　제5해병연대장 레이몬드 머레이 중령은 장진호 전투가 끝난 지 한 달 뒤에 역사학자 마셜에게 그때의 상황을 다음과 같이 말했다. "적군이 후방으로 연결되는 도로를 차단했다는 보고를 받고 상당히 불편한 입장에 처했다는 생각이 들었습니다." 하지만 후에 그가 한 작가에게 보낸 편지에서 인정했듯이 그는 당시 느꼈던 엄청난 공포감(恐怖感)을 숨기며 말했던 것이었다. "교전이 발생한 첫날밤에 그런 느낌이 들었습니다. 적군이 사방에서부터 공격해 오는 가운데 부대가 고립되어 있다는 것을 깨닫고는 이제 우리는 끝났구나 하는 생각이 들었습니다. 솔직히 말해 유담리(柳潭里)가 죽을 곳이라는 생각이 들었죠."

　과달카날, 타라와, 그리고 사이판 전투에서 겪은 전투지휘경험을 통해 전장공포감을 억제할 수 있게 단련된 머레이 중령은 그의 예하 부대에게 간단명료한 명령을 내렸다.

　발신 : 제5 해병연대장
　수신 : 1, 2, 3 대대/연대본부/전투지원중대

　각 부대 사격군기를 확립할 것.

유담리의 해병 5연대 지휘소

처음부터 주위의 높은 산들 때문에 스미스 사단장과 예하 연대장들 간의 무선통신이 잘 되지 않았다. 사단사령부는 해병 5연대 전체와 해병 7연대의 대부분 병력, 포병연대의 3개 대대가 포위(包圍)되어 있다는 것도 뒤늦게 알았고, 스미스 장군이 중공군의 공격규모와 심각성을 보고받지 못했다는 것이 그날 밤에 쓴 그의 일기에 나타나 있다: "저녁 늦게 5연대와 7연대가 중공군의 공격을 받고 있다는 보고를 접수했으나 상세한 정보는 아직 없다."

이런 경우에는 부사단장이 유담리 현지로 이동하여 5연대와 7연대를 통합(統合)지휘하는 것이 일반적이지만, 그때 부사단장 에드워드 크레그 준장은, 앞에서 언급한 것처럼 수송기편으로 태평양을 횡단 본국귀환중이었다. 11월 26일 그는 부친 위독을 알리는 전보를 받았고, 이를 스미스 사단장에게 이야기했는데, 스미스 장군은 후에 "크레그 준장은 부친하고 아주 가까운 사이여서 임종(臨終)을 하고 싶어했습니다. … 결과적으로 나는 부사단장 없이 장진호 전투를 치렀지요"라고 말했다.

　머레이 중령 : "28일 아침에 리첸버그 대령이 전화를 걸어, '지금부터 우리 두 연대가 긴밀히 협조하여야 하며 각 연대의 참모들도 서로 지근 거리(至近距離)에 위치하여야 한다'고 말했습니다. 그의 지휘소는 유리로 된 창문과 나무마루가 있는 조그만 석조가옥이었는데, 나에게 함께 있자고 권유했지요. 유담리 현지의 최선임 장교로서 그는 사안에 대하여 결정하고 필요한 명령을 내릴 권한(權限)을 갖고 있었으나, 나를 본인과 동등하게 대하여 주었고, 그것에 대하여 항상 고맙게 생각하고 있습니다. 그때 나는 불과 37세의 중령이었고, 보통 그 정도 계급이면 연대가 아닌 대대를 지휘하고 있어야 했습니다. 그러나 리첸버그 연대장은 계급이 대령이었고, 나보다 열 살이나 나이가 많았습니다."

　두 연대장들이 결정한 최초의 사항은 5연대가 서진(西進)을 재개(再開)하지 않는다는 것이었고, 그리고 나서 통합된 참모진과 함께 부대위치를 재조정하고 진지를 재편성하는 일을 계속했다. 기본적으로 그들은 어떻게 점령지역을 줄여서 진지를 강화해야 할까 궁리를 거듭하였다. 머레이 중령은 개인적으로 가장 인상깊었던 것은 그가 목격하고 있는 너무나 비현실적인 광경들이었다고 말했다.

　"비록 작전중이었지만 모든 일과(日課)들이 정상적으로 진행되었습니다. 차량들은 골짜기 사이를 왔다갔다했고, 전방진지에 있지 않은 해병들은 편히 앉아 그들의 아내와 연인(戀人)들에게 편지를 쓰거나 양철식판을 들고 취사장 앞에 줄을 서 있었습니다. 보고서에 서명을 하는 통상적 일들도 계속되었지만, 동시에 능선 위에서 해병과 중공군들이 서로에게 수류탄을 투척하는 모습도 볼 수 있었지요. 망원경으로 해병 1개 소대가 방금 전에 빼앗긴 지역을 탈환하는 모습이 보였는데, 해병 한 명이 일어나서 총을 몇 방 쏘고는 쓰러지는 것이었습니다. 두 명의 해병이 도우려고 접근했지만 적의 사격 때문에 물러서더군요. 그러자 1개 분대 정도의 중공군이 공제선에 나타나더니 그 중 두 명이

유담리 해병 5연대 2대대 구호소

쓰러진 해병 옆에 멈춰서 그가 입고 있던 야전 방한복과 군화를 벗기더군요. 그 광경은 마치 연극을 보는 것 같았습니다."

전투가 소강상태에 들어가면, 해병들은 제자리 뛰기를 하거나 동상에 걸릴까 걱정을 하면서 얼음으로 뒤덮인 군화 속에 있는 발가락들을 꼼지락거렸다. 군의관 리트빈은 다음과 같이 증언했다.

"격렬한 전투중에 땀을 흘리지 않는다는 것이 거의 불가능하였지만, 모두들 땀을 흘리지 않는 것이 중요하다는 것을 알고 있었지요. 왜냐하면 땀이 얼어 발과 발싸개 사이에 얇은 얼음막을 형성하기 때문이었습니다. 그래서 군화를 자주 털지 않거나, 발을 주물러 주지 않거나, 양말을 갈아 신지 않으면 십중팔구 동상에 걸리게 마련이었죠."

구호소가 만원(滿員)이어서 많은 부상자들이 구호소 밖 야지에 수용됐고, 위생병들은 방수포를 덮어주거나 왔다갔다하면서 움직일 수 없는 중환자의 얼굴에 쌓이는 눈을 치워주곤 했다. 죽은 자의 얼굴은 눈으로 덮여 있었기에 산 자와 죽은 자를 쉽게 구분할 수 있었다.

240

5연대 의무대장이었던 체스터 레슨덴(Chester Lessenden) 해군소령은 다음과 같이 증언했다.

"용해(溶解)가 안 되고, 수혈관이 얼음조각 때문에 막혀서 혈장을 사용할 수가 없었습니다. 붕대를 갈지도 못했는데, 붕대를 갈기 위해 장갑을 벗으면 손이 바로 동상에 걸리기 때문이죠. 상처부위를 살펴보기 위해 부상자의 옷을 자를 수도 없었습니다. 왜냐하면 바로 몸이 얼어버리기 때문이었죠. 부상자를 그대로 내버려두는 것이 더 나을 때도 있었습니다. 한 가지 긍정적인 점은 추위 때문에 지혈이 잘 된다는 것이었습니다. 그 외에는 모든 것이 최악이었죠. 부상자를 침낭에 쑤셔 넣으려 해본 적이 있습니까?"

해군 군의관 로버트 웨드마이어(Robert Wedemeyer) 중위는 로버트 케네모어 하사의 다리가 절단된 부위를 살펴보고 있었다. 하사는 1282 고지 전투에서 수류탄 두 개가 터지는 것을 몸으로 막아냈는데도 기적적으로 살아났다. 모르핀주사를 맞아 몽롱한 상태에서도 그는 자기의 성기(性器)가 무사한지 물어보았고, 웨드마이어 중위는 "너는 기름통에 기름이 반이나 남아 있어도 걱정을 하냐?"고 돌려서 대답을 했다. 케네모어는 나중에 일곱 아이의 아버지가 되었다.

5연대 2대대 구호소에서 끝이 없이 몰려드는 부상자를 맞으면서 리트빈은 침착하려고 애썼다. 남쪽으로의 연결도로가 차단되었다는 것이 이미 다 알려졌고 5연대와 7연대가 분산하여 제각기 해변 쪽으로의 진출(進出)을 시도할 거라는 풍문이 퍼지고 있었다. 리트빈은 계속해서 말했다.

"나는 그 풍문을 듣고 깜짝 놀랐고 상황이 얼마나 나쁜지를 처음으로 깨달았습니다. 그리고는 커다란 잠자리처럼 생긴 헬리콥터가 중환자를 후송하려고 착륙할 때마다 착륙장으로 슬쩍 들어가서 그 헬리콥터에 올라타고 싶은 마음을 억제(抑制)하느라 힘이 들었습니다. 텐트에서 머리를 내밀고서 주위의 산에 엄청난 수의 중공군이 포진해 있는 것을 보면서 내가 어떤 생각을 했는지 이해할 수가 있겠습니까?

나는 의사들이 자기보호를 위하여 사용하는 객관성(客觀性)이란 것이 언제쯤이나 나에게 생길까 궁금해하곤 했습니다. 장진호 전투 전까지는 나도 여느 젊은 의사들처럼 자신만만했지요. 하지만 유담리에서 그 젊은이들이 죽어갈 때마다 내가 얼마나 쓸모없는지를 깨달았습니다. 가슴이나 복부를 다친 경우가 다루기 제일 힘들었는데, 내장출혈로 죽는 것은 어떻게 할 수가 없었습니다. 간이나 쓸개 또는 허파에 압박붕대를 감아줄 수는 없었으니까요.”

그날 아침 차갑기 그지없는 바람을 피할 수 있는 곳에 몸을 숨긴 해병들은 얼어서 아무 느낌이 없는 손으로 M-1 소총, 카빈 소총, 브라우닝 자동소총과 기관총을 분해해서 추위 때문에 응고된 총기윤활유 찌꺼기를 닦아냈다. 소화기 중에서 카빈 소총이 가장 성능에 문제가 있었는데, 약실의 가스압력이 추위 때문에 너무 약해져서 탄알 재장전이 안 됐다. M-1소총은 성능을 제대로 발휘했기 때문에 신중한 성격의 해병들은 카빈 소총을 구호소 밖에 쌓여 있는 M-1 소총과 바꾸었다.

모든 무기가 추위 때문에 성능을 제대로 발휘하지 못했다. 수류탄은 잘 터지지 않고, 중기관총 총열의 냉각통에는 부동액(不凍液)을 채워야 했다. 또 경기관총은 얼어붙는 것을 막기 위해 목표물이 있건 없건 몇 분 간격으로 사격을 계속해야 했다. 박격포는 사격시 반발력으로 포판이 깨지는 경우를 제외하고 제대로 성능을 발휘했지만, 포병화력은 추위 때문에 정상수준을 밑돌았는데, 매번 포사격 후 곡사포 포신(砲身)이 다음 사격을 위해 포사격 위치로 돌아가는 데 길게는 30초 이상 걸렸기 때문이었다.

따뜻한 텐트 안에서는 눈을 녹인 물을 석유난로에 끓여서 꽁꽁 언 C-레이션을 끓는 물 안에 던져 넣었지만, 대부분 바깥쪽만 녹아서 얼어 있는 안쪽까지 먹어치운 해병들은 심한 장염과 설사를 겪어야만 했다.

상처를 치료받기 위해 줄지어 서 있곤 했던 1403고지 전투의 생존자 중 한 명인 로버트 P. 카메론 상병은 이렇게 증언했다.

"줄 맨 앞에 있는 부상자들은 위생병들이 자기 머리에 긴 붕대를 감는 것을 도와주려고 제자리에서 몸을 뱅글뱅글 돌렸는데, 마치 미라처럼 보이더군요. 중국에서 함께 근무했던 보비 진 칼리슨이라고 기억되는 친구가 텐트 안으로 들어서길래 내가 불렀더니 처음에는 못 알아보더군요. 왜냐하면 오른쪽 눈이 부어서 감겨 있었고, 눈두덩은 시뻘겋게 변해 있었거든요. 게다가 앞니 네 개가 부러지고 위턱이 복합골절이 되어 웃으면 부러진 이들이 종유석처럼 잇몸에 매달려있는 것이 보였습니다. 남 웃기기를 잘하던 보비는 나를 알아보고 나서는 다가와서 한참을 쳐다본 뒤 이렇게 말하더군요. '카메론, 볼 때마다 미남이 돼가는군.' 그리고 머리를 흔들면서, '너는 미스터 해병이 되기로 작정한 게로구나'라고 말하더군요. 턱이 아프지 않았으면 크게 웃었겠지만 그러지를 못했지요. 대신 줄지어 서 있던 다른 해병들이 크게 웃었고, 나는 단지 나머지 성한 눈으로 쳐다보기만 했지요."

구호소의 의무요원들처럼 로버트 골트 하사가 반장인 영현등록반도 감당하기 어려울 정도로 일이 많았다.

골트 하사 : "주위가 전사한 해병들의 시체로 둘러싸여 있고, 또 그 주위를 살아있는 중공군들이 에워싸고 있는데, 바삐 설쳐본들 무슨 소용이 있었겠습니까? 상황에 적응하기가 어려웠지요. 주위의 능선을 점령한 중공군은 마치 전쟁무(戰爭舞)를 추는 인디언 무리를 연상시키더군요. 가끔 어떤 해병은 전사자의 야전 방한복을 가질 수 있느냐고 묻곤 했지요. 왜냐하면 고지 위로 올라갈 때 땀을 흘려 방한복이 젖으면 벗어서 버려야 하기 때문이라더군요. 옷을 벗길 수만 있으면 벗겨주었지만, 정작 본인은 시체를 만지기 싫어해서 떨어져 서 있었습니다. 어떤 때는 옷을 벗기다가 방한복에 커다란 피묻은 구멍이 나 있는 걸 발

견하기도 했는데, 그런 옷은 가지려 하질 않더군요."골트는 시체들이 얼어버려서 썩는 냄새는 나지 않았다면서, "부산 교두보 때와는 정말 달랐습니다. 그때는 온도가 매일 38도를 넘었으니까요"라고 말했다.

5연대와 7연대가 제각기 해안 쪽으로 진출을 시도할 거라는 풍문은 근거(根據)가 없었는데, 리첸버그와 머레이 두 연대장이 행동을 함께 하기로 했기 때문이었다. 그들이 당면하여 시도하려는 것은 잇달아 설 치된 도로장애물을 폭파하는 방식을 쓰지 않고, 어떻게 적의 포위망을 뚫고 나가느냐 하는 것이었다. 그래서 그들이 첫 번째로 한 일은 7연 대 군수장교인 모리스 로취 소령을 장진호로 보내 호수의 얼음이 트럭 행렬을 견디어낼 만큼 두껍게 얼었는지 알아보는 것이었다. 만약 얼음 이 충분히 두껍다면 전 부대가 공중엄호 속에서 하갈우리로 이동할 수 있기 때문이었다. 무장경호 속에서 로호 소령은 그 인공호수(人工湖 水)의 표면을 걸으면서 장갑 낀 손으로 얼음 위에 쌓인 눈을 치우고 공병대에서 빌린 송곳으로 얼음두께를 시험했으나, 8 cm의 얼음두께 로는 짐을 잔뜩 실은 트럭행렬을 견디어낼 수 없다고 결론지었다.

28일 오후 머레이 중령은 유담리의 5연대와 7연대가 처한 불편한 상황에 대하여 하갈우리의 사단사령부 참모(參謀)들이 큰 일이 아니라 는 듯한 태도를 취하는 것에 좌절감을 느꼈다.

머레이 중령 : "그들은 우리가 얼마나 곤란한 지경에 있는지 이해를 못하는 것 같았습니다. 마침내는 리첸버그 대령에게 이야기했지요. '심각하다는 말을 넣어서 전문을 보냅시다. 그들에게 여기 상황이 심 각하다고 이야기하자구요. 그래야 그들이 움직일 겁니다.' 하지만 리 첸버그가 그러면 안 된다고 거절하더군요."

사실 사단사령부 참모들도 상황이 얼마나 나쁜지 파악하기 시작했 지만, 그때로서는 그들이 해줄 수 있는 것이 별로 없었다. 중공군 포 로 심문을 통해 유담리의 해병들이 중공군 3개 사단과 대치(對峙)하고 있다는 것이 밝혀졌는데, 79사단이 북쪽, 89사단이 북서쪽, 그리고

214 해병 비행대대의 모함 호위항공모함 '시실리'

59사단이 남서쪽에 배치되어 있었고, 다른 사단들이 추가적으로 배치될 것이란 것이었다. 중공군은 적 섬멸 계획상의 두 가지 중요목표를 달성(達成)하였는데, 그 하나는 해병 1사단을 세 개의 조각으로 분산시키는 것이었고, 또 하나는 서로간에 고립시키는 것이었다. 각 부대가 유담리, 하갈우리 그리고 고토리로 분리되었고, 그들 사이의 연결도로는 차단되었다(두 개의 소부대가 고립되어 있었는데, 7연대 C중대는 유담리에서 5 km 떨어져 있는 터키 힐에, 그리고 12 km 떨어진 덕동고개에는 7연대 F중대가 주둔하고 있었다).

오후가 되자 하늘을 덮었던 구름이 개이고, 그 사이로 희미하게 해가 비추기 시작했다. 나머지 오후동안 원산만(元山灣)에 떠 있는 항공모함과 흥남 외곽에 있는 연포(連浦) 비행장에서부터 출격한 전투기들이 지상병력에 대한 공중지원을 실시하였고, 무엇보다도 그것 때문에 대부분의 중공군은 28일 낮동안 납작 엎드려 있어야 했다.

포 위 II

오후 4시 27분에 리첸버그 대령은 사단으로부터 유담리와 하갈우리 사이의 도로를 개통시키라는 명령을 받았다. 그는 포병대대 포대장들을 불러 전투병력이 부족한 보병중대에 배치할 목적으로 각 포대병력의 1/3과 본부소대원을 차출하여 35명으로 구성된 임시(臨時) 보병소대를 편성(編成) 하라고 지시했다. "모든 해병은 기본적으로 소총수(小銃手)다"라는 명제가 곧 시험되려는 순간이었다.

한편, 윌리엄 해리스 중령의 7연대 3대대에서는 대대간부들이 정신적 불안증세를 보이는 대대장 때문에 어찌할 바를 모르고 있었다.

패트릭 로 소위 : "그가 보이는 이상한 행동 중의 하나는 여러 장교들을 연달아서 본부 중대장에 임명하는 것이었습니다. 그의 텐트에 들어오는 장교를 볼 때마다 '귀관이 지금부터 본부 중대장이야'라고 하는 겁니다. 처음에는 대대장이 농담하는 거라고 생각했지만, 그가 그의 운전병에게 침낭과 배낭 그리고 45구경 권총을 제외한 모든 소지품(所持品)을 불태워 버리라고 지시했다는 말을 듣고는 대대장이 정신적으로 얼마나 불안정한 상태에 있는지 깨닫게 되었습니다. 그는 산 속으로 도피(逃避)하려는 것 같았는데, 그러한 행동이 우리의 사기를 얼마나 저하시켰는지 짐작이 가시죠?"

7연대 H중대소속 르로이 마틴 일병 : "1403고지 전투의 생존자들은 사기가 많이 꺾여 있었습니다. 이야기들도 별로 안 했고, 농담을 던질 만한 분위기는 더더욱 아니었죠. 패잔병같아 보였지요. 그러고 있는 데 갑자기 장교 한 명이 나서더니 — 아마 민라드 P. 뉴턴 소위였을 겁 니다 — 바깥에 집합하라는 겁니다. 뉴턴 소위는 중대에 원래 있었던 일곱 명의 장교 가운데 남아 있는 유일한 장교였는데, 그런 이유로 중 대장 역할을 하게 된 거죠. 보통 전시 완전편제(完全編制)된 중대의 병력은 200여 명쯤 되었지만, 그때 우리 중대 — 중대라고 부를 수 있 다면 — 에는 고작 40여 명이 남아 있었습니다. 여하튼 그가 잔여병력 을 소총분대와 화기반으로 재편성하고 화기와 탄약을 점검하고 나니까 어느새 중대가 다시 전투부대 기능을 회복하더군요. 역시 훌륭한 해병 위관장교는 보배 같은 존재더라구요, 단지 그들이 오래 살지 못하는 것이 문제지만요."

7연대 H중대 로버트 P. 카메론 일병 : "군종신부를 찾아갔더니 부상 자와 사망자를 돌보느라 정신이 없더군요. 그래서 그냥 나오려는데 신 부를 보좌(補佐)하는 매튜 카루소(Matthew Caruso) 하사가 눈에 띄더 군요. 하사가 그리핀 신부는 지금 바쁘니 자기라도 도움을 줄 수 있을 거라고 하더군요. 그래서 내가 1403고지 전투에서 중공군을 기관총 삼각거치대로 때려죽인 것과 전사한 해병의 시체를 그냥 두고 온 것 때문에 마음이 괴롭다고 이야기했습니다. 카루소 하사의 말에 위안(慰 安)을 받았습니다. '그때 너는 그 삼각대 외에는 무기가 없었고, 네가 먼저 죽이지 않으면 그 중공군이 너를 죽였을 거 아냐? 전사한 해병의 시체야 운반해서 내려오는 게 맞지, 하지만 다들 그냥 후퇴한 상황에 서 그건 네 책임이 아니야.'

'시신의 얼굴을 쳐다볼 수도 없었어요!'

'보고 안 보고 무슨 차이가 있는데?'

'인식표도 확인 못했다구요!'

'그래서?'

내가 얼굴을 쳐다보지 않은 건 혹시 아는 얼굴일까 봐서였고, 아는 얼굴이 아니라도 평생 그 얼굴이 기억에 남을까 두려워서였다고 이야기했습니다."

좁다란 한상계곡은 중공군이 남서쪽에서부터 유담리를 공격할 수 있는 좋은 공격로였다. 리첸버그 대령도 그것이 걱정되어 프란시스 페리 소령에게 105 mm 곡사포 포대를 계곡쪽 전술적 접근로(接近路)를 향해 배치하라고 지시했다. 정오쯤 돼서야 7연대 A중대원들은 26일의 교전에서 전사한 프랭크 미첼 중위와 다른 해병 두 명의 시신을 거두기 위해 한상계곡으로 다시 나아갈 수 없다는 것을 알았다. 그런 비전술적 업무로 가뜩이나 취약한 방어선이 더 약화될 수는 없었기 때문이었다.

7연대 A중대 티미 킬린 일병 : "세 명의 시신을 두고 온 것 때문에 많이들 괴로워했고 죄책감 ─ 심지어는 배신감(背信感)을 포함해서 ─ 을 느꼈습니다. 잘못 생각한 거지요. 26일의 전투정찰에서 우리는 부상자를 돌보는 것이 우선이었고, 그들을 무사히 운반해 온 것도 행운이었습니다."

리첸버그 대령은 위험스러운 위치에 놓여 있는 F중대와 C중대를 구출(救出)하기 위한 작전계획을 수립했다. 그것은 윌리엄 바버 대위의 F중대로 하여금 C중대가 간신히 버티고 있는 터키 힐(Turkey Hill)까지 뚫고 나오게 하는 한편, A중대와 B중대는 유담리로부터 터키 힐까지 싸워 내려가려는 작전이었다. 이 작전은 3개 중대가 C중대진지에서 합류하면 주위를 포위하고 있는 중공군을 충분히 몰아낼 수 있을 거란 가정에 근거했는데, 그가 작전을 실행에 옮기려는 순간 예상치 못한 현실적 어려움에 봉착하였다. 바버 대위가 무선으로 보고하기를 적의 강력한 저항과 현 진지의 위치 그리고 F중대에서 발생한 많은 사상자 때문에 C중대를 구출하기 위해 7 km를 돌파한다는 것은 물리적으로 불가능하다고 생각된다며, "현 진지 잔류(殘留)를 승인 요청함"이라고 말했다.

대령은 잠시 생각하더니 "요청을 승인한다"고 말했다.

리첸버그 대령의 다음 계획도 달성하기 쉬운 것이 아니었다. 유담리에 도달하지 못한 유일한 예하 대대장인 랜돌프 록우드 중령과의 짧은 무선교신을 통해 그는 중령에게 하갈우리 북쪽의 도로를 개통(開通)시키고, 덕동고개에 있는 F중대와 합류하라고 명령했다. 그때 록우드 중령이 보유한 병력은 F중대에 배속시킨 중기관총 및 81 mm 박격포 분견대를 제외한 중화기중대와 본부중대뿐이었다. 그는 예하 2개 중대가 전날 밤 1240고지와 1282고지 전투에서 큰 피해를 입었고, 나머지 1개 중대도 덕동고개에서 포위당한 사실을 알지 못한 채 눈덮인 길을 따라서 나아갔다. 하갈우리 북쪽 1,500 m 지점에 있는 버려진 수직 금광구 앞까지 행군한 뒤, 잠시 휴식을 지시하고는 가지고 있던 자이쯔(Zeiss) 망원경으로 앞에 펼쳐져 있는 능선을 살펴보았다.

록우드 중령 : "내 눈에 일정하게 퍼져 있는 점들이 들어왔는데, 그게 다 중공군이더군요. 적이 쏜 총알들이 주위의 눈 위로 떨어지기 시작해서 부하들을 산개시켰으나, 적은 우리의 전술적 행동을 빤히 내려다보고 있었습니다. 중기관총도 박격포(迫擊砲)도 없는데다가 포병의 화력지원이나 항공기의 공습도 유도할 수 없을 만큼 불량한 무전기로는 현 위치를 고수하면서 파이프 담배나 피우며 추가적 명령을 기다리는 게 고작이었는데, 나하고 접촉이 된 리첸버그 대령이 하갈우리로 돌아가라고 명령했습니다."

레이몬드 데이비스 중령은 자기가 지프를 운전하면서 유담리 방어진지의 탄약 재고(在庫)를 조사하고 있었고, 로이 펄 상병은 여느 때처럼 대대 지휘무전기를 가지고 뒷좌석에 타고 있었다.

펄 : "지난번에 B중대가 위기에 빠졌을 때처럼 약하게 들리는 무선

송신 신호를 계속 청취하고 있었는데, 송신중에 총소리와 누군가 고함 치는 소리를 들은 것 같았습니다.

'대대장님, 차 좀 잠깐 세워 주실래요?' 중령이 도로 옆에 차를 세운 뒤에 무전기를 바짝 끌어안고 귀를 기울여 들어보니 총소리와 고함소 리를 들을 수 있었습니다. '차 시동을 꺼주시겠습니까, 대대장님? 무 전신호가 아주 약해서요.'

'필, 무슨 일이야?'

나는 마침내 그 신호가 C중대 무전병으로부터 오는 것이라고 단정 (斷定)했는데, 그가 말하길 C중대가 포위당해 구원을 필요로 한다고 하더군요. 나는 송수화기를 중령에게 건네주었습니다."

데이비스 중령 : "나는 상대편이 자기 대대장하고 통화하고 있다는 것을 깨닫고 안도감을 느끼는 것을 목소리를 듣고 알 수 있었습니다."

터키 힐의 상황은 급박했다. 존 모리스 대위의 감편(減編)된 중대 (1개 소대가 리첸버그-머레이의 통합지휘소를 방어하기 위해 유담리에 남 았다)는 전멸의 위험에 빠져 있었다.

데이비스 : "나는 직접 리첸버그에게 가서 A중대와 B중대를 거느리 고 C중대를 구출하러 가게 허락해 달라고 요청했습니다. 그건 리첸버 그에게는 어려운 선택이었는데, 요청을 거부하면 모리스의 중대는 아 마 전멸당할 것이었고, 허락을 하면 방어선(防禦線)의 남쪽 측면이 한 상계곡 방향에서 오는 적의 공격에 더욱 취약해진다는 것을 의미했습 니다.

'지휘소방어 소대를 데리고 가게'라고 잠시 후 그가 말했습니다. 내 가 돌아서서 떠나려 하자 그가 덧붙여서 말했습니다. '모리스의 중대를 구한 뒤의 행동에 대해 선택권(選擇權)을 부여하겠으니, 만약 C중대와 F중대를 데리고 밤이 되기 전에 유담리로 돌아올 수 있다면, 남쪽으로 계속 밀고내려가 덕동고개에 있는 바버의 F중대를 구해 오게.'"

터키 힐

　터키 힐(1419고지)의 중턱에 가로질러 있는 C중대 진지의 사격방향은 하갈우리와 유담리 사이의 도로가 내려다보이는 고지 정상부를 향하고 있었다. 중공군의 대공세가 시작된 날 밤에 다른 부대들이 그랬던 것처럼 존 모리스 대위의 중대원들도 의당 그랬어야 했지만 경계수위를 높이지 않았다. C중대가 안전하다는 생각은 중대의 위치가 도로를 따라 5km 위에 있는 유담리의 2개 연대와 7km 아래의 덕동(德洞) 고개에 배치되어 있는 증강된 1개 중대 사이에 끼여 있다는 것에 근거하고 있었다.

　중공군은 11월 28일 오전 2시 30분에 터키 힐을 내려와 우측에 위치한 잭 차벡 중위의 소대를 유린하여 다수의 사상자를 발생시킨 뒤 공격방향을 왼쪽에 있는 얼 J. 페인 하사의 소대로 돌렸다(페인의 소대는 1개 분대가 부족한 상태였는데, 그가 앞서 전초를 설치하기 위해 르랜드 브라운 상병의 분대를 산비탈 위로 올려보냈기 때문이었다). 모리스 대위는 중대본부와 박격포 소대의 가용한 병력을 적시(適時)에 투입해 소속 2개 소대의 전투력을 증강시켰다. 적군의 사격으로 무전기가 작동불능이 되자 모리스는 기지에 대기하던 코르세어기의 근접항공지원이나 유담리에 위치한 포대로부터 화력지원을 받을 수가 없었다.

　전투가 시작되었는데도 전초에서는 아무런 연락도 없었고, 날이 밝아 총격전이 소강상태에 이르자 모리스 대위는 양손을 입에 모으고 산 위를 향해, "브라운 상병! 르랜드 브라운 상병!"이라고 불러보았지만 아무런 응답이 없었다.

커티스 키슬링 상병이 산 위에 올라가 전초와 접촉(接觸)해 보겠다고 자원했다. 모리스는 그의 자원을 고맙게 생각하면서 키슬링이 가파른 언덕에 있는 커다란 바위 사이를 지나 모습이 안 보일 때까지 지켜보았다. 긴장된 십여 분이 지나 키슬링이 다시 나타나 아래를 보고 소리쳤다. "중대장님, 아무도 안 보이는데요."

그리고 나서 키슬링은 수색을 계속하려고 왼쪽으로 옮겨갔는데, 삐쭉 나와 있는 바위를 돌아가는 순간 적이 기관총을 쏘기 시작해 키슬링의 몸은 자갈더미와 함께 산비탈을 밀려 내려왔다.

사상자가 늘자 모리스 대위는 전초분대를 찾으려는 추가적 시도가 무모(無謀)하다고 판단했다. 포위된 상태에서 탄약이 떨어져가고 열 명 이상의 전사자와 오십여 명의 부상자가 발생한 C중대가 전멸의 위기에서 벗어날 수 있는 유일한 방법은 무전기를 작동시키는 것이었다. 레오나드 델린스키 상병이 추위 때문에 감각이 무디어진 손으로 고장난 무전기를 고치려 애쓰는 동안 나머지 중대원들은 전술적으로 고립(孤立)되어 있는 그들의 진지를 둘러싼 중공군이 포위망을 차츰차츰 좁혀오는 것을 지켜보고 있었다.

리차드 M. 던랩 일병 : "내 참호 앞에 있던 기관총 사수가 총에 맞자 얼 페인 하사가 나더러 포복으로 기관총 진지에 가서 기관총을 회수해 오라는 겁니다. 적군이 쏜 총알이 여기저기 튕기는 개활지를 포복해 갈 때 느끼는 엄청난 공포감을 상상할 수 없을 겁니다. 총알이 쌓여 있는 눈에 박혀서 구멍을 내는 것을 볼 수가 있었지요. 집을 떠나기 전에 우리 엄마가 나한테, '적군을 미워하지 마라'고 말씀하셨는데, 나는 중공군을 미워한 적이 없었고, 총알이 날아오는 개활지를 건널 때도 그건 마찬가지였습니다. 여하튼, 기관총 진지에 이르고 보니 사수가 아직 살아 있었습니다. 그래서 그의 옆에 바싹 붙어 엎드려서 내 등에 기어오를 수 있느냐고 물었지요. 그가 내 등위로 오르자 포복으로 참호로 돌아왔는데, 나중에 동료들이 내가 총에 맞지 않은 것이 놀랍다고 말하더군요."

점심때쯤 되어 고치고 있던 무전기가 갑자기 작동하기 시작해, 델린스키는 환성을 질렀다.

데이비스 중령 : "C중대와 연락이 됐을 때 무슨 얘기가 오갔는지는 기억이 나지 않지만, 내가 확실하게 전달한 말은, '기다려! 우리가 간다'였습니다."

대대 항공통제장교 로버트 월슨 중위가 고친 무전기를 사용해 C중대 진지 근처에 집결해 있던 중공군 병력에 네이팜탄1) 폭격을 유도했는데, 폐 속에 있는 산소까지 빨아들이고 솜을 누빈 군복을 순식간에 태워버리는 맹렬한 화염에 살아남은 중공군이 별로 없었다.

데이비스 중령 : "공격준비를 하는 데는 시간이 많이 걸리지 않았습니다. 나는 A중대장 호바터와 B중대장 쿠르카바에게 고지를 오르기 전까지 도로를 따라 신속하게 밀고 나가야 한다고 말했습니다. 도로를 따라 3km쯤 전진한 뒤에 A중대를 산비탈로 올려보냈고, B중대는 계속 도로를 따라 전진시켰습니다. 조금 뒤 호바터 중위가 무전으로 자기 중대가 적군을 측면에서 공격할 수 있는 통로를 발견했다고 보고해 왔습니다."

7연대 1대대 작전장교 토마스 타이 소령 : "나는 대대장에게 도로 옆에 있는 배수로를 엄폐물로 쓰자고 제안했는데, 그 시점에서 대대장이 죽거나 부상당해서는 안 된다고 말했지요. 데이비스 중령은 웃으면서 도로 위가 전술적 행동을 통제하기에 더 좋다고 설명했고, 실제로 그

---

1) 알루미늄, 비누, 팜유(油), 휘발유 등을 섞어 만든 네이팜을 원료로 하여 제조한 유지소이탄(油脂燒夷彈). 소이력이 커서 3,000 ℃의 고열을 내며, 반지름 30m 이내를 불바다로 만들 수 있다.

는 도로 위에서 전술상황 전개를 잘 관찰할 수 있었습니다. 그의 행동은 무모하기는 했지만, 대대 장병들은 대대장이 그렇게 자기들과 같이 위험을 나누고 있다는 것에 무척 고무(鼓舞)되었습니다."

츄엔 리 중위 : "나는 어깨걸이 팔붕대를 버렸는데, 실수를 잘 저지르지 않던 내가 그때는 실수를 저질렀지요. 왜냐하면 내가 팔을 계속 마음대로 움직여서 상처가 덧나 신경이 쓰이는데다가 딱지가 계속 떨어져 나가 피가 다시 흐르고, 상처는 낫지를 않았거든요. 물론, 그렇다고 위축되지는 않았습니다. 부하들이 소대장을 필요로 하고, 나는 그들을 지휘할 책임이 있었으니까요."

마지막 돌격은 간단명료했다. 81mm 박격포 사격의 탄막을 따라 전진하던 A중대는 고지 정상부를 넘어 적군을 도로 쪽으로 밀어내어, 도로를 따라 전진해 오던 B중대와 합동으로 적군을 십자포화(十字砲火) 속에 밀어넣었다.

펄 상병 : "중공군은 소규모로 분산되어 사방으로 도주했습니다."

적군을 섬멸하면서 데이비스가 호바터와 전술무전기로 교신하고 있을 때 적군이 멀리서부터 쏘아대는 기관총의 총알이 데이비스 주위의 도로 위에 떨어지기 시작했다.

데이비스 : "지프 운전병이 달려와서, '대대장님, 지프 뒤에 몸이라도 가리세요'라고 말하더군요. 계속 그렇게 요청하기에 그의 말을 따랐습니다만, 지프 뒤 바퀴 옆에 엎드려서도 교신은 계속했지요."

전투가 끝나가면서 눈이 조금씩 내리기 시작했다. 하지만 시간이 예상보다 더 걸려서 데이비스는 덕동고개에 있는 F중대를 구하러 갈 수는 없다고 결론을 내렸다. 유담리 합동지휘소를 방어하던 C중대 소속 조지 클리포스 중위의 소대는 C중대 진지로 곧바로 달려가 사상자들을 들것에 실어 도로까지 날랐다.

조셉 오웬 중위 : "C중대는 전투역량이 별로 남아 있지 않았습니다."

데이비스 중령 : "나는 터키 힐에 주둔해 있던 부대를 지원할 수 있

는 좀더 나은 방법이 있었을 거라고 항상 생각해 왔습니다"(그것은 7연
대 C중대를 그렇게 취약하고 전술적 의미가 모호한 위치에 배치한 리첸버
그 대령을 우회적으로 비판한 발언이었다).

유담리로 돌아와 밤을 지낼 준비를 하면서 해병들은 7연대 1대대의
3개 중대가 다시 함께 모인 것에 안도감을 느꼈다.

그러나 윌리엄 바버 대위의 F중대는 그 추위 속에 덕동고개에서 홀
로 버티고 있었다.

덕동고개 전투 Ⅰ

바버 대위가 점령하기로 선정한 산은 도로 옆에 있는 버려진 두 개의 오두막 뒤에 있었는데, 그는 중대 지휘소를 그 중 한 개의 오두막에 설치하였다. 중턱에 키가 큰 소나무가 몇 그루 서 있는 것을 제외하고는 산 전체가 민둥산이었으며, 북쪽에 있는 좁은 산등성이가 바위들이 여기저기 펼쳐져 있는 능선으로 연결되어 있었고, 그 뒤에 그 주위에서 제일 높은 덕동산(德洞山)이 어렴풋이 보였다. 바버는 중공군이 F중대에게 시비를 걸어오려면 그 산등성이를 통해 접근해 올 가능성이 가장 높다고 생각했다.

산밑에 있는 오두막 근처에는 1932년 일본인들이 산을 절개(切開)해 도로를 건설하면서 만들어 놓은 2 m가 넘는 높이의 제방이 있었다. 높은 곳에서 내려다보면 F중대의 진지는 말굽모양으로 배치되어 도로변에서부터 산 정상부를 걸쳐서 다시 도로로 내려오는 식으로 전개되어 있었는데, 로버트 C. 맥카시 중위의 소대가 진지의 중앙을, 엘모 G. 피터슨(Elmo G. Peterson) 중위의 소대가 왼쪽, 그리고 존 M. 던(John M. Dunne) 중위의 소대가 오른쪽을 각각 담당하였다.

로렌스 슈미트 중위 : "우리는 한반도 동북부에서 가장 중요한 도로 옆에 강력한 진지를 구축하였다고 생각해 안심이 되었지요. 나는 개인적으로 우리 진지가 견고하고 강력해서 중공군이 감히 도전(挑戰)할 생각은 꿈도 꾸지 못할 것이며, 우리 주위에 있는 적은 우리의 행동을 감시하려는 한두 명의 정탐병 정도일 것이라고 생각했습니다. 하지만 바버 대위는 그런 자기만족적 생각에 동의하지 않고, 세심하게 주의를 기울여 야전교범(野戰敎範)식으로 진지구축을 시켰는데, 소대 방어구역과 사격구역을 지정하고 모든 것을 일일이 감독했으며, 만족스러운 사격각도를 획득하기 위해 중화기들을 여기저기로 옮기게 했습니다. 그는 그날 밤에 적군이 공격해 올 거라는 것을 예상하는 것처럼 행동했는데, 하나님의 은총이 진지구축을 서두르던 그 대단한 해병 대위에게 내리시기를! 그가 우리 모두의 목숨을 구했으니 말입니다."

포병 전방관측(前方觀測) 장교인 도날드 캄벨 소위는 바버에게 벤자민 리드 대위의 포대를 지원배속 시키기가 불가능하다고 알렸는데, 11 km 떨어져 있는 F중대 진지까지 도달하기에는 그 105 mm 곡사포들의 사거리가 너무 멀어서 그렇다는 것이었다. 대신에 상황에 따라서 개별적으로 사격임무를 요구할 수는 있으나 포격의 정확성은 보장할 수 없다고 말했다.

찰스 C. 다나 상사 : "어두워지기 전에 불을 피웠고, 중대장이 캄캄해진 뒤에도 얼마동안 불을 피우는 것을 허락해 주었지만, 밤 9시까지는 불을 다 끄고 25% 경계에 들어갔지요."

마지막 호송트럭의 행렬이 기어를 저단(低段)에 넣고 덜컹거리면서 고개를 올라왔고, 사방이 조용해서 전조등의 불빛이 보이기도 전에 자동차 소리가 1,500 m 밖에서부터 들렸다. 트럭행렬이 F중대의 전초를 통과해 도로의 굽은 지역으로 사라져버리자 다시 정적(靜寂)이 덕동고개를 감쌌다. 그날 밤은 구름도 없이 별이 반짝거렸고 몹시 추웠다.

F중대의 입장에서 보았을 때 중공군의 공격이 시작되기 전에 마지막으로 행해진 공식적 업무는 유담리에서 온 대대 유선가설반(有線架設班)의 전화선 설치작업이었다.

제임스 윈드햄 일병 : "케이시 닉스 병장이 F중대 진지까지 전화선을 가능한 한 빨리 설치하라는 명령을 가지고 나타났는데, 밤이 꽤 늦어 자정쯤 되었을 겁니다. 달도 떠 있었고 별들도 많이 보였다고 기억되며, 지프 운전병을 포함해서 다섯 명이 출발했지요. 지프 뒤에 설치되어 있는 전화선을 감은 통에서 전화선을 풀어 설치할 수 있게 되어 있었지요. 나는 무언가 큰 일이 일어날 것 같은 느낌이 들어 대대 지휘소를 출발할 때부터 긴장이 되었습니다. 나중에 알고 보니 다른 반원들도 같은 생각이 들었지만, 그때는 아무도 그런 걸 얘기하지 않았던 거죠. 유선 가설병은 도로의 후미진 곳에서 작업을 하기 때문에 항상 매복(埋伏) 공격을 당하는 것을 두려워합니다. 전화선을 감은 통의 돌아가는 소리가 하도 시끄럽게 들리고 누군가에 의해 감시당하고 있다는 느낌이 들어 작업하기가 평소보다 더 무섭더군요. 지금까지도 왜 중공군이 우리를 통과하게 놔두었는지 궁금합니다. 그들은 쉽게 공격할 수 있었거든요. 유담리로 복귀한 직후 우리가 차를 타고 온 도로가 F중대 진지로 향하는 중공군들로 가득 차 버렸다는 생각이 떠오를 때마다, 5분만 늦게 출발했더라면 어떻게 됐을까 하는 상상만 해도 끔찍합니다."

폭스 힐[1]의 도날드 캄벨 소위는 유담리쪽 하늘 위에 떠오르는 조명탄을 바라보면서 덕동고개까지 들려오는 전투소음의 희미한 메아리에 귀를 기울이고 있었다. 근거는 없지만 적의 공격이 임박(臨迫)했다고 느낀 사람 중의 한 명이었던 캄벨은 충동적으로 하갈우리에 있는 H포대에 연락을 취해 그가 나중에 '예방사격'이라고 불렀던 포격을 몇 발만 해달라고 요청했다. 리드 대위가 직접 그 요청에 대답했는데, H포대의 곡사포 6문은 위급할 때만 포격요청에 응하라는 명령을 받았다는 좋지 않은 소식을 전해 주었다. 설상가상(雪上加霜)으로 전지를 새로

---

1) F중대 진지가 위치한 이름 없는 산을 중대의 명칭(Fox)을 따라 폭스 힐(Fox Hill)로 명명하였다. 예를 들어 B중대는 베이커(Baker), E중대는 이지(Easy)로 불렸다.

갈아 끼웠는데도 무전기의 신호가 점점 약해져 캄벨은 그날 밤 동안 몇 번이나 하갈우리의 포대를 호출해야 할지 확신이 서지 않았다.

오전 1시쯤 되어 맥카시 중위는 사방이 이상스러울 정도로 조용해 진지를 점검해 보아야 하겠다고 결정하고는 달빛 아래서 참호와 참호 사이를 순시했다. 그는 경계를 서고 있는 부하들이 졸고 있을 뿐만 아니라 추위에 몸이 위축돼 멍청하게 행동하는 것에 더 화가 나서 소대 선임하사와 분대장들, 화기반장들을 소집했다. 바위그늘에 모인 그들에게 맥카시는 소대병력 전체를 전면적 경계태세에 돌입시키지 않으면 가만 놔두지 않겠다고 경고했다. 한 시간쯤 뒤에 다시 진지 순시를 실시해 각 진지에서부터 적절하게 수하(誰何)하는 소리가 들리자 그는 만족해서 자기 참호로 돌아가 얼음이 가득 차 있는 신발과 양말을 벗고 침낭 속으로 들어갔다. 다른 많은 동료들과 마찬가지로 로렌스 슈미트 중위도 중공군의 공격이 시작되기 몇 시간 전부터 위험이 다가오고 있다는 것을 느꼈다.

11월 27일
사랑하는 에블린.
편지를 쓰고 있는 동안에는 우리가 같이 시간을 보내고 있는 것 같은 느낌이 들어서 당신에게 편지 쓰는 것이 즐겁다오. 내가 며칠 동안 소식을 전하지 못하면 당신은 내가 바빠서 그런 줄 알겠지.

도로변의 지휘소에 있던 슈미트는 9시부터 11시까지의 초번(初番) 당직근무를 맡았는데, 졸음을 막기 위해 탄약상자를 거꾸로 세우고, 그 위에 불편한 자세로 앉아서 각 초소에서 매 30분마다 걸려오는 일상적 보고를 받을 준비를 갖추었다. 시간이 흘러 당직근무를 교대할 시간이 되자 그는 그론왈트 하사를 흔들어 깨웠다.
"임무 교대할 시간이다. 23시야." 그론왈트가 전화기 옆에 자리를 잡자 슈미트는 군화를 벗고 침낭 속으로 기어 들어갔다. "침낭 지퍼를 끝까지 올리자마자 잠이 들어버렸습니다."

"중대장님! 바버 대위님!"

그론왈트는 깊은 잠에 빠져 있던 중대장을 흔들어 깨웠다.

"응, 무슨 일이야?" 바버가 중얼거리며 물었다.

"2소대장이 보고하기를 주민(住民)들이 전부 도로를 따라 내려오고 있답니다."

"주민들이 … 지금 몇 시야, 그론왈트?"

"새벽 4시가 다 되었습니다."

바버는 일어나 앉아 손으로 얼굴을 비비며 말했다.

"알았어. 2소대에게 연락해서 우리가 심문하러 갈 때까지 주민들을 거기 정지시키라고 해. 미스터 정?"

"예?"

"거기 가서 주민들을 심문해 보시오."

산 밑자락에서 경계를 서던 기관총 사수 잭 페이지 일병은 도로 쪽에서 들려오는 발자국 소리를 들었다. 하지만 아무것도 보이지 않았고, 기관총의 장탄(裝彈)을 한 뒤 노리쇠를 잡아당긴 뒤 점점 더 커지는 그 발자국 소리를 듣던 그는 100 m 위쪽의 도로가 굽어진 곳 근처에서 길게 뻗은 4열 행군종대가 지고 있는 달빛을 받으며 다가오고 있는 것을 발견했다.

페이지 : "적군을 대할 때마다 진짜 적인지 실감(實感)이 가지를 않고, 또 보이는 것이 정말로 보이는 것인지 믿기가 어렵지요. 나는 접근해 오는 병력이 아군인지 적군인지 확인하려고 부사수와 낮은 목소리로 이야기를 나누었습니다."

귀마개가 달린 모자와 목에 걸린 총신(銃身)이 짧은 따발총을 알아볼 수 있을 만큼 그들이 가까이 다가오자 그런 의구심은 해소되었다.

화기반장이 벌써 지휘소에 목격한 것을 보고했고, 통역관 미스터 정도 그쪽으로 오고 있었지만 페이지 일병은 더 이상 기다리고 있을 수 없었다. 전설적인 덕동고개 전투가 바야흐로 시작되려는 순간이었다.

"적이 온다!"라고 맥카시 소대의 분대장인 토마스 애쉬데일 상병이 소리쳤다.

래리 슈미트 중위 : "나중에 알았지만 그 순간에 기온은 영하 26도 정도였습니다."

페이지 일병이 기관총 사격을 시작하자 흩어졌던 중공군 병력의 일부는 2 m 높이의 제방을 이용해 기관총 사격을 피할 수 있었으나, 도로 위로 도망가려는 중공군들은 산자락 끝에 있는 피터슨 소대의 진지에서 쏟아지는 수류탄 공격과 사격을 피할 수가 없었다.

도로 옆의 오두막에 있던 해병들은 따발총 사격으로 오두막 벽에 총탄자국이 생기자 놀라 깨었다. 모든 사람들이 즉시 침낭에서 일어나 군화를 움켜쥐었는데, 자기 군화를 베개로 쓰고 있던 슈미트 중위는 발을 끈도 묶지 않은 군화 속으로 쑤셔 신었다.

"내 군화는 도대체 어디 있는 거야?"라고 바버 대위가 소리쳤다. "라이트, 자네가 내 군화 신었나?"

부중대장 클라크 라이트 중위가 대답했다. "안 신었습니다."

중대장은 신발을 못 찾아 미칠 지경이었다. 야전 전등의 희미한 불빛 아래서 슈미트는 그가 발끝을 세운 채 침낭 주위를 돌아다니며 필사적으로 신발을 찾고 있는 것을 보았다.

"이런 제기랄, 라이트, 이게 네 신발이잖아! 네가 내 신발을 신었어!"

"이런!"

"걱정 마." 라이트의 얼어붙은 군화를 신으며 바버가 말했다. "슈미트!"

"예?"

"너는 여기 전화기 옆에 남아서 명령을 전달해."

잠시 후 지휘소로 사용하는 오두막에는 슈미트와 무전병만 남았고, 무전병은 유담리의 본대와 연락을 시도하고 있었다. "빌지워터, 당소(當所) 빌지워터 여섯. 들리나? 이상." 그때 전화가 불통이 되어 적군이 전화선을 절단한 것으로 결론지었는데, 그것은 중공군이 중대 지휘소와 산 위에 있는 소대 사이에 침투해 왔다는 것을 의미했다. 슈미트가 지휘소 밖으로 나가 보니 81 mm 박격포 사수들이 박격포를 운용하지 않고, 지휘소 옆에 있는 오두막에 숨어 있었다.

"여기서 뭐 하나?"

"존시가 진지에서 벗어나라고 그랬습니다."

슈미트는 사수들에게 중대가 박격포와 박격포탄을 필요로 하니 박격포 장비를 산 위로 옮기자고 설득해서 박격포를 산으로 옮겼다. 처음에는 박격포 포판(砲板)이 땅바닥에 얼어붙어 움직일 수가 없었으나, 진지 건설장비로 몇 번 두드리니 포판이 바닥에서 떨어졌다.

맥카시 중위는 그의 소대를, 기관총 진지를 양 측방에 설치한 2개 분대 전방 1개 분대 후방의 전형적인 형태로 배치했다. 강력하게 구축된 진지였지만 중공군의 공격이 하도 거세 수 분 만에 전방 분대들이 흔들리기 시작했다. 맥카시는 고지의 정상부를 적에게 넘겨주고 간신히 생존자들을 예비진지로 이동시켰는데, 전방진지에 배치된 35명의 소대원 가운데 전사 15명과 부상 9명의 사상자가 발생하였고 3명은 실종되었다.

소대 선임하사 존 아우다스(John Audas) : "실종된 세 명은 침낭 속에 갇혀 있다가 중공군에 의해 침낭채로 끌려가 버렸다는 걸 나중에 알았습니다. 영하의 기온에서는 호흡할 때 나오는 김이 침낭 지퍼에 얼어붙는 바람에 지퍼가 안 열려서 그런 일이 생긴 것 같았습니다."

해리슨 포머스(Harrisson Pomers) 일병과 다른 두 명의 해병이 맥카시 소대의 진지에서 참호 하나를 지키고 있었다.

포머스 : "소대 진지에서 누군가, '적이 온다'라고 소리쳤고, 바로 나

팔과 호루라기가 울리면서 따발총 사격소리가 뒤따랐습니다. 나는 탄
띠에서 8발들이 클립들을 꺼내어 참호가에 가지런히 놓고, 중공군이
가까이 다가오기를 기다렸습니다. 유담리쪽 하늘에서 터지는 조명탄
불빛에 적의 모습이 실루엣으로 보였고, 우리 진지의 기관총이 불을
뿜을 때마다 예광탄 빛에 적군의 얼굴이 붉게 비치더군요. 하도 시끄
러워서 생각이고 자시고 할 겨를도 없었는데, 중공군은 물밀듯이 공격
해 왔습니다. 나는 적군의 목과 허리 사이를 겨냥해 쏘았고, 너무 바
빠 무서워할 새도 없었지만 기도할 수는 있었지요. 다음과 같은 기도
를 계속했습니다. '하나님, 제가 죽어야 하더라도 바지에 똥을 싸게
해주지는 마세요.' 나는 설사병을 앓고 있었고, 그때 설사가 줄줄 새
나오고 있었거든요."

피터 홀그런 일병 : "우리는 밤새도록 국(gook) 들에게 사격을 계속했
는데, 나팔소리가 한 번 울릴 때마다 적군은 파도가 밀려오듯 돌격해
왔습니다. 진짜 전투다운 전투였지요. 누가 이기고 지는지 알 수도 없
었어요."

전투가 시작되기 한참 전에 헥터 카페라타(Hector Cafferata) 일병과
케네스 벤슨(Kenneth Benson) 일병이 다른 두 명의 해병과 함께 맥카
시 소대의 진지에서 20 m 전방에 배치되었다.

카페라타 : "잠에서 깨어나고 싶지 않았지만 시끄러운 총소리 때문에
잠에서 깨어났는데, 눈을 뜨자마자 중공군이 쌓여 있는 눈 위를 넘어
접근해 오는 것이 보였습니다. 너무 가까이 다가와 총을 조준할 필요
도 없었지요."

중공군이 그들의 진지를 통과한 뒤 지형지물에 가리어 모습이 안 보
이자 벤슨과 카페라타는 운반할 수 있는 탄약은 다 들고서 나머지 소
대원들이 간신히 버티고 있는 진지로 달려갔다.

카페라타 : "벤슨이 내가 군화를 두고 왔다고 알려 주었지만, 그걸
가지러 돌아가지 않았습니다. 도처에 중공군이 널려 있었거든요."

해리슨 포머스 일병과 제랄드 스미스
(Gerald Smith) 일병이 벤슨과 카페라타
가 뛰어든 참호를 지키고 있었는데, 그
참호는 중공군이 맥카시 소대와 피터슨
소대를 분리시킬 목적으로 엄청난 압력
을 가하고 있던 F중대 진지의 요충(要
衝)이었다.

포머스 : "그때 장교들이 해병들이 전사
했거나 부상당한 진지의 공백을 메우려고
병력을 이리저리 옮겨 배치하고 있었는
데, 카페라타와 벤슨이 때마침 나타나 주
어 도움이 되었습니다. 왜냐하면 아군의
숫자가 너무 적었고 적군은 너무 많아 보
였거든요. 수류탄이 빗발처럼 많이 날아

해병 7연대 F중대
헥터 카페라타 일병

와서 한 발이 우리 참호에 떨어져 내가 몸으로 수류탄을 덮쳤는데, 쾅
하고 터져 그 충격에 몸이 튕겨나가 참호 맞은편 벽에 부딪히면서 철모
가 벗겨진 뒤 바로 다른 수류탄이, 쾅 하고 또 터졌습니다.

'포머스? 야, 포머스.'

나는 입을 열고 대답할 수는 없었지만, 한쪽 팔은 움직일 수가 있어
머리를 손으로 문질렀더니 피가 흐르고 있더군요. 철모를 다시 썼는데
귀가 전혀 들리지 않으면서 양쪽 귀에서 윙윙거리는 소리가 났고, 누
군가가 내 이름을 계속 부르더군요. 위생병이 내 옆에 쭈그리고 앉아
머리를 눈으로 씻어 주면서 '괜찮아'라고 말했습니다.

나는 그때까지도 머리가 멍했지만, 소총을 쥐고서 간신히 카페라타
에게 포복해 갔습니다. '네가 심하게 다친 줄 알았어'라고 그가 말했
고, '나도 그렇게 생각했어'라고 답했습니다. 세열(細裂) 수류탄이 아
니라 충격 수류탄이었던 것이 행운이었습니다.

264

'후아, 저 개자식들이 또 오네'라고 카페라타가 말했습니다.

사격을 할 때마다 카페라타는 상반신을 노출시켰는데, 그는 기적 (奇蹟)을 연출하는 것 같았습니다. 헥터가 소대에서 가장 덩치가 크고, 또 제일 골치 덩어리였다는 것을 말했었나요? 여하튼, 벤슨과 나는 그가 참호 속에 떨어진 수류탄을 집어들어 중공군에게 되던지는 것을 보고 있었는데, 수류탄 한 개가 참호 바로 앞에 떨어져 그가 몸을 앞으로 기울여서 그 수류탄을 집어 비스듬히 던지려 했지만, 행동이 조금 못 미쳐 수류탄이 폭발하는 바람에 손의 일부가 날아가 버렸습니다. 카페라타는 욕을 퍼붓기 시작하면서 소총에 실탄을 재장전하고는 클립이 빌 때까지 사격을 했습니다. 실탄이 떨어지자 소총을 야구 배트처럼 잡고는 날아오는 수류탄을 야구공을 맞추듯이 맞추어 멀리 날려 버렸는데, 대단했습니다."

수류탄이 벤슨 옆에 떨어져 폭발하면서 그의 안경을 날려보내 그는 잠시 앞을 볼 수가 없었다. 자동소총을 쏠 수 없게 되자 벤슨은 주위에 널려 있는 소총의 실탄 클립을 손으로 더듬어 주워, 카페라타의 M-1 소총에서 빈 클립이 튀어나오는 소리가 날 때마다, 실탄이 든 클립을 카페라타에게 전달해 주었다.

"이제 보이냐?"

"아니."

공식적인 해병대 기록에는 중공군이 그 지점에서 해병진지의 침투에 실패한 것은 거의 헥터 카페라타와 케네스 벤슨, 그리고 제랄드 스미스의 분투(奮鬪) 때문이었고, 그들 세 명은 "2개 소대의 적군을 전멸시킨 공로를 인정받았다"고 씌어 있다.

하갈우리의 위기

바버의 F중대가 주둔해 있는 덕동고개에서 남쪽으로 11 km거리에 있는 하갈우리(下碣隅里)는 그때까지 중공군의 공격을 받지 않았다. 그날 밤 적군과의 교전(交戰)에 참가한 유일한 하갈우리 주둔부대는 덕동고개에 있는 F중대에게 화력지원을 제공한 벤자민 리드 대위의 H 포대였다. 하갈우리에서는 소수의 장교들만이 북쪽에서 벌어지고 있는 치열한 전투에 대해 알고 있었고, 하갈우리에서 남쪽으로 18 km 떨어져 있는 고토리(古土里) 주둔병력들은 조용한 밤을 보냈다. 사단 작전참모 알파 바우저 대령은 스미스 장군의 지시에 따라 헬리콥터를 타고 함흥에서 하갈우리에 도착했는데, 낮은 고도로 비행하는 도중에 바우저와 조종사는 최소한 9개의 도로장애물을 목격했고, 통과하는 능선에서부터 소화기 사격을 몇 번 받았다.

바우저 : "거기 포진해 있던 중공군은 자신감에 차 있는 것 같았습니다. 우리를 섬멸할 수 있다고 확신했기 때문에 자신들의 존재가 노출되는 것도 꺼리지 않았지요. 공식적 언급이 없었지만 확실한 것은 하갈우리와 고토리의 해병들이 포위당해 가고 있다는 것이었습니다. 나는 진행되는 상황의 심각성에 대한 일차적 정보를 얻기 위해 유담리(柳潭里)까지 가서 리첸버그와 머레이를 만나고 싶었지만, 스미스 장군이 허락을 해주지 않았습니다. '하갈우리와 유담리 사이 23 km 거리

의 기상조건이 나쁜데다가, 그것보다 먼저 자네가 헬리콥터를 타고 가
야 한다는 게 마음에 걸려.' 물론 본인도 헬리콥터를 타고 다녔지만,
본인의 안전문제에는 신경을 쓰지 않았죠."

그날 늦게 사단 작전참모 보좌관 조셉 와인코프(Joseph Winecoff)
중령이 자원하여 유담리까지 헬리콥터로 다녀왔고, 바우저는 와인코
프의 보고가 "10군단 사령부에서 명령이 있건 없건 간에 우리가 철수
계획에 대해 생각하기 시작하기로 결정을 하는 데 도움이 되었습니다"
라고 말했다.

차상급(次上級) 지휘부인 극동지역 미 해군 사령관 C. 터너 조이
(C. Turner Joy) 중장도 11월 28일 경부터 만약 미8군이 계속 후퇴한
다면, 미10군단도 같이 후퇴하거나 아니면 적군의 측면공격을 감수해
야 하는 선택을 해야만 될 것을 예견(豫見)하고 있었다. 그런 예견을
바탕으로 그는 상륙작전 사령관 제임스 H. 도일(James H. Doyle) 소
장에게 대규모의 철수작전이 필요할지도 모른다고 경고했고, 그때부
터 도일 제독(提督)은 흥남(興南)에서 10군단을 철수시키는 계획을
수립하기 시작했다.

바우저가 하갈우리에 잠시 머무는 동안 루이스 풀러의 해병 1연대 3
대대장 토마스 리쥐 중령이 그에게 면담을 신청하여(리쥐의 대대는 풀
러의 3개 대대 중에서 하갈우리에 도착한 유일한 대대였다), 하갈우리에
흩어져 있는 해병과 육군의 각 부대들을 작전통제(作戰統制)할 수 있
는 방어 담당관을 임명하라고 권유했다. 또, 그는 바우저에게 자기 휘
하의 3개 중대 가운데 2개 중대만 하갈우리에 도착했고 나머지 병력인
칼 시터(Carl Sitter) 대위의 G중대와 300명의 영국군 41특공대는 아직
고토리에 머물고 있으며, 가능한 한 빨리 하갈우리에 도착하도록 조치
를 취해야 한다고 말했다. 바우저는 리쥐의 의견에 동의했다.

리쥐는 그날 아침 일찍 회의를 소집해 하갈우리에 도착한 2개 중대의
중대장들, 클러렌스 콜리(Clarence Corley) 대위와 조셉 피셔(Joseph

Fisher) 중위에게 적군이 유담리를 공격한 사실을 알리고, 그들에게 하갈우리 서쪽과 남서쪽에 중공군 대병력이 집결중이라는 피란민(避亂民)들의 주장을 확인하기 위해 정찰대를 파견하라고 이미 지시했었다.

스미스 장군은 아침에 헬리콥터편으로 하갈우리에 도착하여 하갈우리 마을 북쪽에 있는 평범한 방 두 개짜리 가옥에 지휘소를 설치했다. 그 지휘소는 마을까지 뻗어 있는 도로를 이어주는 장진강 위의 긴 시멘트교량 근처에 있었다. "그곳은 잠만 자는 장소였고, 스미스 장군은 대부분의 시간을 참모 텐트에서 보냈습니다"라고 바우저가 말했다. 그 집 벽에는 소련지도자 요시프 스탈린의 초상화가 걸려 있었는데, 참모 장교 한 명이 그 초상화를 떼어내려 하자, "내버려두게, 영감(靈感)을 줄지도 모르니 말야"라고 장군이 말렸다.

올리버 프린스 스미스는 해병대 장군으로는 드물게 특출한 개성을 가지고 있지 않은 사람이었다. 스미스에 관한 일화(逸話)라고 할 만한 것이 있느냐는 질문에, 그의 참모장교 중에 한 명이 다음과 같은 일이 있었다는 것을 겨우 기억해 냈다. "장진호 전투의 후반부에 가서 사단 식당에서 뜨거운 팬케이크를 식단(食單)에 올렸는데, 장군이 팬케이크를 타려고 배식구(配食口) 앞에 줄을 서 순서를 기다리다가 순식간에 먹어치우고는 다시 줄을 서더라니까요."

스미스는 해병대 자체가 그런 것처럼 평범하게 보이는 사람이었다. 키가 크고 몸이 마른 신사의 풍모를 가진 그는 꾸준한 성격과 상식에 입각한 업무처리로 잘 알려져 있었다. 진급도 느려 대위 계급을 17년 동안 달았지만, 그런 경우가 그 당시의 해병대에서는 그렇게 드문 일이 아닌 것이, 장교들을 진급시키기 전에 끊임없이 여러 가지 방법으로 시험하였기 때문이었다.

2차 세계대전중 스미스는 뉴 브리튼에서 제5해병연대를 지휘했고, 팔라우에서는 부사단장으로 복무했으며, 오키나와에서는 미 제10군의 부참모장을 지냈다. 그런데 은퇴할 시기가 가까워 올 무렵인 1950년 6

월 한국전쟁이 발발(勃發)하자, 이 백발(白髮)의 장군은 펜들턴 해병
기지로 파견되어 제1해병사단의 지휘를 맡게 되었다. 부드럽게 말하
고 자기를 내세우지 않은 지휘관이었던 스미스는 지휘방침을 세우고,
주도면밀하게 작성된 일반명령을 내리며, 자기가 직접 선발한 부하들
이 그 명령들을 구체적으로 수행할 수 있도록 권한을 부여하는 것을
선호(選好)하였다. 아이러니컬하게도 그는, 오늘날 장진호 전투 후반
부에 그가 했다고 여겨지는 패기에 찬 발언으로 유명하다. "후퇴라니!
우리는 다른 방향으로 공격중이야."

언론인 조지 힐더브란트가 지적하는 것처럼, 당시(當時) 해병대 장
군들은 두 가지 유형이 있었는데, 하나는 피일드 해리스같이 거칠고
호전적이면서 위협과 고함으로 지휘하는 유형과, 또 하나는 은행가처
럼 보이는 유형으로 준장(准將)으로 승진이 내정되어 있던 리첸버그
같은 사람이 여기에 속했다. 어느 유형에도 속하지 않았던 올리버 스
미스는 아마추어 연극(演劇)에서 시골마을 약사역(役)이 잘 맞을 것
같은, 나이 많은 여자들이 살만 조금 쪘으면 잘 생겼을 거라고 얘기
하는 스타일의 남자였다.

바우저 : "장진호 전투에 대하여 언급할 때 가장 중요한 사항은, 사
단이 살아 나올 수 있었던 것은 스미스 장군의 선견지명(先見之明) 덕
택이었다고 하는 겁니다. 만약 3개 보병 연대가 알몬드 장군이 원했던
것처럼 서로 떨어져 진격했더라면, 사단은 아마 연대별로 각개격파 당
했을 겁니다. 하갈우리에 충분한 양의 탄약과 필수보급품을 비축해 놓
은 것도 스미스 장군의 선견지명 덕이었을 뿐만 아니라, 야전활주로
(野戰滑走路) 건설은 전적으로 그의 제안이었지요."

바우저에 의하면 장군이 하갈우리에 도착하여 헬리콥터에서 내리면
서 제일 먼저 알고 싶었던 것 중에 하나는 야전활주로가 언제 완공(完
工)될 수 있느냐 하는 것이었다. 스미스 장군과 해리스가 11월 16일
활주로 건설현장을 점검했을 때, 현장에 쌓여 있던 검은색 흙은 먼지

가 날리고 쉽게 부서졌지만 28일에는 지표에서 20 cm까지 얼어붙었으며, 공병대(工兵隊)의 보고로는, 밤낮으로 작업을 강행했음에도 불구하고 이제 40% 정도 완성되었다는 것이었다. 장군이 받은 보고로는 활주로가 삼일 안에는 완성되지 못한다는 것이었다.

장진호 남쪽 끝에 위치한 하갈우리 마을은 오두막들과 텐트, 야적된 보급품들이 서로 엉켜 있어 마치 클론다이크¹⁾ 금광촌(金鑛村)의 광경을 찍은 사진을 연상케 했다. 전반적 풍경은 음울했지만 보급품 야적장과 병원설비, 부분적으로 완공된 야전활주로는 해병대의 작전계획을 수행하는 데 필수불가결한 것으로 드러났다. 공식기록에 실려 있듯이, 하갈우리는 분리된 예하부대들을 하나로 합치고자 하는 제 1해병사단의 희망을 가능케 한 보루(堡壘)였다.

바우저 : "나는 톰 리쥐를 하갈우리 방어사령관에 임명했고, 스미스 장군도 그 임명에 동의했습니다. 우리는 중공군이 곧, 아마 그날 밤이라도 하갈우리로 밀고 내려오리라는 걸 알고 있었는데, 만약 하갈우리가 중공군의 손에 떨어지면, 유담리의 2개 연대도 끝장이었죠."

리쥐 중령은 1개 중대가 빠진 그의 대대와 야포 6문으로 구성되어 있는 리드의 포대를 기간병력으로 하여 하갈우리를 방어할 준비를 시작했으며, 하갈우리 방어선 내부를 이리저리 밀려다니던 소수의 미 육군 병력을 방어병력으로 추가(追加)했다. 콜리와 피셔의 보병 중대병력을 보충하기 위해 더 많은 보병이 필요했기 때문에 리쥐는 시터의 G중대와 영국군 특공대를 고토리에서부터 빨리 불러들여야 한다고 강력하게 요청했다. 리쥐는 자기 부하들이 며칠 전에 실시한 하갈우리 주변부 6 km에 대한 정찰결과도 바우저에게 보고했고, 그들은 하갈우리 분지(盆地) 전체를 적절하게 방어하려면 2개 연대 정도의 병력이 필요하다고 결론을 내렸다. 유담리처럼 하갈우리도 산으로 둘러싸여 있었지만,

―――――――
1) 캐나다 유콘 테리터리의 지명. 1896년 금광이 발견되어 골드 러시를 일으켰다.

그 둘러싸고 있는 산들이 마을 동쪽에 솟아 있는 눈에 띄는 고지를 제
외하고는 유담리보다 마을에서 더 멀리 떨어져 있었다. 지형적으로 적
군은 두 개의 은폐된 접근로를 이용할 수 있었는데, 그 하나는 가까이
있는 이스트 힐(East Hill)[2]이었고, 다른 하나는 방어선의 남서쪽 방면
으로 야전활주로 건설현장 근처에 있는 골짜기였다.

이런 상황에서 리쥐는 방어력의 약화를 감수하고라도 병력을 분산
배치하여 모든 방향으로부터의 공격에 대비하거나, 한두 곳의 거점에
병력을 집중배치하고 적이 그리로 공격해 오기를 기다리느냐를 선택해
야 하는 기로(岐路)에 서 있었다. 확실한 것은 병력이 부족해 방어선
의 중요한 부분도 어떤 곳은 불충분한 포병화력만으로 방어해야만 한
다는 것이었다.

해가 지기 전에 벤자민 리드 대위는 리쥐가 서북쪽 방면의 방어선을
뒤로 물렸는데도 H포대를 현 위치에 그냥 두기로 한 아주 중요한 결
정을 내렸다. 제1해병 근무대의 병력이 근처에 포진해 있기는 했지
만, 이 결정은 뒤로 물러난 방어선 밖에 위치한 6문의 야포를 적의 공
격위험에 노출시켰다. 리드가 그런 결정을 한 이유는 바버 대위와 그
의 중대원들이 포병지원을 요청할 경우를 대비해 덕동고개에 있는 F
중대의 진지까지 야포 유효사거리를 유지하고 싶었기 때문이었다. 그
는 포대가 안전한 방어선 안으로 물러서면 야포를 다시 방열(方列)해
야 하고, 어쩌면 7연대 F중대에 대한 미약한 포병지원도 그나마 못할
지 모른다는 것을 알고 있었다. 리드와 그의 포대원들은 장진호 동안
(東岸)으로 5 km 올라간 지역에서 들려오는 야포사격의 굉음(轟音)을
들을 수 있었는데, 거기서는 미 육군 7사단 소속 1개 포병대대와 2개
보병대대가 이미 적군과 접촉하고 있었다.

---

2) 비약산(飛躍山)

맥클린 특수임무부대 I

장진호 지역의 좁은 산악도로에 생존을 의지하고 있는 부대는 제1 해병사단만이 아니었다. 미 육군 7사단 소속부대들이 같은 시간에 같은 도로를 따라 북쪽으로 진군하고 있었지만, 별개의 임무를 가지고 있었기 때문에 해병대와 육군은 서로 협조(協助)가 되지 않았다. 해병부대가 유담리에서 서쪽으로 진격하게 되어 있는 반면, 7사단은 장진호의 동안(東岸)을 따라 하갈우리의 북쪽으로 진격할 계획이었다. 그때까지 7사단 소속의 3개 대대가 그 황량한 지역에 진입하였고, 임시지휘소가 하갈우리에서 북쪽으로 5 km 떨어져 있는, 주민들이 피란(避亂)을 가 텅 빈 후동(後洞)에 설치되었다.

후동에서부터 6 km 더 북쪽의 풍유리(豊留里)강 하구의 남쪽 끝에는 윌리엄 라일리 중령의 31연대 3대대와 레이 엠브리 중령의 57야전포병대대가 밤을 지내기 위해 정군(停軍)하였고, 돈 페이스 중령의 32연대 1대대는 풍유리강 하구에서 북쪽으로 5 km 떨어진 곳에서 야영하고 있었다. 이들 세 개 부대의 숙영(宿營)은 아무 생각 없이 산만하게 이루어졌는데, 그 부대들의 지휘관들은 각자의 숙영지에서 하룻밤 이상 머물 생각이 없었기 때문이었다. 맥클린 특수임무부대(Task Force MacLean) —이들 세 개 부대를 통합하여 부르던 명칭—는 탄

272

미 육군 7사단 31보병
연대장 앨런 맥클린 대령

약과 연료, 전투식량을 비축(備蓄)하지 않았고, 10군단 사령부도 그들 육군병력들에게 겨울철 복장을 지급하려는 노력을 기울이지 않았다. 맥클린 특수임무부대의 병사들은 옷안에 털을 끼워넣은 야전상의와 얇은 솜을 누빈 바지를 지급받았으나, 그들에게 가장 절실하게 필요한 물품은 모자가 달린 긴 파카였다.

준비부족은 세 부대 사이에 유무선 통신이 전혀 연결되지 않았다는 것으로도 확실했다. 중공군이 공격해 왔을 때 장진호 동안에 주둔해 있던 부대들의 선임장교였던 맥클린 대령과 헨리 호즈 준장은 각각 떨어져 있던 숙영지의 양쪽 끝에 있었기 때문에 서로 연락이 되지를 않았다. 7사단 부사단장 호즈는 후동의 지휘소에 남아 있었고, 맥클린은 페이스와 함께 전방진지에 있었다. 이렇게 장진호 동안의 3개 부대는 상호(相互) 지원 없이 제각기 중공군과 맞서야 했다.

중공군은 11월 27일 오후 11시 조금 못 미쳐서 나팔소리와 호루라기, 뿔피리 소리를 신호로 하여 페이스 대대의 진지를 공격하기 시작했고, 도로 서쪽의 A중대와 동쪽의 C중대 사이를 침투한 후 A중대의 중앙부로 공격방향을 돌렸다.

A중대 자동소총 부사수 제임스 랜선(James Ransone) 일병 : "그것은 내가 지난 40여 년 동안 기억에서 지워버리려고 노력했던 것이었습니다. 뿔나팔소리에 잠에서 깨었는데, 조명탄이 하늘에서 터지고 고함과 신음소리 등 참기 어려운 온갖 소리가 들려 머리털이 곤두섰습니다. 진지가 적에게 이미 유린되었고, 중공군들이 카투사(KATUSA)들과 섞여 있어 구분을 못하겠더군요. 사람들이 이리저리 뛰어다녔고,

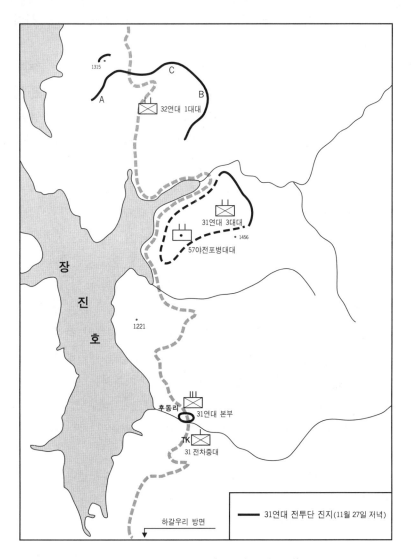

장진호 동안의 31연대 (1950년 11월 27일)

움직이는 것에는 모두 사격했습니다. 피아(彼我) 간에 오인사격으로
사상자가 많았지요. 카투사들은 정말 형편없었고, 아군과 적군 사이
에 끼여 방해만 되었습니다."

맥클린 특수임무부대의 3천 명 병력에는 카투사라고 불리는 700명
의 한국군 병사들이 포함되어 있었다. 7사단장 데이비드 바 소장은 나
중에 그 카투사들은 어떠한 기준에서도 전투병력으로 간주(看做) 될 수
가 없었다고 언급했는데, 그들은 길을 걷거나 논밭에서 일하다가 아무
런 사전경고도 없이 강제로 끌려와 7사단에 내던져진 민간인들이었다.
바 소장은 또 그들이 어리벙벙해 하고 지쳐 있었다고 설명했다. 전쟁
초기의 비상상황 속에서 그들을 훈련시킬 기회도 없었다. 카투사들은
봉급도 받지 못했고, 가족들과의 연락도 끊겼으며, 빈약한 장비에 보
급도 엉망이었다. 7사단 병력의 거의 1/4이 쓸모 없고, 군인이라기보
다는 전쟁포로처럼 행동하려는 그 보충병력들로 채워져 있었다.

후동에서 1,500 m 아래쪽에 있는 제재소(製材所)에서는 조지 W.
킹 대위의 감독 하에 작업중이던 소규모의 해병 공병대가 하갈우리 주
둔병력을 위해 사용할 목재를 실어내고 있었다. 킹을 제외하고 장진호
동안에 있는 유일한 해병장교는 페이스 중령이 지휘하는 32연대 1대대
전방 항공통제관(航空統制官) 에드워드 스탬포드 대위였다. 가슴이
떡 벌어진 건장한 체격의 그는 태평양전쟁(太平洋戰爭) 때 급강하폭격
기(急降下爆擊機) 조종사로 복무했었다.

스탬포드: "나는 당시 보병부대에 ─ 이 경우는 육군보병 ─ 임시로
파견된 해병 항공조종사들 중의 한 명이었는데, 해병 항공단으로의 복
귀를 기다리고 있었습니다."

페이스는 스탬포드에게 전술 항공통제반을 A중대 진지 뒤로 옮겨
아침에 대대에 대한 항공지원을 유도해 달라고 요청했다. 스탬포드와
마이론 스미스 상병, 웬델 샤퍼 일병과 빌리 존슨 일병 등 세 명의 해
병대원들로 구성된 전술 항공통제반은 랜선 일병의 참호에서 멀지 않

은 벙커에 자리를 잡았다. 스탬포드는 자기 부하들을 위해 일부러 하갈우리까지 가서 방한화, 두꺼운 모직 양말, 내복, 알파카털로 된 조끼, 털을 넣은 장갑, 그리고 모자가 달린 파카 등 방한장비 일체를 얻어 왔다.

27일 밤 11시가 다 되었을 때 스탬포드는 총소리와 근처에서 들리는 중국말 소리에 잠에서 깨었다. 바람막이로 벙커 출입구에 걸어 놓은 판초가 걷어 젖혀지며 달빛 아래 스탬포드의 눈에 털모자를 쓴 동양인의 얼굴이 들어오자, 그는 손을 뻗어 45구경 권총을 집었다. 스탬포드는 즉시 방아쇠를 당겼으나, 그 침입자가 수류탄을 먼저 던져서 스탬포드의 침낭 발치에 떨어져 폭발하는 바람에 그의 부하 한 명이 부상을 입었다. 뒤이어 적의 소화기 사격이 벙커에 집중되어 총알이 통나무로 된 벙커지붕의 틈 사이로 뚫고 들어오자, 네 명의 해병들은 벙커를 재빨리 빠져 나와 좁은 참호에 몸을 숨겼다. 그때 A중대 소속의 중위가 다가와 중대장 에드워드 스컬리언 대위가 전사해, 가장 선임(先任) 장교인 스탬포드가 지휘를 맡아야 할 것 같다고 알려왔다.

스탬포드: "전투기 조종사가 보병중대(步兵中隊)를 지휘한다는 건 마치 야구선수가 미식축구팀에 쿼터백으로 투입되는 것 같았습니다."

그러나 그가 해병장교로서 받은 기본교육과, 특히 1944년 콴티코(Quantico)의 항공/보병 학교에서 이수한 13주 과정의 훈련이 그 시점에서 보병 중대장 역할을 대신하는 데 도움이 됐다. "나는 그 과정이 보병 기본전술을 이해하는 데 많은 도움이 되었다고 믿습니다." 스탬포드는 즉시 흩어진 병사들을 모아 방어망을 구축하게 하고, 소규모의 역습을 실시해 결국 침투해 온 적군들을 중대구역 밖으로 몰아냈다.

흐린 하늘이 밝아오자 공기는 더 차가워졌고 눈이 내리기 시작했는데, 그때까지 스탬포드는 A중대의 방어망을 다시 구축하는 데 성공했다. 그러나 흥분한 병사들이 아군끼리 총질을 하고 있었기 때문에 사격중지 명령을 내려야만 했다. 스탬포드는 제대로 훈련도 안 되고 동기부여(動機賦與)도 안 되어 있는 병사들과 수 주일을 같이 지내면서 그들을 알고 그들이 가지고 있는 문제점들을 이해하게 되었으며, 그들이 할 수 있는 만큼 최선을 다하고 있다는 것도 알고 있었다. 장진호 지역에 있던 다른 해병들과는 달리 에드워드 스탬포드 대위는 '땅개'들에게 너그러웠고, 그들의 형편없을 정도의 무기력함을 비웃지도 않았다.

제임스 랜선 일병 : "날이 밝자 근처에 있는 참호에 중공군이 있는지 확인해 보라는 명령이 내려왔습니다. 가장 가까운 참호가 약 10 m 정도 떨어져 있었기 때문에 비어 있을 거라고 확신하고 있었는데, 거기로 걸어가 들여다보고 놀라 자빠질 뻔했습니다. 중공군 한 명이 따발총을 껴안고 참호 바닥에 웅크리고 있는 겁니다. 나를 보자마자 손을 들었는데, 솜을 누빈 녹색 상의와 펑퍼짐한 바지를 입고 있었고 추위에 덜덜 떨고 있었습니다. 그 불쌍한 친구는 테니스화를 신고 있었는데, 이해할 수가 없더라구요. 그때 총구를 겨누고 있는데도 그 친구가 권총을 꺼내려는 듯 손을 계속 상의 안으로 넣으려고 하는 거예요. 그에게 총을 쏘지 않은 이유를 나도 모르겠는데, 그가 상의에서 꺼낸 것은 권총이 아니라 조그만 비닐지갑이었고, 지갑을 펼쳐서 나에게 보여주는 겁니다. 젊은 가족의 사진이었는데, 그의 아내와 조그만 아이가 두 명 보이더군요. 나는 그를 참호에서 나오게 해 포로집결지(捕虜集結地)로 끌고 갔습니다. 나는 그 당시 감정이 무뎌서 그 가족사진을 보고도 아무런 느낌이 없었지만, 지금은 그 생각을 하면 가슴이 찡 해집니다."

날이 환하게 밝자 스탬포드와 전술 항공통제반은 훈련받은 대로 재빨리 움직였다. 전투기들이 접근하고 있어서 스탬포드는 존슨 일병을 보내어 지프에 실려 있던 공지 연락무전기를 가져오게 했다.

"보이후드 열넷, 당소 화이어 볼 하나. 감 잡았다, 이상."

일 분 후 312해병 전투비행대대(戰鬪飛行大隊) 소속의 코르세어 전

근접항공지원을 위해 항공모함을 이륙하는 코르세어 전투기

투기 네 대가 남쪽 하늘에 작은 점처럼 모습을 나타냈다. 스탬포드는 그의 항공포병을 지상에서 무전기로 유도해서, 조종사들에게 그날의 첫 번째 목표물로 B중대 진지 동쪽에 모여 있던 중공군 병력을 지시했다. 중공군 80사단 소속의 병력은 몸을 숨길 생각도 안 하고 무모하게 일어서서 미군들을 바라보고 있었고, 코르세어기들이 급강하해서 5인치 로켓포와 20 mm 기관총으로 공격해 와도 장진호 동안(東岸)의 황량하고 나무도 별로 없는 황무지에는 숨을 곳이 없었다.

맥클린은 윌리엄 라이디 중령의 31연대 2대대가 바로 도착할 거라고 예상하고 있었고, 그 증원병력과 후동에 있는 전차중대를 합치면 적군에 대해 우위(優位)를 유지할 수 있다고 확신했다. 비록 맥클린은 알지 못했지만, 후동의 지휘소에는 라이디의 부대가 남쪽으로 한참 떨어진 곳에 있다는 것과 적군이 진흥리와 고토리 사이의 모든 교통을 차단시켰다는 소식이 이미 전해졌다.

풍유리강 하구에 있는 31연대 3대대와 57야전포병 대대의 진지도 밤새 적의 공격으로 큰 피해를 입었다. 두 부대의 대대장인 윌리엄 라일리 중령과 엠브리 중령이 부상을 입었고, 포병대대 부대대장은 전사했다. 잔여병력은 포병장비를 중심으로 축소된 진지를 구축해 날이 밝을 때까지 적군이 더 이상 접근하지 못하게 막고 있었으며, 날이 밝자 적군은 항공기의 공격이 두려워 물러갔다.

중공군은 후동에 배치된 22대의 전차를 의식해 거기에 숙영하고 있는 전차병, 공병, 행정부대와 연대 참모부를 건드리지 않아 호즈 준장은 북쪽에 있는 육군의 두 개 부대가 밤새 적군의 공격을 받았다는 것을 알지 못한 채 잠을 잤다. 잠에서 깨어 풍유리 쪽에서 은은하게 들려오는 포성을 들은 호즈는 라일리나 맥클린과 무전으로 연락을 취하려 했으나 실패하자 그때 가서 31전차중대장 로버트 드래이크(Robert Drake) 대위에게 북쪽으로 전진하여 필요한 전술적 지원을 하라고 명령했다.

지휘소 방어를 위해 6대의 전차를 남겨 놓은 드래이크는 아침 10시에 16대의 전차를 이끌고 출발했다. 호즈와 드래이크는 지프를 타고 전차 종대(縱隊)를 따라갔다. 출발 때부터 문제가 발생하여 몇 대의 전차들이 길에 미끄러져 운전이 불가능할 정도가 되었고, 그 중 한 대는 얼어붙은 진창에 처박혔다. 이렇게 30분이 지나자 중공군이 노획한 미군의 3.5인치 로켓포로 멈춰선 전차 종대를 공격해 왔고, 가까이 다가와 여러 대의 전차 위로 올라가 수류탄을 던져 넣으려고 엔진부의 뚜껑을 열려고 했다. 적군이 두 대의 전차를 파괴한 후에야 전차 종대 후미에서 기관총 사격으로 그들을 전차 포탑에서 내려서게 했다. 호즈와 드래이크는 상황을 숙의(熟議)한 뒤 임무를 취소하기로 결정하고, 전차 종대를 후동으로 회군(回軍)시켰다. 결과적으로 전차 두 대가 적에게 파괴당했고, 두 대는 도로 옆의 배수로에 처박혔다.

그때 기온은 영하 25도였고, 바람이 세차게 불어왔다. 후퇴하는 도중에 미군들은 신경 쓰이는 광경을 목격했는데, 말을 탄 수백 명의 중공군이 긴 행렬을 이루어 하갈우리 쪽으로 이동하고 있었다. 1,500 m 남쪽 제재소에 있던 킹 대위의 공병대원들도 그 광경을 보면서 작업을 계속했다.

호즈와 드래이크는 점심때가 돼서야 지휘소로 사용하는 학교교사(校舍)로 무사히 돌아왔는데, 지휘소에는 따뜻하게 난로가 피워져 있었다. 드래이크는 호즈 장군에게 보병의 지원이 있으면 다음날 임무수행을 더 잘 할 수 있다고 말했지만, 후동에는 보병부대가 없었고, 당시의 미 육군에는, "모든 병사는 기본적으로 보병이다"라는 개념이 없었다. 잠시 후 호즈는 해병대의 지원을 요청하기 위해 드래이크 중대 소속의 전차 한 대를 빌려 타고 하갈우리를 향해 남쪽으로 출발했고, 다시 돌아오지 않았다.

맥클린 특수임무부대 Ⅱ

에드워드 알몬드 장군은 엄청난 수의 중공군이 출현했다는 보고가 과장된 것이며, 장진호 지역에서 발생하는 여러 가지 불안한 징표(徵表)들은 현지의 육군과 해병대 지휘관들이 겁을 먹어서 그런 것이라고 믿으려 했다. 따라서, 그는 직접 북쪽 현지로 날아가 부대 전체의 기강(紀綱)을 잡아야겠다고 결정했다.

11월 28일 정오경에 헬리콥터 한 대가 어둡고 흐린 하늘에서부터 착륙해 하갈우리에 새로 설치된 스미스 장군의 지휘소옆 얼어붙은 잔디 위에 10군단장을 내려놓았다. 이미 상황을 파악하고 있던 스미스는 유담리의 방어진지들을 통합 강화하고, 리첸버그의 7연대에게 하갈우리로 연결된 도로를 개통시킬 준비를 하라고 명령을 내렸다. 그날 저녁에 쓴 일기에서 알몬드는 그 당시의 상황을 고려해 볼 때 놀라울 정도로 무지(無知)한 기록을 남겼다. "스미스 소장과 현지상황에 대해서 협의했다." 협의의 내용은 알려져 있지 않다.

알몬드는 하갈우리를 오후 12시 55분에 출발해 장진호 동안(東岸)으로 수 km 위쪽에 있는 맥클린 대령의 지휘소로 날아갔다. 헬리콥터에서 내려 맥클린의 텐트로 걸어가는 동안 알몬드는 근처에 있던 병사들로부터 따가운 눈총을 받았다. 그의 입장에서 보면 공정치 않을 수도 있지만 잘 차려입은 옷차림, 깨끗하게 면도한 얼굴, 다리미로 잘 다려 줄이 선 방한복 바지, 입고 있는 새 파카 등 병사들이 불만을 품을 만한 모습을 하고 있었다. 벌판을 성큼성큼 자신에 찬 걸음걸이로 걸어가는 그의 모습을 본 병사들은, 올리버 스미스가 말한 것처럼, 드세고 자신만만한 군단장이 현지상황이 얼마나 심각한지 깨닫지 못하고 있다는 것을 느낄 수 있었다.

여러 가지 면에서 취약했던 맥클린 특수임무부대는 공격은 고사하고 적의 공격을 간신히 막아내기에 급급했다. 상식적으로 보면 하갈우리로 즉시 철수하여야 했으나, 오히려 군단장은 공격을 재개(再開)하라고 명령했다. 알몬드는 페이스 중령이 전날 밤 중공군 2개 사단이 공격해 온 것에 대해 자세한 상황을 보고하는 동안 근처에 있던 지프의 앞부분에 큰 작전지도를 펼쳐놓았다.

"그건 불가능해. 한반도 북부에 중공군 2개 사단은 존재하지 않아. 자네 부대의 진격을 지연시키는 적은 북쪽으로 도주하는 패잔병들이야. 우리는 공격을 계속해 압록강까지 밀고 나갈 걸세. 자네 부대가 빨래질이나 할 줄 아는 중국놈들 몇 명 때문에 진격이 저지돼서는 안 되지"라고 알몬드가 말했다. 그는 계속해서 팔을 크게 흔들며 페이스에게 직접 명령을 내렸다. "지난밤에 적에게 빼앗긴 고지들을 탈환하고, 라이디의 부대가 도착하면 북쪽을 향한 공격을 재개하라."

알몬드가 그 불운한 대대장에게 일장 훈시를 하는 동안 잘 조직된 빨래꾼들의 부대는 두 사람이 서 있는 지역을 둘러싸거나 지나가고 있었다. 중공군은 아무도 북쪽으로 도주하지 않았다. 오히려 남쪽으로 질서정연하게 진군하고 있었으며, 일부 부대는 맥클린 특수임무부대에 대한 공격을 준비중이었고, 다른 부대들은 하갈우리에 대한 첫 번째 대규모 공격을 위해 포진(布陣)하고 있었다.

브리핑이 끝나자 알몬드는 페이스에게 자기가 주머니에 가지고 있는 세 개의 은성무공훈장(銀星武功勳章)을 한 개는 페이스에게, 나머지 두 개는 그가 지명하는 두 명에게 수여하겠다고 말했다. 장군의 아들이며 웨스트 포인트(West Point) 육군사관학교 졸업생인 돈 카를로스 페이스 중령은 알몬드의 교만하고 아무에게나 훈장을 수여하려는 즉흥적 태도에 기분이 상했다. 기분 나쁜 감정을 간신히 숨기면서 페이스는 주위를 둘러보다가 부상을 입은 채 급수통 위에 앉아 있던 에버렛 스몰리 중위를 발견했다. "스몰리, 이리 와서 차려 자세로 서라."

"예, 알겠습니다."

그때 마침 본부중대 취사반장 조지 스탠리가 우연히 옆을 지나갔다. "스탠리, 잠깐만 이리 올래?"

페이스는 여러 명의 행정병, 운전병, 걸을 수 있는 경상자들을 훈장 수여식의 증인으로 집합시켰고, 당황한 스몰리 중위와 취사반장은 페이스와 함께 합당한 서훈사유가 없는 훈장을 받았다(지나칠 정도로 헤픈 미 육군의 전투훈장 남발은 오래된 특징이었는데, 최근의 사례는 7천 명도 안 되는 병사가 실제 점령작전에 참가한 1983년의 그레나다 침공시 8,600개 이상의 훈장이 수여된 것이다). 훈장 수여식에 참석한 병사들의 증언에 따르면 페이스는 알몬드가 전용 헬리콥터쪽으로 돌아서 걸어가기 시작하자마자 화난 듯이 그 훈장을 자기 옷에서 떼어냈다는 것이다. 페이스 대대의 수송관이었던 휴 메이 중위는 페이스가 "정말 웃기는 훈장 수여식이군"이라고 중얼거리는 것을 들었다고 나중에 말했다. 대대 작전장교 웨슬리 커티스 소령이 텐트로 돌아오면서 페이스에게 물었다.

"장군이 뭐라고 하던가요?"

"자네도 들었잖아. 패잔병이 북쪽으로 도주(逃走) 중이라고."

스몰리 중위도 급수통 위로 돌아가 다시 앉고서, "은성무공훈장을 받았지만, 왜 받았는지는 모르겠군"이라고 생각하면서 훈장을 떼어서 주머니 속에 집어넣었다.

그날 이른 오후에, 빌린 전차를 타고 하갈우리에 도착한 헨리 호즈 준장은 스미스의 지휘소로 직행해 스미스에게 장진호 동안(東岸)의 심각한 상황을 알렸다. 그 보고를 주의 깊게 듣고 나서 스미스는 즉각적인 구원작전은 생각할 수도 없다고 호즈에게 말했다. 맥클린 특수임무부대를 구원하기 위해 해병대 병력을 파견하면 이미 가용병력을 최대한으로 배치하고 있는 하갈우리의 방어태세가 더욱 약화될 것이기 때문이었다. 하갈우리는 한반도 동북부에 전개되어 있는 전체 미군병력에게는 대단히 중요한 요충지였기에 어떻게 해서라도 지켜야 했다.

스미스는 맥클린 특수임무부대가 호즈가 보고한 것처럼 그렇게 한심한 상황에 있다는 것을 이해할 수가 없었다. 왜냐하면 호즈의 비관적 설명이 주로 드레이크 부대가 학교 교사에서부터 북쪽으로 전진하려다 실패한 것과, 거기서 5 km 떨어진 곳에서 들려오던 전투소음에 근거하고 있다고 생각했기 때문이었다. 그렇게 말하지는 않았지만 스미스는 맥클린 특수임무부대가 토마스 리쥐의 하갈우리 방어부대와 비슷한 숫자의 전투병력을 보유하고 있다는 것을 알고 있었다. 만일 상황이 정말 심각해진다 해도, 맥클린 특수임무부대가 자력(自力)으로 하갈우리까지 후퇴할 수 있다고 여겼다.

흥남으로 돌아오는 도중에 알몬드는 맥아더 장군의 사령부로부터 동해(東海)를 넘어 1,120 km 떨어져 있는 동경(東京)에서 열리는 회의에 참석하라는 전갈을 받았다. 같은 전갈을 받은 월턴 워커 중장은 회의에 참석하기 위해 1,280 km을 가야만 했다. 두 장군은 전투복 차림으로 각기 그 전쟁대책회의에 참석하기 위해 비행기를 탔다.

지난 9월에 맥아더는 인천상륙작전을 개시하면서 참모들의 조언을 무시했다. 그 작전 자체는 대단히 성공적이었지만, 그의 병력들이 참모들의 조언대로 중공군이 참전하기 이전(以前)에 압록강에 도달하였더라면, 아마 맥아더는 역사상 가장 위대한 전쟁영웅의 한 명으로 기록될 수도 있었을 것이었다. 하지만 맥아더가 38도선을 돌파하는 것을

284

머뭇거리는 바람에, 미군은 공군의 지원이나 전차도 없고 포병화력도 거의 보유하지 않은 농민군(農民軍)에게 기선을 제압당했다. 게다가 그들의 통신과 보급체제는 원시적(原始的)이라고 부를 수밖에 없는 것이었다. 전쟁대책회의가 열리기 바로 전에 맥아더는 워싱턴의 합동참모본부에, "우리는 전혀 새로운 전쟁에 직면(直面)해 있다"는 내용을 담은 암호전문을 보냈다. 그 전문은 계속해서,

> 우리 전투병력의 현 상태는 중공이 선전포고도 없이 시작한 전쟁을 치를 준비가 확실히 불충분하다는 것이다. 본 사령관은 가능한 범위 안에서 취할 수 있는 조치는 다 취했으나, 본관의 통제능력을 벗어나는 상황에 직면해 있다.

그 전문은 아침 일찍 포트 마이어의 숙소에 있던 오마 브래들리(Omar Bradley) 장군에게 전달됐으며, 브래들리는 아침 6시 15분에 트루먼 대통령에게 전화를 걸어 전문을 읽어주고 중공이 전쟁에 본격적으로 개입(介入)했다고 말했다. 두 시간 후 열린 아침 참모회의에서 대통령은 "가공(可恐)할 만한 상황이 눈앞에 닥쳐 있습니다"라고 선언했다.

맥아더의 전문은 워싱턴의 국가지도부를 천둥이 몰아치는 것처럼 놀라게 했으며, 맥아더의 전략적 견해가 180도 바뀌었다는 것과 처음으로 국제연합군이 한국에서 전면적으로 철수해야만 할지도 모르는 가능성을 내비쳤다.

동경의 전쟁대책회의는 11월 28일 오전 9시 30분에 주일(駐日) 미국 대사관에 있는 총사령관 관저(官邸)에서 열렸다. 그 회의의 기록은 발견되지 않았으나 맥아더가 즉각적인 작전계획에 대한 그 두 야전사령관들의 의견을 요청했다고 알려져 있다. 이런 요청에 대해 현실주의자인 워커는 한반도의 잘록한 허리 부분에 위치해 방어정면(防禦正面,

frontage) 이 비교적 좁은 북한의 수도 평양(平壤)의 북동쪽에 방어선을 구축하려는 그의 의도를 밝혔다.

한편 몽상가(夢想家)에 가까운 알몬드는 미8군이 막대한 손실을 입고 평양을 향해 총퇴각(總退却)하고 있다는 것을 알면서도 여하간 공세를 재개하겠다는 그의 의도를 자신 있게 천명했다. 10군단이 더 이상 전진할 수 없다는 것은 전혀 생각할 수도 없는 일이며, 무평리를 점령하여 적군의 연락선을 차단하기 위해 해병대를 낭림산맥(狼林山脈) 너머로 진격시키겠다는 것이었다.

회의는 오후 12시 40분에 끝났고, 두 야전사령관들은 새로운 명령을 수령했다. 워커는 가능하면 평양을 방어하고, 만약 적군이 그의 측면을 위협한다면 후퇴해도 좋다는 것이었고, 알몬드는 그의 병력을 장진호 지역에서 철수시켜 함흥-흥남 지역의 해안에 병력을 집중하라는 지시를 받았다.

조금 뒤에 도착한 국방성에서 보낸 전문은 공세(攻勢)를 수세(守勢)로 전환하려는 맥아더의 결정을 승인하는 내용과 함께 다음과 같은 질문을 담고 있었다.

> 다음 건에 대한 귀하의 계획은 무엇인지 알려주기 바람: 8군과 10군단 사이의 작전수행시 협조(協助) 문제와 적군의 위협에 노출되어 있다고 판단되는 10군단의 배치.

장군들이 동경에서 회의를 하는 동안 올리버 스미스는 당면한 문제들을 직접 떠맡아서 해결하려 했다. 유담리의 해병부대에게는 5연대가 진지를 방어하고, 7연대는 하갈우리로 통하는 도로를 개통시키라고 명령했으며, 탄약과 보급품을 낙하산을 이용해 공중투하(空中投下)하고, 야전활주로가 완공되면 보충병도 수송기를 이용해 나르도록 조치를 취했다. 또 1연대장 풀러 대령에게 고토리와 하갈우리 사이의 도로를 개통시키라는 명령을 내렸는데, 그의 이러한 독자적 조치들이 그의 사단을 전멸의 위기에서 구해냈다.

　알파 바우저 대령 : "장진호 전투기간중 제 1해병사단은 적임자(適任者)의 지휘를 받았습니다."

하갈우리 방어전 I

그 무렵에는 하갈우리에 주둔한 모든 병력들도 23 km 북쪽 유담리에 있는 5연대와 7연대가 생존을 위해 몸부림치고 있다는 것을 알았다. 그들은 취사장 화덕과 난로를 피운 따뜻한 텐트 안에서도 별로 떠들지 않고 묵묵히 있었는데, 그들의 순서가 곧 들이닥칠 것이며, 어쩌면 바로 그날 밤일지도 모른다는 것을 알고 있었기 때문이었다.

하갈우리의 좁은 분지(盆地)는 텐트와 야적된 보급품 그리고 너무 빨리 도착하는 바람에 부대배치를 질서 있게 처리하기가 힘든 20여 개에 이르는 부대의 병력들로 꽉 차 있었다. 분지의 남쪽 끝에서는 5대의 트랙터가 얼어붙은 잡초밭을 갈아엎어 야전활주로를 만들기 위해 바삐 왔다갔다했다.

하갈우리는 남쪽의 해안으로 향하는 탈출로의 한가운데 놓여 있었으며, 만약 중공군이 하갈우리를 점령한다면 유담리와 덕동고개의 해병부대들은 전멸당할 가능성이 컸다. 이런 이유로 하갈우리는 최후의 순간까지 사수(死守)되어야 했지만, 주위를 둘러싼 산에 집결하는 중공군 대병력을 볼 때 조만간 적의 수중에 떨어질 것 같았다.

아침부터 정오까지 내내 리쮀 중령은 바깥으로 나와 분지의 북동쪽을 감제(監制)하고 있는 이스트 힐을 올려다보곤 했다. 리쮀는 그 고지 방향에서 올 적군의 위협에 대항하기 위해 칼 시터 대위의 1연대 G

하갈우리의 해병대 기지

중대가 도착하기만을 기다리고 있었다. 그러나 그는 그날 오후 중반쯤
에 고토리로부터 하갈우리에 이르는 도로를 개통하기 위한 시도가 강
력한 저항에 부딪혔다는 나쁜 소식을 들었다. 시터의 중대원 200여 명
은 고토리와 하갈우리 사이 도로의 중간에서 적군에게 저지당했고, 리
쥐는 이제 이스트 힐을 차지하려는 중공군의 공격을 화력 지원과 그가
긁어모을 수 있는 비전투병력만을 가지고 방어하여야만 한다는 것을
깨달았다.

　하갈우리에서 가장 규모가 큰 육군부대인 필립 컬비스(Philip
Kulbes) 대위가 지휘하는 제10공병대대 D중대는 방어선 외곽의 고토
리로 가는 도로 옆에 숙영하고 있었다. 오후 중반쯤 지프가 한 대 하
갈우리 마을쪽으로 뻗어 있는 도로를 쏜살같이 달려와 컬비스 부대의
숙영지 앞에 미끄러지듯 섰다. 동초(動哨) 근무를 하던 프랭클린 케스
트너 일병이 숙영지 텐트 밖에 나와 있던 유일한 부대원이었다. 운전
석에 앉아 있던 해병 소령이 그를 부르더니, "초병! 자네 중대장은 어
디 있나?"라고 물어보았다. 바로 그때 컬비스 대위가 밖으로 나오더니

지프에 접근해 경례를 했다. 소령의 지시사항은 짧고 간단했는데, 숙영지를 그대로 둔 채 무기와 탄약을 가지고 이스트 힐 산자락에 설치된 도로장애물을 책임진 해병부대에 신고하라는 것이었다.

　중공군이 하갈우리를 공격하기 위해 집결하고 있다는 것은 의심할 바가 없었지만, 문제는 언제, 어디로, 어느 정도의 병력으로 공격해 올 것인가를 알아내는 것이었다. 마전리(馬轉里)에 주둔해 있을 때 리 쥐는 대첩보작전 요원(要員)으로 활용하려고 12명의 한국 민간인들을 모집해 리차드 E. 케어리(Richard E. Carey) 소위에게 운용을 맡겼다. 케어리는 도로장애물에 모여 있는 피란민(避亂民)들에게서 정보를 수집해 오라고 요원들에게 지시했고, 모든 피란민들이 똑같은 이야기를 하는 것으로 판명됐다. 중공군에 의해서 자기 집에서 쫓겨난 피란민들은 중공군의 숫자가 굉장히 많다고 말했다. 비록 그들이 말하는 적군의 숫자가 과장(誇張)된 것이라고 여겨졌으나 대병력이 부근에 집결해 있다는 것은 확실했다.

　케어리는 위험을 무릅쓰고 두 명의 요원을 파견해 하갈우리 외곽을 걸어서 돌며 우연히 만나는 적군의 병사들과 직접 접촉을 시도해 보려고 결정했다. 그 시도는 성공적이었다. 그날 오후 늦게 복귀한 두 명의 요원은 그들이 자유롭게 중공군 장병들과 이야기를 나눌 수 있었으며, 그 중에는 자정(子正) 전에 하갈우리를 점령할 거라고 호언장담하는 장교도 있었다고 보고했다. 또 그들은 적군이 하갈우리에 얼마나 가까이 접근해 있느냐는 질문에는 약 8 km라고 대답했다.

　리쥐는 오후 늦게 콜리의 중대 전체를 세 대의 전차와 함께 파견하여 고토리로 통하는 도로가 어디까지 통행가능한 지를 알아보려고 시도했다. 중대는 하갈우리 방어선에서 800 m쯤 가서 중공군의 집중사격을 받고 행군을 정지했는데, 해병 정찰기가 급강하해서 연락용 튜브를 떨어뜨렸다. "다수의 중공군이 귀 부대의 측면으로 이동 중."

　콜리의 중대는 하갈우리로 돌아왔고, 오후 4시 30분이 되자 날이 어두워지기 시작했다. 적의 공격부대가 어두워지면 바로 이동하기 시작할 것이라고 생각하던 케어리는 적군이 공격출발선(攻擊出發線)에 도착하기까지 세 시간 반이 걸릴 거라고 계산했다. 리쥐에게 제출한 공식보고서에서 그 젊은 정보장교는 사단 규모의 중공군이 빠르면 밤 9시 30분에 공격을 개시할 거라고 예측했다.

리쥐는 케어리의 보고를 근거로 방어부대의 주력을 서남쪽에 집중하기로 결정하고, 따라서 2개 보병중대를 야전활주로를 배후(背後)로 하여 나란히 배치했다. 하갈우리 남쪽 방어선의 1/3을 방어하게 된 클러렌스 콜리 대위의 H중대와 조셉 피셔 중위의 I중대는 방어정면(防禦正面)을 최대한으로 늘여야 했기 때문에, 각 소총수들의 배치간격이 위험스러울 정도로 벌어졌다(소대의 평균 방어정면이 어림잡아 350m나 되었다). 따라서 전차, 박격포, 중기관총으로 이루어진 지원화력이 방어선의 느슨한 부분을 틀어막는 것으로 계획되었다.

이미 우리가 본 바와 같이 벤자민 리드 대위의 H포대(砲隊)는 방어선의 최북단(最北端) 바깥쪽의 포진지(砲陣地)에 그대로 남아 있었는데, 다시 말하자면 덕동고개에 포위된 F중대에 대한 화력지원 책임 때문에 그렇게 남아 있어야 했다. H포대를 제외하고 하갈우리에 주둔해 있는 유일한 포대인 앤드류 스트로멍거 대위의 D포대도 역시 상대적으로 고립된 위치에 포진지를 구축하고 있었다. D포대가 보유하고 있는 6문의 야포는 보병의 지원도 없이 하갈우리 마을 동쪽의 얼어붙은 늪지 옆에 자리를 잡고 있었고, 스트로멍거는 이미 대포대(對砲隊) 사격에서 전과를 올리고 있었다. 적군이 여러 가지 시설이 밀집된 하갈우리에 포격을 가할 목적으로 산포(山砲) 4문을 진지 배치하고 있는 것이 관측병에 의해 발견되었으며[이스트 힐의 산자락에 있는 탄약 주야적장(主野積場)이 가장 우선적 목표물이었다], 그 중 한 문은 벌써 사격을 시작해, 포탄이 리쥐의 지휘소 옆에 떨어져 폭발하는 바람에 리쥐 대대의 인사장교가 사망했고, 보급계 하사관이 부상을 입었다.

스트로멍거는 단순하지만 위험을 안고 있는 계략(計略)으로 이 상황에 대응했는데, 곡사포(曲射砲) 한 문을 원래 진지에서 100 m 앞으로 이동시켜 적의 공격에 미끼로 내밀었다. 그리고 나서 그 곡사포의 포수들은 적군 포병이 이스트 힐의 산정(山頂)에서 그 곡사포를 향하여 포격을 가하기를 빌면서 포탄을 장진하고 반복해서 대포를 쏘았다. 그런 뒤, 실제로 산정에서부터 포격이 있자, 그때까지 침묵을 지키던 나머지 다섯 문의 곡사포가 포구(砲口)에서 포격 섬광이 배출된 곳을 향하여 포격을 실시했고, 중공군 포병은 더 이상 문제를 일으키지 않았다.

리쥐는 나머지 방어부대를 가능한 한 신속하게 편성하면서, 위관장교들을 밀집된 텐트촌(村)으로 보내 어느 부대가 배치 가능하고 무슨 무기를 가지고 있는지 조사해 보게 했다. 그 장교들은 단위 부대의 지휘관들에게 부대 규모에 관계없이 오후 4시에 2층으로 된 면사무소 건물 앞에 있는 국기 게양대로 집합하라고 통고했다.

찰스 그래인거 일병 : "그들은 전투능력이 있는 사람을 원했고, 나는 중위 한 명이, '상병 없나? 상병은 손들어 봐라!'라고 외치던 소리가 지금도 들리는 것 같습니다. 그 당시 해병대 상병은 상당한 능력을 인정받고 있었지요. 왜냐하면, 진급이 너무 느려 작대기 두 개를 단 일병만 돼도 능력을 인정받았고, 자기가 해야 할 일을 잘 알고 있었기 때문이었습니다."

1개 보병대대의 2/3의 병력과 포병 및 후선부대(後線部隊) 병력으로 나름대로 방어태세를 갖추었지만, 리쥐의 방어부대는 배속된 해군위생병을 포함한 약 3,300명의 해병과 500명의 육군병력을 합하여 총계 3,800명의 소규모 부대였다. 이제는 기다리는 일만 남았다. 어둑어둑하던 날이 캄캄한 밤으로 바뀌자 이상스러울 정도의 정적이 하갈우리 방어선을 감싸고 돌았다. 공기는 약간 습기를 머금고 있었고 눈이 내릴 기미를 보였다.

이스트 힐 산자락의 도로장애물에 서 있던 리쥐의 중화기중대 중대장 에드윈 시몬스(Edwin Simmons) 소령에게 여러 명의 육군병사들을 거느린 육군 중위 한 명이 망설이는 태도로 접근해 왔다. 그는 자기가 10군단 통신파견대(通信派遣隊)의 지휘자라고 밝히면서, 방금 이스트 힐의 일정구역을 방어하라는 지시를 받았지만, 책임 맡은 일을 어떻게 처리해야 할지 아무것도 모르겠다고 설명하고는, 소령이 그것에 대해 일반적 지침(指針)을 줄 수 있느냐고 물었다. 태평양전쟁 참전 경험이 있는 노련한 군인인 시몬스는 그 중위의 솔직한 요청에 마음이 움직였다.

"자네, 해병 하사관의 지휘를 받으면서 작전을 수행할 용의가 있나?" 그 장교가 자기로서는 어떤 종류의 도움도 고맙게 받아들이겠다고 말했다. 시몬스는 돌아서서, "중사, 이리로 오게"라며 누군가를 불렀다.

"예, 부르셨습니까?"

"이 장교분과 함께 병력을 이끌고 저 앞의 산에 올라가 진지구축을 도와주도록 하라." 해병 중사가 인솔하는 그 11명의 병력은 가파른 산비탈을 올라가 도로장애물을 내려다보는 위치에 진지를 구축했다.

잠시 후 나이 들어 보이는 육군 대위가 똑같은 문제를 가지고 나타났다. 컬비스 대위가 지휘하는 10군단 10공병대대 D중대는 병력수가 더 많아 70명이 넘는 미 육군병사들과 100명 가까이 되는 카투사로 구성되어 있었다. 앞서 곤혹스러워 하던 중위처럼 컬비스도 이스트 힐의 일정구역을 방어하라는 명령을 받았다. 시몬스는 아무런 전투준비를 갖추지 못한 육군의 태도에 고개를 흔들 수밖에 없었는데, 그들 170명의 병력은 단 한 대의 무전기나 기관총도 갖추고 있지 않았다. 다시 한번 도와줄 마음을 먹은 시몬스는 해병의 숙련된 전술지식을 빌려주고 화력 지원부대와의 연락을 담당하게 하려고 부중대장 존 쉘넛 대위와 무전병 부르노 포돌락(Bruno Podolak) 일병을 그들과 함께 보냈다. 컬비스와 쉘넛, 그리고 나머지 병력은 그 젊은 중위의 병력이 해병 하사관의 감독을 받으며 지키고 있는 언덕을 지나 짙어지는 어둠 속으로 사라졌다.

한 시간 뒤 시몬스는 쉘넛 대위로부터 무전을 받았는데, 쉘넛은 능선 북쪽의 절반을 점령하기로 되어 있는 해병 후선부대(*service battalion troops*) 병력을 찾을 수가 없다고 보고했다.

"잠깐 기다려"라고 말한 뒤 시몬스는 찰스 뱅크스 중령의 지휘소를 접촉하였으나, 후선부대 병력이 확실하게 이스트 힐 위에 배치되어 있다는 말만 들었다.

"존, 그들이 거기 있다니까 잘 찾아보게"라고 시몬스는 들은 말을 전했다.

이스트 힐의 허술한 방어태세 때문에 리쥐, 시몬스, 뱅크스 그리고 다른 모든 사람들은 단지 중공군이 그날 밤 그 고지를 점령할 결의(決意)를 가지고 집중적으로 공격해 오지 않기만을 바랄 뿐이었다.

해병 공병대는 밤낮 없이 야전활주로 공사를 진행시키고 있었다. 방어태세가 허술한 이스트 힐에 침투한 적군 저격수(狙擊手)의 저격위험에도 불구하고 활주로의 가장자리에 설치된 조명시설이 불을 켜 환하게 비추었다. 공병의 임무는 추운 날씨 때문에 특히 어려웠는데, 공식 기록은 "얼어붙은 지표면을 파기가 너무 어려워 강철로 된 쇠스랑을 그레이더(*graders*)나 스크레퍼(*scraper*)의 굴착삽에 용접해 붙여 사용해야만 했다. 하지만 지표면의 파헤쳐진 곳이 평탄하게 정리되면 표면이 꽁꽁 얼어붙어 착암기로만 뚫을 수 있을 정도로 단단해졌다"라고 되어 있다. 해병 공병대대의 다른 병력들은 제재소에서 실어온 목재를 이용해 여타 시설을 짓고 있었다. 대부분의 목재들이 12명이 들어갈 수 있는 피라미드형 텐트의 버팀목으로 사용되었고, 그 텐트는 공병대 병력들이 교대로 몸을 녹이는 장소로 이용되었다.

콜리의 H중대와 피셔의 I중대의 해병들은 추위를 무시하고 곧 시작될 공격에 대비해 방어선을 구축하고 있었지만, 추위는 방어준비에 막대한 영향을 끼쳤다. 자동화기들은 매우 느리게 작동하였고 수류탄은 잘 터지지도 않았다. 박격포탄이나 야포의 포탄에 부착하는 추진장약(推進裝藥)의 추진력이 추위 때문에 약해지는 바람에, 자주 포탄의 비거리가 짧아져서 우군 병력을 위협할 지경이었다. 방어선 후방에서는 연료통을 난로 가까이에 설치하지 않으면 연료가 얼어서 고체 덩어리로 변하곤 했다.

역사가 린 몬트로스가 지적한 것처럼, 중대장(中隊長)이란 직책은 중대의 사병들이 개인적으로 접촉할 수 있는 가장 높은 지위였다. 조셉 피셔 중위는 중대원들간의 다툼을 해결해 주거나, 급할 때 돈을 빌려주기도 하고, 연애상담, 심리적 문제와 개인적 고민 들어주기 등 온갖 개인적 문제들의 해결사 노릇을 했다.

에드윈 시몬스 : "유황도선투 때 소대 선임하사였던 조 피셔는 해병대에 남아서 장교임관을 했고, 체스티 풀러가 직접 명령하여 1연대 I중대장에 임명되었지요. 그는 훌륭한 해병이었고, 또 행동가였습니다. 배낭 대신에 자동소총의 탄띠를 메고 있었고, 세면도구와 개인소지품을 그 안에 넣고 다녔지요. 개인화기도 M-1 소총을 사용했습니다."

피셔는 전투에 임박해서 부하들을 바쁘게 만드는 것이 자신감을 키워주는 가장 좋은 방법이라고 믿고 있었다.

몬트로스 : "병사들이 적의 공격을 맞을 준비를 열심히 하다 보면 자기 자신의 안전을 걱정할 시간이 없어지고, 만약 적이 나타나지 않으면 어떤 면에서는 실망스러워 합니다."

연속적인 방어정면이 2 km나 되어서 피셔와 콜리는 각자 중대의 3개 소대를 모두 일선에 배치했다. 대신에 화력지원 부대들이 정상적인 경우 예비대(豫備隊)가 할 일을 해야 했는데, 세 대의 전차가 H중대와

I중대 사이에 배치되어 적군이 접근해 올 것으로 예상되는 넓은 골짜기를 방어하기로 했다. H와 I의 두 중대는 지표가 깊숙이 얼어붙어 일반적인 참호 굴착장비로는 작업하기가 불가능한데도 참호진지를 잘 구축했다. 피셔가 공병대에 부탁해서 모래주머니 천 개와 상당한 양의 C-3 폭약을 얻은 뒤, 폭약을 사용해 지표에 구멍을 뚫고 나서 그 구멍을 확장해 참호구축을 하고, 거기에서 나온 흙은 모래주머니에 담았으며, 그 모래주머니는 방어용 흉벽(胸壁)을 쌓는 데 사용되었다. 오후 중반까지 두 중대의 정면에는 철조망과 조명지뢰, 소이폭탄 등이 조밀하게 가설되었으며, 벽돌을 인계철선으로 연결하고, 그 사이에 물을 부어 생긴 얼음으로 벽돌을 고정시켜 추가적으로 장애물을 설치하였다.

피곤에 지치긴 했지만 사기가 높아진 해병들은 오후 5시부터 교대로 뜨거운 음식으로 된 식사를 했고, 밤이 되자마자 50% 경계태세에 들어갔다. 8시 10분 전부터 솜털 같은 눈이 바람에 흩날리며 내리기 시작해 방어선 후방에서 조명등을 켜놓고 작업중인 불도저가 내는 소음(騷音)이 조그맣게 들렸다.

예상공격시간 15분전 콜리와 피셔는 예하 중대에 100% 경계태세를 발령했다. 이윽고 9시 30분이 되었지만 적군의 모습은 보이지 않았고, 아무런 소리도 들리지 않았다. 하지만, 적은 아주 가까이 다가와 있었다.

하갈우리 방어전 Ⅱ

눈이 한 시간쯤 내렸을 때 D포대 소속의 오브리 젠틀 일병은 수백 미터 떨어진 곳에서 나는 날카로운 나팔소리를 들었고, 뒤이어 심벌즈의 쨍쨍거리는 소리와 소름끼치는 호루라기 소리가 들렸다. "그때 조명탄 세 발이 하늘 높이 솟아올랐고, 사람으로 이루어진 바다〔人海〕가 서서히 움직이는 것을 보았습니다. 적군이 우리쪽으로 오지 않는 깃을 하나님에게 감사드렸습니다." 토마스 리쥐 중령은 다른 방향에서 그 광경을 보고 있었다. "들판 전체가 일어나서 앞으로 걸어오는 것 같았습니다. 그런 광경은 일찍이 본 적이 없었습니다."

피셔와 콜리의 중대원들은 조명지뢰와 대인지뢰가 터지면서 5명에서 10명으로 이루어진 적의 탐색공격조가 다가오는 것을 볼 수 있었다. 그러면서 적군이 쏘아대는 백린(白燐) 박격포탄이 해병 방어선을 강타하기 시작했는데, 중공군의 주공격이 바로 뒤이어 시작되면서 각 중대의 방어구역이 수류탄 투척거리까지 접근한 적의 파상공격(波狀攻擊)을 받았다. 좌측에 있던 해병들은 60 mm 박격포탄을 운반해 오던 지프가 방어선을 지나치는 바람에 겁을 먹은 운전병이 차를 적진 한복판에 버리고 도망치는 것을 바라보고 있었다. H중대 박격포 소대장 에드워드 스넬링 소위가 사람바다〔人海〕 사이로 달려가 지프와 소중한 박격포탄이 가득 찬 트레일러를 되찾아왔다(스넬링의 소대원들은 전투가 끝날 때까지 1,200발 이상의 박격포탄을 쏘았다).

I중대는 간신히 버티고 있었고, 피셔는 참호와 참호 사이를 다니면서 전투소음 속에서도 큰소리로 부하들을 격려했다.

역사가 린 몬트로스: "전투력이 기강(紀綱)이나 무기의 성능보다 다른 무엇에 의해 결정되는 때가 있는데, 그걸 설명하기는 어렵습니다. 그것은 전투원이 자기 옆의 동료를 끝까지 신뢰할 수 있다는 것을 확신하게 되고, 반대의 경우도 성립될 때 갖게 되는 감정(感情)입니다. 전쟁은 잔혹한 것이지만 사선(射線)에서 자주 목격할 수 있는 이타심(利他心)만큼 멋진 것은 이 세상에 없지요. 사소한 것들이 그 순간에는 사라져 버립니다."

과달카날 전투의 참전용사인 앨런 헤링턴(Alan Herrington) 상병은 피셔 중대의 기관총반 반장이었다.

"전투가 시작되기 전 나는 다르라는 이름의 신병이 겁에 질려 있는 것을 알아챘는데, 그 친구는 우리반에 바로 전에 배속되었고, 전투경험이 전혀 없었습니다. 만약 중공군이 나타나기 전에 시간이 있다면 얘기를 몇 마디 나누어 안정시켜 주려고 했는데, 갑자기 그가 나에게 두려워 죽겠으며 어쩔 줄을 모르겠다고 말하더군요. 나는 우리 모두 예외 없이 닥쳐올 전투를 두려워하며, 단지 다른 사람들보다 그 두려움에 더 잘 대처한다는 것이 다른 점일 뿐이라고 말해 주었지요. 전투원은 연극(演劇)에서 자기 순서를 기다리는 배우(俳優)와 같으며, 배우는 무대공포증에 걸려서 안절부절못하다가도 자기 순서를 알려주는 신호를 듣고 무대에 서면 그런 증세가 다 없어지는데, 자기가 연습해 온 역(役)을 연기하느라 바빠 다른 생각을 할 겨를이 없어지기 때문이라고 설명했습니다. 마찬가지로 너도 전투를 위해 훈련을 받았다고 말했지요. 패리스 아일랜드의 교관들이 심하게 군 것도 이런 순간을 위해서였으며, 네가 만약 두려움에 떨려 모든 것을 포기(抛棄)하려 한다면, 전우들이 너를 필요로 하는 여기 전쟁터가 아니라 신병훈련소에서

중공군과의 전투중 잠시 휴식을 취하고 있는 해병대원들

부터 포기했어야 한다고 충고했습니다. 그랬더니 그 친구가 고개를 끄덕거리고는 자기 참호로 돌아가더군요."

전투가 바로 그 뒤에 시작되었는데, 헤링턴이 지휘하는 기관총반의 기관총들은 너무 사격을 많이 해서 총열이 뜨거워지는 바람에 어둠 속에서도 벌겋게 달아올라 부사수들이 계속해서 눈을 총열 위에 쌓아서 식혀야 했다.

피셔 중대의 자동소총 사수 포스터 와이든헤프트 일병이 빨리 식어버리는 양철컵에 든 커피를 마시고 있을 때 분대장이 텐트 출입문 거적에 머리만 들이밀고는, "참호로 빨리 돌아가라. 적군이 오고 있어"라고 말했다. 전원이 진지로 돌아오자 피셔 중위가 나타나 중대는 어떤 상황에서도 현 진지를 포기할 수 없다는 것을 상기시키고는, "위치를 고수하라, 그렇지 않으면 중대장이 먼저 너희들을 처치하겠다"라고 말했다.

사선의 해병들은 적의 공격이 진행중일 때라도 서로 교대해서 규칙적으로 난방(煖房) 텐트에서 쉬면서 담배를 피웠다.

와이든헤프트 : "우리는 사수가 몸을 기울여 너무 방아쇠만 당기고 있으면, 위험신호라고 보고 바깥의 얼어붙을 것 같은 공기 속으로 우르르 몰려나가 가능한 한 빨리 참호로 달려가서 다시 사격을 하곤 했지요. 어떤 때는 새로운 중공군 공격제대가 막 진지로 들이닥칠 때 사격을 시작하기도 했습니다. 그것은 정해진 흡연 휴식시간이 허용되는 일상적 업무를 수행하는 것 같았습니다."

중공군의 시체더미가 싸움터에 쌓여갔는데도 중공군은 지체 없이 그 시체더미를 넘어서 연속적으로 공격을 가해왔다. 거기에 비해 그때까지의 해병 사상자는 경미(輕微)했다.

전투가 첫 번째 소강상태에 들어갔을 때 천주교 군종신부가 나타나 참호와 참호 사이를 엎드려서 옮겨 다니며 천주교 신자를 찾았다.

"자네는 누구지?"

"포스터 와이든헤프트입니다, 신부님."

"아, 포스터. 별일 없지? 고해(告解)를 하고 싶은 생각이 있나?"

"괜찮으시면 나중에 하겠습니다, 신부님."

"괜찮고 말고."

찰스 맥카렌 일병의 참호는 피셔 중위의 지휘소 바로 앞에 있어서 그는 중대장이 전화로 작전지시하는 것을 들을 수 있었다. "사격중지… 내 명령이 있기 전까지는 다시 사격하지 마라." 방어선 앞의 지형은 비교적 평탄했지만 땅이 움푹 꺼진 곳이 한 군데 있었는데, 맥카렌이 중공군을 가까이서 본 것은 그때가 처음이었다.

"불타고 있는 집의 불빛 덕분에 처음에는 모자만 보이고 뒤이어 어깨가 보이더니, 드디어 팔다리와 들고 있는 무기가 보이더군요. 자기들끼리 서로 이야기를 나누고 있었는데, 사기를 북돋으려는 것 같았습니다. 뒤에서 피셔 중위가 '사격개시'라고 소리를 쳐 전투가 시작되었습니다. 중공군은 많이 쓰러졌는데도 더 많은 수가 계속 밀려오더군요. 적의 공격대형이 해변에 밀려오는 파도처럼 끊임없이 밀려오는 인상을 받았습니다. 그러는 도중에 내 M-1 소총이 고장났고, 참호를 같이 쓰던 피츠버그 출신의 필모어 파린이 가지고 있던 카빈 소총도 고장났습니다. 우리는 주변에 널려 있던 수류탄을 집어서 안전핀을 뽑고 가능한 한 빨리 앞으로 던져 시간을 벌면서 소총을 고치려고 들여다보았습니다. 총을 들여다보고서 반동스프링을 좀 늘이면 클립에 들어있는 첫 발이 잘 튀어나오지 않을까 하는 생각이 들어, 눈이 내리고 중공군은 다가오고 있는 가운데 소총을 무릎 위에 놓고 분해를 시작했습니다. 분해를 다 했을 때 파린이 말하더군요. '적이 왔어.' 그때가 내 인생 최악의 순간이었는데, 보시다시피 나는 여기 이렇게 살아 있고, 파린도 살아 있죠."

조명등 아래서 땅을 골라 야전활주로 공사를 계속하던 오린 터너 대위의 제1해병 공병대대 D중대는 유탄(流彈)이 때때로 옆을 스치고 지나가도 콜리 중대와 피셔 중대의 방어선 뒤에서 그레이더와 스크레퍼를 이용하여 열심히 작업을 했다. 하갈우리 마을 남서쪽에 있는 학교 교사(校舍)에 위치한 야전병원에도 유탄이 날아들어 몇 발은 군의관들이 부상자를 수술하는 방의 벽을 뚫고 들어가기도 했다. 사단 지휘소도 유탄에 몇 발 맞았는데, 한 발은 스미스의 숙소에 날아들어, 스미스가 기억하기로는, 식당에 있던 냄비와 그릇에 튕겨 희한한 소리를 냈다.

콜리 대위가 진지 중앙의 소대를 막 점검하고 났을 때, 중공군이 던진 수류탄이 갑자기 해병들의 방어선에 우박이 쏟아지듯 떨어져 폭발했는데, 적군이 아군의 탐지(探知)를 피해 포복으로 그렇게 가까이 접근할 수 있었다는 것은 충격이었다. 3소대장 웬델 엔즈슬레이 소위가 수류탄 폭발로 전사했고, 그때쯤 콜리와 예하 3개 소대 사이의 통신망이 끊어져 버렸다. 두 명의 통신병이 전화선이 끊어진 곳을 찾다가 죽었고, 중공군은 끊임없이 계속 밀려왔다. 자정이 조금 지나 적은 중앙 소대의 진지를 돌파해 콜리의 지휘소에까지 침투해서는 따발총으로 빈 텐트에 총알 구멍을 내 너덜너덜하게 만들어 버렸다.

콜리와 몇 명의 해병들이 근처에 있는 언덕을 차지하고는, 중공군이 쏟아져 들어오기 시작한 틈을 틀어막으려고 시도하는 기관총 소대장 해리슨 베츠 중위와 몇 명의 해병에 대하여 엄호사격을 해주었다. 하지만, 병력수에서 밀린 베츠와 부하들은 중공군의 새로운 공격제대가 공격해 오자 옆으로 밀려났고, 적은 해병 방어선의 후방까지 진출해 조명등을 켜놓고 일하던 공병들을 위협할 지경이었다. 이런 상황 아래서 D중대 장비담당관인 로버트 맥파랜드 중위가 공병들을 이끌고 역습을 실시해 야전활주로에 침투해 온 적을 소탕해 버렸다.

로스코 배렛 소위 : "5~6명이 야전활주로쪽에서 내가 있는 곳으로 오는 것을 발견했지만 가장 가까이 다가온 자가 텐트에 수류탄을 던지려고 멈춰서는 것을 보고서야 그들이 중공군이라는 것을 알아차렸습니다. 그 자는 톰슨 기관단총을 휴대하고 있었고, 돌아서서 내 쪽으로 걸어오기 시작하자 나는 꼼짝할 수가 없었습니다. 적군이 5 m쯤까지 다가왔을 때 제 정신이 들어 카빈 소총을 자동으로 놓고 쏘았지만, 한 발만 발사되고 나서 총이 고장이 나버렸습니다. 그 자도 동시에 나에게 총을 쏘았는데, 사격이 서투르더군요. 고통 때문인지 총을 찾으려고 그랬는지 모르겠지만 그가 몸을 숙이길래 그에게 걸어가 45구경 권총으로 머리에 총알 구멍을 내주었지요."

콜리 중대의 방어선을 침투해 온 중공군은 식당과 보급품 텐트 주위에 몰려들었고, 공식기록에 씌어 있는 것처럼, 중공군은 적진침투에는 능(能)해도 전과확대에는 서투르다는 것을 보여주었다. 텅빈 본부 주위를 떼지어 돌아다니던 것으로 보아 중공군들은 방한복을 약탈하는 데 제일 관심이 있어보였다.

리쥐 대대의 작전장교 보좌관 그래디 미첼 중위가 리쥐 중령의 명령으로 급조된 25명의 증원병력을 이끌고 도착했다. 미첼이 전사하고 다른 여러 명도 부상을 입었으나, 오전 3시까지는 방어선에 생긴 간격이 복구되었고, 방어선 뒤로 침투했던 중공군들이 섬멸되면서 H중대 구역에 질서가 회복(回復)되었다.

앨런 헤링턴 상병 : "전투가 끝나자 다르가 내 참호로 다가와 자기 파카를 뒤지더니 담배 파이프를 꺼내는 겁니다. '이거 가지세요. 친구가 고향에서 보내주었는데, 나는 담배를 안 피우거든요'라고 말하더군요. 그래서 내가 '지금은 안 피우는지 모르지만, 네가 이 전쟁에서 버텨내려면 피워야 될지도 몰라'라고 대답을 했는데도, 그가 계속 기념품으로 가지라고 주장하는 거예요. 아직도 그 파이프를 가지고 있습니다."

하갈우리 방어전 Ⅲ

　새벽이 되자 방어선 앞에 쉽사리 잊지 못할 광경이 펼쳐졌다. 눈이 내려 중공군들의 시체 위를 덮었고, 두 중대 정면의 벌판에는 수백 개의 시체더미가 흩어져 있었다(스미스 장군은 나중에 "천 명으로 추산되는 중공군이 사살되었다"라고 보고하였고, 피셔의 I중대는 24명의 사상자가 발생했는데, 전사가 2명, 부상이 22명이었다. 37명의 사상자를 보고한 콜리의 H중대는 전사 10명, 부상 27명이었다).

　전투는 끝났지만 살상(殺傷) 행위는 계속되었다.

　찰스 맥카렌 일병 : "시체가 쌓여 있는 곳의 반대쪽 약 350 m 떨어진 곳에 중공군 한 명이 기관총 삼각거치대를 설치하는 것이 보였습니다. 바로 뒤에 서 있던 피셔 중대장도 그걸 보고 있었는데, 숨쉴 때 나는 콧김이 콧수염에 얼어붙었고, 흐르는 콧물은 고드름이 되어 붙어 있어서 마치 빙하시대(氷河時代)의 괴물 같아 보였습니다. 보고 있으니까 두 번째 중공군이 기관총을 들고 나타나 삼각대 위에 설치하더니, 세 번째는 탄약상자를 들고 와서 기관총에 탄띠를 장전하기 시작하더라구요. 중대장은 양손을 허리에 얹고 또 다른 중공군이 나타날지 참을성 있게 기다리고 있다가 더 이상 나타나지 않자, '사격!' 하고 명령하더군요. 그래서 그 세 명은 우리의 일제사격에 날아가버렸고, 나는 피셔 중위의 침착한 대응을 칭찬하지 않을 수 없었습니다. 기관총 진지가

완전하게 구축되는 걸 참을성 있게 기다리다가 그 불쌍한 놈들을 보내버렸으니까요."

눈 덮인 둔덕에는 시체만 있는 것이 아니었다.

맥카렌 : "우리가 쏜 예광탄에 맞은 몇 명의 중공군이 입고 있던 솜을 누빈 군복에서 연기가 나고 있었는데, 그 중 한 명이 갑자기 일어나 앉아서 자기 옷을 더듬거리기 시작하는 겁니다. 처음에는 옷안에서 총을 꺼내려고 그러는 줄 알았는데, 보니까 담배를 꺼내더군요. 그가 무딘 손가락으로 담배 한 개비를 담뱃갑에서 꺼내어 불을 붙이는 걸 보고 있으려니, 그 친구는 자기가 지금 어디에 있는지를 모르는 듯이 여기저기를 두리번거리며 쳐다보더라구요. 우리 중에 누군가가 그 친구의 가슴에 총을 쏘아서 고통을 멈추게 했습니다. 그리고 나서 피셔 중위가 혹시 살아 있는 적군이 수류탄을 던지지 못하도록, 우리더러 진지 가까이에 쌓여 있는 시체들을 멀찌감치 끌어내라고 시켰고, 가끔씩 시체에 접근하던 해병들이 확인사살을 하면서 나는 단발(單發) 사격소리가 들렸습니다."

기념품을 줍기에 적당한 시간이어서 해병들은 톰슨 기관단총, 마우저 기관권총, 그리고 일제(日製) 소총을 주워 참호로 돌아왔고, 다른 해병들은 따발총과 탄띠를 가지고 왔다. 탄띠는 두 개씩의 탄창이 들어있는 여섯 개의 연결된 주머니로 되어 있었다. 피셔 중위는 부하들이 카빈 소총을 버리고 노획한 적의 무기를 가지는 것을 막지 않았다. 카빈의 성능은 실망스러워, 쉽게 얼어붙을 뿐만 아니라 살상력(殺傷力)도 약했다.

로스코 배렛 소위는 전투가 아직도 진행중인 것처럼 긴장을 풀지 못하고 있었다.

배렛 : "정신이 멍한 채로 방어선을 아래위로 왔다갔다했습니다. 내 부하 중에서 15명이 부상을 입었는데, 그 중 절반은 심각한 동상에 걸려 있었죠. 전사한 해병들의 시신을 쳐다보는 것이 가장 충격적이었습

니다. 콜리 대위와 존슨 부중대장이 나타나 나를 바라보다가, 내가 측은해 보였는지, 놀랍게도 둘이 다 내 쪽으로 가까이 와서는 나를 팔로 감싸는 겁니다. 나는 아무 말 않고 가만히 있었습니다."

그 두 장교가 그를 감싸안았던 팔을 풀고 다른 곳으로 가자, 배렛은 근처에 있던 조그만 암자(庵子)로 혼자 가서 실컷 울면서 구역질을 하고 나서 또 조금 울었다. 몇 분 후 눈으로 얼굴을 씻고 매무새를 단정히 한 뒤, 그는 콜리 대위에게 걸어가 말했다. "매일 밤 이런 전투를 치를 수 있을지 모르겠습니다." 콜리는 웃으면서 그런 밤은 드물다고 안심시켰다.

리쥐 중령은 그날 아침 여유가 생기자 정보장교 리차드 케어리 소위와 농담을 주고받았다. "자네가 적의 공격병력 규모와 날짜를 맞추긴 했는데, 공격시간이 한 시간 틀린 이유는 뭔가?"

"그건 간단합니다. 대대장님. 중공군은 주로 야간에 전투를 하지 않습니까?"

"그래서?"

"그래서 중공군은 섬머 타임을 채택하지 않고 있지요."

포로들을 심문하고 나서 케어리는 공격부대가 중공군 58사단이며 예하 172연대와 173연대가 직접 공격에 참가했고, 174연대는 예비대로 남아 있었다는 것을 알아냈다. 그 후 수년 동안 중공군이 하갈우리 전투가 승리의 열쇠라는 걸 이해하는 데 실패했다는 것과, 만일 11월 28일 밤에 하갈우리가 적의 손에 떨어졌다면 유담리에 있던 5연대와 7연대는 전멸했을 것이라는 추론(推論)이 널리 퍼졌다.

당시 장진호 지역에는 최소한 여섯 개의 중공군 사단이 있었다. 의문사항은 그렇게 중요한 목표를 공격하는데 왜 단지 1개 사단만이 투입되었느냐 하는 것이었다. 해답은 간단했는데, 중공군이 리쥐의 1개 대대도 안 되는 병력을 압도하는데 2개 연대면 충분할 거라고 생각한 데다가, 공격에 참가하기로 예정되어 있던 80사단이 예상치 못하게 장

진호 동안(東岸)에 주둔한 맥클린 특수임무부대를 공격해야 했기 때문
이었다. 원래는 그날 밤 유담리와 하갈우리에 대해 협조된 공격을 실
시할 계획이었으나 날씨, 지형, 그리고 주위의 여건이 협조된 공격을
불가능하게 했고, 게다가 58사단이 예정보다 하루 늦게 공격지점에 도
착했다.

리쥐 중령은 아직도 시터의 G중대와 영국 해병대가 하갈우리의 방
어를 강화(强化)하기 위해 도착하기만을 기다리고 있었고, 적의 새로
운 공격에 대비해 방어선을 지키기 위해서는 증원군이 필수적이었다.
1연대 G중대와 영국 해병 41특공대는 미 육군 1개 보병중대 및 몇 대
의 해병대 전차와 사단 본부대 병력의 절반을 포함한 강력한 호송차량
행렬을 구성해 고토리를 출발했다. 리쥐는 그 차량행렬이 고토리와 하
갈우리 사이 어디에선가 도로를 개통시키기 위해 전투를 벌이고 있는
것으로 알고 있었다.

29일 오전 1시 30분쯤 리쥐가 이스트 힐의 정상부에서 나는 총성을
듣고 밖으로 뛰어나가 보니 북동쪽의 공제선상에 자동화기 사격과 수
류탄 폭발로 생긴 불빛이 번쩍거리고 있었다. 중공군은 정상부를 공격
해 10군단에서 파견된 부대들의 진지를 유린하고 계곡 아래로 밀고 내
려올 기세였다. 왼쪽에는 육군병사들이 목숨을 건지려고 얼음이 덮인
산비탈을 도망쳐 내려오고 있었다. 중앙에 있던 존 쉘넛 대위는 자기
병력을 그쪽으로 신장(伸長) 배치해 뚫린 간격을 메우려 했지만 적군
의 사격으로 실패했고, 쉘넛 자신도 전사했다. 해병장교의 전사로 지
휘공백이 생기자, 전의(戰意)를 상실한 육군병사들은 자발적으로 후
퇴하기 시작했고, 나중에 고지 아래에서 조사해 보니 10명의 육군병사
가 전사했고 25명이 부상을 입었으며 9명이 실종된 것이 확인됐다. 대
부분의 카투사들도 실종됐는데, 그들 중 많은 수가 마을의 빈 집에 숨
어버렸다.

하지만 부르노 포돌락 일병은 부상을 입고도 이스트 힐에 SCR-300

무전기를 휴대하고 남아 있었다. 그날 밤 내내 그 용감하고 성실한 해병은 이스트 힐의 거점을 강화하려는 적군의 동향(動向)에 대한 정보를 리쥐 중령에게 제공했다. 고지 정상부에 적군 병력이 얼마나 될 것 같냐는 리쥐의 질문에 포돌락은, "1개 대대 정도"라고 낮은 목소리로 대답했다.

"몇백 명이라는 뜻이야?"

"이삼백 명쯤 되는 것 같습니다."

오전 4시가 되어서야 해병대 포병부대가 이스트 힐을 돌파해 보급품 야적장을 빼앗고 사단 지휘소를 공격하려는 적군을 막아낼 수 있었다〔사단 지휘소는 잘 무장되고 훈련된 사단 군악대(軍樂隊)에 의해 방어되고 있었다〕. 사격방향을 고지의 가파른 산비탈로 바꾼 리드 포대의 야포 세 문과 스트로멍거 포대의 전체 야포들이 그날 밤 1,200발 이상의 포탄을 발사했고, 나중에 포로들을 심문해 보니 병력을 집결하려는 적군의 기도(企圖)가 포격으로 번번이 무너졌다는 것이 드러났는데, 이런 효과적인 포격의 공은 포격결과를 관측하고 수정해 준 포돌락에게 돌려졌다. 피셔와 콜리 중대를 향한 적군의 공격이 그치자, 리쥐는 부대대장 레지날드 마이어스(Reginald Meyers) 소령에게 가능한 한 많은 수의 비전투 행정요원들과 다른 부대의 낙오병들을 재편성하여, 그들을 이끌고 이스트 힐 산비탈을 따라 역습을 실시하라고 지시했다. 한 시간 내에 마이어스는 고지에서 쏟아지는 적군의 사격으로부터 엄폐를 제공하는 유일한 장소인 철도의 궤도와 나란히 나 있는 배수로에 그 혼성(混成)병력을 배치하고 나서 포돌락과 무전으로 연락을 취했다. "거기 상황은 어떤가?"

포돌락은 사방에 중공군뿐이라며 마이어스가 서둘렀으면 좋겠다고 말했다.

"지금 올라가고 있어."

리쥐의 대대에 배속된 전술 항공통제반 소속이었던 로버트 그린 일병:

"29일 새벽 3시쯤에 마이어스 소령이 내가 철길 너머에 있는 험준해 보이는 고지를 공격할 병력에 포함되었다고 말하는 겁니다. 차가운 바람이 매섭게 불어대고, 너무 추운 나머지 동상에 안 걸리려고 모래주머니로 군화를 감싸 묶었습니다."

마이어스 소령 : "그런 상황에서는 별다른 공격전술을 생각할 수가 없었습니다. 직접적인 정면공격(正面攻擊)을 감행했는데, 서로간에 잘 알지도 못하고 해병과 육군병사들이 반씩 섞인 엉성한 병력을 투입할 수 있는 유일한 전술이었죠. 나는 그들을 달래고 위협해가면서 고지공격을 계속하도록 시켰으며, 사상자가 많이 발생하더라도 날이 밝을 때까지만 공격을 계속하면 된다는 것을 알고 있었기 때문에 그들을 심하게 몰아붙였습니다. 그러는 중에도 포돌락은 빨리 올라오라고 재촉을 했죠."

그린 일병은 180 m의 가파른 길을 올라가는 데 한 시간 이상이 걸렸다고 기억하고 있다. 얼어붙어 미끄러운 길 위에 눈이 또 내려 걷기가 정말 힘들었고, 특히 무거운 짐을 들고가는 병사들은 자주 넘어지곤 했다. 그린은 M-1 소총과 운반책임을 맡은 기관총 탄약상자를 들고 산을 오르며 힘이 들어 숨을 헐떡거렸고, 도중에 철모가 벗겨져 언덕 아래로 굴러가 버렸다.

그린 일병 : "지금 뒤돌아 생각해 보면 가장 힘들었던 것은 마지막 30 m를 오르면서 내가 혼자인 것 같다는 느낌을 받았을 때였습니다. 내가 겪은 다른 전투 때와는 달랐는데, 그때는 내가 소속감(所屬感)을 느낄 수 있는 팀의 일원이었고, 서로서로 돌봐주고 그랬거든요. 해병대식으로 말입니다. 동료 해병이 옆에 있으면 전투중이라도 마음이 편안하고 자신감이 생겼습니다. 고지정상까지의 마지막 몇 미터를 오르는 동안 어머니가 보내준 책자를 생각하면서 마음의 위안을 얻었는데, 그 책자를 파카 주머니에 넣고 다녔거든요. 책 내용은 구약성경(舊約聖經) 시편(詩篇) 23장이었습니다. '내가 사망의 음침한 골짜기로 다

닐지라도 해를 두려워 않을 것은 주께서 나와 함께 하심이라.'

적군이 우리를 향하여 직접 사격해 몸을 웅크려 얼굴에 총을 맞고 전사한 육군병사의 철모를 벗겨서 썼는데, 철모에 피가 얼어 엉겨붙어 있었지만 신경쓰지 않았습니다. 왜냐하면 수류탄이 여기저기서 터지는 상황에서 보호장구를 쓰지 않은 머리가 걱정되어서 말입니다. 중공군이 사용하는 화약에서 나는 고약한 냄새를 지금도 기억할 수 있습니다. 마침내 고지 정상부에 오르고 나서 우리는 적의 역습을 예상하고 참호 안에 몇 분 동안 앉아 있었습니다."

마이어스는 그곳에서 약 50명의 해병과 15명의 육군병사들을 거느리고 있었다. 날이 밝자 진지가 적의 관측에 뚜렷하게 노출되어, 그들은 진지 왼쪽에 있는 높은 지대에서 쏘아대는 적군의 기관총 사격을 받게 되었다.

마이어스 : "그 사격으로 4~5명이 전사하고 십여 명이 부상당했습니다. 문제는 한 명이 부상을 입으면 그를 산 아래로 후송하기 위해 네 명이 필요하다는 겁니다. 그들 후송병력들은 거의 복귀하지 않았지요."

해병 항공단의 코르세어 전투기들이 아침 9시 30분에 진지 상공(上空)에 도착해 고지 후사면에 소이탄과 로켓포사격, 파쇄성 폭탄을 퍼부었다. 전투기 한 대가 적군의 사격에 맞아 꼬리에서 연기를 내뿜으며 비행궤도를 이탈했지만, 조종사 해리 콜머리 중위는 비행기를 콜리의 H중대 진지 앞에 매끄럽지는 못했지만 안전하게 착륙시켰다. H중대의 해병들은 조종사가 조종석 유리덮개를 걷고 땅 위에 뛰어내린 후 눈 덮인 시체더미 사이로 뛰어오는 것을 보고 환호성을 질렀다.

"그리고 나서 우리는 단번에 앞으로 나아가 산꼭대기를 점령했습니다. 외롭게 서 있는 해병 한 명이 시야에 들어왔는데, 우리를 보고 손을 흔들더군요. 기회가 생기자마자 리쥐 중령에게 보고했습니다. '대대장님의 무전병을 만났습니다. 부상을 입었지만 사기는 아직도 높은

데요.'"

마이어스는 잔존병력에게 엄폐(掩蔽) 할 곳을 찾아서 엄폐하고 방어
선을 구축한 뒤 고지 북쪽에서 올라올 예정인 지원공격병력을 기다리
라고 명령했다. 이 지원공격은 조지 킹 대위의 제 1해병 공병대대 A중
대에 의해서 수행될 계획이었으며, 하갈우리에서 북쪽으로 3 km 떨어
져 있는 제재소에서 작업중이던 그 부대는 순조롭게 이스트 힐에 도착
했고 즉시 공격에 들어갔다.

마이어스 : "공격부대의 소대장인 칸조나 중위를 알아볼 수가 있었지
요. 그날 처음으로 확실한 임무를 부여할 수 있고, 임무를 수행해야
한다는 것을 잘 인식하고 있는 병력을 지휘할 수 있게 되었습니다."

킹의 공병들이 이스트 힐의 병력에 대한 지원공격부대가 된 자세한
사정은 흥미롭다. 윌라드 다운스 준위는 그 제재소가 호숫가에서 가까
운 거리의 고립된 지역에 있었다고 기억했다. 거기에는 해빙기(解氷
期)에 화물선으로 날라온 목재들을 뭍으로 끌어올릴 수 있게 물가에서
제재소까지 통나무를 깐 길이 있었고, 제재소 옆에는 일등급 목재들이
열을 지어 쌓여 있었다. 제재소에는 사무실이 하나 있어, 킹 대위가
지휘소로 사용했다.

"품질 좋은 목재가 많이 있어서 공병들에게는 천국 같았고, 작업도
힘들지 않았습니다. 불만스러운 것은 날씨였는데, 11월 27~28일 밤
에 귀찮아서 난롯불이 다 타서 꺼지게 내버려두었더니, 아침에 우리가
자던 텐트의 안쪽 면에 얼음이 꽁꽁 얼어 달라붙어 있더군요."

고립된 제재소는 공병들이 3 km 남쪽에서 들려오는 큰 포성을 들은
다음날 밤이 되어서야 그 중요성이 돋보이게 되었다. 하갈우리쪽을 바
라보고 있었던 니콜라스 칸조나(Nicholas Canzona) 중위는 공식기록
에 나타나 있는 것처럼, 야간전투의 무시무시한 광경이 마치 화산(火
山)이 분출(噴出)되는 것처럼 보였다. 포탄발사 때 나는 불빛들이 어
둠을 뚫고 치솟는 화염처럼 보였고, 폭발음이 끊이지 않고 쿵쿵거리며

낮게 깔려서 울렸다.

랜돌프 록우드 중령 : "죽고 죽이는 전투의 와중에서도 그 광경은 영화의 한 장면 같았습니다. 하늘에 적(赤), 황(黃), 녹(綠), 백(白), 오렌지색의 불꽃놀이가 펼쳐져서 그 색깔들이 주위의 고지들을 덮고 있던 눈 위에 반사되어 빛났습니다."

제재소에서 무시무시한 광경을 바라보던 다운스 준위는 제재소와 하갈우리 사이의 지점에서 하늘 높이 불빛이 솟아오르고 있는 이상한 광경을 목격했다.

"그 불빛을 본 순간 그것이 중공군의 박격포 포구에서 나는 불빛이라는 걸 깨닫고, 우리 부대와 하갈우리의 해병진지 사이에 적군의 박격포 진지가 있으며, 아마 보병들도 많이 있을 거라는 생각에 충격을 받았습니다. 그건 적군이 우리를 등지고 있다는 뜻이기도 해, 킹 대위에게 가서 적군의 박격포 진지에 대해 보고했습니다. 그는 보고를 받자마자 하갈우리에 있는 포대와 연락을 취해 사격임무를 요청했고, 킹 대위가 적의 후방에서 전방관측장교 역할을 수행했는데, 보기 드문 경우였습니다."

11월 29일 날이 밝아오자 전투가 소강상태에 들어갔고, 킹은 제재소 동쪽의 적 병력을 확인하기 위해 수색정찰대를 내보내라는 리쥐 중령의 지시를 받았다. 대부분의 해병병력이 수세(守勢)에 있었기 때문에 그것은 위험한 명령이었지만, 리쥐는 적군의 새로운 병력이 북쪽에서부터 이스트 힐을 향해 이동하는지를 알 필요가 있었다. 다운스 준위가 정찰대를 지휘하기로 해, 정찰대원들이 출발준비를 하는 동안 산비탈로 올라가 행군해 갈 지형을 망원경으로 살펴보던 다운스는 능선에 중공군이 빽빽하게 들어차 있는 것을 발견하고는 서둘러 비탈을 내려와 중대장에게 그가 본 것을 보고했다.

"정찰은 취소되었어."

그 소식을 들은 다운스와 정찰대원들은 안도(安堵)했고, 바로 그

후 킹은 병력과 장비, 보급품 등 이것저것을 하갈우리로 옮기라는 지시를 받았다. 공병들은 적의 관측을 피하기 위해 트럭들을 목재 더미 사이로 이동시키고 텐트를 해체한 뒤, 모든 것을 가능한 한 빨리 트럭에 실었다.

다운스: "사람들이 그토록 신속하게 움직이는 걸 본 적이 없었는데, 영화의 연속된 장면들이 빨리 돌아가는 것 같았습니다. 중공군은 마음만 먹었으면 파리처럼 우리를 괴롭힐 수 있었지요. 지금 돌이켜 생각해 보면 그들은 우리가 거기 있다는 것을 알면서도, 하갈우리의 주 방어선을 돌파해야 할 상황에서 소규모 지원부대와 승강이하고 싶지 않았던 것 같다는 생각이 듭니다."

차량행렬은 19대의 차량으로 구성되었으며, 트럭, 트레일러, 불도저, 그레이더와 공기착암기, 용접기구, 기타 장비가 포함되어 있었다. 차량들은 호숫가 도로를 따라 출발해 후방에서부터 중공군 진지를 향해 바로 달려나갔다. 공병들은 중공군이 능선에서 차량행렬을 내려다보고 있다는 걸 알 수 있었으나, 중공군은 사격을 하지 않았다.

킹 대위의 중대는 사상자가 발생하지 않은 채 29일 정오경에 하갈우리에 도착했다. 칸조나 중위는 공병들로 보병소대를 편성한 뒤, 날이 어두워지면 이스트 힐에 올라 정상부 바로 밑에 대기중인 공격부대와의 연결을 시도하라는 지시를 받았다. 공병들이 고지 정상부에 도착해, 좁은 산길을 따라나가려 할 때 적군의 사격으로 진격이 저지되었는데, 400m 위에는 레지날드 마이어스 소령이 낙오병들과 비전투원으로 편성된 병력을 이끌고 위험한 위치를 고수(固守)하고 있었다. 해병/육군 혼성부대의 이스트 힐 공격이 인상적이지는 못했지만, 그 혼성병력은 전술적으로 중요한 결과를 달성했다. 그것은 중공군을 이스트 힐에 붙잡아둬, 고지 아래에 있는 취약한 목표물에 대한 접근을 막았다는 것이었다.

하갈우리는 계속 적군에게 포위당한 채 있었고, 사단이 살아남으려면 하갈우리를 지켜내야 한다는 것을 이제는 모두가 알게 되었다. 사단 작전참모 알파 바우저 대령은, 그와 다른 참모장교들은 하갈우리를 방어할 수 있을지 확신이 서지 않았다고 후(後)에 인정했다. 5연대와 7연대가 하갈우리의 사단본부를 구원하기 위해 포위망을 돌파하여 하갈우리에 적시(適時)에 도착할 수 있을 거라고 생각했었느냐는 질문에 대해, 그는 "우리는 그 가능성을 확실하게 염두에 두고 있었습니다"라고 대답했다.

희미한 겨울 해가 서쪽 하늘 아래로 넘어갈 무렵 심란한 소식이 하갈우리 작전상황실에 전달되었다. 그것은 고토리와 하갈우리 사이의 도로상에서 적군의 집요한 공격을 받고 있는 칼 시터 대위의 G중대가 보낸 후퇴(後退)를 허용해 달라는 요청이었다.

덕 동 고 개 전 투 II

　F중대의 해병들은 진지 앞에 쓰러져 있는 중공군들이 지르는 신음소리를 듣고도 아무 느낌이 없었고, 그 가련한 소리들은 적군병사들이 하나 둘씩 얼어죽거나 상처가 악화되어 죽어가면서 점점 사라져갔다. 덕동고개에 잔뜩 흐린 새벽하늘이 밝아왔고 소대장들은 산비탈에 흩어져 있는 적군의 시체들을 세어보기 시작했다. 바버 대위가 최종적으로 보고한 시체의 숫자는 약 450개였으며, F중대는 그날 밤 전투에서 20명의 전사자와 54명의 부상자, 3명의 실종자를 냈는데, 전사자들 중 15명은 맥카시 소대 소속이었다.

　찰스 다나 병장 : "맥카시 중위가 우리 참호 앞으로 왔을 때 탄약이 필요하다고 이야기했더니, '모두들 탄약이 부족해. 전사자들 것을 찾아 보충하도록 해라'라고 말하더군요. 그래서 우리는 참호 사이를 기어다니며 전사자들의 탄띠와 어깨걸이 탄약대를 수거(收去)했는데, 전사한 해병이 아는 얼굴일 때는 마음이 무척 아팠습니다. 그러는 중에 중공군의 시체를 자세히 살펴보고 혹시 죽은 척하고 있다는 생각이 들면 확인사살(確認射殺)하라는 명령이 내려왔습니다. 중공군이 흰색 군복을 입고 있었기 때문에 눈 속에서 시체를 찾기가 어려웠지만, 숨을 쉬면서 내뱉는 김 때문에 눈이 녹은 곳을 발견하면 총을 한 방씩 쏘았습니다."

어니스트 곤잘레스 일병은 얼어붙은 시체의 특징적인 엷은 갈색 피부를 보고 밀랍인형을 연상(聯想)했다. "눈 위에 웅크리고 엎드려 그때까지도 숨을 쉬고 있던 중공군이 생각납니다. 머리에 입은 상처가 잘라진 파이처럼 생겼었는데, 뇌수(腦髓)도 일부 보일 정도였습니다. 몸통 한가운데에다가 총을 쏘았더니, 천천히 몸을 돌려 나를 보고는 숨을 거두기 전에 마치, '왜 나를 더 아프게 하는 거야?'라고 말하는 것 같았습니다. 부상자를 사살하는 것은 피아(彼我) 간에 일반적 관행이었지만, 나는 다시는 부상당한 중공군을 죽이지 않았습니다."

곤잘레스는 그 중공군의 주머니와 배낭을 뒤져 무기용(武器用) 부동액(不凍液)통과 색깔이 바랜 중국의 정치·군사 지도자들의 사진, 그리고 그가 어떤 도시의 공원에서 가족들과 함께 찍은 스냅사진첩(帖)을 발견했다.

하지만 헥터 카페라타 일병에게는 아직 전투가 끝난 것이 아니었다. 놀란 눈으로 주위를 바라보면서 카페라타는 눈이 보이지 않는 케네스 벤슨 일병에게 어둠침침한 새벽빛 아래 보이는 광경을 허리를 쿡쿡 찔러가면서 설명했다.

"벤슨, 우리 주위에 국(gook)들 시체밖에 안 보여!"

동료들이 따발총과 톰슨 기관단총, 스프링필드 03식(式) 소총을 주워서 돌아오는 것을 본 카페라타는 자기도 기념품을 챙기기 위해 산비탈 아래로 포복해 가보기로 결심하고는, "금방 돌아올게"라고 말했다.

"앞이 안 보여서 엄호를 해줄 수가 없는데."

"걱정 마. 시체들뿐이니까."

몇 초 후 벤슨의 귀에 단조로운 소총 발사음이 날카롭게 들려왔다.

"어, 씨팔."

"헥터, 무슨 일이야?"

"개 같은 저격수 새끼." 총알은 카페라타의 오른쪽 어깨를 맞추어, 그를 땅에 쓰러뜨렸다. 벤슨은 참호에서 일어나 동료가 누워있는 곳으로 가려고 앞을 손으로 더듬었다.

"아니야. 나 혼자 돌아갈 수 있어. 참호에 그대로 있어."

하모니 기어 일병 : "정말 웃기는 광경이었습니다. 헥터가 거기 누워서 자기를 저격한 중공군한테 고래고래 욕을 하고 있는 모습이 말입니다."

카페라타를 부축해서 참호로 데려온 해병들은 놀라운 사실을 발견했는데, 그 덩치 큰 일병은 겉에 얼음이 더덕더덕 붙어 있는 양말 외에는 아무것도 신고 있지 않았다. 전투 초기에 자기 군화를 찾을 수가 없었던 카페라타는 중공군이 가까이 접근해 온 것을 알고는 군화 찾기를 포기하고 밤새 양말만 신은 채 전투를 치렀다.

기어 : "그 친구는 뛰어난 야전(野戰) 해병이었습니다."

벤슨 : "동료들이 헥터를 구급소에 후송한 뒤 돌아와 나를 취사장 화로 옆으로 데려갔습니다. 얼마 떨어지지 않은 곳에서부터 커피향기를 맡을 수 있었고, 그들이 내 손에 커피가 담긴 양철컵을 쥐어 주었을 때, 백만 달러짜리 같았습니다. 몸을 녹인 후에 헥터를 보려고 누군가에게 구호소로 데려가 달라고 부탁을 했습니다. 가서 보니 그는 부상과 동상에 걸린 발 때문에 많이 고통스러워하더군요(카페라타는 발을 잃지 않았고 벤슨도 시력을 회복했다)."

세 명의 해군 위생병들 — 제임스 모리시, 머빈 모래스, 제임스 프렌치 — 이 솔밭 사이에 설치된 두 동(棟)의 구호소 텐트에서 밤새 촛불을 켜놓고 사상자를 돌보았으며, 시신들은 텐트 사이에 두 줄로 뉘어져 있었다.

아침이 조금 지나 비행기가 접근할 때 나는 소리를 들은 F중대의 생존병력들은 코르세어 전투기들이 산봉우리 너머로 보이기 시작하자 활기차게 박수를 쳤다. 그 비행기들은 유담리쪽으로 날아갔지만, 덕동고개의 해병들은 아군 비행기의 모습만 보고도 사기가 올랐다. 바람이 오른쪽으로 불자, 멀리 유담리쪽에서부터 전투기의 폭격과 급강하 기총소사 소리가 울려왔다. 잠시 후 F중대를 근접항공지원하기 위해 호주(濠洲) 공군의 P-51 무스탕 전투기들이 날아와 중공군 저격수들이 은신해 있던 건너편의 큰 바위들로 둘러싸인 능선을 공격했다.

11월 28일 낮에 — 정확한 시간은 미상(未詳) — 바버는 리첸버그 대령에게서 적군과의 접촉을 끊고 7 km 위쪽에 위태로운 상태에 빠져 있는 C중대의 진지까지 돌파해 합류한 뒤, 두 중대가 힘을 합쳐 유담리까지 돌파해 오라는 갑작스러운 명령을 받았다. 적군의 도청(盜聽)을 의식한 바버는 77명의 사상자에 대하여는 언급하지 않고, 연대장에게 F중대에 대한 적군의 압박이 심해 이동할 수가 없다고 설명했다. 그날 낮동안 내내 중공군은 해병들의 화력과 근접항공지원, 그리고 하갈우리에서 간간이 날아오는 포병의 지원포격을 의식해 활동을 자제했다.

리드 대위의 포대는 포탄이 부족해 도날드 캄벨 소위가 덕동산 근처에 있는 적군의 집결지(集結地)를 쳐부수기 위해 사격임무를 요구하자, 단지 세 발의 105 mm 곡사포 포격만을 해줄 수 있었다. "가슴이 아팠습니다만, 돈에게 우리가 왜 그렇게 인색하게 굴어야 하는지를 무전으로 설명할 수는 없었습니다. 마지막으로 '하나님께 탄약을 보내달라고 기도하자'고 말하고는 덧붙여서, '우리가 지금 할 수 있는 건 하나님께 기도하는 것 뿐이야'라고 말했지요."

그날 오후 늦게 바버는 7연대본부에서 다른 지시사항을 전달받았는데, F중대 병력을 하갈우리로 이동시켜도 좋다는 것이었다.

로렌스 슈미트 중위 : "리첸버그 대령은 우리가 곤경(困境)에 처해 있다는 것을 그때까지도 이해를 못했습니다. 중대장이 우리의 어려움을 내비치지 않은 채, 왜 그 명령이 실행하기 어려운지를 설명하려고 애쓰더군요."

그것은 마음이 끌리는 제안이었지만, 바버도 그때쯤에 가서는 자기 중대가 요충지를 지키고 있다는 것을 인식하고 있었다. 만약 F중대가 덕동고개에서 철수한다면, 그것은 하갈우리의 3천 명 병력에게 합류하기 위해서 필요한 통로를 확보하고 있는 자기 중대만 믿고 있는 유담리의 8천 명 병력과의 접촉이 단절된다는 것을 의미했다.

해병 항공단의 C-47 수송기 한 대가 덕동고개의 해병진지 위로 천천히 날아왔고, 비행기의 옆문이 열리더니 승무원들이 지상의 해병들과 서로 반갑게 손을 흔들어댔다. 공중에서 해병들의 진지를 확인한 수송기 승무원들은 큰 짐꾸러미들을 투하(投下)하기 시작했다. 비행기의 고도가 너무 낮아서 낙하산들이 펴지자마자 짐들이 땅에 착륙했지만 보급품의 낙하수송은 완벽해서 의약품, 탄약, 모포, 들것 등 모든 짐들이 고지의 밑자락에 사뿐히 착륙했다. 손에 부상을 입은 60mm 박격포 소대장 조셉 브래디 중위는 박격포탄이 든 짐을 회수하러 산비탈을 내려가 성한 손으로 두 상자를 가슴에 껴안고는 고지 위까지 지그재그로 뛰어 돌아왔다. 브래디는 대학시절 미식축구팀의 하프백이었는데, 그가 방어선 안으로 돌아왔을 때, 바버 대위가 "자네가 다트머스 대학(大學)에서 선수로 뛸 때도 그런 플레이는 못했을 걸"이라고 놀리자, 브래디가 웃었다.

짐꾸러미들이 회수되자 중대 보급계(補給係) 스미스 병장이 낙하산을 침구로 사용할 수 있다는 것을 깨닫고는 낙하산을 주우러 산밑으로 내려갔다. 총소리가 한 방 들려 슈미트 중위가 보니 스미스가 도로 옆에 있는 배수로로 굴러 떨어지고 있었다. 총알이 그의 장딴지 뼈를 관통했다. 슈미트가 네 명의 자원자와 함께 산밑으로 달려가 그를 들것에 싣고 방어선 안으로 돌아오는 도중에, 총소리가 또 나더니 슈미트의 다리가 마른 나뭇가지처럼 부러졌다.

슈미트 : "스미스와 같은 종류의 부상을 입은 것으로 알았는데, 정강이뼈가 부러졌더군요. 두 명이 나를 부축해 구호소 텐트로 데려다주었고, 조 브래디가 몰래 간직하고 있던 스카치 위스키를 한 모금 주었습니다. 그런 행동에는 자기보다 남을 먼저 배려하는 마음이 잘 나타나있어 결코 잊을 수가 없었는데, 브래디 자신도 부상을 입고 있었거든

요. 위생병이 내 다리를 두 개의 부목으로 고정시키더군요."

바버는 수색조를 편성해 저격수를 은신처(隱身處)에서 내쫓으려 파견했고, 한편으로는 부중대장 클라크 라이트 중위가 자원자들을 모집하여 공중투하된 나머지 보급품들을 회수하러 산밑으로 내려보냈다.

클리포드 갬블 일병 : "막 어두워지기 시작하자 피터슨 중위가 고지 서쪽에 구축해 놓은 참호들을 살피러 왔습니다. 두 번이나 부상을 입고도 임무를 계속 수행하고 있더군요. 그가 우리와 함께 참호에 앉아서 450 m인지 550 m 떨어진 곳에서 중공군의 대열이 이동하는 것을 지켜보았습니다. 그 대열이 숲 속의 개간지 사이를 지나니까 잘 보이더군요. 그 대열은 대략 횡(橫)으로 5명, 종(縱)으로 25명이 배치된 분열(分列) 대형처럼 보였습니다. 이런 대형 네 개가 개간지를 뚫고 달려왔습니다."

해병들이 두 번째 밤을 준비하는 동안 눈이 내리기 시작했다. 날이 어두워지자 기대감과 공포감이 교차하는 가운데, 적군이 첫날밤의 전투에서 살아남은 해병들을 끝내버리기 위해 일련의 연속적 공격을 개시하리라는 것을 의심하는 사람은 아무도 없었다. 대부분의 해병들은 그들의 참호에 죽은 중공군에게서 노획한 여분의 무기들을 자기들의 기본화기인 M-1 소총이나 카빈, 브라우닝 자동소총의 화력을 보충하기 위해 가져다놓았다.

도날드 차일즈 일병 : "중공군의 기본화기는 중국에서 생산된 1918년식 7.92 mm 마우저 소총이었는데, 많은 소총들이 새 것이었고, 예외적으로 훌륭한 제작능력과 마무리 솜씨를 보여주었습니다. 잘 훈련된 사수가 사용하면 장거리 사격에 효과적 무기였습니다."

차일즈와 그의 자동소총 부사수인 노만 잭슨 일병은 이 소총 다섯 정을 예비무기로 쓰려고 참호 뒤에 세워놓았다.

바버 대위는 하루종일 무전을 감청한 후, 날이 어두워지기 전에 부하 장교들을 소집해 브리핑을 가졌다. "사단으로부터의 최신정보에 의하면 5연대와 7연대는 유담리에서 적군과 치열하게 교전중이고, 사상자도 많이 발생했다고 한다. 어젯밤에는 하갈우리가 맹렬한 공격을 받았고, 그 밑에 있는 고토리는 보급로가 끊긴 채 적에게 포위당했다고 한다. 이런 상황 때문에 그들이 지금 당장 우리를 구원(救援)하러 올 것 같지는 않다." 이어서 그는 사단이 살아남을 수 있는 유일한 기회는 유담리의 부대가 하갈우리의 부대에 합류(合流)할 수 있느냐에 달렸고, 물론 합류가능 여부(與否)는 덕동고개가 해병의 통제하에 계속 남아 있느냐에 달려 있다고 설명했다. "오늘밤 적의 대대적인 공격이 예상되지만, 해병답게 싸우는 한 두려워할 것이 없다."

브리핑은 기분을 가라앉게 했지만, 전반적으로 F중대 장병들은 지난밤의 전투로 인해 병력이 상당히 줄어들었음에도 덕동고개를 지켜낼 수 있다는 자신감을 공유(共有)하고 있었다.

패트릭 스컬리 병장 : "구원받는 것에 대해서는 별로 생각하지 않았고, 우리의 기본자세는, 해병대는 자기 일은 스스로 알아서 한다는 것이었으며, 때가 되면 우리 힘으로 밀고 나갈 것이라는 것이었죠."

시간이 오전 2시 15분이 되었는데도 눈이 그때까지 내리고 있었고, 호각소리가 날카롭게 울리더니 일단의 중공군들이 해병 방어선에 대한 탐색전을 시작했다. 호각소리에 이어 나팔소리가 울리더니, 중공군은 인해전술로 공격을 개시하여 피터슨 소대와 맥카시 소대를 강타했다.

바버 : "첫날밤에 우리는 적 1개 대대를 무력화(無力化)시켰는데, 둘째날 밤에는 그 대대의 잔존병력에다가 추가로 새로운 대대가 함께 공격해 오더군요."

20명의 사상자가 발생한 맥카시 소대는 방어구역이 너무 위험할 정도로 넓어 맥카시가 병력을 이동시켜 측면에 생긴 공백(空白)을 메우려 했으나 40~50명의 중공군이 이미 그 공백을 침투해왔다. 하얀색 군복을 입은 적군들이 방어선 후방에 있는 조그만 솔밭 사이를 흥분해서 떠들면서 우왕좌왕하자, 피터슨 중위가 기관총 한 정의 총구를 돌려 혼란 속에 빠진 적에게 사격을 가했고, 리차드 보넬리 일병이 기관총을 들고 참호를 옮겨다니며 사격했다. 보넬리와 피터슨 중위의 기관총 사격으로 방어선 후방에 침투했던 대부분의 중공군은 사살되었다.

차일즈 일병 : "기관총이 고장나는 바람에 오른쪽 방어선이 뚫렸는데, 누가 높은 포복으로 우리쪽으로 다가와, 총으로 쏘려는 순간에 자기가 해병이라고 밝히더군요. 그를 잡아 참호 안으로 끌어들여 놓고 보니 맨발에 소총도 전투중에 부서졌다더군요. 그는 발을 노만의 배낭에 쑤셔 넣고는 즉시 노만의 자동소총 탄창에 탄약을 채워주기 시작했고, 나에게는 8발들이 M-1 소총 클립을 챙겨주었는데, 큰 도움이 됐습니다. 이러는 중에 수류탄 한 발이 우리 참호 주위에서 터졌지만 하나님의 은총 덕택에 손끝 하나 안 다쳤습니다. 방어선이 얼마나 적에게 유린되었는지 알 수가 없었지만, 전투가 소강상태에 들어갔을 때 오른쪽을 보니 다수의 중공군들이 나무들 사이로 이동하는 것이 보였습니다. 노만과 나는 그 맨발 친구의 도움을 받으며 자동소총과 M-1 소총으로 최대한 쏠 수 있을 만큼의 사격을 적에게 가했고, 흰색 군복을 입고 있던 중공군들은 방향을 돌려 달아났는데, 여러 명이 우리 사격에 쓰러졌지요."

바버 대위는 맥카시 중위의 소대가 진지를 회복하는 것을 도와주고 있었는데, 총알 한 발이 날아와 바버와 맥카시를 연달아 맞추었다.

바버 : "이상한 총알이었습니다. 처음에는 맥카시의 팔을, 연이어 그의 소총 개머리판을 관통(貫通)하고도 힘이 남아서 내 엉덩이에 깊숙하게 박혔고, 그때는 전투지휘를 하느라 바빠서 거기에 신경을 많이 쓰지 않았습니다."

오전 3시가 되자 기온이 영하 31도까지 떨어졌다. 해병들은 반쯤 얼어버린 자동화기를 가지고 단발(單發) 사격을 할 수밖에 없었고, 수류탄을 투척할 때도 미리 안전핀에 얼어붙은 얼음부터 제거해야 했다.

해리슨 포머스 : "우리는 산꼭대기에서 15 m쯤 아래에서 역습할 때를 기다리며 눈 위에 엎드려 있다가 아우다스 하사가 명령을 내리자 벌떡 일어나 역습을 실시했습니다. 클립에 있던 8발을 바로 다 쏘았지만, 주위에 중공군이 너무 많아 재장전을 할 시간이 없었어요. 그래서 가장 가까이에 있던 적군을 착검한 소총으로 찔렀는데, 그놈은 나에게 총을 쏘았습니다."

포머스는 총에 맞은 것이 마치 기차가 자기 머리를 치고 나가는 것 같은 느낌이었다고 말한다. 몸을 움직일 수도 없었고, 아무 소리도 들을 수가 없었으며 기온이 영하에서도 훨씬 아래로 떨어졌지만 추위를 느끼지도 않았다. 그는 눈 위에 누워 하늘을 쳐다보며 기도하기 시작했다. "하나님, 저의 모든 죄를 사(赦)하여 주시고 빨리 곁으로 데려가 주십시오. 아무것도 무섭지 않습니다. 감사합니다."

그때 누군가가 그의 이름을 부르는 것을 들었고, 두 명의 해병이 그를 자기들 참호로 끌어들이고는 그 중의 한 명이 눈으로 얼굴을 씻어 주었다. 위생병이 나타나 팔과 한쪽 손에 입은 상처로 고통이 심한 그에게 모르핀 주사를 한 방 놓아주었다. 포머스는 오른쪽 팔과 다리를 쓸 수 없어서 구호소 텐트로 옮겨졌는데, 그곳에는 이미 사상자가 넘쳐흘렀다. 텐트가 너무 가파른 비탈에 설치되어 있어 그들이 포머스를 바닥에 내려놓았을 때, 그의 몸은 자동적으로 반쯤 앉은 자세가 되어 버렸다. 텐트 안에는 난로 하나가 피워져 있었지만, 천막 벽에 난 총알 구멍들 사이로 바람이 쌩쌩 몰아쳤다.

포머스 : "모르핀이 떨어져 모르핀 주사를 더 맞을 수가 없었습니다. 그래서 통증이 심해질 때면 위생병에게 내 손을 꽉 잡아달라고 부탁했고, 그가 통증이 정말 심해지면 내 손을 꽉 잡아주었습니다.

'더 세게 잡으면 네 손가락이 부러져.'

'어차피 손과 팔이 다 쓸모가 없어졌는데, 뭘. 그러니 부러질 정도로 꽉 잡아줘.'

위생병이 그렇게 하지는 않더군요."

바버 대위는 덕동고개에서 적군의 공격을 충분히 겪고 난 뒤 그들의 지휘능력에 대해 확고한 의견을 가지게 되었다.

바버 : "그들의 전술(戰術)은 아주 보잘 것이 없었습니다. 사실, 멍청했습니다. 매일 밤 거의 같은 시각에 같은 장소로 공격해 왔고, 돌격하기 앞서 나팔소리, 호루라기, 고함 지르기 등 엄청나게 시끄러운 소리를 냈으며, 우리를 기습하려는 시도를 하지 않았습니다."

여명(黎明)에 존 아우다스 하사가 급조(急造)한 공격대형을 이끌고 역습을 실시해 다수의 중공군을 죽이고 나머지를 산밑으로 쫓아내 버렸다. 아침 6시까지 진지는 원상복구되었고, 진지 앞에는 200여 구의 적군 시체가 새로이 널려 있었다.

페이스 특수임무부대

제임스 랜선 일병 : "페이스 중령은 알몬드 장군에게 '군단장님, 우리 부대는 곤경에 처해 있어 신속한 도움이 없으면 전멸할지도 모릅니다. 구원병력을 보내줄 수 없다면, 제발 여기서 철수(撤收)라도 하게 해주십시오'라고 말을 했어야 했습니다."

알몬드가 왜 뒤늦게 철수 대신에 공격명령을 내렸는지는, 누군가가 멍청해서 그런 결정을 내린 것이라고 이유를 내세우기 전에는, 풀리지 않는 수수께끼로 영원히 남을 것이다("공격해야 할 때도 알몬드는 공격적이었고, 신중해야 할 때도 그는 공격적이었습니다"라고 나중에 알몬드의 참모장교 중의 한 명이 말했다).

그러나 왜 맥클린 대령은 그 정신나간 명령에 의문(疑問)을 제기하지 못했을까?

제1해병사단의 공보관 마이클 카프라로 대위 : "장교가 계급이 무엇이든, 대령조차도 공격을 계속하겠다는 장군의 의지에 의문을 제기한다는 것은 어려운 일입니다. 그렇게 하면 소심하다는 비난을 받게 되고, 결과적으로 진급에 지장을 주게 되지요. 내 생각에는 알몬드와 맥클린이 단순하게 중공군의 전투력은 과소평가(過少評價)하고, 아군의 전투력은 과대평가(過大評價)한 것 같습니다."

11월 28~29일 사이의 자정이 조금 못 되어 중공군 80사단의 예하

부대들이 맥클린 특수임무부대의 전방 방어선에 대한 새로운 공격을 개시했고, 두 시간이 지난 뒤 전투가 치열해지자, 맥클린은 페이스의 32연대 1대대를 31연대 3대대가 간신히 버티고 있는 풍유리강 하구까지 후퇴시키기로 결정했다(강 하구는 후동의 학교교사에서 북쪽으로 6 km 떨어져 있었으며, 그 학교교사에는 드레이크 중대의 전차들이 아무 소용도 없이 대기하고 있었다). 맥클린은 그 순간까지도 윌리엄 라이디 중령의 31연대 2대대가 도착하기를 기다리고 있었는데, 그 부대가 합류하면 맥클린은 다음날 강 하구를 출발해 알몬드가 명령한 공격작전을 시작할 준비를 갖출 수 있었기 때문이었다. 하지만 그는 라이디의 대대가 그때 멀리 떨어진 함흥에 있다는 것을 알지 못하고 있었다.

철수는 두 시간 반 후에 시작되었고, B중대 선임하사 루나는 트럭에 부상자들을 실을 수 있는 공간을 확보하기 위해, 보급품과 침구를 포함해서 모든 것을 포기하라는 명령을 받았다. 다수의 차량들이 시동이 걸리지 않아 철수준비의 북새통에 버려졌다. 차량 60대로 구성된 차량 행렬은 어려움 없이 6 km를 달려 목적지에 도착했고, 중공군은 뒤에 남겨둔 보급품과 장비들을 약탈(掠奪)할 생각에 정신이 팔려서인지 호송차량 행렬을 추격하지 않았다.

오후가 되어서야 호송차량 행렬의 후위가 풍유리강 하구에 놓여 있는 시멘트 교량을 건너기 시작했고, 페이스 대대의 작전장교인 웨슬리 커티스(Wesley J. Curtis) 소령은 그곳에 있는 아군진지의 상황이 비참한 것을 발견했다. "31연대 3대대와 57야전포병대대의 방어선은 철저하게 공격을 받아 무너져 있었고, 조직적 방어를 할 수 있는 능력을 상실(喪失)하고 있었습니다. 게다가 연기와 안개 때문에 앞도 잘 안 보였지요."

맥클린 대령은 강 하구의 북쪽을 달리던 호송차량 행렬 후위의 차량 앞좌석에 탑승했다가, 800 m쯤 남쪽에서부터 아군 방어선을 향해 접근해 오는 행군 종대를 발견했다. 31연대 2대대의 도착을 갈망해 마지

326

않던 그는 라이디 대대의 첨병부대를 만났다고 확신하면서 기쁨에 겨워 소리를 질렀다. 그러나 그의 기쁨은 방어선에 있던 병사들이 접근하는 병력을 향하여 무질서하게 사격을 시작하자 분노(憤怒)로 바뀌었다.

"사격 중지! 우리편이야! 사격 중지!"

맥클린은 트럭에서 뛰어내려서 언덕을 내려가, 사격을 중지시키려고 반대편 쪽의 강변을 향해 얼음판 위를 뛰어갔다. 반대편 강변까지의 거리는 400m쯤 되었는데, 부하들은 대령이 얼음판 위를 뛰어가다가 넘어지는 것을 목격했고, 페이스와 커티스는 그가 일어서서 몇 걸음 가다가 다시 넘어지는 것을 보았다. 뒤늦게 모두가 맥클린이 보호하려고 하는 병력이 중공군이라는 것과, 적군 병사들이 얼음 위에서 미친 듯이 손짓을 하는 대령을 향해 사격하기 시작한 것을 알아차렸다. 목격자에 따르면 맥클린은 네 번 넘어졌고 그때마다 다시 일어났는데, 그가 매번 총에 맞아 넘어진 것인지 아니면 서둘러 반대편 강변에 도달하려다가 얼음에 미끄러진 것인지는 확인할 방법이 없었다.

맥클린이 강변에 도착하자 중공군 병사 몇 명이 그의 팔을 잡아당겨 제방 위로 끌어올린 뒤 끌고 가 버렸고, 자기 지휘관이 눈앞에서 적군의 포로가 되는 것을 목격한 미군들은 심한 충격을 받았다(앨런 맥클린 대령은 포로가 된 지 나흘째 되던 날 포로수용소로 끌려가던 도중에 사망했고, 위치를 알 수 없는 도로변의 눈 속에 묻혔다).

지휘관의 유고(有故)로, 돈 페이스 중령이 풍유리강 하구에 주둔한 3개 육군대대를 지휘하게 되었다.

오후 8시 27분을 기준으로 3개 육군대대를 포함한 장진호 지역의 모든 병력이 스미스 제1해병사단장의 작전통제하에 들어갔다. 헨리 호즈 준장은 스미스에게 풍유리강 하구에 있는 육군부대들이 심각한 타격을 받아 약 500명의 사상자가 발생했으며, 스스로 돌파구(突破

口)를 개척할 전투력을 상실했다고 보고했다. 그 보고를 받은 스미스는 호즈에게, 무슨 수를 써서라도 하갈우리에 도착하도록 하라는 전문을 페이스에게 보내라고 지시했다. 이미 언급한 것처럼 상황이 기묘하게 되었는데, 31연대전투단은 스미스 장군이 하갈우리에 거느리고 있는 해병대 병력에 버금가는 병력을 보유하고 있었다. 스미스는 가능한 한 항공지원을 보장하려고 했으나, 페이스와 그의 부하들은 여하튼 스스로의 힘으로 위태로운 상황을 극복(克服)해야만 했다.

육군부대를 위한 항공지원을 통제하는 모든 책임이 스탬포드와 그의 부하들에게 떨어졌지만(공군 전방항공 통제관은 전사했다), 스탬포드는 집단적 초조함이 퍼지고 있는 상황에서도 침착함을 유지했으며 왕성한 식욕도 잃지 않았다.

스탬포드 : "C-레이션 깡통을 따서 식사하려고 앉을 만한 곳을 찾다가 중공군의 시체 하나가 눈에 띄었습니다. 그 시체는 무릎을 꿇고 팔꿈치를 든 채 엎드려 있었는데, 머리 윗부분은 날아가 버렸더군요. 시체가 얼어버리면서 뇌수가 두개골 밖으로 튀어나와 태평양의 환초에서 볼 수 있는 분홍색 산호(珊瑚)처럼 생겼더라구요. 아침 일찍 내린 서리가 뇌수의 윗부분을 덮어 햇빛에 반짝반짝 빛나고 있었습니다. 나는 시체 위에 앉아서 깡통을 열고 산호를 식탁 위의 장식물 삼아 음식을 먹어치웠습니다."

오후에 호즈가 보낸 해병 헬리콥터 한 대가 부상을 입은 라일리와 엠브리, 두 대대장들을 후송하기 위해 풍유리강 하구의 진지에 착륙했고, 밤이 되기 전에 역시 호즈가 보낸 해병 L-5 연락기(連絡機)가 모르핀 상자를 투하해 주었다. 그 두 가지가 부사단장 호즈가 적에게 포위당한 페이스와 그의 부하들에게 해줄 수 있는 전부였다.

알파 바우저 대령 : "호즈 장군은 육군병력을 구원해 달라고 요청하면서 무척 부끄러워했고, 자기가 요청하는 것이 불가능하다는 것을 인정했습니다. 그곳의 육군병력을 구할 수 있는 충분한 숫자의 해병 병

력을 출동시키면, 하갈우리가 그만큼 적의 공격에 취약해져 버리게 되었거든요."

페이스 특수임무부대는 이제 해병 항공단의 근접항공지원과 스스로의 능력만으로 난관(難關)을 돌파해야만 했다.

죽음의 계곡

　그가 없는 자리에서 다른 사람들에게 '체스티'라고 불리는 루이스 B. 풀러 대령은 해병대의 살아있는 전설이었다. 진정한 의미의 전사(戰士)인 풀러는 거의 30년 동안 해병대가 개입(介入)했던 여러 격렬한 전투에서 지휘관으로 활약했다. 안짱다리에 호전적으로 생긴 얼굴과 가슴이 툭 튀어나온 풀러는 이상적 전투지휘관으로 인정받고 있었는데, 싸우면 이기고 또 부하들을 잘 돌보았기 때문이었다. 함흥에서 고토리로 행군하면서 그가 텐트자재 수송에 우선권을 두었기 때문에 텐트를 즉시 세울 수가 있어 소총수들은 추위를 피할 수 있었다.

　이런 조치는 장진호 전투의 초기에 소화기 탄약이 부족하게 된 데 간접적으로 영향을 끼쳤고, 어떤 사단참모가 그것에 대해 질문을 하자, 풀러는 "추위로 몸이 얼어붙으면 전투를 할 수 없어. 탄약이 떨어지면 소총에 착검하고 싸우면 돼"라고 대답했다. 중공군의 공격이 시작된 후, 그는 "적군을 찾아다니고 있었는데, 제 발로 걸어와 우리를 포위해 주었으니 일이 간단해졌군"이라고 말했다.

　5연대나 7연대와는 달리 풀러의 1연대 예하대대들은 서로 떨어져 있었다. 도날드 슈먹(Donald Schmuck) 중령의 1대대는 고토리에서 16 km 내려간 황초령(黃草嶺)의 남쪽에 있는 진흥리의 철도시설과 야적된 보급품을 지키고 있었고, 그때까지 고토리에 머물던 시터의 G중

330

해병 1연대장
루이스 풀러 대령

대를 뺀 토마스 리쥐의 3대대는 하갈우리에 있었다. 풀러는 고토리에 앨런 슈터(Allan Sutter) 중령의 2대대에 추가로 1개 포병포대, 약 300명의 공병부대와 소수의 의무·헌병·통신·수송 등의 비전투병력을 거느리고 있었다.

고토리 마을 자체에 대하여는 별로 언급할 것이 없었다. 스미스 장군의 설명에 따르면, "오막살이 몇 채밖에 없었는데, 주위의 고원지대는 바람이 심하게 불었고, 황량한 모습을 하고 있었습니다. 북쪽에서 불어오는 찬바람이 고개

아래로 휘몰아쳐, 소형 비행기들이나 헬리콥터들은 기체가 흔들려서 마을 남쪽에 있는 고개를 넘어 날아오는 데 어려움을 겪었지요. 당시의 기억으로는 고토리가 장진호 전투기간중에 머무른 여러 곳 중에서 가장 춥고 마음에 안 드는 장소였습니다."

풀러는 고토리를 제대로 방어하려면 마을 주위의 고지대를 점령하여야 한다는 것을 알고 있었다. 하지만 하갈우리에 있는 리쥐의 경우처럼 그런 식으로 방어선을 구축하기에는 병력이 모자랐기 때문에 유일한 대안(代案)은 밀집된 방어선과 치밀하게 협조된 지원화력망을 구축하는 것이었다. 11월 28일 아침까지 중공군의 대병력이 동쪽을 제외하고 마을을 둘러싼 부근의 모든 산을 점령하려는 것 같자 해병포대가 적군의 집결지에 돌아가면서 포격을 퍼부어 타격을 가하였지만, 적군은 포위망을 완성하려고 계속 움직였다. 이런 상황에서 풀러는 협소한 방어구역에 병력이 밀집된 것이 걱정되었다. 모든 텐트가 빈 공간이 없을 정도로 꽉 차서, 적군의 협조된 일제 포격이 아니라 박격포탄 한 발만 떨어져도 큰 피해를 입을 가능성이 높았다.

남북으로 뻗어 있는 하나뿐인 도로도 양쪽이 모두 차단되어 있었다. 정찰기의 보고에 의하면 북쪽으로 하갈우리와 고토리 사이에 중공군이 설치한 8개의 도로장애물이 있었고, 남쪽으로 황초령이 이르는 도로에는 적어도 3개의 장애물이 설치되어 있었다. 유선통신망은 양쪽 다 이미 적군에 의해 절단되었으며, 풀러와 스미스 장군 사이의 접촉은 불완전하게나마 무전기를 통하여 이루어지고 있었다. 16 km 남쪽 진흥리에 있는 슈먹의 1대대에서 파견한 정찰대는 서쪽으로 뻗어 있는 산 능선을 중공군 병력이 점거하고 있는 것을 발견했다.

스미스 장군은 풀러에게 명령을 내려 그가 거느린 2,100명 병력이 전력을 다해 하갈우리와 고토리 사이의 도로를 개통시키기 위해 노력을 기울이라고 했다. 풀러는 시터의 해병 1연대 G중대와 찰스 펙캠(Charles Peckham) 대위의 육군 31연대 B중대가 더글러스 드라이스데일(Douglas Drysdale) 중령의 영국 해병 41특공대와 함께 적군이 도로를 차단하기 전에 고토리에 무사히 도착한 것을 다행스럽게 여겼다.

41특공대는 흥미로운 부대였는데, 수륙양용(水陸兩用) 수색작전을 위해 훈련받는 이 병력 300명의 부대는 11월 중순 한국에 도착해 양키 해병대와 합동작전을 하게 해달라고 요청했고, 터너 조이 제독의 명령에 의해 리첸버그의 7연대에 배속될 예정이었다.

이것은 미국과 영국 해병대가 함께 전투를 치른 두 번째 경우였는데, 첫 번째는 20세기가 시작되던 해에 중국에서 일어난 의화단(義和團)의 난(亂)[1]을 진압하기 위해 출동했을 때였다. 그 이후(以後) 양국의 해병대는 각자의 창설기념일에 — 1664년 10월 28일과 1775년 11월 10일 — 전통적으로 축하메시지를 교환하였으며 대서양(大西洋)의 양쪽에서 축배를 들었다. 미국 해병대는 영국 해병들의 민첩함과 악조건의 기후에서도 청결한 복장을 유지하려는 자세 그리고 그들이 쓰고

---

1) 1900년 중국의 백련교도들이 중심이 되어 부청멸양(扶淸滅洋)의 구호 아래 일으킨 폭동. 영어로는 Boxers Rebellion 이라고 한다.

있는 녹색 베레모를 찬양하여 왔다(드라이스데일은 베레모를 잃어버린 특공대원은 수치심을 느끼라고, 미 육군병사가 쓰는 것 같은 철모를 써야 하며, 또 다른 베레모를 보충해 주지 않겠다고 선언했다. 41특공대가 고 토리에 도착한 뒤 존 스톡이라는 키가 작은 특공대원이 베레모를 잃어버렸 는데, 아마 기념품 사냥에 나선 미군에게 도둑맞은 것 같았다. 스톡은 즉 시 베레모를 분실한 것을 상관인 피터 토마스 중위에게 보고했고, 토마스 중위는 스톡을 엄하게 야단친 뒤 자기가 마침 개인 사물함에 갖고 있던 여 분의 베레모를 빌려주었다).

풀러는 드라이스데일 중령을 돌파부대의 지휘관으로 임명했고, 부 대는 고토리 방어부대로 편성되지 않은 시터의 중대, 펙캠의 중대, 영 국 해병 41특공대, 그리고 사단 본부대의 병력으로 구성되었다. 돌파 부대는 약 900명의 병력으로 이루어져 숫자상으로는 대대규모였지만, 그 혼성부대에는 단위대대에서와 같은 통합된 전투력이 없었다. 그 결 과 그 부대 병력의 1/3이 자정 전에 전사하거나 적의 포로(捕虜)가 되 었다.

드라이스데일 특수임무부대는 11월 29일 오전 9시 45분 눈보라와 매섭게 몰아치는 바람을 맞으며 정찰기 활주로를 지나 하갈우리를 향 해 출발했다. 영국과 미국 해병대 사이에 미묘한 경쟁심리(競爭心理) 가 작용하여, 41특공대가 가벼운 저항을 물리치고 첫 번째 목표인 고 토리 바로 북쪽에 있는 고지를 점령하자 G중대는 다음 목표인 길에서 조금 떨어져 있는 반대편의 고지를 점령했다. 드라이스데일의 계획은 31연대 B중대를 예비대로 운용하면서 두 부대가 길 양쪽의 고지들을 먼저 점령하면 나머지 부대가 뒤이어 도로를 따라 전진하는 것이었다.

1연대 G중대 프랜시스 뉴볼드 일병: "우리는 아직도 고토리의 집들 이 보일 만큼 가까운 곳에서부터 적군의 저항에 부딪혔습니다. 영국 특공대가 눈 위에서 선명하게 보이는 녹색 베레모를 쓰고 첫 번째 고 지를 공격하더니 결국 점령에 성공하더군요. 그 다음은 우리 차례였지

요. 땅개들로 말하자면, 그들이 공격할 목표나 있었는지 기억이 나지
않습니다."

퉁명스럽게 생긴 특공대 분대장 론 모이스(Ron Moyse) 상병은 미
국 해병들이 칭찬받을 만하지만, 그들이 전투에서 소음을 많이 내고
필요 이상으로 탄약을 많이 소비한다는 것을 발견했다. 그가 관찰한
바에 의하면, "미국 해병들은 영국의 사촌(四寸)들보다 덜 이성적이고
흥분을 더 잘했습니다. 그러나 한 가지 공통점은 둘 다 스스로를 육군
떼거리들보다 훨씬 낫다고 여기고 있다는 것이었습니다. 고토리를 벗
어나서 얼마 안가서부터 우리 위생병들이 바빠지기 시작하더니 부상자
와 부상자 사이를 뛰어다니기 시작했습니다. 많은 수의 중공군들이 모
든 방향에서 우리를 향해 사격을 가하고 있다는 것을 알았고, 우리가
한배를 탄 신세라는 것을 마침내 이해하게 되었습니다."

해병 전방항공 통제관 노만 바이닝 대위는 공격할 목표는 너무 많은
데 비해 코르세어 전투기의 수는 충분하지가 않았다고 기억하고 있다.
유담리와 하갈우리에 근접항공지원의 우선권이 주어진 상황에서도 그
는 어떻게 해서든지 세 번의 공습을 유도할 수 있었으나, 네 번째 공
습을 실시할 전투기가 눈에 보이기 시작할 때 그의 공지통합(空地統
合) 무전기가 고장나 버렸다.

바이닝 : "능선에 중공군이 우글우글거리는 것이 보이는데, 무전기
가 고장나다니, 그 좌절감(挫折感)을 이해 못할 겁니다."

출발 세 시간 후 드라이스데일 특수임무부대는 단지 3 km를 전진하
였고, 아직도 15 km를 더 가야만 했다. 정오쯤에 드라이스데일은 풀
러 대령과 무전으로 접촉하여 상황을 설명했고, 풀러는 고토리에서 전
차를 보내주겠으니 제자리를 지키라고 말했다. 한 시간 후 전차들이
도착하자, 드라이스데일은 전차들을 차량종대 사이에 두 대씩 같이 끼
워 전진하자고 요청했지만, 전차 중대장 브루스 클라크 해병 대위는
전차들은 같이 움직여야 한다고 주장하면서 그의 말에 귀를 기울이지

않았다. 풀러가 클라크를 드라이스데일의 지휘계통에 배속(配屬)시키지 않았기 때문에 그 영국군 장교는 전차대장의 주장을 수용(受容)해야만 했다.

뒤이어 벌어진 드라이스데일 특수임무부대의 붕괴(崩壞)는 부분적으로 가용한 전차를 제대로 운용하지 못한 오판(誤判) 때문이었다. S. L. A. 마셜이 지적했던 것처럼 적군의 공격을 받은 차량행군 종대에서 장갑력이 약한 트럭이나 지프의 생존가능성은 대개 그 차량들이 얼마나 빨리 계속해서 달릴 수 있느냐에 달려 있었고, 반면에 전차부대는 사격을 받으면 멈춰서 대응사격을 하는 경향이 있었다. 전차들이 너무 자주 멈추어 길을 막고 대응사격을 하는 바람에 트럭들과 지프들이 적의 소화기 사격과 박격포 사격에 노출되었다. 드라이스데일이 도중에 대응사격을 중지하고 전차를 빨리 이동시키라고 클라크 대위에게 간청했지만, 그 전차대장은 대응사격에 정신이 팔려 드라이스데일의 간청을 새겨들을 수가 없었다.

드라이스데일 특수임무부대는 점차적으로 전투력을 잃어갔고, 처음부터 약했던 단위부대로서의 결속력도 보병 병력이 행정지원 병력들과 섞이면서 없어져 갔다. 오후 4시 30분이 되자 차량종대는 고토리와 하갈우리의 중간쯤의 도로에서 더 이상 나아갈 수가 없었다. 클라크는 드라이스데일에게 전차들은 적군의 화망(火網)을 빠져나갈 수 있겠지만, 트럭들이나 지프들이 계속 나아가는 것은 안전하지 못할 것 같다고 말했다.

그 시점에서 드라이스데일에게 필요한 것은 지휘관(指揮官)의 결심(決心)이었다. 하갈우리에 있는 사단본부와 접촉하면서 그는 매순간 사상자가 발생하는 손실을 무릅쓰고도 그의 부대가 전진을 계속해야 하느냐고 물었고, 그 메시지는 마침 하갈우리에 설치된 두 개의 해군 야전병원 중의 하나인 E병원에서 치료를 받고 있는 부상자들을 위문하던 스미스 장군에게 전달되었다. 스미스에게는 그 결심이 고통스러

울 정도로 힘이 들면서도, 한편으로는 쉬운 역설적(逆說的)인 것이었
는데, 왜냐하면 증원군이 도착하지 않으면 하갈우리는 그날 밤이라도
적군의 손에 떨어질 가능성이 높았기 때문이었다.

시터 대위가 드라이스데일의 옆에 서 있을 때, "어떠한 대가를 지불
해서라도 계속 전진하라"고 하는 스미스의 명령이 무전을 통해 전달되
었다. 두 사람은 굳은 표정으로 서로를 바라보았고, 드라이스데일이
고개를 끄덕이며 말했다, "그렇군, 자 그러면, 시작해 볼까."

그래서 속도를 내 전진을 계속한다는 말이 차량종대 전체에 전달되
었고, 론 모이스 상병은 그 말을 이렇게 기억하고 있다. "우리에게 전
달된 메시지는, 무슨 수를 써서라도 꼭 하갈우리에 도착해야 한다는
것이었습니다."

중공군이 늘어선 차량행렬에 가까이 접근하여 수류탄을 던지기 시
작했다. 이 수류탄들 중의 하나가 병력들이 하차하던 트럭의 뒤에 떨
어져, 시터의 중대에 배속된 로켓포 사수 윌리엄 B. 보(William B.
Baugh) 일병이, "수류탄!"이라고 고함을 지르면서 폭발하는 수류탄을
자기 몸으로 막고, 잠시 후에 숨을 거두었다. 사후(死後) 그에게 추서
(追敍)된 명예훈장(Medal of Honor)의 서훈장(敍勳狀)에는 이렇게 적
혀 있다. "뛰어난 용기와 용감한 자기희생정신으로, 보 일병은 미합중
국 해군/해병대의 가장 고귀한 전통을 더욱 드높였으며, 용감하게 조
국을 위해 자기 목숨을 바쳤다." 전사할 당시 보 일병은 20살이었지
만, 나이보다 어려 보였다. 켄터키주에서 태어났으며, 기록상의 주소
는 오하이오주 해리슨이었다[1984년 9월 22일, 그의 여동생 오팔 쿠치
맨 여사가 해군 수송함 윌리엄 B. 보의 명명식(命名式)에서 샴페인 병을
깨는 전통적 행사를 주관했다].

시터 대위가 자기의 카빈 소총으로 전차의 장갑을 두드리자 전차병

한 명이 얼굴을 포탑 위로 내밀었다. 시터는 그에게 "오른쪽에 철로 둑이 있는데, 그 둑을 따라서 사격해 주게"라고 소리쳤고, 전차병이 무어라고 대답을 했지만, 시터는 전차소음 때문에 그 소리를 들을 수 없어 다시 소리쳤다. "차량종대가 앞으로 나갈 수 있게 사격을 하라니까."

그렇게 해서 G중대와 영국군 특공대, 그리고 D중대의 전차들로 이루어진 차량행렬의 선두(先頭)는 펙캠의 B중대와 사단 본부대 병력의 대부분이 뒤에 처진 것을 알지 못한 채 어둠 속을 달려나가기 시작했다.

론 모이스 : "적의 매복(埋伏)을 뚫고서 하갈우리까지 달려가는 것은 악몽 같았습니다. 중공군들은 도로 옆의 배수로에 진을 치고는 우리를 향하여 맹렬하게 사격을 가했습니다. 우리는 해병대 트럭의 짐칸에 타고 있었는데, 내 왼쪽에 앉아 있던 레슬리 마쉬 대위는 양다리에 총상을 입었고, 오른쪽에 있던 탱키 웹 상병은 왼쪽 눈에 총알을 맞았습니다. 그리고 내 맞은편에 앉아 있던 존 우드워드는 머리를 맞고 트럭에서 떨어졌지요. 동시에 트럭 운전병도 총에 맞아 죽었는데, 다행스럽게도 우리 특공대 부대장(副隊長)이 운전대를 잡고는, 도중에 부상을 입었는데도 불구하고, 하갈우리까지 트럭을 몰고 갔습니다. 하갈우리까지는 8 km 거리였고, 트럭은 전속력으로 달려 계속 앞으로 나갔습니다. 마침내 내 공병들이 활주로에 켜놓은 전등 불빛이 보이기 시작했고, 도로의 코너를 돌자 피라미드 모양의 텐트들이 눈앞에 펼쳐지기에, 나는 다 왔다고 생각했지요."

그러나 그 텐트들은 컬비스 대위의 10군단 공병대가 이스트 힐 전투에 투입되기 전에 세워 놓은 것들이었다. 공병들이 떠난 뒤 그곳을 점거(占據)하고 있던 중공군들이 접근하는 차량행렬을 보고 밖으로 뛰어나와 사격을 가해왔다. 시터와 드라이스데일 부대의 생존병력은 트럭에서 다시 한 번 황급히 내려 중공군을 고지 위로 밀어냈다.

에드윈 시몬스 소령 : "초록색 베레모를 쓴 드라이스데일이 팔의 상처에서 피를 뚝뚝 흘리면서, 수술실로 쓰는 텐트의 야전램프 불빛 아래서 경례를 한 뒤 영국 해병 41특공대가 전투임무를 수행하기 위해 도착했다고 보고하던 것을 생생하게 기억하고 있습니다."

리쥐 중령은 그 키가 큰 영국군 장교에게 진격을 저지(沮止)하던 중공군의 숫자가 얼마나 되느냐고 질문을 했고, 드라이스데일은 잠시 생각을 하더니, "최소한 3개 대대 병력은 되는 것 같았습니다"라고 알려주었다. 리쥐는 G중대와 41특공대에게 그날 밤은 예비대로 대기하라고 지시했다. 시터는 그의 부하들이 도로 위에서 전투를 치르면서 하갈우리까지 오느라 지쳤고 조직력도 흐트러져서 오전 1시가 되서야 병력을 안정시킬 수가 있었다고 기억했다.

시터가 잠이 들고나서 얼마 되지 않아 리쥐의 작전장교인 조셉 트롬프터 소령이 전화를 걸어왔다.

시터 : "그가 나더러 텐트 문을 걷고 바로 앞을 내다보라고 하더니, '고지가 보이지?'라고 물어보더군요."

그로부터 한 시간도 못 되어 시터와 그의 중대원들은 이스트 힐의 미끄러운 비탈길을 걸어올라 적의 공격을 저지하던 컬비스의 부대를 비롯한 다른 혼성(混成) 부대들과 합류했다. 고토리에서 베레모를 분실했던, 덩치가 작은 특공대원 존 스톡 일병은 자기 조장이 빌려준 베레모에 총알 구멍이 난 것을 발견했고, 죽지 않은 것이 기적이었지만, 한편으로는 피터 토마스 중위의 분노를 어떻게 감당할지 걱정이 태산 같았다. 하지만, 토마스는 웃으면서 "그 베레모를 아슬아슬하게 목숨을 구한 기념으로 간직해라"라고 말했다.

론 모이스 : "장진호 전투기간중에 가장 기분이 우울했던 때는 그날 밤 트럭에 실려 있던 시신들의 숫자를 세면서 생(生)과 사(死)의 실체에 대해 깨달았을 때였습니다. 여러 명의 전우들을 잃었다는 것을 확실하게 느낄 수 있었습니다. 사소한 일이지만, 개인 사물(私物) 배낭

을 적의 공격에 대항하려고 트럭에서 황급히 내리면서 잃어버렸지요. 잃어버린 물건 중에 내가 아끼던 1943년에 지급된 군화솔이 있었는데, 좀 웃기겠지만, 나는 그 군화솔이 잃어버린 잡동사니 가운데서 가장 아깝다고 생각했습니다. 그 군화솔은 길이 잘 들어 있었기 때문에 지금까지도 중국에서 구두 광을 내는 데 쓰고 있을지도 모르지요. 입고 있던 옷과 지니고 있던 다른 장비들 그리고 개인화기를 제외하고 나에게 남은 것은 지금의 아내가 1949년에 준 반지뿐이었습니다.”

41특공대 헤이허스트 일병는 트럭을 타고 하갈우리로 달려오는 도중 다리에 총상을 입었고, 도착하자마자 불도 켜있지 않은 근처의 응급 대피소로 옮겨졌다.

헤이허스트 : “여러 명이 어둠 속에 누어 있는 것을 알아보고는, 아무런 대꾸가 없어도 말을 붙여보려고 계속 시도했지요. 그러고 있는데, 누군가가 텐트 문안으로 머리를 들이밀기에 마실 것 좀 달라고 말했더니, 그 불쌍한 친구가 놀라서 비명을 지르고는 가버리더군요. 조금 있다가 위생병 두 명이 오더니 나를 병원 텐트로 데려갔고, 그때서야 내가 잠시 수용(收容)되어 있던 곳이 시신 안치소(安置所)라는 것을 알아차렸습니다.”

드라이스데일 자신이 이름을 붙인 죽음의 계곡(Hell Fire Valley) 전투에서 살아 남은 병력들은 그 자체의 안전도 확실치 않은 하갈우리 방어선에 도착했다. 시터 대위는 허둥지둥 하갈우리로 달리면서도 나머지 차량종대도 따라오고 있다고 생각했으나, 뒤에 처진 약 60명의 영국 해병 특공대원들과, 육군 31연대 B중대 병력의 대부분, 그리고 사단 본부대 병력의 대부분은 중공군의 처분(處分)만 바라면서 황량한 벌판을 헤매고 있었다.

도피와 항복

이제 고토리(古土里)가 공격을 받을 순서가 다가왔다. 11월 29일 날이 저물 무렵, 중공군은 풀러의 밀집된 방어선에 공격을 퍼부어 잭 스미스 대위의 E중대 진지 근처의 고지를 떼지어 넘어와 방어선 안으로 침투해왔고, 뒤이은 혼전(混戰) 속에서 17명의 중공군이 방어선 후방에서 사살되었다. 공격이 그친 후 스미스의 중대원들은 밤새도록 중공군 위생병들이 부상자를 돌보려고 켠 플래시 불빛을 보았다고 보고했다. 아침이 되어 스미스의 부하들이 세어 보니 175구의 시체가 눈위에 쓰러져 있었다. 고토리의 다른 부대들은 그날 밤 적의 공격을 받지 않았다.

죽음의 계곡에서는 중공군의 82 mm 박격포탄이 탄약수송 트럭을 맞추어 탄약이 폭발하면서 트럭과 앞에 있던 지프가 부서져, 도로가 막혔다. 이렇게 해서 차량종대를 몇 개의 토막으로 나누려는 중공군의 전술적 계획이 맞아 들어가기 시작했고, 다음 일은 그 분리된 토막들을 섬멸하는 일이었다. 뒤에 남은 드라이스데일 특수임부대원들의 일부는 언제, 그리고 과연 증원병이 도착할 것인지 걱정하면서 고토리쪽을 바라보았다.

G중대와 영국군 특공대, 그리고 클라크의 전차들이 산모퉁이로 사라진 후, 적군은 뒤에 남은 병력들에게 화력을 집중(集中)했다. 도로

옆의 얕은 배수로는 엄폐가 거의 되지 않아 도로 동쪽에 있는 고지에서 쏟아지는 적의 사격을 막아주지 못했다. 날이 어두워지면서 근접항공 지원도 불가능해지자 중공군은 더욱 대담해져 고지를 내려와 도로의 여러 곳을 공격해 남아있는 차량종대를 더 작은 그룹으로 분리시켰다.

마침내 영국군 특공대의 일부와 육군 31연대 B중대, 그리고 사단 본부대 병력은 세 개의 작은 그룹과 한 개의 비교적 큰 그룹으로 나뉘어졌다. 북쪽 끝에 있던 병력 135명의 큰 그룹은 10군단 연락장교인 존 맥로린(John McLaughlin) 해병소령의 지휘하에 있었고, 거기서 250 m 남쪽에는 대부분이 찰스 펙캠 대위의 B중대원들로 이루어진 그룹이 있었다. 50 m 아래에는 샌프란시스코의 언론인 출신인 해병사단 공보관(公報官) 마이클 카프라로 대위가 끼어 있는 진지가 있었고, 다시 남쪽으로 100 m 아래에는 사단 차량수송관 헨리 실리(Henry Seeley) 소령이 거느리는 그룹이 있었다. 모두 해서 약 380명 정도인 네 개의 그룹은 1 km 길이의 도로 위에 흩어져 있었고, 서로간에 무전연락이 되지 않았다.

전반적 주변 지형의 상황은 특징적인 산악지대의 모습을 하고 있었는데, 좁은 도로와 동쪽에 도로와 나란히 뻗어있는 철로제방, 그리고 그 너머 도로에서 떨어져 있는 고지와 연결된 언덕들이 펼쳐져 있었다. 그 고지 위에 설치되어 있는 대부분의 중공군 기관총과 박격포 진지는 아주 좋은 사계(射界)를 확보하고 있었다. 도로의 서쪽에는 장진강이 흐르고 있고, 그 너머에는 다닥다닥 붙은 논들이 민둥산의 밑자락까지 펼쳐져 있었다. 중공군은 전투력이 약하고 방어진지도 제대로 갖추지 못한 미군병력에 대한 공격을 서두르는 것 같지 않았다.

카프라로 대위 : "낮동안 차량행렬이 정지할 때마다 우리는 몸을 따뜻하게 하는 데 정신이 팔려 팔을 흔들어 대거나 제자리 뛰기를 하곤 했습니다. 날이 어두워진 후 중공군이 도로의 동쪽에서부터 갑자기 공격을 해, 차량행렬이 분산되고 난 후에야 상황이 얼마나 심각한지 깨

달았습니다. 상황이 너무 빨리 전개돼 겁먹을 시간도 없었고, 대신에 이 상황이 진짜인지 하는 의구심(疑懼心)과 일이 이렇게 벌어지게 내버려둔 것에 대해 짜증이 났습니다. 좀 웃기는 이야기지만, 나는 1947 년에 중국에서 근무해 상하이(上海)의 혼잡스러운 군중에 익숙했는데, 그런 상황에 부딪히니 그때 생각이 나더군요.

누군가가 나를 쏘기를 기다리고 있으려니 시간이 정지한 것 같았고, 동시에 지프에 실려 있던 신분증, 타자기, 칫솔 등 사물(私物)들을 잃어버린 것에 짜증이 났습니다. 그러고 있는데, 중공군들이 도로를 향해 들쥐처럼 떼지어 몰려오다가 가버리더군요. 무슨 일이 벌어지는 건지 알 수가 없었습니다. 그때 부사단장 크레그 장군의 부관(副官)인 존 벅 중위와 나는 반대방향으로 뛰었고, 강둑에 이르러서 멈추었는데, 멀리서 적군의 나팔소리가 메아리쳐 들리더군요."

긴 밤이 될 것 같다. 유일한 희망은 병력과 방어진지를 재편성해서 날이 밝을 때까지 버티는 것이었는데, 그때는 해병 항공단의 근접 항공자원이 가능해지고, 고토리에서 증원군이 도착할 수도 있을 것이었기 때문이었다. 밤 10시쯤에 달이 떠서 카프라로는 자기 위치에서 북쪽에 있는 두 개의 진지와 남쪽에 있는 진지의 윤곽을 살펴볼 수 있었다. 자정이 되자 달이 다시 구름에 가렸고, 눈이 조금씩 내리기 시작했다.

해병 헌병 하사 제임스 내쉬 : "사방이 너무 조용해서 눈 내리는 소리까지 들을 수 있을 정도였습니다. 그때 나팔소리가 다시 들려왔습니다. 우리가 포위당했다는 것을 알리려고 적군이 의도적으로 부는 소리였지요. 그리고는 다시 조용해졌다가, 더 가까운 곳에서 호루라기 소리가 들리더니 적군의 사격이 다시 시작되었습니다. 트럭을 엄폐물로써 보려고도 했지만, 결국은 도로 옆의 배수로로 피해갔지요. 로이드 더스트 준위(准尉)가, 담배 파이프를 입에 물고서 방어선의 이쪽 끝에서 저쪽 끝까지 다니며 탄약을 나누어주면서 병사들을 격려하고, 사격을 지시하기도 했습니다. 더스트 준위는 그런 어려운 상황에서도 흔들림이 없었습니다. 우리가 필요로 하는 그런 모습이었습니다만, 우리는 공황(恐慌)에 빠진 상태였지요. 마치 인디언들이 서부개척민(西部開拓民)들의 포장마차를 둘러싸고 있는 것처럼 우리를 둘러싸고 있던 중공군은 가까이 다가와 우리를 전멸시킬 기세였습니다. 더스트 준위는 날이 밝을 때까지만 버티면 코르세어 전투기들이 적군을 다시 소굴(巢窟)로 쫓아내 버릴 거라고 이야기해 주었습니다만, 우리가 알고 있지 못했던 것은 정상적으로 작동되는 무전기가 한 대도 없었다는 것이었습니다."

포탄 파편이 날아와 더스트 준위의 머리를 맞추었다. 본인도 부상을 입고 있던 내쉬 하사는 배수로에서 도로쪽으로 기어가, 더스트의 팔을 자기의 목에 걸고 그를 배수로까지 끌어왔으나, 더스트는 몇 시간 후 중공군의 포로가 된 상태에서 숨을 거두었다.

내쉬 하사 : "적군은 조금씩 계속해서 다가왔지만, 우리 방어선을 향해 돌격하거나 휩쓸어 버리려는 것 같지는 않았습니다. 다가오는 적병들을 사격연습장에서 오리모양의 표적을 맞추듯이 계속 쏘아 쓰러뜨렸지만, 멈추지 않고 가까이 다가오더군요."

북쪽 끝에 있던 맥로린 소령의 그룹에 끼어 있던, 당시 나이 18세의 75 mm 무반동총 분대 탄약수(彈藥手), 육군 일병 프랭클린 잭 챕맨(Franklin Jack Chapman)이 뛰어난 용기를 과시했다. 29일 초저녁에 왼쪽 팔에 파편상을 입은 그는 한 시간 후 오른쪽 다리에 또 부상을 입어 구호소로 가 보았으나 위생병들이 중상자(重傷者)들을 치료하느라 바쁜 것을 확인하고는 돌아서서 분대로 복귀하였다.

밤 9시쯤 되어 적군의 사격이 심해지자 무반동총 사수와 분대장이 무반동총 운반차량 위에 거치된 총좌(銃座)를 이탈했다. 펙캠 대위가 다시 복귀하라고 명령하였으나, 분대장은 명령을 거부하고는 그 자리에 무릎을 꿇고 큰소리로 기도하기 시작했다. "오! 하나님, 우리를 돌

보아 주소서." 펙캠 대위가 군법회의(軍法會議)에 회부하겠다고 위협
했지만 소용이 없었다. 그래서 대위는 무반동총을 다룰 다른 병사를
구하려고 애썼고, 챕맨 일병이 자원하자 대위는, "너의 용기에 대해
훈장을 상신(上申)하겠다"라고 말했다. 나머지 분대원들의 도움을 받
으며 챕맨은 적의 기관총과 박격포 진지에 사격하기 시작했다.

탄약이 다 떨어져가자 맥로린 소령이 직접 사상자들이 가지고 있는
실탄을 수거(收去)해 가장 침착한 태도를 견지하고 있는 해병들에게
한 번에 두세 발씩 나누어주었다.

멕시코 출신 금광 광부(鑛夫)의 아들인 해병 헌병 길레르모 토바르
(Guillermo Tovar) 병장은 수류탄으로 무장하고 있다가 총에 맞았다.

"총알이 왼쪽 귓불을 관통해서 목에 박히는 바람에 현기증이 나 바
닥에 누워 있었습니다. 수류탄이 가장 걱정스러웠는데, 내가 그걸 어
떻게 했는지 확실치가 않아 바로 폭발할지도 모른다고 생각하고 있었
지요. 나를 돌봐주려고 다가온 영국군 위생병에게 수류탄을 찾아봐 달
라고 부탁을 했지만, 그도 찾지를 못했습니다. 그가 나를 트럭에서 끌
어내려 모르핀 주사를 한 대 놓아주었지요. 잠시 후 나팔소리가 다시
들리기 시작했고, 모르핀 주사효과 때문에 기분이 괜찮아졌지만, 나
팔소리는 무섭게 들렸습니다. 왜냐하면, 그 소리가 사람 말소리처럼
들렸고, '마치 죽여라!' 그리고 '이기자!'라고 말하는 것 같았습니다.
오전 1시쯤 되자 약효(藥效)도 떨어졌고, 아마 추위 때문인 것 같은데
피가 흐르던 것도 멈췄습니다. 트럭 밑에서는 적의 사격에 노출되어
있는 것 같은 느낌이 들어 배수로 쪽으로 옮겨갔더니 무전기가 한 대
눈에 띄어 그것을 방패삼아 머리를 보호하려고 했습니다. 그렇게 있다
가 생각이 나서 고토리 부대의 무선 호출명인 '위스키 하나'를 무전기
로 호출하려고 했지만 연락이 안되더군요."

오전 2시경 세 명의 해병과 《연합통신》(Associated Press)의 사진기
자 프랭크 노엘은 도로를 따라 차를 몰아 탈출을 시도해 보기로 결정

했다(해병들은 노엘이 인천상륙작전에서 서울 탈환전 때까지 찍은 사진들이 전부 진짜 전투장면이라는 것을 알고는 그를 잘 대해주었다). 네 명은 탄약을 가득 싣고 돌아오겠다는 약속을 하면서 지프 한 대에 탑승해서 모퉁이를 돌아 고토리쪽으로 달려나갔다. 하지만 그들은 100 m도 못 가서 길 양편에 유령처럼 하얀색 복장을 하고 늘어선 중공군들에게 제지당했다. 운전병이 운전대를 꽉 잡은 채 재빨리 브레이크를 밟았고, 영어(英語)를 하는 중공군 장교가 앞으로 나와—공식기록에는 헌병 중대의 스페인 일병이라고 밝혀져 있는—해병들 중의 한 명에게 진지로 돌아가 선임 미군장교에게 즉시 항복하라는 말을 전하라고 지시했다.

캘빈 W. 윌리엄스 상병 : "스페인이 걸어서 떠난 뒤 그들은 우리더러 차에서 내리라고 명령했습니다. 나는 바위 위에 앉아 있었는데, 총상을 입은 중공군이 한 명 다가오더니 나를 발로 차기 시작했습니다. 하지만 다른 한 명이 그러지 말라고 말리더군요."

스페인 일병이 소령에게 상황을 보고하자, 맥로린은 중공군에게 대답을 전달할 자원자를 모집했고, 그때 내쉬 하사 옆에 누워 있던 토바르가 "내가 자원(自願)해야겠군"이라고 혼자서 중얼거렸다. 내쉬는 토바르에게 "토바르, 지금 가면 돌아오지 못할 거야"라고 말했다.

토바르는 천천히 일어서서 맥로린 소령에게 뚜벅뚜벅 걸어가 임무를 자원했다. 맥로린은, "중공군의 항복(降伏)을 접수할 준비가 되어 있다고 전하라"는 깜짝 놀랄 지시를 했고, 이 말은 장진호 전투를 둘러싼 여러 일화 중에서도 가장 유명한 것 중의 하나가 되었다.

"예?"

"그리고 그들에게 제네바 협약에 따라 대우해 주겠다는 말도 전하라. 토바르, 물론 중공군이 그 말을 비웃을 거라는 것을 알아. 하지만 어떻게 해서든지 그 말을 전해. 따뜻한 음식을 먹여주겠다는 말도 잊지 말고."

"예, 잘 알겠습니다."

"그리고, 주니어와 함께 가."

내켜 하지 않는 한국인 통역을 대동하고, 토바르는 무장하지 않았다는 것을 보여주려고 손을 머리에 얹은 채 도로를 따라 걸어갔다.

토바르 : "30 m쯤 갔을 때 몇 명의 중공군이 그늘에서 나타나 우리를 둘러싸고는, 자기네 장교가 통역을 대동하고 나타날 때까지 아무 말도 없이 우리를 쳐다보기만 했습니다."

토바르는 통역이 이해할 때까지 참을성 있게 단어 하나하나 철자(綴字)까지 불러가며 맥로린의 메시지를 전달했고, 그가 메시지를 중국말로 번역(飜譯)하는 동안 참을성 있게 기다렸다. 그 장교는 무표정하게 토바르를 바라보더니, 무어라고 말했다. 그가 말을 끝내자 주니어가 번역을 했다. "그가 말하기를, '돌아가서 소령에게 10분 안에 항복을 결정하라고 전하라'라고 합니다."

토바르와 주니어는 터벅터벅 걸어 진지로 돌아왔다. 토바르는 항복하기 전에 이런 전령임무를 여러 번 수행했고, 두 번째로 중공군에게 갔을 때 전달한 맥로린의 메시지는, "아침 6시 30분에 항복하겠으며, 그 전에는 안 된다. 부상자들을 치료할 시간이 필요하다"는 것이었다.

토바르 : "가능한 한 시간을 오래 끌어 날이 밝으면 해병 항공단의 항공지원이 가능해져, 항복하지 않아도 될 거라는 의도였지요."

토바르가 그 메시지를 전달하자 중공군 장교는 똑같이 무표정한 얼굴로 바라보더니 통역을 통해서 말했다. "5분 남았어." 그는 미군이 의미를 파악하지 못할까 봐 다섯 손가락을 모두 펼쳐 보였다. 세 번째로 중공군과 교섭(交涉)하러 갔을 때는 맥로린 소령 자신이 동행했다. 소령이 그 중공군 장교와 이야기하는 동안 토바르는 사단 병참(兵站) 보좌관 제임스 이건 소령과 이야기를 나눌 기회가 있었는데, 그는 두 다리에 부상을 입고 있었다. 토바르가 항복에 대한 소령의 의견을 묻고 있는 동안 추위에 몸을 벌벌 떨고 있는 여러 명의 중공군 병사들이 그들을 지켜보고 있었다.

"최소한 1개 연대병력의 중공군이 부근에 있어. 그들을 막아낸다는 건 거의 불가능해"라고 이건이 말했다.

잠시 후 남쪽 끝에 있던 그룹의 선임장교인 헨리 실리 소령이 교섭장소에서 철로를 따라 조금 내려간 깜깜한 곳으로부터 나타났다. "우리는 항복 안 할 거야. 아직도 탄약이 남아 있고 중상자도 없거든"이라고 그가 토바르와 이건에게 말하고는, 그 헌병 병장에게 "토바르, 나와 함께 갈래? 나는 지금 돌아간다"라고 물어보았다.

그 제안을 거절한 토바르는 자기가 속한 그룹과 행동을 같이하기로 마음을 정했고, 게다가 그는 교섭팀의 중요한 멤버이기도 했다.

"그래, 행운을 빈다." 실리는 돌아서서 어둠 속으로 사라졌다(실리: "짐 이건을 다시 만나지 못했는데, 나는 가끔 어떤 사람은 죽고 또 어떤 사람은 살아남는 전쟁에서의 운명에 대해 의문을 가지게 됩니다").

맥로린은 진지로 돌아와 전투 초기에 부상을 입은 사단 군수참모 보좌관 아더 치데스터 중령의 의견을 물어보았다. "중공군은 우리가 무기를 내려놓으면 부상자들을 고토리로 보내주겠다고 약속했습니다."

"그들을 믿을 수가 있을까?"

"우리에게는 놓칠 수 없는 기회입니다."

"탄약은 얼마나 남았나?"

"아주 조금 남았습니다."

"자네가 더 이상 할 수 있는 일이 없는 것 같아."

"부상자들을 생각해야지요. 그들은 이런 날씨에서는 오래 버티지 못합니다."

토바르: "그 시점에서 중공군은 인내력(忍耐力)을 잃어버린 것 같았는데, 왜냐하면 중공군 장교 한 명이 무어라고 짧게 말하자, 100 m 안에 있던 모든 중공군이 우리를 향해 다가오기 시작하는 것 같아 보였거든요. 그들은 우리가 시간을 끌려고 하는 줄 알고 있었습니다. 이

런 일이 벌어졌을 때 맥로린 소령과 나란히 서 있던 나는, 나도 모르게 큰소리로 말했습니다. '소령님, 빨리 결정하는 것이 낫겠습니다.'"

맥로린은 엄지와 검지 손가락만으로 허리에 차고 있던 권총집에서 45구경 권총을 조심스럽게 꺼내 손잡이를 앞으로 해서 그 중공군 장교에게 내밀면서, "당신들의 위협(危脅) 때문이 아니라 부상자들을 돌보려고 항복하는 것이다"라고 이야기했다.

비록 지난 30분 동안 총격전이 없었지만 사격중지 명령이 모든 전투원들에게 전달되었고, 중공군의 포로가 되면 쌀만 먹어야 될 것을 예상한 몇 명은 몰래 C-레이션 깡통을 파카 주머니에 감추기 시작했다.

찰스 디커슨 병장 : "중공군은 무기를 직접 압수(押收)하거나 도로 위에 내려놓으라고 지시했습니다. 한 명이 나에게 달려오기에 나를 때리려나 보다고 생각했는데, 내 등을 부드럽게 만지면서 이제는 친구라고 말하더군요."

토바르 : "중공군은 우리 부상자들이 고토리로 돌아갈 수 있게 해주겠다고 약속했지만, 우리가 부상자들을 배수로에서 트럭으로 옮기기 시작하자, 바로 중지시켰습니다. 그것을 보고 부상자를 포함해서 우리 모두가 포로수용소로 끌려갈 거란 걸 깨달았습니다."

중공군은 포로들을 약 40명의 해병과 20명의 영국 특공대, 그리고 약 100명의 육군병사로 된 세 개의 그룹으로 분류하고, 각기 두 명의 병사가 감시하도록 했다. 벌써부터 포로생활의 폐쇄공포증(閉鎖恐怖症)을 느끼기 시작한 토바르는 맥로린과 함께 철로를 넘어 끌려가면서 중얼거렸다. "나를 계속 붙잡아둘 수는 없을 걸."

"감시가 너무 심해서 지금은 아무 짓도 해선 안 돼"라고 소령이 말했다.

토바르 : "그때 우연히 오른쪽 팔을 높이 올린 채 얼어붙어 있는 해병의 시신을 목격했고, 두려운 생각이 들면서 소령님의 말이 맞는다는 생각이 들었습니다."

마이클 카프라로 대위는 실리 소령의 그룹에 속해 있었다.

"밤이 한참 지났을 무렵 환각증세를 보이기 시작했습니다. 진지 앞에 있는 눈 덮인 바위가 일어나고, 다른 바위들도 따라 일어나 나에게 덤벼드는 것 같아서 그것들을 막으려는 생각에 옆에 있던 소총수들을 부를 정도였지요. 나는 죽는 것도 무서웠지만, 포로가 되는 것도 두려웠습니다. 1947년에 정보장교로 중국에서 근무했기 때문에, 포로가 되면 인간 이하의 취급을 받고 선전에 이용당한다는 것을 알고 있었죠. 지금은 세뇌(洗腦)라고 불리는 견디기 힘든 과정이었습니다. 이 마을에서 저 마을로 손이 뒤로 묶인 채 끌려다니는 구경거리 신세가 되는 거죠. 그래서 나는 실리 소령이 고지쪽을 향해 뚫고 나가자고 제안하자 즉시 찬성했습니다. 그가 맥로린과 토바르를 만나고 돌아와서는 상황을 설명해 주었고, 디 얀시 준위가 강 건너편에서는 적의 사격이 없었으며 강이 건너갈 수 있을 만큼 얼어 있을 거라고 말했습니다. '날이 밝기 전에 출발해야 합니다'라고 준위가 말했지요.

'30분만 있으면 날이 밝을 겁니다.'

'지금 가야 합니다.'

'그러면, 가지'라고 실리 소령이 말했지요.

우리 그룹은 20명쯤 됐습니다."

헨리 실리 소령 : "자정 못미처 우리와 함께 있던 두 명의 육군병사가 통나무 뒤로 기어갔는데, 동사(凍死)했거나 부상이 악화되어 죽었는지 아무런 기척이 없어 그들을 내버려두고 가야만 했습니다. 우리는 강을 건너 논(畓)을 지나 몸을 숨길 곳을 찾아 산 쪽으로 이동해가서 날이 밝을 무렵 골짜기를 벗어났습니다. 우리가 남쪽으로 출발하고 10분쯤 지나 등뒤에서 사람 목소리가 들리더니, 곧 나팔소리가 울려퍼졌고, 중공군이 우리 뒤를 쫓아오고 있는 것이 확실했습니다. 그래서 나는 같이 가던 그룹을 다시 강쪽으로 내려보냈습니다. 이유는 고지의 지형이 험악해 고토리로 가는 방향을 유지하는 것이 어려웠고, 또 강

을 따라가면 길을 잃지 않을 것을 알고 있었기 때문이었죠."

매년 오하이오주 캠프 페리에서 개최되는 저격병 사격대회에서 입상(入賞)한 적이 있는 단체사격 선수였던 실리는 잠시 뒤에 처져 그의 스프링필드 03식 소총의 영점을 조정한 후, 공제선에 올라온 첫 번째 중공군을 한 발에 쓰러뜨리고는 산비탈을 재빨리 뛰어내려가 강을 향해 가고 있는 카프라로와 다른 사람들에게 합류했다.

카프라로 : "강둑을 따라 걸어가다가 상상치도 못한 일이 벌어졌습니다. 강이 구부러진 곳에서 40명쯤 되는 중공군 종대가 우리쪽으로 걸어왔는데, 바람을 피하려고 고개를 숙이고는 바로 앞에 가는 사람 꽁무니만 따라가고 있었습니다. 그 중 몇 명은 우리를 본 것이 확실한데도 아무런 행동을 취하지 않더군요. 우리는 숨을 죽이고 계속 걸었습니다. 그런데 믿어지지 않는 일이 또 벌어졌습니다. 해병 헬리콥터 한 대가 시끄러운 비행음을 내며 남쪽 능선 위에 나타난 겁니다. 중공군 종대는 산개(散開)해서 무기를 공중으로 치켜들고 헬리콥터를 향해 사격을 했습니다. 논 위를 천천히 선회(旋回)하던 헬리콥터는 사격을 받자 재빨리 고도를 높여 기체를 비스듬히 기울이면서 날아가 버렸습니다. 그 사건이 적군의 주의력을 분산시켜 버렸는데, 내게는 하나님이 섭리하신 양동작전(陽動作戰)이란 생각이 들었습니다."

실리와 그가 이끄는 그룹은 오전 9시쯤에 녹초가 되어 고토리로 돌아왔다. 실리가 그룹을 위해 음식과 쉴 곳을 찾는 동안 카프라로는 그룹을 대표해서 풀러 대령에게 구두(口頭)로 보고했고, 풀러에게서 뜨거운 코코아 한 잔과 위스키 한 잔을 대접받았다. "필요한 것이 뭐 또 있나?"라고 풀러가 묻자, "글쎄요, 칫솔이 한 개 있었으면 합니다."

놀랍게도 2분 안에 상표도 안 뗀 새 칫솔이 전달됐다고 카프라로는 말했다.

1연대의 연대 선임하사는 카프라로가 과달카날 전투 때부터 알고 지내는 사이였는데("내 딸의 대부(代父)이기도 했습니다"), 지친 카프라로를 자기 텐트로 끌고가 손수 만든 음식을 대접했다. "스파게티와 미트볼 그리고 후식으로 나온 딸기를 얹은 와플이 믿어집니까? 나는 어떻게 그런 음식을 준비할 수 있었냐고 묻지 않고, 마음 속으로 감사히 생각하며 게걸스럽게 먹어치웠습니다."

브루스 F. 윌리엄스 대위의 전차중대가 11월 29일 오후 3시쯤에 고토리에 도착했는데, 그 부대가 남쪽으로부터 건제(建制)를 유지하고 고토리에 진입한 마지막 부대였다. 풀러는 드라이스데일 부대를 증강하거나 구원할 생각으로 그 부대를 도로를 따라 북쪽으로 진격하게 했으나, 그들은 방어선의 북쪽에서 강력한 적의 저항에 봉착(逢着)했다. 중공군은 시터의 G중대와 영국군 특공대가 아침에 힘들여 소탕했던 고지에서 사격을 가해왔다. 전차들은 천천히 앞으로 나아갔고, 길모퉁이를 돌자 눈앞에 펼쳐진 엄청난 광경을 목격할 수 있었다.

전차 포수 유진 A. 맥과이어 상병: "포 조준경으로 보니 모든 것이 혼란스러웠습니다. 여기저기 예광탄이 날아다니고, 총구에서 나오는 화염, 연기, 비스듬히 쓰러져 있는 차량들, 도로 위를 이리저리 뛰어다니는 병사들, 적군과 아군을 구별할 수가 없었습니다."

무전을 감청하다가 맥과이어는 윌리엄스 대위가 자기 소대장 로버트 고버 중위에게 통신수단이 없고 피아(彼我)를 구분할 수가 없어 전차지원을 제공하기가 불가능하다고 말하는 것을 들었다. 윌리엄스는 전차들에게 방향을 돌리라고 지시하고는 1연대 작전주임 로버트 E. 로리건 소령에게 연락을 취해 B중대 전차들이 고토리로 돌아가는 중이라고 알렸다. 남쪽으로 조금 더 내려가다가 전차들은 맹렬한 박격포 사격을 받았다. 피해가 발생하자 윌리엄스는 전차를 멈추기로 결정하고, 밤을 보내기 위해 전차들로 둥글게 원진(圓陣)을 치고 아침에 코르세어 전투기가 나타나기를 기다리기로 했다.

풀러 대령이 무전망에 나와 윌리엄스에게 고토리의 방어선으로 돌아올 시도를 해보는 것이 어떠냐는 제안을 했다. 그 제안에 대해 윌리엄스 대위는 지금은 이동하기가 불가능하고, 방어태세도 잘 되어 있기 때문에, 포병이 지원포격을 해준다면 별일 없이 밤을 지낼 수 있을 것 같다고 말했다. 풀러는 거기에 대해 답을 하지 않았는데, 로리건이 윌리엄스에게 105 mm 포탄이 부족하다고 알려주었다.

윌리엄스 : "우리는 포병이 사용하는 주파수로 도로로부터 북쪽으로 5 km 동쪽으로 100 m 떨어진 곳에 백린탄을 쏴달라고 요청했습니다. 그 제원기록사격(諸元記錄射擊)은 목표에 멋지게 떨어져 우리는 도로 양쪽에 세 개씩 모두 여섯 개의 화집점(火集点)을 어렵지 않게 선정할 수 있었습니다. 우리가 사격 제원을 조정하는 동안 적군의 사격이 약간 멈칫했으나, 전투는 계속 치열했죠."

맥과이어가 타고 있던 전차 옆에 있던 전차는 적의 대전차로켓 공격으로 후면에 구멍이 나 있었는데, 중공군 한 명이 가까이 접근해 휴대장약(携帶裝藥)을 엔진 위로 던져 그 폭발로 미션 오일에 불이 붙었다. 그 전차의 전차장(戰車長) 얼 스웨어링겐 병장은 무선 검파기와 전차포 사격장치를 파괴한 후 승무원들과 함께 전차에서 빠져나가겠다고 무전으로 알렸고, 맥과이어가 탑승한 전차의 전차장 돈 베넷 병장은 전차 운전조수(助手) 모간 상병에게 전차 밑창에 있는 비상 탈출용 해치를 열라고 지시했다. 모간은 해치를 열려고 무진 애를 썼으나 해치는 꼼짝도 안 했다.

맥과이어 : "누군가가 해치를 열고 오줌을 누고 나서 그대로 닫는 바람에 해치가 얼어붙은 것 같았습니다."

스웨어링겐 전차의 승무원들이 전차에서 빠져 나오고 있다는 연락이 오자 맥과이어 상병은 하는 수 없이 전차 앞부분의 해치를 열고 스웨어링겐 전차의 승무원들이 접근해 오는 동안 톰슨 기관단총을 가진 채 얼굴을 내밀었다. 하지만 전차 옆에 서 있던 중공군 병사가 쏜 총알에 가지고 있던 기관단총을 손에서 떨어뜨리고 또 손목에 총상을 입

352

고토리 부근에서 작전중인 미 해병 전차부대

자, 맥과이어는 몸을 전차 안으로 감추고 해치를 닫았다. 그때 마침 모간 상병이 탄약상자를 여러 번 떨어뜨려 그 충격으로 비상탈출용 해치를 여는 데 성공했고, 스웨어링겐과 그의 승무원들은 그 해치를 통해 재빨리 전차 안으로 기어 들어왔다. 맥과이어는 상처에서 피가 흐르자 상처부위에 지혈붕대를 감고 지혈될 때까지 팔을 포탑(砲塔) 벽에 대고 있었다.

맥과이어 : "그날 밤 주위에 아군 보병이 없어 고립되어 있다는 느낌이 들었습니다. 적군 병사가 용감하게 전차 위로 올라오는 것이 포탑 라이트의 희미한 불빛 속에 보이더군요. 그가 외부 망원경의 이중유리에 대고 총을 쏘았지만 총알이 뚫고 들어오지 못했습니다."

브루스 윌리엄스 대위 : "자정이 지나자 적군도 공격을 멈추고 가버렸습니다. 전차 한 대에 두 전차의 승무원들이 함께 타고 있어 비좁았지만 아무도 그렇게 갇혀 있는 것을 불평하지 않았고, 바깥의 모진 바람과 중공군을 피해 전차 안에 있는 것을 다행으로 여겼습니다."

새벽이 되자 윌리엄스 대위의 전차부대는 죽음의 계곡에 남아 있던 드라이스데일 부대의 잔존병력을 구출해 내는 데 아무런 기여(寄與)도 하지 못하고 고토리로 복귀했다. 비록 힘든 상황이었지만, 윌리엄스 는 아무런 기여를 하지 못한 것 때문에 나중에 비난받았다. 하지만, 그가 전차들을 죽음의 계곡으로 진입시켜 전투에 투입했던들 무슨 차 이가 있었을까? 부서진 드라이스데일 부대의 차량들이 늘어선 도로의 뒤에 전차를 전개시켜 놓고, 그 중 한두 대가 어두워서 위치가 식별이 되지 않는 적의 진지를 향해 90 mm 전차포를 쏘는 것이 고작이었을 것이다.

29일 아침 고토리를 출발했던 900명 이상의 병력 중 어림잡아 150 명이 전사했고 150명이 부상당했으며, 다수가 중공군의 포로가 되었 다. 호송차량 행렬을 구성했던 141대의 차량 중 적어도 75대가 파괴되 었다. 하지만 시터의 G중대 병력의 2/3과 영국군 41특공대 병력의 2/3는 미친 듯이 차를 달려 하갈우리에 도착할 수 있었다.

올리버 스미스 장군 : "드라이스데일 특수임무부대가 입은 피해는 심 각했지만, 상당수의 병력이 하갈우리에 도착함으로써 그 부대는 사단 의 운명이 걸린 하갈우리 방어에 다대한 공헌(功獻)을 했습니다. 하갈 우리의 빈약한 방어병력에 1개 전차중대와 300명 가량의 노련한 보병 이 가세(加勢)했으니 말입니다."

그날 낮동안 사단본부에 밀려들어온 엄청난 양의 보고(報告)는 적 군이 하갈우리 방어선의 남서쪽으로 대규모 공격을 해올 것을 암시하 고 있었다. 하갈우리 방어는 사단의 운명을 결정하는 관건(關鍵)이었 는데, 하갈우리에는 C-47 수송기가 이착륙(離着陸)할 수 있는 야전활 주로가 거의 완성단계에 있었고, 5연대와 7연대가 유담리로부터 23 km를 돌파해 올 수 있다면, 하갈우리는 두 연대가 재편성(再編成)과 재보급(再補給), 재무장(再武裝)하고 사상자를 후송할 수 있는 후방

기지였다. 또 하갈우리는 장진호 동안에서 밀려 내려오는 육군 부대의
잔존병력들을 수용하여 전투력을 상실한 병사는 후송시키고, 몸이 성
한 병사들은 재무장시킬 수 있는 곳이었다. 마지막으로 하갈우리에는
해병사단의 본부가 있었다.

 스미스 장군 : "나는 제 5, 제 7연대전투단(聯隊戰鬪團)이 하갈우리의
운명과 상관없이 유담리의 포위망을 돌파해 나올 수 있으리라고 확신
하고 있었지만, 만약 하갈우리가 적의 손에 떨어지면, 두 연대는 암담
한 상황에 직면하게 되었을 겁니다. 그들은 1,500명의 사상자를 돌봐
야 하는 부담을 안은 채, 보급품과 탄약이 부족한 상황에서 하갈우리
를 탈환하여 외부세계와의 접촉을 재개하여야 했겠지요. 또 제한된 장
비를 가지고 야전활주로를 재개설(再開設)하고, 항공기를 통해 사상
자를 후송하고 재보급을 받은 뒤, 해안을 향해 긴 행군을 계속해야 했
을 겁니다."

악화된 전황

드라이스데일 특수임무부대의 괴멸(壞滅)은 같은 시기에 서쪽으로 160 km 떨어진 낭림산맥 반대편에서 일어난 미 육군 1개 사단의 붕괴(崩壞)에 비하면 훨씬 작은 규모였다. 전면적으로 퇴각중이던 월턴 위커 중장의 미8군 소속 미 보병 2사단은 평안남도 군우리(軍隅里)와 숙천(肅川) 사이의 도로에서 중공군의 함정에 빠져 빗발치는 적군의 박격포와 기관총 세례에 부대 건제(健制)와 전투력을 상실했다. 사단장 로렌스 카이저 소장은 비공식적 대피명령(Haul Ass)을 휘하 연대장들에게 발령했고, 그 순간 무질서하게 후퇴하던 병력들은 생존을 위해 각기 흩어져 부대단위가 아닌 개인적 도피(逃避)를 시작했는데, 미2사단은 11월 30일 아침에만 3천 명의 병력을 잃었다.

츄엔 리의 동생 츄몬 리 중위도 소대장으로 그 참혹한 현장에 있었다. 가슴에 총상을 입고 허파에 피가 고인 채 도로 옆에 누워 있던 그를 같은 대대 소속의 누군가가 알아보고는 지나가던 트럭에 태워주었다. 츄몬 리는 나중에 자기 형 츄엔 리에게 겁에 질린 전차 운전병이 빨리 빠져나가려고 도로 옆에 누워있던 부상병들을 전차로 깔아뭉개고 넘어가는 것을 보았다고 말했다. 손수 지프를 운전하면서 정오가 조금 지나 중공군이 쳐 놓은 매복망(埋伏網)의 북쪽에 도착한 카이저 장군은 도로가 부서진 차량들로 폐차장(廢車場)처럼 변해버린 모습과, 넋이 빠진 듯한 병사들이 길가에 널려있는 시체와 부상자들을 넘어 남쪽으로 터덜터덜 걸어가는 모습을 발견했다. 차에서 내린 장군은 병사들사이를 헤쳐 나가면서, 집단적 공황상태에 빠진 그들을 일깨우려고 눈에 띄는 병사들에게 질문을 던지고 명령을 내렸다.

"여기 지휘관이 누군가? 너! 소속이 어디야?"

아무런 반응들이 없자 그는 체념한 듯 말했다. "아무것도 할 수 없단 말이지?"

막힌 도로의 한복판에 지프를 포기한 카이저는 다친 데 없이 10 km 길을 걸어갔으나, 매복망의 남쪽 끝에 도착했을 때는 무척 지쳐있었다. 그가 길 위에 누워있는 시체 위를 넘어가면서 군화로 배를 건드리자, 그 시체가 꿈틀거리더니 화난 목소리로 "야, 개새끼야"라고 말했다. 장군은 "어이, 미안하네"라고 말하고는 계속 걸어갔다.

2사단은 대부분의 편제장비 및 화기와 함께 병력의 1/3 이상을 잃었으며, 적어도 62문의 대포를 수천 발의 포탄과 함께 포기했다〔왜 그랬는지 모르지만 《뉴욕 헤럴드 트리뷴》은 12월 9일자 사설(社說)에서 2사단의 후퇴를 "전사상(戰史上) 가장 위대한 지연작전 중의 하나"라고 까지 찬양했다. 하지만 육군들에게 항상 냉소적인 해병들은 8군의 퇴각을 위대한 패주(敗走)라고 불렀다〕.

미8군의 재앙에 가까운 퇴각과 장진호의 해병대에 닥친 위기(危機)에 관한 소식은 미국 전역에 전파되었으며, "포위당하여 함정에 빠졌음"이란 말이 뚜렷하게 들어간 일면(一面) 기사들이 전국의 신문판매대를 장식했다(1950년 12월 1일자 《뉴욕 타임스》 1면기사는 "미 해병대 동북부의 장진호에서 중공군의 공격을 격퇴"라고 되어 있었다). 버지니아주 알링턴에 있는 해병대 본부에는 해병들의 안위(安危)를 걱정하는 부모, 아내, 자식, 그리고 친구들이 걸어온 전화로 교환대가 마비될 지경이었다. 해병대 대변인(代辯人)은 전화를 걸어온 사람들에게 상황은 심각하지만 희망이 없는 것은 아니라고 안심시키면서, 해병대는 전에도 힘든 상황에 처했지만 항상 헤쳐나왔다고 말했다. 그 말은 사실이었지만, 해병사단이 장진호에서의 상황보다 더 어려운 곤경에 처한적은 없었고, 과달카날이나 타라와도 그렇게 심각하지는 않았다.

중국이 대규모로 한국전(韓國戰)에 개입한 사실은 전세계에 3차 세계대전이 일어날지도 모른다는 두려움을 불러일으켰다. 11월 30일 기자회견에서 기자들의 질문에 답하면서, 트루먼 대통령은 맥아더가 원자폭탄(原子爆彈)을 쓸 수 있게 허락할 수도 있다고 말하여 그 공포감을 더욱 악화시켰다.

> 트루먼 : "우리는 항상 그랬듯이 군사적 상황에 맞는 모든 필요한 조치(措置)들을 취할 것입니다."
> 질　문 : "그 조치에는 원자폭탄도 포함됩니까?"
> 트루먼 : "우리가 보유(保有)하는 모든 무기를 포함합니다."
> 질　문 : "원자폭탄의 사용이 적극적으로 검토되고 있다고 이해해도됩니까?"
> 트루먼 : "항상 검토되어 왔습니다. 원자폭탄도 우리가 보유하고 있는 무기들 중의 하나입니다."

이런 핵무기 사용가능성을 시사(示唆)한 발언은 국제적 우려감을 불러일으켜, 런던의 영국 하원(下院)에서는 이를 둘러싸고 격렬한 토론이 벌어졌고, 클레멘트 애틀리 수상은 워싱턴을 방문해 트루먼 대통령으로부터 한국에서 원자폭탄을 사용할 의도가 없다는 확답을 받아내겠다고 발표하여 환호(歡呼)를 이끌어냈다.

11월 29일 아침 늦게 해병대의 2인승 헬리콥터가 의료보급품과 무전기용 전지를 전달하기 위해 덕동고개의 F중대 진지 한가운데에 잠시 착륙했고, 포병 전방관측장교 도날드 캄벨 소위는 무전기 전지를 공급받아 하갈우리의 리드 대위 포대와 접촉을 유지할 수 있게 되었다. 덕동산의 산비탈에 숨어있던 중공군 저격수가 쏜 총알이 헬리콥터 조종사 플로이드 잉글하트 중위의 곁을 스쳐가고, 잇따라 두 발의 총알이 헬리콥터의 동체(胴體)를 맞추자 바버 대위는 조종사에게 중상자를 실을 때까지 기다리지 말고 출발하라고 손짓했다.

날이 어두워질 무렵 공군 C-117 수송기가 날아와 낙하산으로 보급품(補給品)을 투하했으나, 목표에서 너무 멀리 떨어진 곳에 떨어졌다. 보급품들이 진지에서 먼 곳에 떨어지는 것을 바라보던 바버가 "적군에게 보급해주고 있잖아!"라고 비명을 질렀다.

피터 홀그런 일병 : "비행기가 보급품을 서쪽으로 수백 미터 떨어진 곳에 투하하는 것을 보고 있으려니 가슴이 얼어붙는 것 같았습니다. 어떤 낙하산은 펴지지 않아 수류탄 상자가 언 땅에 그대로 떨어져 부서지는 바람에 수류탄이 여기저기 흩어졌습니다. 그 수류탄들이 바로 그날 밤이라도 우리에게 던져질 거라는 생각을 안 할 수가 없었죠."

즉각적인 명령에 의해 자원자로 구성된 보급품 회수팀이 피터슨 중위의 지휘하에 중대 박격포들이 일제히 쏘아대는 탄막사격의 엄호를 받으며 방어선 밖으로 진출했다. 대부분의 자원자들은 비무장 상태였고, 폭스 힐의 해병들에게는 식량이나 물보다 더 중요한 탄약을 운반해 오기 위해 빈손인 채였다.

비록 중대원의 반수가 전투 사상자였고 대부분이 동상이나 이질로 고통을 받고 있었지만, 날이 밝아지면 F중대 생존병력의 사기는 다시 높아졌다.

해리슨 포머스는 구호소 텐트에 들어온 바버 대위가 병력이 부족해 부상자들 중에 사선(射線)으로 돌아올 자원자가 필요하다고 설명하던 것을 기억하고 있다. "여러 명의 부상자들이 간신히 일어나 밖으로 나갔습니다. 그들의 이름을 지금은 기억하지 못하지만, 그들은 모두 영웅(英雄)이었습니다." 포머스는 부상이 심해 사선에 합류할 수 없었지만, 싸워야 할 때가 오면 자기가 누워 있는 곳에서라도 싸우려고 준비를 갖추고 있었다. "나는 위생병이 계속 바깥으로 치우려고 했는데도, M-1 소총을 곁에 두고 있었습니다. 위생병이 내가 몸의 오른쪽을 쓸 수 없다는 것을 지적해서, '맞아, 하지만 왼쪽은 쓸 수 있어'라고 말했지요. 새벽 무렵에 등이 축축하게 젖는 듯한 느낌이 든다고 투덜거리자 위생병 한 명이 내 옷을 열고 보더니, '등에 주먹만한 구멍이 나 있고 등뼈가 다 보인다'라고 말했습니다. 그래서 오른쪽 몸을 쓸 수 없는 이유를 알았지요. 나는 지금도 오른쪽 팔과 다리를 잘 쓰지 못합니다."

그 중요한 이틀 동안 10군단 사령부는 어떤 계획이나 지시사항을 해병사단에 하달하지 않았는데, 그렇다고 미 육군과 그 행동양식에 대한 해병대의 의견이 개선되지는 않았다. 동경(東京) 회의에서 돌아온 알몬드 장군은 자신이 책임지고 있는 구역의 상황이 점점 처참해지고 있다는 것을 발견했다. 해병 5연대와 7연대는 장진호 서쪽의 유담리에서 보급로가 차단된 채 포위당해 있었으며, 장진호 아래쪽의 하갈우리에는 고립(孤立)된 해병 1개 대대가 포위된 채 간신히 버티고 있었다. 드라이스데일 특수임무부대는 하갈우리의 방어를 강화하려고 파견되었다가 전멸위기에 봉착해 있었고, 하갈우리 남쪽 18 km 지점에 있는 풀러의 고토리 방어선도 적에게 둘러싸여 있었다. 하갈우리에서 멀지 않은 장진호 동안에서는 맥클린 특수임무부대가 적의 위협에 심각하게 노출되어 있었다.

29일 이른 아침 스미스 장군은 10군단 사령부로부터 1개 연대를 유담리에서 하갈우리로 이동시켜 장진호 동안에 고립된 육군 대대들을 구출하고, 하갈우리와 고토리 사이의 도로를 개통시키라는 메시지를 무선을 통해 하달받았다. 별도로 작전지령 제 19호로 불리는 명령이 오전 10시 19분에 스미스의 본부에 도착했는데, 그 무전내용을 확인하는 것이었다. 하지만 그것은 수행하기가 불가능한 억지에 가까운 명령이었고, 다시 한번 10군단장의 생각이 얼마나 현실로부터 유리(遊離)되어 있는지를 보여주었다.

스미스는 유담리에 있는 자기 휘하의 두 연대를 분리(分離)시킬 의도가 전혀 없었고, 나중에 다음과 같이 기록했다.

> 제5·제7 연대전투단을 포위한 중공군 3개 사단을 우선 처리하지 않고는 어떤 연대전투단도 유담리에서 다른 곳으로 전개·배치할 수 없다는 것과, 그 두 전투단이 포위를 돌파해 하갈우리까지 진출해 나올 때까지는 하갈우리에서 고토리에 이르는 주 보급로를 개통시킬 병력이 없다는 것은 설명할 필요도 없었다. 하갈우리 수비대는 11월 28~29일 밤 사이에 적으로부터 사단규모의 공격을 받아 약 500명의 사상자가 발생하였고, 11월 30일 밤과 12월 1일 밤 사이에 다시 사단규모의 공격이 예상되었다. 이런 상황에서 하갈우리에서 보병병력을 파견해 페이스 특수임무부대를 구원한다는 것은 가능하지가 않았다.

그때 하갈우리를 방문한 보병 7사단장 데이비드 바 소장은 해병부대를 하갈우리 방어선에서 빼낼 수 없다는 스미스의 주장에 동의했다. 스미스 장군은 하갈우리의 전술방어 배치도(配置圖)를 바에게 보여주었고, 바는 콜리와 피셔의 중대가 배치된 곳만 제외하고 모든 방어선에 배치된 병력이 매우 적다는 것을 이해하였다. 제5·제7 해병연대가 북쪽에서 포위망을 돌파해 나올 때까지는 장진호 동안에 포위된 육군부대를 구원할 병력이 없었으며, 페이스 특수임무부대는 해병항공단의 지원을 받아가면서 현 진지를 고수(固守)하거나 아니면 스스로의 힘으로 적군의 포위를 뚫고 하갈우리까지 나와야만 했다.

29일 7연대 작전주임 헨리 우스너 소령은 각 대대에서 병력을 선발, 혼성대대(混成大隊)를 편성하여 덕동고개의 F중대를 구원하자고 리첸버그에게 제안했다. 그 제안을 승락한 리첸버그는 데이비스의 1대대와 해리스의 3대대에서 각 1개 중대, 그리고 5연대의 1개 중대를 혼성

대대에 배속시키고 지휘관으로 해리스 대대의 부대대장 워렌 모리스 소령을 임명하였다. 리첸버그의 지시사항은 간단했는데, 덕동고개까지 밀고 나가 F중대를 구원하고 계속해서 하갈우리까지 진출하라는 것이었다. 모리스는 혼성대대 병력을 방어선 남쪽 출구에 집합시킨 뒤 덕동고개를 향해 출발했다.

그 시도는 용감하기는 했으나 쓸데없는 헛수고였다. 여느 때처럼 7연대 B중대가 선봉이 되어 진격하던 혼성대대는 출발 몇 분 후 도로 양쪽의 능선과 골짜기로부터 적군의 빗발치는 듯한 기관총 사격을 받았고, 좁은 골짜기를 따라 덕동고개까지 뻗어 있는 오르막길은 이제 한 치의 걸음도 내디딜 수 없는 위험한 곳이 돼버렸다. 마침내 B중대 중대장 조셉 쿠르카바 중위는 모리스에게 전령을 보내 더 이상 진출을 시도하는 것은 어리석은 짓이라고 건의하였고, 오후 1시 15분에 리첸버그는 모리스에게 방어선으로 복귀하라고 지시하였다.

스미스 장군이 이해하기로는 육군병력이 고토리와 함흥(咸興) 사이의 도로에 대한 책임을 지기로 되어 있었으며, 특별히 미 보병 제3사단 병력이 그 목적을 위해 배치될 거라는 이야기를 들었다. 스미스는 29일 오후 2시 30분에 알몬드에게 메시지를 보내 도날드 슈먹 중령의 해병 1연대 1대대를 진흥리에서 고토리로 이동시키려는 의도를 알리면서, 보병 3사단이 진흥리의 철도시설과 야적된 보급품에 대한 책임을 인수해 줄 것을 요청했다. 하지만 그 요청은 무시되었으며, 3사단은 계속 고토리로부터 훨씬 남쪽에 주둔해 있었다.

알몬드의 지휘일지에 따르면, 그날 정오(正午)에 그는 참모들에게 함흥/홍남 지역의 방어를 위해 10군단 병력을 집결시키는 명령을 준비하라고 지시했다. 이로부터 아홉 시간 뒤에 그의 참모들은 실질적인 철수계획(撤收計劃)을 제시했고, 이렇게 해서 예정된 10군단의 공세(攻勢)는 마침내 취소되었다.

그 시점에 유담리의 5연대는 북쪽에 위치하여 방어구역의 위쪽을, 7연대는 나머지 아래쪽 반을 책임지고 있었다. 그날 오후 늦게 스미스 장군은 장진호 전투 전체의 양상(樣相)을 바꾸는 명령을 내렸는데, 5연대가 유담리 방어선을 전부 책임지고, 7연대는 지체 없이 전 연대병력을 동원하여 하갈우리까지의 도로를 개통시킬 준비를 하라는 것이었다. 리첸버그의 연대가 남쪽으로 돌파해 나가는 동안 머레이의 5연대는 유담리로부터 서서히 후퇴하며, 두 연대는 비상시에 상호(相互)지원할 수 있도록 서로 접촉을 유지한다는 계획이었다.

유담리에서의 철수, 또 다른 표현으로는 남쪽으로의 공격이 막 시작되려 하고 있었다.

알파 바우저 : "그 시점에서 두 개의 간절한 소망(所望)이 있었습니다. 첫째는 제5, 제7연대가 전투력을 보존(保存)한 채 신속하게 하갈우리에 도착하는 것이었고, 둘째는 그들이 포위를 돌파해 올 때까지 하갈우리를 지켜내야 한다는 것이었습니다."

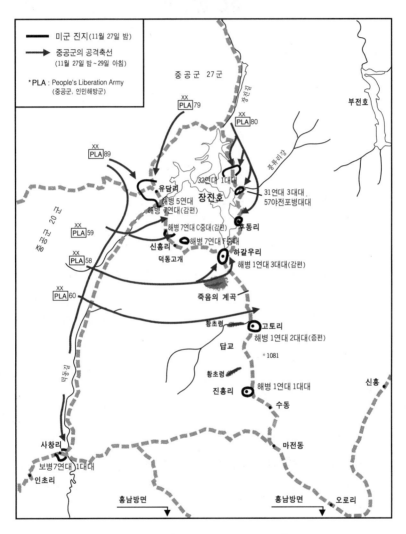

장진호 전투(1950년 11월 27~29일)

전환점

알파 바우저 대령에 의하면 7사단장 바 장군이 풍유리강(豊留里江) 하구(河口)의 상황보고를 믿기 힘들다고 이야기하자 스미스 장군은 그를 초청하여 자기 헬리콥터를 빌려주면서, 가서 직접 확인케 했다. 바가 풍유리강 하구에 도착하여 헬리콥터에서 내렸을 때 페이스 부대의 장교 몇 명이 마중을 나왔으나, 장군은 퉁명스러운 태도로 그들을 대하고는 페이스 중령과 회담하기 위해 성큼성큼 걸어가 버렸다. 바의 짧은 방문의 내용은 시간이 많이 지나 자세하게 알려진 것은 없지만, 그는 페이스 부대가 스미스 장군의 지휘책임 하에 있다는 것을 페이스에게 알려주었을 것이라고 추측된다. 하갈우리로 돌아온 바는 페이스 부대의 부상자가 약 500명이며, 중공군말고도 그들을 후송하는 것이 큰 문제라고 스미스에게 말했다.

11월 30일 아침 10군단에 배속된 해병 상륙작전(上陸作戰) 전문가 에드워드 H. 포니 대령이 북쪽 상황에 관하여 알몬드 장군에게 브리핑했다. 그 브리핑이 장진호 전투의 진행에 결정적 전기(轉機)를 이루었는데, 왜냐하면 알몬드는 그 브리핑을 받고서야 마침내 처참한 현실에 대하여 이해할 수 있었기 때문이었다. 그의 즉각적 반응은 L-19 경비행기를 타고 하갈우리로 날아가는 것이었다. 포니의 보고가 알몬드 장군을 경악(驚愕)케 한 것은 의문의 여지가 없었으며, 로이 애플맨이 그의 저서 《장진호의 동쪽》(East of Chosin)에서 묘사했던 것처럼 알몬드는 이틀 전에 장진호 지역의 부대들을 방문했던 때와는 전혀 다른 시각을 갖게 되었고, 그는 이제 10군단 자체의 생존(生存)이 문제가 되고 있다는 것을 깨달았다.

알몬드는 야전활주로 옆에 세워진 텐트에서 스미스와 바, 호즈를 만났다. 그는 습관적인 직설적 말투로 유담리의 해병부대와 장진강 동안의 육군부대가 하갈우리에 집결하면 바로 해안에 있는 흥남(興南)을 향하여 이동할 것이라고 말했다(개인적으로 스미스는 알몬드가 반복적으로 '후퇴'와 '철수'라는 말을 쓰는 것에 반대했는데, 현실적으로 해병대와 배속된 육군부대는 적과 싸우면서 산악지대를 돌파해 나가야 했기 때문이었다). 알몬드는 스미스에게 만약 스미스가 해병사단의 모든 편제 화기와 장비들을 파괴하는 데 동의한다면 자기가 나중에 공중보급을 통해 그 장비와 화기들을 재보급해 주겠다고 말했다.

스미스 : "나는 부대의 이동은 부상자들을 후송할 수 있는 가능성에 달려 있고, 또 편제화기와 장비를 사용하여 적의 포위를 돌파해야 하기 때문에 그것들을 버리고 갈 여유가 없다고 그에게 말했습니다."

그러자 알몬드는 페이스 부대를 구출하기 위한 시간계획표가 첨부(添附)된 작전계획서를 제출하라고 스미스에게 지시했다.

스미스 : "알몬드 장군이 떠난 후 바와 나는 그런 상황에서 시간계획표는 아무런 의미가 없다는 데 합의하였습니다. 육군의 두 대대는 하갈우리로 나올 수 있도록 스스로의 힘으로 최선을 다해야만 했습니다. 유담리의 해병 연대전투단들이 하갈우리에 도착할 때까지도 그들이 고립되어 있다면, 그때 1개 연대전투단을 보내 그들을 구출하려고 했습니다."

마이클 카프라로 대위 : "크룩 장군이 리틀 빅혼(Little Bighorn) 전투[1]의 와중에 있는 카스터에게 전령을 보내 제7기병대의 철수에 관한 시간계획표를 만들라고 요청했다고 상상해 보세요."

스미스 장군은 페이스에게 병력을 이끌고 포위망을 돌파해 하갈우리로 나오라는 명령서를 작성하라고 호즈에게 지시해, 호즈가 명령서를 준비하여 제출하자 서명(署名)했다. 그리고 나서 그는 작전참모를 자기 숙소로 불러 모든 중장비를 파괴하고 잉여물자를 소각해 버리라는 알몬드의 제안에 대한 역겨움을 토로(吐露)했다. 스미스는 알몬드가 군단장 역할을 제대로 못하는 것 같다고 말했다. 바우저에 따르면, 그때 스미스는 "지금부터 우리는 모든 것을 우리 스스로의 힘으로 해나가야 하며, 10군단 사령부의 지시는 에누리해서 듣고, 10군단의 지원에 의지(依支)하지 않고 적의 포위망을 돌파해 나갈 것이다"라고 말했다는 것이었다.

---

1) 1876년 몬태나주 리틀 빅혼에서 시팅 불이 이끄는 인디언 수우족(族)과 카스터가 지휘하는 제7기병대 사이에 벌어진 전투. 제7기병대가 전멸했다.

고립무원

중공군은 11월 30일 자정이 지나서 덕동고개의 해병진지에 3차 공격을 가해왔다. 자동화기(自動火器)와 휴대폭약, 그리고 수류탄으로 무장한 중공군 3개 보병중대는 도로 남쪽의 조그만 계곡을 건너 폭스힐(Fox Hill)의 산자락으로 접근해 왔다. 진지에 투입된 박격포 사수들 중 가장 선임인 로이드 오릴리 일병은 두 발의 조명탄을 공중으로 쏘아올렸고, 해병들은 도로를 기어서 넘어오는 기괴한 실루엣들을 목격했다. 상당수의 해병들은 자기들 참호를 사살한 적군시체에서 수거한 하얀색 담요로 덮어 위장했고, 얇게 눈까지 그 위에 쌓여, 중공군들은 해병 진지의 정확한 위치를 파악하지 못한 채 산비탈로 주춤주춤 이동하기 시작했다.

도날드 차일즈 일병 : "기습(奇襲)의 효과는 정말 대단했습니다."

사선에 있던 해병들의 중공군을 향한 일제 기습 사격소리는 피곤에 지쳐 잠들었던 비번 근무자들까지 깨워, 그들도 바로 일제사격에 참가해 기관총과 소총을 쏘아댔고, 도로를 건너 피터슨 소대의 측면으로 올라온 몇 명의 중공군 병사들은 피터슨 소대원들이 굴려보낸 수류탄을 피할 곳을 찾아 담벽으로 몰려들었다. 바버 대위는 다리를 절룩거리며 다니면서 사선(射線)의 부하들을 안정시켰다.

지금은 노인(老人)이 된 장진호 전투의 참가자들은 아직도 장진호에서 전사한 동료들을 생각하곤 한다. 그래이던 데이비스는 플로리다 주 출신의 클로드 피플스 일병의 생각이 가끔 난다고 말한다.

"그해 여름 어느날 우리는 트럭의 짐칸에 함께 타고서 이동하고 있었는데, 칼리노프스키 중사가 피플스는 흑인(黑人)인데도 우리 둘이 똑같이 생겼다고 하는 겁니다. 왜냐하면 둘 다 얼굴이 먼지로 덮여 있었거든요. '그래요! 우리는 다 똑 같았습니다. 우리는 해병이었거든요!' 피플스는 기관총 진지를 지키다가 폭스 힐에서 전사했지요. … 용감한 해병답게 진지를 사수하라! 셈페르 피델리스(Semper Fidelis)."

래리 슈미트 중위는 피플스가 응급구호소에서 냉정(冷靜)할 정도로 조용하게 죽음을 맞이했던 것을 기억했다. "그는 끝까지 의식이 있었습니다. 왜냐하면 숨을 거두기 5분 전쯤 나를 보고 웃었거든요." 슈미트는 아사 피츠제랄드 일병도 기억하고 있었다. 그는 가슴에 부상을 입어 말을 할 때마다 숨을 가쁘게 쉬었고, 숨소리가 점점 약해지다가 멈추자 위생병이 그의 시신을 밖으로 옮겨갔다. 데릴 허벨링이란 이름의 부상당한 해병은 전투중에 배낭과 함께 잃어버린 집에서 보내온 살라미 소시지 한 덩어리에 대하여 불평을 계속하다가 숨을 거두었는데, 그들은 영원히 잊혀질 수 없는 사람들이었다.

덕동고개에서 얼어붙은 장진호를 건너 동쪽으로 16 km 떨어진 곳에 있는 육군병사들은 다음에 일어날 일을 수동적으로 기다리고 있었다. 페이스 중령은 풍유리강 하구 남쪽 호안(湖岸)의 개활지에 대충 방어진지를 설치해 놓고 전초(前哨)도 세우지 않았다. 그 진지는 엄격하게 말해서 방어진지라고 부를 수 없는 것이었으며, 몸을 따뜻하게 하려고 불 주위에 모여 앉아 있는 여러 개의 그룹에 불과했다. 11월 30일은 몹시 추웠지만 바람은 없었다. 8시경에 안개가 흩어지기 시작해서 10시가 되니 하늘이 맑아졌다. 스탬포드 대위는 코르세어 전투기들의 목표상공(目標上空) 도착이라는 신호를 기다리며 고지 위의 중공군을 계속해서 주시(注視)했다. 그의 AN/prc-1 무전기는 미군이 사용하는 어떤 무전 주파수에라도 맞출 수가 있었기 때문에, 페이스 중령은 마음만 있으면 이 무전기를 이용해 7사단 사령부와 연락할 수 있었으나, 그나 그의 참모들이 그 무전기를 사용한 것 같지는 않았다.

코르세어 전투기 조종사, 해롤드 아이슬 대위 : "우리는 그날 아침에 스탬포드 대위의 유도(誘導) 하에 여러 번 출격했습니다. 비행기가 목표상공에 도착했다고 그가 확인했을 때 밑을 보니 목표지역에 중공군뿐만 아니라 미군도 많이 보여서 그냥 지나갔다가, 두 번째 시도를 했는데도 양쪽이 서로 근접해 있어 폭격(爆擊)을 할 수가 없었습니다. 그러다가 내가 근처의 산에 적의 병력이 밀집해 있는 것이 보인다고 에드에게 말하니까, 그가 대신 그곳을 폭격하라고 지시하더군요. F4U 코르세어 전투기에는 20 mm 기관포가 장착되어 있고, 기관포에 장전된 탄환 중에서 매(每) 세 번째 탄환은 고폭탄환(高爆彈丸)이어서 밀집된 병력을 공격하는 데 매우 효과적이었지요. 이 기관포와 5인치 로켓, 네이팜탄으로 많은 수의 중공군을 죽였습니다."

정오경에 스탬포드의 고주파 무전기가 고장(故障)났다. 적군의 첫날밤 공격 때 전사한 공군 전방항공 통제장교의 무전기가 적군의 사격으로 일찌감치 고장났던 것을 기억해 낸 스탬포드는 수리에 필요한 부품을 회수할 수 있을지도 모르겠다는 생각이 들었다. 그 고장난 공군 무전기는 해병 전술항공통제반의 진지에서 400 m 떨어진 곳에 있었는데, 스탬포드의 부하 두 명 — 마이론 J. 스미스 상병과 빌리 E. 존슨 일병 — 이 자원해서 그 무전기를 찾아서 돌아왔다. 그 두 젊은 해병들이 꽁꽁 얼어붙는 추위 속에서 맨손으로 무전기를 고치기 시작한지 네 시간 만에 무전기가 다시 작동해, 갈매기 날개 모양의 날개를 가진 검은색 전투기들은 다시 먹이를 보고 달려드는 독수리처럼 적군을 향해 달려들기 시작했다(스미스 상병과 존슨 일병 둘 모두 장진호 전투에서 살아남지 못했다).

페이스 중령은 몇 명의 장교들을 집합시켜 부대가 오늘밤을 넘길 수 있다면 다음날인 12월 1일 아침에 포위망을 돌파하여 어떻게 해서든 풍유리강 하구에서 하갈우리까지의 비교적 평탄한 11 km 도로를 헤쳐 나갈 계획이라고 이야기했다. 예상과는 반대로 11월 29~30일 밤은 멀리 유담리의 해병포대들이 쏘아대는 대포소리를 제외하고는 조용히 지나갔으며, 병사들은 적군의 나팔수가 동쪽의 산에서 신호나팔을 부는 소리를 간간이 들을 수 있었다. 훤히 밝은 달이 잠깐동안 황량한 산하(山河)를 비추다가 곧 구름에 가리웠고, 이어서 눈이 내리기 시작하여 다시 한 번 지상의 병력들은 다음날 아침에 해병항공단의 근접지원이 가능할지에 대하여 걱정하기 시작했다. 그날 밤에는 찬바람이 유난히 심하게 불었다. 중대장들 중에 한 명은 모든 브라우닝 자동소총(BAR)이 작동불능(作動不能)이라고 보고했고, 또 아침 무렵에 다른 중대장이 보고하기를 중대원 한 명이 자기 참호에서 앉은 채로 얼어죽었다는 것이었다.

앨런 맥클린 대령이 그렇게 도착하기를 기다리던 리차드 R. 라이디 중령의 31연대 2대대는 그때 고토리에서 5 km 아래에 있는 황초령(黃草嶺)을 반쯤 넘고 있었다. 올리버 스미스의 비망록(備忘錄)에 따르면, 알몬드가 L-19 연락기를 타고 가다가, 차량 여러 대가 부서지고 버려진 장비들이 여기저기 흩어져 있는 그 대대의 차량행렬을 발견했는데, 험준한 고갯길에서 앞으로 나가지도 못하고 있었다는 것이다. 스미스가 언급하기를 알몬드 장군은 31연대 2대대의 지리멸렬(支離滅裂)에 대한 지휘책임을 물어 라이디를 해임하려 했다. 그러나 사단장 바 장군이 일선부대의 지휘관이 자신이 처한 상황에 대하여 가장 잘 안다는 이유를 들어 반대하자, 대대가 움직이지 못하는 이유를 규명하고, 다시 진격을 계속하게 하기 위해 연락장교를 파견하여 문제를 해결하려 하였다는 것이다. 라이디에게 부대를 장악하여 진격을 계속하라는 명령을 내리라는 임무를 받고 흥남에서 조셉 I. 거페인(Joseph I.

Gurfein) 육군 소령이 알몬드의 개인사절로 파견되었다. 거페인은 11월 30일 저녁 라이디의 진지에 도착하여 거친 말투로 그 메시지를 전달하였으나, 라이디는 이상하게 그 명령에 따르기를 내켜하지 않았다.

31연대 2대대 작전장교 리차드 미첼 대위 : "대대장은 황초령을 감제하는 곳에 병력을 배치해야 하는 중요성을 설명하려고 애썼지만, 거페인은 그저 '군단장은 대대가 고토리로 이동하기를 바랍니다'라고만 계속 말했습니다. 라이디 중령이 무슨 말인지 알겠다며 그렇게 할 거라고 말하면서, 안전한 보급로를 확보하기 위해 대대가 현재 점령하고 있는 곳을 계속 지켜야 할 필요성을 아무도 인정하지 않느냐고 물었습니다. 거페인은 그것은 라이디 중령이 상관할 문제가 아니며, 당장 대대를 이동시키라고 대답했습니다. 그러자 라이디 중령이 '그렇다면 현지 지휘관의 건의(建議)가 군단장에게 아무 의미가 없다는 말인가?'라는 취지의 말을 했고, 다시 거페인이 바로 그런 뜻이라며 당장 대대를 이동시키라고 말했죠. 이야기가 거기에 이르자 대대장은 더 이상 말을 계속하고 싶어하지 않는 듯했고, 야구 방망이로 머리를 얻어맞은 사람처럼 정신이 멍해지더군요."

라이디가 저녁 7시 15분이 되서야 행군을 재개하라는 명령을 내렸으나, 실제 이동은 그때 내리기 시작한 눈 때문에 네 시간 후에나 시작되었고, 실질적으로는 거페인 소령이 31연대 2대대의 지휘권을 행사했다.

리차드 미첼 : "거페인이 대대장에게 대대병력이 이열 종대로 행군하게 하라고 지시했고, 대대원들은 출발하기 전에 모닥불을 피워 놓으라는 지시를 받았는데, 중공군으로 하여금 우리가 계속 고지 위에 주둔하는 것처럼 믿게 하려는 의도에서였죠."

고개의 마루턱을 향해 조금 나아갔을 때 첨병들이 도로장애물을 만나 병사 한 명이 그것을 치우려다 설치되어 있는 부비트랩을 건드려 폭사(暴死)했고, 폭발로 생긴 작은 파편들이 행군종대의 선두에 서 있

372

던 병사들의 머리 너머까지 튀겼다.

미첼 : "몇 명은 몸을 엄폐하거나 땅바닥에 바짝 엎드렸고, 뒤로 물러난 병사도 몇 명 있었습니다. 거페인과 나는 도로 위에 올라서 병력이 계속 앞으로 나가는 것을 막으려고 팔을 뻗어 신호를 했습니다. 공황(恐慌)에 빠지거나 도주하는 병사는 없었고, 단지 몸을 숨기려고만 했지요."

거페인은 거기에 대하여 다르게 이야기하고 있다.

"십 초도 안돼 선봉 중대의 병사들이 방향을 뒤로 돌려 도주하면서 대대 본부대 병력에게까지 영향을 주었습니다. 하사관들이나 젊은 위관장교들이 목소리를 높여 그런 행동을 저지하려고 하지 않았고, 도주하려는 자기 부하들 때문에 옆으로 밀려난 대대장도 아무 말 없이 서 있더군요. 내가 개인적으로 사태에 개입하여 병사들의 행동을 저지(沮止)하고 다시 행군하게 만들었는데, 중공군이 총알 한 발 쏘지 않았어도 그렇게 무너지더군요."

대대는 드디어 오전 2시 30분경에 무질서하게 고토리로 진입했다. 라이디가 풀러 대령에게 보고하러 가자, 풀러는 대대가 해병대에 배속되어 한 구역을 할당받아 고토리 방어에 참가하게 되었다고 알려주었다. 특유의 온화하고 겸손한 말투로 스미스 장군이 그 에피소드를 이렇게 표현했다. "31연대 2대대의 전술행동은 인상적이지 않았습니다."

같은 날인 11월 30일 뱅크선 홀컴 대령은 정보참모부가 중공군 6개 사단이 해병대를 공격하고 있다는 것을 확인했다고 스미스에게 보고했다. 그 시점에서 해병들 자신을 제외하고는 아무도 그들이 포위망을 돌파(突破)해 유담리에서 125 km 떨어져 있는 바닷가의 수송선으로 돌아갈 수 있으리라고 믿지 않았다. 미국 전역에서 발행되는 신문들은 그들의 전멸을 예상하고 있었고, 정부관리들도 장진호의 해병부대에게는 희망이 거의 없다는 것을 인정(認定)했다. 중앙정보부(CIA) 부장 월터 베델 스미스가 오로지 외교활동만이 맥아더의 우익(右翼)을 구출할 수 있을 거라고 말했다고 알려졌다.

드레이크의 전차중대가 멈춰 있던 후동(後洞)의 31연대 전방지휘소는 페이스 중령의 부대가 있는 풍유리강 하구에서 남쪽으로 6 km 떨어져 있었다. 만약 페이스가 중공군과의 접촉을 끊고 후퇴한다면 후동이 첫 번째 목적지가 될 것이었다. 물론 후동은 안전한 피난처인 하갈우리에는 못 미쳤지만 풍유리강 하구에 비하면 방어하기가 훨씬 용이했다.

오후 4시쯤 학교 교사(校舍) 주둔부대의 선임장교인 배리 K. 앤더슨(Barry K. Anderson) 중령은 하갈우리에서 온 명령에 따라 지휘소 안과 주변에 있는 모든 병력들에게 철수준비를 지시했다. 앤더슨의 작전보좌관 조지 라술라(George Rasula) 대위는 미친 듯이 성급하게 주둔지를 해체하던 것을 기억해냈고, 그것은 철수(撤收)라기보다는 허둥지둥 도주(逃走)하는 것 같았다고 언급했다. 후동 철수는 신속하고 전면적이었는데, 그 후방이동은 31연대 참모와 본부중대 요원 324명과 57야전포대 그리고 드레이크 대위의 전차중대를 포함하고 있었다. 그날 저녁 6시까지 학교 교사와 그 주위는 텅 빈 상태가 되었다.

흥미롭게도 27일 중공군의 대공세가 시작되기 직전 적의 매복에 걸렸던 정보수색 정찰대의 생존자들이 어둠 속에서 나타나 출발하기 시작한 철수 차량행렬의 후미차량에 올라탔다. 그 생존자들 중 한 명인 제임스 아리 병장이 차에 올라탄 곳에서 뒤로 수백 미터 지점 떨어진 곳에 포진하고 있던 중공군 80사단의 병사들이 산을 내려와 교사와 주변의 평야지대를 점령했는데, 그곳이 바로 페이스 중령이 후퇴하려고 했던 지역이었다. 페이스나 그의 부하들이 알지 못했던 것은 특수임무부대의 잔존병력이 이제 완전히 고립되었다는 것이었다.

후동에서 후퇴하라는 명령을 누가 내렸는가에 대하여 수 년간 논쟁(論爭)이 있었지만, 애플맨은 페이스 특수임무부대를 확실하게 손실한 부대로 간주했던 바 장군이 명령을 내렸다고 결론지었다. 왜냐하면 바 장군이 이미 없어진 부대를 위해 더 많은 병력을 투입해야 할 이유가 없다고 말했기 때문이었다. 이와 같이 미 육군의 한 부대가 예하부대의 생존을 운명(運命)에 맡겨버렸다. 출발한 지 한 시간 내에 앤더슨 중령이 지휘하는 차량행렬은 무사히 하갈우리의 방어선에 도착했고, 드레이크의 전차들은 곧 전차포의 방향을 북쪽으로 돌린 채 전략적으로 중요한 지점인 방어진지 북쪽의 반원지역을 점령했다.

이스트 힐

　하갈우리에 대한 두 번째 공격은 콜리의 H중대 전면에 대한 음향 시위와 함께 시작되었다. 적군은 수십 분 동안 심벌즈와 나팔소리 그리고 구호가 섞인 이상스러운 합주(合奏)를 들려주고는 76 mm 포로 초가집에 설치된 지휘소를 향해 포문을 열었지만, 곧 해병의 81 mm 박격포 사격을 받고 포격을 멈추었는데, 예상된 보병의 돌격은 이루어지지 않았다. 인접한 피셔의 I중대는 윤형(輪型) 철조망 뒤에 모래주머니로 보강한 기관총 진지를 구축하고 참호 속에 굳건히 대기하고 있었다. 오후 8시 15분 나팔소리가 어둠 속에 울려 퍼지고, 초록색 조명탄이 하늘 높이 솟아오르더니 소규모의 적군이 자동화기 진지의 위치를 확인하려고 탐색공격(探索攻擊)을 해왔다. 공식 전사에 신랄하게 기록된 것처럼, 적군은 그런 탐색공격을 실시하기에 가장 적합하지 않은 지역을 선택했다. 11월 28일의 경우처럼 적군은 다시 한 번 해병대가 강력한 진지를 구축한 곳을 선택하여 공격했다.

　적군은 기온이 영하 32도까지 떨어진 자정쯤에 병력을 집중하여 본격적으로 공격해 왔다.

　윌라드 다운스 준위(准尉) : "적군은 파도처럼 계속 밀려와 추풍낙엽(秋風落葉)처럼 쓰러져 갔는데, 그런 중에도 돌격하면서 지르는 함성 소리는 계속 들려오더군요."

해병대 전차가 발사한 포탄이 진지 앞에 있던 헛간에 불을 일으키자 적군 병사들은 전투가 진행되는 것도 잊고, 죽음도 잊고 단지 불길에 몸을 녹이려는 생각만으로 공격진로를 이탈하여 불 앞에 모여들었다. 그렇게 불 앞에 모여있는 중공군 보병들은 진지에서 방어하던 해병들에게는 좋은 사격목표가 되었다.

28일의 공격이 끝난 뒤 앨런 헤링턴 상병은 고장난 캘리버 50 기관총 두 정을 총이 거치되어 있는 트럭 및 탄약과 함께 인근 포병부대에서 훔쳤다. 두 정을 분해·결합하여, 작동이 되는 기관총 한 정을 조립한 그와 동료 자동화기 사수들은 그 기관총을 캘리버 30 브라우닝 자동소총이 이미 설치되어 있는 진지 구석에 설치하였다.

헤링턴 : "두 번째 공격 때 중공군은 자동소총이 두렵지가 않은지 계속 접근해 오더라구요. 그들이 가까이 왔을 때 캘리버 50 기관총으로 싹 쓸어버렸죠."

비록 나중에 근거 없는 것으로 판명되었지만, 많은 해병들은 중공군 병사들이 마약(痲藥)에 취해 있었다고 확신하고 있었다.

스미스 장군 : "다수의 중공군이 각성제나 아편을 소지하고 있었습니다."

전면적 공격은 날이 밝을 때까지 계속됐는데, 중공군은 후퇴하면서 여러 번에 걸친 파상공격(波狀攻擊)이 해병대의 화력에 의해 분쇄되었다는 증거로 새로운 시체더미를 남기고 갔다. 그때 발견된 시체들은 누비지 않은 오렌지색 군복을 입고 있었으며, 그 중에서도 검은색 군복을 입고 있던 시체들은 나중에 정치위원(政治委員)과 보안장교들로 밝혀졌다. 공식기록에 의하면 중공군은 그날 밤 500에서 700구의 새로운 시체를 싸움터에 남기고 갔고, 피셔 중대의 사상자는 두 명의 전사자와 10명의 부상자가 전부였다.

이스트 힐의 상황은 계속 불안정했다.

해병 1연대 G중대 프랜시스 맥나이브(Francis McNeive) 일병 : "산비탈을 오르려니 눈이 얼음으로 변해 있더군요. 발이 미끄러지면 오던 길을 다시 미끄러져 내려갔습니다. 반쯤 올랐을 때 우리보다 앞서 간 부대가 나무 그루터기와 관목에 긴 밧줄을 매어 놓은 것을 발견해, 그 밧줄을 잡고서 고지 정상부까지 오를 수 있었습니다. 정상부에 오르자마자 적의 사격을 받기 시작했고, 토미 윌콕스 일병이 총을 맞고 쓰러져 이스트 힐에서 전사한 첫 번째 G중대원이 되었습니다. 그가 총에 맞는 장면을 보지는 못했지만, 소리는 들을 수 있었는데, 총소리가 날카롭게 나더니 그가 정상부 너머로 사라지면서 몸에서 꼴깍꼴깍하는 소리를 냈습니다. 중공군은 우리의 전진을 효과적으로 저지했고, 우리는 그날 내내 땅바닥에 엎드려 몸을 이리저리 움직여 조금이라도 더 엄폐하려고 애썼지요."

어두워진 후 G중대원들은 산비탈을 조금 내려가 좀더 나은 곳에 자리를 잡았으나, 밤이 깊어지자 중공군이 수류탄을 던져대면서 산 정상부를 넘어 해병진지를 향해 공격을 가해오는 바람에 그들은 다시 산밑으로 후퇴하여야 했다.

로버트 그린 일병 : "해병대의 전통에 따라 전사한 해병의 시신을 회수하여 산을 내려왔습니다. 아이들이 눈 위에서 썰매를 끌듯이 시신의 발목을 잡아끌고 내려오는 동안, 내가 자기를 끌고 가는 것을 고마워하고 동의한다는 듯이 시신의 머리가 계속 까닥까닥 흔들렸지요. 산밑으로 내려오니 누군가가 다가와서 시신을 인수해 갔습니다. 영현등록반이더군요. 그런 후 제자리에 서서 아직도 살아있다는 것을 하나님에게 감사드렸습니다."

이스트 힐의 다른 쪽에서 전초(前哨)를 서던 두 명의 해병대 공병대원이 대규모의 중공군이 어둠 속에서 나타나 자기들 쪽으로 다가오고 있다고 보고했다. 그날 밤의 암구호는 '아브라함'과 '링컨'이었는데, 이미 산양(山羊)처럼 날렵하게 산밑을 향해 뛰어 내려오기 시작한 그 두 명의 전초는 통상적 수하(誰何) 방식을 무시하고, 대신에 그 16대 미국 대통령의 성(姓)과 이름을 계속 외쳐대어, 산밑에서 대기중이던 해병들은 바싹 다가온 적군의 공격을 앞두고도 웃지 않을 수가 없었다.

프랜시스 맥나이브 일병 : "해병대에서조차도 부대마다 취약(脆弱)한 구석이 있기 마련인데, 우리 소대의 경우에는 이름을 밝히고 싶지 않은 일등병 한 명이 그랬습니다. 육군에 복무했다가 해병대에 재입대한 친구였는데, 그것부터가 조금 이상했어요. 나이는 서른 살쯤 되었고, 땅딸하고 머리가 조금 벗겨진 게으름뱅이에다가 사기꾼이었어요. 썩어빠진 인간이었지요. 적군의 수류탄이 떨어지기 시작하자 그 친구는 몸을 돌려 머리를 앞으로 하고는 눈썰매처럼 산비탈을 미끄러져 내려가 버렸습니다. 그리고는 다시 돌아오지 않았고, 나중에 누군가가 그 자식이 하갈우리 한복판의 건물 속에 숨어있는 것을 보았다고 하더군요. 그 말을 듣고도 그냥 그 자식을 내버려두었는데, 아무도 그 개새끼가 우리 소대로 돌아오는 것을 원하지 않았거든요."

자정쯤 되어서 이스트 힐의 산너머에서 들려오는 말울음 소리를 들은 해병들은 코사크(Cossacks)[1]와 공산주의자들에 관한 농담을 주고받으며 짐짓 아무렇지도 않은 체했다. 하지만 초록색 조명탄이 능선 너머에서 하늘 높이 솟아오르자 농담을 멈추었다. 나팔소리와 수백 개의 징이 서로 다른 음조(音調)로 울리는 것 같은 이상한 소리가 들리기 시작했다. 해병들이 눈을 크게 뜨고 고지 정상부에서의 사람 움직임에 주의를 기울이고 있을 때, 붉은색 조명탄이 하늘 높이 솟구쳐 오르더니 적의 공격이 시작되었다. 정상부의 능선 자체가 움직이는 것 같았고, 적군이 산등성이를 넘어 공격해 오는 모습이 마치 커다란 검은 그림자가 눈이 쌓여 있는 산등성이 전체를 뒤덮은 것 같았다.

G중대 자넷 그뤠닝 일병 : "굉장한 광경이었는데, 마치 버터스카치 시럽이 바닐라 아이스크림 위에 좍 퍼지는 모습 같았습니다. 우리는

---

1) 남부러시아 변방에서 자치적 군사공동체를 형성한 농민집단. 제정러시아군 기병대의 주력을 이루었다.

총도 쏘지 않고 아군의 박격포와 야포 포격으로 적군의 밀집(密集)된 공격대형에 큰 공백(空白)이 생기는 것을 바라만 보고 있었는데, 그 큰 공백이 다른 병력으로 바로 메워지더군요."

영국군 41특공대와 G중대의 생존자들 그리고 해병공병대의 병력이 이스트 힐 산자락에 방어선을 펼치고 있었고, 비전투 병과(兵科)의 행정병들은 철로를 따라 배치되어 후선 방어(backup)를 맡고 있었다. 박격포탄의 폭발로 근처에 쌓여 있던 70여 개의 연료(燃料) 드럼통에 불이 붙어 주위가 낮처럼 환해졌다. 그 방어구역의 지휘관 찰스 뱅크스 중령은 환해진 시야(視野)를 이용하여 휘하병력의 소화기, 전차 그리고 포병화력을 총동원하여 산비탈을 밀고 내려오는 적의 공격대형에 사격을 퍼부어 대부분의 적을 몰살(沒殺)시켰다.

라이오넬 S. 레이놀즈 준위 : "아군의 화력에 산산조각난 팔, 다리, 몸통들이 여기저기 흩어져 있는 모습은 정말 믿을 수 없는 대학살(大虐殺)의 현장이었습니다."

스미스 장군도 그 악몽(惡夢)과 같은 광경을 강 건너에 있는 자기숙소 문간에서 조용히 파이프 담배를 피우면서 바라보았다.

스미스 : "뱅크스 중령이 잠시 나를 만나러 왔는데, 활기에 찬 모습이었습니다. 그가 '1개 대대만 주시면, 능선 위에 있는 중공군을 전부 쫓아낼 수 있겠는데요'라고 말하더군요. 물론 그에게 배속시킬 1개 대대가 없었지만 말입니다."

프랜시스 맥나이브 일병 : "아침이 되자 영국군 41특공대가 우리 진지가 있는 암반지대까지 올라와 함께 역습을 실시해 중공군을 산너머로 밀어냈습니다. 해병들은 여기저기 흩어져 있는 적군의 시체에 관심이 없었지만, 특공대원들은 시체들을 그런 상태로 놓아두는 것을 용납할 수가 없었나 봅니다. 그 친구들은 깔끔하고 부지런해서 시체들을 그대로 내버려두는 것을 마음에 들어 하지 않았어요. 그래서 시체들을 산꼭대기에 모아서 차곡차곡 커다란 정방형(正方形)으로 쌓더군요. 그 시체 무더기는 눈에 잘 띄어 위치 경계표나 방향 표시점으로 사용될 정도였습니다. 해병들은 그 무더기 뒤에 몸을 웅크려서 바람을 피하기도 했고, 텐트를 지급받았을 때는 텐트를 시체 무더기에 잇대어 바람을 등지고 얼기설기 쳤습니다. 시체 무더기는 높이가 2 m는 충분히 되었고, 처음에는 60에서 70구 정도의 중공군 시체로 만들어졌는데, 계속 커져 갔습니다. 왜냐하면 중공군이 공격을 하고 물러갈 때마다 생기는 새로운 시체들을 거기로 끌어다 쌓았으니까요."

오전 9시가 되어 희미하게 비추는 햇볕에 아침 안개가 걷히자 해병 항공대의 전투기들이 하갈우리 상공에 출동하였지만 이스트 힐이나, 피셔와 콜리 중대 앞에 쓰러져 있는 시체들 외에는 중공군의 모습이 전혀 보이지 않았다. 그날 밤 전투에서 살육(殺戮) 당한 중공군의 숫자를 헤아려보면서 스미스 장군은 공식적 숫자를 930명이라고 기록했다. 아마 그 두 배나 되는 수의 적군이 부상을 입었을 것이고, 그 대부분이 얼마 안 있어 죽었을 것으로 예상되었다. 첩보로는 11월 30일과 12월 1일 사이의 밤에 하갈우리를 공격한 적군은 중공군 58사단과 59사단의 예하부대들이었다.

조금 뒤에 하갈우리 방어사령관 토마스 리쥐 중령이 사단지휘소에 들렀다. 스미스의 기억에 따르면, "그는 긴장과 수면부족으로 힘들어 보였고, 적의 재차(再次) 공격가능성과 우리의 방어능력을 걱정하고 있었습니다. 이스트 힐과 야전활주로를 어떻게 지켜야 할지 방도(方途)를 모르겠다고 했습니다. 그런 그에게 나는 5연대와 7연대가 포위망을 돌파해 우리와 합류할 때까지 가용한 병력을 다 동원하여 그 두 곳을 지켜야 한다고 말했지요."

그러는 동안 스미스는 해결해야 할 다른 문제에 봉착했는데, 중공군이 황초령의 발전소 도수장(導水場)에 있는 다리를 폭파해 버렸다는 보고가 스미스에게 전달되었다. 제1해병사단은 그동안 미국전역의 신문들이 떠들어대던 것처럼 진짜 함정에 빠진 꼴이 되어버렸다.

자정이 가까워 올 때까지 달이 환하게 덕동산(德洞山) 위에 떠 있다가, 구름이 몰려와 하늘을 덮고 눈발이 날리기 시작했다. 도날드 차일즈 일병과 노만 잭슨 일병이 도로의 일부가 내려다보이는 참호에서 경계를 서고 있었다. 그들이 서 있던 곳의 바로 아래 부분은 지형 때문에 보이지 않았다. 그 두 명의 해병은 그 지형의 사각지대(死角地帶)에서 갑자기 확성기(擴聲器) 소리가 나자 깜짝 놀랐다.

"F중대원 여러분, 나는 해병 11연대 K포대(砲隊) 로버트 C. 메스맨 중위입니다. 나는 이틀 전에 중국 공산군(共産軍)의 포로가 되었습니다. F중대원 여러분, 지금 항복하면 중공군은 여러분을 제네바 협정에 따라 대우하고, 먹을 것과 따뜻한 옷도 제공할 것이며, 또 상처도 치료해 줄 겁니다."

차일즈와 잭슨은 그들의 근접(近接)한 위치가 확성기와 메스맨을 감시하고 있을 감시원들에게 드러나지 않게 조용히 움직이지 않고 있었다.

피터 홀그런 일병 : "메스맨이라고 하는 목소리는 선전문건의 헛소리를 읽고 있는 것처럼 들렸습니다. 우리 뒤쪽에 있는 해병이 '그 친구를 볼 수 있게 조명탄 한 발만 쏘아 줘'라고 소리를 질렀고, 조명탄이 머리 위로 솟아오르자 도로 아래를 내려다보았지요. 거기에는 조그만 샘물이 있었고, 기온이 영하인데도 샘물이 얼지 않고 도로 위까지 흘렀습니다. 우리는 그 샘물에서 물을 길어다 마셨는데, 여하튼, 거기에는 아무도 없었어요! 기관총 사수 한 명이 거기다가 기관총을 몇 발 쏘면서 '엿 먹어라'라고 말했지요."

중공군은 오전 2시 반이 지나 따발총과 휴대폭약으로 무장하고 도로를 건너서 F중대를 다시 공격했다. 드디어 조명탄을 풍부하게 보급받은 박격포 조장 오릴리 일병은 조명탄을 무수히 쏘아올려 밤을 낮같이 만들었고, 또 F중대의 소총수들과 멀리 하갈우리에 있는 H포대와 합세하여 공격해 오는 중공군에게 고폭탄을 퍼부어 그들을 산산조각내

버렸다. 맥카시 중위는 중공군 3개 중대가 돌격해 온 것 같다고 보고서에 썼는데, 그는 소대원 한 명이 사격을 많이 해 소총 총열이 열을 받아 따뜻해져서 장갑이 필요 없을 정도라고 농담하는 것을 들었다.

새벽이 밝아왔고 해병들은 덕동고개를 계속 지키고 있었다.

활 주 로 개 통

　길레르모 토바르 병장과 맥로린 소령 그리고 다른 포로들은 죽음의 계곡 동쪽에 있는 산 속으로 끌려가 도로에서 1,500 m쯤 떨어진 곳에 있는 농가에 수용되었다.　토바르는 그 집이 방 네 개와 현관으로 된 단층건물이었던 것으로 기억하고 있다.　그 집에서 장교와 사병이 분리되었고, 토바르는 맥로린 소령을 다시는 보지 못하였다.　치명적인 부상을 입은 로이드 더스트 준위는 토바르를 비롯한 다른 포로들과 함께 방 하나에 수용되었다.

　토바르 : "더스트 준위는 머리에 입은 부상 때문에 말을 못했습니다. 내가 음식을 먹게 도와주고 가끔 눈을 조금씩 입에 넣어 주었지요."

　키가 큰 중공군 대위 한 명이 문 앞에 나타나 포로들과 영어로 이야기를 나누었는데, 토바르는 그에게 이름이 무어냐고 물었다.

　"나를 프랜시스라고 부르면 돼."

　"프랜시스, 치료를 받을 수 있게 도와줄 수 있습니까?"

　그 장교는 자기네 수송차량들이 미군 항공기의 공격을 받아 쌀과 다른 의약품들이 모두 파괴되었다고 설명하였다.

　"그러면 도로에 가서 구급행낭(救急行囊)을 수거해 오도록 허락해 줄 수 있나요?"

　"글쎄."

토바르 : "우리가 질문할 때마다 그의 대답은 '글쎄'였습니다. 그는 거동이 가능한 부상자들은 만주(滿洲)까지 걸어가야 한다고 말해 주었습니다. 나도 두개골 아래에 총상을 입었지만, 다음날 아침 만주로 끌려가는 포로들 안에 끼어 있었는데, 9월의 인천상륙작전 때부터 통역관으로 같이 있었던 한국인 친구인 주니어가 '북으로 끌려가면 다시는 돌아오지 못해'라고 말해 주더군요."

그 통역관은 토바르에게 부상 때문에 움직일 수 없는 척하라고 조언(助言)해 주었다. 그의 조언에 주의를 기울인 토바르는 비틀거리며 농가로 돌아가 중공군이 주니어를 포함한 포로들을 이끌고 떠날 때까지 바닥에 쓰러져 있었다. 가끔 잔류(殘留) 포로들과 이야기를 나누려고 들렀던 프랜시스는 훗날 샌프란시스코를 방문하고 싶다고 말했다. "우리를 돌려보내 주면 당신에게 샌프란시스코를 안내해 줄 수 있습니다. 나는 거기 근처에 살고 있거든요"라고 토바르가 말했다.

프랜시스가 웃으면서, "글쎄"라고 말했다.

토바르 : "농가에서 같이 지낸 육군병사들은 정말 같이 근무하고 싶지 않은 친구들이었습니다. 일곱 명이 있었는데, 군기도 없고 칭얼거리기만 하면서 항상 자기네들끼리 싸우고 말다툼하고 그러더군요. 한번은 낮잠 자고 싶어하는 아이들처럼 방에서 서로 감자를 던져대더라구요. 그런 육군병사들의 행동에 무척 당황했습니다. 그 중 한 명은 자기 발을 절단해야 될 것 같다고 한탄하면서 계속 나에게 그 이야기를 하는 겁니다. 나는 그 중에서 제일 선임(先任)도 아니었지만, 아무도 선임자 노릇을 하려고 하지 않더군요. 땅개들 사이에 끼어있는 해병이란 것을 의식한 나는 참다못해 그들에게 '내가 비록 머리에 부상을 입었지만, 팔 다리는 성하기 때문에 얌전하게 있지 않으면 끌어다가 바깥의 눈밭 속에 던져 버리겠다'고 말을 했습니다."

아침이 되어 중공군이 떠나버리자 토바르와 다른 두 명은 고토리로 돌아가기로 결심하였다. 밖으로 나와 농가를 떠나려고 하면서 그들은 누군가가 나타나 앞길을 막을 거라고 예상했지만, 아무도 나타나지 않았다. 산자락에 도착한 그들은 낮은 고도로 날고 있는 정찰기를 발견하고는 손을 흔들었고, 남쪽을 향해 도로의 왼편을 따라 계속 걸어갔다. 도중에 언덕 위에 서 있는 초가집에서 중공군 한 명이 문을 열고 나와 눈 위에다 오줌을 누다가 그들과 눈이 마주쳤는데, 양쪽 모두 무장하지 않은 상태였다.

토바르 : "우리가 그때까지 겪은 것이 지옥의 문턱에 들어갔던 것이었다면, 그 이후 겪었던 것은 지옥 그 자체였습니다. 그 초가집에서 멀지 않은 곳을 걸어가고 있을 때 코르세어 전투기가 굉음과 함께 머리 위에 나타나더니 우리를 공격하려는 듯 머리 위를 빙빙 도는 겁니다. 우리를 중공군으로 오인(誤認)한 것이 틀림없었어요. 우리는 파카를 벗어서 미친 듯이 흔들었지만, 비행기들은 우리에게 로켓포를 쏘기 시작했고, 그 중 한 대는 커다란 축구공같이 생긴 물체를 떨어뜨렸습니다. 그 물체가 땅에 떨어져 몇 바퀴 구르더니 그 안에서 화염(火焰)이 쏟아져 나오기 시작했습니다. 그걸 보니 '아군이 떨어뜨린 네이팜탄에 달걀 프라이가 되려고 여기까지 왔구나'하는 생각이 들더군요.

네이팜탄의 열기가 느껴졌지만, 다행하게도 화상을 입을 정도로 폭탄에 가깝게 있지는 않았습니다. 나만 로켓포의 사격에 부상을 입었는데, 파편이 어깨뼈를 맞추었지만 두껍게 껴입은 옷을 뚫지는 못하더군요. 전투기들은 다시 방향을 바꾸더니 캘러버 50 기관총을 우리에게 쏘아대는 겁니다. 몸을 숨길 만한 곳도 없었고, 총알들이 주위에 텅텅 소리를 내며 튕기더군요. 우리가 손을 흔들었던 정찰기가 전투기를 호출(呼出)한 것이 틀림없었습니다.

나는 육체적으로 다친 곳은 없었지만, 정신적으로는 무기력해졌습니다. 비행기가 날아간 후 주위를 살펴보니 움푹 파진 곳에 무장한 중공군들이 은폐하고 있는 것이 눈에 띄어 마음이 바빠졌습니다. 그때 우리는 얼어붙은 강의 제방(堤防)을 따라 이동하고 있었고, 산모퉁이를 돌아서 보니 1,500 m쯤 떨어진 곳에 고토리가 보이더군요."

뒷좌석에 눈이 쌓인 지프 한 대가 그들을 향해 달려와 운전병이 그들을 싣고 구호소로 직행했다. 토바르가 우선적으로 원한 것은 해병 항공단에 연락해서 미군 포로가 수용된 농가를 폭격하지 말아달라는 것이었다. 수일 후 그는 수술(手術)을 받았고, 군의관들이 그의 두개골 아래쪽에서 45구경 크기의 탄환을 빼냈다.

12월 1일 새벽이 되자 사상자의 증가는 정말 심각한 문제로 대두되었다. 사단 의무대장(醫務隊長) 유진 R. 헤링(Eugene R. Hering) 해군 대령은 스미스 장군을 급히 방문해 사단의무대(師團醫務隊)가 할 수 있는 것보다 더 제대로 된 치료를 받아야만 하는 부상자가 하갈우리에만 600명이 있다는 것을 장군에게 일깨웠다. 그는 또 유담리의 해병부대가 포위를 뚫고 나온다면 적어도 500명의 부상병들을 대동하고 오리라는 것과, 장진호 동안에 있는 육군부대가 하갈우리에 도착할 경우 그들도 500명 정도의 부상병을 데리고 올 것이라는 것을 덧붙여서 말했다. 헤링이 예측한 숫자는 보수적(保守的)으로 잡은 것이었는데도 깜짝 놀랄 만큼 많은 숫자였고, 스미스가 결단을 내려야만 한다는 것이 확실해졌다. "사상자는 계속 늘어갈 것이고, 머지 않아 그들을 돌보는 것이 불가능해질 겁니다"라고 헤링이 계속해서 말했다.

유일한 해결책은 공사가 절반도 안 끝난 야전활주로를 개통(開通)시키는 것이었고, 스미스는 시험비행을 요청하기로 결정했다. 장진호 전투기간중 가장 긴장된 순간이었던 시험비행 시간 내내 하갈우리의 모든 병력은 C-47 수송기가 남쪽 능선 위에 나타나 천천히 내려오면서 야전활주로 위에 안전하게 내려앉아 엔진을 역회전(逆回轉)시켜 동체(胴體)를 부르르 떨면서 정지하는 것을 바라보았으며, 그때 시간은 오후 2시 50분이었다. 30분 후 24명의 부상자를 태운 수송기는 거친 활주로에서 속력을 높여 활주하기 시작했다. 그 순간 활주로의 길이가 충분해 보이지 않는 것 같았으나, 그 수송기는 마지막 순간에 꼬리날개를 올리고, 주날개를 펴고는 산 위로 날아올랐다. 모든 사람들이 인정하는 것처럼 야전활주로의 개통은 장진호 전투의 전환점(轉換點)이 되었고, 지상에 있던 병력들은 그 모습을 보고 환호성을 질렀다.

그날 오후에 네 대의 수송기가 하갈우리에 착륙했고, 그 중 세 대가 부상자들을 태우고 이륙(離陸)했다. 하갈우리 방어부대를 위해 탄약을 날라 온 네 번째 비행기는 울퉁불퉁한 활주로에 착륙하다 랜딩 기어가 손상을 입어 화물을 신속하게 내린 후 활주로 옆으로 치워졌다. 그러다가 날이 어두워지자 공수작전(空輸作戰)은 밤새 연기되었다.

존 패트리쥐 중령의 공병대는 동토(凍土)에다가 활주로를 건설해 낸 엄청난 일을 성취했다. 하갈우리 방어전에 참가했던 해병들은 조명등을 켜놓고 작업하던 불도저 다섯 대의 모습과 작업소음, 그리고 상황에 따라 소총수로 전투에 참가해야 했던 불도저 운전병들에 대한 기억을 영원히 가슴에 간직할 것이다. 하갈우리는 이제 외부세계와 공중으로 미약(微弱)하게나마 연결되었다. 활주로 개통 후 스미스 장군이 제일 처음 결정한 것은 보충병을 하갈우리로 보내라는 요청이었는데, 함흥/흥남과 원산(元山) 같은 후방지역에는 전투훈련을 받은 수백 명의 본부대 및 행정부대 병력들이 있었다. 산악지대에 이르는 도로가 적군이 설치해 놓은 도로장애물에 의해 차단되었기 때문에, 하갈우리의 야전활주로는 외부세계로 통하는 유일한 관문(關門)이 되었다. 소집령이 떨어지자 해안가의 평야지대에 있던 해병들은 산악지대(山岳地帶)에서 곤경에 빠져 있는 동료 해병들을 도울 목적으로 즉시 소집에 응했다. 얼마 안 되어 오봉리(吾鳳里) 능선[1]과 수동계곡 전투에서 입은 부상에서 회복하고 있던 부상병들을 포함한 500명 정도의 해병들이 병력이 부족한 보병중대(步兵中隊)에 보충병(補充兵)으로 배치되었다.

---

1) 1950년 8월 낙동강 돌출부의 확대를 방지하기 위해 미 해병 5연대가 경남 창원군 장마면 일대의 오봉리 능선에서 인민군 4사단을 격퇴한 전투.

대학살

11월 30일 밤이 되자 풍유리강 하구의 페이스 부대 병사들 사이에는 하루 밤만 더 견디면 된다는 말이 퍼졌다.

31연대 E중대 도날드 W. 챈들러 일병 : "우리를 대신해서 죽은 이들에게 경의를 표합니다. 특히 레오나드 윌킨스 병장의 명복(冥福)을 비는데, 그는 18살에서 20살짜리 어린 병사들이었던 우리에게 짧지만 중요한 의미를 갖는 말로 사기를 북돋아주었습니다. '힘들 내. 내일이 되면 좋아질 거야.' 그 말을 하고 얼마 안 되어 윌킨스 병장은 적군의 박격포 사격에 전사했지요."

중공군은 12월 1일 자정이 지난 후 공격을 시작해 31연대 3대대가 담당하던 방어선의 동쪽 구역을 침투하는 데 성공하여, 방어선 전체가 새벽이 될 때까지 버틸 수 있을지 불확실해졌다. 침투에 성공한 중공군은 방어선 전체를 내려다볼 수 있는 언덕을 장악했는데, 그곳은 얼어붙은 강 하구에 놓여 있는 콘크리트 교량의 근처였다. 적군을 감제지형에서 쫓아낼 필요성을 인정한 페이스 중령은 D중대에게 그 임무를 부여했고, 로버트 D. 윌슨 중위가 공격부대의 지휘를 자원했다.

"자, 싸우러 가자. 역습을 해야 하거든"라고 외쳤으나, 그는 임무를 수행하기에는 너무 적은 20명의 병사만 모을 수 있었다. 날이 밝자 2개 분대로 구성된 역습부대는 각자 수류탄 세 발과 약간의 소총 실탄만을 휴대하고 산개(散開) 대형으로 출발했다. 앞장서서 산비탈을 오르기 시작한 윌슨은 팔에 총을 맞고 쓰러졌으나 일어나서 다시 오르기를 계속했다. 두 번째로 가슴에 총을 맞았을 때는 "조금 아프네"라고 말하면서도 오르기를 멈추지 않았는데, 머리에 세 번째로 총알을 맞고는 그 자리에서 숨을 거두었다. 프레드 수가 병장이 남은 병력을 이끌고 몇 미터를 더 전진하였으나, 그도 역시 총을 맞고 전사했다.

페이스 부대의 작전장교였던 웨슬리 J. 커티스 소령은 나중에 그날 새벽의 처참했던 광경을 다음과 같이 회상했다. "우리는 의복, 무기, 탄약을 포함해서 필요한 보급품들을 시신 수집소에 쌓아놓은 시신들에게서 조달(調達)해야 했습니다. 모두들 한두 군데 이상 부상당했고 누구나 손과 발이 동상에 걸려 있었습니다. 움직일 수 없는 부상병들은 얼어죽었지요." 의약품도 다 소진(消盡)되어 모르핀도 남아있지 않았고 붕대도 없었다.

아침 9시쯤에 코르세어기 한 대가 풍유리 상공에 나타나 에드워드 스탬포드 대위와 교신해서, 날씨가 좋아지면 4대의 코르세어기 1개 편대(編隊)가 풍유리강 상공으로 날아올 거라고 알렸다. 그 시간에 하늘에는 구름이 잔뜩 끼어 있었는데, 날씨는 세 시간 내에 구름이 간간이 걷히고 가끔 햇빛이 비칠 것으로 예보(豫報)되었다.

페이스는 커티스 소령 및 부대대장 크로스비 밀러 소령과 함께 선택할 수 있는 대안(代案)에 대해 의논했고, 두 사람 모두 현재 진지가 그날 밤에 아마 적에게 유린당할 거라고 믿었다. 마침내 그들의 의견에 동의(同意)한 페이스는 나머지 장교들을 소집해서 그 자신의 주도하에 부대를 하갈우리의 해병 방어선까지 이동시키기로 결정했다고 말했다. "사단사령부와는 접촉이 되지 않기 때문에, 해병항공단의 근접항공지원 외에는 우리 자신의 힘으로 해나가야 한다. 날씨가 개면 항공기들이 정오경에 도착할 터이니, 그때 대대는 출발한다"라고 말했다.

대담하게 개활지에 모습을 드러낸 중공군 병사들은 지치고 사기가 떨어진 미군 병사들이 남쪽으로 이동하려고 준비하는 것을 지켜보고 있었다.

체스터 베어 병장 : "내 트럭에 시신들을 서로 엇갈려서 네 겹으로 실었는데, 규격을 맞추다가 시신들의 팔과 다리를 부러뜨리기도 했습니다. 그 뒤에 트럭에 타려는 부상병이 너무 많아 자리를 만들려고 시신들을 트럭 밖으로 던져버렸고, 떨어진 자리에 그대로 내버려두었습니다."

차량마다 각기 15명에서 20명의 부상자들을 태우고 있었고, 합하여 약 30대의 트럭이 있었다. 차량행렬이 도로 위에 정렬하기 시작하자 중공군은 산비탈을 내려와 도로를 따라서 공격할 위치를 차지하였다.

제임스 랜선 일병 : "날씨는 어둡고 황량했습니다. A중대가 선두에 나서기로 해 서둘러 출발준비를 했는데, 페이스 중령이 반짝이는 철모를 쓰고 새 파카와 승마바지를 입은 모습으로 나타났습니다. 수류탄을 어깨걸이 멜빵에 걸고 손에는 45구경 권총을 들고 있는 것을 보고, 복장이 우리들에 비해서 너무 단정하고 사관학교 출신(出身) 티가 나 보인다는 생각이 들었습니다."

참모 한 명이 육로(陸路) 대신에 얼어붙은 호수 위로 탈출방향을 바꾸자고 일리 있는 제안을 했지만, 페이스는 짐을 많이 실은 트럭의 무게 때문에 호수의 얼음이 꺼질 것을 우려해 그 제안을 받아들이지 않았다.

600명의 부상자를 포함한 거의 3천 명에 달하는 미군 병력이 출발에 앞서 근접항공지원을 제공할 코르세어기의 도착을 기다리는 동안 중공군이 박격포 사격을 가해와, 새롭게 부상당한 여러 명의 병사들은 부상자로 이미 꽉 찬 트럭의 짐칸에 억지로 자리를 만들어 태워졌다.

오후 1시경에 코르세어기들이 남쪽 하늘에서부터 나타나 공중을 선회하며 전방항공통제반의 호출부호인 보이후드 14의 지시를 기다리고 있었고, 스탬포드 대위는 공지통신(空地通信) 무전기 지프에 승차하여 A중대의 후미에서 대기하고 있었다.

"출발할 준비됐나?"라고 페이스 중령이 묻고는 출발명령을 내렸다. 트럭들은 출발하자마자 중공군의 사격을 받기 시작했는데, 중공군은 놀랄 만큼 도로에 가까이 다가와 있었다.

근접항공지원을 시작한 코르세어기 편대의 선두 항공기 조종사가 계산 착오로 네이팜탄을 너무 빨리 투하하는 바람에 폭탄이 차량행렬 바로 앞에 떨어지면서 주위에 있던 여러 명의 미군 병사들이 화염에 싸였다. 화염으로 입고 있던 옷이 다 타버리고 피부도 까맣게 그을려 버린 조지 E. 포스터 중위는 벌거벗고 선 채로 담배 한 개비를 얻어 물고 다른 방향으로 걸어가서 다시는 나타나지 않았다.

스탬포드 : "네이팜탄의 화염은 대부분 가까이에 있던 중공군을 덮쳤고, 아군을 상하게 한 것은 화염의 꼬리 부분이었습니다. 다수의 중공군이 자기 참호에서 기어 나와 죽었지요."

네이팜탄에 희생당한 병사들은 랜선 일병과 같은 분대 소속이었다. "나도 뜨거운 열기를 느꼈지만 화상(火傷)을 입지는 않았습니다. 평소에 잘 알던 사람들이 죽어 가면서 몸에 붙은 불을 끄려고 눈 위에 뒹굴고 있고, 화상을 입어 피부가 감자 칩처럼 벗겨지거나 몸에 불이 붙어 불기둥이 돼 버린 병사들 사이에서 나는 아무 도움도 되지 않았습니다. 누군가가 '계속 걸어. 위생병들이 알아서 할거야'라고 소리쳤지만 위생병들이 할 수 있는 건 아무 것도 없었습니다. 가장 마음이 아팠던 것은 그중 두세 명이 나더러 자기를 총으로 쏴달라고 애원하는 것이었습니다. 아마 사살하는 것이 그들을 편안하게 해주는 것이었는지도 모르지요."

커티스 소령은 "네이팜탄이 떨어진 순간 병력이 도로를 따라 무질서하게 달아나기 시작하면서 병력에 대한 전술적 통제가 즉시 무너져 버렸습니다"라고 기억했다.

페이스가 45구경 권총을 휘두르며 앞으로 내달아 그들을 멈춰 세워 몇 명의 병사들로 하여금 적과 다시 맞서게 했으나, 네이팜탄 오폭(誤爆) 사건은 병력의 사기에 결정적 악영향을 끼쳤다. 그때까지는 각 소대와 중대가 건제를 그런대로 유지했지만, 병력들이 섞이는 바람에 건제가 무너져 해병들이 냉소적으로 부르던 '개인(個人)들로 구성된 오합지졸(烏合之卒)'이 돼버렸다.

스탬포드 : "차량행렬이 다시 출발하자 페이스 중령이 내 팔을 잡고 길가의 배수로로 끌고 가서는 '자네가 죽는 건 원치 않아'라고 말하더군요. 문제는 배수로에 있는 잡목들과 미끄러운 바닥 때문에 걸어가기가 어려웠다는 겁니다. 거기에다 통나무가 깔린 오르막 배수로를 만나 쳐다보니 중공군 한 명이 그 위에서 총구를 내 쪽으로 돌리고 있지 뭡니까. 그래서 배수로 위로 재빨리 올라가면서 무전병 마이론 J. 스미스 상병에게 손짓으로 그걸 가리켰고, 스미스가 노획해 가지고 있던 따발총으로 그 중공군을 사살해 버렸지요. 그리고 나서 계속 전진하다가 오른쪽으로 얼어붙은 호수가 보이고 배수로가 굽어지는 곳을 만나 다시 도로 위로 올라갔습니다. 페이스 중령이 나를 보고 다시 배수로로 내려가라고 명령하길래, 배수로를 따라서는 차량종대와 보조를 맞출 수가 없다고 말했고, 그가 알았다고 하더군요."

차량행렬은 가다서다를 반복했고, 코르세어기들은 중공군을 도로 주위에서 쫓아내기 위해 자주 급강하 공격을 계속했다. 스미스 장군은 페이스 부대에 대한 근접항공지원에 관대해서 그날 전체 가용전투기의 절반을 장진호 동쪽에서 빠져 나오는 차량행렬의 보호를 위하여 배치하였다. 그러나 차량행렬이 하갈우리에 제대로 도착하려면, 날이 어두워져 전투기들이 기지로 돌아가기 전에 빨리 전진하여야만 했다.

트럭에 타고 있던 부상자들은 중공군의 사격으로 다시 부상을 입거나 즉사했으며 운전병들도 총격을 받았다. 중공군이 운전병들에게 집중사격을 하는 바람에, 대체(代替) 운전병을 구하기가 어려웠다. 왜냐하면 운전석에 앉는다는 것은 자살(自殺)하겠다는 것이나 마찬가지였기 때문이었다. 많은 중공군이 도로의 동쪽에 모습을 보였지만 총을 들어 그들을 쏘려는 병사는 거의 없었고, 중공군이 자기들을 향해 총을 쏘도록 내버려두었다. 그것은 매우 도발적이고 위험한 짓이었으며, 페이스 부대에는 싸우려는 의지(意志)가 거의 없었다.

코르세어기 조종사인 토마스 멀비힐 중위는 지상에서 움직이는 중공군이 마치 하얀 아이스크림 케이크 위로 몰려드는 개미들을 연상시켰다고 기억했다〔비행 중에 멀비힐은 지상에 왔다갔다하는 커다란 동물들을 목격했고, 놀랍게도 그에게는 낙타(駱駝)로 보였다. 그는 목격한 것을 보고하기를 꺼려했는데, 왜냐하면 동료들이 얼간이 취급을 할까 두려웠기 때문이었다. 나중에 연포(連浦) 비행장에서의 비행 보고회의에서 그가 동료 조종사에게 장진호 지역에서 혹시 이상한 동물을 보지 못했느냐고 망설이며 물어보자, 터크 스윈포드 중위가 "글쎄, 말 안하려고 했는데, 자네가 그 말을 하니까 말이야, 맞아, 낙타를 보았지"라고 대답했다〕.

차량행렬은 그럭저럭 전진했지만, 점점 더 많은 병사들이 중공군의 사격에 피습 당했다. 대학살(大虐殺)이 진행 중이었다.

B중대의 리차드 루나 병장이 "새로 부상을 입은 병사들을 트럭에 태우는 것을 도왔지만, 부상자 모두를 트럭에 태우기는 불가능했고, 그래서 얼마나 많은 부상자들을 그대로 버려 두었는지 기억이 나지 않습니다"라고 말했다.

로버트 J. 키츠 대위가 지휘하던 후위(後衛)부대가 적의 사격을 피해 얼어붙은 호수 위로 도주하는 바람에 차량행렬의 뒤쪽이 적의 공격에 완전히 노출(露出)됐다. 57야전포병대대 A포대 토마스 J. 패튼 중위는 호수의 얼음 위로 도망친 첫 번째 그룹에 속해 있었다. "중공군이 쫓아오기 시작했을 때 우리는 450m 정도 앞으로 나가 있었지만, 그들이 총을 쏘지는 않더군요. 멀리서 C-47 수송기 한 대가 선회하고 있는 것이 보였는데, 한 번 선회할 때마다 가까이 다가오더군요. 나는

제자리에 서서 얼음 위에 쌓인 눈에다 발로 어느 쪽(WHICH WAY)이
라는 말을 썼고, 그 비행기 조종사가 마침내 그 말을 알아보고는 하갈
우리 쪽으로 날아가 그 위를 선회하더군요. 그리고는 다시 우리 쪽으
로 날아와 쪽지가 담긴 빈 깡통을 떨어뜨렸는데, '호수의 가운데로 계
속 전진하시오. 유엔군(軍)이 하갈우리를 지키고 있음. 모두에게 행
운이 있기를'이라고 쓰여 있었습니다."

차량행렬의 선두에서는 스탬포드가 끈질기게 공습을 유도하고 있었
으나, 차량을 향해 공격해 오는 중공군의 숫자가 너무 많았다. 오후
세 시경에 차량행렬의 선두는 갈대밭을 가로질러 놓인 다리에 도착했
으나, 그 다리는 이미 중공군 폭파조에 의해 파괴되어 있었다. 우회로
(迂回路)를 개척하다가 첫 번째 트럭의 바퀴가 갈대밭의 얼음을 깨고
빠져 움직일 수 없게 되자 본부중대 수송관 휴 메이 중위가 윈치를 사
용하여 차량들을 견인(牽引)하는 식으로 문제를 해결했다. 대부분의
차량들이 갈대밭을 건넜으나, 그러는 동안 귀중한 두 시간이 지나갔
다. 땅바닥은 울퉁불퉁하고 늪지의 풀들이 여기저기 쌓여 있어 트럭들
이 늪지를 통과하면서 심하게 덜컹거렸다.

리차드 스웬티 대위 : "트럭이 늪지를 지날 때 짐칸에서 부상자들이
지르는 비명소리가 들리더군요. 다수의 부상병들이 골절상(骨折傷)을
입고 있었는데, 그 얼어붙은 늪지를 건너면서 여러 명이 충격으로 죽
었을 겁니다."

체스터 베어 병장 : "어두워질 무렵 차량행렬의 뒤를 보았더니 중공
군이 바짝 따라오고 있었고, 벌써 몇 명의 병사들은 손을 머리 위로
들고 그들 쪽으로 걸어가고 있더군요."

제임스 랜선 일병 : "군기나 통제력도 다 없어졌고, 모든 병사가 자
기 목숨을 구하기 위해 달아났으며 명령에 따르는 사람도 없었습니다.
그때 나는 오로지 살아야 한다는 생각뿐이었습니다."

랜선은 숨을 곳을 찾아 도로와 호수 사이의 옥수수밭으로 뛰어들었

으나, 거기에 이미 병사들이 몸을 웅크리고 있는 것을 발견했다. 적군이 다시 밖으로 나온 그에게 집중사격을 가하여 한 발은 수통을 관통했고, 두 번째는 탄띠를 맞추었고, 세 번째는 입고 있던 파카를 찢어놓았으며, 네 번째는 대검집을 부러뜨렸고 다섯 번째 총알은 왼쪽 팔을 관통했다. 도로 위로 다시 올라온 그는 자기 중대장을 발견하고는 상처를 좀 살펴달라고 부탁했으나, 중대장은 그 부탁을 무시해 버렸다. 대신 포병 관측장교가 상처를 살펴보고는 말했다. "나쁘지 않아. 지혈(止血)도 됐고, 괜찮을 거야."

랜선은 여기저기 헤매다가 다른 밭으로 들어갔고, 거기서 기관총을 고치고 있던 중공군 기관총 사수들과 맞부딪쳤다.

"그들은 20m도 안 떨어져 있었고, 나를 보자 소총을 집어들더군요. 그래서 나는 뒤로 돌아 지그재그로 달려서 호수까지 닿아있는 제방으로 도망쳐 제방을 미끄러져 내려갔습니다. 호수의 얼음 위에서 군화를 신은 발이 잘 미끄러지지 않아 멀리 갈 수가 없어서 군화를 벗었고, 양말만 신은 발로 재빠르게 움직여 호숫가에서 멀어질 수가 있었지요. 중공군들은 호숫가에 서서 나를 바라보았지만 총을 쏘지는 않았습니다. 나는 지쳐 떨어질 때까지 계속 얼음판 위를 걸어갔고, 마침내 쓰러져서 정신을 잃었습니다."

총알이 계속 트럭 안으로 날아들자 도움을 요청하는 부상병들의 비명소리에 상황이 더 처참해져 갔다. 바람과 총알을 피해 차량들 옆에 구차스럽게 모여든 수십 명의 병사들은 장교와 하사관들이 병력통제를 위해 내리는 명령을 무시했다. 페이스 중령은 병사들을 적과 싸우도록 유도(誘導)하려고 미친 듯이 애를 썼다. 저녁 어스름할 무렵에 스탬포드와 어윈 비거 대위 그리고 여러 명은 페이스 중령이 트럭들 옆을 뛰어다니면서 45구경 권총을 위협적으로 흔들며 트럭 옆에 모여든 병사들에게 소리치는 것을 목격했다.

그들은 페이스가 자기 몸을 트럭의 짐칸에 묶으려고 애쓰던 두 명의 한국군인 옆에 잠시 멈춰서는 것을 보았다. 나중에 추론하기로는 그 두 명의 카투사 소속 병사들은 폴리페모스(Polyphemus)[1]로부터 탈출하는 오디세우스(Odysseus)[2]처럼 트럭을 타고 안전하게 갈 수 있으리라는 희망에 그런 행동을 한 것 같았다. 페이스는 몸짓과 욕설로 그들에게 하던 짓을 그만 두고 도로 옆의 개활지로 나오라고 명령했다. 그 중 한 명이 일본어(日本語)로 "나는 다쳤습니다"라고 반복해서 말을 했으나, 스탬포드와 다른 사람들이 긴장하여 쳐다보는 가운데 페이스는 몸을 벌벌 떨고 있던 한 명을 겨냥해 방아쇠를 당겼고, 이어서 다른 한 명도 마저 쏘았다. "도망치려는 놈은 누구든지 쏘겠다"라고 페이스가 바람 부는 쪽을 보고 외쳤다.

그것은 슬프고도 터무니없는 순간이었는데, 페이스는 그 불행한 한국 군인보다 훨씬 훈련을 잘 받았으면서도 똑같이 사기가 떨어진 미군 병사를 향해서는 한 발도 쏘지 않았다. 그 두 희생자(犠牲者)는 상상 속에서나 군인이라고 불릴 수 있는 그런 사람들이었다.

크로스비 밀러 소령은 왼쪽 다리와 손에 부상을 입었고, 총알이 손가락 세 개를 잘라버린 바람에 버지니아 군사학교(軍事學校) 졸업기념 반지와 결혼기념 팔찌를 잃어버렸다.

"나는 오른손 장갑을 벗고 오른 손으로 부상당한 손을 잡고서 지혈을 시키려고 했습니다. 피로 젖은 장갑이 금방 얼어버려 피가 흐르는 것을 효과적으로 차단했지요. 배수로에 누워 그 불행한 상황에 대하여 곰곰이 생각을 했습니다."

---

1) 그리스 신화 속에 나오는 외눈박이 거인 키클로프스의 수령. 오디세우스 일행을 붙잡아 동굴에 가두고 잡아먹다가 오디세우스의 계략에 넘어가 소경이 되었다.
2) 그리스 신화의 영웅. 트로이전쟁이 난 뒤 헤라 여신의 저주를 받고 10여 년간 지중해 각지를 방랑하였다. 여기서는 오디세우스가 폴리페모스의 동굴에서 탈출할 때 양의 배에 매달렸던 것을 빗대어 말한 것이다.

스탬포드 대위가 따라와서 밀러를 공지통신무전기 지프의 후드에
태웠는데, 그때 밀러가 전술항공 통제반 소속의 해병 두 명이 전사했
다고 스탬포드에게 알려주었다(그 두 명은 자원하여 공군소속 전방항공
통제장교의 무전기를 찾아와 그 부품을 사용하여 고장난 무전기를 수리했
던 마이론 J. 스미스 상병과 빌리 E. 존슨 일병이었다). 스탬포드는 방
금 전에 마이론 스미스를 보았는데, 그가 부상을 입자 무전기를 인수
하여 스탬포드 자신의 등에 메고 그를 다른 지프에 태웠다. 한 시간도
안 돼 스미스의 동료인 빌리 존슨 일병이 스미스를 돌봐 주려고 그 지
프에 동승(同乘)했으나, 그 두 명의 해병들은 잠시 후 중공군이 차량
행렬에 가까이 다가와 공격을 가했을 때 전사했다. 밀러 소령은 자기
가 지프에 나란히 누워 있는 그 둘의 시신을 보았다고 스탬포드에게
말했다.

마지막 트럭이 얼어붙은 늪지를 건넜을 때는 이미 날이 어두워져 있
었다. 해병항공대 조종사 토마스 멀비힐과 에드워드 몬태그는 스탬포
드가 깊은 근심이 어린 고음의 목소리로 "임무 완료"라고 그들에게 말
하던 것을 기억하고 있다.

스탬포드의 공헌은 가늠할 수 없을 정도였다. 그 해병 대위와 그의
전술항공통제반이 없었더라면, 페이스 부대의 오합지졸들은 중공군의
공격을 이틀도 견디지 못했을 것이었다. 공습을 유도한 것은 차치(且
置)하고라도 그가 지상전에서 보여준 지도력(指導力)은 장진호 동안
(東岸)에서 시련을 겪은 병사들이 살아남을 수 있었던 중요한 이유 중
의 하나였다. 이런 사실을 가까이에서 목격한 사람은 페이스의 대대에
배속된 군의관 빈센트 J. 나바르 박사였는데, 나바르는 나중에 제1해
병항공단 사령관 피일드 해리스 소장에게 편지를 보내 그의 고마움을
다음과 같이 전했다. "지도력이 절실하게 필요했던 어려운 시기에 그
가 보여준 지도력의 가치는 필설(筆舌)로 표현하기가 어렵습니다. 당
시 현장에 있었던 사람들만이 그 가치를 이해할 수 있을 겁니다."

차량행렬의 선두는 처음 두 대의 트럭을 몰던 운전병들이 적군의 총알에 맞아죽는 바람에 하갈우리에서 북쪽으로 7 km 떨어진 곳에서 갑자기 정지했다. 그 순간 모든 모멘텀(momentum)이 흩어져 버렸고, 어두워져 가는 붉은 노을 속에서 모든 것이 산산조각 나고 있었다. 더 이상 근접항공지원이 없을 거라는 걸 아는 중공군은 황량한 고지에서 내려와 트럭들을 샅샅이 뒤지면서, 따발총의 총구를 높이 들어 그 안에 타고 있던 미군 병사들을 사살해 버렸다.

중공군은 포로 획득에는 관심이 없었고, 그들의 후방에서 잠재적 골칫거리가 될지도 모르는 미군들을 미리 제거(除去)해 버리겠다는 전술적 목적으로 미군들을 사살했다. 이런 일이 발생하기 시작하자 차량행렬을 따라가던 많은 미군 병사들이 호수 쪽으로 방향을 틀어 가능한 한 빠르게 호수의 얼음 위로 달려나갔다. 보름달이 그 고통스러운 광경을 환히 비춰주고 있었기 때문에 중공군은 사격 목표물을 찾아내는 데 아무런 문제가 없었다.

페이스 중령은 가슴에 총을 맞고 힘없이 쓰러졌다.

대대 인사장교 로버트 존스 소령 : "페이스가 쓰러지자, 페이스 특수임무부대도 끝장이었지요."

박격포 소대장 파일즈 쉘턴 중위가 페이스를 부축하여 지프에 태우려 했으나 자기도 부상으로 힘을 쓸 수가 없어 태우지 못했다. 그는 치명적 부상을 입은 대대장을 도로 위에 뉘여 놓고는 도움을 요청하러 비틀거리며 앞으로 걸어갔다. 그가 어둠 속으로 사라진 후 루이스 J. 그랍포 일병을 포함한 일단의 미군 병사들이 도로를 따라 걸어 가다가 힘없는 목소리로 도와달라고 부르던 부상당한 대대장의 목소리를 들을 수 있었다. 그들은 페이스를 차량행렬의 선두에 있던 트럭의 전사한 운전병의 옆자리에 태웠다.

스탬포드 대위는 뒤에 있는 차량들이 움직일 수 있도록, 대부분 부상을 입은 병사들을 끌어모아서 정지해 있거나 시동이 걸리지 않는 트럭들을 도로 밖으로 밀어냈다. 그것은 힘든 일이었고, 많은 수의 부상병들이 힘을 쓰는 과정에서 지혈되어 있던 상처부위가 다시 터졌다. 휴식을 취하려 그 해병 대위는 병사들로 꽉 찬 오막살이로 들어가 보았는데, 그 안에는 안면이 있는 포병대대의 중령이 있었고, 다른 장교들도 있었지만, 아무도 지휘권한을 행사하려 하지 않았다. 스탬포드는 드디어 그들에게서 인내력(忍耐力)의 한계를 느꼈다.

"나는 초가집에서 나와 선두 트럭에 있던 페이스 중령에게 걸어가서 그에게 오늘밤에 하갈우리에 도착하기를 원하느냐고 물었습니다. 그는 약한 목소리로 '그래'라고 대답했으나, 그는 거의 말을 할 수 없었고 극심한 고통을 느끼면서 의식을 잃을 지경에 있었습니다."

스탬포드는 운전병들을 위협하여 더 전진하게 했으나, 트럭들은 해병공병대가 포기한 제재소에서 멀지 않은 곳에 있는 도로가 급하게 구부러진 곳에서 완전히 정지해 버렸다. 차량행렬의 후방에서는 중공군이 트럭에 타고 있던 부상병들을 조직적으로 살해(殺害)하고 있었으며, 차량행렬의 선두에는 높이 떠 있는 달 아래 부자연스러운 정적이 감돌고 있었다.

1대대 작전장교인 웨슬리 커티스 소령은 큰 나무 가지를 목발로 이용하여 선두 트럭까지 절뚝거리며 걸어가 페이스와 이야기를 나누었다.

"어떻습니까, 대대장님?"

페이스의 대답은 "계속 가야 해"였다.

도로를 따라 아래쪽으로 이동하면서 커티스는 공지통신 무전기 차량의 후드에 누워 있던 크로스비 밀러 소령을 만났다.

"자네는 걸어야 할거야."

밀러는 머리를 흔들며 "나는 많이 다쳤어"라고 말했다.

커티스는 도로를 따라 절룩거리며 걸어가다가, 뒤를 돌아보니 백린 수류탄의 연기가 차량행렬의 후미에서 나는 것이 보였다.

부상을 입은 기관총 사수인 글렌 J. 핀프록 일병이 피를 너무 흘려 기절했다가 도로 위에서 깨어난 것은 밤 10시경이었다. 천천히 일어선 그는 선두 트럭의 옆에서 불을 피우려고 애쓰고 있던 여러 명의 부상자들 틈에 끼었다. 핀프록의 말에 의하면 페이스의 얼어버린 시신은 트럭의 운전석 칸에 처박혀 있었다.

여러 해가 지난 후 퇴역(退役) 대령이 된 웨슬리 커티스는 그가 장진호 전투 이래(以來) 자기 자신에게 묻곤 하던 일련의 질문에 대하여 다음과 같은 답을 기술했다.

"당신은 페이스와 밀러가 심각한 부상을 입고 있다는 것을 알고 있었다. 그런 상황에서 법이나 관습(慣習) 그리고 전통(傳統)에 따라 당신이 지휘해야 하지 않았나?"

"맞습니다."

"그 당시에 그걸 알고 있었나?"

"예."

"그렇다면, 당신이 지휘를 포기한 것이 옳았나?"

"아니오."

"무엇을 했어야 했지?"

"결과에 상관없이 차량행렬과 함께 남아 있었어야 했습니다."

"이런 생각이 당신의 양심(良心)을 괴롭혔나?"

"예, 지난 35년 동안 그랬습니다."

"만약 당신이 그 상황을 다시 겪어야 한다면, 같은 짓을 하게 될까?"

"아마 그럴 겁니다."

커티스는 그리고 나서 군인의 책무(責務)는 명령을 수행하거나, 아니면 죽는 거라는 빅토리아 시대 식의 개념(概念)을 언급하면서 그 말은 당연한 비난의 대상이 될 수 없는 말이라고 말하고 있다. "군인의 역할은 승리를 가능케 하는 조건하에서 싸우는 데 있고, 또한 미래의 싸움을 위해 살아있는 데 있습니다."

그는 마지막으로 당시의 상황을 설명했다. "차량행렬에서는 아무런 저항도 없었습니다 ···. 차량의 엔진도 꺼져 있었고, 운전병들도 제자리에 없었습니다. 들리는 소리라곤 부상자들과 죽어 가는 병사들이 내는 신음소리뿐이었습니다. 나는 타이거 전차를 탄 패튼이나 백마를 탄 맥아더도 상황을 역전시킬 수는 없었을 거라는 생각이 지금도 듭니다."

커티스는 얼어붙은 호수를 건너 하갈우리에 도착하겠다고 결심하고는 계속 걸었다. 그는 그 거대한 인공호수(人工湖水)의 한가운데에서 잠시 방향을 잃었으나, 북두칠성(北斗七星)과 북극성(北極星)을 안내 표지로 삼아 방향을 다시 잡을 수 있었고, 새벽이 되기 전에 벤자민 리드 대위의 H포대가 위치한 해병진지에 도착할 수 있었다.

스탬포드는 후동(後洞)에 있는 학교 교사로부터 남쪽으로 멀지 않은 곳에서 예기치 않게 중공군에게 둘러 싸였으나, 단지 몇 분 동안만 포로가 되었다가 감시병이 잠시 한눈을 파는 사이에 달아났다. 스탬포드는 철도 선로를 넘어 제재소까지 걸어갔고, 거기서 남쪽으로 3 km 떨어져 있는 하갈우리의 불빛을 볼 수 있었다("뉴욕의 불빛 같았습니다"). 앞서 도착한 커티스 소령처럼 스탬포드도 H포대 진지에 도착했는데, 그는 삔 발목 외에는 아무 곳도 다친 데 없이 그 어려운 상황을 무사히 견디어 냈다.

후동의 도로 위에서 다가오는 중공군을 바라보던 체스터 베어 병장은 포로가 되어서는 안 되겠다고 결심했다. 도로에는 박격포 포탄이 폭발하면서 생긴 구덩이가 여러 개 있었는데, "나는 사지가 절단되거나 여러 개로 쪼개진 미군의 시신이 가득 찬 구덩이를 하나 골라 시신들 밑에 가능한 한 몸을 숨기고 죽은 척하고 있었습니다."

나중에 중공군이 떠나고 난 후 그는 소름이 끼칠 정도로 무시무시하게 시신들이 엉켜 있는 구덩이에서 나와 얼어붙은 호수를 건너 하갈우리에 도착했다. 베어는 자기가 만난 해병대 장교에게 페이스 부대에 닥쳤던 일에 대하여 설명했고, 해병대 자신도 지금 함정에서 빠져나가려고 한다는 말을 듣고는 깜짝 놀랐다.

베어 : "모든 이들이 짐을 꾸리고, 텐트를 철거하며, 출발할 준비를 하고 있었습니다."

31연대 중박격포 중대 소속의 미론 B. 홀스타인 일병이 얼어붙은 호수를 건너온 마지막 병사들 중의 한 명이었다. "뒤에서 하늘 높이 불기둥이 솟는 것을 보았는데, 중공군이 장진호 동안(東岸)에 있는 모든 트럭과 지프에 불을 질러버렸더군요."

기습 I

페이스 부대가 학살을 당하고 있는 곳에서 서쪽으로 호수를 넘어 13 km 떨어진 유담리(柳潭里)에서는 2개 해병연대가 함정(陷穽)에서 탈출(脫出)할 준비를 하고 있었다. 리첸버그와 머레이는 리쥐의 빈약한 병력이 하갈우리를 공격해 온 적을 물리친 것을 알고 있었고, 머레이가 "하갈우리는 도로를 따라 23 km 아래쪽에 있었지만 엄청나게 많은 중공군이 그 사이를 가로막고 있었습니다"라고 말했다.

그 동안에도 유담리 주위에서는 크고 작은 전투가 여러 번 벌어졌지만, 중공군의 공격이 첫날만큼 치열하지는 않았다. 해병들은 이제 적이 증원군의 도착을 기다리면서 시간을 보내고 있는 것이 아닌가 하는 두려움에 빠졌다. 5연대와 7연대는 그 동안 진지를 잘 방어했지만, 과연 전투력이 약화된 상황에서 탈출작전을 잘 수행할 수 있을지는 의문이었다.

유담리의 부상병 문제는 하갈우리보다도 더 심각했다. 많은 부상자들이 방수천 밑에 짚을 깐 구호소에 수용되어 있거나, 아니면 소속 부대에 그대로 내버려 둔 채로 있었다. 유담리의 부상자 500명 중의 하나였던 존 얀시 중위는 아무 불평도 않고, 그 음울한 구호소 텐트에 이틀 동안 누워 있었다.

얀시 : "매일 위생병이 내 입안에서 핏덩어리를 자주 빼냈습니다. 제

일 불안했을 때는 적군이 구호소 근처까지 공격해 왔을 때인데, 위생병이 내 카빈을 치워버려 무방비(無防備) 상태란 걸 알고 있었죠. 대부분의 시간 동안 거기에 누워 있으면서도 소대 걱정만 하고 있었고, 고지에서 그들과 함께 지내지 못하는 것이 슬펐습니다."

그가 알지 못했던 것은 E중대가 더 이상 존재하지 않는다는 것이었는데, 잔여 병력은 D중대에 흡수되었다〔비록 얀시는 나중에 월남전(越南戰) 참전을 자원했지만, 한국전쟁이 그가 참전한 마지막 전쟁이 되었다. 국방부의 참전 불가통지를 전달한 담당장교가 여러 사유 중에서 윗니가 없는 것을 인용하자, 얀시는 "대령님, 나는 적군을 이빨로 깨물려는 생각은 없습니다"라고 대답한 것으로 알려져 있다〕.

리첸버그와 머레이는 연대 배치를 어떻게 변경하느냐는 문제와 씨름하고 있었는데, 사방에서 적군의 압력을 받는 상황에서 쉬운 일이 아니었다. 스미스 장군은 무엇을 해야 하는지는 지시했지만 어떻게 하라고는 말하지 않았다.

리첸버그: "유담리의 상황은 그리 유리하지 않았습니다. 우리는 중공군 5개 사단에 포위되어 계곡 속에 갇혀 있었으며, 우리 병력은 8천명이었지만, 중공군은 대략 5만 명쯤 됐을 겁니다. 거기다 또 다른 사단 하나가 다가오고 있었는데, 어디까지 왔는지는 알 수가 없었지요. 도로 양 측면의 고지(高地)를 차지한 중공군이 도로를 완벽하게 차단하고 우리의 후방에 압력을 가해온다면, 적의 봉쇄를 정면으로 돌파하려고 시도하는 것은 스스로를 독 안의 쥐 신세로 만드는 결과가 될 수도 있었습니다. 그들을 기습하여 포위망을 무너뜨릴 방도를 찾아야 했습니다."

11월 30일 오후쯤에 리첸버그는 1개 보병대대로 하여금 산악지대를 횡단(橫斷)케 해 덕동고개의 F중대를 구원하고, 동시에 유담리를 함락(陷落)시키려는 적의 계획을 흔들어 놓으면 어떨까 하는 생각이 떠올랐다. 유담리에서 덕동고개까지의 도로는 활 모양으로 휘어 있었는데, 리첸버그는 레이몬드 데이비스의 대대에게 활 모양의 지형을 직선으로 횡단하라고, 다시 말하자면 활시위를 따라 진격시키면 될 것 같은 생각이 들었다. 만약 리첸버그가 명령을 내린다면, 그 산악횡단(山岳橫斷) 기동은 중공군이 공격을 시작한 이후(以後), 해병대의 첫 번째 주요공세가 될 것이었다.

리첸버그가 그 공세의 가능성에 대하여 생각을 기울이는 동안 합동참모진은 각 연대의 위치를 변경하고, 각 연대에서 가장 강력한 전투력을 보유한 1개 대대를 차단된 도로를 돌파해 나갈 위치에 배치하는 계획을 수립(樹立)하느라 시간을 보냈다. 계획은 기본적으로 다음과 같았다.

데이비스의 대대가 산악지대를 횡단하는 동안 해리스의 7연대 3대대는 유담리 마을 남쪽에 위치한 고지를 점령, 적의 접근을 차단하며, 로이스의 5연대 2대대가 유담리 남쪽과 서쪽의 능선을 방어하면서 후위부대 역할을 하고, 스티븐스의 5연대 1대대는 장진호의 물이 서쪽으로 뻗어있는 끝의 바로 남쪽에 진지를 구축, 적의 접근을 차단한다. 탈출작전이 시작되면 태플렛의 5연대 3대대가 해리스 대대의 진지를 통과하여 공격의 선봉에 선다. 다른 대대들을 이끌고 오는 태플렛의 대대가 도로를 따라서 덕동고개에 도착할 시간과 거의 같은 시간에 데이비스의 대대가 덕동 고갯마루의 F중대 진지에 도착할 수 있다면 이상적 작전이 될 것이었다. 유담리 탈출작전이 성공하더라도 그 운동에너지를 계속 유지(維持)하는 것이 대단히 중요한데, 그렇지 못할 경우 적군에게 다시 포위당할 수가 있었기 때문이었다. 따라서 데이비스와 태플렛 부대의 뒤를 따라 오는 대대들은 탈출을 위한 전술기동(戰術機動)을 계속하기 위해 필요할 경우 그 두 대대를 구원할 준비를 갖추어야 했다.

그 계획이 실행에 들어가기 전에 준비할 것이 많았지만, 우선 155mm 포병대대의 병력을 전용해서 임시 소총소대들을 급조(急造)하여야 했다(적군이 근접하여 압력을 가하고 있는 유담리의 상황에서 장거리 곡사포는 거의 쓸모가 없었다).

조그만 텐트에 설치된 리첸버그의 지휘소는 마을의 남쪽 끝에 있었다. 105 mm 포병대대장인 프랜시스 페리 소령이 리첸버그가 데이비스에게 새로운 임무를 부여하고 있을 때 우연히 지휘소에 들렀다. 페리는 연대장이 간이침대 위에 앉아 있었고, 대대장은 손에 지도를 쥐고 바닥에 앉아 있었다고 기억했다. 페리가 뒤로 돌아나가려 하였으나 리첸버그가 들어오라고 해서 데이비스 옆에 앉았다. 이렇게 해서 페리는 미 해병대 역사상 한 획을 그은 장면의 목격자가 되었는데, 그 것은 호머 리첸버그 대령이 레이몬드 데이비스 중령에게 전체 대대병력을 이끌고 앞이 안 보일 정도로 캄캄한, 길도 없고 인적(人跡)도 없는 산악지대를 횡단하여 바버의 중대를 포위한 중공군 연대의 후방을 공격하라는 지시를 내리는 순간이었다.

"적군은 우리가 트럭과 포병화기 그리고 공병장비를 가지고 도로를 따라서만 행군하는 것으로 알고 있는데, 우리는 이런 산악기동(山岳機動)을 통해서 기습(奇襲)의 효과를 달성할 기회를 가질 수 있을 거야. 그러니 공격계획을 작성해서 가능한 한 빨리 제출하도록 하라. 이 계획은 실행해야 해."

페리 : "비록 리첸버그가 큰 도박을 하고 있었지만, 나는 그의 간단 명료한 브리핑에 깊은 인상을 받았습니다. 그는 데이비스 내내를 본대와 분리시켜 꽁꽁 얼어붙은 캄캄한 산 속으로 공격시키려 했지요. 그렇게 되면 부상자들 때문에 애를 먹던, 가뜩이나 인원이 부족하고 지친 부대의 병력을 나누게 되는 것이었습니다. 데이비스 대대의 공격이 실패하면 5연대와 7연대의 운명도 어떻게 될지 몰랐습니다. 실패할 가능성은 어디에나 있었습니다. 데이비스의 지도는 조잡했고, 예하 중대들과 접촉을 유지하면서 눈과 얼음, 앞이 안 보이는 어둠 속에서 험준한 산을 넘어 공격목표를 향해 진군한다는 것은 영웅적 노력을 요구

했습니다. 그는 적과 맞서 곤란한 경우를 당해도 포병의 지원을 거의 기대할 수도 없었죠. 그는 혼자 힘으로 헤쳐나가야 했습니다."

데이비스가 공격계획을 작성하는 데는 시간이 많이 걸리지 않았다. 그가 가지고 있는 지도에 따르면 그의 대대는 공격목표에 이르기 위해 직선거리로 6km를 이동해야 했지만, 가파른 산비탈 때문에 실제 거리로는 그 두 배를 오르내려야만 했다.

해병 7연대 1대대장
레이몬드 데이비스 중령

여러 해가 흐른 뒤 데이비스는 기억에 의존해 자기가 중대장들에게 한 브리핑을 재구성했다.

"기습효과가 가장 중요한 요소다. 통상(通常) 해병대는 야간공격을 하지 않기 때문에 중공군은 우리가 가는 걸 예상 못할 것이다. 기동은 방위각 120도를 따라서 일렬종대로 할 것이며, 매 3분마다 우리를 인도하기 위해 유담리의 곡사포 포대에서 성형(星形) 조명탄이 방위각을 따라 발사될 것이다. 공격의 성공은 적의 저항을 만날 때까지 완벽한 기도비닉(企圖秘匿)을 유지하는 데 있기 때문에 소총수들과 공용화기 사수들에게 행군 도중에 딸그락거리는 소리가 나지 않도록 무기를 점검하라고 지시하라. 다량의 탄약을 휴대하되 침낭과 무기를 제외한 모든 것을 두고 가도록 하라. 여분의 공용화기 탄약은 들것에 싣고 갈 것이며, 들것은 전투 중에 발생할 부상자를 운반하는 데 쓰면 된다. 유담리에 두고 가는 환자와 보행(步行) 가능한 부상자는 태플렛의 대대가 도로를 개통시킨 후에 대대 차량으로 이동할 것이다. 도중에 멈춰서 평소와 같이 음식을 데울 수가 없기 때문에 부하들에게 얼지 않고, 빨리 먹을 수 있고 영양보충(營養補充)이 빨리 되는 깡통 과일이

408

나 크래커, 캔디 같은 식품을 휴대하라고 지시하라."

지금도 데이비스는 상황이 단순했기 때문에 계획도 단순했다고 말하고 있다.

"동료 해병들이 위험에 처해 있어 우리가 그들을 구출하러 갔으며 아무도 우리를 막을 수 없었습니다. 해병들은 본능적(本能的)으로 동료 해병의 지원을 받을 수 있다는 것을 알고 있으며, 동료들이 그들을 포기하거나 내버려두지 않으리란 것과 그들도 같은 상황에 처하면 동료들을 구원하기 위해 싸워야 한다는 것도 잘 알고 있습니다. 덕동고개를 확보(確保)하여 우리는 잠겼던 빗장을 열 수 있었고, 유담리의 나머지 해병들을 위해 고개를 지켰습니다."

데이비스의 무전병 로이 펄 상병은 7연대 1대대가 F중대를 구출하러 간다는 말이 퍼지자 대대원들의 사기가 올라갔다고 기억했다. "우리는 데이비스 대대장을 신뢰(信賴)하고 있었거든요."

지휘소를 지나 행군하던 츄엔 리 중위의 2소대원들은 기관총 소대 선임하사 헨리 M. 포스터(Henry M. Foster) 중사가 나눠주는 여분의 수류탄을 받았다. 콧수염을 기른 키가 크고 마른 포스터 중사는 격려의 말이 필요해 보이는 해병들에는 몇 마디 말을 해 주었고, 리 중위는 그 모습을 조용히 바라보았다.

로버트 P. 카메론 일병 : "우리는 밤 9시쯤에 출발했습니다. H중대의 병력은 1403고지에 주둔해 있을 때의 절반 정도였으며, 우리의 사격(射擊)과 기동(機動) 전술에는 기동 부분이 빠져 있었는데, 기동할 병력이 없었거든요. 기온이 공격의 성패를 결정짓는 중요한 요소였으며, 몸이 얼어붙어서 공격은 고사하고 움직이기도 어려울 정도였습니다. 얼음 덩어리같이 무거운 두 발을 가지고 어떻게 가파른 산비탈을 오르며 돌격을 할 수 있겠습니까? 어쩔 수 없이 데이비스 중령이 우리를 도와 고지 정상으로 오르도록 A중대를 보내야만 했지요."

터키 힐이 진로를 가로막고 있었다. 그 고지는 데이비스 대대의 예

상 접근로를 가로질러 있었는데, 리첸버그 연대장이 H중대를 보냈지
만 그들 역시 앞으로 나가지 못했다. 데이비스의 1대대가 도움을 주어
야 한다는 연대장의 결정은 데이비스에게는 나쁜 소식이었다. 왜냐하
면, 탄약과 전투력의 소진(消盡)은 말할 것도 없이 산악횡단 기동을
시작하기도 전에 사상자가 발생할 것이었기 때문이었다.

해병 소대는 항공기 조종사에게 지상의 소대 위치를 표시해 주려고
밝은 색의 대공포판(對空布板)을 사용하고 있었는데, 츄엔 리 중위는
가끔 화려한 색깔의 대공포판을 목과 어깨에 감고 다녔다.

"나는 부하들이 자기 소대장의 위치를 항상 알 수 있도록 하고 싶었
고, 그래서 대공포판을 커다란 스카프나 망토처럼 걸치고 다녔습니다.
색깔이 혐오감을 주는 핑크색이었고, 그래서 평소보다 눈에 더 잘 띄
었지요. 물론 적군도 내 부하들만큼 나를 잘 볼 수가 있었겠지만, 신
경쓰지 않았습니다. 나는 부하들에게 전진방향에 대한 지시(指示)나
교정, 격려 등을 그 자리에서 즉시 하고 싶었거든요."

리 중위의 소대에서 가장 나이가 어린 소대원은 뉴욕 출신의 그리스
계 미국인 바실 W. 게우벨리스 일병이었고, 동료들은 그의 얼굴이 너
무 어려 보여서 그를 병아리라고 불렀다. 포스터 중사는 그를 놀리려
고 나이가 입대기준보다 어리기 때문에 집으로 되돌려 보내야겠다고
위협하곤 했다. 공습이 잠시 멈춘 사이에 리 중위는 능선에 포진한 일
단의 중공군을 발견하고는 예광탄을 몇 발 쏘아서 부하들에게 적의 위
치를 알려주고 싶었으나, 그렇게 하려면 기관총의 총열을 높일 필요가
있었다. 그가 자원자를 찾자 게우벨리스 일병이 즉시 자원하여 리는
기관총을 등위에 설치할 수 있도록 그에게 무릎과 팔꿈치를 꿇고 엎드
리라고 지시했다. 자세가 갖춰지자 리는 게우벨리스 뒤에 웅크리고 앉
아 적군을 바라보면서 목표를 잘 겨냥하여 사격을 퍼부었다. 적군은
수백 미터 밖에서 응사(應射)해 왔는데, 한 발이 게우벨리스의 머리를
뚫고 들어갔으나 관통하지는 않아 총알이 왼쪽 귀 근처의 피부 밑에

보였다.

리 : "나는 그의 살아있는 몸통을 모래주머니처럼 이용했고, 그는 기묘한 역할을 수행하다가 전사한 거죠. 그의 죽음에 정말 마음이 아팠습니다."

7연대 B중대 데이비드 퀘겔 일병 : "우리는 게우벨리스를 들것에 싣고 도로에 서 있던 앰뷸런스까지 운반해 갔는데, 하루 이틀인가 더 살아 있었지요"(1992년에 리에게 보낸 편지에서 퀘겔은 "그가 전사한 것에 대한 당신의 느낌을 이해할 수는 있지만, 당시의 상황에 비추어 볼 때 유감스러워 할 것은 없습니다. 그는 훌륭한 해병이었고, 비록 그곳에서 전사한 해병들은 죽기에 너무 나이들이 어렸지만, 게우벨리스는 우연히 가장 나이가 어렸을 뿐이었습니다. 그러나 그가 머리에 총알을 맞는 순간에 특별하게 적의 사격에 더 노출되지는 않았었습니다"라고 썼다).

리 : "시간이 생겼을 때 게우벨리스의 어머니에게 편지를 썼는데, 그녀의 이름이 펄이었던 것으로 기억됩니다."

7연대 본부중대 소속의 데오도어 B. 헛슨(Theodore B. Hudson) 일병도 덕동고개를 향한 야간공격에 동원되었다. 놀라서 겁을 먹고 있는 그를 본 포스터 중사가 다가와 전에 소총 중대에 근무해 본 적이 있느냐고 물었다.

"없습니다. 중사님"이라고 헛슨이 말했다.

"내가 돌봐 줄께."

"감사합니다."

헛슨은 세월이 지난 후에, 포스터 중사는 무슨 일이 일어나도 침착했으며 그의 침착성은 동료들의 존경을 받았다고 말했다.

데이비스 중령이 출발준비를 하는 동안에 포스터가 커다란 땅콩버터 통을 들고 나타났다. 터키 힐의 정상부에서는 전투가 계속되었는데도, 헛슨은 포스터 중사가 젓가락의 끝에 땅콩버터를 묻혀서 소대원들에게 돌리느라고 몸을 자주 노출시키는 모습에 다시 한 번 깊은 인상을 받았다. 총격전이 더 치열해지자 포스터 중사는 헛슨 옆에 누웠고, 헛슨이 중요하다고 생각한 이야기가 이어졌다.

"자네는 고향이 어디야?"라고 포스터가 물었다.

"노스 시카고(North Chicago)입니다." 헛슨은 시카고시(市)의 북쪽 구역을 말하는 것이 아니라 위스콘신주와의 경계에 가까이 있는 미시간호(湖) 옆의 작은 마을을 말하는 것이라고 설명했다.

포스터는 싱긋 웃더니, "나에게 설명할 필요 없어. 나는 와케간(Waukegan) 출신이니까"라고 말했다.

데오도어 헛슨은 인터뷰에서 그때 그가 얼마나 놀랐는지를 설명하느라 애썼다. 고향에서 16,000 km 떨어진 눈 덮인 산 속에 누워 적군의 사격을 같이 피하고 있던 백인 하사관이 자기 고향(故鄕)이 흑인 일등병의 고향 바로 옆 동네라고 말하다니, 마치 그 순간에 둘이서 나란히 누어있는 것처럼 그들의 고향도 나란히 있다는 것이었다.

"와케간, 일리노이주?"

그가 고개를 끄덕였다. "내 아내가 제네시가(街)의 리알토 극장 위에 있는 아파트에서 나를 기다리고 있지."

"오, 하나님! 내가 리알토 극장에서 영화를 얼마나 많이 보았는데요!"

다시 출발할 시간이 되자 그 둘은 진지한 약속을 했는데, 고향에 먼저 돌아가는 사람이 상대편의 가족을 방문해 소식을 전해 준다는 것이었다.

저녁때가 되서야 터키 힐의 정상부에서 중공군을 몰아낼 수 있었고, 공격 출발지점을 확보한 데이비스는 대대를 신속하게 재편성하여 행군 순서를 다음과 같이 정했다. 리 중위의 소대를 첨병으로 한 쿠르카바의 B중대가 선봉, 대대지휘부가 그 뒤, 그리고 지휘부 뒤를 호바터의

A중대와 모리스의 C중대가 따라가는 순서였다.

레이몬드 데이비스 중령 : "연대장과 접촉하고 나서 그의 인내력이 한계에 온 걸 알았습니다. 그가 나에게 지금 출발해야 한다고 말하더군요. 날씨가 춥고 점점 더 추워질 터인데 병력을 오랫동안 쉬게 하면 얼어죽을 거라고 지적하면서 말입니다. 나중에 생각해 보니 그때 체감온도(體感溫度)가 영하 45도는 되는 것 같았습니다. 그래서 중대장들을 불러서, '지금 출발하자. 무조건 출발해'라고 말했습니다. 나는 대대 전술 무전기의 출력이 약한 것이나 야간에 얼음이 언 가파른 산비탈을 행군하면서 발생할 사상자 처리문제에 대하여는 걱정을 안 하려고 마음먹었습니다."

리첸버그는 데이비스에게 당일 전투에서 발생한 인원손실을 보충하기 위해 H중대의 잔여병력을 데리고 가라고 말했는데, 그런 상황의 변화는 전투에 지친 민라드 뉴턴 소위의 소규모 병력에게는 불유쾌한 충격이었다. 게다가 A중대와 B중대가 자기들을 구원해 주었다고 생각하는 상황에서는 더욱 그러했다.

로버트 P. 카메론 일병 : "약 20명이 남아 있었는데, 반 개 소대쯤 되었죠. 우리도 함께 간다는 말이 전달되자 뉴턴 소위가 우리들을 집합시키더니 짧게 연설을 했습니다. 그는 우리는 땅개가 아니고 미국 해병대라는 것을 상기시키더니 마지막에 웃기면서도 서글픈 말을 했습니다. '이번 공격에서 전사하는 놈은 내가 개인적으로 또 죽여주마.'"

마지막 순간에 연대 군의관 피터 E. 아리올리 해군 대위가 나타나서는 "헬로!"라고 인사를 했다.

"무슨 일이요, 의사 선생?"

아리올리는 데이비스의 대대 군의관이 아파서 그가 대신 자원했다고 설명했다.

"같이 가 준다니 기쁘군."

데이비스는 출발신호를 하기 앞서 부하들에게 다시 한 번 소음을 일으킬 물건들을 확인시켰고, 이상이 없자 리 중위를 돌아보고는 "민첩하게 이동하게"라고 말했다.

그래서 산악행군이 시작됐고, 시간은 저녁 9시였다. 역사가 린 몬트로스가 적절하게 표현한 것처럼 대대 행군종대의 끝이 산 속으로 사라지면서 유담리의 다른 해병부대들과의 물리적 접촉도 끊겼고, 이제 데이비스는 혼자 헤쳐나가야만 했다.

기습 II

F중대가 덕동고개에서 세 번째 날을 보내고 어스름이 깔리기 시작할 때 기온은 영하 30도를 맴돌고 있었다. 눈이 조금 내려 시야가 가려진 틈을 이용하여 중공군은 네 정의 중기관총을 바위들이 깔려있는 능선을 따라 설치(設置)한 뒤 눈이 그치자 폭스 힐을 향하여 기관총 사격을 퍼붓기 시작했다. 포병 전방관측장교인 도날드 캄벨 소위는 적 기관총 진지의 지도상 좌표를 11 km 떨어져 있는 하갈우리의 리드 대위 포대에 송신했고, 박격포반 반장 로이드 오릴리 일병은 박격포 발사준비를 하라는 지시를 받았다. H포대에서 발사한 포탄들이 터지는 순간 그는 두 발의 조명탄을 하늘 높이 쏘아 올리기로 되어 있었는데, 캄벨이 두 번째 일제사격을 위한 사탄수정(射彈修正)을 할 수 있게 하기 위해서였다.

"네 포가 대기 중"이라고 하갈우리에서 연락이 왔다.

"발사."

멀리서 포탄 쏘는 소리가 쿵 하고 나더니, 남쪽의 산과 골짜기 사이로 굉음이 들려왔다.

"네 발이 떴다."

105 mm 곡사포에서 쏜 포탄이 능선에 떨어졌을 때 오릴리의 박격포에서 발사된 조명탄도 하늘을 밝게 비추었다. 사탄수정은 불필요했

다. 아우다스 하사의 소대 소속인 클라이드 피츠 병장은 망원경을 목표지점에 맞추고 있다가 적의 기관총 진지와 사수들이 소멸(消滅)되는 광경을 목격할 수 있었다.

"굉장하네. 멋진 포격이야!"라고 그가 소리쳤다.

하갈우리의 리드 대위는 관측장교의 보고를 기다리고 있었다.

"사격중지. 목표 파괴. 임무 끝"이라고 캄벨 소위가 무전기에다 대고 말했다.

리드는 그의 포대가 그렇게 먼 거리에 있는 목표물을 한 번의 포격으로 파괴해 버렸다는 것이 믿어지지 않았다.

"사격중지 다음에 뭐라고 했지?"

"목표 파괴. 임무 끝."

어슴푸레 날이 밝아왔을 때 폭스 힐의 좌측 기관총 진지의 사수가 이상한 광경을 목격했다. 중절모를 쓴 두 명의 중공군이 F중대의 존재를 무시하거나 아니면 신경을 쓰지 않는다는 듯이 도로 남쪽에서부터 어슬렁거리며 걸어왔다. 그들이 기관총 진지에서부터 20 m 안쪽으로 접근해 오자 사수가 "정지!"라고 소리쳤고, 그 두 중공군 장교들은 본능적이긴 하지만 멍청하게도 차고 있던 권총을 빼들려고 하는 바람에 기관총 사격을 받고 즉사했다. 맥카시 중위는 그 사수가 장진호 전투 기간 내내 어울리지 않게 총알 구멍이 난 중절모를 파카 후드 위에 쓰고 다녔다고 기억하고 있다.

11월 30일 낮에 공습과 폭격이 계속되었고, 헬리콥터가 다시 날아왔는데, 그 잠자리 모양의 비행기는 적의 사격을 받고 쫓겨가기 전에 새 전지(電池)를 투하해 주었다. 그리고 오후 늦게 C-47 수송기가 날아와 탄약을 공수해 준 덕분에 F중대는 처음으로 충분한 양의 수류탄과 박격포탄을 확보할 수 있었다. 기관총 탄약도 충분히 공급되었고, 모든 소총수들이 어깨걸이 탄띠를 세 개씩 지급받은 데다가, 지휘소에 여분의 탄띠가 더 있었다.

맹추위 속에서 치열한 전투를 사흘간이나 치렀지만, 덕동고개 F중대원들의 사기는 높았다.

윌리엄 바버 대위 : "더 이상 결과에는 신경쓰지 않았습니다. 리첸버그 대령이 우리를 덕동고개에 그대로 내버려두지 않을 거라는 확신이 있었거든요."

폭스 힐에서는 아무도 데이비스 대대가 산악지대를 횡단하여 접근하는 중이란 걸 알아채지 못하고 있었다.

11월 30일과 12월 1일 사이의 밤은 흐려서 달빛도 비추지 않았지만 남쪽 하늘 위에는 몇 개의 별들이 희미하게 반짝이고 있었다.

츄엔 리 : "출발하기 전에 쿠르카바 중위가 내 쪽으로 와서 '대대는 자네 소대를 첨병소대로 하라는군'이라고 말했습니다. 대대(大隊) 라는 말은 그가 데이비스 중령을 지칭(指稱)할 때 하던 표현방법이었는데, 나는 물론 자랑스러웠지만 그리 놀라지는 않았습니다. 대대장은 2소대가 가장 강한 전투력을 발휘했다는 것과 소대장의 통솔력(統率力)이 뛰어나다는 것을 알고 있었거든요. 그래서 첨병소대로 출발했고, 나는 적과 조우했을 때 즉각적 상황판단과 처치를 위해, 항상 그랬던 것처럼, 첨병의 바로 뒤에 따라갔습니다."

모두들 리 중위가 첨병을 지휘하게 된 것을 기꺼워하는 분위기였다. 나중에 조셉 오웬 중위가 저자(著者)에게 보낸 편지에서 리에 대한 찬사를 다음과 썼다.

"그는 모든 일을 원칙대로 처리하는 에프엠(by-the-book) 장교였습니다. 강철같이 단단했고 얼음처럼 냉정했으며 모든 상투적 표현을 적용할 수 있는 그런 사람이었죠. 한마디로 타고난 전투 지휘자였습니다. 부하들도 그를 꽤 존경했는데, 그 존경 밑에는 보병들이 신뢰할 수 있는 소대장에 대해 가지는 독특한 호감(好感)이 깔려 있었지요. 그는 사소한 일에도 까다롭고 군기도 엄격했지만, 확실한 것은 그가 일관성 (一貫性) 있고 믿을 수 있는 사람이라는 것이었습니다. 7연대 B중대 에서 근무한 사람은 아무도 그가 중대에서 가장 돋보이는 존재였다는 것을 부인하지 못할 겁니다. 츄엔 리와 함께 근무했다는 것을 하나님 께 감사드립니다."

쿠르카바는 리에게 남쪽 하늘 위에 다른 별들보다 좀 더 밝게 빛나 는 별을 목표로 삼으라고 지시하고는 "그게 자네 진로(進路)야"라고 말했다. 리가 머리를 끄덕거리고는 출발했다.

반 시간이 지난 후 500명의 해병과 몇 명의 해군 위생병 그리고 군 의관 아리올리가 포함된 행군종대는 800 m쯤 늘어서서 산비탈, 능선, 계곡, 그리고 바위들이 서 있는 산등성이를 넘어 부지런히 나아갔다. 유담리에서는 성형 조명탄을 일정한 시간 간격을 두고 쏘아 올렸지만, 방향지시 기능(機能)을 발휘하는 데는 실패하였다. 골짜기로 내려간 행군종대의 선두가 그 방향지시 조명탄을 볼 수 없어 행군방향이 오른 쪽으로 틀어져 버렸다. 상황이 위태로워졌는데, 그렇게 가다 보면 행 군종대는 도로가 내려다보이는 능선에 자리잡고 있는 중공군 진지의 후방과 부딪게 되기 때문이었다. 데이비스는 구두전달(口頭傳達) 명령을 내려 행군의 방향축을 바꾸려 했으나, 모두들 귀에 머플러를 두르거나 파카 모자를 쓰고 있어 명령이 제대로 전달되지 못했다. 그 러는 동안 리의 첨병은 점점 더 예정진로에서 이탈해 갔다.

"펄, 가자. 산책을 좀 해야 할 것 같아"라고 데이비스가 그의 무전병 에게 말했다. 펄 상병은 무거운 무전기를 등에 지고 어둠 속에 그를 따라갔다.

데이비스: "눈 속에서 급하게 앞에 선 행렬을 밀치고 나가다 보니 불평들이 많더군요. '조용! 소리 내지마!' 내 뒤에서 펄 상병이 소란을 피우고 있는 사람은 대대장이라고 설명하더군요."

한편 리가 나침반을 확인하는 동안 행군종대는 잠시 멈춰 섰고, 뒤쪽이 있던 몇 명이 참지 못하고 작은 소리로 불평을 터뜨리기 시작했다.

"염병, 출발하자!"

"씨팔, 얼어죽겠다!"

"개소리 닥쳐!"

"입 닥쳐!"

"대기!"

쿠르카바 중위는 박격포 소대장 오웬 중위 쪽으로 와 그에게 가서 무슨 일로 서 있는지 알아보라고 지시했다. 오웬이 리 중위 곁으로 걸어 가보니 그는 추위에 감각이 없어진 듯 움직이지 않고 제자리에 서 있었다. 오웬은 리의 앞쪽을 바라보았으나 어둠만이 보일 뿐이었다. 그때까지도 어깨걸이 팔 붕대를 하고 있던 리는 나침반을 확실하게 잡으려고 성한 손에 끼고 있던 장갑을 벗고 있었다. 그는 오웬에게 성형 조명탄이 오랫동안 보이지 않아 행군방향을 조정하는 데 애를 먹고 있다고 말했다. 오웬은 원위치로 돌아가려고 돌아서다가 눈을 헤치며 걸어오던 해병과 충돌하여, 둘 다 바닥에 쓰러졌다. 일어서면서 오웬은 그가 대대장인 것을 알아보았다.

"중위, 왜 행군을 멈추었나?"

"성형 조명탄이 안 보여 방향잡기가 어렵답니다. 대대장님."

행군종대는 정말 황량한 지역에 들어와 있었다. 바람도 이상하게 불어 어떤 때는 모든 것을 날려보낼 듯이 불다가, 또 어떤 때는 잠잠했다. 바람이 잠잠할 때는 기침만 해도 박격포탄이 터지는 것 같은 소리가 났다. 데이비스 중령이 리 중위와 상의를 한 뒤 행군종대는 무릎까지 오는 눈을 밟고 다시 앞으로 나아가기 시작했다.

7연대 H중대 르로이 마틴 일병 : "터키 힐을 떠나기 전부터 다들 지쳐 있었습니다. 며칠동안 잠을 제대로 못 잤고, 뼈 속까지 시린 추위 속에서 산비탈을 오르내리며 전투를 치르면서 기운도 다 빠졌으니까요. 일렬로 늘어서서 앞사람의 꽁무니만 따라가는 강시(殭屍) 같았지요."

산길은 앞서 걸어간 해병들의 군화 발로 다져져서 얼음판 같았다. 뒤에 따라가던 해병들은 미끄러져 넘어지면 비틀거리며 일어났으나 또 다시 미끄러졌다. 넘어지면서 쿵 하고 나는 소리와 자기도 모르게 나오는 신음소리가 점점 더 커져갔다. 미끄러운 내리막길은 정말 힘이 들었는데, 특히 무거운 무기를 운반하는 기관총과 박격포 사수들에게는 더욱 그러했다.

츄엔 리의 첨병조는 세 명으로 구성되어 있었고, 행군방향을 조정한 뒤 리는 기회가 있을 때마다 조명탄 불빛에 방위각(方位角)을 확인하면서 그들의 전진을 엄격하게 통제했다. 행군종대를 절벽이나 얼어붙은 계류(溪流) 위로 인도하지 않도록 첨병조가 정면의 지형을 정찰하는 동안 행군종대는 자주 정지했다.

리 : "일요일 오후에 센트럴 파크[1]를 산책(散策)하는 것이 아니었단 건 내가 확실하게 말할 수 있지요."

레이몬드 데이비스 중령 : "한 능선에서는 정말 맹렬하게 부는 바람을 만났는데, 버티기가 어려울 정도였습니다. 우리 모두 추위에 감각이 없어졌어요〔군인으로서 두 가지의 극단적 기후(氣候)를 겪었던 데이비스가 태평양전쟁 시 팔라우에서 해병 1연대 1대대장으로 근무할 때는 기온이 44도까지 올라갔었다〕. 어느 지점에선가 지도와 플래시 그리고 나침반을 갖고 중공군이 파 놓은 빈 참호에 들어가 웅크리고 앉았습니다. 당연한 이야기지만, 적군에게 우리의 존재를 알리고 싶지 않아 플래시를 켜기 전에 확실하게 판초를 뒤집어썼지요. 그리고는 다음 목표까지의 방위각을 설정하고 플래시를 끈 다음 참호에서 올라왔습니다. 세 명의 중대장들이 거기 서서 추위에 몸을 벌벌 떨며 명령을 기다리고 있었는데, 갑자기 참호 안에서 본 것들이 기억이 안 나는 겁니다. 그래서 할 수 없이 참호로 들어가 판초를 뒤집어쓰고 다시 나침반을 확인해야 했

---

1) 미국 뉴욕시 맨해튼의 중앙에 있는 공원 이름.

지요.”

알라드 존슨 일병 : “바람이 잦아들자 중공군들이 낮은 목소리로 이야기를 나누는 소리가 들리더군요. 우리가 거기 있다는 것을 모르는 눈치였습니다. 설사 알았다 하더라도 우리를 같은 중공군이라고 생각했겠죠.”

리 : “나는 행군종대에서 조금 떨어져서 앞장을 서고 있었는데, 누군가가 확실하게 ‘니 팅 다우 마?(무슨 소리 들었어?) 다른 목소리가 ‘시(옹)’이라고 대답을 하더군요. 잠시 후에 ‘다 룩!(공격!)’ 이러는 겁니다. 그래서 총격전이 벌어졌고, 행크 카이저 소대의 일병 한 명이 엉덩이에 총을 맞았는데, 솔직하게 얘기해서 맞을 만 했어요. 그 친구 엉덩이가 굉장히 컸거든요. 적군은 100 m쯤 떨어져 있었지만, 실제보다 가까이 있는 것 같았습니다. 밤에는 적군이 항상 실제보다 가까이 있는 것같이 보입니다.”

리는 예하분대에게 산개(散開)하라고 신호를 보내고는 손과 무릎을 써 가면서 그들을 이끌고 산비탈을 올라갔다. 해병들이 적군의 진지를 유린하면서 욕설과 총성이 난무했다. 적군 1개 분대가 산허리에 삐죽 나온 암반 위에서 잠자고 있다가 대부분 짧은 시간 내에 사살되었으나 한두 명은 목숨을 구하려고 허둥지둥 산비탈 위로 달아나 버렸다.

행군종대는 세 시간 동안 중간에 정지하지 않고 천천히 앞으로 나아갔고, 자정이 한참 지난 시간에 첨병이 주위에서 가장 높은 곳인 1520 고지 정상에 도착하면서 행군종대는 다시 정지했다.

데이비스는 병력이 완전히 지쳐 떨어졌다는 것을 깨달았다. 그들은 휴대하고 있는 짐이 너무 무겁다는 듯이 도미노처럼 쓰러지기 시작했다. 그가 소총수 한 명에게 소속 중대가 어디냐고 물었는데도 그 어린 해병은 대답조차 못했다. 데이비스는 해병들의 몸을 흔들어 깨우기 시작했고 다른 장교들에게도 그렇게 하라고 명령했다.

이렇게 몇 분을 보낸 후 그는 휴식을 취할 때가 됐다고 결정했다. F
중대와는 연락이 되지 않았기 때문에 그는 가장 안전한 방법은 날이
밝을 때까지 기다리는 것이라고 생각했으며, 그렇지 않고 행군종대가
어둠 속에서 계속 접근해 가면 바버의 병력으로부터 사격을 받을 가능
성이 있었다.

데이비스는 TBX 무전기를 설치하게 하고는 여러 시간만에 처음으
로 리첸버그 대령과 접촉할 수 있었다. 그는 대령이 짧고 간결하게 상
담(商談) 하듯이 말했다고 기억하고 있다.

"상황은 어떤가, 이상?"

"조용함. 하지만 병력이 지쳐 있음. 정지해서 휴식을 취하는 것을
승인해 주기 바람."

"승인. 필요시 연락하기 바람, 끝."

쉐퍼 병장이 다가와 데이비스에게 보여줄 것이 있다고 말했다. 쉐퍼
를 따라간 중령은 그가 몸을 낮춰 중공군으로 판명된 커다란 얼음 덩
어리를 참호에서 끌어내는 것을 보았다. 그 중공군은 그때까지도 살아
있었고, 데이비스는 그의 눈이 움직이는 것을 볼 수 있었다. 주위에
그런 모습의 중공군이 여러 명 있었는데, 몸을 따뜻하게 하려고 참호
에 여러 명이 함께 들어갔다가 대부분이 얼어죽은 것 같았다. 그들은
전초(前哨) 요원인 것 같았으며, 날씨가 전초를 전멸시킨 셈이었다.

데이비스 : "B중대원들이 그때까지 살아있던 적군들을 처치해 버렸
습니다."

데이비스는 병력을 재빨리 사주경계(四周警戒) 형태로 배치하고는
두 명으로 조직된 순찰조를 편성하여 25% 경계 근무자들이 제대로 근
무하고 있는지 확인하게 했다.

데오도어 B. 헛슨 일병 : "휴식을 취하기 위해 정지했을 때 나는 너
무 추워서 몸을 떨기 시작했습니다. 바람을 피할 방법이 없었어요. 포
스터 중사가 순찰을 돌면서 평소처럼 대원들이 잘 지내는지 확인하고

다니다가 내가 떨고 있는 걸 보고는 '금방 돌아올게'라고 말하더군요. 몇분 후에 담요 한 장을 가지고 와서는 '이걸 두르게'라고 말했습니다. 틀림없이 본인의 담요였어요. 그 당시에는 하사관들이 잠을 자지 않는다는 것을 확실히 알고 있었기 때문에 그 담요를 받았는데, 어쨌든 그는 담요가 필요 없었거든요."

해병들은 어둠 속에서 잘 숨어 있었지만, 데이비스는 날이 밝아져 병력이 노출될 것을 우려하기 시작했다. 그 산악지대에 적군이 깔려 있다는 것은 의문의 여지가 없었다. 데이비스는 자기 침낭에 누워 안에서부터 지퍼를 올리려다가 해병 한 명이 옆에서 굴착장비를 가지고 참호를 파고 있는 것을 목격했다. 자리에서 일어나 앉아서 그 해병에게 공제선에서 내려오라고 주의를 주고 있는 순간, 멀리서 기관총 사격이 시작되더니 총알이 날아왔다. 그 중 한 발이 데이비스의 이마를 스치고 지나갔고, 흔적은 남겼으나 큰 상처를 입히지는 못했다.

옆에 있던 토마스 타이 소령이 참호를 파려고 했던 장본인이었다. 그들 방향으로 두 번째로 기관총 사격이 가해지자 데이비스 중령이 농담조로 소령의 참호 파는 소리에 중공군이 잠을 못 자겠다고 불평한다고 말했다.

타이 : "말할 것도 없이 참호 파던 것을 중지했죠. 데이비스 중령은 옆으로 돌아눕더니 더 이상 신경 쓰지 않고 바로 잠들어 버리더군요."

정적(靜寂)이 얼음과 눈 그리고 바위들로 뒤덮인 황량한 대지를 감쌌다.

기습 Ⅲ

　새벽이 가까워졌고 준비를 갖추고 이동할 시간이었다. 중화기 중대 소속 랄프 빌크 일병의 기관총 반원인 어린 해병이 더 이상 못 가겠다고 버텼다.

　빌크 : "그 친구는 텍사스 출신으로 키가 180 cm나 되었고, 나이는 18살이었는데, 이름은 밝히지 않겠습니다. '더 이상 안 가겠어요'라고 그가 말했죠. 처음에는 농담하는 줄 알았습니다. 우리가 침낭을 둘둘 말아 싸고 이동할 준비를 하는 동안 누워만 있더라구요. 내가 달래려고 했죠. '꼬마야, 들어 봐. 이삼 일 후면 배를 타고 일본(日本)으로 돌아갈 것이고, 그러면 휴식과 오락이 기다리고 있잖아.'

　그 친구는 내 말이 안 들리는 것 같이 굴더군요. '할 수 있는 만큼 했어요. 더 이상 안 가요.' 옆에 앉아서 곰팡이가 긴 전투식량 초콜릿을 한 조각 주었는데도 받으려 하지 않았어요. 에드 쉐퍼드 중위와 소대 선임하사 마운트가 말을 붙여 보려고 했지만, '할 만큼 했어요. 더 이상 안 가요'란 소리만 되풀이하더군요. 그 친구는 그냥 모든 걸 포기(抛棄)한 거였어요. 혼이 빠져나간 거죠. 마침내 중위가 '출발해야 해'라고 말하고는 그 친구를 운반할 자원자를 찾기에 나도 자원했습니다. 그 불쌍한 애를 끌고 산과 계곡을 건너 2 km는 족히 갔을 겁니다."

　행군종대가 덕동고개를 향해 다시 출발하자 하늘이 동쪽에서부터 밝아오기 시작했고, 이번에는 카이저의 소대가 선봉이 되었다. 이동이 시작되자 이를 알아챈 중공군이 사격을 시작했고, 카이저의 소대는 꼼짝도 못했다. 항상 긴장의 끈을 놓치지 않고 있던 츄엔 리는 상황을 확인하기 위해 앞으로 나갔고, 전령(傳令)에게 소대원들을 불러오라고 시켰다.

리 : "총알은 오른쪽 끝에 있는 바위산에서 날아오고 있었고, 중대장의 명령을 기다릴 필요도 없었습니다. 그냥 자동적이었죠. 3소대가 응사(應射)를 안 했는데, 그게 짜증이 나더라구요. 나는 오래 전부터 행크 카이저의 느긋하고 부하들을 다그치지 않는 지휘스타일이 마음에 들지 않았거든요. 우리 소대는 사격을 받으면 반드시 응사했습니다."

리는 소대를 공격대형으로 전개하고, 기관총 두 대의 엄호사격을 받으며 산비탈을 오르기 시작했다. 산비탈은 점점 가팔라져서 꼭대기에 올랐을 때 리는 매우 지쳤다. "다리가 납덩어리 같았지만 의지력으로 버티고 올라갔습니다. 지금 생각해 보면 적군이 가슴만 가볍게 밀었어도 쉽게 나를 뒤로 쓰러뜨릴 수 있었을 겁니다."

오른팔이 부상 중이고 몸이 지쳐 있었지만, 리는 힘을 내서 카빈 소총을 들어올려 바로 앞의 눈 속에서 벌떡 일어선 두 명의 중공군에게 사격했으며, 그 뒤에 있던 중공군들이 무너져 도망치기 시작하자 소대원들에게 사격명령을 내렸다. "나는 우리 총알이 눈 속에서 3 내지 6 m 덜 날아간다는 걸 알고는 깜짝 놀랐습니다. 지형의 영향을 상쇄(相殺)하기 위해 전투 가늠자를 조정할 것을 소대원들에게 지시해야겠다고 마음으로 다짐했죠. 그러면서도 확실한 승리의 기쁨을 즐기느라 그때는 기분이 그렇게 좋을 수가 없었습니다."

레이몬드 데이비스 중령은 그때까지도 F중대에서부터 자기 대대의 위치가 어디 만큼인지 확신이 서지 않았으나, 행군종대가 몇백 미터를 더 진출한 뒤 그가 11월 하순에 북쪽으로 진군하면서 보았던 돌출된 바위산을 확인할 수 있었다. "그 저명한 지형지물(landmark)을 보고 마음이 푹 놓였습니다, 왜냐하면 우리 위치를 확정할 수가 있었으니까요. 하지만 첫 새벽의 전투에서 전사자 세 명을 포함해서 12명의 사상자가 발생한 것은 좋지 않은 뉴스였습니다. 부상자들은 들것으로 운반했지만, 전사자의 시신은 눈 속에 파묻고 가는 수밖에 없었습니다."

H중대 조셉 핀 상병 : "너무 피곤해서 참호에서 일어선 국(gook)이 총으로 나를 겨냥해도 4 kg짜리 총을 들어올려서 그 놈을 쏠 힘도 없었습니다. 맥시 피어슨 하사가 윈체스터 저격용 소총으로 그 놈을 처치해 내 목숨을 구해 주었죠. 나에게는 그때가 제일 힘든 때였는데, 그때까지도 얼마나 많은 중공군이 우리를 쫓아오고 있는지 몰랐거든요. 맥시가 사살한 놈은 우리 뒤를 쫓아 산비탈을 내려오던 적군 병력 중의 한 명이었습니다."

레이몬드 데이비스 중령이 또 다른 능선의 정상에 올라섰을 때 그의 앞에 F중대 진지의 모습이 보였다. "800 m쯤 떨어져 있었는데도, 진지의 모습이 확실하게 보였습니다."

구원부대의 해병들은 행군을 정지하고, 진지의 모습을 놀란 시선으로 바라보았다. F중대 방어선에 이르는 눈밭은 솜을 누빈 초록색, 카키색, 흰색 군복을 입은 수백 구의 중공군 시체로 덮여 있었다. 나중에 작성한 공식보고서에서 스미스 장군은 대략 1천 명의 중공군 병력이 덕동고개 전투에서 전사했거나 아니면 부상과 추위로 죽었을 것이라고 평가했다.

조셉 오웬 중위 : "F중대 진지로 가까이 다가갈수록 시체가 더 많이 쌓여 있었습니다. 맹세컨대, 그 시체들을 카펫처럼 밟고 발에 흙을 안 묻히고도 F중대 진지 주위(周圍)를 걸어서 돌 수가 있을 정도였습니다. 시체들은 해병진지를 마주 보고 죽은 용감한 군인들이었습니다. 어린 해병들은 그런 걸 알 수 없지만, 지금 나는 그런 생각을 할 수 있지요."

데이비스는 무선교신도 없이 F중대 진지로 접근하는 것이 위험하다는 것을 알고 있었는데, 만약 중공군으로 오인(誤認)되면, 바버의 81 mm 박격포와 기관총들이 그들을 벌집 낼 수가 있었기 때문이었다.

펄 상병의 목소리가 높아졌다. "대대장님, F중대가 나왔습니다."

펄이 나중에 교신내용을 재구성했다.

"헬파이어 여섯, 당소(當所) 델리게이트 여섯. 잘 들리나? 이상."

"델리게이트 여섯, 당소 헬파이어 여섯. 감도양호(感度良好). 귀소(貴所)의 위치는? 이상."

"당소 델리게이트 여섯. 아주 가까이 있다. 고개 하나만 넘으면 된다. 폭스 여섯을 연결할 수 있나? 이상."

"알았다. 잠시 대기."

펄은 자기와 상대편 무전병이 모두 흥분상태였다고 기억하고 있다. "나는 두 부대를 무전으로 연결한다는 것에 가슴이 벅차 올랐고, F중대가 이제 고립상태에서 벗어나게 됐다는 걸 알았거든요. 대대장은 옆에서 웃으면서 서 있었는데, 내가 수화기를 건네주며 '대대장님, 폭스 여섯이 나왔습니다'라고 말했죠."

데이비스는 수화기를 받아 들었다. "폭스 여섯, 당소 델리게이트 여섯. 이상."

"델리게이트 여섯, 당소 폭스 여섯. 승선(乘船)을 환영한다. 이상."

데이비스는 나중에 자기가 바버의 목소리를 듣고 감정이 북받쳐 말이 잘 나오지 않았다는 것을 인정하면서, 그의 침착하고 덤덤한 태도에 감동을 받았다고 말했다.

"폭스 여섯, 우리는 지금 귀소구역으로 들어가는 능선에 접근하고 있는 중이다. 5분 안에 공제선상에 우리의 모습이 보일 것이다. 귀소 병력에게 알려주기 바란다. 이상."

"델리게이트 여섯, 당소 폭스 여섯. 잘 알았다."

5분 후, "폭스 여섯, 우리가 보이나?"

"보인다. 귀소 현재 위치에서 대기하라, 델리게이트 여섯. 정찰대를 보내 인도(引導) 하겠다. "

"필요 없다. 폭스 여섯. 진지에 그대로 있기 바람. "

멀리 떨어진 상태에서 데이비스의 대대원들은 덕동고개 전투의 생존자들이 청(靑), 홍(紅), 황(黃), 백(白)색의 줄이 쳐진 낙하산 천을 두르고 일어서서 열렬하게 손을 흔들고 있는 모습을 바라보았다. 널려 있는 시체들 사이를 누비며 가까이 다가간 데이비스의 부대원들은 진지가 중공군 시체들을 이용하여 만든 바리케이드로 강화(强化)되어 있는 것을 발견했다. 생존자들은 대부분 거동이 가능한 부상자들이었는데, 팔에는 어깨걸이 붕대를 하고 있었으며, 붕대와 거즈로 상처 부위를 감싸고 있었다. 모두가 누더기 차림에 더러운 모습이었지만, 데이비스의 병력을 환영하기 위해 그 무시무시한 시체더미 뒤에서 일어나 활짝 웃고 있었다.

그때가 12월 2일 오전 11시 25분이었다.

"이보게, 자네 모습이 딱 거지 같네"라고 피곤에 지친 모습을 한 데이비스 부대원들을 보고 바버의 중대원 한 명이 말했고, 주위에서 그 말을 들은 사람들 모두가 웃었다.

F중대 월터 클라인 일병은 데이비스 부대원 한 명이 "어떤 놈들이 이런 곳을 공격했을까?"라고 하는 말을 들었다.

데이비스 중령이 다리를 절고 있던 F중대장에게 자기 소개를 하고 있을 때 필 상병이 다시 다가와 무전기 수화기를 내밀었다.

"대대장님, 연대가 나왔습니다. "

데이비스 : "리첸버그 대령에게 우리가 폭스 힐에 도착했다고 보고하니까, '잘 했군'이라고 말했는데, 대령은 원래 말수가 적은 사람이었지요. "

리첸버그 대령 : "데이비스가 덕동고개에 도착했다는 말을 들었을 때, 부상자와 차량 그리고 대포들을 이끌고 유담리를 벗어날 능력이 우리에게 있을까 하는 의구심이 사라졌습니다. "

펄 : "계속 웃으면서 서 있었지만, 구호소 텐트 사이에 쌓여있는 해병들의 시신을 본 순간 웃음이 딱 그치더군요."

주야(晝夜) 5일간에 걸친 전투를 치른 F중대에는 전사 26명, 실종 3명, 부상 89명의 총 118명의 사상자가 발생했다(실종자에 대한 수색이 실시됐으나, 아무도 발견하지 못했다). 중대의 장교 7명 중 6명이 부상을 입었고, 모든 생존자들은 부상을 입었던 안 입었던 동상(凍傷)과 설사로 고통을 겪고 있었다.

맥카시 중위 : "하지만 우리는 그때까지도 122명의 전투원을 확실하게 보유하고 있었고, 고개를 지키고 있었습니다."

행군하기를 거부했던 그 18살짜리 텍사스 친구는 구호텐트로 옮겨졌고, 그의 상태를 점검한 위생병은 아무런 부상부위나 상처를 발견하지 못했다. 그 어린 친구는 단지 살고자 하는 의지(意志)를 잃어버린 것이었다. 그는 폭스 힐에 도착한 지 3시간 만에 죽었는데, 그의 주위에 있던 모든 사람들에게는 그 일이 평생을 두고 놀랄 만한 일이 돼버렸다.

빌크 : "우리는 모두 충격을 받았습니다. 이미 시체가 되어버렸지만 그에게 무엇을 해주어야 할지 모르겠더라구요. F중대원 한 명이 시신을 쌓아놓는 곳을 알려주어 그의 시신을 그리로 운반하여 줄 맨끝에 내려놓았습니다. 그 불쌍한 녀석은 글자 그대로 놀라서 죽었다는 생각이 듭니다."

F중대 진지 주위를 둘러본 로버트 P. 카메론 일병은 두 가지 면에서 깊은 인상(印象)을 받았다. "첫 번째는 F중대가 그런 어려움 속에서 버텨냈다는 것이었습니다. 그들의 그런 자세를 1403고지에서 우리 중대가 보여준 나약한 모습과 비교해 보지 않을 수 없었는데, 거기가 방어하기에 더 유리한 지형이었거든요. 하지만 덕동고개의 F중대에는 없었던 잘못된 것이 1403고지의 우리 중대에는 일어났습니다. 모든 중대의 사기가 높았다고 말할 수도 있겠지만, H중대의 사기는 그렇게 높지

않았습니다. 인상 깊었던 다른 일은 중공군 병사들의 용감성이었습니다. 시체들이 부채처럼 펼쳐져 산비탈에 누워 있는데도 모두 F중대 진지를 마주 보면서 건제를 유지한 모습을 확인할 수 있었습니다."

랄프 아벨(Ralph Abell) 중위는 오랜 친구인 래리 슈미트가 부상을 입었다는 것을 알고는 구호소로 그를 찾아갔다. 슈미트는 복부와 다리에 입은 부상 때문에 무척 고통스러워하고 있었다. 그는 구원부대가 도착한 것을 아벨의 얼굴을 보고서야 알았고, 그때가서야 긴 한숨을 내쉬며 "하나님, 감사합니다. 에이브, 우리가 지금 막 저 녀석들을 쫓아내려 하고 있었는데."

아벨이 밖으로 나와서 보니 데이비스 중령이 들것에 누워 있던 바버 대위 옆에 쭈그리고 앉아 있었다. 그때 용감하게 데이비스의 대대를 따라가겠다고 자원했던 군의관 피터 아리올리가 구호소 텐트에서 막 바깥으로 나왔는데, 멀리서 저격수의 낮게 깔리는 총소리가 들리더니 아벨은 아리올리가 쓰러지는 것을 보았다. "나는 그에게서 몇 발자국 떨어져 있지 않았거든요. 그는 고통도 느낄 새 없이 바로 죽었습니다. 위생병 한 명이 그를 검사하고는 숨을 거두었다고 판정(判定)했고, 우리는 그의 시신을 시신 쌓아놓는 곳으로 운반했습니다."

데이비스 대대의 작전장교 토마스 타이 소령은 구원부대가 도착했을 때 폭스 힐에는 두 명의 중공군 포로가 있었다고 기억하고 있다. "그들은 덩치가 작고 유순한 친구들이었고, 바람 속에서도 나무 아래에 무릎을 껴안고 참을성 있게 앉아 있더군요." 그가 츄엔 리 중위에게 그들을 심문(審問)해 보라고 부탁하자 놀랍게도 중위는 하기 싫어했다. 보병장교인 것을 자랑스러워하는 리는 정보분석반을 위해 통역 임무 같은 것에 종사하고 싶어하지 않았기 때문에 포로들이 아마 자기가 익숙하지 않은 사투리를 쓰는 것 같다면서 부탁을 거절하려고 했다. 이런 문제들을 리와 상의한 타이는 마침내 그가 그토록 하기 싫어하는 이유를 이해했다. "내가 해야 했던 일은 그에게 능력 있는 보병장교를 정보참모부로 전출(轉出)시키지는 않는다고 안심시키는 것이었습니다. 그 말에 만족했던지 그는 포로들 앞으로 가서 쭈그리고 앉더군요."

마틴 르로이 일병은 그때 낮잠을 자고 있었다. "바로 내 옆에서 사람들이 중국어(中國語)로 이야기를 하는 겁니다. 깨어 일어나 우선 소총부터 집었죠. 그러자 리 중위가 '그대로 있어'라고 말하더군요."

츄엔 리 : "그들은 장개석 밑에서 싸웠던 국민당(國民黨)군 출신이었는데, 통상적인 지루한 공산당 선전을 읊조리지는 않더군요. 내가 그들에게 왜 미군과 싸우는지 아느냐고 묻자 그중 한 명이 중국에서 잘 쓰이는 여러 가지로 해석되는 말인 '메이 유 파쯔'라고 대답했는데, 대충 번역하자면, 그것은 내 능력 밖이라든지, 또는 그것이 인생(人生)이란 뜻이었습니다."

유담리 출발

리첸버그 : "남쪽으로 진격하라는 명령에는 통상적으로 주어지는 중간목표가 없었습니다. '공격시간은 12월 1일 08시. 목표는 하갈우리(下碣隅里).'"

그때까지는 태플렛과 스티븐스의 2개 대대만이 유담리 마을의 북쪽에 남아있었다. 공식 전사에 기록되어 있듯이 "그들이 철수(撤收)하는 것은 호랑이의 꼬리를 놓아주려 하는 것과 마찬가지였다." 태플렛의 예하 중대장 해롤드 쉬러 대위는 나중에 태플렛에게 1282고지에서의 철수가 그가 그때까지 참가한 전투들 중에서 가장 힘든 전투였다고 이야기했다. 태플렛은 그 말이 유황도(이오지마) 전투에서 병력을 지휘했던 사람 입에서 나온 말이어서 깊은 인상을 받았는데, 쉬러의 중대는 1282고지에서 물러나면서 1천 개 이상의 수류탄을 소비했다.

태플렛 : "수류탄이 부족하면 아무 것도 할 수 없었기 때문에 수류탄을 충분하게 공급했죠."

2개 해병연대의 본대가 마침내 마을 남쪽의 진지로 철수했고, 바로 태플렛의 대대는 전차 한 대를 앞세워 덕동고개를 향해 도로를 따라 진격하기 시작했다.

하갈우리에서 도로상태를 점검하기 위해 파견되었던 M-26 셔먼 전차는 유담리에 도착한 유일한 전차였다. 그 전차는 두 대의 불도저와

432

전차를 앞세워 유담리를 출발한 해병대

함께 차량종대의 선두에 섰는데, 만약 전차가 움직일 수 없게 되면 차량행렬에 방해(妨害)되지 않도록 불도저로 전차를 도로 옆으로 밀어내고, 또 만약 그 불도저도 기능을 상실하면 다른 불도저로 그 불도저를 도로 옆으로 밀어내 버리겠다는 구상이었다. 장애물을 처리하고 도로 수리를 해야 할 경우를 대비하여 웨인 리차즈 중위가 지휘하는 공병 1개 소대도 선두에 배치되었다.

헨리 우스너 소령 : "부대원들은 철수하는 것에 기분이 안 좋았습니다. 일반적 태도는 현 위치를 고수하고 적군에게 더 많은 피해를 입히자는 것이었지요. 우리가 바닷가인 흥남에 도착하면 재편성해서 돌아와, 중공군에게 진짜 매운 맛을 보여줄 거라는 말이 퍼졌습니다. 그것은 정말이지 육군의 태도와는 전혀 다른 것이었고, 해병은 한 뼘이라도 물러서는 것에 분개(憤慨)하곤 했습니다."

존 얀시 중위는 그때까지도 자기 소대와 떨어져 있는 것을 아쉬워하고 있었는데, 그는 소대가 이미 존재하지 않는다는 것을 알지 못했다.

7연대 D중대와 E중대의 잔여병력은 통합되어 D-E중대라고 불렸으며 태플렛의 대대에 배속되었다.

모리스 로취 소령 : "상상할 수 있겠지만, D-E중대의 사기는 높지 않았습니다."

위생병 제임스 클레이풀 : "얀시가 있을 때는 소대원 모두가 발할라[1] 콤플렉스에 걸려 있는 것 같더니, 그가 떠나고 나자 쓸쓸하고 우울하며 모든 것의 끝인 죽음의 실제 모습을 의식하는 그런 분위기가 됐습니다."

북쪽의 고지에서 철수하면서 몇 번 위기의 순간에 있었으나 리첸버그 대령이 가장 우려한 순간은 적군이 스티븐스의 5연대 1대대 바로 뒤를 따라서 마을 북쪽의 산봉우리를 넘어서 밀고 내려왔을 때였다. "적군이 공제선과 전사면(前斜面)을 뒤엎듯이 밀고 내려오는 것이 보였습니다. 우리 포병이 잠시 동안 적의 전진을 멈추게 했지만, 다시 밀고 내려오더군요. 그러더니 갑자기 전진을 멈추고는 마을의 텅 빈 집들을 약탈하기 시작했습니다."

유담리계곡의 출구는 마을에서 남쪽으로 1,500 m 떨어져 있는 도로 양편의 고지에서 시작되었다. 윌리엄 해리스 중령의 7연대 3대대가 그 고지들 중에 하나인 1542고지를 점령하기로 되어 있었는데, 태플렛은 해리스의 대대가 너무 천천히 움직이고 있다고 생각했다. 병력이 고지 밑자락에서만 빙빙 돌고 있는 것을 바라보던 태플렛은 더 이상 참지 못하고 마침내 프레데릭 다우세트 중령을 접촉했다. "프레드, 해리스가 저 고지를 점령하길 기다리지 않고 도로를 따라 진격하는 것을 허락해 주게."

"좋아, 자네가 적당한 때라고 생각하면 전진하게"라고 부연대장이 말했다.

---

1) 북유럽 신화의 주신(主神) 오딘이 사는 궁전. 명예롭게 전사한 군인들만이 들어 갈 수 있다고 한다.

태플렛의 대대는 12월 1일 오후 3시경에 선봉의 역할을 떠 안았고, 셔먼 전차를 앞세워 중공군이 도로 주위의 고지들에서 사격을 가해오기 전까지 1,500m를 신속하게 전진했다. H중대 덴질 E. 월든 중위의 소대가 거기서 잔존병력의 절반인 14명의 사상자를 내었고 공격이 잠시 중단되었다. 항상 공격적이고 성급한 태플렛은 연대가 3대대에게 포병 화력지원의 우선권(優先權)을 주기로 한 약속을 안 지키고 있다고 단정하고는, 포병 화력지원을 요청할 때마다 우선권이 다른 곳에 주어진다고 머레이 연대장에게 불평을 했다. "염병할! 유담리에서 빠져나가고 싶다면서, 통로개척은 우리가 하는데 말입니다. 하지만 포병 없이는 할 수 없어요."

위생병 클레이풀: "내가 1282고지에서 뛰어난 활약을 했던 나이 어린 위생병 조지 피셔에 대해 이야기하던 것을 기억하세요? 소심해 보이고 언제나 눈물이 그렁그렁 하고 다녔어도 그때까지 사흘 동안 함께 일을 하면서 항상 내 가까이에 있었죠. 그를 이해할 수 있게 됐습니다. 여하튼 떠날 준비가 되어 골짜기 밑으로 내려가면서 무언지 별로 중요하지 않은 말을 그에게 한 것 같은데, 대답이 없어 뒤를 돌아보니 그가 눈 위에 누워 있더군요. 총알에 맞아 즉사한 것이었습니다. 다른 길로 갔더라면 하고 후회했지만, 그런 길이 어디 있었는지는 몰랐지요. 그를 들어올려—별로 안 컸어요—후방으로 데려 갔습니다. 한두 명의 해병들이 도와주겠다고 손을 내밀었지만, 나는 짐을 가득 실은 트럭 한 대에서 빈 공간을 찾아내 그를 거기에 내려놓았습니다. 친하게 지냈던 사람이 전사하면 충격받는 이유를 그때까지 알지 못했는데, 사람들이 그런 일에 익숙해질 거라고 생각했거든요."

어두워지자 기온이 떨어졌고 해롤드 P. 윌리엄슨 대위의 부하들은 지쳐 떨어졌다. 윌리엄슨 대위는 태플렛에게 무전으로 5연대 H중대는 밤새도록 현 진지를 고수하겠다고 건의했고, 쉬러의 5연대 I중대도 같은 요청을 무전으로 해왔다. 태플렛은 연대와 확인을 해 본 뒤 답변을 했다. "'연대장이 절대 안돼'라고 말하네. 공격을 계속하도록."

자정 전에 쉬러의 중대는 터키 힐 너머에 있는 1520고지의 적군을 향해 이동했다. 그 공격 중에 쉬러 자신이 두 번째 부상을 입었고, 지휘를 계속하기에 힘이 너무 빠져 윌라드 S. 피터슨 소위가 중대의 지휘권을 인수했다. 전투가 점점 더 치열해졌다. 1개 분대의 병력을 거느린 윌리엄 G. 윈드리치 하사가 적군의 역습을 오랫동안 저지하여 I중대가 어둠 속에서 재편성을 마치도록 했는데, 그 과정에서 12명 중 7명의 사상자가 발생했다. 수류탄 파편에 머리를 다치고도 후송을 거절한 윈드리치는 1소대를 이끌고 돌격하다가 다시 부상을 입었다. 접근하는 위생병에게 오지 말라고 손을 저으며, 그는 "아직 아냐"라고 말했으나, 몇 분 후에 숨을 거두었다.

쉬러 중대 소속 기관총 소대의 임시 분대장이었던 팔머 S. 브래튼 일병은 진지 사이를 돌아다니며 탄약을 분배해 주었고, 고장난 기관총 두 정에 응급처치(應急處置)를 해 주었으며, 또 부상자를 후송하는 것을 도와주기도 했다. 철수명령이 떨어지자 철수를 엄호하기로 자원한 브래튼은 기관총 한 정을 혼자서 운용하면서 탄약이 떨어질 때까지 사격하다가 적의 수류탄에 전사했다.

5연대 G중대 프레드 데비드슨 일병 : "내가 해병대에 입대한 이유를 들어보시렵니까? 멍청한 이유 때문이었죠. 메리 제인 맥클로드는 오클라호마주 맥캘리스터의 교도소 소장 딸이었는데, 나는 그녀에게 홀딱 반했습니다. 메리 제인의 나이는 15살이었지만, 보기에 26살은 되어 보였거든요. 해병대의 푸른색 정장을 입으면 그녀에게 깊은 인상을 줄 수 있을 거라고 생각했는데, 허 참! 그녀는 내가 평상군복을 입은 모습도 못 보았다니까요."

데비드슨은 중공군의 공격 첫날 백린탄에 화상을 입어 많이 아팠으나 그냥 버티고 있었다. G중대는 유담리 남쪽의 고원(高原) 위에 주둔하고 있었다.

"내가 있었던 곳은 눈에 덮인 평평한 곳이었습니다. 달이 떠올랐는데, 해병 전투교범을 읽을 수 있을 정도로 밝았습니다. 잠자다가 굴러떨어지지 않으려고 커다란 돌을 가장자리에 괴어 놓았던 것이 기억나며, 등에 입은 화상 때문에 침낭에 눕는 데 시간이 많이 걸렸습니다. 그 다음에 기억나는 건 여기저기서 고함소리와 총성이 들렸다는 것이었습니다. 침낭에서 기어 나와 돌에 기대어 놓았던 소총을 쥐고 살펴보니 오른쪽에 하얀색 그림자가 빨리 달려나가는 것이 보여서 사격을했으나 총알이 안 나가더라구요. 그래서 노리쇠를 후퇴전진시키고 나서 다시 쏘니까, 탕 하고 발사가 되더군요. 그때 누군가가 나를 향해곧바로 달려들기에 소총을 세게 휘둘러 달려드는 놈의 머리 왼쪽을 강타했습니다. 무릎을 꿇고 쓰러지길래 소총 총열을 잡고 다시 한 번 때려서 아주 보내버렸습니다. 개머리판은 두 쪽이 났고, 그 중공군은 골로 갔지요. 사방에서 고함소리와 총성이 들렸는데, 어느 시점에선가나는 눈 속에 얼굴을 파묻고 상황이 끝날 때까지 꼼짝 않고 엎드려 있었습니다. 5분 정도 조용하더니 앨라배마(Alabama) 출신 사투리가 들려 오더군요. '알았어. 어떻게 놈들이 들키지 않고 그렇게 가까이 올수가 있었을까?', '위생병 올려 보내. 부상자가 있다.'

눈 속에서 일어나 앉으니까 허리 오른쪽에 통증이 느껴지더군요. 개머리판이 부러진 M-1 소총을 잡고 탄환을 한 발 장전한 후 총열을 그국(gook)의 머리에 겨누고 방아쇠를 잡아 당겼습니다. 내가 그랬던 것처럼 죽은 척하고 있을까 봐 미리 확인사살을 했죠. 그 국(gook)의 소총이 내 곁의 눈 속에 떨어져 있었는데, 끝에 달려 있는 대검을 보고는그 작자가 나를 총열로 찌른 것이 아니라는 것을 깨달았습니다. 옷 단추를 풀고 손으로 다친 곳을 만져보니 피가 났더군요. 추위 때문에 피가 응고되어 시럽처럼 돼버렸더군요. 상처는 오른쪽의 갈비뼈 밑이었습니다. 그 개자식이 나를 총검으로 찌르리라고는 생각도 못해봤습니다. 날이 밝자 나는 그 자식의 소총을 살펴보고는 왜 총을 쏘지 않고 힘들여 총검으로 찔렀는지 이유를 발견했지요. 탄약이 떨어졌더군요."

구호소의 군의관은 데비드슨의 상처가 얼마나 깊은지, 또 내장까지 다쳤는지 즉각적으로 대답할 수가 없었다.

정오 때까지 5연대 G중대는 폭스 힐에서 멀지 않은 1520고지에서 중공군을 쫓아내면서 상당한 희생을 치러야 했다. 허만슨 대위가 전투 중 쓰러져 찰스 미즈 중위가 감편된 소대 정도 밖에 안 되는 중대를 지휘했으며, 태플렛의 대대는 폭스 힐을 향해 가면서 계속 격렬한 전투를 치러야 했다.

차량종대의 차량들이 부상자와 해병의 시신 그리고 필수보급품으로 꽉 차 있었기 때문에 리첸버그와 머레이는 나머지 시신들을 유담리에 그대로 두고 간다는 어려운 결정을 하여야 했다. 불도저들이 180 cm 깊이의 기다란 구덩이를 파놓았고, 트럭들이 수집소에서 시신들을 구덩이로 운반해 왔다. 낙하산 천에 싸인 모두 85구의 시신이 마을 바로 남쪽의 대형묘지에 합동으로 묻혔다.

공병 A중대 로버트 프루트 일병은 유담리에 남겨진 85구의 시신 위에 흙덩어리를 뿌린 TD-18 불도저의 운전병이었다.

"그것은 힘든 임무였습니다. 구덩이를 파면서 나온 흙은 이미 얼어버려, 우리는 커다랗게 얼어버린 흙덩어리를 다루어야 했지요. 우리가 할 수 있는 일은 그 흙덩어리를 구덩이 안에 도로 밀어 넣고 잘게 부수어 평탄하게 골고루 뿌리는 것이었습니다. 중장비를 운전해 밑에 시신들이 누워 있는 땅바닥을 다지는 일이 남았지요. 불도저를 운전하여 팔이 흙 위로 삐죽 나온 시신의 위를 지나가야 했는데, 보자마자 짜증이 나기 시작했습니다. 불도저를 세우고 차에서 내려 그 팔을 내려놓지 않으면 팔이 부러지게 생겼거든요."

해가 갈수록 프루트는 그 생각이 떠올라 1957년에 해병대 사령부에 편지를 보내 시신들이 어떻게 됐는지 알아보았다. 그는 남겨진 시신들이 한국전쟁의 휴전협정(休戰協定) 조건에 따라 1953년 7월의 휴전 이후 고향으로 돌아왔다고 설명하는 편지를 받고 마음이 편안해지는 것을 느꼈다고 말했다.

7연대 영현등록반의 로버트 골트 하사는 리첸버그의 정보장교인 도날드 프란스 대위 옆에 서서 존 크래번 군목(軍牧)이 합동묘지 가장자리에 서서 성경의 몇 구절을 낭독하는 것을 들었다. 골트는 개인적으로 그 많은 시신의 수거를 감독했다. "나와 조수들은 산비탈을 헤매고 다녔고, 어떤 때는 시신 하나를 회수하러 아군 방어선 밖으로 나가야 할 때도 있었습니다. 그러면 중공군과 아주 가까이 있게 되었지만, 그들은 우리 일에 훼방(毀謗)을 놓지는 않았습니다. 그저 바라보기만 했지요. 어떤 때는 많이 모여들기도 했는데, 그들 중에는 전에 흑인을 본 적이 없는 사람도 있었을 겁니다."

"우리는 돌아올 거야"라고 프란스 대위가 말했고,

"나도 그렇게 됐으면 합니다"라고 골트가 대답했다.

이동 I

　차량행렬이 덕동고개를 오르기 시작하자 레이몬드 머레이 중령은 돌아서서 마을과 서쪽 끝까지 뻗어나온 장진호, 그리고 보급품을 태우면서 나오는 연기가 하늘 높이 솟아오르는 모습을 바라보았다. 닷새 전까지만 해도 유담리(柳潭里)는 지도상에 있는 이름 이외에는 아무것도 아니었으나, 이제 그곳은 미국 해병대가 존재하는 한 영원히 기억될 장소가 되었다.

　5연대 G중대 잭 라이트 일병 : "아침나절에 우리 중대가 1520고지에서 I중대와 교대(交代)했습니다. 그때까지 거기가 1520고지라고 불리는 것도 모르고 있었는데, 물론 거기도 그냥 높은 산이었습니다. 여하튼 거기서 전투 중에 전투원들이 모여 있으면 어떤 일이 벌어지는지 시범 케이스를 보았지요. 이동하려고 대기하면서 나란히 붙어 엎드려 있던 두 명만 빼고 모두 잘 산개하고 있었는데, 적군 저격수가 쏜 총알 한 방이 그 두 명을 한꺼번에 관통해 버린 겁니다. 한 명은 즉사(卽死)했고, 다른 한 명은 정말 고통스럽게 죽었지요. 자기 몸을 부둥켜안고 떼굴떼굴 구르다가, 뭐라고 욕을 하더니 또 구르고, 다시 욕을 하고, 팔다리를 써 주위를 뱅글뱅글 기다가는 이리저리 몸을 뒤척이더니 마침내 죽고 말더군요. 내가 본 것 중에서 가장 몸서리 쳐지는 광경이었습니다. 그 모습을 다 보고 나서 소대 선임하사가, '오케이, 잘

들어라. 저 모습을 보고 배운 게 있을 거다. 라이트, 뭘 배웠는지 말
해 봐'라고 말하더군요. 내가 목청을 가다듬고 대답을 하기도 전에,
주위에 있던 모든 소대원들이 '붙어 있지 말 것!'이라고 장단을 맞추어
비꼬듯이 외치더군요. 그리고 나서 몇 명이 포복으로 시신에 접근해서
각자 필요한 대로 탄약, 소총, 대검과 대검집 그리고 수류탄을 뒤져서
나누어 가졌습니다. 나머지 시신에서도 똑같이 개인 휴대품을 회수했
는데, 누구든지 동료가 총에 맞으면 다른 사람들이 필요한 물건을 뒤
져서 가졌고, 다들 그러려니 했지요."

산꼭대기에 오른 라이트와 동료 분대원들은 중공군 한 명만이 거기
에 남아있는 것을 발견했다. 그의 발은 얼어서 부풀어올라 있었고, 라
이트의 기억으로는 그가 울면서 뭐라고 욕을 하고 있었다. 위생병이
그를 살펴보고는 고개를 저었고, 잠시 후에 그는 사살되었다.

라이트 : "내가 알기로는 포로를 필요에 의해서가 아니라 불쌍해서
죽인 것은 그때가 처음이었습니다."

라이트는 서 있기가 불편했는데, 분대장이 와서 물었다. "무슨 일
있냐?"

"발에 감각이 없어요."

"내가 눌러 볼게."

"많이 아파요."

소대 선임하사가 와서는 라이트에게 구호소에 가서 신고하라고 말
했다.

"아닙니다, 선임 하사님. 발이 저린 것뿐입니다."

"잔말 말고 빨리 도로로 내려가, 라이트."

구호소에서 위생병이 그의 발을 검사하고 나서 병명을 써넣은 이름
표를 왼쪽 발목에 묶으면서 "자네는 동상에 걸렸어. 후송가야겠어"라
고 말했다. 그리고는 쭉 늘어선 차량행렬을 가리켰다. "하나 골라."

가까이에 있는 지프에 달려있던 트레일러 안에는 세 명의 해병이

타고 있었다. "그중 한 명이 손짓을 하더니 타라고 말했습니다. 그를 절대로 잊을 수가 없는데, 1775년에 턴 태번(Tun Tavern) [1]에서 해병대에 지원했던 사람같이 생겼더군요. '신발을 벗어 봐. 양말도'라고 그가 말했습니다. 그 말에 반발하고 싶지 않아 그냥 양말을 벗자 피부가 같이 벗겨져 딸려 나오더군요. 그 친구는 파카단추를 열고는 차례대로 입고 있던 스웨터를 올리고, 조끼를 열어 젖히고, 셔츠의 단추를 풀고는 속내복을 들어올리더니 내 발을 잡고서 녹으라고 자기 배에다 갖다 대더군요. 그러면서 몸을 움찔거리지도 않았는데, 나는 이름도 물어보지 못했습니다."

덕동고개의 마루에서 데이비스 중령은 상당한 수의 중공군이 눈 덮인 능선을 따라 북쪽으로 이동하는 것을 바라보았다. 중기관총을 두 바퀴 수레에 싣고 끌고가고 있었는데, 데이비스는 폭스 힐에서 나는 연기를 보고 자기의 진로를 차단하려 하거나, 아니면 도로를 따라 전진하는 5연대를 막으려고 이동하는 것일지도 모른다는 생각이 들었다.

중공군은 곧 자기들이 데이비스의 병력과 도로를 따라 전진해 오던, 전투력은 고갈되었지만 아직도 전투의지가 충만되어 있는 태플렛의 병력 사이에서 함정에 빠진 것을 깨닫게 되었다. 아침나절에 하늘을 드리웠던 구름이 걷히자 수백 명의 중공군은 태플렛과 데이비스의 병력이 사격을 퍼붓는 동안, 개활지에서 코르세어기 편대의 공격에 노출(露出)되어 네이팜탄에 질식하거나 타죽었다.

토마스 타이 소령: "네이팜탄 공격은 막아낼 방법이 없었지요. 솜을 누빈 군복에 불이 한번 붙으면, 희생자는 석유 등잔의 심지처럼 돼버렸습니다."

그것은 유담리 탈출작전 중에서 적군을 가장 많이 살상한 경우였으

---

1) 미국 필라델피아에 있던 유명한 선술집. 독립전쟁 당시 해병대 모병소(募兵所)가 최초로 설치된 곳.

며, 스미스 장군은 나중에 완편(完編)된 중공군 1개 대대가 전멸했다고 보고했다.

　후위부대인 해롤드 로이스 중령의 대대는 마을 남쪽 3km 지점에 있었는데, 그곳은 골짜기의 평지가 끝나고 덕동고개로 올라가는 초입에 있는 도로 양쪽의 고지들 바로 북쪽이었다. 해리스의 대대는 1520 고지의 산자락에 있는 스티븐스의 대대와 함께 거기서부터 도로를 따라 1,500m 남쪽에 있었다. 포병과 본부요원, 행정병들로 임시 편성된 소총소대들이 도로에 늘어선 차량들의 근접경계를 담당했다. 여러 명의 운전병들이 적군의 저격에 쓰러지면서, 적군이 운전병을 저격의 우선목표로 정한 것이 명백했다. 경계를 서던 해병들이 대리운전병으로 차출되었고, 아무도 그것을 기꺼워하지 않았다.

　차량행렬이 덕동고개와 하갈우리 사이에서 정지했다. 평소보다 기다리는 시간이 길어지자, 지프에서 내려 정지하고 있는 이유를 알아봐야겠다고 생각한 머레이 중령은 차량행렬 사이의 간격이 벌어지는 것을 우려했는데, 중공군이 그 간격을 이용해 소총수와 기관총 사수들을 도로에 더 가까이 이동시킬 수 있었기 때문이었다. 도로를 따라 200여 m를 걸어가 선도(先導) 트럭에 도착한 그는 트럭 운전병이 운전대에 코를 박고 있는 것을 보고는 중공군이 쏜 총에 맞은 줄 알았다. 그러나 그게 아니라 그 운전병은 잠이 들어 있었고, 엔진을 공회전(空回轉)시키면서 태평스럽게 코까지 골고 있었다.

　머레이 : "트럭이 길에서 굴러 떨어져 협곡(峽谷)에 쳐 박히지 않은 것이 놀라울 정도였습니다. 그래서 나는 고함을 쳐서 그 불쌍한 친구를 놀라 자빠지게 만들었는데, 그 친구 얼굴 표정이 가관이었습니다."

　프랭클린 B. 마이어 대위 : "나는 지금까지도 그때 능선에 있던 해병들 중에 제 힘으로 서 있던 해병이 몇 명이나 되었을까 궁금합니다. 도로 위에서는 행렬이 정지할 때마다 모두가 그 자리에서 잠들어 버리는 것 같았거든요. 나도 가까이 있는 지프 후드 위에 틈만 나면 쓰러지곤 했습니다."

그 지프 후드에 타고 있던 부상자 중의 한 명이 프레드 데비드슨 일병이었다. 그는 화상부위가 무척 쑤셨고, 총검에 찔린 상처는 상태가 더 나빠졌다. 모르핀 주사가 효과를 발휘하는 데 약 20분이 걸린다는 걸 안 그는 조심스럽게 시간을 재가면서 주사를 놓아 달라고 부탁했다. 또 근처에서 총격전이 벌어질 때마다 후드에 무방비 상태로 누워 있다고 느껴져, 아주 가까이에서 벌어진 총격전이 끝난 뒤 위생병에게 후드에서 내리게 도와달라고 말했다.

"트럭에 자리가 있는지 알아는 보겠지만, 더 안전하지는 않을 거야." 라고 위생병이 말했다.

"그러면 걷지 뭐!"

"안 돼. 걸으면 상처에 자극이 가서 다시 피를 흘리게 돼. 어디 한번 보자."

데비드슨이 붕대를 걷어내고 나서 둘은 같이 상처를 들여다보았다. 상처는 보기 흉했는데, 피가 조금씩 흐르고 있었고, 상처 주위가 하얗게 부어 있었다. 위생병과 두 명의 해병이 트럭 한 대에서 자리를 발견해 데비드슨을 옮겨 주었고, 덕분에 그는 기분이 조금 편안해졌다.

다시 눈이 내리기 시작했는데, 새벽까지 6~7 cm의 눈이 내려 황량한 대지를 덮었다.

존 카힐 중위 : "1520고지를 넘어 이동했을 때 도로 동쪽의 능선에 사람들이 보이더군요. 중공군이란 생각이 들어 모두 사격을 시작했는데, 엉덩이에 둥글게 말아서 매단 침낭이 흔들거리는 것을 보고는 그들이 의심할 바 없이 데이비스나 바버의 부하들이라는 걸 알았습니다. 그들을 만나서 정말 기뻤고, 우리가 손을 흔들자 그들도 손을 흔들더군요. 몇 명인가는 능선을 내려와 우리와 악수를 하기도 했습니다. 굉

장한 순간이었지요. 유담리 해병이 덕동고개 해병과 접촉한 겁니다."

데이비스는 높은 곳에 서서 북쪽의 도로 굽은 곳을 돌아 굴러오는 셔먼 전차를 바라보고 있었다. 전차와 그 뒤를 길게 늘어서 행군해 오는 해병들의 모습이 아주 멋지게 보였고, 그가 도로로 내려가 교통경찰처럼 오른손을 높이 들어올리자 전차가 제자리에 정지했다. 1, 2분 후 태플렛 중령이 나타나 두 장교는 전차에 몸을 기대고 서로 전차 엔진소리보다 더 큰소리로 외치며 상황을 점검했다. 데이비스의 대대로서는 도로를 따라 신속하게 밀고 나가는 것이 당연했는데, 그의 병력은 충분한 휴식(休息)을 취했기 때문이었고, 반면에 태플렛의 병력은 지칠 대로 지쳐 있었다(900명의 병력을 보유했던 태플렛의 대대는 사흘 동안의 전투를 치른 후 병력이 200명 이하로 줄었다). 그러나 태플렛은 하갈우리로의 진격을 계속 선도하려고 했다.

태플렛 : "그 문제로 머레이 연대장과 언쟁(言爭)을 했습니다. 내 주장은 대대원들의 사기가 높으며, 쉬지 않고 진격을 계속하길 원하고 있는데, 만약 정지한다면, 땀을 흘려 몸이 젖어있기 때문에 얼어버릴 거라는 것이었죠. 만약 우리를 지금 교대시키면 당장 날씨 때문에 상당한 수의 피해자가 나올 거라고 말했습니다."

머레이는 "리첸버그 대령과 나는 7연대 1대대가 진격을 이끌기로 합의했네"라고 대답했다.

"오늘밤에 내 부하들이 많이 얼어죽을 겁니다"라고 태플렛이 화가 나서 씩씩거리며 말했다.

어두워진 후 쿠르카바의 B중대는 다시 이동할 준비를 하라는 명령을 받았고, 데이비스는 그에게 부하들을 집합시켜 도로 위로 내려오라고 말했다. "드디어 도로를 따라 이동하는 영광이 우리에게도 내렸군!"이라고 쿠르카바가 말했는데, 그때까지 B중대는 줄곧 능선과 골짜기를 따라서만 이동을 했었다. 쿠르카바는 리에게 산비탈을 내려가면서 혹시 살아있을지도 모르는 중공군 잔존병력을 수색할 목적으로 소대원들을 산개시키라고 말했다.

리는 그 명령에 강력한 거부감을 나타냈다. "빌어먹을, 조!"

"뭐라고?"

리는 짧게 자기 생각을 전달했다. "야간전투의 첫 번째 원칙은 병력 통제(兵力統制)야. 이런 지형에서 병력을 통제하는 유일한 방법은 종대로 이동하는 거라구."

"대대에서 산개대형으로 이동하라고 명령했어."

"알았어. 그러면 따라야지"라고 리가 화가 난 듯이 말했다.

그가 명령에 복종(服從)하려고 돌아섰을 때 그들 뒤의 어둠 속에서 누군가의 목소리가 들렸다. "잠깐만, 중대장."

"예?"

"종대로 이동하라고 하게."

해병 헬리콥터 한 대가 폭스 힐 상공을 선회하다가, 조지 크로츠 일병의 생각에는 빙빙 돌면서 곡예비행을 시작하는 것 같더니 갑자기 숲 속으로 추락하면서 기체(機體)가 마치 커다란 곤충이 죽어 가듯이 단속적(斷續的)으로 몇 번을 뒹굴었다. 크로츠는 조종사가 장난을 하고 있다고 생각하고 있었기 때문에 그것을 보고 충격을 받았다.

헬리콥터의 추락(墜落)으로 인한 화재는 없었지만, 그 추락사고는 부대합류가 이뤄져 들떠있던 데이비스와 태플렛의 병력들의 기분을 가라앉혔다. 로이 펄 상병은 조종사의 시신이 전사자들의 시신을 쌓아 놓은 곳으로 옮겨지는 것을 바라보았는데, 그는 황금색 비행기장(飛行紀章)이 선명하게 달려있는 가죽 비행점퍼를 입고 있었다.

펄 : "그보다 더 심한 광경도 보아왔던 내가 왜 그 추락사고에 마음이 그렇게 불안해졌었는지 지금까지도 이유를 모르겠습니다."

이동 Ⅱ

덕동고개의 진지는 최초 237명의 병력이 점령하고 있었으나 그때까지는 86명만이 남아있었다. 바버의 말에 따르면 2천 명 이상의 중공군이 F중대와 리드의 H포대 그리고 코르세어기의 협조된 화력 앞에 목숨을 잃었는데, 그는 그 숫자가 너무 보수적으로 잡힌 것 같다고 생각하고 있다. 바버는 최소한 4천 명의 중공군 병력이 덕동고개의 F중대 진지를 유린하기 위해 동원되었다고 믿고 있다. 숫자가 중요한 것이 아니라, 정말 중요한 것은 7연대 F중대가 유담리 포위망을 완성하려는 적군의 기도(企圖)를 간접적으로 방지(防止)하였다는 것이었다.

바버 : "첫날밤에 진지구축을 하지 않으려고 했던 생각을 잊을 수가 없는데, 다음 날 아침 일찍 거기를 떠나기로 되어 있었기 때문에 그때는 진지구축이 정말 바보 같은 짓이라고 생각이 들었거든요. 하지만 무엇 때문인지 몰라도 부하들에게 축성장비를 풀어 진지작업을 시작하라고 명령을 내리게 되었습니다. 날이 어두워지고 모두들 지쳐있었는데도 말입니다. 진지구축을 안 했더라면 우리는 전멸(全滅)했을 겁니다. 첫날밤도 버티지 못했을 거예요."

데이비스의 대대가 고개를 넘어 이동하자 바버 대위는 살아남은 중대원들을 폭스 힐에서 철수(撤收)시키기 시작했다.

케네스 벤슨 일병 : "철수한다기에 너무 좋았습니다."

초초해진 카페라타 일병이 자기를 남기고 떠나지 말라고 벤슨에게 부탁했다. "헥터, 아무도 너를 두고 가지 않아. 네가 가지 않으면 나도 안 간다는 거 너도 알잖아." 카페라타는 덩치가 커서 발이 들것 밖으로 나왔고, 그를 도로까지 운반하는 데 네 명이 들것을 들어야 했다.

데이비스 대대의 행군에는 약 800명의 몸을 움직일 수 있는 부상자가 뒤를 따랐고, 그들 대부분은 무장을 하고 있어서 상황이 벌어지면 전투에 참가할 준비가 되어 있었다. 그리고 트럭들에는 최소한 1천 명 이상의 부상자와 동상환자가 타고 있었는데, 문제는 F중대 사상자들을 태울 자리가 있느냐는 것이었다. 리첸버그 대령은 연대 인사주임 존 그로브 대위에게 트럭마다 폭스 힐의 기슭에 정차하여 한 명씩 더 태우고 나서 출발하라고 지시했다.

리첸버그 : "그 당시에는 총 사상자수에 대한 기록이 없었지만, 약 1,800명 정도였던 것 같습니다. 또 내가 알기에는 구급차에 태워졌어야 할 부상자 수백·명이 걸어서 덕동고개를 넘었습니다."

덕동고개 전투에서 부상한 생존자들은 결국 차량에 탑승하여 고개를 따라 내려갔다. 뒤에 남겨진 전사자들의 시신은 F중대 진지에 묻히거나 도로가에 묻혔으며, 그 숫자는 알려지지 않고 있다.

다우세트 중령 : "트럭에는 시신들을 실을 자리가 없었습니다. 시신들을 흙받이(fenders)에 싣거나 대포의 포신에도 묶어 싣는 등 생각할 수 있는 곳에는 다 실었거든요. 매장되는 시신에서 인식표와 신원을 확인할 수 있는 개인 소지품을 수거하고는 무덤 비슷하게 만들어서 묻었는데, 시신 위에다 돌 몇 개 덮는 식이었습니다. 해병대 교범에는 '급조(急造) 야전매장'이라고 되어 있으며, 그게 그 당시 상황에서 할 수 있는 유일한 방법이었습니다."

바버 대위는 F중대 잔존병력의 지휘권을 중대 소속 장교들 중 유일하게 부상당하지 않은 존 M. 던 중위에게 인계하라는 명령을 받았다. 바버는 그러고 싶지 않았으나 마침내 던 중위를 불렀다. "존, 이제는 자네 중대야."

바버는 수백 미터를 절뚝거리며 걸어갔으나 철수하는 중대병력으로 부터 점점 떨어졌다. 잠시 후 행군종대의 후미가 도로의 굽은 곳으로 사라져 버렸고, 그는 더 이상 부하들을 볼 수 없었다.

"F중대는 훌륭한 소총 중대였습니다. 배짱과 가능성이 있는 해병들이 모여있는 중대였어요."

눈이 잠깐 그친 사이 도로 위의 해병들은 자기들에 앞서서 남쪽으로 능선을 따라 이동하는 중공군의 기다란 종대를 볼 수 있었다. 그들은 하갈우리 근처에서 부대를 재편성할 목적으로 해병의 진격에 맞추어 이동 중이었고, 해병들은 거기서 더 큰 전투가 벌어질 거라고 예상했다.

프레드 데비드슨의 기억에는 도로 오른쪽에 갑자기 움푹 땅이 꺼지면서 900 m 이상 떨어진 곳까지 경사진 밭이 펼쳐져 있어 거기 서 있던 해병들에게 탁 트인 시야를 제공했다. 거기서 약 700 m쯤 떨어진 곳에 농가(農家)가 하나 보였는데, 도로 위에서 차량들이 잠시 정지한 동안 해병 한 명이 그 초가집 앞에서 일하던 농부에게 무심코 총을 쏘았고, 농부가 달아나기 시작하자 주위의 다른 해병들도 본능적으로 총을 들어 겨냥하고 쏘았다. 농부가 비틀거리며 시야에서 사라지자 이번에는 기관총 사수들이 기관총을 설치하고 사격할 준비를 갖추었다.

데비드슨: "그 일은 해병으로서는 자랑할 만한 일이 못 되었지만, 우리는 본능에 따라서 행동했고, 당시 평범한 해병들의 본능은 국(gook)들에게 총을 쏘는 것이었습니다."

토마스 더햄 소령: "가련한 처지에 있는 포로들을 몇 명 끌고 가고 있었는데, 어떤 포로들은 귀가 꽁꽁 얼어, 문지르기만 해도 귀가 떨어져나갈 정도였습니다. 다른 포로들은 동상에 걸린 발에 생긴 물집 때문에 신발을 벗어야 했으며, 종종 맨발로 걸어가고 있는 포로를 목격

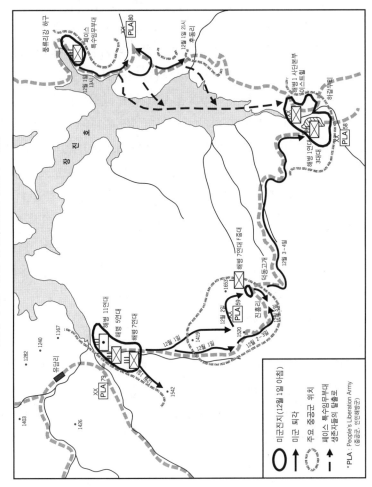

하갈우리 병력집결 상황(1950년 12월 1~4일)

450

하곤 했습니다. 그 날씨에 맨발이라니!"

패트릭 로 소위 : "덕동고개는 맞바람이 살인적으로 거세게 부는 곳이었습니다. 고개 중간쯤에서 지난번 북쪽으로 진격할 때 보아두었던 유개 대피호가 생각나 잠시 바람을 피하려고 미첼 병장과 함께 산비탈을 올라갔지요. 미첼이 플래시를 켜고 안으로 기어들어가 보니 중공군이 두 명 그 안에 있었습니다. 한 명은 죽어 있었으며, 다른 한 명은 온몸이 얼어 있어 얼음 덩어리처럼 보였지만, 숨을 쉴 때마다 김이 나왔고 눈이 플래시 불빛을 따라 돌아가고 있었습니다. 미첼과 내가 도로 기어나와 그들을 끌어내기 위해 도움을 요청하러 갔다 왔더니, 다른 해병들이 벌써 그 두 명의 중공군을 쌓여있는 눈 속으로 끌어내 버리고, 그 대피호를 차지해 버려 우리가 들어갈 자리가 없었습니다."

코르세어 전투기들이 반복적으로 급강하하여 차량행렬의 전면과 측방에 집결하고 있는 적군 병력에게 기관포 사격을 가했다. 대다수의 해병들은 네이팜탄이 목표에 명중(命中)하여 하얀 눈 위에 오렌지색 화염과 검은색 연기가 솟아오르는 모습을 아름다운 광경이라고 생각했으며, 네이팜탄이 터지고 나면 잠시 주위가 이상하리 만치 조용해지곤 했다.

츄엔 리 중위 : "개인적으로 나는 누군가가 공습을 요청할 때마다 대규모 병력에 대해서가 아니면 화가 나곤 했는데, 그 상대가 저격병 한두 명일 경우가 너무 자주였거든요. 그런 간단한 문제도 처리하지 못할 거면 무엇 하려고 훈련을 받는 건지! 저격병 한 명을 처치하려고 해병항공단 전체를 부를 필요는 없지요."

덕동고개와 하갈우리 사이의 도로를 행군하는 중에 적군의 침투(浸透)를 조심하라는 지시가 내려왔다. 대부분의 경우 침투해 오는 적군은 몸이 반쯤 얼어붙고 싸울 의지도 없는 낙오병들로, 차량행렬이 정지할 때마다 피우는 화톳불에 몸을 녹이고 싶어하는 부류였다. 여러 명의 장진호 전투 참가자들은 무장(武裝)하지 않은 채 어둠 속에서 슬

적군의 진지를 쳐부수기 위해 근접항공지원을 받고 있는 미 해병부대

며시 침투해 해병들과 함께 불을 쬐다가 몸이 녹으면 산비탈로 도로 올라가던 중공군들을 본 것이 기억난다고 주장하고 있다.

데오도어 헛슨 일병 : "적의 침투에 대한 경고를 처음 듣고 조금 두려웠습니다. 고개 남쪽에서 키가 작은 사람이 어둠 속에서 터벅터벅 걸어가는 모습이 눈에 들어왔습니다. 사실 내가 본 것은 박격포 포탄이 터지면서 나는 불빛에 비친 얼굴 모습이었는데, 놀라기에 충분했지요. 조심하라고 하던 바로 그 적 침투병이었습니다! 충동적으로 먼저 사격하고 그후에 확인을 하려고 했으나, 다시 생각해 보고 행크 포스터 중사에게 가서 중공군 한 명이 침투해서 도로를 따라 함께 걷고 있으며, 무장하고 있다고 말했습니다. 포스터 중사는 내가 가리키는 실루엣을 바라보더니, '저건 리 중위야. 데오도어, 쏘지 마'라고 말했지요. '미안합니다. 중사님.'"

7연대 A중대 박격포 소대장 윌리엄 J. 데이비스 중위 : "리는 커다란 파카를 입고 있어 더 조그맣게 보였습니다."

아직 하갈우리의 모습은 보이지 않았지만 긴 행군종대의 선두에 있

던 해병들은 전날 밤 전투의 흔적으로 여기저기 불에 타고 있는 숲에
서 나는 연기를 볼 수 있었다.

하갈우리 방어선의 북쪽 끝에 있는 검문소(檢問所)에서 그들이 행
군해 오는 것이 보이기 시작했을 때는 12월 3일 오후 7시가 다 되어서
였다. 긴장과 흥분된 감정이 고조(高調)되었다.

"그들이 옵니다!"

스미스 장군 : "차량들이 접근해 오는 소리를 지휘소에서도 똑똑하게
들을 수 있었습니다."

행군종대의 선두에는 데이비스와 다우세트 두 명의 중령이 걸어오
고 있었는데, 다우세트는 하갈우리의 작전본부로부터 검문소 앞에 정
지하여 자기 신분을 밝히고 정확한 암구호를 댄 후 별명(別命)이 있을
때까지 대기하라는 경고를 무전통신으로 받았다. 다우세트는 차갑게
대꾸했다. "오늘 밤 암구호가 무엇인지도 모르겠고, 우리는 그냥 들어
갈 테니까 방해하지마."

해병 5연대와 7연대가 바로 도착할 거라는 소식에 영국 해병 특공대
의 잔존병력이 검문소 주위 고지의 중공군을 몰아내기 위해 재빠르게
출동했는데, 이는 사상자가 추가적으로 발생하여 귀환하는 병력을 맞
이하는 분위기가 망치는 것을 막기 위해서였다.

패트릭 로 소위 : "그들이 하도 깔끔하고 단정해 보여 우리들은 스스
로의 모습에 당황했습니다. C-레이션을 먹다 흘린 자국으로 기름이
번지르르한 파카와 엉클어진 머리털, 수염이 덥수룩하고 때에 절은 얼
굴, 갈라진 입술 등 모두들 더러웠죠. 지난 며칠 동안 세면(洗面)과
면도(面刀)는 그리 중요한 일이 아니었거든요."

방어선 북쪽 450 m 지점에서 트럭이 정지하여, 움직일 수 있는 부
상자들과 동상환자들이 트럭에서 내려 눈발이 날리는 도로 위에 정렬
했다.

"복장을 가다듬어라. 우리는 미국 해병대답게 행진해 갈 거다"라고

데이비스 중령이 외쳤고, 하사관 한 명이 해병대 신병훈련을 받은 누구에게나 익숙하고 가슴이 뭉클해지는 패리스 아일랜드식 특유의 억양으로 구령(口令)을 붙이기 시작했다. 어스름이 깔린 이른 저녁 시간에 그들은 리듬에 맞추어 천천히 쿵쿵거리는 발자국 소리를 내면서 늠름하게 행진하기 시작했다.

숙소의 현관문에 머리를 기대고 있던 바우저 대령은 스미스 장군에게 와서 한번 보라고 말하면서 "볼만합니다"라고 말했다. 잠시 후 장군도 계단에 서서 파이프 담배를 피우며 행군종대가 접근해 오는 모습을 바라보았다.

데이비스 : "검문소에 도착했을 때 우리는 분열식(分列式)에서처럼 등을 세우고, 머리를 높이 들고 힘찬 발걸음으로 해병의 노래를 부르며 행진하는 해병이 되었습니다."

조지 크로츠 일병 : "나중에 누군가가 나에게 우리들이 강시(殭屍) 같아 보였다고 말했는데, 내가 우리 중에 강시가 있었기 때문에 그럴 거라고 말해 주었습니다. 트럭에 실려있던 전사한 해병들의 시신들이 하사관이 외치는 집합구령을 듣고는 다시 살아나서 트럭을 내려와 행진대열에 합류한 거라고 말입니다. '셈페르 피델리스'(Semper Fidelis)는 엄청난 위력(威力)을 가진 말인데, '항상 충성을'이란 뜻이죠. 한 가지 더 말하자면, 우리는 먼저 간 전우들의 혼령을 느낄 수가 있었는데, 그들이 거기에 우리와 함께 있었거든요."

합류

앨런 헤링턴 상병 : "우리가 그들을 위해서 하갈우리(下碣隅里)라는 외부로 나가는 관문(關門)을 지키고 있었기 때문에 기분이 좋았습니다. 도로장애물 옆에 서서 친구나 아는 사람들을 찾았지요. 부대 하나가 지나갈 때마다 내가 아는 하사관을 찾으면 그 부대의 누군가가 트럭 뒤를 손가락으로 가리키면서 '전사'라고 말했습니다. 잠시 동안 거기 서서 얼어붙은 시신들이 트럭에 실려 지나가는 것을 바라보았는데, 가끔씩 아는 얼굴들도 있었습니다. 대부분은 모르는 얼굴들이었지만, 그래도 그들 모두가 내게는 개인적 슬픔으로 다가왔습니다. 피가 흐르다가 얼어서 고드름이 된 것을 아직도 기억하고 있습니다."

랜돌프 록우드 중령 : "리첸버그 대령을 맞이하려고 도로장애물까지 나가 있었는데, 지프의 뒷좌석에 앉아 있던 대령은 운전병이 차를 세울 때 보니 표정이 차가와 보였습니다. 나는 앞으로 나가 하갈우리에 도착한 것을 환영한다고 말하면서 그의 명령을 따르기 위해 두 번이나 유담리로 진격하려고 시도했으나, 명령을 따르기가 불가능했던 것을 이야기했습니다. 그는 지프에서 뻣뻣한 동작으로 내리더니 대꾸도 안 하고 나를 쳐다보지도 않고는 걸어가 버리더군요."

유담리에서 도착한 해병들은 처음에 멍한 시선으로 이리저리 헤매는 것이 정신이 나간 것 같았고 혼란스러워 보였다. 하지만 공식기록

에 언급되어 있듯이, 하루 밤의 숙면(熟眠)과 따뜻한 음식으로 해결할
수 없는 심리적 혼란을 겪지 않는 사람이 거의 없었다. 돌아온 병력들
을 먹이기 위한 취사장이 준비되어 있었고, 그들은 벌써 커피, 스튜
그리고 팬케이크를 배급받기 위해 줄을 서 있었다.

조지 크로츠 일병 : "팬케이크 냄새에 자석(磁石)에 끌려가듯 했고,
안내병이 우리를 배식줄에 안내하여 주었지만 사실은 그럴 필요가 없
었습니다. 그 날 한 가지 발견한 것은 식빵을 야전난로에 붙여 놓으면
익어 토스트가 되면서 밑으로 떨어진다는 것이었죠. 하루 종일 토스트
와 팬케이크, 시럽과 커피, 연유(煉乳)와 설탕을 실컷 먹고 마셨습니
다. 살아있다는 느낌이 들더군요."

사단 수송대대장(輸送大隊長) 올린 뷀 중령이 레이몬드 데이비스를
자기 텐트로 데려가 C-레이션을 데워서 주었다.

데이비스 : "그냥 레이션이었지만, 뜨겁게 데워서 따뜻한 식판(食板)
에 담아 먹으니 마치 잠깐 동안 천국에 있는 것 같더군요."

유담리에서의 치열했던 전투와 탈출 도중에 있었던 전투를 겪고 도
착한 해병들에게 하갈우리는 아무 문제가 없었던 천국처럼 보였지만,
그들은 곧 하갈우리도 유담리처럼 고립되어 있으며, 하갈우리를 빠져
나가려면 또 한 번 치열한 전투를 치러야 한다는 것을 깨달았다.

화상과 총검 자상(刺傷)을 입고 있던 프레드 데이브슨 일병은 야전
활주로까지 트럭에 실려가 수송기에 탑승(搭乘)했다. 부상자들은 가
운데 좁은 통로를 사이에 두고 네 개 층에 나뉘어 실려 있었다.

데비드슨 : "그때 그 여자를 보았는데, 그 황량한 곳에서 살아있는
여자를 말입니다. 군복을 입고 매만진 머리와 입술에 화장을 한 진짜
여자였어요. 모두 거기 누워 깨끗하고 예쁘고 상냥한 그녀의 모습만
쳐다보았지만, 그녀는 우리가 그러는 것을 이해하는 것 같았고 얼굴이
붉어지지도 않았습니다. 그녀가 나에게 빨아먹으라고 물에 적신 수건
을 주었는데, 왜냐하면 나는 먹거나 마시는 것이 허용되지 않았거든

요."〔데이드슨은 일본에 있는 병원에서 예비수술을 받았고, 내장에 아무 손상이 없어 5개월 동안 병원에 입원한 뒤 부상에서 완쾌(完快)했다. 나중에 그 수송기에 간호원이 탑승하지 않았다는 이야기를 들은 그는 "그럼 그녀는 유령이었군!"이라고 말했다〕

토마스 리쥐 중령도 도로장애물 옆에 서서 유담리를 탈출한 해병부대가 도착하는 것을 바라보고 있었다. 그가 안도감(安堵感)을 느끼고 있다는 것은 누구라도 자연스럽게 유추할 수가 있었는데, 취약한 그의 방어선은 이제 엄청나게 증강(增强)되었으며, 그는 병력이 부족한 1개 보병대대를 가지고 지켜야 했던 책임을 더 이상 지지 않게 되었다.

스미스 장군 : "5연대전투단과 7연대전투단이 하갈우리에 합류하여 상당한 안도감을 느낄 수 있었지요. 감상적(感傷的)인 경험이었습니다."

해병 5연대와 7연대는 수백 명의 부상자를 거느리고 23 km에 이르는 행군 도중 적의 반복되는 공격을 격퇴해 가면서, 군사 분석가 드류 미들턴이 명명했던, '전사상(戰史上) 가장 완벽(完璧)한 철수작전 중의 하나'라고 여겨지는 작전의 첫 단계(段階)를 마쳤다.

후 위 부 대 I

　해병사단의 주력부대인 유담리의 2개 연대가 하갈우리를 향해 행군하는 동안 터키 힐 근처에 방어진지를 구축한 해리스의 대대와 그때까지 유담리에 머무르던 해롤드 로이스 중령의 후위부대 사이에는 3 km의 간격이 생겼다. 로이스의 부대원들은 적군이 아군의 철수로 생긴 공간(空間)을 침투해 들어오고 있는 것을 포착하고는, 그것이 비록 중공군 수색정찰대의 출현이라는 것을 알았지만 두렵고 가슴이 떨렸다.

　로이스 대대의 본부 중대장 프랭클린 B. 마이어 대위는 시선을 로이스 중령에게 집중(集中)하고 있었고, 중령은 지프에 앉아 줄담배만 피우고 있었다. 오후 늦게 포병 전방관측장교가 찾아와 "포대(砲隊)가 철수하고 있는 걸 대대장에게 말하는 것이 좋겠습니다"라고 말했다. 포대의 철수보고를 듣고도 로이스는 가볍게 고개만 끄덕였다. 잠시 후 무전병이 철수행렬의 본대가 덕동고개를 통과하고 있다는 연락을 받았다고 보고했다. 로이스의 바로 옆에 서 있던 마이어는 참지 못하고 "출발해야 하지 않을까요?"라고 로이스 중령에게 물었지만, 중령은 아무 말 없이 담배 한 개비를 다시 꺼내 들었다. 그 순간 마이어는 5연대 2대대가 연대 주력이 철수하는 동안 적의 주의를 분산시키기 위한 희생양(犧牲羊)으로 선정되어 철수대상에서 제외된 것이 아닐까 하는 생각이 떠올랐다(마이어 : "그 순간 충성심에 혼란이 왔는데, 지금도 그 순간을 생각하고 싶지 않습니다"). 그러고 있을 때 공지합동 통제장교가 와서는 마이어에게 행군종대의 선두가 하갈우리에 도착했다고 보고하면서 "움직일 때가 아닌가요?"라고 물었다.

강변에서는 우엘 피터스 대위의 5연대 F중대가 중공군이 북쪽에서부터 서서히 마을을 향해 다가오는 것을 바라보고 있었는데, 거리가 멀어 중대의 소화기 사정거리(射程距離) 밖에 있었다.

"전쟁에는 인정사정이 없다"고 스미스 장군이 나중에 언급한 것처럼 곡사포 포대가 주력부대와 함께 철수하기 전에 유담리 주변의 인가(人家)들을 완전하게 파괴했으며, 하비 피한 중령이 지휘하는 해병 11연대 1대대가 그 포격임무를 담당했다. 중공군이 주변 마을의 민간인들을 내쫓고 대신 빈집들을 차지하고 있다는 것을 잘 알고 있었기 때문에 포격을 퍼부어 그들이 쉴 수 있는 건물들을 없애 버렸고, 그래서 적군은 이제 유담리의 빈집들로 몰려들고 있었던 것이다. 마을 바로 남쪽에 홀로 남은 로이스 대대의 병력은 중공군이 전진을 멈추고 아직도 연기가 오르고 있는 폐허 속에서 약탈하는 것을 바라보고 있었다.

마이어: "그때는 모두들 중공군이 우리와 하갈우리로 이동하는 차량행렬의 후미(後尾) 사이로 끼어 들어올까 봐 불안했는데, 벌써 후미와 1,500m 이상 떨어져 있었거든요. 여기저기서 끌어온 300여명의 해병으로 구성된 해리스의 7연대 3대대는 병력수가 원래의 1/3이 채 못되었으며, 중요한 깃은 우리 주위에 해병들이 벌로 없었다는 것이었고, 중공군도 확실하게 그걸 알고 있었죠."

5연대 E중대 리차드 시워드 일병: "가까이에서 중공군의 나팔소리가 나는 걸 듣고 깜짝 놀랐습니다만, 나중에 보니 그건 우리에서 나가고 싶어 울어대는 늙은 황소의 울음소리였습니다."

패트릭 스팅글리 상병: "탕 탕 탕하는 총소리에 놀라 고메즈 일병을 찾았더니 그 망할 놈의 앤디 고메즈가 중공군 전체를 향해 총을 쏘고 있는 겁니다. '앤디, 쏘지 마!'"

'머? 중공군이잖아.'

'맞아, 그리고 네가 그들을 화나게 한다는 것도 맞아. 백만 명이 달려들고 있는데 말이야.'"

군의관 헨리 리트빈 : "그때의 심리적 상황은 설명하기가 불가능했습니다. 사자굴에 던져졌을 때 느낄 수 있는 고립감(孤立感)과 절망감(絶望感) 같은 거였죠. 하루 종일 인접(隣接) 대대들이 하나씩 우리 앞을 지나 하갈우리쪽으로 사라져 가는 것을 지켜보았습니다. 어둠이 내리자 구호소에 있던 우리 모두는 죽음을 눈앞에 둔 사람처럼 행동하기 시작했습니다. 말들도 없었고, 아무도 음식을 먹지 않았습니다. 아무런 희망도 없어 보였죠. 2개 해병연대가 중공군의 공격을 막느라 여러 날을 정신 없이 보냈는데, 그 동안의 전투에 지칠 대로 지친 우리 대대가 그 대병력 앞에서 무얼 할 수 있었겠습니까? 고통스러웠지만 중공군이 한입에 우리를 삼켜 버릴 수 있다는 것을 알고 있었습니다."

리트빈이 잠시 밖으로 나가려고 할 때 밖에서 소리가 들렸다. "어이 군의관, 이것 좀 볼래?"

로이스 중령의 목소리였는데, 그는 지프 위에 침착하게 앉아 있었다. 리트빈에게 망원경을 건네주면서 중령은 가리켜 준 언덕을 바라보라고 말했지만, 리트빈이 본 장면은 앞으로 일어날 일을 낙관적으로 볼 수 없게 하는 것이었다.

리트빈 : "중공군이 산비탈을 몰려 내려오고 있었는데, 나는 돌아서서 중령에게 '대대장님, 너무 늦기 전에 여기를 떠날 수 없습니까?'라고 말하고 싶었습니다."

그러던 중에 리트빈은 토마스 알바 앤더슨 중위가 지휘하는 일단의 해병들이 그의 앞을 지나 북쪽으로 이동하는 것을 보고 깜짝 놀랐다. 다시 한 번 그는 하고 싶은 말을 참아야 했다. "'중위, 거꾸로 가고 있는 거 아냐? 그리로 가면 죽어!'라고 외치고 싶었습니다. 하지만, 나중에 알고 보니 그들은 지정된 진지로 향해 가던 후위부대의 후위(後

衛)였는데, 내가 감정적으로 흔들려 있지만 않았더라면 그때 바로 알아차릴 수 있었을 겁니다. 그들의 단호했던 얼굴 표정을 잊을 수가 없습니다. 비탄에 찬 한숨소리도 없더군요. 맙소사! 싸우기 위해 방향을 거꾸로 가고 있다니. 게다가 지휘자는 매사에 낙천적인 말라깽이 앤더슨 중위였습니다."

　어두워졌을 때 프랭클린 마이어 대위가 보니 코르세어기가 남쪽으로 기수를 돌리기 전에 마지막으로 유담리계곡 상공을 비스듬이 선회 비행하고 있었다. 그 비행기가 산을 넘어 사라지는 것을 지켜보며 마이어는 자기도 그렇게 갈 수 있었으면 하고 생각했다.

　로이스 중령이 피우던 담배를 눈 위로 던져버린 뒤 팔을 머리 뒤로 뻗으면서 등을 구부리고 지프에서 천천히 내리자 30 m 거리 안에 있던 모든 해병들이 대대장에게 시선을 고정시켰다.

　"군의관, 부상자를 후송할 준비가 됐나?"

　"예, 대대장님, 모든 준비가 완료됐습니다."

　리트빈은 그가 손을 입에 모으고 외치는 소리를 들었다.

　"2대대! 출발!"

　출발명령은 소대와 소대 사이로 순식간에 퍼졌고, 5분 뒤 E중대가 선봉으로 행군종대를 이끌었는데, 무척 빠르게 이동했다.

　5언디 E중대 잭 놀란 소위 : "마지막으로 바라보있더니 중공군들이 불이 붙어 연기가 나는 장비와 보급품 더미 사이를 이리저리 뛰어 다니고 있더군요."

　프랭클린 마이어 : "유담리 탈출에 관한 기억은 하나만 제외하고는 아무 것도 생각나지 않습니다. 어둠 속에서 걷다가 중공군 시체의 배를 밟았는데, 내 몸무게 때문에 시체 허파에 남아있던 공기가 빠져나가는 소리가 마치 나에게 '얍!'하고 소리를 치르는 것처럼 들려 놀라 넘어질 뻔했습니다."

로이스의 부하들이 터키 힐의 해리스 대대 진지를 통과해 지나갔고, 이제 해리스 대대가 후위가 되었다.

7연대 3대대 패트릭 로 소위 : "병력들이 제자리를 지키게 하는 것이 가장 힘들었습니다. 그들은 마치 트랙의 문이 열리기만을 기다리는 경주마(競走馬)들 같았습니다."

"해병들! 진정하라. 진정해."

7연대 I중대 토마스 M. 설리반 중위 : "중대에 모병 포스터에 나오는 모델처럼 생긴 병장이 한 명 있었는데, 키가 180 cm에 넓은 어깨, 잘생긴 터프가이 스타일의 얼굴 등 완벽한 모습이었지요. 하지만 이 친구는 전투의 압박감(壓迫感)을 견뎌내지 못하더라구요. 총격전이 시작되면 그는 후방으로 탄약이나 보급품을 가지러 가겠다고 자원하곤 했습니다. 모두들 그가 전투를 견뎌내지 못한다는 것을 이해했고, 비록 그가 겁쟁이라는 꼬리표를 달고 다녔지만 중대의 장교나 하사관 중에 아무도 그를 군법회의에 회부(回附)하려고 하지 않았습니다. 그의 비겁함은 일부러 의도한 것이나 의식적 사고(思考)의 결과가 아니었고 어쩔 수 없는 것이었습니다. 그 자신도 어쩔 수가 없었어요. 하여간, 그 가련한 친구는 우리가 후위임무를 교대했을 때 얼굴색이 종잇장처럼 하얗게 변하더군요. 그에게 미안했습니다.

다른 극단의 예(例)는 캘리포니아 출신의 호세 오로스코 일병이었는데, 그는 무서운 걸 몰랐습니다. 나는 그를 위해 은성 무공훈장을 상신하려고 생각했지만, 그는 극복해야 할 두려움이란 것을 알지 못하기 때문에 훈장을 받을 자격이 없다는 생각이 들더군요. 용감성이란 그런 것이 아니지 않습니까?"

차량행렬이 하갈우리 가까이에 있는 금광(金鑛) 근처까지 갔을 때 중공군이 행렬의 후미까지 바짝 따라붙었다. 야포 견인차들의 연료가 떨어지는 바람에 행군이 지체되었는데, 그 시간이 12월 4일 오전 3시경이었다. 게다가 병력들은 공병들이 부서진 다리의 수리(修理)를 마치기를 기다려야 했다. 155 mm 포병대대의 작전장교인 앵거스 J. 크로닌 소령이 포수와 운전병으로 공격부대를 급조(急造)하여 역습을 실시하였으나, 중공군이 반격을 가해와 상황이 악화되기 시작했다.

야포들을 빼앗길지도 모르는 위협에 직면하여 11연대 4대대장 윌리엄 맥레이놀즈 소령은 필요할 경우 포를 쏠 수 있도록 야포를 견인하는 포가(砲架)의 연결쇠를 풀어놓으라고 명령하여 야포들이 견인차들과 분리되었다. 시간이 충분하였으면 소이 수류탄으로 포 후미의 폐쇄기(閉鎖機) 뭉치를 파괴할 수 있었지만, 얼어붙은 전사자 시신이 다수 붙들어 매어져 있어 야포를 파괴하기가 어려웠고, 결과적으로 여러 대의 야포를 포기하여야만 했다.

아서 코흐 일병은 행군이 다리에서 지체되는 동안 엄청나게 추웠다고 기억하고 있다.

"더럽게 추웠습니다. 몸만 아니라 머리도 멍해지더군요. 너무 추워서 울고 싶을 정도였고, 추위를 피할 방법도 없었습니다. 그러다가 다리에 파편상을 입었는데, 바넷 중사가 다시 한번 나를 돌봐 주었습니다. 그 해 여름의 낙동강(洛東江) 교두보 전투 때 북한군과의 전투에서 우리 부대가 피해를 많이 입어 개인적으로 충격을 받았지만, 내색을 하지 않았는데, 누군가가 내 어깨를 가볍게 두드려서 보니 바넷 중사였습니다. '코흐, 여기 이거 한 모금 마셔 봐라'라고 하면서 진짜 브랜디가 담긴 조그만 병을 나에게 건네는 것이었습니다. 내가 한 모금 마시고 병을 돌려주니 '이제 너도 고참병(古參兵)이 된 거야'라고 말했지요. 내가 하갈우리 근처의 다리에서 부상을 입자 그가 '코흐, 그런 백만 달러짜리 부상을 이럴 때 당하면 어떻게 하냐?'고 말을 건네면서 위생병이 상처를 치료하는 동안 나와 이야기를 나누었고, 치료가 끝나자 내 등을 툭툭 치고는 가버렸습니다. 그런 것들이 별거 아닌 거 같지만, 나한테는 중요했지요. 해병대 하사관은 정말 멋진 직업이며, 해병들을 다루는 방법을 모르고는 멋진 해병대 하사관이 될 수 없지요."

원산 상공을 비행하는 미 해군 소속의 F4U 코르세어 전투기

군의관 리트빈은 도로 위를 왔다갔다하면서 해병들에게 동상에 안 걸리려면 몸을 계속 움직여야 한다고 권유했다.

"새벽이 되자 코르세어 기들이 다시 모습을 나타냈는데, 마치 검은 색 옷을 입은 수호천사(守護天使)들 같았습니다. 우리를 하갈우리로 인도해 준 그 용감한 전투기 조종사들에게 하나님의 가호가 함께 하기를! 몇 년이 지난 뒤 나는 코르세어기 모형 세트를 구입하여 아교풀로 부품을 조립해서 조그만 받침대 위에 올려놓았습니다. 그 모형 비행기는 아직도 내 책상 옆의 선반에 놓여져 있으며, 여러 해 동안 아마 천 번 이상 그 모형을 쳐다보았을 겁니다."

미국 해병대답게 하갈우리에 행진해 들어가야 한다는 레이몬드 데이비스 중령의 생각은 다른 부대에도 퍼져, 해병 5연대 역시 당당한 발걸음으로 하갈우리에 들어왔다.

리트빈 : "다른 군사훈련도 받지 않았고 아무도 나에게 행진하는 방법을 가르쳐주지 않았지만, 머리를 쳐들고, 어깨를 펴고 힘차게 걸으니 군인처럼 걷게 되더군요."

긴 행군종대는 12월 4일 오후에 하갈우리에 입성했고, 당연한 일이었지만 다리 위의 전투에서 중공군을 향한 마지막 공습을 유도한 전방 항공통제관이 타고 있던 지프가 마지막으로 검문소를 통과했다.

방어선 안으로 들어서자마자 리트빈은 사단 의무대장 유진 헤링 해군 대령에게 신고했는데, 대령은 후송되어 온 부상자들을 살피느라 바빴다(리첸버그와 머레이는 1,800명의 사상자를 싣고 돌아왔으며, 그 중 1/3이 동상환자였다). 신고를 받은 헤링은 머리를 끄덕이며 말했다. "다시 만나게 되어 반갑네, 중위." 너무 피곤해서 일을 시작할 수 없었지만 리트빈은 침낭에 누우면서 미안한 생각이 들었고, 머리가 베개에 닿기도 전에 잠들어 버렸다.

하갈우리에 대한 토마스 더햄 소령의 생생한 기억은 시체와 음식에 관한 것이다. "수백 아니 수천 개로 보이는 중공군 시체가 쌓여있는 모습에 큰 충격을 받았습니다. 그걸 보고 처음으로 하갈우리도 맹렬한 공격을 받았다는 것을 알 수 있었지요. 우리 대대는 하루 종일 해병대의 진정한 임무에 충실했는데, 그것은 먹고 잠자는 일이었습니다. 나는 깡통에 든 캠벨 아스파라거스 수프로 시작한 걸로 기억하는데, 꽁꽁 얼어 있어서 아이스크림을 먹는 것 같더군요. 따뜻한 음식을 먹을 수 있는 곳으로 돌아왔다는 걸 깨닫는 데 조금 시간이 걸렸죠."

잠에서 깨어난 리트빈이 첫 번째로 한 일은 부모님께 편지를 쓰는 일이었다.

리트빈 : "부모님은《필라델피아 이브닝 불러틴》신문(新聞)을 구독하고 계셨기 때문에 장진호의 상황에 대하여 알고 계셨지만, 나는 부

모님들이 알고 있다는 걸 몰랐죠. 하갈우리에서 반은 졸면서 쓴 편지는 일반적인 가벼운 기행문(紀行文) 비슷한 것이었는데, 아름다운 동양의 경관과 그림 같이 예쁜 골짜기들, 원주민(原住民)의 진기한 행동 등 그런 것들이었습니다. 몇 주가 지난 다음에야 미국 전역의 신문들이 제1해병사단이 포위당해 전멸의 위기에 있다는 기사를 자세하게 다루었다는 것을 알았습니다. 필라델피아의 칼럼니스트 한 명은 '산산조각났다'는 표현을 썼으며, 나중에 들으니 어머니가 그 기사를 읽고 쓰러지셨다고 하더군요. 하지만 그게 다가 아니었어요. 그 가벼운 내용의 편지를 일본에서 집으로 부쳐 달라고 부상을 당한 해병 장교에게 부탁했는데, 그는 항공기 편으로 후송갈 예정이었거든요. 나중에 밝혀졌지만 그 장교의 몸에는 내가 치료해 준 것 말고도 찾아내지 못한 다른 상처가 있어 리트빈가(家) 현관 앞 우체통에 배달된 편지에는 피가 묻어 있었지요."

하갈우리의 구호소에서 아서 B. 코호 일병의 붕대를 갈아준 군의관이 물었다. "그냥 버틸 수 있을 것 같아?"

"그럼요. 그냥 있을 수 있어요."

"좋아. 한 사람이라도 더 필요하니까."

그러나 코호가 5연대 E중대에 복귀하자 소대장이 "너 여기서 뭐 하는 거야?"라고 말했다.

코호가 소대장에게 자기가 군의관과 나눈 이야기에 대하여 말했다.

"따라 와." 화가 난 표정으로 소대장이 말했다.

구호소에 이르자 그는 코호에게 그 군의관이 누군지 가르쳐 달라고 말했다.

"저기 바로 저 사람입니다."

소대장은 그 해군 군의관에게 코호의 상처가 악화되면 그를 들것에 태우고 후송하기 위해 네 명의 전투원이 소요(所要)된다고 설명했다. "앞으로 치를 전투에 대비하여 그 네 명이 필요하거든요"라고 그가 말

하자 군의관은 한숨을 쉬고 고개를 끄덕이며 코흐 일병을 후송으로 분
류하였다. 구호소 텐트 밖에서 소대장과 코흐는 악수를 나누었다.

"몸조심해라. 코흐."

"잘 지내세요, 소대장님. 여러 가지로 고마웠습니다."

구출작전

　수송대대 부대대장 대리 마틴 로버츠 소령이 하갈우리 북쪽의 방어선을 지키는 것을 돕던 수송대대 소속의 에드워드 E. 스미스 소위에게 얼음판 위에 육군 생존자들이 있다고 코르세어기 편대가 알려준 정보를 전달했다. 야전 전화기를 통해 기관총 진지와 연결되어 있던 스미스는 이른 저녁에 좌측 진지의 기관총 사수로부터 진지 전면에 움직임이 포착되고 있으니 사격을 시작하게 허가해 달라는 요청을 받았다. 스미스는 사수들에게 육군 생존자들이 움직이는 것일지도 모르니 공격 징후(徵候)가 확인될 때까지 사격을 하지 말라고 이야기했다.

　그런 뒤 스미스는 로버츠 소령에게 전화를 걸어 그 둘은 함께 기관총 진지까지 걸어가 보았다. 얼음판 위에 사람이 움직이는 것이 확실히 보였다. 로버츠 소령이 신원을 확인하려고 고함을 치자 영어로 대답이 돌아왔으나 거리가 멀어서 알아들을 수가 없었다. 스미스 소위가 조명탄 사격을 요청하여 81 mm 박격포에서 조명탄 한 발이 발사되자, 두 장교는 육군병사들의 무리가 지뢰밭 한가운데 서 있는 것을 확인할 수 있었다.

　"움직이지 마"라고 로버츠가 소리쳤다.

　병사들을 대표해서 누군가가 두 명의 중공군이 자기들과 함께 있다고 설명했다. 로버츠 소령은 그들 모두에게 눈 위에 바싹 엎드려 있고, 중공군 한 명을 지뢰밭 사이로 보내라고 지시했다. 그 중공군이 지뢰를 밟지 않고 지뢰밭을 통과했고, 두 번째 중공군도 무사히 통과 하자 병사들은 눈 위에 난 발자국을 따라 지뢰밭을 통과할 수 있었다.

에드워드 스미스 소위 : "다음 날 아침 공병들을 불러 2, 3백 명의 병력이 아무 일 없이 걸어서 통과한 이른바 지뢰밭에 대해서 난리를 쳤습니다. 지뢰밭이라니! 그들은 아마 날씨 때문에 지뢰가 터지지 않은 것 같다고 변명하더군요."

스미스 장군의 12월 2일자 일기(日記) : "오늘 빌 중령이 주도한 구조작전이 펼쳐졌다. 동상환자들의 상태는 비참하다. 얼음 위를 기거나 절뚝거리며 걸었고, 방향감각을 잃어 제자리에서 뱅뱅 도는 사람도 있었다."

텍사스주 출신으로 당시 나이 52세의 올린 빌 중령은 장진호 전투의 영웅(英雄) 중의 한 명이었다. 그의 운전병이었던 랄프 밀턴은 "중령님은 성미가 아주 급해서 모두들 곁에 가지 않으려고 했지요. 그의 모든 관심사는 임무완수였고, 또 잘 해냈습니다. 체스티 풀러처럼 그도 말수가 별로 없는 사람이었고, 서류(書類)를 싫어해서 모든 서류를 주머니에 넣고 다녔지요"라고 기억하고 있다.

마이클 카프라로 대위 : "빌은 자기 할 일을 하고, 부하들을 돌보며 다른 사람의 호감을 사는 것에는 관심이 없는 이상적 해병 지휘관이었습니다."

역사가 로이 애플맨 : "그는 노련하고 현실적인 장교였지만, 장진호 전투에서 보여주었듯이 넓은 마음을 가졌으며 인간애(人間愛)가 넘치는 사람이었습니다."

바람이 휘몰아치는 얼음판 위에는 병사들의 시신이 여기저기 흩어져 있고, 아직 살아있는 육군병사들은 서 있거나 엎드려 있었다. 해군 위생병 오스카 비빙거를 대동한 빌이 밀턴 일병이 운전하는 지프를 타고 버려진 제재소 근처의 호안(湖岸)까지 접근했을 때 적군이 사격을 해와 밀턴이 브레이크를 걸어 지프가 얼음판 위에 미끄러지면서 정지했다. 호숫가에 있는 중공군에게 싸울 의사가 없다는 것을 보여주기 위해 세 사람은 차에서 내려 휴대하던 무기들 — 뵐의 조준경이 달린 스프링필드 03식 저격용 소총, 밀턴의 M-1 소총 그리고 비빙거의 45 구경 권총 — 을 얼음판 위에 내려놓았다.

처음에 중공군은 그들이 구조활동을 위해 자유롭게 돌아다니게 내버려두었다. 이리저리 살펴보던 세 사람은 부상이나 추위 때문에 죽은 병사들을 발견했고, 아직 살아있는 병사들도 모습이 너무 처참해서 차라리 사살하는 것이 나을 것 같았다고 밀턴이 나중에 말했다. "그들은 마치 식물인간(植物人間) 같았고, 대부분이 죽을 거라는 생각이 들었습니다."

그들은 여섯 명에서 일곱 명의 병사를 지프와 지프 후드에 싣고 나서 화톳불이 피워져 있는 방어선 내의 낙오병 수집소까지 실어 날랐다. 드문드문 적군이 사격을 했지만 그들 세 명 중 아무도 총에 맞지 않았다. 어두워질 무렵 중공군 1개 분대가 호수 쪽으로 삐쭉 뻗어있는 산줄기로 진출하는 바람에 호수가에 가까이 접근하여 일하던 그들 세 명은 하갈우리 쪽의 퇴로(退路)가 적군에게 차단당할 위험에 놓이게 되었다는 것을 깨달았다. "자, 어두워 졌으니까 이곳을 빠져나가는 것이 좋겠다"라고 뵐 중령이 말했다.

다음 날 아침 일찍 뵐은 자신이 주도한 구조활동을 재개했고, 로버트 헌트 소위와 윌리엄 하워드 상병, 앤드류 콘트레라스 일병이 그 활동에 동참하였다. 밀턴 일병이 얼음 위를 따라 지프를 몰아가자 호숫가 움푹 들어간 곳에서부터 기관총탄이 날아와 지프 옆에 떨어져 얼음 조각들이 튀었다.

밀턴이 미끄러지듯이 차를 세우자 기관총 사격이 멈추었다. "여기서부터 걸어서 갈 테니 무기들은 지프에 두고 내려라"라고 중령이 말했다.

밀턴 : "중공군은 우리를 죽이려고 하면 언제든지 죽일 수가 있었습니다. 나는 조만간에 그들이 총구를 직접 우리에게 겨눌 거라는 생각이 들었습니다."

"일하러 가자"라고 뵐이 말했다.

강한 바람이 얼음판 위로 불어와 서 있기조차 힘들었다("스케이트를 타듯이 걸어야 했습니다"라고 밀턴이 말했다). 얼음판 위와 가까이에 있는 호숫가에는 적어도 200명 이상의 육군병사들이 흩어져 있었다. 구조팀은 그들이 입고 있던 파카를 얼음 위에 깔고 병사들을 그 위에 태우고 썰매처럼 지프까지 끌고 갔다.

밀턴은 흥미로운 광경을 목격했는데, 중공군 병사 한 명이 담배 한 개를 미군 병사에게 주더니 라이터를 켜 둘이 같이 손으로 라이터 불을 감싸 안고 담뱃불을 붙이고 있었다. 밀턴은 그들 가까이에 있었기 때문에 라이터가 지포 라이터인 것을 알아볼 수가 있었다. 아마 죽은 미군병사에게서 노획한 것 같았다. 그는 또 호숫가 갈대밭에 얼어붙어 있는 보트에 누워 있는 두 명의 미군 병사를 발견했고, 그가 접근하자 그들 중의 한 명이 "돌아 가! 중공군이 죽일 거야"라고 소리쳤다. 밀턴이 도와 보트에서 나오게 해주자 그들은 그들을 위해 손가락 하나 까닥하지 않았던 자기 부대 장교들에 대한 욕을 늘어놓기 시작했다.

12월 3일 정오경 뵐 중령이 지프에 돌아와 보니 차 옆에 옷차림과 얼굴이 낯선 사람이 서 있다가 중령을 보더니 머리를 끄덕이며 인사를 했다.

"사람이 너무 많으면 사격을 받게 돼. 자네 계급이 뭔가?" 뵐이 퉁명스럽게 물었다.

"나는 민간인입니다."

"민간인이 여기서 뭘 해?"

"나는 이 지역의 적십자(赤十字) 책임자입니다. 이름은 르페브르이며, 사람들은 나를 벅이라고 부르지요."

밀턴은 중령이 그 사람이 민간인이었기 때문에 퉁명스럽게 대했다고 기억하고 있다〔마이클 카프라로 대위 : "해병들은 민간인들을 무질서하고 비효율적이며 목적의식도 없이 싸움터에서 방해만 되는 열등집단 비슷하게 여기는 경향(傾向)이 있었습니다"〕.

밀턴 : "르페브르 씨는 기분이 나빴겠지만 티를 내지는 않더군요. 그의 출현(出現)이 큰 도움이 됐는데, 드디어는 중령님도 그에게 보행(步行)이 가능한 부상자들을 트럭이 대기하고 있는 낙오병 수집소까지 인솔하는 일을 맡기더군요."

그때까지 구출작전은 호수에서 가까운 곳에서만 펼쳐졌고, 아무도 도로 위에 시커멓게 타버린 채 방치되어 있는 호송차량 행렬이 있는 곳까지는 올라가지 않았다. 모든 생존자들을 후송하고 난 3일 오후 늦게 뵐 중령은 밀턴에게 지프를 육지 쪽으로 바짝 댄 후 운전석에 앉아 기다리라고 말했다.

밀턴 : "나는 중령이 비탈을 올라가 차량행렬 쪽으로 걸어가는 것을 보았는데, 그것은 내가 목격한 가장 용감한 행동이었습니다. 트럭을 다 뒤져본 후 돌아와서는 '다 죽었어'라고 말하더군요. 내가 무슨 말인지 못 알아듣자, 그는 모든 차량들이 시체들로 꽉 차있다고 설명을 해주면서 다 합해서 300명은 되는 것 같다고 말하더군요."

뵐 중령은 지프 옆에 서서 주위를 마지막으로 한번 둘러보고는 "생존자는 다 구출한 것 같군"이라고 말하고는 차에 올라탔다. 밀턴이 기어를 넣고 출발해 어둠 속에서 잘 보이는 모닥불을 목표로 삼아 하갈우리로 돌아왔다. 뵐과 그의 조력자들은 부상을 입거나 동상에 걸린 약 300명의 육군병사들을 구출했으며, 자기 힘으로 해병대 방어선까지 도달할 수 있었던 385명의 몸이 성한 병사들은 리쥐의 지휘하에 임시대대로 편성되었고, 해병대의 장비로 무장을 갖추었다(뵐 일행과는 별도로 최소한 한 명의 육군 장교가 구조활동에 참가했는데, 31연대 작전장교보좌관 호지스 에스쿠 중위가 장진호 동안에서 탈출해 오는 병사들을 위한 통로를 확보하라는 명령을 받고, 혼자서 제재소까지 나아가 여러 명의 지친 병사들을 차로 몇 번이나 실어 날랐다).

어둠이 내리기 직전에 구름이 짙게 드리운 날씨 속에서 10군단 사령부의 명령을 받은 코르세어기 편대가 출격하여 차량행렬 위에 네이팜탄을 투하해 차량들과 그 안에 실려있던 시신들을 모두 불태워버렸다.

뵐은 개인적으로 그날 저녁 스미스 장군에게 구출작전의 결과에 대해 보고했고, 스미스가 뵐과의 만남에 대한 설명 속에서 이 영웅의 풍모(風貌)를 우리에게 보여주었다.

"뵐은 자기 신체상태에 자부심을 갖고 있는 아주 강건(強健)한 사람이었습니다. 그는 항상 몸을 단련했으며 차(茶)나 커피 또는 술을 마시지 않았고, 담배도 피우지 않았습니다. 하지만 그날 저녁은 무척 지쳐 보였으며, 나이든 것을 느끼겠다고 말하더군요(뵐은 1917년에 사병으로 해병대에 입대했다). 그가 뜨거운 물을 달라고 하자 뵐 중령이 몸을 씻고 싶어하는 줄로 생각한 내 보좌관이 뜨거운 물을 한 통 날라왔지만, 그는 평소의 스파르타식 검박한 생활태도에 걸맞게 단지 더운 물 한 잔을 마시고 싶어했던 것이었습니다."

돈 페이스 중령은 장진호 동안(東岸)에서 보여준 행동에 대하여 사후(死後)에 명예훈장(Medal of Honor)이 수여되었고, 뵐 중령은 무공(武功)십자훈장(Distinguished Service Cross)을 받았으며, 스템포드 대위는 은성 무공훈장(Silver Star)을 받았다(마이클 카프라로 대위 : "명예훈장을 받아야 할 사람은 뵐이었습니다. 그는 계속해서 자기 목숨을 걸고 구출작전에 나섰고, 특히 도로 위에 올라가 트럭들을 뒤져볼 때가 가장 위험했지요. 페이스 중령은 단지 주어진 임무를 수행한 것에 대해 명예훈장을 받았는데, 별로 잘 수행하지도 못했거든요").

육군병사들의 사기저하는 매우 심각한 지경이었다. 하갈우리에 있는 육군 장교 중 최선임인 배리 K. 앤더슨 중령은 스미스 장군으로부터 방어선 안으로 밀려들어오는 육군 낙오병들에게 부대통제력(部隊統制力) 비슷한 것이라도 행사하라는 지시를 받았다. 스미스가 나중에 기록에 남겼듯이, 꾀병환자들이 수송기 편으로 하갈우리를 빠져나가고 있다는 사단 의무대장 혜링 대령의 보고가 그 지시를 신속하게 발령하게 하였다. 장군의 기록에 따르면, 앤더슨 중령은 병사들을 다시 군인답게 행동하도록 만들기 위해 상당한 어려움을 겪었는데, 그들은 그들에게 있어서 만큼 전쟁은 이미 끝난 것이라고 여기고 있는 것이 분명했다.

11월 27일의 대공세 직전에 중공군 제9병단의 정치위원은 소련(蘇聯) 해군대령 G. 도이챠쉬빌리가 행한 강의내용을 수록한 팸플릿을 발간하여 예하 부대에 배부했다. "혈로"(血路)란 제목의 강의는 대부분 진부하고 거짓말투성이인 공산당 정치선전으로 이루어져 있으나, 일리(一理)가 있는 구절도 하나 있었다. "미국 해병대원들은 미 육군 병사들에 대하여 오만하고 냉소적인 태도를 취한다." 해병대원들이 오래 전부터 그들이 무엇이든지 미 육군병사들보다 잘 한다고 믿어 왔다는 것은 사실이었으며, 그 믿음이 옳건 그르건 간에 그들의 전술(戰術)에는 명확한 차이가 존재했다.

잘 조정되고 신중한 육군의 작전은(너무 느리다고 해병들은 말하곤 했다) 포병의 일제사격이나 공습을 통해 적군의 진지를 치밀하게 무력화(無力化)시키는 것이었고, 진격할 때마다 아군사격에 의한 사상자를 최소화하는 데 중점을 두었다. 반면에 해병대는 전면적 공격만이 사상자를 적게 내면서도 신속한 승리를 가져다준다는 신념하에 가장 짧은 시간에 가능한 한 적군을 섬멸하려는 전술을 추구(追求)하였다. 육군이 전력을 점진적으로 증강하여 적군을 쫓아내는 것을 목표로 하는 데 반해 해병대는 처음부터 적군을 전멸시키려 들었다.

'오만'(傲慢)과 '냉소'(冷笑)라는 말은 육군과 육군의 전술에 대한 해병대의 태도를 특징짓기에는 너무 관대한 것 같고, '멸시'(蔑視)라는

474

말이 더 정확한 표현인 것 같다. 미8군이 퇴각하고 있다는 소식이 해
병부대에 알려지자 이름이 알려지지 않은 작사가 한 명이 즉각적으로
행크 쇼의 노래 '무빙 언'(Movin On)의 음률에 가사를 바꾸어 '대탈주
의 노래'(The Bug-Out Boogie)라고 지금까지도 잘 알려져 있는 노래
를 만들었다.

> 토닥토닥 아기들의 발자국 소리가 들리더니
> 미 육군이 총퇴각 중이라네.
> 그들은 계속 움직이고 있지만 얼마나 갈까.
> 날씨는 점점 추워지고 서울로 돌아가고 있다네.
> 수천 명의 중공군이 고개를 내려와
> 땅개들에게 따발총을 휘두르고 있다네.
> 그들은 계속 움직이고 있지만 얼마나 갈까.
> 날씨는 점점 추워지고 서울로 돌아가고 있다네.

랄프 밀턴 일병 : "이른바 직업군인이라는 육군 장교들은 자기 부하
들을 위해 아무 것도 하지 않았습니다. 모두 군법회의에 회부되어야
마땅했지요. 무기와 부상자들을 그대로 포기했는데, 그것보다 더 잘
못된 일이 있겠습니까?"

보병 31연대 박격포 사수 토마스 F. 마커 일병 : "해병대 장교들은 육
군 장교와 달리 트릭이나 다리 밑에 숨지 않았습니다."

10군단 부참모장 육군 중령 윌리엄 J. 맥카프리 : "적의 공격을 받았
을 때는 무슨 수를 써서라도 해병부대와 행동을 같이 하라, 왜냐하면
그들은 어떤 경우에도 부대건제를 유지하니까."

해병 7연대 B중대 조셉 오웬 중위 : "땅개들은 오합지졸이었습니다.
단결력도 없었고, 숨을 곳과 안전한 곳을 찾는 무질서한 군중이었습니
다. 그런 행동에 놀라지 않았는데, 육군병사들은 그 해(1950) 여름의
낙동강 교두보 전투 때부터 그런 식으로 행동했거든요. '빌어먹을 땅

개들'이란 말은 그 당시 자주 들을 수 있었던 표현이었습니다."

앨런 헤링턴 상병 : "육군의 장진호 동안(東岸)에서의 행위는 여러 해 동안 육군당국에 의해 과장(誇張)되어서, 병사들은 영웅이 되었고, 페이스는 뛰어난 지휘관이었던 것으로 바뀌었지요."

보병 31연대 작전장교 보좌관으로 복무했던 조지 라술라는 여러 해 동안 육군의 행위에 대해 긍정적(肯定的)인 면을 찾으려고 노력했다. "우리는 중공군 1개 사단을 상대하여 싸웠고, 수천 명을 죽였습니다. 우리가 없었더라면 하갈우리도 적의 손에 떨어졌을 겁니다."

역사가 로이 애플맨이 말한 대로 중공군이 첫날밤의 공격 때 3개 사단을 협조시켜 공격해 왔더라면 하갈우리의 해병부대가 버티지 못했을 거라는 것은 맞는 평가일 것이다. 장진호 전투에 대한 그의 최종분석에서 그는 "장진호 동안(東岸)에 주둔해 있던 보병 7사단 병력은 해병부대가 하갈우리를 방어할 수 있는 최소한의 여유를 제공한 셈이 되었고, 그것은 결과적으로 수백 명의 부상자를 후송할 수 있었던 야전활주로의 완성을 가능케 했다. 그러나 전투의 결과는 그리 칭찬할 만한 것이 못 되었다. 육군병력은 어쩔 수 없이 희생양의 역할을 하여야만 했고, 그 희생양이 도살(屠殺)된 꼴이 되었다"라고 말하고 있다.

육군 일병 제임스 랜선 : "해병대가 아니었더라면 우리는 그 대학살에서 살아남을 수 없었을 거예요. 나는 해병대에 반대하는 어떤 말도 하지 않을 겁니다."

후 송

　중공군 전체의 사상자 수는 최소한 미 해병대의 10배에 이를 정도로 엄청났지만, 중공군 사령관 송시륜(宋時輪) 장군은 아직도 하갈우리와 진흥리 사이의 산악지대에 4만 명의 가용병력(可用兵力)을 보유하고 있었다. 스미스 장군은 하갈우리의 해병부대가 꾸물거릴 여유가 없다는 것을 확실하게 인식하고 있었으며, 그들이 오래 머물수록 적군이 더욱 강력해지리라는 것을 잘 알고 있었다. 가장 우선적으로 처리해야 할 일은 부상자의 후송이었다. 사단 의무대장 헤링은 야전활주로에 배치된 공군 수송관이 후송환자 검색(檢索)을 제대로 하지 못해 페이스 부대의 생존자들 다수가 부상을 가장하거나 동상에 걸린 것처럼 속여 C-47 수송기에 탑승하고 있다는 것을 발견하였다.

　이런 행위를 즉각 중단시킨 뒤 동상환자가 세 번 검색을 받아야 하는 새로운 제도가 확립되었다. 첫 번째로 대대 군의관, 두 번째로 의무중대, 마지막으로 사단과 연대 군의관 그리고 각 연대에서 파견된 장교들로 구성된 팀이 검색을 담당하였다. 헤링은 검색기준으로 5연대 군의관 체스터 레슨덴 해군 소령을 들었는데, 그는 동상에 걸려 발이 부풀어올랐는데도 후송을 거부하고 계속 근무하고 있었다. 검색 과정은 단호하고 일방적이었으며 효율적이었다. "너는 후송(後送), 너는 도보(徒步), 너는 승차(乘車), 다음."

하갈우리 야전활주로에서 후송을 기다리는 부상병들

조지 크로츠 일병은 장비와 보급품 더미를 소각하고 있는 곳에 서 있다가 옷 꾸러미에 붙은 불이 그 옆에 있던 새 양말 꾸러미로 옮겨 붙으려는 것을 발견했다. 그가 그 양말을 주우려고 접근하자 담당 해병이 말했다. "아무 것도 가질 수 없습니다."

"왜 안돼?"

"다 불태우라는 지시를 받았거든요."

"그건 국(gook)들이 사용하지 못하게 하려고 그런 거지. 나는 국 (gook)이 아니야. 이 돌대가리야."

"그래도 소대장님이 다 태우라고 명령했고, 내가 할 일은 그걸 다 태워버리는 겁니다"라고 그가 항의했다.

크로츠는 다가가 양말 꾸러미를 집어들었고, 파카와 럭키 스트라이크 담배 한 보루도 건졌다. 소각담당 해병이 그를 계속 따라오면서 항의했으나 크로츠는 무시(無視)했다. "나는 새 파카와 양말 그리고 럭키 스트라이크 담배 한 보루로 고토리로의 탈출작전에 참가할 준비를 마쳤습니다." 하지만 크로츠는 그 탈출작전에 참가하지 않았는데, 자

478

기 발을 살펴보려고 대대 구호소에 갔다가 심각한 동상에 걸려 있으며 치료를 위해 일본으로 후송되어야 한다는 것을 알았다.

사상자들의 후송은 수송기들이 착륙해서 그들을 싣고 이륙하는 과정이 빨라지면서 신속하게 진행되었다.

공군 수송기 조종사 폴 E. 프리츠(Paul E. Firtz) 대위 : "착륙해서 비행기 문을 열면 날씨가 정말 놀라울 정도로 추웠습니다. 활주로의 상태는 원시적이었습니다. 무전기를 장착한 지프가 관제탑(管制塔) 노릇을 했고, 비행기와 교신하면서 무전병은 지프 옆에서 제자리 뛰기를 하곤 했지요. 줄을 서 대기하던 부상자들은 온갖 종류의 천으로 만든 붕대와 압박붕대를 두른 채, 임시로 만든 부목을 팔과 다리에 대고 나무가지로 만든 목발을 집고 있었습니다. 그들이 탑승하고 나면 피냄새와 더러운 전투복 냄새, 안 씻은 몸에서 나는 냄새, 화약냄새, 배기가스 냄새가 섞여서 지독한 악취(惡臭)가 났습니다."

그때까지 톰슨 기관단총을 메고 있던 알프레드 브래드쇼 일병은 활주로에 서 있던 병장 한 명이 그 총을 달라고 하자 주어버렸다. 일본 오사카의 육군병원에 도착한 그는 위생병이 그가 입고 있던 옷을 가위로 자르려고 할 때, 군복 주머니에 수류탄을 한 발 가지고 있던 것이 생각났다. 부상 때문에 수류탄을 꺼내는 데 시간이 오래 걸렸고, 위생병은 그가 수류탄을 건네줄 때까지 긴장해서 기다려야 했다. "병동에 자리를 잡은 후에 내가 처음 한 일은 아내 진에게 내가 무사히다는 소식을 전하러 몇 글자 끼적거린 것이었죠. 그런데 며칠 후 아내는 세상의 모든 아내들이 받을 수 있는 가장 나쁜 내용의 공식 전보를 받았습니다."

유감스럽게도 귀하의 부군(夫君) 알프레드 폴 브래드쇼 일등병이 1950년 11월 28일 한국전선에서 조국에 대한 봉사와 주어진 임무를 수행하다가 전사(戰死)한 것을 알려 드립니다. 현재 부군의 시신이 어디에 있는지는 알 수 없으나, 아마 전사지 근처에 임시로 매장되었을 것으로 사료됩니다. 추가적 정보가 입수되면 바로 알려 드리겠으며, 심심한 조의(弔意)를 표하는 바입니다.

미합중국 해병대 사령관, 해병 대장 C. B. 케이츠

"다행스럽게도 아내는 그 공식 전보가 도착하기 전에 내 편지를 받았지요."

비행기가 이륙하자 육군 일병 제임스 랜선은 행선지(行先地)가 어딘지는 몰랐지만 하갈우리보다는 좋은 곳일 거라고 생각했다. 하지만 고생이 끝난 것이 아니었다. 이륙 후 몇 초 지나지 않아 비행기의 엔진이 꺼진 것이었다. 비행기가 추락하자 랜선은 비행기 창으로 프로펠러가 눈에 부딪히면서 떨어져 날아가 눈 속에 쳐 박히는 것을 보았고, 비행기 동체가 땅에 부딪히자 끈으로 몸이 고정되어 있지 않은 부상자들의 몸이 앞으로 쏠렸다. 마침내 비행기가 미끄러져 나가던 것을 멈추자, 모두들 냄새가 이미 기내에 가득 퍼진 고옥탄 항공유(航空油)가 폭발해 산 채로 불에 타 죽을 것을 염려했다.

"하갈우리에서 3 km쯤 떨어진 곳에 추락한 우리는 정말 곤경에 처했지요. 코르세어 전투기들이 공중에서 엄호를 해주고 트럭이 달려오는 동안 서로 도와가면서 비행기에서 천천히 빠져 나왔습니다. 그리고나서 다른 비행기에 탔는데, 한 시간 후에 바다가 아래 있는 것을 보고는 전투와 전쟁의 공포에서 빠져나온 것이 정말 기뻤습니다."

존 갤러거 일병 : "하갈우리에서 처음으로 군화를 벗고 발을 검사할 기회가 있었고, 발가락들이 불에 탄 것처럼 시꺼멓게 변해있는 것을 보고 충격을 받았습니다. 위생병이 나를 후송대상으로 분류하는 바람에 분대원들을 다시 만나지 못했지요. 지금도 그들이 보고 싶습니다."

C-47 수송기가 이륙하자 조지 크로츠 일병은 눈물을 삼키며 뒤에

남아있는 해병들을 위해 기도를 드렸다. "대단한 전우들과 헤어진다는 것에 정말 가슴이 아팠습니다."

부상을 당하면 일반적으로 작별인사를 할 시간이 없었고, 다수의 후송자들이 갑자기 소속부대의 보호막을 벗어나는 바람에 우울증 비슷한 것을 경험했다. 그 감정이 시간이 가도 없어지지 않던 후송자들은 연례(年例) 사단 재회행사(再會行事)에 출석하여 그 감정을 누그러뜨리고는 했지만, 그 감정을 끝내 극복하지 못하는 사람도 있었다.

크로츠 : "우리는 요코스카 해군병원에서 융숭한 대접을 받았고, 장교 부인들이 환영식장에서 우리에게 커피와 도넛을 건네주기도 했습니다. 병동으로 바뀐 커다란 강당(講堂)에 침대가 마련되어 있었고, 무대와 발코니에도 침대를 설치했더라구요. 거기서 진 바텔을 우연히 만나 잠시 인사말을 교환한 뒤 아버지 시계가 생각나 그 이야기를 진에게 했지요. 그가 웃으면서 시계를 끌러서 나에게 주었고, 그래서 그 이야기가 끝나게 된 거지요."

로렌스 슈미트 중위는 후쿠오카의 병원에서 그의 아내에게 다시 편지를 썼다.

사랑하는 에블린에게,
내가 부상을 당했다는 소식을 들었으리라고 생각하오. 엑스레이 사진을 방금 보았는데, 골절(骨折) 상태가 그렇게 나쁘지 않다고 하오. 장딴지뼈 하나가 부러진 것이라오. 유능한 의사의 치료를 받고 있으니 걱정 마시오. 기분도 괜찮소. 이 골절이 내가 겪을 수 있는 가장 운(運) 좋은 골절이라는 것을 기억하기 바라오.

최종적으로 4천 명 이상의 해병과 육군 부상자들이 나흘간에 걸친 마라톤 후송작전 끝에 하갈우리에서 일본으로 공수(空輸)되었다.

스미스 장군 : "나는 이 부상병 수송작전에 견줄만한 이야기는 없다고 믿습니다."

다수의 시신들도 역시 공수되었는데, 거기에는 덕동고개에서 후퇴하면서 죽은 F중대원들도 포함되어 있었다. 10군단 참모장 클라크 러프너 소장이 그것을 알고 시신후송에 반대(反對)하였으나, 스미스 장군은 그 반대를 무시했다.

스미스 : "해병대는 전사한 전우에게 특별한 경의를 표하면서 제대로 된 장례를 치르기 위해 사상자 발생가능성의 위험을 무릅쓰고라도 전사자의 시신을 회수하기 위해 전력을 기울였습니다. 우리는 전사자들이 북한의 황량한 마을에 묻히지 않도록 하는 것이 일종의 의무(義務)라고 느끼고 있었지요. 그것은 조종사들에게 큰 부담이 아니었고, 잔여 부상자의 후송에 방해가 되지도 않았습니다. 극도로 추운 날씨가 시신 보존상에 발생할 수도 있는 문제를 제거해 주었지요."

하갈우리를 이륙한 마지막 비행에서 폴 프리츠 대위의 수송기는 나르는 장의차(葬儀車)로 변하였다. 하역병들이 시신의 팔과 다리들을 단정하게 정렬시켰고, 흔들리지 않게 시신을 담은 자루들을 로프로 동여맸다. "그 특별한 비행을 정중하게 하려고 했지만, 뭐 달리 어떻게 할 것이 있었겠습니까? 그저 비행기를 가능한 한 천천히 부드럽게 몰려고 노력했죠."

《타임》지는 8군을 휩쓴 그 재앙을 "미합중국이 겪은 가장 처참한 패배(敗北)"라고 불렀고, 《뉴스위크》는 "진주만(眞珠灣) 이래 최악의 군사적 패배"라고 불렀다. "아마 그것은 미국 역사상 가장 처참한 군사적 재앙일 것이다. 군사적 또는 외교적 기적(奇蹟)이 일어나지 않는 한, 한국에 투입된 미 육군병력의 약 2/3는 바탄(Bataan)[1]에서와 같은 패배를 피하기 위해 제2의 덩커크(Dunkerque)[2]에서 철수해야만 할 것

---

1) 필리핀에 있는 태평양전쟁 초기의 격전지. 미군이 일본군에게 저항하다 항복했다.
2) 2차 대전 초기 영국·프랑스 연합군이 독일군의 포위를 피해 영국으로 철수한

이다." 해병대의 공식 전사(戰史)에는 다음과 같이 기록되어 있다.

> 서부 한국에서의 상황은 매우 비관적이었다. 그러나 최소한 8군의
> 퇴각로는 개방되어 있었다. 미국의 일반 대중들은 해병 1사단과 배
> 속된 육군부대 그리고 영국 특공대가 중공군에 포위되어 있는 것을
> 보여주는 신문 전면의 지도를 근심스럽게 바라보았고, 한국에서부터
> 의 뉴스 보도는 포위된 병력이 항복(降伏)이 아닌 스스로의 힘으로
> 섬멸(殲滅)을 피할 수 있을 거라는 기대를 가지게 하지 않았다.

로버트 P. 카메론 일병 : "루머에 따르면 사단이 봄까지 하갈우리를
방어하고, 그러면 트루먼 대통령이 일본놈들에게 차별대우(差別待遇)
를 하지 않았다는 것을 보여주기 위해 한두 개의 원자폭탄(原子爆彈)
을 중국에 투하하는 동안 제2해병사단이 본국에서 도착해, 함께 국
(*gook*)들을 압록강까지 밀어낸다는 겁니다. 그런 낙관적 루머에도 불
구하고 나는 전투에서 죽는 것은 시간문제라고 확신하고 있었습니다.
좀 웃기는 생각이었죠. 한 주 전까지는 절대 죽을 리가 없다고 확신하
고 있었는데 말입니다. 하지만 그 동안 수많은 해병들이 시체가 되어
트럭에 실려가는 것을 보고는 어떤 멍청이라도 알고 있는 상식적인 생
각이 나에게 떠오르더군요. '죽음은 너에게도 일어날 수 있고 아마 일
어날 것이다.'"

항공후송은 12월 5일 밤까지 완료되었고, 스미스는 그날 하갈우리
탈출작전을 개시(開始)하려고 계획하였다. 그러나 리첸버그 대령이
해병 7연대는 사단 소속 여타 부대의 병력들이 보병으로 재편성되어
자기 연대의 병력부족을 보충하기 전에는 작전준비를 마칠 수 없다고
보고했다. 스미스가 포병부대와 대전차 중대 그리고 행정부대에서 차
출한 300명의 장교와 사병들을 보충하여 주었음에도 불구하고 7연대

벨기에의 항구도시.

는 병력이 반도 차지 못했고, 그것은 머레이의 5연대도 마찬가지였다. 보충병들이 계속 환자후송 수송기 편으로 도착하고 있었는데, 깨끗하게 면도를 하고 산뜻하게 차려 입고 긴장된 모습의 그들은 더러운 옷차림의 고참병들과 동떨어져 어울리지 않아 보였다.

리차드 수아레즈 일병 : "'몇 명의 해병들이 장진호라고 불리는 곳에서 곤경에 처해 있다.' 그것이 우리가 알고 있는 전부였습니다. 비행기에서 내리자 나는 7연대 I중대에 배치되었는데, 가보니 160명 중대정원(定員)에서 50명 남짓 남아 있더군요. 그들 대부분이 살아남지 못할 거라고 생각하는 것을 알고는 충격을 받았습니다. 돌이켜 생각해 보면 그것이 오늘날까지 내가 그들을 존경하고 있는 이유입니다. 개인적 상황에 별로 희망이 없어 보였는데도 불구하고 그들은 열심히 싸웠고 군기도 잘 지켰습니다. 나로서는 하갈우리에서 빠져나간다는 것에 아무런 의심이 없었는데, 훈련 덕분이기도 했죠. 다음과 같은 해병대식 허풍(虛風)을 믿었으니까 말입니다. '해병 한 명은 중공군 20명에 필적하며, 중공군이 장진호에서 제1해병사단을 포위했을 때 곤경에 처하게 된 것은 그 불쌍한 놈들 자신이다.'"

제스 브라운

당시 나이 24세의 미시시피주(州) 출신 제스 브라운(Jesse Brown) 소위는 미 해군 최초의 흑인 해군 비행사였다. 항공모함(航空母艦) 레이테(Leyte) 소속 전투비행단의 코르세어기 조종사였던 그는 트루먼 대통령의 명령에 의해 얼마 전부터 백인 수병들과의 함상(艦上) 통합 근무를 하게 된 소수의 흑인 수병들에게는 영웅(英雄) 같은 존재였다. 유담리 주둔 해병부대의 마지막 병력이 하갈우리에 접근하고 있던 12월 4일 오후 브라운은 4대의 코르세어기로 편성된 편대출격에 참가해 장진호 주위에서 공격목표를 찾고 있었다.

오후 중반쯤에 브라운은 자기 비행기에 이상이 발생했다고 보고했다. "대공사격에 당한 것 같습니다. 유압(油壓)이 떨어지고 있어요."

기수(機首)를 남쪽으로 돌렸지만 피격(被擊)되어 동력을 잃어가던 그의 비행기는 하갈우리의 야전활주로까지 도착할 수 있을 것 같지 않았다.

토마스 허드너(Thomas Hudner) 중위 : "그를 도우려고 함께 비상착륙시 점검표를 살펴보았습니다."

낙하산 탈출을 시도하기에는 고도가 너무 낮아 브라운은 산자락의 평탄한 곳을 선정해 눈 위로 동체착륙(胴體着陸)을 시도하겠다고 말했다. 같은 편대원이고 룸메이트인 윌리엄 H. 쾨니그 대위의 비행기가

상공을 부산하게 선회하는 동안 브라운은 연
기를 내뿜는 자기 비행기를 바퀴를 펴지 않
은 채 동체착륙시켰다. 하지만 동체착륙에
성공한 것처럼 보였던 비행기가 눈 속에 파
묻혀 있던 미확인 물체에 부딪쳐 엔진이 떨
어져 나가고 동체가 100 m가까이 튕겨 나가
고철더미로 변해 버렸다. 비행기 동체가 진
동(震動)을 멈춘 뒤 쾨니그와 허드너는 동체
앞부분이 위로 꺾여있고, 브라운의 다리가
유압 계기판에 끼어 있는 것을 발견했다. 그
런 충격을 견뎌내고 살아있을 수 없는 것 같

제스 브라운 소위

았으나, 브라운은 조종석 유리덮개를 열고 그들에게 손을 흔들었다.
바로 비행기를 급강하시킨 허드너는 브라운 소위가 장갑을 벗고 자기
낙하산 줄의 걸쇠를 푸는 것을 보았지만, 불길하게도 그는 조종석에
그대로 앉아 있었다. 브라운이 바람을 맞으며 착륙했기 때문에 허드너
는 그가 조종석을 벗어나려고 몸부림치는 동안 연기가 조종석 뒤로 불
어 올라가는 것을 볼 수 있었다.

　그 순간 허드너는 용감한 결정을 했다. "나는 별 위험 없이 제스가
착륙한 장소에 동체착륙을 할 수 있다고 생각했습니다. 불이 번져 제
스의 생명이 위험해졌기 때문에 그렇게 해야 한다고 느꼈지요."

　편대장 리차드 L. 세볼리가 무전으로 구조(救助) 헬리콥터의 출동
을 요청하는 동안 허드너는 저공(低空)비행을 하며 착륙하려고 하는
지점에 장애물이 없는지 살펴보았다. 남아있는 연료와 부대장비를 투
하한 뒤 허드너는 숲으로 둘러싸인 개활지에 방향을 맞춘 뒤 하강하여
브라운이 착륙한 지점에서 바람이 불어오는 쪽으로 180 m 정도 떨어진
곳에 비행기를 착륙시켰다. 허드너는 조종석의 유리가 깨질 정도로 강
한 동체착륙의 충격으로 몸이 흔들리고 여기저기 멍이 들었으나, 바로

486

토마스 허드너 중위

비행기에서 내려 연기가 나고 있는 브라운의 비행기로 달려갔다.

"내가 처음 한 일은 제스에게 내가 옆에 있다는 것을 알리는 것이었습니다. 제스는 의식은 있었지만 고통이 심한 것 같았습니다. 착륙시의 엄청난 충격으로 내장(內臟)이 상했을 거라는 생각이 들었지요. 살아 있다는 것이 기적이었습니다."

날씨는 끔찍하게 추웠다. 허드너는 자기 비행기로 달려가 무전으로 세볼리에게 구조 헬리콥터가 언제쯤 올 것 같냐고 묻고, 그 조종사 편에 소화기(消火器)와 도끼를 가져다 달라고 부탁했다. 그리고는 스카프와 털모자를 찾아서 돌아와 스카프로 브라운의 언 손을 감싸주고 털모자로 머리와 귀까지 덮어 씌웠다. 허드너는 브라운을 조종석에서 벗어나게 하려고 여러 번 시도하면서, 가끔씩 손으로 눈을 모아 연기가 나오는 동체 앞쪽의 벌어진 곳에 던져 넣었다. 하지만 허드너가 아무리 열심히 구부러진 계기판을 벌려 브라운의 다리를 빼내려 해도 계기판은 꿈쩍도 하지 않았다.

"제스는 비명을 지르지 않으려고 무척 참았는데, 사실 그는 아무런 불평도 하시 않았어요. 말하는 섯도 힘들어했고, 무척 고통스러웠을 것이 틀림없는데도 냉정하려고 했습니다. 내가 할 수 있는 거라곤 구조팀이 오고 있다고 말해 주는 것이었죠. 그러는 중에 제스가 나에게 만약 자기를 구출할 수 없게 된다면, 자기 아내인 데이지에게 그녀를 얼마나 사랑하는지를 전해달라고 부탁을 해, 그러겠다고 말했지요."

허드너가 비상착륙한 뒤 45분이 지나서 드디어 헬리콥터가 도착했으나, 조종사 찰스 워드 중위가 가져온 소형 소화기는 불을 끄는 데 아무 소용이 없었고, 도끼도 브라운의 다리를 조이고 있던 계기판에

항공모함에 착륙하는 해병항공단의 구조용 헬리콥터

날이 튕겨버려 쓸모가 없었다. 워드는 허드너를 도우면서 브레이크에 이상이 있는 헬리콥터가 바람이 부는 산비탈에 제대로 서 있는지 계속 확인해야만 했다.

허드너 : "제스를 구할 수 있는 유일한 방법은 내가 가지고 있던 사냥용 칼로 그의 다리를 절단하는 것이었는데, 그것조차도 비행기 위치 때문에 자세를 잡을 수 없어 불가능했고, 할 수 있었다 하더라도 소름끼치는 난도질이었겠죠."

구부러진 계기판을 펴기 위해 생각할 수 있는 모든 방법을 시도해 보았던 허드너와 워드는 이제 가능성이 없다는 것을 인정(認定)해야만 했다.

허드너 : "좌절감을 느꼈습니다. 제스를 구하기 위해 그렇게까지 했는데도 그를 도울 수가 없다니."

날이 저물기 시작하자 워드는 허드너를 옆으로 불러 헬리콥터에 야간 비행장비가 없기 때문에 어둡기 전에 출발해야 한다고 말했다.

"우리 둘 다 제스가 밤을 넘기지 못할 거라는 것을 알고 있었죠. 그에게 더 많은 구조인력을 데려 오겠다고 말했지만, 제스도 그때쯤에는 일이 글렀다는 것을 알았을 겁니다. 우리는 아무 것도 할 수가 없었어요."

헬리콥터가 이륙하기 전에 허드너가 마지막으로 작별인사를 하기 위해 그때까지도 연기를 뿜고 있던 브라운의 비행기로 다시 가서 보니 브라운은 의식(意識)을 잃고 있었다.

"나는 그가 내 말을 들을 수도 있다는 생각에 말을 했지요. '다시 돌아오겠다'고 했지만 대답이 없더군요. 아마 그때 이미 죽어 있었는지도 모르고, 또 그렇게 생각하고 싶었습니다. 그나마 위안(慰安)이 되었던 것은 끝까지 제스와 함께 있었다는 것이었지요. 내 생각에 가장 못 견딜만한 일 중에 하나가 혼자 외롭게 죽는 것인데, 최소한 제스는 혼자는 아니었거든요. 함께 있으면서 우리가 할 수 있는 만큼 그의 마음을 편안하게 해 주었다는 것만으로도 보람이 있었습니다."

허드너는 그날 밤을 고토리(古土里)의 해병부대에서 보냈다. "그날 내내 힘들게 보냈는데도 잠시도 잠을 이룰 수가 없었습니다. 텐트 안이 너무 추웠고, 산 속에 혼자 있는 제스 생각을 하느라고 잠을 못 잤습니다."

허드너가 항공모함 레이테로 돌아갔을 때, 함장 T. V. 시슨 대령이 브라운의 시신을 회수하기 위해 비행 군의관을 파견하면 어떻겠느냐고 물어오자, 허드너는 불시착(不時着) 장소가 적군지역이기 때문에 위험을 감수할 필요가 없다고 설명했다. 직업군인인 브라운 소위가 바로 전날 자기 아내에게 보낸 편지에 썼듯이, 모든 코르세어 전투기 조종사들은 '땅 위에 있는 가여운 친구들'을 도와야 한다는 것을 분명하게 이해하고 있었다(그의 편지는 다음과 같이 계속되었다. "지난 며칠간 우리는 중공군의 진격을 저지하고 포위당한 해병들을 지원하기 위해 꽤 많이 출격을 했다오. 될 수 있는 한 빨리 또 편지를 쓰리다. 영원히 당신만을 사랑하오").

대안이 수립되어 편대를 지어 출격한 네 대의 코르세어기가 불시착 장소까지 날아가 네이팜탄을 투하해 불시착한 비행기를 불태워 브라운의 시신을 화장(火葬)했는데, 그 위치는 북위(北緯) 40도 36분, 동경(東經) 127도 06분이다.

허드너 : "제스는 비행대대(飛行大隊)의 동료들 사이에서 평판이 좋았습니다. 점잖고 유머감각도 뛰어났으며 주위에 친구도 많았지요."

1973년 보스턴항(港) 부두에서 거행된 행사에서 토마스 허드너는 데이지 브라운의 옆에 서서 녹스급(級) 호위구축함 한 척이 미 해군 소속 DE-1089함으로 취역(就役)하는 것을 바라보았다. 제스 브라운호(號)는 아프리카계 미국인 해군 영웅의 이름을 따라 명명(命名)된 첫 번째 미 해군의 전함이었으며, 지금도 대서양 함대에서 활약하고 있다.

존 Y. 리

　한국군 연락장교(連絡將校) 존 Y. 리 중위 : "일본의 한국통치는 가혹했습니다. 학교에서 한국어(韓國語)를 쓰지 못하게 할 정도였으니까요. 일본이 미국에 패전했을 때 나는 17살이었는데, 해방(解放) 후 처음 일어난 일은 산에 세워져 있던 일본 신사(神社)가 불에 타 버린 것이었습니다. 내 고향은 판문점(板門店)에서 멀지 않은 연백(延白)이며, 판문점은 나중에 휴전회담이 열린 곳이지요. 소나무가 많은 산밑의 농촌 마을이었는데, 인구가 백 가구쯤 되었습니다. 마을 뒤로 흐르는 강에는 고기가 많았지요. 부친(父親)은 어린 아이들에게 한문을 가르치는 훈장을 겸하던 농부였습니다. 학동(學童)들의 부모들은 수업료로 쌀가마를 가져왔지요.

　1950년 북한이 쳐들어 왔을 때까지는 평화롭게 살았습니다. 전쟁이 터졌을 때 나는 서울에서 어머니와 함께 살면서 고려대학교(高麗大學校) 2학년에 재학 중이었고, 학교 교사(教師)와 시인(詩人)이 되려고 문학을 공부하고 있었습니다. 일요일마다 미국인 선교사(宣教師) 마블 리트거스 겐소 여사가 가르치는 성경(聖經) 공부반에 출석했지요. 북쪽에서 쳐들어 왔다는 소식을 들었을 때 어머니와 나는 학교 근처의 셋집에 살고 있었고, 그때 나는 고전(古典)이나 감상하며 지내던 평온한 시절이 더 이상 지속될 수 없다는 것을 깨달았습니다.

어머니는 나에게 도망치라고 말하셨는
데, 북한군(北韓軍)이 서울을 점령하게
되면 나를 살해하거나 강제로 북한군에
징집(徵集)할 거라고 하시면서 말입니
다. 소지품을 몇 개 챙기고 나서 작별인
사를 했지요. 비가 내려 물이 불은 한강
(漢江)의 물살은 빠르고 누런 색이었고,
다리는 한국군 공병(工兵)에 의해 폭파
되어 있었습니다. 입고 있던 옷을 벗은
뒤에 머리에 가방을 이고 물 속으로 뛰어
들었지요. 지금 생각해 보니까 헤엄쳐서

한국군 연락장교
존 Y. 리 중위

맞은편 강변까지 가는 데 30분쯤 걸린 것 같습니다. 거기서 쉬면서 서
울 시가지가 불타는 것을 바라보았습니다. 그리고 나서 수십 km를 걸
어서 피란(避亂) 가다가 한국군과 미군이 퇴각하는 것을 목격했는데,
그들은 마치 무질서한 군중(群衆)처럼 흩어져서 도망가다가 죽임을 당
했습니다. 미 육군은 아주 형편없어서 뒤돌아 도망치기 바빠 자기 소
속 부대나 전우를 돕는 일에는 아무 관심이 없더군요.

부산(釜山)에서 나는 미 해병대의 사기가 아주 높고, 미 육군과는
다르다는 것을 알게 되었습니다. 패전과 후퇴, 비참한 상황만 보아온
나에게는 무장을 잘 갖춘 해병들이 농담을 주고받으며 웃고, 또 전투
태세를 갖추고 있는 모습을 보는 것이 즐거웠습니다. 전쟁이 발발(勃
發)한 후 처음으로 웃을 수가 있었지요.

영어를 조금 할 수 있었기 때문에 나는 해병대를 위한 통역관 겸 연
락장교가 되었습니다. 내 이름은 이종연이었지만, 그들은 나를 존 Y.
리 중위라고 부르며 카빈 소총을 주었지요. 나는 시(詩)를 쓰려고 주
머니에 필기도구(筆記道具)도 가지고 다녔습니다. 내가 쓴 시들은 전
쟁 동안 여러 문학잡지에 발표(發表)되었고, 대개 늙고 힘없는 사람들

이 살고 있던 마을을 떠나는 슬픈 장면을 표현하는 것이었습니다. 해병대가 10월에 북쪽으로 진격할 때 트럭의 짐칸에 탄 나는 기러기들이 달 밝은 밤에 남쪽으로 날아가는 모습을 보고는, 내 시 속에서 내가 잘 지내고 있으며 부모님 생각을 하고 있다는 사연을 부모님께 전해 달라고 기러기들에게 부탁했지요.

장진호 지역은 한국에서 가장 추운 곳이었고, 날씨 때문에 벼를 키울 수 없는 유일한 고장이었습니다. 하갈우리는 고원지대(高原地帶)에 위치하고 있었는데, 중공군들이 낮에는 감시하고 밤에는 공격해 왔습니다. 하갈우리는 중공군들에게 둘러싸인 고립된 섬 같았고, 우리는 어항에 들어있는 고기 신세였지요. 내가 만났던 모든 한국 민간인들은 해병대가 그 함정을 어떻게 빠져나갈는지 궁금해했습니다. 불가능하다고 생각했던 거죠.

내 임무는 마을의 중년 남자들을 동원하여 지휘소 설치를 돕게 하고, 그들을 시켜 수송기들이 너무 멀리 투하(投下)한 보급품들을 때로는 적의 사격을 받아가면서 회수해 오는 것이었습니다. 동원된 마을 사람들 중 세 명이 죽고 여러 명이 부상을 입었지요. 그들이 내 명령에 잘 따르도록 실탄을 장전한 카빈을 휴대하고 있었지만, 일을 시키면서 수천 번 고함을 질러야 했습니다.

우리 일 중에는 올리버 P. 스미스 장군을 위해 나무판자로 화장실을 짓는 것도 포함되어 있었는데, 목수(木手)가 마지막 못질을 한 뒤 그 안에 들어가 변기에 앉았습니다. 그런데 그때 스미스 장군이 자기 숙소에서 나와 절정을 향해 걷기 시작했습니다(walk toward the head). 해병대 은어로 화장실 간다는 말이지요. 그 목수가 당할 일 때문에 공포에 질려 어찌할 바를 모르고 서 있는 사이에 장군이 화장실 문을 열고는 그 목수가 변기에 앉아있는 것을 보았지요. 그러나 스미스 장군은 그 목수가 볼일을 다 보도록 하라고 나에게 말했는데, 그는 정말 점잖은 신사였습니다. 일본인(日本人) 장군이었다면 한국인 목수나 한국군 중위에게 무슨 일이 일어났을까요? 머리가 잘렸을 겁니다!

하루 종일 일을 더 빨리 하라고 노무자(勞務者)들을 독려하고 돌아다녔기 때문에 맹추위 속에서 좁은 참호 안에 갇혀 있어야 했던 해병들에게 나는 선망(羨望)의 대상이었습니다. 어떤 때는 일에 지쳐 코피가 나곤 했지요. 하루의 일을 마치고 텐트로 지친 몸을 이끌고 돌아오면 해병들이 감사하는 눈빛으로 나를 맞아주었고, 몇 시간만 잠을 자고 나면 나는 새롭게 일에 열중할 수 있었습니다.

대부분의 해병들은 한국인과 중국인을 똑같이 국(gook)이라고 불렀습니다. 해병들을 이해하려고 하지 않는 한 이방인(異邦人) 대접을 받기 마련이었고, 그들의 감정(感情)이나 개인적 사정을 알지도 못하게 되지요. 하지만 한국인들도 외국인(外國人)들을 사람대접 안 하기는 마찬가지였습니다. 모든 사람이 민감한 감정을 가진 개인이기를 기대한다는 것은 불가능하죠. 그러나 사단사령부에 근무하던 몇 명의 해병들은 나를 이해하였는데, 찰스 설리반(Charles Sullivan) 중위나 윌리엄 맥클렁(William McClung) 상사를 비롯해서 몇 명의 다른 해병들과 나는 생사(生死)를 같이 한 사이가 됐습니다. 그들을 공격한다는 것은 나를 공격하는 것이고, 그 반대도 마찬가지죠. 우리는 장진호에서 영원히 계속될 전우애(戰友愛)를 다지게 되었습니다. 저녁이 되면 난로가에서 윌리엄 맥클렁 상사가 2차 세계대전 때 일본군 포로수용소 시절의 생활을 이야기했는데, 나는 B-29 폭격기가 공습하는 동안, 그가 손을 뒤로 하고서 말뚝에 묶인 채 자기편이 퍼붓는 폭탄의 폭발충격을 견뎌내야 했다고 말하던 부분을 지금도 대부분 기억하고 있습니다.

내 임무는 현지(現地) 관리들과의 연락을 유지하는 것이었습니다. 공산당(共産黨) 간부들은 우리가 도착하기 전에 다 도망가 버렸지만, 그들의 가족들은 마을에 남아 있었지요. 약 300명의 주민들이 마을에 남아있었고, 그중에는 동네 공산당 위원장의 부인도 있었습니다. 내가 그녀에게 해병대가 남쪽으로 떠나면 어떻게 할 거냐고 묻자, '나도

494

같이 가겠습니다'라고 말하더군요. 그녀는 공산당이 장진호 지역 주민
들에게 무슨 좋은 일을 했느냐는 내 질문에 대답을 못했습니다. 같이
일하던 노무자들과 나에게 친절하게 대해 주었고, 우리에게 감자와 옥
수수떡을 주기도 했습니다. 마을 주민들은 산나물과 배추, 고추 그리
고 무와 배추로 만든 김치를 먹었지요. 그녀는 그때 임신(姙娠) 8 개
월쯤 됐었는데, 나는 지금도, 우리가 하갈우리를 떠나 남쪽으로 이동
한 뒤 그녀에게 무슨 일이 있었는지 궁금합니다.

　나는 또 민사장교(民事將校) 역할도 했는데, 해병대는 주민들의 협
조와 우정이 필요했거든요. 그들이 적대적으로 나오면 우리에게 피해
를 끼칠 수가 있었지요. 탄약저장소에 불을 지르거나 우리가 마시는
물에 독약(毒藥)을 풀 수가 있었고, 적군을 위해 간첩(間諜) 노릇을 할
수도 있었습니다. 나는 주민들을 방문할 때 부친이 가르쳐 주신 최경
어(最敬語)를 사용했습니다. 그들에게 미해병들이 주시하고 있고, 해
병들은 한국인들 중에서 누가 친구고 누가 적인지 구분(區分)할 수가
없기 때문에 적대적 행위를 단 한 번만 해도 기관총 사격을 할 것이
며, 그렇지 않으면 주민들을 보호(保護)하고 그들의 생명과 재산을 해
치지 않을 거라고 말해 주었습니다.

　어느 날 저녁 이 집 저 집을 방문하던 중에 스무 명쯤 되는 사람들
이 조용하게 모이는 것을 목격했습니다. 왜 모이는지 걱정이 되어 그
들이 방안으로 들어갈 때까지 그늘에 숨어 있다가 창문을 통해 관찰했
습니다. 그들은 깊이 숨겨놓았던 곳에서 꺼내온 오래된 성경책과 찬송
가(讚頌歌) 책을 손에 들고 낮은 목소리로 찬송가를 부르고 나서 함께
기도를 하더군요. 그들의 얼굴 표정이 영적으로 고통스러워하는 것을
목격했는데, 왜냐하면 그들은 공산당 치하(治下)에서 괴로움을 당했
고, 하나님을 숭배하는 것을 금지당했으며, 신앙(信仰) 때문에 고문
(拷問) 당하기도 했으니까요. 해병대가 진격해 오자 신앙의 자유를 되
찾았지만, 그게 얼마나 갔겠습니까? 그들은 해병대가 적에게 포위당

장진호 지역에 보급품을 투하하고 있는 UN군 수송기

해 있고 며칠 안에 적군이 다시 마을을 점령할 거라는 걸 알고 있었
죠. 보금자리가 파괴되고, 식량도 없어지고 지독한 추위 속에서 갈 곳
도 없게 되리라는 것도 알고 있었지요. 예배(禮拜)가 진행되는 동안
창문 사이로 많은 사람들이 울고 있는 것을 목격하고는, 나도 창문 밖
에서 눈 위에 무릎을 꿇고 그들을 위해 기도 드렸습니다. 하나님께서
그들의 고통을 알아보시고, 해병대가 떠난 뒤에 그들에게 임(臨)해 주
시기를 빌었습니다.

미국 해병대에 대한 나의 찬양(讚揚)하는 마음을 어떻게 표현할 수
가 있을까요? 내가 해병대 영웅들을 찬양할 수 있는 호머와 같은 위대
한 시인(詩人)이었더라면 가능했겠지요. 처음 해병대에 배속되었을
때 나는 아웃사이더였고, 이방인(異邦人)이었습니다. 그들을 얼마동
안 관찰한 뒤 나는 그들이 다른 종류의 사람들이라는 것을 알았고, 드
디어는 그들과 한 편이 되었습니다. 지금 나는 버지니아에서 변호사
개업을 하고 있으며, 장진호 참전 전우회(Chosin Few) 모임 때마다
출석해서 나의 형제들과 다시 한번 손을 마주 잡습니다."

다른 방향으로의 공격

보급품 공수가 계속됐고, 수송기들은 엄청난 수의 적(赤), 청(靑), 황(黃) 그리고 오렌지색의 낙하산을 투하해 전투식량과 탄약, 연료를 해병부대에 공급했다. 공수작전(空輸作戰)이 완벽했다고 하기에는 거리가 있었지만, 장진호 전투의 결과는 공군의 윌리엄 H. 터너 장군이 지휘하는 전투 수송사령부와 해병항공단 소속 쌍발 수송기들의 헌신적 노력(努力)과 노련한 공수작전 수행능력에 힘입은 바가 컸다.

해병 5연대 4.2인치 박격포 중대 토마스 깁슨 소위 : "어떤 물건들은 육군 아이들이 포장한 것이 틀림없었는데, 종이 접시, 종이 냅킨 등과 맙소사, 콘돔까지 들어 있었거든요."

전세가 유리하여 북한군을 추격(追擊)해 압록강(鴨綠江)을 향해 밀고 올라갈 때는 하갈우리가 안전한 후방기지로 인식되어 사단 피엑스 관리처에서는 해병들의 사기진작을 위해 기호품(嗜好品)들도 공급했다. 그 중에는 엄청난 양의 '투시 롤' 막대사탕도 들어 있었는데, 그 사탕은 공식기록에, "오랫동안 빨 수 있기 때문에 본국 청소년들이 선호하는 카라멜 과자"라고 기록되어 있었다〔스미스 장군 : "하갈우리에서 고토리로 이동하면서 벌어진 전투 동안 투시 롤은 전투식량에 곁들여진 중요한 부식(副食)이었습니다"〕.

터너 장군 자신이 12월 4일 하갈우리로 날아와 하갈우리 야전활주로의 최대 수용한도까지 수송기를 보내 포위된 병력들을 항공편으로 철수시키겠다고 제안했다. 그 제안은 일견 그럴 듯하게 보였지만, 항공철수는 방어선이 나중에 활주로 주위의 좁은 지역으로 몰리게 되어 마지막 철수부대는 점차 좁혀오는 중공군의 공세 앞에 방어능력을 상실할 수밖에 없었다. 게다가 그 작전은 사단이 보유한 중화기와 장비들을 포기해야 한다는 것을 의미해 스미스는 그 제안에 고마움을 표시하면서도 그의 부하들이 항공편으로 철수하는 것이 아니라 오히려 500명 이상의 보병들이 해병 R4D 수송기 편으로 하갈우리에 보충되어 왔다고 그에게 알려 주었다. 그날 하갈우리를 방문한 장성은 터너만이 아니었다.

해병 11연대장 칼 영데일 중령 : "갑자기 밖에서 누군가가 스미스 장군을 부르는 소리가 나서 회의를 중단하고 귀를 기울였지요. 전속부관이 알몬드 장군이 스미스 장군을 만나고 싶어한다고 전해, 스미스가 자리에서 천천히 일어나 파카를 잠그고 허리 벨트를 단단히 찬 뒤에 밖으로 나갔습니다. 나는 그를 따라 나가 두 사람의 대화를 곁에서 들었는데, 알몬드는 우리가 걱정할 것이 하나도 없다며 B-17과 B-29 폭격기들이 사단을 엄호할 거라는 장미빛 그림을 계속 그려대더군요. '함흥(咸興)에 이를 때까지 완벽한 엄호를 제공하겠소'라고 알몬드가 말했지요. 스미스 장군이 그의 눈을 똑바로 쳐다보며 '전투를 피할 수는 없습니다'라고 대답했지요."

알몬드는 그 방문시간을 이용하여 스미스와 리첸버그, 머레이, 올린 뵐에게 무공십자훈장(Distinguished Service Cross)을 수여했고, 한시간 후에는 고토리를 방문하여 같은 훈장을 보병 31연대 2대대장 윌리엄 라이디 중령에게 수여했다. 그 대대는 거페인 소령에 이끌려 황초령(黃草嶺)에서 고토리까지 무질서하게 행군해 왔지만, 서훈장에서 라이디는 "최고 수준의 군사적 전통(傳統)을 지키기 위해 특출한 영웅적 용기(勇氣)를 발휘하였다"라고 묘사되었다.

해병대의 관점에서 육군은 잘 하는 것이 하나도 없어 보였다. 아사 L. 기어링 병장은 지금도 하갈우리의 육군 장교용 식당 텐트에 쌓여있던 여러 종류의 음식물 깡통들과 술병들을 기억하고 있다. "그 물건들은 하갈우리에 10군단 전방지휘소를 설치하고 난 뒤 알몬드가 사용하려던 것이었습니다. 그런 물건들을 쓰려던 것이 죄라고 할 수는 없었지만, 스미스 장군이 사단에서 계급이 제일 낮은 졸병(卒兵)들이 먹는 것과 똑같은 음식을 먹었다는 것에 주목 안 할 수가 없었습니다."

해병 7연대 1대대 중화기중대 헨리 O. 퓨어 병장 : "금속제 숟가락만 빼고, 모두들 알루미늄으로 만든 식판을 버렸는데, 가끔씩 제공되는 핫 케이크 외에는 더운 음식을 먹을 기회가 없었거든요. 그래도 숟가락은 C-레이션의 얼어붙은 밑바닥을 긁어먹는 데 도움이 되었습니다."

기어링 병장 : "밤낮 구별 없이 영하(零下)로 떨어진 기온 때문에 얼굴이 난 털에 큰 변화가 생겼습니다. 항상 콧물이 흘렀고, 콧수염에 콧물이 얼어붙어 버렸습니다. C-레이션 찌꺼기와 가래, 침이 턱수염에 언 채로 늘어붙어서 어떤 친구들은 턱수염에 붙은 찌꺼기만 가지고도 일 주일은 살 수 있을 것 같아 보였으니까요."

부사단장 에드워드 크레그 준장은 12월 2일 샌안토니오(San Antonio)에 도착했다. 엘 파소(El Paso)에서 공군 수송기를 타고 오는 도중에 승무원 한 명이 그와 이야기를 나누다가 장진호에서 해병내가 위기에 처했다는 이야기를 했는데, 크레그는 그 사병이 무슨 말을 하고 있는지 알 수가 없었다. "장군님, 장군님 부대가 곤경에 처했답니다. 신문 머리기사를 못 보신 모양이군요."

크레그 장군 : "머리기사를 보고는 큰 충격을 받았습니다. '8군은 퇴각 중이고, 해병대는 아직도 포위당해 있다.' 전국이 소란스러워졌지요. 왜냐하면 미군이 성탄절(聖誕節)까지는 귀국할 거라고 예상하고 있던 중에 중공군이 실질적으로 새로운 전쟁을 일으켰고, 그 전쟁이 우

리에게 불리하게 돌아가고 있었으니까
요. 내가 지금 기억하고 있기로는 모든
신문들이 일제히 제1해병사단의 붕괴(崩
壞)를 예언했습니다."

다음날 크레그는 해병대 사령관 케이
츠 장군으로부터 전화를 받았는데, 케이
츠 장군은 그에게 지체 없이 한국으로
복귀(復歸)하라는 명령을 내렸다. 그 명
령에 대해 크레그는 죽음이 가까워진 아
버지의 곁을 떠나야 하는 슬픔과 진정한
보금자리라고 느끼고 있는 제1해병사단

《뉴욕 헤럴드 트리뷴》특파원
마가렛트 히긴스

이 위기에 처해 있는데도 사단으로부터 1만 6천 km나 떨어져 있다는
것에 대한 좌절감 때문에 복합적(複合的)인 감정을 느꼈다.

각 언론사들의 특파원(特派員)들이 C-54와 R4D 수송기 편으로 도
착하기 시작했다. 그 중에서도《뉴욕 헤럴드 트리뷴》신문 소속 마가
렛트 히긴스의 도착은 하갈우리의 해병대원들을 떠들썩하게 만들었는
데, 그들은 그녀가 지나가는 모습을 멍하니 쳐다보았다. 젊고 예쁜 용
모에 성격이 적극적인 그녀는 남자 특파원들과 동등한 대우를 기대했
으나, 실제로는 그렇지 못했다.

로이 펄 상병 : "그녀를 보자 나도 모르게 입에서 '오, 맙소사'라는
말이 튀어나왔는데, 그런 여자를 본 지 몇 달이 되었거든요."

여성(女性) 특파원을 수용할 준비가 안 되어 있던 스미스 장군은
"적군의 공격가능성을 고려해 볼 때 그녀는 오늘밤까지 하갈우리를 떠
나야 한다"고 결론을 내렸다.

히긴스는 고토리로의 탈출작전을 구상하는 데 골몰하던 머레이 중
령을 발견하고는 그와 간단한 인터뷰를 가졌고, 취재수첩에 "지난 여

름에 인천(仁川)에서 만났던 그 장교가 초췌한 유령같이 변한 모습"을 하고 있었다고 갈겨썼다. 그가 히긴스에게 말하기를, 유담리에서부터의 탈출은 중공군이 전쟁의 기본원칙(基本原則)을 준수(遵守)하지 않아서 가능했으며, 그들은 자기들이 유리한 곳에 병력을 집중(集中)하지 않았다는 것이었다. "만약에 그들이 우리의 탈출로에 병력을 집중 배치했더라면 우리는 거기서 빠져 나오지 못했을 겁니다. 하지만 그들은 우리를 포위하느라 병력을 분산배치했지요."

중령은 하갈우리에서도 그들이 같은 실수를 저지를 것 같다고 생각하는지?

"우리는 그들이 그러기를 바라고 있습니다"라고 머레이가 말했다.

앨런 헤링턴 상병 : "위(胃)와 허벅지에 파편상을 입은 동료 커티스와 함께 활주로에서 대기하고 있었는데, 히긴스 기자가 다가와서는 취재수첩을 꺼내더니 들것 위에 누워 고통으로 신음하던 그의 옆에 쪼그리고 앉더군요. 그녀는 콧대가 세고 똑똑한 척하는 스타일이었고, 자기 일에만 관심이 있지 커티스의 고통에는 눈길도 주지 않더군요. 하지만 커티스는 배짱이 있는 친구였어요. 그녀가 전투중에 무엇이 가장 힘든 일이었느냐고 묻자, 잠시 생각에 잠겼던 커티스는 웃으면서 '가장 힘들었던 일은 오줌이 마려울 때 15 cm 두께로 껴입은 옷을 제치고 8 cm 길이의 자지를 꺼내는 것이었습니다'라고 말했습니다. 그 말에 우리 모두 오래간만에 웃었지만, 히긴스 양은 벌써 옆의 들것에 누워 있던 다른 부상병하고 인터뷰를 시작하고 있더군요."

장진호(長津湖)의 해병대원들에―히긴스의 말로는 생존자들―대한 그녀의 견해는 그렇게 낙관적이지 않았다. 《새터데이 이브닝 포스트》(Saturday Evening Post)에 기고한 기사에서 히긴스는 해병들이 바다까지 돌파해 나오려는 의지가 있는지 궁금했다고 썼다. 해병들의 상황을 묘사하면서 그녀는 그들이 누더기 차림에 침통한 표정을 하고 있었으며, 바람 때문에 얼굴이 부어 오르고 피부가 갈라져 피를 흘리고

있었다고 썼다. 해병들이 그녀가 나타났던 것에 분개했던 이유는 아직
도 확실하지 않지만 알파 바우저는 그것은 단순히 그녀의 교만한 태도
때문일 것이라는 의견을 제시하고 있다.

스미스 장군은 평소처럼 조용하고 확신에 찬 태도를 견지(堅持)하
고 있었다. 죽음의 계곡에서 탈출한 뒤 업무에 복귀한 사단공보관 마
이클 카프라로 대위는 장군이 일단의 특파원들에게 "대대적인 항공 및
포병지원을 받고 있는 해병사단의 전 병력이 일치단결하고 있는 한 이
세상의 누구도 사단의 진격을 저지할 수 없습니다"라고 언명하는 것을
들었다.

바우저 대령이 고토리로의 이동(移動)에 관한 계획에 마지막 손질
을 하고 있을 때 작전참모 보좌관 조셉 와인코프 중령이 말했다. "해
병대에게는 새로운 경험(經驗)인데요."

"무슨 경험?"

"후퇴 말입니다. 교범을 찾아보아야겠습니다."

옆에 서 있던 스미스 장군이 와인코프의 농담에 쐐기를 박았다.

"이동하기 위해서 공격해야 하기 때문에 후퇴라고 부를 수는 없지"
라고 그가 설명했다.

스미스 장군은 그날 오후 내내 기자들의 질문에 답변을 하느라 바쁘
게 시간을 보냈는데, 질문들의 많은 부분이 그가 사용하기를 반대한
말에 대한 것이었다. 그 문제는 영국인 기자 한 명이 그에게 직접적으
로 이 작전이 후퇴작전이냐고 물어보면서 대충 해결되었다.

"확실하게 말하는데, 그렇지 않습니다. 후방이 없으면 후퇴가 아닙
니다. 포위당해 있을 때는 후퇴, 아니 철수(撤收)조차 할 수 없습니다.
유일한 방법은 돌파해 나가는 것이고, 그러기 위해서는 공격해야 하
며, 그것이 지금 우리가 하려는 것입니다"라고 스미스가 설명했다.

어떤 연유에선지 스미스의 설명은 그후 장진호 전투에 참가했던 해
병들과 관련하여 변함 없는 전투 구호같이 되어 버렸다. "후퇴라니!

502

빌어먹을(*hell*). 우리는 다른 쪽으로 공격 중이라구!"

24시간도 안되어 그 말은 미국 전역에서 발행되는 신문들의 전면을 장식했다.〔그 말은 이미 해병대의 전설(傳說)이 되어버린 제1차 세계대전 때의 일화(逸話)를 반영하고 있었는데, 1918년 벨로 우드 지역을 전진해 나가던 로이드 윌리엄스 해병 대위는 프랑스군 사령관의 후퇴하라는 명령을 전달하는 전령에게 "후퇴라니, 빌어먹을. 우리는 여기 있을 거야"라고 말했다〕. 하갈우리에서 그 대화의 현장에 있었던 장군의 부관 마틴 섹스톤 대위는 스미스가 '빌어먹을'(*hell*)이라는 단어를 쓰지 않았다고 지금도 확신하고 있다. 그리고 알파 바우저의 회고에 따르면 스미스가 한 말은 "뭐라고(*heck*)! 우리가 하고 있는 모든 것은 다른 쪽으로 공격하려는 거야"라는 것이다.

12월 6일 오후 늦게 스미스 장군은 전투부대 지휘관들과 주요 참모 장교들을 집합시켜 회의를 열고, 하갈우리 탈출작전에서 각자의 임무를 부여했다. 리첸버그의 해병 7연대가 다시 한번 탈출로를 선도하며, 예하 3개 대대가 도로를 가로질러 공격해 나가고, 머레이의 5연대는 리첸버그의 연대가 도로를 따라 충분히 진격할 때까지 진지를, 그리고 가능하면 이스트 힐도 함께 지키도록 되어 있었다. 운전병과 부상자를 제외하고는 모두 자동차 행렬의 옆을 따라 도보로 이동하는데, 그것은 트럭들에게 근접방어를 제공할 수 있으며, 또한 병력들이 계속 몸을 움직임으로서 동상환자의 발생을 줄이려는 목적에서였다. 참모장교 중의 한 명이 스미스에게 1천 대가 넘는 차량들이 차량행렬에 포함될 거라는 사실을 일깨우는 바람에 모든 차량을 가지고 이동해야 하는지에 관하여 짧게 토론이 벌어졌다.

스미스 : "나는 차량들을 파괴하든지 말든지는 중공군의 결정에 맡기고, 일단 모든 차량을 가지고 출발하기로 결정을 내렸습니다."

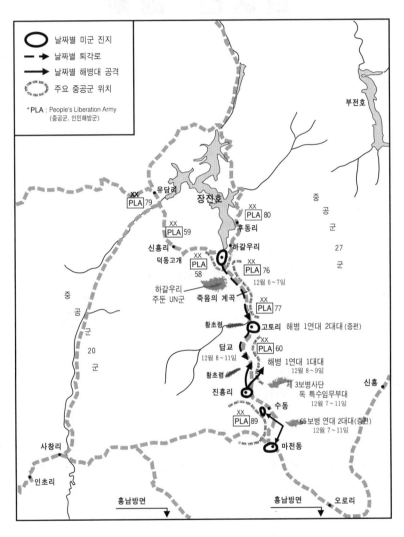

장진호로부터의 철수(1950년 12월 6~11일)

황초령 다리

알파 바우저 대령 : "12월 4일 나쁜 소식을 들었습니다. 사단 공병대 장 존 패트리쥐 중령이 황초령 다리의 일부분이 중공군에 의해 폭파되었으며, 파괴된 부분의 길이가 7 m가 된다고 말했는데, 그 다리는 고토리에서 남쪽으로 5 km 지점에 있었습니다. 그 소식을 들었을 때 나의 개인적 반응은 거의 절망(絶望)에 가까운 것이었습니다."

좁은 계곡 위에 걸쳐 있던 그 다리는 사단의 차량과 전차가 이동하는 데 매우 중요한 것이었다. 방향을 바꿀 수 있는 다른 길도 없었고, 다리가 설치된 지역의 가파른 경사를 고려해 볼 때 우회로(迂廻路) 건설은 생각할 수도 없었다.

스미스 장군 : "적군은 우리를 어려움에 빠뜨리기에 더할 나위 없이 좋은 장소를 골랐더군요."

장진호에 연결된 터널을 통해 흘러온 물이 거기서 커다란 도수관(導水管)으로 흘러들어 갔으며, 그 도수관은 계곡 아래에 있는 발전소(發電所)로 연결되어 있었다. 터널에서 나온 물이 도수관으로 흘러들어가는 지점에 도로의 위쪽으로 도수관 밸브를 조정하는 서브 스테이션이 설치되어 있었고, 거기서부터 콘크리트로 만든 일차선 교량(橋梁)이 깊은 골짜기를 넘어 세워져 있었는데, 중공군이 폭파해 버린 것이 바로 그 교량이었다.

패트리쥐 중령 : "정말 심각한 상황이었습니다. 왜냐하면 하갈우리나 고토리에는 조립식(組立式) 다리의 기자재(機資材)가 없었고, 통나무를 엮어서 임시 다리를 건설하기에는 시간이 너무 오래 걸렸거든요. 그래서 내가 답교(踏橋)의 부품을 고토리로 공수투하(空輸投下)하자고 제안했는데, 그러면 전진하는 보병부대의 뒤를 따라서 부품을 현장까지 운반할 수 있다는 거였죠. 문제는 그 부품들의 무게가 한 개당 1톤(ton)이 넘는다는 것이었습니다."

패트리쥐는 그 문제에 관하여 스미스 장군과 나눈 대화의 내용을 아직도 기억하고 있다.

"부품이 몇 개나 필요한가?"

"네 개면 될 것 같습니다."

"자네가 아는 한 교량부품들이 낙하산으로 투하된 적이 있었나?"

"들어본 적이 없습니다, 사단장님."

"그러면 낙하산 투하시 부품들이 얼마나 손상당하는지 알기 위해서 시험적으로 1차 투하를 해 보아야겠군."

"그럴 생각을 하고 있었습니다."

"여벌의 부품들은 남쪽에서부터 진흥리까지 운반(運搬)해 올 수 있을 거야. 만약 고토리 공수투하가 성공적이지 못하면 슈먹 중령의 대대가 북쪽으로 진격해서 교량부품을 산 위로 수송할 수 있을 테니까 말일세."

패트리쥐도 역시 그런 생각을 하고 있었다.

그리고 나서 장군은 패트리쥐에게 금속제 답교를 설치하려는 계획이 실패할 경우를 대비해 고토리에서 통나무로 임시 교량을 조립하는 계획을 세우고 있느냐고 물었다[운이 좋으면 나무로 된 구각교(構脚橋)는, 사단의 전차와 중장비들이 간신히 통과할 수 있을 만큼의 한정된 시간 동안 버텨낼 수 있을 것이었다].

"사단장님, 벌써 고토리에서 목재 임시교량 조립작업을 시작했습니다."

스미스는 공병대장이 자기 질문에 마음이 불편해지면서 짜증까지 났다는 것을 알아차렸다. "그가 드디어는 나에게 자기가 아무런 문제 없이 한강(漢江)을 도하(渡河)하게 해 주었으며, 필요한 도로와 활주로를 마련해 주었고, 이제는 교량을 고치는 것도 할 수 있다는 것을 상기시키더군요. 그에게 계획대로 밀고 나가라고 말해 주었습니다."

다음 날 패트리쥐는 정찰기를 타고 황초령 상공을 저공비행하다가 교량 폭파만큼이나 악화된 상황을 하나 더 발견했다. 서브 스테이션과 폭파된 다리에서 남쪽으로 멀지 않은 곳에 도로를 가로질러 콘크리트 교각(橋脚) 위에 설치되어 있던 철도 교량이 중공군에 의해 폭파되어 도로 위에 가로 걸쳐 쓰러져 있었다. 도수장에 있는 교량이 복구가 된다 해도 1 km 아래의 도로 위에 쓰러져 있는 철도교량이 통행(通行)을 효과적으로 방해할 것 같았다.

해병대의 관점에서 장진호 전투기간 중에 일어났던 여러 가지 기적 중의 하나는 육군의 제58 답교중대(踏橋中隊)가 중공군이 고토리를 통과하는 도로의 양방향을 차단하기 전에 고토리에 도착하였다는 것이었다. 이 소규모의 부대는 네 대의 답교 운반트럭으로 구성되어 있었고, 워드라는 이름의 중위가 얼마 안 되는 수의 중대원을 지휘하고 있었다. 그러나 그 트럭들에는 교량부품이 실려 있던 것이 아니라 하갈우리에 설치될 계획이었던 10군단 진방지휘소 긴설에 사용될 조립식 건물의 기자재가 실려 있었다.

패트리쥐: "교량부품의 공수투하는 12월 7일 오전 9시에 실시하기로 예정되었습니다."

12월 5일 오후 일찍 레이몬드 머레이 중령은 휘하 대대장들과 참모들을 소집해 일장훈시를 했다. "우리는 7연대가 고토리까지의 도로를 개통시킬 때까지 현 위치를 고수하며 하갈우리를 빠져나갈 때는 낙오병이 아니라 해병답게 나갈 것이다. 중공군이 하갈우리의 북쪽보다 우리가 향하는 해안 쪽에 더 많이 배치되어 있기 때문에 이 작전은 후퇴가 아니야. '우리는 다른 방향으로 공격 중이다'라는 스미스 장군의 말이 이 상황에 가장 적절한 표현일 것이다. 우리의 포위망 탈출능력에 의심이 가는 장교는 동상에 걸렸다고 신고하라. 내가 후송시켜 줄 테니까. 우리는 해병답게 포위망을 뚫고 나갈 거야."

회의가 끝난 뒤 머레이는 오래 전부터 알고 지내던 《시카고 데일리 뉴스》(*Chicago Daily News*) 기자(記者) 키이스 비치의 방문을 받았다.

"자네가 유담리에서 함께 있었더라면 기사거리가 많았을 텐데."

머레이는 버본 위스키 병을 따서 두 개의 잔에 위스키를 가득 따랐다. 비치 기자가 그에게 해병대가 포위망을 탈출할 수 있으리라고 생각하느냐고 직접적으로 물었다.

"유담리(柳潭里)를 빠져 나왔잖아. 거기에서 빠져 나올 수 있었다면 여기서도 빠져나갈 수 있어."

그리고 나서 머레이는 비치에게 아무에게도 얘기하지 않았던 말을

508

밝혔다. "우리가 빠져 나올 수 있으리라고 생각하지 않았네"라고 말한 그는 유담리 탈출작전에 대해 이야기를 시작하면서 더러워진 파카 소매로 흐르는 눈물을 닦았다.

날이 이미 어두워진 가운데 자기 참호를 파고 있던 7연대 A중대 소속의 제임스 G. 콜린스(James G. Collins) 일병은 젊은 해병 한 명이 사물백(seabag)을 메고 새 자동소총을 든 채 언덕을 올라오는 것을 보았다. 그가 발걸음을 멈추고 버디 저메슨 상병에게 무언가를 묻자 저메슨은 돌아서서 콜린스를 가리켰다. "깨끗하게 면도까지 한 친구가 크게 미소를 지으며 다가오는 것을 보고는 심장마비를 일으킬 뻔했는데, 우리 형 에드먼이었습니다. 서로 얼싸안고 등을 두드리고 나서 형이 자기가 부대를 탈영(脫營)했다고 말하는 거예요. 해병 1연대 B중대에 전입신고를 하는 대신에 나하고 같이 있으려고 하갈우리행 비행기에 올라탔다는 겁니다. 형을 만나서 무척 기뻤지만 탈영은 보통 심각한 문제가 아니었기 때문에 꽤 걱정이 되었습니다."

제임스는 에드먼을 자기 소대장 바비 브래들리(Bobby Bradley) 중위에게 데려갔다. "소대장님, 제 형인데요, 1연대에서 탈영했답니다."

"그래, 문제없어. 한 명이라도 아쉬울 때니까 말이야. 콜린스, 그를 너의 화기조에 편입시켜라. 어차피 손이 모자랐잖아"라고 브래들리 중위가 말했다.

콜린스는 중위에게 에드먼이 군기위반으로 처벌받을 가능성이 있느냐고 물었다.

"그럴 것 같지는 않은데. 적전(敵前)에서 무단이탈한 것이 아니고, 결국 적과 싸우려고 무단이탈한 거니까. 큰 차이가 있지"라고 중위가 말했다.

그날 밤에는 50% 경계령이 내려졌는데, 에드먼은 제임스에게 말하지 않고 그의 몫까지 경계근무를 했다. 다시 말해서 제임스의 순번인데도 그를 깨우지 않았다. "에드먼은 형 노릇을 하고 싶었던 거지요."

몇 년이 지난 뒤 알파 바우저는 스미스 장군과는 다르게 자기는 사단이 함정(陷穽)에서 빠져 나올 수 있으리라는 확신이 없었다고 고백했다. "한 가지 큰 문제는 고토리가 얼마나 버틸 수 있느냐는 것이었습니다. 우리는 중공군 76, 77 그리고 78사단 소속 병력들이 하갈우리와 고토리 사이 18 km 거리의 도로를 따라 배치되어 있고, 89사단과 60사단 소속 병력들도 고토리 주위에 배치되어 있다는 것도 알고있었습니다. 게다가 도로 위에 가로 걸쳐있는 철도교량 문제는 제쳐두고라고 도수장 위의 다리문제부터 해결해야 했는데, 전술적으로 상황이 그리 낙관적(樂觀的)이지 않았습니다."

날이 어두워진 후 바우저 대령은 하늘에 뜬 별을 보려고 텐트 밖으로 나왔는데, 별이 뜨면 다음 날 아침에 근접항공지원이 가능해지기 때문이었다. 하지만 그는 하늘에 구름만 짙게 깔려있는 것을 발견했을 뿐이었다. 그의 귀에 줄지어 서 있는 텐트에서 나오는 음악소리가 들려 왔는데, 젊은 해병들이 모여서 "모두에게 은총을"(Bless em All)이란 노래에다가 가사를 바꾸어 부르고 있었다. "남쪽으로 떠나면서 모두에게 작별인사를 한다네. 육군은 후퇴하고 해병은 떠들고, 그러니힘을 내세, 젊은이들이여, 모두에게 엿을 먹이면서." 그러면서 그들은해병의 노래를 뒤이어 불렀다.

몬테주마의 홀에서 트리폴리의 해변에 이르기까지,
우리는 조국(祖國)을 위하여 땅에서도 바다에서도 싸운다네.
첫 번째로 권리와 자유를 위해 그리고 명예를 지키기 위하여,
우리는 자랑스러운 미국 해병대라네.

바우저 : "젊은 해병들이 닥쳐올 난관(難關)을 앞에 두고도 자기들의감정을 그런 식으로 표현할 수 있다는 것이 놀라왔습니다."

510

고토리를 향해 출발대기하고 있는 해병대원들

텐트 안으로 다시 들어온 바우저는 스미스 장군에게 말했다. "이럴 때 저런 노래를 부를 수 있는 마음가짐이면, 중공군은 우리를 저지(沮止)할 기회가 없을 것 같은데요."

장군은 담배 파이프를 입에서 떼면서, "바우저, 중공군은 그럴 기회가 처음부터 없었네"라고 말했다.

폭파된 다리를 대체(代替)할 임시교량을 건설하는 것과 관련하여 해결해야 할 많은 문제가 있었다. 아무도 특수제작된 낙하산이 기능을 제대로 발휘할지 알지 못했다. 답교는 네 개의 부품으로 이루어져 있었고, 각 부분의 무게는 1톤이 넘었다. 두 개의 답교를 조립할 수 있는 8개의 부품이 고토리(古土里)에 투하될 예정이었다. 제234항공보급수송 중대 소속의 세실 W. 호스펠혼 대위와 열 명의 담당병사들이 부품들을 포장하여 나르는 화물차라고 불리던 C-117 수송기에 실었다. 그 부품 중의 하나가 두 개의 15 m짜리 낙하산에 실려 시험적으로 흥남(興南) 근처에 투하되었는데, 부품이 땅에 떨어지면서 심하게 구부러져 사단사령부가 걱정하던 것을 재확인시켰다.

해병 7연대 작전주임 헨리 우스너 소령 : "사단이 적의 함정을 빠져나가기 위해 사용하기엔 그 답교 부품이 너무 약하다고 생각했던 것이 기억납니다."

탈출은 12월 6일 이른 새벽에 시작되어 차량행렬이 에드윈 시몬스 소령이 책임을 맡고 있던 이스트 힐 산자락의 도로장애물을 천천히 통과하여 나갔다. 하갈우리에서 고토리까지의 도로는 비교적 평탄했고, 산들도 도로에서 어느 정도 떨어져 있었다. 록우드의 7연대 2대대가 바버의 F 중대 잔존병력을 선봉으로 하여 도로를 따라 이동하는 한편, 데이비스의 7연대 1대대는 도로와 나란히 뻗어 있는 우측 능선(稜線)을 따라 전진(前進)해 갔다. 스미스 장군의 지시에 따라 하갈우리 주둔 육군의 선임(先任) 장교인 배리 K. 앤더슨 중령이 잔존 육군병사들로 임시대대를 편성하였는데, 해병들에게 7사단 31연대라고 불린 그 부대는 도로의 좌측 능선을 따라 전진하였다. 병력 수송선들이 대기하고 있던 흥남 부두(埠頭)까지는 90 km를 더 가야 했다.

해병 7연대 A중대 제임스 G. 콜린스 상병 : "우리는 차량행렬을 엄호하기 위해 우측 능선을 따라 전진했고, 도중에 참호를 구축하고 있던 중공군의 저항을 돌파해야 했지요. 소대장 브래들리 중위가 코르세어 전투기의 근접항공지원을 요청했는데, 조종사 한 명이 헷갈려 20 mm 기관포를 우리 근처에다가 쏘는 바람에 우리 분대원 한 명이 발목에 총상를 입었지요. 에드먼 형하고 함께 그를 도로까지 부축해 내려가는 동안, 라인케라는 이름의 그 친구는 '아버지가 뭐라고 하실까?'라고 계속 그 말만 하는 겁니다. 몇 시간 후에 탄띠의 결쇠를 풀다가 담배 한 개 크기의 뼈 조각을 발견했는데, 라인케의 발에서 나온 뼈였습니다."

콜린스가 다시 능선으로 올라가려고 할 때 육군 중위 한 명이 석양

(夕陽)을 등에 지고 다가와서는 그에게 도로장애물을 치우는 데 도움이 필요하다고 말했다. 에드먼과 다른 두 명의 해병들은 벌써 능선 쪽으로 반쯤 올라가서 눈에 보이지도 않았다.

"중위님, 저는 해병 7연대 A중대 소속인데요."

"상관없어. 날 따라와."

도로장애물을 다 치운 후 제임스는 암구호를 알건 모르건 간에 어둠 속에서 헤매는 것이 위험하다고 판단하고는 그날 밤을 그 육군 중위의 병력들과 함께 지냈다. 다음 날 아침 그가 A중대를 찾아 헤매다가 처음 만난 해병은 같은 소대의 3분대 소속 길버트 홀터 상병이었다. 제임스가 자기 형 에드먼이 어디 있느냐고 묻자, 홀터는 울음을 터트렸다. 에드먼이 전날 늦게 전사했다는 것이었다. 홀터는 에드먼의 지갑과 손목시계를 제임스에게 건네주면서, 에드먼이 C-레이션 깡통을 다른 해병에게 던져 주려고 일어섰다가 저격병에게 당했다고 말해 주었다. 그의 시신은 본국으로 귀환하지 못했다.

제임스 콜린스 : "떠나기 전에 형의 시신을 발견해서 하갈우리에 묻어 주었으면 하고 기도했습니다."

12월 6일 정오가 조금 못 되어 하갈우리에서 남쪽으로 3km 지점의 도로가 굽어진 곳을 돌면서 랜돌프 록우드 중령은 괴상한 장면을 목격했다. 뺨에 총알이 관통한 자국이 있는 육군병사의 시신이 지프의 운전석에 앉아 있었는데, 지프가 북쪽을 향하고 있는 것을 보고, 록우드는 그가 죽음의 계곡에서 적의 매복공격을 벗어나려고 시도하다가 사살당한 것으로 추정했다. 차는 도로를 벗어나 둑을 넘어서 강가의 자갈밭 위에 멈춰서 있었고, 중공군은 내복만 제외하고 그가 입고 있던 모든 것을 벗겨 가버렸다.

레이몬드 데이비스 중령은 1276고지의 정상에 서서 록우드의 빈약한 병력이 도로 양쪽을 따라 전진을 재개(再開)하는 것을 바라보았다.

그들의 전진방향 350 m 앞에 넓은 계곡이 도로를 가로질러 있었으며, 그 안에 적군 병사가 가득 차 있었다. 적군의 모습을 발견하자마자 데이비스는 펄 상병이 건네준 무전기를 들고 록우드에게 적 출현에 대한 경고를 전달하였다. 적의 기세를 꺾기 위해 록우드는 그 계곡에 박격포 포격을 가했지만 별로 성과가 없었는데, 그는 나중에 땅바닥에 얼음이 얼어붙어 포격을 할 때마다 포판이 흔들려 집중포격을 할 수가 없었다고 설명했다. 그러는 중에도 몇 발의 포탄이 목표에 명중(命中)하여 약간의 중공군이 도주하였다.

록우드 : "우리 부대가 다시 진격하기 시작했을 때 적군이 맹렬하게 사격해서 F중대가 꼼짝 못하게 되자, 베이 중위에게 전령을 보내 D-E 혼성중대를 이끌고 배수로를 따라 종대로 전진해 적군 진지의 좌측으로 가능한 한 가까이 가라고 지시했습니다. 그리고는 그때 F중대를 지휘하던 아벨 중위에게 베이의 병력이 적군 진지 좌측에 도달하면 바로 정면공격을 실시할 준비를 하라고 무전으로 지시했지요. 나는 베이와 함께 전진을 했습니다. 우리는 적의 눈에 발각되지 않도록 도로와 강바닥 사이의 둑을 따라 바싹 엎드려 적진지 좌측까지 기동(機動)해 갔습니다. 목표 지점에 도착하여 부하들에게 착검(着劍) 명령을 내리라고 베이에게 지시하고는, 나도 45구경 권총을 빼어 들고 그들과 함께 1차 세계대전 때 전투하듯이 강둑을 넘어 돌격(突擊)을 감행하여 적군을 닥치는 대로 쏘고 찌르고 하였습니다. 아벨 중위의 F중대가 정면공격을 시작하자 전투상황은 교과서적인 공격작전의 예(例)처럼 전개되었는데, 정말 볼만한 광경이었습니다. 적군은 철저하게 분쇄되었고, 측면공격에서 살아남은 적군은 F중대의 정확한 사격에 전멸했습니다."

공격이 끝난 직후 록우드가 아벨과 이야기를 나누고 있을 때 소총수 한 명이 황급하게 그들에게 다가왔다. "중대장님!"

"무슨 일이야?"

"던 중위님이 전사했습니다"라고 병장 계급을 단 그가 돌아서서 "저깁니다"라고 위치를 가리켰다.

두 장교는 길을 따라 걸어 올라가, 록우드가 표현하기로는, 충격으로 아무 말 없이 시신을 바라보았다. F중대가 그 해 7월에 펜들턴 기지에서 최초로 편성되었을 때부터 근무했던 장교들 중에서 마지막으로 중대에 남아있던 존 M. 던 중위는 아벨과 친한 친구 사이였는데, 하늘을 향해 눈을 치켜 뜬 채 땅 위에 누워 있었다.

도로장애물이 제거되고 중공군을 몰아내어 고토리를 향한 도로를 개통시킨 그 순간에 갑자기 눈이 날리면서 급브레이크를 거는 소리와 함께 리첸버그 대령이 지프를 길옆에 세우고는 땅 위에 내려섰다.

"왜 병력이 이 근처에서 서성거리고 있지?"라고 평소처럼 고함을 지르면서 그는 "이동해!"라고 명령했다.

"부대 재편성 중입니다, 연대장님."

리첸버그는 "내가 이동하라고 했지!"라고 소리를 지르고는 록우드의 등을 손바닥으로 쳤다.

록우드 : "연대장은 지프에 올라타 운전병에게 단호한 어조로 명령을 내렸고, 운전병이 후진기어를 넣고 차를 한 바퀴 돌리는 바람에 나는 뒤 범퍼에 다리를 부딪혀 넘어지면서 몸이 길 건너까지 미끄러졌습니다. 다치지는 않았지만 조금 황당했지요."

동쪽으로 뻗은 능선에서는 육군 대위가 지휘하는 7사단 31연대의 일부 병력이 총 한방 쏘지 않고 수백 명의 중공군을 포로로 잡았다. 그들은 미군이 다가가자 아무런 저항도 없이 진지에서 일어나 손을 위로 들어 올렸다. 그 포로들은 도로 아래로 이끌려 내려와 해병 헌병들에게 인계되었고, 그 시점에 지휘관인 육군 대위는 자기 병력을 도로 위에 머물게 하려는 결정을 했다. 그렇게 해서 차량행렬의 한 측면이 적의 위협에 노출되었다.

스미스 장군 : "나는 육군장병들과 시간을 많이 보냈는데, 그들은 싸우려는 의지가 없었습니다. 우리는 가능한 한 그들을 도와주려고 했지

요. 무기들을 다 버리고 와 우리 무기까지 공급해 주었지요. 그들은
우리가 자기들을 돌보아주고 먹여주고 텐트까지 세워주기를 바랬으
나, 우리가 그런 생각을 저버리라고 설득(說得)했습니다. 결국 385명
의 육군병력을 구출해서 다른 육군병력과 함께 임시대대를 편성하여
리첸버그에게 배속시켰습니다. 참, 가련했습니다. 하갈우리에서 고토
리로 이동하면서 리첸버그가 그들에게 차량행렬의 좌측을 엄호하라는
임무를 맡겼는데, 중공군이 공격해 올 때마다 육군병사들은 맞싸울 생
각은 않고 차량종대의 반대편으로 피하더군요.”

랄프 아벨 중위는 왼쪽에 있던 7사단 31연대의 다른 병력들이 적 저
격병의 사격을 받는 것을 보고 있었다. 그들은 응사(應射)도 하지 않
고 산비탈을 무질서하게 내려와 도로 위로 밀려 내려왔다. 아벨은 병
력을 지휘하던 육군 대위에게 걸어가 지금 무슨 일을 하고 있는지 아
느냐고 물어 보았다.

“내 부하들이 능선 위에서 부는 바람에 얼어버릴 것 같아. 휴식이
필요하네”라고 그가 말했다.

아벨은 그 육군 장교가 측면을 그렇게 노출된 채로 두고도 개의치
않는 것을 참을 수 없었다고 나중에 술회했다. “병력을 이끌고 능선
위로 올라가시오”라고 그가 대위에게 말했다.

“자네는 나에게 그런 식으로 말할 수 없네.”

그러고 있는 도중에 리첸버그 대령이 갑자기 그 자리에 나타나, 두
사람 사이의 대화의 요지(要旨)를 파악하고는 대위를 향해 말했다.
“해병 중위가 자네에게 임무를 부여하면, 그가 나를 대신해 명령을 내
리는 거니까 자네는 그의 지시에 따라야 하네.” 그 장교는 어쩔 수 없
이 돌아서서 부하들을 이끌고 능선 위로 올라갔다.

7연대 부연대장 프레데릭 다우세트 중령 : “그러나 그들은 얼마 지나
지 않아 다시 내려왔습니다. 그래서 내가 전령을 시켜 대위에게 해병
부대를 보내 그들을 능선 위로 올라가게 하겠다며, 만약 거부(拒否)하

면 사격하겠다는 말을 전했습니다. 그날 오후 늦게 육군부대의 지휘관
앤더슨 중령이 도로 위로 내려와 임시대대에 대한 통제력을 잃었다고
나에게 이야기했습니다."

희생자들

혼란과 불신의 와중(渦中)에 중공군은 차량행렬의 근처까지 바짝 다가왔다.

해병 7연대 본부중대 부중대장 찰스 설리반 중위 : "새벽 2시경에 우리 차량행렬에 문제가 발생했습니다. 가까이 다가온 중공군들은 우리에게 사격을 하지는 않았고, 대신 그들이 소리를 지르는 것을 들을 수 있었죠."

중국에서 1946년에서 1949년까지 근무했기 때문에 설리반은 그들이 중공군 포로들에게 소리치는 내용을 알아들을 수가 있었다. 공격이 바로 시작될 거니까, 사격이 시작되어 탈출을 할 수 있게 되면 일어나서 일정한 방향으로 뛰라고 말하는 것이었다.

공격이 바로 시작되는 바람에 설리반은 전술적 대응(對應)을 할 시간이 없었다. 반수 정도의 포로들은 지시된 철도선로 제방 쪽으로 뛰어 달아나기 시작했고, 1/4 정도는 그대로 남아 있었는데, 아마 부상을 입었거나 동상에 걸려 움직일 수 없었기 때문이었을 것이다. 나머지는 배수로로 뛰어들었다. 그대로 남아있던 포로들은 공격해 온 중공군들에 의해 사살되었고, 나중에 그 학살은 정치적 고려에서 행해진 것으로 여겨졌는데, 그 포로들은 서양인들과의 접촉을 통해 이념적(理念的)으로 오염(汚染)되었다고 간주되었기 때문이었다.

설리반 : "우리가 출발했을 때는 150명 정도의 포로가 있었으나, 전투가 끝나고 보니 15명쯤이 살아남아 있었습니다."

7연대 본부중대장 프레드릭 심프슨 소령은 윌리엄 맥클렁 상사의 도움으로 취사병, 제과병, 운전병 그리고 군악병들을 배치하여 적군의 공격을 물리쳤다. 하지만 연대 정보주임 도날드 프란스 대위가 혼전(混戰) 중에 전사했고, 부연대장 다우세트 중령과 군종신부 그리핀 중위는 부상을 당했다.

해군 중위 코르넬리우스 J. 그리핀 : "나는 은발(銀髮) 머리의 다우세트 중령을 조용한 호머(Silent Homer)라고 부르곤 했는데, 목소리가 너무 커서 1,500 m 밖에서도 들렸거든요. 내가 그를 처음 만났을 때 이야기를 들어보겠습니까? 펜들턴 기지의 예비 철로에서 처음으로 만났는데, 나를 보더니 전형적인 해병대식으로 자기소개를 하는 겁니다. '제기랄, 이런 친구가 우리 군종신부야?'

사실 기분이 나빴지만, '신앙심이 깊어 보이는 중령님이 상황을 개선(改善)시킬 수 있는 방법을 고안해 주신다면, 문제의 신부는 대단히 고맙게 생각할 겁니다'라고 내가 말했지요. 그랬더니 그가 내게 다가와서 나를 해병답게 만들기나 아니면 엉덩이를 쏘아버리겠다고 말했지요. 그리고는 조수를 한 명 배치시켜 주었는데, 코네티컷주(州) 록키힐 출신의 매튜 카루소 하사였습니다. 우리 둘은 비어 있던 막사로 옮겨가 고해성사를 시작했습니다. 그 장소에는 지금 모든 해병들에게 카루소 기념(紀念) 교회라고 알려진 아름다운 교회건물이 세워져 있는데, 그 교회는 1950년 12월 6일 밤 내 목숨을 구하기 위해 대신 자기 목숨을 바친 용감한 젊은이를 기리기 위해 세워졌지요.

나는 해군장교였지만 해병들과 함께 지내는 것이 즐거웠고, 그들이 가지고 있는 불굴의 감투정신을 대단히 존경했지요. 그들 모두 전사(戰士)들이었지만, 전쟁광(戰爭狂)은 한 명도 없었습니다. 그들은 전쟁을 멈추게 하고, 북한사람들이 남한사람들을 정복(征服)하는 것을 막기 위해서 한국에 왔으며, 그 방면에서는 전문가들이었습니다. 나는 그런 방법이 전쟁을 통해 전쟁을 멈추게 하는 동종(同種) 치료요법과 같은 방법이라고 생각했습니다.

자, 그러면 나의 성실한 후원자였던 카루소 하사 이야기를 해 볼까요. 우리는 그때 하갈우리와 고토리 사이의 도로에서 구급차 안에 있었고, 덕동고개 전투의 영웅 중 한 명인 존 아우다스 하사를 막 태웠을 때였습니다. 그는 실수로 도로 옆 배수로에 남겨져 있었는데, 우리가 그를 발견했을 때는 동사(凍死) 직전이었습니다. 군의관 로버트 웨드마이어가 그를 구급차 안에서 치료를 하는 동안에 위생병 한 명이 나에게 다가와 구석에 있는 멕시코계 해병이 죽어 가고 있다고 조용히 알려주더군요. 그의 옆에 쭈그리고 앉아 손을 잡고 임종의식(臨終儀式)을 하고 있는데, 밖에서 연발 사격소리가 들렸습니다. 구급차에는 하얀색 바탕에다가 붉은 십자가가 커다랗게 그려져 있는데도 총알이 차 안으로 쏟아져 들어왔습니다.

카루소 하사가 나와 밖에서 총을 쏘던 적군 사이를 가로막고는 바로 사살 당했지요. 나도 턱과 오른쪽 어깨에 총상을 입었습니다. 위생병이 지혈을 해주고 나자 웨드마이어가 그에게 카루소 하사의 시신을 구급차 밖으로 치워버리라고 지시했습니다. 내가 안 된다고 하니까, 그 군의관이 '신부(神父)님, 이 구급차는 살아있는 사람을 위해서 있는 겁니다'라고 말하더군요. 그래서 나는 카루소 하사와 그 총격의 와중에 죽은 멕시코계 해병의 시신이 밖으로 옮겨지는 것을 비통한 마음으로 바라만 봐야 했습니다. 이 책의 독자들은 카루소 하사의 아내가 남편이 전사한지 일 주일도 안되어 아들을 출산(出産)했다는 것을 알았으면 하는데, 18년 후에 나는 카루소 하사의 아들 다니엘 카루소에게서 다음과 같은 전화를 받았지요. '신부님, 엄마 다음으로 신부님에게 내가 해병대에 입대한다는 것을 알리고 싶었습니다.'

괜찮다면 일화 한 가지를 더 말할 수 있을까요? 장진호 전투가 끝나고 여러 주 후에 '조용한 호머'가 캘리포니아주에 있는 오크 놀 해군병원(海軍病院)의 내 병상에 나타나서 내 손을 잡고는 '봐, 내가 말한 대로 됐지 않아?'라고 소리치는 겁니다.

'그게 뭔데요, 중령님?'

'뭐, 내가 자네를 거의 죽일 뻔해가면서 해병답게 만들었잖아!'

아주 명예로운 말이었습니다. 지금 나는 나를 미국 해병대원이라고 부를 수 있는 피로 확인된 영예(榮譽)를 지니고 있지요."

영현등록반 로버트 골트 하사 : "맞아요, 적군은 그날 밤 우리를 괴롭혔지요. 도로 위가 난장판이 되었지만, 리첸버그 대령이 호령해서 질서(秩序)를 잡았습니다. 그의 목소리를 들으면 항상 마음이 편안해졌습니다. 아니지요, 육군은 그날 밤 제대로 행동하지 않았습니다. 만약 그들이 지시대로 측면에 남아 있었더라면, 도날드 프란스 대위 같은 훌륭한 해병들이 지금까지 살아 있었을 겁니다."

찰스 설리반 중위 : "윌리엄 맥클렁 상사가 죽은 것도 그날 밤이었습니다. 나는 항상 그에게 철모끈을 매라고 잔소리를 하곤 했지만, 그는 철모 쓰기를 싫어해서 보통 들고 다녔지요. 지금도 철모를 옆구리에 끼고 서 있던 그의 모습이 눈에 선한데, '철모를 쓰게'라고 내가 말하면, 웃으면서 내 말에 따르곤 했지요. '끈도 묶어'라고 했지만, 그에게 끈을 계속 단단히 묶고 있으라는 명령도 했어야 하는 건데 그러지는 않았지요."

맥클렁 상사가 트럭 짐칸에서 부상자들을 내리는 것을 보고 있던 존 Y. 리 중위와 설리반 중위는 그가 쓰고 있던 철모가 벗겨져서 굴러가는 것을 보았고, 그때 근처에 적의 박격포탄이 떨어져 폭발하면서 파편이 그의 이마에 박혔다.

리 중위 : "그가 죽는 모습을 보았습니다. 총격과 폭발이 너무 심해서 아무도 불타고 있는 탄약 수송트럭 위로 올라가 부상병들을 도우려

는 엄두를 내지 못하고 있었는데, 맥클렁 상사가 일어나더니 총알이 난무(亂舞)하는 가운데서도 트럭 위로 올라가더군요. 그는 자신의 생사에는 관심이 없어 보였으며, 나는 지금까지도 그가 죽기 전에 그렇게 많은 일을 어떻게 할 수 있었는지 이해할 수가 없습니다."

새벽이 되었을 때 설리반 중위는 일단의 중공군이 철도 제방 반대쪽에서 그가 있는 쪽으로 달려오고 있는 것을 포착하였다. "그들이 너무 가까이 다가와서 그들을 공격하는 것말고는 다른 방도가 없었습니다"라고 그가 나중에 말했다. 근처의 땅바닥에 전사한 해병이 가지고 있던 착검된 M-1 소총이 놓여 있었는데, 설리반이 그 소총을 집어들어 가장 가까이 다가온 적군 병사에게 투창(投槍)을 던지듯이 던져 가슴을 꿰뚫어 버리자 나머지는 돌아서서 달아나 버렸다.

존 Y. 리 중위 : "전투가 끝나자 나는 맥클렁 상사의 죽음 앞에서 울음을 멈출 수가 없었는데, 그는 멋진 해병이었고, 자기 목숨보다 다른 사람의 목숨을 더 챙긴 인정 많은 사람이었습니다."

한참 세월이 지난 뒤 리는 맥클렁의 딸에게 보낸 편지에서 다음과 같이 썼다. "그는 나이 어린 해병들과 한 명의 한국군 중위에게 아버지와 같은 존재였습니다. 나는 그 훌륭한 사람에 대한 생각을 항상 하고 있습니다."

데이비스 중령은 펄 상병의 옆으로 다가와 도로를 따라 얼마 정도가 볼 터이니 제자리에서 기다리라고 말했다. 펄은 나무 그루터기에 앉아 쉬면서 지갑을 꺼내어 그 안에 들어있는 가족사진을 끄집어내려고 했는데, 손가락이 곱아서 꽤 시간이 걸렸다. 그는 거기 앉아서 불타고 있는 트럭에서 나오는 불빛 아래서 사진을 바라보았다. "사진 속의 사람들이 아주 오래 전에 알았던 사람들처럼 느껴지더군요."

그때 누군가가 '헤이, 펄, 너 지금 어디 앉아 있는지 알아?'하고 말하는 소리가 들려, 내려다보니 나무 그루터기인 줄 알았던 것이 눈과

522

얼음에 덮여있던 중공군의 시체였으며, 그 시체는 몸통을 깊이 숙이고 앉아 있었다. 펄은 그 시체의 등에 앉아 있었던 것이었다.

데이비스 중령이 가면서 무전으로 연락을 취하겠다고 말했고, 실제로 그가 무전으로 연락을 해왔다. "펄, 다우세트 중령이 부상을 당해 내가 부연대장에 임명됐다"라고 그가 말했다.

"축하합니다, 부연대장님."

"소여 소령이 1대대를 인수할 거고, 너도 그에게 맡겼다."

"알겠습니다."

"내 무전병은 어디 있나?"라고 퉁명스러운 목소리가 등 뒤에서 들려왔다. 펄은 지휘관이 바뀌어 마음이 편하지 않았는데, 데이비스 중령의 지휘방식과 행동리듬, 조용한 성격에 익숙해져 있었기 때문이었다. "웹 소여(Webb Sawyer) 소령은 키가 크신 분이어서 그의 긴 걸음을 따라 가려면 서둘러야 했습니다. 거기다 성격도 그렇게 우호적이지 않았구요. 뛰어난 능력을 가진 대대장이었지만, 나는 그저 데이비스 중령이 그리웠습니다."

하갈우리와 고토리 사이의 도로 어딘가에서 7연대 3대대 부대내장 워렌 모리스 소령은 연대 군수주임 모리스 로취 소령과 짧게 이야기를 나누었다. 모리스는 로취에게 대대장 윌리엄 해리스 중령이 하갈우리를 출발한 뒤부터 이상하게 행동했다고 말하면서, 다시는 적의 포로가 되지 않겠다며 비상식량과 구급약품을 가득 채운 배낭을 항상 메고 다닌다고 말했다. "정신적으로 불안증세를 보이는 것이 확실해"라고 모리스가 말했다.

3대대 작전장교 윌리엄 R. 어니 대위 : "그는 혼자서 돌아다니곤 해 그가 도로 동쪽에 있는 골짜기 위쪽으로 30m 높이에 혼자 서 있는 것을 보고도 이상하게 생각하지 않았습니다."

토마스 M. 설리반 중위의 소대가 배수로를 엄폐진지로 사용하여 적군을 도로 옆에서 쫓아내려고 사격하고 있었을 때, 해리스 중령이 나타나 설리반에게 관등성명(官等姓名)과 소속부대를 물었다.

"I중대 2소대장 설리반 중위입니다, 대대장님."

해리스는 팔을 뻗어 동쪽을 가리키면서, "자네 소대를 도로를 넘어 이동시켜 철도선로 제방에 배치하게. 임무를 줄 테니까"라고 말했다.

설리반은 대대장이 자기 소대를 도로를 내려다보고 있는 중공군 기관총 진지를 향해 돌격시키려고 한다고 확신했는데, "아무도 하고 싶어하지 않는 임무였지만, 소대를 사상자 없이 지시된 지점에 배치할 수 있었습니다. 차가운 바람 속에서 다음 명령을 기다렸지만, 대대장님은 다시 나타나지 않았습니다."

윌리엄 해리스 중령의 모습이 마지막으로 목격된 시간은 12월 7일 오전 6시 30분경이었고, 골트 하사와 영현등록반원들이 힘들고 위험스러운 수색작업을 실시하였지만 해리스 본인이나 그의 시신을 발견하지 못했다.

골트 : "나는 만나는 사람마다 중령을 보았느냐고 물어보았고, 많은 사람들이 그를 보았다고 말했습니다. 한 명은 5분 전에 그를 보았다고 말하기까지 했습니다. 어디서? 그 길을 따라 내려가서. 거기까지 가보고 또 앞으로 더 가보았지만 그의 흔적을 발견할 수 없었습니다. 이해하시겠지만 우리는 일을 할 때 눈에 안 띄게 빨리 시신들을 현장에서 이송(移送)하여 전사자의 동료들이 시신들을 쳐다보면서 얼마나 많은 동료들이 전사했나 하는 걱정을 하지 않도록 노력했습니다. 그들은 우리가 작업하고 있을 때 자주 동료의 소식을 물으며 우리를 귀찮게 하곤 했지만, 해리스 중령을 수색할 때는 아무도 우리 근처에 오지를 않더군요. 우리는 바위 뒤나, 암반 밑, 배수로, 중공군 벙커까지 샅샅이 뒤졌는데, 왜냐하면 부상을 당하면 보통 바람을 막아주고 적으로부터 몸을 숨길 수 있는 장소로 포복해 가거든요. 잠시만 찾아보아도 느낌이 오고, 찾을 수 없다는 것을 알게 됩니다. 그냥 실종(失踪)된 거지

요."

리첸버그는 로취에게 1개 소대를 이끌고 다시 해리스의 모습이 마지막으로 목격된 골짜기로 올라가 그의 이름을 가능한 한 크게 부르면서 수색을 하라고 명령했다. "만약 그가 부상당했더라도, 자네 소리를 들으면 대답할 걸세."

로취 소령 : "우리는 그 골짜기로 올라가 지시범위보다도 더 많이 올라가서 찾았지요. 수색 도중에 중공군이 불을 피우고 둘러서서 불을 쬐고 있던 곳도 지나갔는데, 그들은 우리를 못 본 척했고, 우리도 그들을 못 본 척했지요. 수색하면서 내내 목소리를 높여, '윌리엄 해리스, 나는 할 로취다. 들리면 대답하라. 어디에 있나?'라고 소리치며 다녔습니다."

해리스 중령의 살아있는 모습을 마지막으로 목격한 해병인 윌리엄 어니 대위가 해리스의 부친(父親)인 해병항공단장에게 아들의 실종소식을 전했다. 피일드 해리스 소장은 그날 저녁 흥남 항구에 정박해 있던 도일 제독의 기함(旗艦)에 승선하여 혼자 있고 싶어했다. 도일은 해리스 소장이 이상할 정도로 조용했다고 나중에 썼다.

"무슨 근심이 있나?"

해리스는 제독에게 자기 아들 빌이 장진호 부근에서 실종되었다는 보고를 받았다고 말했다. "내가 아는 한 그는 그날 하루만 슬픔에 잠겨 있었습니다. 그는 성실한 해병이었고, 아직도 거기서 싸우고 있는 사람들에 대한 자기 책임을 충분히 인식(認識)하고 있었기 때문에 태만(怠慢)하게 있지 않았습니다. 하지만 견디기가 정말 힘들었을 겁니다"라고 도일이 말했다.

강행군 I

리첸버그 대령 : "그때쯤 우리는 중공군 2개 연대가 새로 투입된 중공군 군단의 선봉으로 만주(滿洲)에서 압록강을 건너 장진호 지역으로 이동해 왔다는 것을 알게 되었습니다. 작전의 완벽을 기하기 위해 탈출작전의 실시를 하루 더 끌게 되면 2개 연대가 아니라 1개 군단(軍團)을 상대해야 할 상황에 직면할지도 몰랐습니다. 이 산악지대를 돌파해 나가려는 우리 작전이 성공하느냐 실패하느냐의 기로(岐路)에 있었지요."

때때로 눈보라가 몰아쳐 중공군의 공격만큼이나 행군을 더디게 만들었다. 12월 6일은 겨우 5 km를 전진하고서 날이 어두워졌다.

위생병 클레이풀 : "중공군은 하갈우리를 공격하기 위해 도로와 그 옆에 있는 강둑 사이를 집결지로 이용했는데, 거기에 포진해 있던 다수의 적이 아군 포병과 항공기의 공격을 받았지요. 조그만 다리 근처에 쌓여 있던 시체더미가 드디어는 쌓여있던 눈 속으로 가라앉았고, 눈이 단단하게 군자 층층이 쌓여 있는 얼음상자 안에 시체들이 들어있는 꼴이 되어버렸습니다. 우리는 다리 위에 서서 불도저가 차량행렬을 위해 도로를 치우는 것을 보고 있었는데, 불도저 운전병이 얼음 위로 불도저 삽날을 휘둘러 튀어나와 있는 시체의 다리나 머리를 잘라버렸습니다."

눈 속에서 강행군하고 있는 해병대원들

패트릭 로 소위 : "사람이 전차(戰車)에 깔려 빈대떡처럼 납작해진 만화를 보았을 겁니다. 그 시체들이 그 꼴이 되었지요. 하지만 날씨가 추워 시체들이 꽁꽁 얼어있었기 때문에 그렇게 참혹(慘酷)한 모습은 아니었습니다. 어떤 지역에 있던 시체들은 인간의 모습을 한 다채로운 색깔의 각얼음(ice cubes) 같이 보였습니다."

하갈우리와 고토리의 중간지점에 있던 죽음의 계곡에는 버려진 트럭과 지프들이 불에 타거나 총격에 부서진 채 도로 양쪽에 범퍼와 범퍼가 서로 닿을 정도로 바짝 붙어 멈춰서 있었으며, 어떤 차에서는 아직도 연기가 나고 있었다. 빨간 색과 녹색의 포장지 그리고 리본으로 싼 성탄절 소포 꾸러미들이 1,500 m도 넘게 길가에 흩어져 있었다. 여기 저기 중공군의 시체더미가 쌓여 있었으며, 죽은 해병들의 시신들은 운전석에 앉은 채로 있었다. 사물함의 봉인은 뜯겨져 열려 있었으며, 우편행랑도 찢어져 수백 통의 편지들이 바람에 날리어 사방으로 흩어져 있었다.

영국(英國) 해병 특공대원 론 모이스 : "이안 우스워드는 11월 29일 드라이스데일 특수임무부대가 죽음의 계곡을 탈출할 때 적의 총격을 받고 트럭 위에서 떨어졌습니다. 남쪽으로 행군하는 도중에 그를 발견했습니다. 중공군이 그의 시신을 다른 시신들과 함께 도로 옆의 배수로에 뉘어 놓았더군요. 시신은 장진호 지역에서 발견된 다른 시신들처럼 완벽하게 보존(保存)되어 있었는데, 저주스러울 정도로 추운 날씨 덕에 냉동상태가 된 거죠."

해병 5연대 G중대 아사 L. 기어링 병장은 드라이스데일 부대가 매복공격을 당했던 장소와 고토리 사이에서 퍼붓던 적의 사격을 아직도 기억하고 있다. "납덩이가 폭풍우(暴風雨)처럼 몰아쳤습니다. 총소리와 유탄(流彈)이 씽 하고 지나가는 소리가 끊임없이 들렸고, 거의 맞을 뻔한 적도 여러 번 있었습니다. 동료들은 계속 도로 위에 쓰러졌고, 위생병들도 거의 손을 쓸 수가 없었지요. 나는 죽은 거나 마찬가지라고 생각하면서 걸었고, 너무 지쳐서 신경을 쓰지도 않았는데, 거기서 살아남은 것 자체가 기적이었죠."

어떤 해병들은 죽음의 위협 앞에서 비상식적 쾌활함을 보여주었는데, 그것은 야전(野戰)에서 싸우는 해병의 특징이었다. 리차드 그로간 일병은 병력이 짧은 휴식을 마치고 빗발치는 총탄 속에서 행군을 재개하려고 할 때 알라드 존슨 일병이 지휘관 흉내를 내던 것을 아직도 기억하고 있다. "자, 해병들, 잘 들어라. 신호에 따라서 도로의 우현(右舷)에 있는 해병은 좌현(左舷)으로 이동하라. 이번에는 좌현 병력이 우현으로 이동하고, 그 반대도 마찬가지다. 선수(船首)에 있는 해병들은 선미(船尾)로 그리고 선미는 선수로 이동한다. 내 명령에 따라 겉이 녹색인 판초와 위장복을 뒤집어 안의 갈색이 밖으로 나오게 입고, 다시 반대로 한다. 이상, 질문 있나? 얍!"

해병 7연대 B중대 박격포 소대장 조셉 오웬 중위 : "우리는 항상 다양한 먹거리를 찾았습니다. 행군 도중에 내가 트럭에서 다진 고기가 담긴 취사장용(炊事場用) 대형깡통을 하나 슬쩍 해서 대검으로 열었지요. 그리고는 깡통을 서로 돌려가면서 다진 고기를 먹었는데, 더러운

강행군 도중 휴식을 취하는 해병대원들

장갑을 손에 낀 채 바닥까지 싹싹 긁어먹었습니다. 그 고기 맛이 우리 엄마가 집에서 해주시던 음식만큼이나 맛있었지만, 그때 내 모습이 어땠는지 상상이 갈 겁니다. 새로 전입한 나이 어린 보충병(補充兵)들은 우리를 얼간이라고 여기는 듯이 쳐다보았지요. 그 친구들은 정말이지 밥맛들이었습니다. 사실 나는 그 친구들이 안됐다고 생각하고 있었지요. 왜냐하면 그들은 우리같이 비참하고 혼란스러운 상황에 익숙해 있지 않았거든요. 기억(記憶)나는 친구가 한 명 있는데, 너무 어쩔 줄을 몰라 하길래 내가 이야기를 해주었죠. '할 일을 가르쳐 줄게. 솜을 누빈 옷을 입고 있는 사람을 보면 무조건 사격을 해, 알았나?'"

해병 7연대 B중대 리차드 바 상병 : "츄엔 리 중위는 시간이 있을 때마다 음식을 손수 만들어 먹곤 했고, 쌀을 끓이다가 거기에 연유(煉乳)를 부어 섞었습니다. 하루는 그가 나에게 손짓을 하더니 자기가 만든 음식을 몇 숟가락 먹어보라고 말했는데, 아마 내가 초췌해 보였었나 봅니다."

리가 자기는 그런 일이 기억나지 않으며, 먹을 것을 남에게 권유(勸誘)할 만큼 너그러웠는지도 모르겠다고 말했으나, 위생병 윌리엄 데이비스도 리가 그에게도 같은 권유를 했었다고 증언했다. "그 음식은 그때 상황 때문이었는지는 몰라도 믿어지지 않을 정도로 맛있었습니다"라고 데이비스는 아직까지도 말하고 있다.

전쟁이 발발하기 전에 서울대학교 교수(教授)였던 한국인(韓國人) 통역관 중의 한 명은 자주 정찰활동에 동행(同行)하곤 했는데, 행크 포스터 중사가 그 통역관도 철모를 써야 한다고 결정하고는 본인의 철모를 그에게 주었다. 그 이야기를 듣고 리 중위가 기겁을 하고 말리려 했으나, 그 교수 출신 통역관이 이미 정찰을 나가버리는 바람에 그렇게 할 수가 없었다. 덕동고개에서 남쪽으로 진격하면서 도로 옆에 죽어 있는 해병의 시신을 발견한 리는 포스터에게 그 시신에서 철모를 벗겨서 쓰라고 지시했고, 포스터는 그 지시대로 철모를 쓰고 하갈우리로 행군해 갔다. 리는 포스터와 그때 마지막으로 이야기를 나누었다.

쿠르카바의 7연대 B중대가 A, C중대와 함께 덕동고개 남쪽에서부터 공격을 시작했을 때 중공군 한 명이 리 중위의 앞에 나타나 그에게 총구를 겨누었다. 리의 한 발자국 뒤에서 쫓아가던 조셉 오웬이 자기 카빈 소총의 총구를 그에게 돌렸으나, 루파치니 일병이 먼저 자동소총을 갈겨, 적군은 소총을 눈 위에 떨어뜨리면서 나무그루터기 위에 쓰러졌다.

"잡았습니다. 소대장님!"이라고 리의 경호병을 자임하는 루파치니가
말했다.

"나도 저런 식의 엄호를 받았으면 좋겠다"라고 오웬이 자기 전령인
로버트 켈리 상병에게 말했다.

"내가 없었으면 소대장님은 오래 전에 죽은 목숨이었을 겁니다"라고
켈리가 갈라진 목소리로 대답했다.

"그래 네 말이 맞다, 켈리 너 없이 내가 뭘 하겠냐?"

하갈우리, 고토리 그리고 흥남은 무선통신 중계설비로 연결되어 있
었고, 스미스 장군의 말에 따르면, 탈출작전의 진행은 많은 부분이 지
속적이며 신속하고 신뢰할 수 있는 통신망의 연결상태에 달려 있었다.
12월 6일 오후 2시 40분에 하갈우리의 통신 중계설비가 해체되면서 ―
해병대식으로 말하자면 확보되면서 ― 그때 스미스 장군이 머물고 있
던 고토리의 무선 중계소가 사단의 주(主) 통신소가 되었다.

같은 날 오후 6시에 하갈우리 야전활주로(野戰滑走路)가 폐쇄(閉
鎖)되었다. 그때까지 모두 4,312명의 부상병과 동상환자들이 항공편
으로 후송되었고, 추가로 173구의 해병 전사자 시신들도 후송되었으
며, 동시에 수백 톤의 탄약, 전투식량, 연료, 의약품과 500명 이상의
보충병들이 공수(空輸)되어 왔다. 하갈우리에서 마지막으로 후송된
부상자들은 이스트 힐을 최종적으로 점령(占領)하기 위한 전투에서 발
생한 60여 명의 부상자들이었다.

올리버 스미스 장군 : "오후 2시쯤에 리첸버그 대령이 전문을 보내 포
위망을 돌파했으며 순조롭게 진격하고 있다고 보고해 왔습니다. 내가
고토리로 이동하기에 적절한 상황이라고 판단이 되었는데, 헬리콥터
로 10분이 소요되는 거리였습니다. 조종사가 120m에서 150m의 고
도(高度)를 유지하면서 도로를 따라 비행(飛行)했고, 7연대의 선도부
대(先導部隊) 상공을 통과하면서 치열한 전투가 전개되고 있는 것을

볼 수가 있었습니다."

고토리에 도착하여 풀러 대령과 이야기를 나누면서 스미스는 고토리의 방어태세가 훌륭하며, 적의 저항을 물리치면서 진격해 오고 있는 1만 명의 병력을 위하여 따뜻한 음식과 텐트가 준비되어 있다는 것을 알았다. 그러나 고토리에서부터 남쪽으로 뻗은 도로는 아직도 봉쇄(封鎖)되어 있었고, 도수장 위의 다리도 부서진 채 있었다. 스미스는 고토리 주위의 능선에 중공군 대병력이 집결하고 있는 것을 자기 눈으로 직접 볼 수 있었다.

후위부대 Ⅱ

이스트 힐에 대한 해병 5연대의 공격은 생각보다 쉽게 끝났다. 12월 6일 아침 8시 30분에 공격을 개시, 사무엘 스미스 대위의 D중대가 공격 선봉부대로 나섰고, 세 시간 후에 우엘 피터스 대위의 F중대가 D중대를 교대하였다. 중공군의 저항은 고지를 피로 물들인 가운데 무너졌고, 300명이 포로로 잡혔다. 그 결과 남쪽으로 뻗은 도로를 감제하는 고지가 해병의 통제하에 들어 왔으나, 적군은 그날 밤 강력한 반격을 감행하였다. 조명탄 불빛 아래서 고지를 방어하던 해병들은 중공군이 북쪽에서부터 도로를 따라 4열종대의 대형을 갖추고 구보(驅步)로 달려와 고지를 오르기 시작하는 것을 목격하였다. 적군은 해병의 방어선에 다가와서는 산개대형(散開隊形)으로 침투하려고 하였으나, 해병들은 기관총 사격으로 그들을 벌초(伐草)하듯이 쓸어버렸다.

군의관 헨리 리트빈 중위에게는 이스트 힐 전투가 긴 악몽(惡夢)의 일부분 같았다. "부상당한 해병의 철모를 벗겼을 때 그의 심장(心臟)이 그때까지 뛰고 있는데도 뇌수(腦髓)가 냄비의 스튜가 쏟아지듯이 골 밖으로 나와 있던 것을 아직도 기억하고 있습니다. 그 참혹한 모습에 가슴이 저려 자리에서 벌떡 일어나 몇 발자국 뒤로 물러났는데, 그를 돕기 위해 할 수 있는 일이 아무 것도 없다는 것을 알았습니다."

바로 그때 나이 어린 해병이 한 명 그에게 다가와 쾌활한 목소리로 말했다. "군의관님, 우리가 또 후위부대(後衛部隊)가 된 거 아세요?"

리트빈은 그를 기가 막힌 표정으로 쳐다보며 말했다. "유담리에서도 후위였잖아."

"그랬지요. 정말 명예롭지 않아요?"

리트빈은 그 소식을 듣고 정말 걱정스러워졌다. 그는 이미 구호소 텐트의 외벽 천에 계속 생기는 총알 구멍 때문에 신경이 곤두선 나머지 지쳐있었다("낮에 텐트 안에서 그 구멍으로 바깥을 보면 별빛 밝은 밤하늘을 보고 있는 것 같았습니다"). 잠시 후, 수송선에서 친절하게 대해주었던 기관총 소대장 칼 세이들 중위가 리트빈을 만나러 들렀다.

"군의관님, 지내기가 어때요?"

"그리 나쁘지는 않은데, 상황이 전반적으로 좋은 것 같지 않아."

"걱정 마세요. 중공군 놈들을 무찔러 버릴 거니까."

리트빈은 그의 말을 믿지 않았다. "나는 '왜 솔직하게 말하지 않지, 칼 세이들?'이라고 마음속으로 말했던 기억이 납니다. 밤이 되자 나는 곧 적에게 유린될 거라는 생각에 사로잡혀 있었죠. 근처에서는 격렬한 전투가 진행되고 있었으며, 칼 세이들하고 말을 한 건 그때가 마지막이었습니다."

해병 5연대 D중대 잭 스테판스키 일병: "우리가 있던 곳은 암반지대였습니다. 처음에는 큰 바위의 오른쪽으로 돌아가라는 명령을 받았으나, 그 너머가 바로 절벽(絶壁)이라서 갈 수가 없었고, 다시 왼쪽으로 가 보았지만 적군이 건너편 골짜기에서 사격을 해오는 바람에 더 나갈 수가 없었습니다. 좁다랗게 파진 참호를 발견하고, 그 안으로 뛰어들었더니, 그 안에는 중공군 시체가 하나 있더군요. 참호에서 일어나 오른쪽 무릎을 그 시체의 오른쪽 눈구멍에 대고 편안한 자세로 응사(應射)했는데, 죽은 적군이 신경을 쓰지 않을 거라는 것을 알고 있었죠."

스테판스키는 골짜기를 따라 내려오는 일단의 중공군을 발견한 순간 몸 왼쪽에 큰 충격을 받으면서 그 자리에 쓰러졌지만, 아무런 고통도 느끼지 않아 다시 일어섰다. 스테판스키가 수류탄을 투척하기에 유리한 위치에 있다는 것을 안 분대장(分隊長)이 그에게 자기 수류탄을 토스해 주기 시작해, 스테판스키는 한 번에 한 개씩 안전핀을 뽑고 손을 어깨 밑으로 해 천천히 적에게 수류탄을 던졌다. "옆에서 자동소총 사격소리가 나서 보니 O. K. 더글러스가 바위 위로 올라가 총알이 가득 찬 탄창이 다 빌 때까지 중공군에게 사격을 퍼붓고, 재장전해서 다시 20발 정도의 실탄을 적에게 쏘았는데, 정말 멋졌습니다." 그러자 중공군이 물러갔고 사방이 조용해졌다.

스테판스키는 주위를 둘러보고 해병이건 중공군이건 살아있는 사람이 없는 것을 알고는 걱정이 되었다. 땅 위에 앉아 담배에 불을 붙인 그는 다음 할 일에 대해 생각을 해보려 하였다. 그가 이스트 힐의 유일한 생존자인 것처럼 보였고, 그때가 장진호 전투의 전 기간을 통해서 스테판스키의 기분이 제일 우울해졌을 때였다. 잠시 후 조지 맥노턴 중위가 포복으로 뒤쪽으로 다가왔을 때 그는 기뻐서 어쩔 줄을 몰랐다.

"소대장님 얼굴을 보게 돼 정말 기뻐요."

"무슨 일이야, 스테판스키?"

"소대원 아무도 보이지 않아서요. 우리 둘만 남았나요?"

"말도 안 되는 소리 하지말고, 날 따라와"라고 맥노턴 중위가 말했다. 기관총사수 조지 하웰 일병이 다가와서 말했다. "헤이, 스테프, 총 맞았다고 하던데."

"뭐? 아니."

"네가 총을 맞고 쓰러지는 걸 보았는데. 배낭을 벗어 봐."

하웰의 도움으로 배낭을 벗은 그는 배낭 표면에 총알 구멍이 난 것을 보았고, 총알은 전투식량이 든 깡통을 관통하여 둘둘 말아 싼 모포까지 뚫고 들어왔다.

그날 나머지 시간동안 스테판스키는 전사자의 시신과 부상병을 도로까지 나르는 일을 자원해서 했는데, 산길이 눈썰매장 같이 미끄러워 꽤 힘이 들었다. "전사자 중에는 로버트 쉐퍼드 일병도 있었는데, 우리는 수송선 조지 클라이머호(號)에 승선했을 때 친구가 되었죠. 그의 시신을 발견했을 때 덩치가 작으니까 다른 떡대들보다 끌고 가기 쉽겠구나라고 생각했던 것이 기억납니다. 하지만 밥 쉐퍼드의 죽어 있는 모습을 보는 게 마음이 아팠습니다. 그런 감정은 쉐퍼드에게서만 느낀 것이 아니었습니다. 산비탈을 조금 더 올라가서는 라슨 하사의 시신이 누워 있었고, 거기서 조금 떨어진 곳에는 깨끗하게 다듬은 턱수염을 한 세이들 중위의 시신이 쓰러져 있었죠."

스테판스키는 그 일을 하면서 갈증이 나 하던 일을 멈추고 눈을 한 주먹 입에 넣었다. "나는 줄곧 전사자의 얼굴을 바라보았는데, 전사한 해병의 모습은 경외심(敬畏心)을 일으키게 했습니다. 그날 늦게 불 가에 앉아 언 C-레이션 깡통을 녹이면서 노래 하나가 머리에 떠올랐고, 특히 다음 가사는 지금도 기억이 납니다. '저길 좀 봐, 그녀가 예쁘지?' 그 가사는 전사자들의 모습을 떠올리게 했지요. 그들은 눈 위에 누워 있는 커다란 밀랍인형(蜜蠟人形) 같았거든요. 며칠 전에 소대장님이 우리들 중 몇 명은 다음날 같이 있지 못할지도 모른다고 경고했는데, 소대장님 말이 옳았습니다. 소대장님은 항상 옳은 말만 했어요."

세이들 중위가 전사할 때 옆에 있었던 기관총반 반장 윌리엄 게리첸 하사는 중위가 부하들을 돌볼 줄 아는 장교였다고 기억하고 있다.

"한번은 손가락이 얼어서 오줌을 누려고 할 때 겹으로 껴입은 바지의 단추를 열지 못해 쩔쩔 매고 있었습니다. 그가 곤란해하는 나를 보고는 몸을 구부려 단추를 풀어 주면서, '오줌 다 누면 얘기해'라고 말했고, 내가 용무를 마치자 다시 단추를 채워주었습니다. 지금은 별 거 아닌 것 같지만, 그때는 대단한 일이었습니다. 여하튼 그가 전사할 때 옆에 있었는데, 그는 옆 걸음을 치더니 눈 위에 쓰러졌습니다. 길이 미끄러워 모두들 미끄러지곤 했지만, 그는 죽은 것이 확실했고, 그것도 즉사(即死)였는데, 그나마 불행(不幸) 중 다행이었죠. 우리가 그의 시신을 거기서 후송해 나오지는 못했지만 말입니다. 그 일에 대해 수년 동안 생각해 보았지만, 주어진 상황에서 산비탈 자락에 세이들 중위의 시신을 급조 야전매장(野戰埋葬)하기로 했던 존슨 중위의 결정이 옳았다는 생각에는 추호도 변함이 없습니다."

해병 5연대 D중대 소대장 리차드 M. 존슨 중위 : "로이스 중령의 대대가 마지막으로 하갈우리를 떠나는 해병부대라는 것을 짐작하고 있었지만, 대대가 출발준비를 끝냈는데도 우리는 전사자의 시신을 산 아래로 운반하여 트럭에 싣느라고 바빴습니다."

존슨과 그의 부하들은 벌써 십여 구의 시신을 운반했는데, 시신을 판초에 싣고 네 명이 한 쪽씩을 잡고서 산비탈을 끌고 내려왔다. 극도로 추운 날씨로 인해 판초가 쉽게 찢어지는 바람에 시신 운반작업은 아주 힘이 들었고 작업속도가 느렸다. 마지막으로 남은 시신이 세이들 중위였고, 그때는 트럭 한 대만이 마지막으로 남아 있었다. 담당장교가 존슨에게 더 이상 기다릴 수 없다고 말했고, 운전병은 엔진에 시동(始動)을 걸고 있었다.

존슨 : "중공군 대병력이 골짜기의 북쪽에서 우리를 향해 몰려오는 것이 보였기 때문에 그들이 초조해 하는 것을 비난할 수 없었습니다. 그러나 나는 그들에게 기다리라고 부탁을 하고서 세이들 중위의 시신을 산 아래로 운반하려는 네 명의 해병을 도우러 산 위로 올라갔습니다."

그들이 산 아래에 도착했을 때 트럭은 이미 떠나버려 그들은 세이들 중위의 시신을 도로 옆에 내려놓고는 중공군이 시시각각(時時刻刻) 다가오는 가운데서도 주위에서 돌을 모아서 그의 시신을 최대한으로 덮었다. "잠시 후에 하던 일을 멈추었는데, 모두들 마음이 동요되고 좌절감과 슬픔을 느꼈습니다. 우리는 돌무덤 앞에 서서 내가 몇 마디 기도를 하는 동안 머리를 노출시켰고 ─ 모자를 벗은 것을 해병대식으로 표현해서 ─ 그리고 나서 대대에 합류하려고 서둘러 출발했지만, 대대는 벌써 이동을 해버린 뒤였습니다."

　군의관 리트빈 : "칼 세이들과 좀 더 많은 시간을 보냈어야 하는 건데 하고 후회를 하곤 했지요. 그는 정말 호감(好感)이 가는 젊은이였으며, 나는 지금도 그가 보고 싶습니다."

강행군 II

위생병 제임스 클레이풀의 말에 따르면 그때쯤 가서는 지치지 않은 사람이 아무도 없었다. "행군도중에 쓰러진 경우에는 일으켜 세우기 위해 손으로 목덜미를 잡아끌어야 했는데, 나도 점점 힘이 빠지면서 귀찮아져 선 채로 쓰러진 해병을 발로 가볍게 툭툭 차서 일으켜 세웠습니다. 그래도 일어나지 않으면 일어날 때까지 점점 더 세게 찼습니다." 그중 한 명이 화가 나서 총으로 클레이풀을 위협했지만, 그 덩치 큰 위생병은 "좋아, 우선 일어난 뒤에 쏴"라고 말했다.

해병 5연대 1대대의 덕 미쇼드 일병은 둘루쓰에서 같이 소집(召集)되어온 두 명의 동료와 함께 행군종대가 정지할 때마다 잠시 눈을 붙이기 위해 기발(奇拔)한 방법을 생각해 냈다. "우리 세 명은 서로의 등을 기대어 삼각대 모양을 만들었는데, 편안하지는 않았지만, 그렇게 해서 잠을 좀 잘 수는 있었지요"라고 미쇼드가 말했다.

나이 어린 해병대원 한 명이 피로에 지쳐 쓰러지는 것을 목격한 육군 대위 조지 라술라는 그가 일어서려고 애쓰는 것을 보고 손을 뻗어 도와주려고 했으나, 그 해병은 라술라의 손을 잡으려다가 그의 모자에 달린 육군 표시를 보고는 손을 빼면서 "괜찮습니다. 나는 해병이거든요"라고 말했다.

찰스 설리반 중위 : "잠을 잤다는 말은 좀 그렇고, 잠시 정신을 놓았

중공군 포로들, 대부분 테니스화를 신고 있어 동상에 걸려 있었다

다는 거지요. 그건 포로들도 마찬가지였습니다. 담요 한 장을 함께 쓰면서 우리와 같이 행군을 하던 세 명의 포로가 있었는데, 행군이 지체(遲滯)될 때마다 쪼그리고 앉아 바람을 등에 지고 담요를 셋이 같이 덮고는 인사불성 상태에 빠지곤 했습니다. 한 번은 다시 행군을 시작하면서 보니 그중 한 명이 얼어죽어 있더군요. 나머지 두 명은 죽은 동료의 시신을 쳐다보지도 않고, 자리에서 일어나 걷기 시작하길래 그들이 담요를 조금 편하게 덮을 수 있겠구나 하고 생각했습니다. 시체가 도로 한복판에 쪼그리고 앉아있는 모습이 보기 싫어 도로 옆의 배수로에 끌어다 놓았지요. 800 m쯤 더 나아간 뒤에 쉬면서 보니 다른 포로가 조금 전에 얼어죽은 포로의 자리를 대신 차지하고 있었습니다. 그걸 보고 흥남(興南)에 도착할 때면 그 담요만 남을지도 모른다는 생각이 들더군요."

발바닥이 까진 채 터벅터벅 걷던 해병 1연대 I중대 앨런 헤링턴 상병은 바로 옆에서 중공군 포로가 다른 포로를 등에 업고 걷고 있는 것

540

을 보았다. "아주 단단하게 생긴 친구였는데, 등에 사람을 업고도 우리만큼 빠르게 걸었습니다." 비록 비무장이고 한 명은 부상자이긴 하지만, 행군종대 한복판에 두 명의 적군 병사가 끼어 있어서는 안 된다고 결정한 피셔 중위는 두 명의 해병에게 그들을 행군종대 밖으로 데려가라고 지시했고, 헤링턴은 동료를 등에 업은 중공군 포로가 산비탈을 오르며 안개 속으로 사라질 때까지 바라보았다.

레이몬드 머레이 중령도 중공군 포로의 무신경할 정도로 태연한 모습에 깊은 인상을 받은 사람이었는데, 추위를 막기에 빈약한 신발 때문에 중공군은 미군보다 동상(凍傷)으로 더 심한 고통을 겪어야 했기 때문이었다. "하갈우리에서 고토리로 행군하면서 나는 몇 명의 중공군 포로들이 코끼리 발처럼 둥그렇게 부어오른 발로 터벅터벅 걷는 모습을 보았는데, 물집이 잡힌 그 발로 걸을 때마다 철벅철벅하는 소리를 냈습니다."

해병대는 중공군의 침투(浸透)를 두려워하여 피란민(避亂民)들과 거리를 두려고 애썼으며, 따라서 민간인들과 접촉한 경우가 드물었다. 랄프 아벨 중위는 자기 소대 선임하사에게 불타고 있는 오두막 옆에 앉아 있던 어린 아기를 데려오라고 명령했던 것을 기억하고 있다. "그 여자아기에게 우유가루를 주었지만 먹으려 하지 않아 C-레이션 남은 것을 주었더니 그건 먹더군요. 이 사람 저 사람이 그 아기를 돌보다가 마침내 군목이 떠맡았습니다. 지금 살아 있으면 50살 정도 되었을 텐데, 그녀가 그 뒤에 어떻게 되었을까 궁금해지곤 했지요."

해병 11연대 스티븐 스파노비치 일병의 옆에 젊은 남자와 아기를 등에 업은 여자가 나란히 걷고 있었다. 그들은 그를 보고 고개를 끄덕이며 웃더니 남자가 손을 뻗어 그에게 꿀이 담긴 벌집을 내밀었다. 스파노비치는 받기를 계속 거절하였으나 그 한국인 남자는 끈질기게 내밀었다.

스파노비치 : "보잘 것 없는 것이라도 함께 나누려고 했던 그들을 항

상 기억할 겁니다. 그들이 산악지대를 무사히 빠져나가기를 빌었지요."

12월 7일 날이 밝았을 때 행군종대는 동쪽 고지에서 쏟아지는 적군의 집중사격으로 갑자기 전진을 멈추어야 했다. 사격이 잠시 멈춘 동안 G포대와 H포대를 목표로 중공군이 보병 공격을 시도하려는 의도가 분명해 보이자, 제임스 켈랜더 소령과 어네스트 페인 대위, 벤자민 리드 대위는 포대소속 야포를 견인(牽引)하여 가던 포차(砲車)에서 즉시 분리하여 방어준비를 갖추었다. 운전병들이 트럭들을 앞뒤로 능숙하게 정차시켜 트럭들 사이로 야포 9문의 포구(砲口)가 적을 향하도록 배치하는 동안, 포대원들은 트럭에서 포탄상자를 내려 야포 옆에 옮겨 놓았다. 보기 드문 대결의 장(場)이 펼쳐졌는데, 상대는 중공군 보병(步兵) 1개 대대와 그에 대항하는 미 해병 포병(砲兵) 2개 포대였다.

날이 환하게 밝자 러셀 런 하사의 기관총반 사수들은 중공군이 철도 선로를 넘어 떼지어 몰려오기 시작하는 것을 보았다. 리드 대위가 런 하사에게 부하들을 도로 뒤로 후퇴시키라고 명령하였는데, 거기에는 페인 대위가 트럭 운전병들로 사선(射線)을 조직하고 기다리고 있었다.

프란시스 페리 소령: "시간적 여유가 전혀 없었습니다. 중공군은 그 때 벌써 철도 제방 너머로 머리를 보이거나 우리를 더 잘 보려고 제방을 뛰어 올랐습니다."

포대원들은 철도 제방 너머로 직접 포격을 시작하여 중공군이 철로를 넘어 몰려오는 것을 저지하였다. 포다리를 고정시킬 시간이 없어 각 야포의 포수들은 포 방어판에 달라붙어 포격시의 충격을 몸으로 흡수, 포의 위치를 고정시켜 연속적(連續的)으로 포격을 할 수 있게 하였다. 포탄을 발사할 때마다 포 방어판에 포대원들을 매단 채 야포가 뒤로 몇 미터씩 물러나면, 네다섯 발을 쏘고 난 포수들이 다시 포를 앞으로 밀어 원위치시킨 후에 몰려오는 적군을 향해 포탄을 퍼부었다. 발사할 포탄의 종류를 가릴 여유가 없었기 때문에 포수들은 고폭탄,

장갑탄, 백린탄, 연막탄 등을 손에 닥치는 대로 포미(砲尾)에 장전하여 목표를 향해 발사했는데, 목표가 너무 근접하여 자신들이 발사한 포탄의 파편에 피해를 입을 위험성이 있을 정도였다. 신관을 조정하거나 추진장약을 몇 개 붙였는지 확인할 시간도 없었고, 단지 포탄을 발사하고 포구를 청소한 뒤 포탄을 장전, 다시 발사할 시간 밖에 없었다. 포격을 맞은 적군의 모습은 처참할 정도였다. 솜을 누빈 군복을 입은 인간들의 신체(身體)가 대량으로 분해되거나 공중으로 증발(蒸發)해버렸다.

전투가 끝나고 나서 해병들이 세어보니 전장에는 500구 이상의 시체가 갈기갈기 찢어진 채 쓰러져 있었다. H와 G포대는 합해서 600발 이상의 포탄을 발사했으며, 해병대의 사상자는 전사 3명과 34명의 부상자뿐이었다.

페리 소령 : "그 이전에 야전포병(野戰砲兵)이 그런 엄청난 전과(戰果)를 거둔 적이 있었나요?"

아벨 중위가 겪은 가장 두려웠던 경험은 길레르모 토바르 병장이 보고해 온 미군과 영국군 포로를 구출(救出)하러 간 일이었다. "F중대는 무사히 고토리에 도착했지만, 대대 작전장교인 로렌스 소령이 자고 있던 나를 흔들어 깨워 우리 중대가 도로를 거슬러 올라가 포로가 된 우군을 구하러 가야 한다고 말했을 때는 정말 똥 씹은 기분이었습니다."

해병 7연대 F중대 데이비드 티터 일병 : "누군가 큰 소리로 '바깥으로 나가. 출동준비! 빨리!'라고 소리치며 우리를 깨웠습니다. 그들이 말하기를 중공군이 포로들을 풀어주기로 동의했으며, 우리 중대가 그들을 인수해서 고토리로 호송해야 한다는 겁니다. 우리 중대에는 약 20명 정도의 병력이 남아있었지요. 반은 졸면서 도로를 거슬러 올라가다가 그때까지도 하갈우리에서 행군해 오던 해병들을 만나면 그들은 우리에게 길을 잘못 들었다고 놀려대기도 했습니다. 내 생각에 우리 중대가 포로구출부대로 선정된 이유는 우리가 죽음에 무관심했기 때문이었으며, 그 기회에 우리가 제대로 죽기를 바랬던 것 같더군요."

그들은 도로를 따라 3km를 거슬러 올라간 뒤 오른쪽에 있는 골짜기로 방향을 돌려 들어갔다.

아벨 : "북쪽으로 다시 돌아간다는 것은 정말 신경이 곤두서는 일이었습니다, 그 골짜기로 들어간 뒤에는 우리를 쉽게 쓸어버릴 수 있는 수백 명의 중공군이 주위를 둘러싸고 있다는 걸 알고 있었기 때문에 더 긴장했지요. 도처에 중공군의 모습이 눈에 들어왔습니다."

스무 명의 해병들은 벽면이 가파른 계곡으로 이어지는 개천을 따라 걸어 올라갔다. 능선에서는 중공군들이 해병들을 내려다보고 있었다. 해병들은 소총을 어깨에 둘러메 그들이 비전투 임무를 띠고 있다는 것을 나타내려 했고, 또 들것을 운반할 수 있도록 빈손 차림이었다.

티터 일병 : "내 태도는 운명론적(運命論的)이었습니다. 중대 병력의 반 이상이 전사하거나 부상당한 폭스 힐에서 방금 빠져 나왔더니 다시 중공군 손에 목숨이 달려있는 처지가 되어버렸는데, 그건 내 능력으로 어떻게 피할 수 있는 문제가 아니었기 때문이었습니다."

구출부대가 현관이 딸린 목조 단층가옥에 들어가 보니 수십 명의 미 육군병사들과 두 명의 영국군 특공대원이 아무 것도 깔려 있지 않은 방바닥에 누워있었다. 버려져 있던 포로들은 구출부대를 보고 기뻐 어쩔 줄을 몰랐고, 그 중 한 명은 우편행낭을 꼭 잡고서 내놓으려 하지 않았다. 그는 그 곤경을 겪고도 편지를 배달하겠다는 결의에 차 보였다. 아벨 중위와 부하들은 그들과 문제의 우편행낭을 들것에 싣고 바깥으로 운반했다.

아벨 : "우리는 중공군이 내려다보는 가운데 골짜기를 달려 내려왔는데, 도로가 거기에 비하면 안전지대(安全地帶)로 느껴졌으니까요. 지옥(地獄)에서 빠져 나온 것 같았습니다."

인해전술

그때 후위부대로 하갈우리에 남은 로이스와 스티븐스의 대대가 지키는 방어선이 동요(動搖)하고 있었다.

해병 5연대 A중대 니콜라스 M. 트랩넬 중위는 방어선 앞쪽에서 수상한 움직임이나 소리를 포착하지는 않았지만 상황이 심상치 않게 돌아가고 있다고 느낀 해병 중의 한 명이었다. 어둠 속에서 폭발한 조명수류탄의 불빛 아래 보이는 광경은 성탄절 카드에나 어울릴 것 같은 평화스러워 보이는 눈 덮인 산야의 모습이었다. 조명수류탄이 다 떨어지자 그는 기관총을 연발로 사격해 예광탄 불빛으로 조명효과를 유지해야 하는지를 소대 선임하사와 나지막한 목소리로 상의했고, 그들은 기관총 사격이 진지 위치를 적에게 노출시킬 거라는 것을 알면서도 적군이 은밀하게 접근해 오는 것을 방지하기 위해 사격을 하기로 결정했다. 그래서 기관총 사수들이 점사(點射)로 사격을 시작했고, "나는 예광탄 불빛 속에서 가슴이 얼어붙는 것 같은 광경을 목격하게 되었는데, 흰색 위장복(僞裝服)을 입은 중공군 대병력이 정숙(靜肅)을 유지하면서 눈 위를 기어서 접근하고 있는 겁니다"라고 트랩넬이 술회했다.

인해전술(人海戰術)이란 용어가 한국전쟁에 확실하게 등장(登場)하게 된 경우는 12월 6일과 7일 사이의 야간전투가 처음일 터인데, 공식전사(公式戰史)에는 다음과 같이 기록되어 있다.

그 이후 세 시간에 걸친 전투는 유담리 전투 참전자들의 눈에도, 전체 장진호 전역(戰役)을 통해서 가장 치열한 전투는 아니었을지라도, 가장 볼만한 전투광경이었는데, 중공군이 그런 엄청난 병력을 동원하거나 그렇게 집요하게 공격해 온 적이 없었기 때문이었다. 어둠 속에서 예광탄의 불빛이 교차하면 뒤이어 조명탄의 음산한 불빛에 구보로 달려오던 중공군 병사들이 그 자리에 그대로 쓰러져 시체가 산처럼 쌓여갔다. 해병대는 보유한 전차, 야포, 박격포, 로켓포, 기관총 등 모든 화기를 동원해 적군을 엄청나게 살상했으나, 적군은 모든 것을 체념한 듯한 태도로 계속 밀려와, 해병들이 경외심(敬畏心)을 느낄 정도였다. 솜을 누빈 군복을 입은 조그만 도깨비 같이 보이는 일단의 중공군이 가끔 수류탄 투척거리까지 접근했지만 바로 아군사격에 쓰러져 갔다.

존 스티븐스 중령의 지휘소는 전방에 전개된 A와 C중대의 진지에서 100m 정도 떨어진 창고에 설치되어 있었고, 존 R. 행콕 중위의 B중대가 대대 예비대(豫備隊)로 전방중대 바로 뒤에 배치되었다.

스티븐스 : "연대장 머레이 중령을 포함해서 많은 사람들이 바람을 피할 수 있는 지휘소로 모여들었습니다. 연대장과 이야기를 나누고 있을 때 적의 공격이 시작되더니 제임스 B. 히터 대위가 지휘하는 A중대 진지 일부가 적에게 유린당했다는 전갈이 왔습니다. 머레이 중령은 내가 B중대를 그 시점에 투입(投入)하기를 바란 것 같았지만, 나는 조금 기다려 보기로 결심했지요. 행콕 자신은 애가 타서 발을 구르고 있었지만 말입니다."

A중대 소속의 에드워드 콜린스 중위의 소대 진지를 유린한 중공군 병력의 일부는 비무장으로 들것만 운반하고 있었다. 콜린스는 자기를 못보고 지나가던 들것 운반조에게 충동적으로 수류탄 안전핀을 뽑아 던지고 참호 속으로 몸을 웅크렸다.

"제네바 협약(協約)에 맞지 않는군"이라고 그 이야기를 들은 스티븐스 중령이 나중에 말했다.

"하지만 대대장님, 그들은 들것에 탄약을 운반하고 있었습니다."

"그 말을 들으니 마음이 놓이는군."

드디어 B중대가 투입되어 적의 공격을 격퇴하고 밀어붙였을 때 날이 서서히 밝아오면서 후퇴하던 적 병력은 해병들의 사격에 좋은 목표물이 되었다. 정확한 소총사격에 자부심을 가지고 있던 해병들에게는 그때가 숙련된 사격술을 시연(試演)하기에 아주 훌륭한 기회였다. 트랩넬 중위는 오빌 맥멀린 중사가 여덟 발의 실탄이 든 탄창을 장진하여 연속으로 여덟 명의 중공군을 사살하는 것을 바라보았다.

군의관 헨리 리트빈: "텐트 거적문이 갈라지더니 F중대장 우엘 피터스 대위가 운반되어 왔습니다. 그는 불같은 성격의 우직한 사람이었으며, 해병대가 인생의 전부인 장교였지요. 그는 들것 위에 앉아 있었는데, 긴장되고 조급해 보였습니다.

'치료 해주시오, 군의관. 붕대쯤이야 빨리 감을 수 있을 거 아니요? 중대로 복귀해야 하니까. 중공군 놈들이 워낙 많이 몰려와서 말이요.'

나는 무릎을 꿇고 부상 부위를 보았지만, 붕대를 감는다는 것은 말도 안 되는 소리였습니다. 다리 하나가 90도쯤 꺾여 있었고, 일부분에는 불이 붙어 있었어요. 끔찍한 모습이었는데, 나는 무엇을 해야 할지, 무슨 말을 해야 할지 모르겠더군요. 위생병 한 명이 그건 백린(白燐)이 피부에 붙어 타고 있는 것이라고 설명해 주었습니다. 의대(醫大)에서는 그런 걸 배운 적이 없었거든요. 백린이 물분자(H_2O)에서 산소를 빨아들여 피부의 수분을 다 제거해 버린다는 것을 나중에야 알았습니다. 화상 부위를 치료할 수는 있었지만 불을 끌 수는 없었는데, 산소가 다 연소(燃燒)될 때까지 뼈 속까지 태운 뒤에야 불이 꺼졌습니다. 위생병이 나에게 황산동(黃酸銅)을 화상부위에 바르는 방법을 가르쳐 주었습니다. 오랫동안 발라야 했는데, 피터스 대위는 내내 '군의

관, 빨리 좀 할 수 없어요? 중대로 복귀해야 한다니까'라고 말하는 겁
니다. 그러면서 잠시 위를 쳐다보니 야전 랜턴 불빛에 로이스 중령이
눈물을 흘리며 서 있는 모습이 보이더군요. 그걸 보고는 나도 눈물을
흘린 것이 부끄럽지가 않았고, 피터스 대위는 그런 모습을 보고서야
현실상황(現實狀況)을 받아들여야 한다는 것을 깨닫는 것 같았습니
다. 말하던 것을 멈추고 그냥 들것에 누워 있더군요."

  아침나절에 사격이 멈춘 뒤 레이몬드 머레이 중령은 스티븐스 대대
의 진지를 걸어서 둘러보았다. 제2차 세계대전 때 과달카날과 타라
와, 사이판 전투에 참전했던 그는 그날 아침 하갈우리에서 본 것처럼
그렇게 많은 시체가 한 곳에 쌓여있는 것을 본 적이 없었다. 시체들은
히터의 A중대 진지에서부터 철도 옆의 보급품 야적장을 거쳐 이스트
힐의 산기슭까지 널려 있었다. 시체의 숫자에 대해서는 공식기록마다
달랐으나 일치(一致)된 의견은 언뜻 보기에도 중공군 시체가 1천 구
이상 있었다는 것이었다. 스티븐스의 대대에는 그날 밤 전투에서 10명
의 전사자와 43명의 부상자가 발생하였다. 연대지휘소로 돌아 온 머레
이는 리첸버그의 7연대가 도로를 따라 순조롭게 진격하고 있다는 소식
을 들었고, 그것은 5연대도 출발할 시간이 되었다는 것을 의미했다.
  태플렛의 3대대가 다시 한 번 선봉에 섰고, 토마스 A. 더햄 소령은
대대가 전진하다가 하갈우리 남쪽에서 리첸버그의 차량행렬에 공격을
가하다가 격퇴당한 중공군 시체가 무더기로 쌓여있는 것을 목격했다고
기억하고 있다. 더햄이 서 있던 곳에서 350 m쯤 떨어진 곳에서 중공
군 한 명이 시체더미 사이에서 일어나더니 다음 행동을 결정 못하고
있었다. 해병들이 그를 보고 도로 쪽으로 내려오라고 손짓했지만, 그
는 시체 사이에 서서는 어찌할 바를 모르고 주위를 두리번거리다가 드
디어 마음을 결정했는지 돌아서서 숲을 향해 걸어가기 시작했다. 여러
명의 해병들이 그를 향해 사격을 했으나 옷들을 두껍게 껴입고 있었기

548

때문에 무거운 M-1 소총을 들고 중장거리(中長距離) 사격을 위한 자세를 취하기가 거의 불가능했다.

더햄 : "잠시 후 중공군의 시체들을 검사하라는 명령이 내려왔는데, 입이나 콧구멍에서 알게 모르게 김이 나오면 그 시체를 확인사살하라는 것이었습니다. 그 명령을 전해 들었을 때 우연히 옆에 쓰러져 있던 중공군을 자세히 살펴보니 숨을 쉬고 있기에 45구경 권총으로 관자놀이를 관통(貫通)시켜 그의 조상(祖上)들 곁으로 보내버렸지요. 나는 그때 가까이에서 사람을 처음 죽여 보았으며, 그가 차고 있던 벨트를 기념품으로 회수했습니다. 그 벨트에는 '훌륭한 군인이 되자'라고 새겨져 있었고, 나중에 통역을 통해서 이름을 알아낼 수 있었지요."[북경(北京)의 중국공산군 인사부서(人事部署)에 고(告)함. 전투중 실종으로 판정된 '한홍민'이라는 이름의 병사(兵士)를 전사로 처리할 것]

전투력이 거의 고갈된 태플렛의 대대가 그럼에도 불구하고 하갈우리 남쪽의 능선을 따라서 중공군에게 맹렬한 공격을 퍼부어 적군을 소탕해버렸기 때문에 차량행렬을 따라 행군하던 해병들은 때때로 콧노래를 흥얼거릴 만큼 편안하게 나아갈 수 있었다.

12월 7일 아침나절이 되자 로이스의 대대와 폭파전문팀을 제외하고는 모든 해병부대가 그 폐허(廢墟)로 변한 마을을 떠나버렸다.

군의관 리트빈 : "우리 대대만 하갈우리에 홀로 남았는데, 유담리(柳潭里)에서 일어났던 일이 다시 일어난 것이었습니다. 그런 일은 내가 해군 군의관으로 복무하기 시작하면서 예상했던 일이 절대로 아니었지요. 누구에게나 내가 긴장하는 것처럼 보인 것이 확실했는데, 왜냐하면 로이스 중령 자신이 다가와서 나를 안정시키려고 했기 때문이었습니다. '초조해 하지 말게, 군의관. 우리는 여길 빠져나갈 거니까'라고 그가 말했습니다. 그러나, 나는 그가 어떻게 그렇게 확신할 수 있을까? 하고 스스로에게 물어보았습니다."

프랭클린 B. 마이어 대위는 로이스 중령의 지프 옆에 서 있었고,

지상목표물에 로켓을 발사하는 코르세어기

대대장은 유담리에서 그랬던 것처럼 담배를 입술에 문 채 조용히 앉아 있었다. 잠시 후에 마이어는 오늘날 가장 놀랄만한 발언이라고 기억하고 있는 로이스가 한 말을 들었다.

"자네 그거 알아? 충분한 항공 및 포병지원이 있으면 내가 여기를 겨울 내내 지킬 수 있다는 걸 말야"라고 로이스가 말했다.

로이스의 말을 같이 들은 마이어와 샘 스미스 대위는 놀란 눈으로 서로를 바라보았다. 마이어는 전방항공통제관 데이비스 존슨 대위가 구름 위에 위치한 코르세어기 조종사와 교신하는 것을 들었는데, 편대장은 해가 뜨는 것을 보고 있으며, 햇볕에 구름이 걷히면 지상의 해병부대는 곧 항공지원을 받게될 거라고 연락했다. 희미한 새벽 햇빛 속에서 마이어는 전투기들이 폭탄을 만재(滿載)하고 공중을 선회(旋回)하는 소리를 들었으며, 비행기들이 나타났을 때의 모습이 그에게는 너무 아름다워 보였다. 전투기들은 탑재(搭載)한 로켓포로 산비탈에 사격하고 나서 시끄러운 엔진소리를 내며 급상승(急上昇)했다가, 존슨 대위가 다른 목표물을 지정하자 다시 급강하(急降下)했다.

"겨울 내내라고, 빌어 먹을"이라고 말하며, 마이어는 믿을 수 없다는 듯 머리를 절레절레 흔들었다.

해병 5연대 E중대 리차드 시워드 일병 : "나는 잭 놀란 중위의 소대 소속이었고, 그걸 가지고 뭐라고 할 건 아니지만, 우리 소대가 하갈우리를 마지막으로 떠난 부대였습니다. 우리는 장비와 보급품을 해체해 파괴하거나, 불질러 버리고 나서 출발하라는 명령을 받았으며, 가능한 한 명령을 수행했지요. 예를 들자면 캘리버 50기관총의 탄약을 우물 속에 던져 넣는 것 같은 일이었습니다. 나중에 들으니 방화(放火)로 인한 연기가 하늘 높이 솟아올라 18 km 떨어져 있는 고토리에서도 그 연기가 보일 정도였다고 하더군요. 출발하기 직전(直前)에 소변을 보려고 오막살이 한켠으로 갔다가 깡통에 든 음식을 나누어 먹고 있던 세 명의 중공군과 맞닥뜨리게 되었습니다. 그들과 나는 서로 바라보기만 했죠. 그 일이 나에게는 충격적이었는데, 왜냐하면, 살아있는 중공군을 그렇게 가까이에서 본 적이 없었기 때문이었습니다. 하지만 그들은 싸우려는 뜻이 없었습니다. 무표정(無表情)한 동양인(東洋人)의 얼굴을 보는 것만으로도 힘이 빠지는 일이었지만 말입니다. 여하튼 나는 뒷걸음쳐 그곳을 빠져 나왔고, 그들도 다시 식사를 계속했지요."

시워드는 자기가 하갈우리를 빠져 나온 마지막 해병일 거라고 생각하고 있는데, 그렇게 확신하는 이유는 그가 마을을 빠져 나온 마지막 전차 위에 타고 있었다는 것이었다. 그 전차 뒤에는 많은 수의 흰옷을 입은 민간인들이 걸어서 따라오고 있었다. 어떤 사람들은 발에 새끼줄을 감싸고 있었으며 대부분이 어깨에는 지게를 지고 머리에는 보따리를 이고 있었다. 시워드는 그 민간인들 뒤의 멀지 않은 곳에서 중공군이 산비탈을 내려오는 것을 목격했는데, 그들은 따뜻한 옷가지와 식량을 찾아 내려오는 것 같았다. "중공군은 우리 행렬에는 위협을 가하지 않았고, 대신 피란민(避亂民)들에게 달려들었고, 피란민들은 늑대를 만난 양떼처럼 공포에 질려 도망쳐 마지막으로 빠져 나오는 전차들을 앞질러 달려갔습니다. 마치 홍수가 휩쓸려 나가는 듯했죠. 피란민들이 400 m 앞서 달려나가자 우리는 그들을 정지시켰고, 그 결과 몇몇 가족들이 서로 헤어지게 되었으며, 그때부터 우리는 총검으로 위협(威脅)을 가해 그들이 100 m쯤 뒤떨어져 오도록 하였습니다."

공식 전사는 다음과 같이 기록되어 있다.

로이스 대대의 해병들은 파괴된 마을을 떠나며 아무도 감상적(感傷的)인 눈길을 보내지 않았다. 하갈우리가 즐거운 휴양지(休養地)는 아니었지만, 이 전방(前方) 기지가 있음으로 해서 사단(師團)은 사상자 모두를 후송시킬 수 있었고, 보충병을 공수받아 해변으로의 탈출작전을 위한 부대 재편성을 할 수 있었기 때문에, 결과적으로 수천 명의 해병과 육군병사가 생명을 구할 수 있었다.

장진호 전투기간에는 여러 가지 별난 사건들이 많이 발생하였으나, 그중에서도 가장 이상한 일은 모자를 쓴 삼인조(三人組) 사건이었다. 공병대 소속의 데이비드 페핀 중위는 고토리까지 1 km 떨어진 지점에 도착했을 때 그의 부대와 앞에 가는 행렬과의 간격이 너무 많이 벌어졌다는 것을 알아차렸다. 앞이 보이지 않는 도로의 커브를 돌았을 때 그는 세 명의 중공군 장교가 100 m쯤 떨어진 도로의 한복판에 서 있은 것을 보았다. 그들은 거기 서서 손을 허리에 얹은 채 접근해 오고 있는 해병들을 빤히 바라보고 있었는데, 몸에 잘 맞는 군복을 입고 있었으며 주홍색 비단(緋緞)으로 줄을 친 군모를 쓰고 있었다. 페핀은 그들이 상급(上級) 사령부에서 전투 참관(參觀) 나온 고위장교들이 확실하다고 생각했으나, 그들은 호위병력도 없이 거기에 동상(銅像)처럼 서 있었다. 페핀 중위는 그들에게 항복하라고 소리칠 만큼의 중국어(中國語)는 알고 있었지만, 그들은 움직이지 않은 채 그대로 서 있었다.

552

페핀 : "우리는 그들의 반응을 유도하려고 여러 번 시도했으며, 마침내 내 부하 한 명이 나에게 묻지도 않고, 톰슨 기관단총으로 멀리서 연발사격을 가해 그들을 날려버렸습니다. 내 참, 하루종일 기다릴 수는 없었으니까요! 그리고 더 이상 접근하고 싶지도 않았는데, 그들은 권총으로나마 무장(武裝)을 하고 있었거든요."

12월 7일 자정에 사단의 마지막 부대까지 고토리에 도착했으며, 1만여 명의 병력과 1천 대 이상의 차량이 하갈우리에서 거기까지 돌파해 나오는 데 거의 40시간이 걸렸다. 새로 도착한 병력으로 인해 방어진지가 터져 넘칠 듯 했지만, 풀러 대령이 적절한 준비를 해 두어, 따뜻한 음식과 보온(保溫)이 된 텐트가 그들을 기다리고 있었다. 그러나 하갈우리에서와는 달리 고토리에서는 하루 이틀의 휴식이 허용되지 않았다. 적군이 고토리 남쪽의 산악지대(山岳地帶)에 집결하고 있었기 때문에, 행군이 다음날 미명(微明)에 재개될 예정이었다.

〔그날 진흥리(眞興里)에 주둔하고 있던 도날드 슈먹 중령은 풀러 대령과의 무전교신 때 고토리의 일이 어떻게 돼가고 있느냐고 물었다. "괜찮아. 우리는 사방(四方)에서 적군과 접촉하고 있다네"라고 풀러가 대답했다〕

해병 5연대가 고토리 북쪽에서 멀지 않은 도로의 코너를 돌아서자, 도로를 굽어보는 곳에 위치한 적군의 기관총이 사격을 가해오기 시작했다. 해병 7연대 B중대의 분견대(分遣隊)가 그 기관총 신지를 처리하기 위해 도로를 거슬러 가 출동했는데, 그 진지는 밥공기를 엎어놓은 것 같이 생긴 고지의 꼭대기에 구축되어 있었다.

츄엔 리 중위 : "조 오웬과 그의 부하들이 그날처럼 환상적(幻想的)인 사격실력을 보여준 적이 없었습니다. 내가 소대원들을 산개시켜 공격대형을 준비하는 동안 그들은 박격포를 설치하고 바로 사격을 시작했지요. 박격포탄은 완벽할 정도로 목표에 정확하게 떨어져 산꼭대기로 밀고 올라갔을 때 우리 눈앞에 그 증거(證據)가 펼쳐져 있었는데,

죽거나 부상당한 기관총 사수들과 바퀴가 달린 러시아제(製) 맥심 중기관총이 진지 안에 흩어져 있더군요."

리의 전령(傳令) 중의 한 명인 다니엘 커트 일병이 숨을 헐떡이며 귀엽고 순진하게 생긴 얼굴을 일그러뜨린 채 리 중위 뒤에 나타났다.

"소대장님, 소대장님! 포스터 중사, 포스터 중사가!"

"그에게 뭔 일이 생겼어?"

"포스터 중사님이 죽었습니다!"

"그래서?"

"예?"

리는 그에게 돌아서서 소리쳤다. "그래서! 네 자리로 돌아가!" 커트 일병은 소대장을 이상하다는 듯 쳐다보면서 물러갔다.

리 : "짐작하시겠지만 나는 일부러 매정하게 보이려고 그랬습니다. 그렇게 많은 대원들이 전사하는 마당에, 어떻게 한 사람만을 위해 애도(哀悼)를 표할 수 있겠습니까? 다른 대원들을 살리려고 동분서주(東奔西走)하는 판에 특정한 사람에게만 애도를 표할 수 있겠습니까?"

중공군은 진흥리에서 북쪽으로 난 도로뿐만이 아니라 남쪽으로 연결되는 도로도 봉쇄했다. 슈먹 중령은 자기 대대진지에서 멀지 않은 곳에 집결(集結)하는 중공군의 대병력을 자기 눈으로 확인했고, 그 중공군 때문에 사단 본대와의 연결이 차단된 것을 알 수 있었다(71장에서 자세하게 묘사되는 장면). 토마스 G. 글렌디닝 중위가 지휘하는 해병대 공병 1개 소대가 진흥리 남쪽 3km 지점의 수동계곡(水洞溪谷)에 있는 장진발전소(長津發電所) 2호기 옆에서 숙영(宿營)하고 있었는데, 12월 6일 중공군이 주위의 능선을 내려와 숙영지를 공격해 북쪽 진흥리와의 연결을 차단했다.

글렌디닝의 지휘소에 게양되었던 성조기(星條旗)가 적군의 일제사격으로 땅에 떨어지자 글렌디닝은 자신이 직접 국기를 다시 게양한 뒤 슈먹 중령에게 무전으로 도움을 요청했다〔적군의 공격이 공병들에게는 충격이었는데, 그들은 자신들이 후방(後方)에 배치되어 있어서 안전하다고 생각하고 있었다〕. 슈먹 대대장은 증강된 소대를 파견하였고, 그들이 엄호사격을 받으며 바로 능선을 확보하자, 글렌디닝은 국기를 거두고 지휘소를 폐쇄한 뒤 자기 부대를 철수시켰다.

글렌디닝의 공병부대가 진흥리로 복귀하자 슈먹의 해병 1연대 1대대가 사단 전체에서 가장 위험스럽게 고립되어 있는 부대가 돼 버렸다. 그 대대는 스미스 장군의 예하 병력 중에서 전투력(戰鬪力)을 제대로 보존(保存)하고 있는 마지막 부대였으며, 그들은 고토리를 탈출하여 오는 병력을 위하여 도로를 개통(開通)시키고, 패트리쥐 중령의 부하들이 교량의 파괴된 부분을 대체 복구할 수 있도록 도수장 주위의 교량 부분을 지켜야 했다. 슈먹과 그의 부하들은 다가오는 중공군과의 일전(一戰)을 준비하기 시작했다.

정 찰

스미스 장군 예하의 3개 보병연대(1연대 1대대를 제외한)가 원산(元山) 상륙 이래 처음으로 한 곳에 집결하였지만, 그것을 축하할 상황이 아니었다. 첩보에 따르면 적군은 고토리와 진흥리 사이의 황초령(黃草嶺) 16 km 도로에 화망(火網)을 구축하여 해병대를 섬멸하려고 전력을 기울이고 있었다.

스미스 장군 : "지형적 관점에서 봤을 때 황초령이 사단이 통과해야만 하는 가장 어려운 협로였지만, 중공군에게는 우리의 전진을 저지할 수 있는 절호(絶好)의 기회를 제공해 주었지요."

그리고 도수장 위의 교량문제가 남아있었는데, 교량을 수리하지 않으면 사단이 보유한 모든 차량을 포기하여야 하고, 부상자를 남쪽으로 후송하는 문제도 아무 대책이 없었다. 도날드 슈먹 중령이 실시한 과감(果敢)한 수색정찰의 결과에 근거하여 스미스 장군은 사단의 철수를 가능케 하기 위해서는 교량이 위치한 지역을 감제하는 1081고지를 점령(占領), 확보(確保)하여야 한다고 결정하였고, 그 임무(任務)는 도날드 슈먹의 해병 1연대 1대대에게 주어졌다.

다음날 날이 밝으면 전 병력이 가능한 한 신속하게 행군을 재개하여야 한다는 것은 고토리에 있는 누구에게나 분명한 사실이었다. 1만4천 명의 병력이 함께 머물고 있었기 때문에 방어진지는 혼잡스러웠다.

556

피란민(避亂民)들

만일 적이 보병을 동원하여 기습공격을 하거나 고토리 주위의 능선
에 대포를 설치하고 포격한다면 진지 전체가 도살장(屠殺場)으로 변해
버릴 가능성이 있었다. 게다가 스미스 장군은 새롭게 발생한 600여 명
의 부상자들을 처리하여야 했다. 그들은 마을 북쪽에 있는 길이가 짧
은 정찰기용 활주로에서 이착륙(離着陸)이 가능한 구식(舊式) 해군 뇌
격기(雷擊機)를 이용하여 후송되었지만, 12월 8일 폭설(暴雪)이 내려
항공수송작전이 중지되는 바람에 400여 명의 부상자들은 지상에 그대
로 대기하여야 했다.

고토리를 빠져나가려고 기다리는 것은 미군 부상병이나 동상환자
뿐이 아니었다. 짐 꾸러미를 가지고 달구지와 가축(家畜)까지 대동한
수백 명의 한국인들이 가족(家族)들을 거느리고 해병대를 따라 고원지
대에서 빠져나가기 위해 얼어붙는 듯한 바람을 맞으며 방어선 외곽(外
郭)에 모여들고 있었다.

위생병 제임스 클레이풀 : "우리는 그 사람들을 위해 아무 것도 해줄 수가 없었습니다. 부상자들을 돌봐야 했고, 전사자의 시신도 운반해야 했거든요. 나는 그들 중에 한 명이라도 우리와 함께 흥남(興南)까지 도착할 수 있었는지 줄곧 궁금했습니다."

스미스 장군의 행군명령에 의해 풀러가 예하 2개 대대로 고토리를 지키는 동안, 리첸버그의 7연대는 도수장 위 교량까지의 공격을 선도하고 머레이의 5연대가 그 뒤를 따라 진격하는 것으로 되어 있었다. 고토리에서 남쪽으로 16 km 떨어진 황초령 기슭에 주둔한 슈먹의 1연대 1대대는 사단의 탈출로를 확보하고 진흥리 철도야적장에 쌓여 있는 보급품 더미를 방어하고 있었다. 스미스 장군이 사단의 행군로 확보를 위해 자기 대대를 출동시킬 것이라고 예상한 슈먹은 레이몬드 데이비스의 7연대 1대대가 덕동고개에서 바버의 F중대와 합류한 12월 2일, 적의 저항을 받지 않고 황초령 속으로 얼마나 진격할 수 있는지 알아보려고 직접 정찰대를 이끌고 출동했다.

1대대 중화기중대 윌리엄 베이츠 소령 : "슈먹 중령은 단신(短身)이지만 유머가 풍부하고 열정적이며 걸음걸이가 당당한 사람이었고, 결단력(決斷力) 있는 지휘관이었습니다. 황초령까지의 정찰활동도 벽 슈먹 식(式)으로 위험을 감수하는 전형적(典型的)인 행동이었죠."

정찰대는 두 개의 그룹으로 나뉘었는데, 슈먹 중령이 직접 이끄는 그룹에는 베이츠 소령과 포병 전방관측반 그리고 1개 분대의 소총수들을 포함하고 있었다. 중령은 1개 소총소대로 구성된 두 번째 그룹에게 계곡의 바닥과 나란히 뻗어있는 철길을 따라 전진하도록 지시했다. 적의 이목(耳目)을 유도할 미끼 역할을 할 그 그룹은 자신들의 존재를 은폐하지 않기로 했고, 적의 사격을 받으면 즉각 후퇴하기로 되어 있었다.

슈먹이 이끄는 정찰대는 먼동이 트자 바로 도로를 따라 전진하기 시작했다. 도로변 산비탈의 경사가 너무 급하고 도로가 꾸불꾸불 해서 정찰대의 접근(接近)이 적에게 발각되지 않을 가능성이 있었고, 또 그 렇게 되기를 빌었다. 그들은 두 대의 지프와 한 대의 트럭에 나누어 타고 도수장이 보이는 도로 굴곡지점까지 간 다음 차량을 정지시키고 하차하였다. 세 대의 차량은 방향을 돌려 차 머리가 고개 아래쪽을 향 하게 주차하였으나, 좁은 도로에서는 쉬운 일이 아니었다. 베이츠 소 령의 말에 의하면 그 차들은 모두 시동을 켠 채로 대기(待機)하고 있 었다. 슈먹 중령은 부하들을 일렬종대로 세워서 앞으로 나갔고, 산봉 우리와 능선에 있을지도 모르는 적 관측병의 시선을 피하려고 가파른 산비탈을 오른쪽으로 끼고 걸었다. 그들은 콘크리트 건물이 나타나자 재빨리 그 건물을 지나갔다. 또 다리가 없어졌기 때문에 다리를 건너 지 않고 건물 뒤의 산비탈을 따라서 지나갔으며, 도로 위의 커브를 여 러 번 연이어 돌았다. 멀리 떨어진 산비탈에서 무언가 움직이는 것을 보았다는 느낌이 든 베이츠는 야전 망원경으로 앞을 관찰하다가 450 m쯤 떨어진 곳에서 담요를 흔들어 털고 있는 중공군 한 명을 발견했 다. 슈먹 중령도 동시에 그 중공군의 모습을 목격하여 두 사람은 도로 옆에 쌓여있는 눈 더미 속으로 뛰어들어 잠시 동안 엎드려 있었다.

중령이 도로를 따라 더 전진해 보자고 주장하여 다음 굽어진 곳을 돌았을 때 그들 앞에 장대한 광경이 펼쳐졌다. 베이츠는 지금도 그 광 경이 자기가 장진호 전투기간에 본 가장 오래 기억에 남는 장면(場面) 이었다고 생각하고 있다. "바로 우리 앞에 수백 명의 중공군이 산비달 을 뒤덮을 정도로 포진하고 있었습니다. 처음에는 적군이 우리를 보았 다고 생각했으나 망원경으로 자세히 살펴보니 그들이 예비대 병력이 보통하는 행동 즉, 주변을 빈둥거리기, 땔나무하기, 음식 만들기, 낮 잠자기 같은 짓을 하고 있더군요."

소총분대는 적군이 도로 쪽으로 접근하는 것을 막기 위해 뒤에 남 고, 로버트 G. 토빈 소위와 A. A. 해먼 상병, 안소니 J. 카소 일병으 로 구성된 포병 전방관측반은 오른쪽의 골짜기를 거슬러 올라가 가장

높은 능선으로 올라가라는 지시를 받았다. 능선 위에 오른 토빈 소위
는 반대사면에 대기하고 있는 대규모의 중공군 병력을 발견했는데, 그
들 뒤 3 km 지점에 고토리의 해병진지가 빤히 눈에 들어왔다. 토빈은
카소 일병을 능선을 따라 내보내 다른 방향에서도 적군의 모습이 보이
는지 확인해 보게 했다. 그러면서·그는 도로에서 기다리고 있는 중령
에게 상황을 보고했고, 5분쯤 뒤에 카소가 흥분된 모습으로 돌아왔다.

"무얼 보았냐, 카소?"

"국(gook)들이 엄청나게 많아요"라고 그가 대답했다.

"얼마나 가까이 있더냐?"

"가장 가까이 있는 병력은 제가 있던 능선에서 100 m쯤 떨어져 있습
니다."

"알았어, 돌아가서 계속 감시해라. 이쪽으로 움직이면 나한테 알리
고."

그때 슈먹 중령이 가능한 한 다량(多量)의 포격을 요청하라고 지시
했다.

베이츠 소령 : "내가 명예롭게도 제원(諸元)사격을 요구하는 임무를
떠맡았는데, 첫 발은 사거리가 짧았고, 두 번째는 길었습니다. 세 번
째 포탄이 적의 탄약 더미 하나를 맞추자 그 다음부터는 효력사(效力
射)로 들어갔지요. 포격이 시작되었을 때 중공군은 산비탈 여기저기
에 흩어져 있었지만, 몸을 숨길 만한 곳이 없어 심각한 타격을 입었습
니다."

슈먹 중령 : "그날은 내가 한국에서 근무하던 어떤 때보다도 더 기분
이 좋았습니다. 대대장이 그런 임무에 직접 간여(干與)하는 일은 아주
드물었지요."

베이츠 소령 : "그렇게 가까이 다가갔는데도 중공군이 우리가 접근하
는 것을 발견하지 못한 사실에 놀라움을 금치 못했었지요. 포격이 실
시되는 사이에 누군가가 소리를 지르며 가리키길래 쳐다보니 일단의

적군이 우리 후방으로 움직이고 있는 것이었습니다. 신속하게 그곳을 빠져나가지 않으면 퇴로(退路)를 차단당하게 생겼었지요."

그 상황에서 슈먹은 토빈 소위와 다른 대원들에게 도로로 신속하게 내려오라고 명령했고, 토빈은 해먼에게 카소 일병을 데려오라고 지시했다. 동시에 중령은 계곡을 따라 전진하던 소대에게 연락을 취하여 방향을 돌려 진흥리 쪽으로 나가라고 말했다.

A. A. 해먼 상병은 카소가 카빈 소총을 무릎에 올려놓고서 앉아 있는 것을 발견했는데, 그는 중공군 초병(哨兵)이 가까운 산비탈에서 왔다갔다하는데도 침착하게 있었다.

"적에게 포착되었어. 여길 뜨자"라고 그가 카소에게 말했다.

모두 도로까지 내려오자 그들은 차량으로 뛰어가 승차한 뒤 눈가루를 날리며 출발했다.

하지만 위기(危機)가 끝난 것은 아직 아니었다. 중대규모 정도로 보이는 중공군 부대가 케이블카 선로가 설치되어 있는 산비탈을 따라 재빠르게 내려오고 있었다.

베이츠 : "그들이 아주 가까이까지 다가와, 우리가 1분만 늦었어도 적에게 퇴로를 차단당할 뻔했습니다."

정찰활동은 커다란 성과를 거두었는데, 효과적 포격 때문만 아니라 1081고지가 황초령에서 제일 중요한 지형지물인 것을 확인할 수 있었기 때문이었다. 그 고지는 사단이 고토리 남쪽으로 안전하게 이동해 가기 위하여 꼭 장악(掌握)해야 할 곳이었다.

"그것을 확인한 순간부터 나는 우리 대대가 계곡을 따라 공격해 1081고지를 점령하기에 좋은 지점에 위치하고 있다고 믿었습니다. 공격명령을 받은 것은 12월 7일이었고, 우리는 다음날 아침 8시에 북쪽으로 이동하기로 예정(豫定)되었습니다"라고 슈먹은 지금도 기억하고 있다.

같은 날 네 개의 강철제(鋼鐵製) M-2 답교 부품이 C-119 수송기 편으로 고토리에 투하되었다. 그 중 하나는 적 지역에 떨어졌고, 다른 하나는 아군 진지의 얼어붙은 땅 위에 떨어지면서 심하게 구부려졌다. 답교의 철골 사이에 끼어 넣도록 조립된 네 개의 목재 구조물중 두 개도 역시 적의 수중에 들어갔다. 대형 트럭에 의해 회수된 손상되지 않은 답교 부품과 목재구조물은 찰스 워드 중위가 지휘하는 미 육군 제58답교중대에 인도(引渡)되었으며, 이 중대(中隊)야말로 해병대가 신뢰하고 의지해야 할 육군부대였다.

사단의 상황을 현장에서 점검하기 위해 항공기 편으로 고토리에 도착한 태평양지구(太平洋地區) 미 해병사령관 르무엘 쉐퍼드(Lemuel Shepherd) 중장(中將)이 무심코 스미스 장군에게 자기도 사단과 함께 고토리 탈출작전에 동행(同行)할 생각이라고 말했다.

쉐퍼드 장군 : "나는 올리버 스미스와 제1차 세계대전 종전(終戰) 이래 알고 지냈으며, 누군가가 그의 책임을 덜어준다면 환영할 거라고 생각했습니다. 그런데, 내 생각이 틀렸지요. 올리버 스미스는 그런 생각을 전혀 반가워하지 않았습니다. '사령관님, 우리와 함께 행군할 생각은 버리십시오. 우리 행군로(行軍路) 상에 얼마나 많은 중공군이 기다리고 있는지도 모르고, 갈 길도 멉니다. 적에게 섬멸당할 가능성도 있으며, 아무도 해병 중장이 전사하거나 적의 포로가 되는 것을 원치 않습니다'라고 말하더군요.

내가 막 비행기에 타려고 할 때 오랫동안 알고 지내던 르위 풀러가 화가 잔뜩 난 마가렛트 히긴스를 끌고 나타났습니다. 그녀를 쫓아내려는 의도가 확실해 보였는데, '사령관님, 이 여자 좀 데리고 가 주시지 않으렵니까?'라고 그가 말했지요. 매기가 안돼 보이더군요. 매기는 내가 중재(仲裁)하여 올리버 스미스에게 그녀를 남아있게 해달라고 부탁하기를 바랬습니다. '장군님, 이 작전은 가장 큰 기사거리예요. 놓치고 싶지 않아요'라고 매기가 호소(呼訴)했지요."

그녀의 호소는 아무 소용이 없었다. 그녀는 쉐퍼드와 함께 비행기를 타고 고토리를 떠나야만 했다. 공식 전사에는 스미스 장군이 발휘한 기사도정신(騎士道精神)에 의해 그렇게 됐다고 쓰여 있으며, 그가 산악지대를 통과하는 행군이 그녀에게 너무 위험하다고 주장했다는 것이다.

레이몬드 머레이 중령 : "스미스 장군이 매기를 떠나게 한 것은 유감스러운 일이지요. 그녀가 우리와 함께 행군했더라면 홍보효과(弘報效果)가 컸을 겁니다. 매기가 여자이긴 하지만, 우리와 함께 있던 다른 기자들과 마찬가지로 유능한 기자였거든요."

밤새 동안 해병들은 텐트 밖으로 머리를 내밀고 하늘에 별이 떴는지를 확인해 보곤 했는데, 별이 뜨면 아침에 근접항공지원이 가능해지기 때문이었다. 12월 7일 밤 9시 37분에 고토리 남서쪽의 산 위로 별이 하나 떠올랐다고 기록되어 있다. 그 희미하게 빛나던 별은 바로 눈발에 가려졌으나, 밤새도록 보였다 안 보였다를 반복하여 장진호 전투의 생존자들에게는 오늘날까지 희망(希望)의 상징으로 기억(記憶)되고 있다.

12월 8일 일찍 출발한 해병 7연대의 첫 번째 공격목표는 도로의 서쪽에 위치한 1328고지였다. 해병 5연대가 뒤를 이어 도로 동쪽에 있는 1457고지로 밀고 올라갔다. 날씨가 다시 악화되어 눈이 바람에 날리며 내리기 시작했는데, 그것은 근접항공지원이나 포병의 화력지원이 없을 거라는 것을 의미했다. 그리고 기온도 내려가기 시작했다.

츄엔 리

해병 7연대 B중대 조셉 오웬 중위 : "차량행렬의 전진을 방해하지 않도록 우리는 다시 한 번 산비탈을 올라서 국(*gook*)들을 몰아내야 했습니다. 눈이 굳어 얼음으로 덮인 산길에서 미끄러지기 일쑤였지요. 항상 다음에 올라갈 산은 우리가 있는 곳보다 더 높고 가파르게 보였으며, 적의 사격에 꼼짝 못하게 될 때마다 나 자신에게 다짐을 하여야 했습니다. '너는 미국 해병대의 초급장교로서 전투시 지휘력을 발휘하여야 하며, 그 문제에는 선택의 여지가 없다.' 그러면서 땅 위에서 일어나다가 다시 눈 속에 쳐 박혀버리곤 했습니다. 그때쯤에 전체 인민해방군(人民解放軍)[1]이 능선에 모습을 나타내더니 쏟아지는 눈발사이로 다시 사라져 버렸습니다. 불쌍한 녀석들, 차량행렬을 따라잡으려고 능선을 따라 뛰다니! 저러다가 멈추면 자기가 흘린 땀에 얼어붙어 죽을 텐데 말입니다."

금방이라도 눈이 내릴 것 같은 음울하고 흐린 아침이었다. 고토리 남쪽으로 1,500 m쯤 전진했을 때 7연대 B중대는 능선에서 쏟아대는 적군의 맹렬한 사격을 받았다. 쿠르카바 중위가 상황을 파악하기 위해 앞으로 나왔고, 소대장들에게 집합하라고 지시했다. 그가 도로 옆에

---

1) 중공군의 정식명칭. 영어로는 People's Liberation Army.

564

해병 7연대 B중대
츄엔 리 중위

조 오웬과 같이 서 있는 동안 총알이 사방으로 날아 다녔다. 소대장 중의 한 명인 W. W. 테일러 중위는 그들이 서 있던 곳으로 다가오다가 본능적으로 땅바닥에 몸을 납작 엎드리며 "그렇게 서 있으면 죽어요"라고 말했다.

쿠르카바는 그를 내려다보며, "우디, 나는 그런 식으로 엎드리면 다시는 못 일어날 것 같아"라고 대답했다.

그때부터 눈이 많이 내리기 시작했다. 쿠르카바는 지도(地圖)에 나와있는 통로를 하나 가리키며 오웬에게 소대원 12명이 남아있는 그의 소대(小隊)를 이끌고 적군 진지를 우회 공격할 방법을 제안했다.

오웬 : "나도 우디의 경고를 들었으며, 그 직후에 아무 것도 분간이 안될 정도로 눈이 많이 내렸습니다. 갑자기 조 쿠르카바가 내 쪽으로 털썩 쓰러져 본능적으로 팔을 뻗어 그를 땅 위에 눕혔습니다. 총알 한 발이 그의 철모 창 바로 아래의 이마를 관통했더군요. 슬라브인다운 넙적한 얼굴의 잘 생긴 그 폴란드계(系) 미국인 중대장은 우리한테는 큰 형 같은 존재였는데…."

중대장의 전사(戰死)로 받은 충격에서 벗어난 오웬은 허리를 굽혀 쿠르카바의 지도가방을 벨트에서 떼어내 들고서 리 중위를 찾으러 갔는데, 이제는 리 중위가 중대를 책임져야 했기 때문이었다. 도로 오른쪽 근처에서 그를 찾아낸 오웬은 쿠르카바가 자기에게 적군 진지를 왼쪽으로 우회하여 공격하라고 명령을 내리던 중 죽었다고 리에게 알렸다. 오웬의 말을 들은 리는 무표정(無表情)한 얼굴로 말했다. "그러면 명령대로 실시해."

오웬과 그의 부하들이 산을 타기 시작했을 때 눈도 그치고 모든 것이 조용해졌다. 5분도 안되어 오웬은 자기 소대가 중공군 진지를 우회했다고 확신했는데, 그들이 오른쪽에서 지껄이는 소리를 들을 수 있었기 때문이었다. 그때 전령(傳令) 한 명이 숨을 헐떡이며 달려와 테일러 중위가 그에게 빨리 도로 아래로 내려오라고 그랬다고 말했다. 전령이 말하기를 리 중위가 쓰러졌기 때문에, 이제는 테일러가 중대장이라는 것이었다. "쓰러졌다니, 무슨 뜻이야?"

"부상당했다는 겁니다."

"상태가 얼마나 나쁜데?"

"나빠 보였습니다. 더 이상은 모르겠습니다."

아틸리오 루파치니 일병은 항상 츄엔 리의 뒤를 그림자처럼 따라다녔고, 계속되는 행군과 전투 중에도 그는 항상 리 중위의 근처를 떠나지 않고 있었다. 자주 곁눈질을 하던 리 중위는 루파치니의 얼굴이 눈을 고정시킨 채 그를 향해 있다는 것을 알 수 있었다. 모두 그가 자기 자신을 리 중위의 경호병으로 임명했다는 것을 알고 있었다. 리는 그 동기(動機)가 무엇이냐고 결코 묻지 않았지만("아마 나를 행운의 부적(符籍)쯤으로 여겼는지 모르겠습니다"), 루파치니 일병에게는 그 일이 심각한 임무였다. 그는 리 중위가 이끌었던 마지막 공격에서도 리 중위의 곁에 있었다.

B중대는 A중대를 앞질러 나가 오른쪽에 있는 적군 진지를 공격하라는 명령을 받았다. 하지만 적의 맹렬한 사격을 받게 되자 리 중위가 산개된 병력 사이를 다니면서 일일이 몸을 숨길 곳을 지시해 줄 필요가 생겼고, 실제로 그는 여러 명을 도로 곁에 있는 배수로로 이동시켰다.

리 : "나는 계속 부하들의 엉덩이를 걸어차야 했습니다. 적군의 움직임을 관찰하는 대신에 머리를 눈 속에 파묻고 있었던 보충병 한 명에게 다가가서 그의 얼굴을 눈 속으로 더 깊이 눌러 놓고, 내 카빈 소

전차와 합동작전을 펼치고 있는 해병 소총수들

총 개머리판으로 철모를 치면서 앉아 있으라고 일으켜 세웠습니다.

'돌대가리를 들어라. 너는 이제 소총수(小銃手)야.'"

잠시 후 그 보충병이 가벼운 부상을 입었는데, 총알 한 발이 손의 피부를 벗겨버렸다.

"소대장님, 소대장님, 총에 맞았어요."

"누구나 총알에 맞아. 위생병을 찾아가 붕대를 감고 나서 나한테 보고해"라고 리 중위가 엄하게 말했다.

그런 뒤 리 중위는 방금 나타난 전차 쪽으로 걸어갔다. 전차는 직군 진지에 대한 사격제원의 조정을 준비하고 있었다. 그 순간에 눈발이 또 날리기 시작하더니 동시에 기관총 사격이 개시되면서 리는 총알에 맞아 쓰러졌다. 한 발은 오른팔에 맞고 다른 한 발은 전차에 맞고 튕겨 리의 얼굴을 스치고 지나갔다.

해병 7연대 제랄드 호간 상병이 기억하고 있기로는 루파치니가 마술처럼 순식간에 나타나 리 중위가 배수로로 옮겨가는 것을 도왔다. 호간 상병도 배수로로 따라가 리 중위가 배낭을 벗어버리는 것을 도왔고, 루파치니가 압박붕대로 부상당한 리의 팔을 감았다. 중위가 누워 있는 자세를 편안하게 바꿨을 때 호간은 그의 파카가 온통 피투성이인 것을 발견하고는 충격을 받았다. 루파치니는 대검으로 리 중위의 장갑을 찢어 벗겨버리고 자기가 갖고 있던 스카프로 중위의 눈에서 흐르는 피를 닦았다.

"괜찮을 겁니다, 소대장님."

리는 혼자 힘으로 걸어서 구호소로 갔고, 웨드마이어 군의관이 그를 보고는, "또, 자네야? 이번에는 여기 머물러야 해"라고 말했다("내 뺨에 있는 보조개 보이죠? 상처가 잘 치료되어 내 얼굴이 더 멋있게 보인다고 사람들이 그러던데"라고 리가 최근에 말했다).

들것에 누워 지낸 12월 8일 밤은 그가 겪은 가장 추운 밤이었다.

리 : "나는 다치지 않은 손으로 지도가방을 — 장진호의 진흙이 묻은 채로 내가 지금도 보관하고 있는 — 꼭 끌어안고 있었지만, 시간이 지날수록 더 추워지더군요. 몸에서 힘이 빠져나가는 것처럼 느껴졌는데, 아마 피를 많이 흘렸고, 총상(銃傷)의 충격 때문에 그런 것 같았습니다. 하지만 나중에 그날 밤이 장진호 전투 전기간중 가장 추운 밤이었다는 것을 알았죠. 기온이 영하 35도까지 내려갔다고 하더군요."

츄엔 리 중위와 함께 복무했던 사람들은 그에 대하여 확고한 의견을 가지고 있다.

제랄드 호간 상병 : "그의 지휘방식은 우리를 힘들게 했지만, 그런 식의 지휘방식 때문에 사단이 거기서 빠져 나올 수가 있었던 거죠. 가장 견디기 힘들었던 때는 리 중위가 부상당해 더 이상 우리를 지휘할 수 없다는 것을 알았을 때였습니다."

조셉 오웬 중위 : "츄엔 리는 비할 데 없는 전투 지휘자(指揮者)였습니다. 그가 세세한 것까지 챙기면서 군기(軍紀)에 엄격하고 까다로운 사람이란 것은 확실했지만, 모두들 그가 일관성 있고 의지할 만한 사람이란 것도 알고 있었죠. 7연대 B중대의 생존자들은 오늘날까지도

그가 중대에서 가장 뛰어난 사람이었다고 이야기할 겁니다. 우리는 그를 외경심(畏敬心)으로 대했으며, 그와 함께 지낸 모든 해병들은 조국과 해병대에 대한 그의 복무기준(服務基準)에 따라 행동하려고 무척 애를 썼습니다."

우드로 윌슨 테일러 중위 : "그는 지독하게 교만했고 자부심에 차 있었지만, 멍청한 사람은 아니었습니다. 엄격하고, 요구사항이 많으며 무뚝뚝한 반면, 요령 따위는 피우지 않았습니다. 나는 그를 무척 좋아했는데, 진정한 투사(鬪士)였습니다."

공교롭게 아틸리오 루파치니 일병도 리 중위가 떠난 지 몇 분이 안되어 죽었다.

조셉 오웬 : "루파치니는 의전행사에 어울리는 해병은 아니었습니다. 작은 덩치에 얼굴이 야위고 볼품이 없어서 해외 주재(駐在) 대사관 수비대(守備隊)에서는 받으려고 하지 않았겠지요. 그러나 그는 능력 있는 야전해병이었고, 리 중위를 보호하려고 열심히 노력했습니다. 리가 쓰러진 뒤 그는 보호할 대상이 없어졌고, 자기 자신을 보호하는 데는 능력을 발휘하지 못했지요. 빨리 숨을 거두었는데, 최소한 그건 다행이었습니다."

뮈윈 퍼킨스 상병 : "우리 둘이 나란히 엎드려 있었는데, 그가 '날 엄호해 주세요'라고 말하더니 일어서서 몇 미터쯤 뛰어가서 눈 위에 엎드리더군요. 그리고는 내가 앞으로 뛰어가는 동안 나를 엄호해 주었지요. 또 '저 앞에 있는 바위까지 갈 테니 엄호해 주세요'라고 말하고는 바위까지 뛰어가서 엎드리더군요. 나도 뒤따라 뛰어 그의 옆에 엎드렸습니다. '자, 루파치니.' 아무런 말도 안하길래 다가가서 보니 가버렸더군요. 작별인사를 할 기회도 없이 말입니다! 바로 그 직후에 누군가가, '조도 쓰러졌어'라고 말하는 것을 들었습니다."

조셉 오웬 중위 : "내 전령인 로버트 켈리 상병은 시카고 출신의 성격이 거친 친구였습니다. 내가 부상당하기 직전에 그에게 후방에 가서

탄약문제인지 뭔지를 어떻게 해보라고 보냈더니, '난 못합니다.' 이러는 겁니다. '못하다니, 무슨 뜻이야? 빨리 가.'

머리를 흔들면서, '소대장님을 혼자 내버려두면, 다칠 거예요.'라고 말하더군요.

그는 정말 불안해하면서 나를 보고는 자기가 없으면 내가 쓰러질 거라고 담담하게 예언하는 겁니다. 우리는 도로 한복판에 서 있었는데, 내참, 총알은 여기저기로 날라 다니지요, 그 친구는 얼굴이 시뻘개져서 나한테 뭐라고 소리를 지르지요. 마침내 그는 뭐라고 투덜거리더니 손을 흔들고 투덕투덕 발걸음소리를 내며 가버렸습니다."

몸이 지치고 눈이 깊게 쌓이는 바람에 적군의 사격 앞에서 지그재그 기동을 하기가 점점 더 힘들어졌다. 오웬은 우연히 자기를 쏜 중공군을 보았는데, 그가 따발총을 쏘아 오웬은 왼쪽 어깨와 오른쪽 팔꿈치에 각각 한 발씩 총알을 맞았다.

오웬: "나는 당황해서 어쩔 줄을 몰랐고, 큰 실수를 저질렀다고 생각했지요. 내가 쓰러진 근처에 전차가 한 대 서 있었는데, 전차에 깔릴지도 모르겠다고 걱정이 되더군요. 또 발가락이 동상에 걸릴까 걱정이 돼 눈 위에 쓰러져 있으면서도 잘 훈련된 해병답게 계속 발가락을 꼼지락거렸습니다. 켈리는 '거 봐요'라고 실제로 말하지는 않았지만 얼굴에는 그렇게 쓰여 있더군요. 알고 보니 츄엔 리와 내가 서로 같은 텐트에 있다는 것도 모른 채 그해의 가장 추운 밤에 각자 불알을 얼려가면서 들것에 누워 있었더군요. 몇 시간 후 눈보라가 잦아들자 우리는 고토리에서 비행기편으로 후송이 되었습니다. 나는 일본 어느 곳에 있는 커다란 강당에서 수백 명의 땅개들이 위생병을—해군 위생병(corpsman)이 아니라 육군 위생병(medic)—찾는 고함소리에 깨어났는데, 무섭더군요. 왜냐하면, 나는 땅개로 잘못 분류돼서 그 옛같은 땅개들과 함께 같은 관리체계에 속하는 것이 싫었거든요. 그들이 하는 일은 무엇이던지 신뢰할 수가 없었고, 심지어는 의료(醫療) 부문까지

도 말입니다."

테일러 중위는 중대의 지휘를 맡자마자 리 중위의 소대를 해체하여 그의 부하들을 다른 두 소대에 분산 배치했는데, 원산에 상륙하였을 때 약 180명의 병력을 보유했던 중대에 그때까지 27명의 해병밖에 남아 있지 않았다.

프랭크 비풀크 상병 : "많은 동료들이 사라져갔습니다. 아는 얼굴들이 점점 없어져 도대체 어디로 갔을까 궁금해지기도 했지요. 마치 누군가가 내려와 우리를 일으켜 세운 다음 하늘나라로 끌고 가는 것 같았습니다. 중공군은 총을 제대로 쏠 줄도 몰랐는데 말입니다!"

B중대는 진격을 계속했다. 그들이 황초령의 고갯마루에 도착하자 눈이 그친 대신 바람이 윙윙 소리를 내며 불기 시작했는데, 바람을 피할 곳이 전혀 없었고, 사방에 중공군이 포진해 있는 것 같았다. 날이 어두워져 중대는 진격을 멈추었고, 테일러 중위와 그의 부하들은 대규모의 중공군이 소화기 사정거리(射程距離) 밖에서 산비탈을 내려오고 계곡을 건너서 능선을 따라 이동하는 것을 목격하였다. 그들은 야간진지로 이동중이었기 때문에 해병대를 향해 총을 쏘지도 않았다. 맞바람이 불 때면 그들이 지껄이는 소리를 들을 수 있었는데, 군중(群衆)이 내는 소음(騷音) 같이 들렸다.

해병 7연대는 연대장 리첸버그 대령이 기대하는 만큼 빨리 진격하지 못했다. 워렌 모리스 소령이 3대대를 지휘하고 있었고, "나는 3대대의 진격속도가 만족스럽지 않았습니다"라고 리첸버그가 나중에 말했다. 그날 아침 11시쯤에 리첸버그가 모리스를 불러 예비대를 투입하라고 지시하자 모리스는 웃어야 할지 울어야 할지 모르는 표정으로 연대장을 쳐다보았다. "연대장님, 3개 중대가 다 전방에 있지만, 병력은 G중대 50명, H중대 40명, I중대 30명이 전부입니다"라고 그가 말했다. 완전편제(完全編制)시 1천 명에 달하는 1개 대대의 병력이 전부 합해 120명이 남아 있었다.

1081고지

그때까지 나타난 모든 증거는 적군이 황초령(黃草嶺)을 결전의 장소로 결정했다는 것을 가리키고 있었다. 중공군 60사단 소속부대들이 동남쪽에서부터 도수장을 감제할 수 있는 1081고지를 점령하고 있다는 것은 이미 알려져 있었다. 12월 7일 일찍 중공군 포로 한 명이 고토리(古土里)의 첩보부 텐트로 이송되어 왔다. '우'라는 이름의 그 포로는 중공군 60사단 소속의 연대사서(司書)였는데, 다른 중공군 병사들처럼 그도 그 지역 중공군 부대의 규모, 배치, 의도에 대해 잘 알고 있었다. 그는 60사단이 58사단과 59사단의 지원을 받아, 미 해병대가 고토리 남쪽으로 전진하는 것을 저지하는 임무를 띠고 있다고 증언했다. 그는 또 60사단 178연대는 진흥리(眞興里)에서 북진(北進)하는 미군을 공격하는 임무를 맡고 있으며, 덧붙여서 같은 사단 소속의 179연대는 진흥리 아래의 철도 터널 안과 주위에 배치되어 있다고 말했다.

'독(Dog) 특수임무부대'라고 명명된 대대규모의 육군부대가 같은 날 오후에 진흥리에서 슈먹의 해병 1연대 1대대와 임무를 교대하였고, 슈먹은 즉시 예하 중대장들을 소집하여 회의를 열었다. A중대장 로버트 배로 대위가 마지막으로 회의에 참석했는데, 그는 어쩔 줄 모르는 병사들을 진지에 배치하는 독 특수임무부대의 육군 대위를 도와주느라 회의에 늦었다. 그 부대원의 절반 가량은 태평양과 극동지역주둔 후선 (後線) 부대에서 차출된 전투경험이 없는 병사들이었으며, 나머지는 부산(釜山) 시내의 길거리에서 징집(徵集)된 남한 민간인들이었다.

배로 : "군기나 병력통제는 어떻게 해 볼 수가 없는 문제였습니다. 억만금(億萬金)을 준대도 그런 부대 지휘관은 안 했을 겁니다."

해병 1연대 1대대 고든 그린 일병은 한국인들이 장교들에게 복종하지 않았다고 기억하고 있다. "도착하자마자 그들은 커다란 모닥불을 피웠고, 날이 어두워지자 땅개 장교들이 불을 끄게 하느라 많은 시간을 소비해야 했지요. 철도 보급창과 야적된 사단 보급품을 그들에게 맡기고 떠나려니 모두들 마음이 편치 않았습니다."

배로 대위는 제2차 세계대전 때 일본군(日本軍)에 저항하는 중국공산당 유격대(遊擊隊)와 함께 활동한 적이 있었는데, 슈먹 중령이 그에게 중공군 전투병(戰鬪兵)에 대하여 몇 마디 해 보라고 요청했다.

배로 : "나는 대대 간부들에게 그들은 비정상적으로 어려운 환경에 잘 적응하는 농민(農民) 출신 병사들이라고 말했습니다. 아무리 험한 지형에서도 쉽게 장거리 행군을 할 수 있으며, 놀랄 정도로 빈약한 음식을 가지고도 버틸 수 있었지요. 그들은 우리보다 잘 걷고, 빨리 걸을 수 있지만 우리보다 잘 싸우지는 못한다고 말했습니다."

12월 8일 오전 2시에 슈먹의 대대는 삼거리역 부근의 눈 덮인 들판에 집결했다. 이틀치 식량이 지급되었고, 모두들 덜 얼지도 모른다는 생각에 그것들을 파카 안에 넣었다. 두 켤레의 양말을 휴대하라는 명령이 내려졌으며, 텐트는 단지 한 개만 가지고 가기로 했는데, 그것은 구호소 용 텐트였다.

슈먹은 무전으로 풀러 대령에게 예하중대가 모두 집결하여 필요한 조치가 다 취해졌으며, 이동할 준비가 되었다고 보고했다. 연대장은 그에게 기상예보(氣象豫報)가 그리 좋지 않으니 근접항공지원이나 포병의 화력지원을 기대해서는 안 된다고 경고(警告)했다.

해병 1연대 1대대는 폭설(暴雪) 속에서 오전 2시 30분에 로버트 레이 대위의 C중대를 선봉으로 10 km에 걸친 접적(接敵) 행군을 시작했다. 바람은 없었고 기온은 영하 21도였다. 대대는 오르막이 계속되는 도로를 따라 은밀하게 전진했고, 내리는 눈에 발자국이 지워졌다. 날이 밝아오자 북쪽에서부터 바람이 불기 시작하면서 눈가루가 행군종대에 날려왔으며, 짙게 드리운 구름에 공격목표가 된 고지들의 모습이 희미해졌다.

1081고지의 중턱에 도착한 레이 대위가 슈먹에게 "적군이 보이지 않습니다"라고 보고했다. A중대장 배로의 임무는, 웨슬리 노런 대위의 B중대가 배로의 접근로와 도로 사이의 산비탈을 따라 왼쪽 측면으로 전진하는 동안 동쪽 방향으로 공격하여 정상까지 돌파해 가는 것이었다.

대대는 좁은 산길까지 이르는 10 km에 걸친 산악행군으로 약 360 m의 높이를 올라 1081고지의 정상의 바로 밑에까지 도착했지만, 눈보라 때문에 정상의 모습은 보이지 않았다. 해병들이 나중에야 깨달았지만 그 눈보라는 행운(幸運)이었다. 그 시점에 A중대는 산길을 벗어나 산비탈을 타기 시작했고, 배로와 써텐허스트 중사가 길을 인도하였다. 산을 타는 것은 매우 힘들었는데, 산비탈이 가파르고, 바위가 많으며 얼음으로 덮여 있었기 때문이었다. 무거운 장비를 들고 가던 기관총 사수들과 무전병들에게는 가장 힘든 시간이었다.

첫 번째 능선 위에 도착한 배로와 써텐허스트는 전진을 멈추고 귀를 기울였다. 바람이 불었지만 목소리는 들을 수 있었다. 눈이 엄청나게 내렸지만 때때로 창문의 커튼이 걷히듯 눈이 그쳐 그들은 30 m 정도 높은 곳에 있는 벙커 주위를 배회(徘徊)하는 중공군을 볼 수 있었다. 소대장들과 전방관측관들이 능선 위로 올라와 합류하자 그들 모두는 납작 엎드려 잠시 동안 중공군을 관찰한 후, A중대의 나머지 병력이 능선 위로 올라 왔을 때 점령할 진지의 규모를 결정했다. 해병대의 접근은 그때까지 적군에게 포착되지 않고 있었다.

고든 그린 일병 : "우리는 경사지를 기어올라갔습니다. 어떤 때는 사지(四肢)를 모두 사용해야 했고, 또 어떤 때는 소총의 개머리판을 등산 장비로 써야 했지요. 가끔 한 명이 발을 잘못 디뎌 인간 썰매처럼 아래쪽으로 미끄러져 내려가면 전체 분대가 함께 쓸려 나가곤 했습니다."

B중대의 뒤를 따라가던 슈먹 중령은 도로 가까이에 있는 중공군이 만들어 놓은 벙커에 지휘소를 설치했는데, 거기에는 그때까지도 사람이 머물렀던 흔적(痕迹)이 남아 있었다. 화덕에는 음식이 끓고 있었고, 쌀밥은 그때까지도 따뜻했다. 널어놓은 빨래들은 젖어 있었으며 막 얼기 시작하고 있었다.

윌리엄 T. 베이츠 소령 : "우리는 구호소 텐트를 도로 옆의 개울물이 얼어 평평해진 곳에 설치했습니다. 조금 편안하게 하려고 소나무 가지를 바닥에 깔았습니다. 도로 위를 제외하고는 평평한 곳이 없었지만 도로를 막을 수는 없었지요, 왜냐하면 — 희망사항이긴 하지만 — 보유 장비를 대동한 사단 전체가 바로 들이닥칠 것이었으니까요. 그러면서도 다리에 대해서는 아무도 걱정하지 않았는데, 우리는 공병들이 그 다리를 대신할 방법을 고안(考案)해 내리라고 확신하고 있었죠."

배로 대위는 4.2인치 박격포 전방관측관 마이어스 하사를 손짓으로 불러 산 아래에 있는 박격포들이 설치되었느냐고 물었고, 하사가 "준비완료됐습니다, 중대장님"이라고 대답했다. 하지만 그 박격포 부대원은 배로가 사격임무를 요청하라고 말하자 깜짝 놀랐다. "우리 위치가 발각되지 않을까요?"라고 마이어가 이의를 제기하자 배로가 중공군은 해병대의 보병들이 4.2인치 박격포 같은 대형화기의 피폭지역(被爆地域)에 그렇게 가까이 접근했으리라고 상상할 수 없을 것이기 때문에 그렇지 않을 거라고 대답했다. 내리는 눈 때문에 고지의 정상은 여전히 희미하게 보였다.

배로 : "타격구역을 확인할 수는 없었지만 포탄이 가까이 떨어져 우리가 있는 곳까지 흔들릴 정도였습니다. 얼마나 흐뭇했는지 모르겠더군요."

정오가 지나서 도날드 존스 소위의 소대가 배속된 해리 스파이스 병장의 기관총반과 함께 일어서서 적 진지를 향해 바로 이동했다. 2개 분대는 능선 바로 밑의 가파른 길을 따라 전진했고, 나머지 1개 분대는 능선 위를 일렬로 나아갔다. 적 벙커에 반쯤 접근했을 때 바람이 몰아쳐 눈발이 한쪽으로 몰리자 해병대의 접근이 중공군에게 발각되어 전투가 시작되었다.

배로 : "2소대는 막대한 손실(損失)을 입었지만 물러나지 않았습니다. 적군에게 가까이 다가가면서 마치 신호에 따른 것처럼 고함을 질렀죠. 고함소리가 커져 갔고 수류탄 폭발음과 소총사격 소리가 들리더니, 전투가 끝났을 때 벙커 안에 있던 중공군은 한 명도 살아 남지 못했습니다."

1081고지 점령작전은 고든 그린 일병의 첫 번째 전투경험(戰鬪經驗)이었다. 2소대가 눈보라 속으로 사라지는 것을 목격한 그는 이윽고 전투소음이 나는 것을 들었고, 뒤이어 걸음을 걸을 수 있는 부상병들이 비틀거리면서 물러나오는 것을 목격했다. 그런 부상병들의 모습에 그린은 마음이 무거워졌는데, 전투 현실이 피부에 와 닿았기 때문이었다. 나중에 전사자의 시신이 운반되어 오자 기분이 더욱 가라앉았다.

그린 : "시신들은 부상자들이 모여있던 평평한 바위까지 질질 끌려왔고, 몇 분 지나서 보니 부상자와 전사자들의 시신이 모두 눈에 덮여 있더군요."

짧고 격렬한 전투였지만 배로는 단지 시작에 불과하다는 것을 알고 있었다. 만약 남아있는 적군이 그런 식으로 집요하게 저항(抵抗)한다면 고지 정상에 있는 주 진지를 점령하기 위한 전투는 더욱 격렬할 것이기 때문이었다. 그러는 동안 적군의 역습을 예상한 그는 나머지 2개 소대를 불러 올려 밀집(密集)된 방어진지를 구축하고 나서 부상자들을 후송하기 시작했다. 부상자들을 고지 아래에 있는 구호소까지 후송하는 데는 도중에 미끄러지고, 넘어지고 하면서 약 다섯 시간이 걸렸다.

날이 어두워지면서 눈은 그쳤지만 대신에 차가운 공기가 바람을 타고 밀려오면서, 기온이 뚝 떨어졌다. 날씨를 견디어 내는 것이 적군을 다루는 것만큼 큰 문제라는 것이 분명해졌다.

그린 일병 : "참호를 파라는 지시를 받았지만 땅이 돌덩이나 다름없어서 불가능했습니다. 그래서 바람에 완전히 노출되었고, 감각이 마비(痲痺)되는 것 같았습니다. 주위에서 '제기랄'이라고 말하는 소리를 수십 번이나 들었지요."

그날 밤 기온이 영하 32도까지 떨어졌고, 얼음장 같이 차가운 바람이 황초령을 통해 불어와 1081고지의 산비탈에 바로 부딪혀왔다.

배로 : "우리는 그 이틀 사이의 낮과 밤이 전체 장진호 전투기간 중 가장 추운 때였다는 것을 나중에 알았지요. 지휘력만이 그런 상황을 이겨낼 수 있다는 것을 그때 배웠습니다. 부하들에게 양말을 갈아 신으라고 말하기는 쉽지만, 기온이 영하 32도일 때 실제로 양말을 갈아 신도록 하는 것은 다른 문제였지요. 군화끈이 얼음에 덮여있어 군화를 벗는 것만도 투쟁에 가까운데다가 대부분 장갑을 벗고 그 일을 했어야 하니까요. 군화를 벗고 양말을 갈아 신은 뒤 다시 군화를 신을 때까지 일일이 같이 있어야 한다는 것을 알았으며, 그러고 나서는 일어서서 혈액순환(血液循環)을 돕기 위해 걷게 했습니다."

배로가 그 일을 하느라 밤새도록 시간을 다 보냈는데도 67명의 중대원이 동상에 걸렸고, 그중 7명은 결국 발을 절단(切斷)하여야 했다.

중공군은 자정이 지나고 나서 바로 역습해 왔다. 해병들의 전력(戰力)을 시험해 보려고 소대규모의 부대가 돌격해 왔는데, 배로가 슈먹에게 무전으로 보고한 말이 그 전투를 간명하게 나타내고 있다. "전멸(全滅)시켰습니다."

배로의 무전병 다니엘 포어 상병이 SCR-300 무전기와 예비전지, 개인화기, 소지품 등 무거운 짐을 지고 고지를 오르다가 침낭을 잃어 버리자 배로는 자기 침낭을 그에게 주었다. "뭐 부하를 사랑하는 마음 보다는, 침낭이 없으면 그 안에 누워서 게으름을 피우고 싶은 마음이 없어질 거라고 확신했기 때문이었습니다. 최대한의 경계상태(警戒狀態)를 유지해야 했거든요. 나는 밤새도록 초병들 사이를 옮겨 다니며 시간을 보냈고 혈액순환이 잘 되라고 발을 굴렀습니다."

눈 덮인 산야에 12월 9일이 밝아왔다. 하늘은 맑게 개었고, 공기는 매서울 정도로 차가웠다. 배로는 최종 공격목표를 망원경으로 점검했는데, 그것은 공제선상에 반원(半圓) 형태로 구축된 벙커들이었다. 맑은 하늘은 근접항공지원이 가능하다는 것을 의미했다. 소지(所持)하고 있던 화기들을 시험발사해 본 해병들은 많은 화기들이 밤새 얼어버린 것을 발견했다.

야포와 박격포의 공격 준비사격에 뒤이어 로버트 로빈슨 대위가 연이은 공습(空襲)을 유도했는데, 배로는 그가 목격했던 가장 아름다운 장면이었다고 말했다.

로빈슨은 처음 1081고지 정상부에 네 대의 전투기를 유도하고는 지상(地上)에서 등에 맨 고주파 무전기로 공습을 통제했다. 첫 번째 패스는 예행연습이었고, 두 번째는 조종사가 목표물에 제대로 방향을 잡았는지 확인하는 기총(機銃)사격이었다. 그 다음부터는 공격기 편대장의 결정에 따라 목표물에 대한 공습을 실시했는데, 목표물을 벗어나지 않는 한 지상에서 공격목표를 조정하는 일은 없었다. 로빈슨이 전에는 오폭(誤爆)을 막기 위해 연막탄으로 위치표시를 했으나, 그때는 그럴 필요가 없었다. 고지 정상부의 중앙에 발전소에서 전력을 송전하는 케이블을 연결해 주는 송전탑(送電塔) 하나가 서 있어 항공기들이 방향을 잡기에 유리한 저명한 지형지물이 되었다.

공격 준비사격이 끝나자 윌리엄 맥클러란 중위의 1소대가 공격을 개시했고, 윌리엄 로취 하사의 3소대가 그 뒤를 따랐다. 여러 번의 공격 기동(機動)과 수류탄 공격을 통해 적군을 제압, 정오쯤에 고지를 탈취(奪取)했다.

답교 설치

　두 개의 주요한 장애물이 그대로 남아 있었는데, 폭파로 다리가 끊어지면서 생긴 9 m 거리의 간격과 다리에서 800 m쯤 내려가 도로를 가로막고 있는 철도교량의 잔해(殘骸) 였다.

　존 패트리쥐 중령은 특장 트럭들과 함께 황초령의 고갯마루에서 보병(步兵) 들이 도수장 일대를 점령하기만을 기다리고 있었으며, 점령임무는 W. W. 테일러 중위가 지휘하는 해병 7연대 B중대에게 부여되었다.

　테일러 : "아침 9시경에 소여 소령이 오더니 나에게 도수장 건물로 1개 소대를 투입하라고 말하더군요.

　'대대장님, 중대 전체의 병력이 1개 소대의 반밖에 안 됩니다'라고 대답했지요.

　'자네가 보낼 수 있는 병력은 다 보내게.'

　그래서 중사 한 명의 지휘하에 중대병력의 절반인 13명의 병력을 투입했죠. 그들은 C중대에서 투입된 소규모 병력과 합류하여, 짧은 시간동안 전투를 치른 후 도수장이 바라보이는 지역을 점령했습니다. 우리는 몇 명의 중공군을 사살하고 나서 그들이 응사하려고조차 하지 않는다는 것을 알았는데, 그들은 손발이 언 채 거의 죽어 가고 있더군요. 맞습니다. 내가 나머지 중공군들을 보내버리라고 명령을 내렸지

요. 그들을 치료해 줄 수도 없었고, 끌고 갈 수도 없었으며, 게다가
우리 뒤에 무방비 상태로 그렇게 내버려 둘 수도 없었습니다. 부하들
이 25명의 적군을 저 세상으로 보내버렸고, 솔직하게 말해서 그런 명
령을 내린 것을 유감(遺憾)스럽게 생각한 적이 없었습니다."

토마스 타이 소령이 도로 위에서 웹 소여 소령과 이야기를 나누고
있을 때 키 작은 사람이 근처에 서 있는 것을 발견하고는, 다시 한 번
쳐다본 다음, '아니, 중국놈이잖아!'라고 외치며 그를 손으로 붙잡았
다. 하지만 싸울 생각이 전혀 없는 비무장의 그 병사는 얼어죽기보다
해병대에게 투항(投降)하려는 많은 중공군 병사들 중의 한 명이었다.

리첸버그의 명령으로 소여가 파견한 정찰대(偵察隊)에 포함된 로이
펠 상병은 중요한 순간에 사단의 선봉부대에 참가하게 된 것에 자부
심을 느꼈다. 교량의 파괴된 부분이 그대로 있어 14명의 정찰대는 반
대편으로 가기 위해 도수장 건물을 돌아서 올라가야만 했다.

해병 7연대 B중대 로날드 J. 몰로이 일병이 처음으로 도수장 건물
안으로 들어갔고, 찰스 R. 카이스터 일병이 자동소총(BAR)을 끌어안
고 뒤를 따랐다. 몰로이는 건물 바닥에 누워 있는 중공군 병사의 몸을
시체라고 생각하면서 넘어갔으나, 뒤를 따르던 카이스터가 그렇지 않
은 것을 알고 끝을 내 주었다. 건물 안에 있던 중공군들을 소탕(掃蕩)
한 둘은 도로를 따라 조금 더 나간 뒤 바람을 피해 휴식을 취하기로
결정하고는 길옆의 벽에 등을 기대고 앉았다.

몰로이 : "잠시 후에 무장하지 않은 중공군 몇 명이 코너에서 나타나
서 마치 우리 앞을 지나가려는 듯 걸어오더군요. 카이스터와 나는 처
음에는 눈이 휘둥그레졌지만, 곧 카이스터가 선두에 있던 친구에게 우
리 앞으로 오라고 손짓으로 지시하고 나서 그들에 대한 몸수색을 실시
했지요. 그들은 우리가 포로 조사관쯤 되는 것으로 여겼던 것이 틀림
없는데, 왜냐하면 몸수색에 응하려고 줄을 서서 기다렸으니까요. 카
이스터와 나는 우리가 서투르게 몸수색을 했던 것에 대해 나중에 서로

웃었는데, 둘 다 극도로 피곤해서 일어나기도 귀찮아 엉덩이를 땅에 붙인 채 몸수색을 했거든요."

로이 펄 상병은 무전연락을 유지하라는 소여 소령의 명령을 따르려고 애썼지만, 가파른 절벽들 때문에 전파장애가 일어나 신호접속(信號接續)이 잘 되지 않았다. 그는 하는 수 없이 방금 돌아서 지나온 도로의 코너로 돌아가 무전을 보낼 수 있게 해달라고 정찰대 지휘자에게 요청하여 허락을 받았다.

펄 : "내가 받은 지그재그 각개전투(各個戰鬪) 훈련이 효력을 발휘한 순간이었습니다. 무거운 무전기를 메고 이쪽으로 뛰면 총알이 저쪽으로 날아갔고 저쪽으로 뛰면 총알이 이쪽으로 날아왔습니다. 공교롭게도 내가 막 코너를 돌았을 때 마침 중공군 포로를 데리고 있던 소여 소령과 타이 소령 그리고 그곳에 막 합류한 리첸버그 대령과 마주쳤습니다.

'연대장님! 적과 접촉했습니다. 건물과 주위에 중공군이 많이 있습니다.'

'그래, 알았어. 소속부대로 돌아가게.'"

펄이 정찰대로 돌아 왔을 때는 건물 안에 있던 중공군들이 이미 소탕되었고, 다수가 항복하려고 건물 밖에서 대기 중이었다.

펄 : "좀 쭈뼛했습니다. 우리는 무장하지 않은 다수의 적군 병사들에게 둘러싸여 있었거든요. 총격전이 바로 전에 끝났는데 말입니다."

답교를 설치할 수 있는 통로가 확보되었다. 교량부품을 실은 특장 트럭들은 헌병(憲兵)의 경호를 받으며 앞이 안 보이는 눈보라를 뚫고 고토리를 출발했고, 트럭 운전병들은 행군하고 있는 병력보다 앞으로 나가기 위해 열심히 차량을 몰았다.

존 패트리쥐 중령 : "오후쯤에 특장트럭 주위에 박격포탄이 떨어졌습니다. 유압장치에 의해 작동되는 그 트럭들은 필수적인 장비였고, 외

부의 충격에 취약하기 때문에 위험지역에서 빼내야 했지요."

그때 패트리쥐는 교량부품들을 다리가 파괴된 곳까지 제대로 운반해 갈 수 있을까 하는 의문이 생기기 시작했으나 이리저리 애를 쓴 끝에 공병들은 트럭들을 돌려서 사선에서 벗어날 수 있었다. 그러나 주차하면서 그중 한 대가 평평한 땅처럼 보이는 곳으로 후진했는데, 알고 보니 얼어붙은 연못이었다.

패트리쥐 : "나에게는 장진호 전투기간 중에 가장 조마조마한 순간이었으며, 그 트럭에 실린 것이 교량부품이 아니라 건설 예비자재라는 말을 듣고서야 마음이 놓였습니다."

파괴된 다리를 고칠 절호(絶好)의 시간이 왔다.

첫 번째 할 일은 부서진 부분의 길이를 재는 것이었는데, 데이비드 페핀 중위가 전선줄 뭉치를 가지고 산을 넘어 반대편 다리 끊어진 곳으로 건너갔다. 전선줄을 늘어뜨려 길이를 잰 그는 끊어진 차도(車道) 부분의 길이가 9 m라는 것을 알아냈다. 그것은 트럭에 실려 있는 교량부품의 길이가 2 m 모자란다는 뜻이었는데, 교량부품은 길이가 7 m 밖에 안 되었기 때문이었다. 모두들 그 자리에 서서 그 문제를 해결할 방법에 대해 골똘히 생각에 잠겼다.

페핀 중위 : "그때 하사관 중 한 명이 길 옆에 쌓여 있던 철도 침목(枕木)을 가리키며, '돌출부에 목재 받침을 설치하면 어떨까요?'라고 제안했습니다. 다리가 끊어진 곳의 북쪽 끝에 도로에서부터 2 m 아래에 선반처럼 생긴 돌출부가 있었거든요. 시도(試圖)해 볼 가치가 있었고, 또 별다른 대안(代案)도 없었습니다. 우리는 중공군 포로들을 모아놓고 우리를 도와주면 먹을 것을 주겠다고 말했는데, 내가 기억하기로는 모두들 동상에 걸린 손발을 갖고도 침목을 날랐습니다."

공병들이 침목을 규격에 맞게 자르고 있을 때 리첸버그 대령이 나타나서 "왜 공사가 지연(遲延)되지?"라고 물었다.

"교량부품의 길이가 짧아서 이쪽에다 목재 받침을 설치하려고 합니다, 대령님."

"얼마나 걸릴 것 같은가?"

"몇 시간 걸릴 것 같습니다."

그가 손목시계를 보니 12시 18분이었다. "알았네. 그때까지 기다리지"라고 그가 말했다.

모래주머니를 깐 바닥에 목재 받침이 서로 엇갈려서 놓였고, 특장트럭들이 앞으로 나와 두 개의 교량부품을 간격을 벌려서 나란히 내려놓았다. 10 cm 두께의 목재 판자가 교량부품의 철골(鐵骨) 위에 깔렸다. 그래서 전차는 평행하게 뻗은 교량의 철골에 궤도(軌道)를 맞추어 건널 수 있었고, 다른 차량들은 바퀴를 철골과 목재 판자에 올려놓고서 건널 수 있게 되었다.

첫 번째로 불도저 한 대가 다리를 건너다가 사고를 냈다. 한쪽 궤도를 철골 위에, 다른 쪽 궤도를 목재 판자 위에 걸치고 다리를 건너던 불도저의 무게를 견디지 못한 목재 판자가 우지끈 소리를 내며 부러졌고, 불도저는 위태롭게 다리 위에서 흔들거렸다. 운전병이 간신히 불도저를 도로 위로 후진시켰지만, 다리는 더 이상 수리가 불가능하게 부셔진 것 같았다. 그러나 W. H. 프로서 병장이 용감하게 그 불도저에 다시 올라타서 다리 위로 몰고 가, 불도저 삽을 능숙하게 조작하여 철골을 다시 설치하고 간격도 일정하게 조정하였다. 부러진 목재 판자가 교체된 후 프로서는 불도저를 운전하여 반대편으로 건너갔고, 보고 있던 사람들의 지르는 환호성(歡呼聲)이 멀리 보이는 산에까지 메아리쳤다.

폭파된 철로교량의 잔해가 다음에 처리해야 할 장애물이었다. 5 m 높이의 콘크리트 교각(橋脚) 위에 설치되어 있던 격자 모양의 철교는 폭파된 다리에서 800 m 떨어진 곳에서 도로를 가로지르는 협궤산악철도(狹軌山岳鐵道)를 연결하고 있었다. 중공군 공병들이 양쪽 끝의 교

황초령 고갯마루를 넘고 있는 미 해병대

각을 폭파해서, 철교 자체가 고스란히 주저앉아 도로를 완전하게 가로
막아버렸다.

페핀 중위 : "도수장 방수로(放水路) 위의 파괴된 다리를 고치는 것
보다 더 힘든 일 같았습니다. 폭약을 써 조각을 낼 수도 있었지만 그러
려면 시간이 너무 오래 걸렸습니다. 협궤철도의 선로는 철교를 건너서
도로 오른쪽에 있는 계곡으로 계속 뻗어 있었으며, 조그만 개울이 그
계곡의 바닥에서 흘러내리고 있었습니다. 그 개울물은 도로로 흘러 내
려 넓게 퍼지면서 그 무너진 철교의 잔해 밑에까지 평평한 얼음판을 만
들어 놓았더군요. 밑져야 본전이라는 생각으로 불도저 운전병에게 불
도저 삽을 그 철교잔해에 대고 밀어보라고 시켰습니다. 글쎄, 그게 농
장의 철문(鐵門)을 여는 것 같더라니까요. 전체 구조물이 옆으로 움직
이더군요. 그래서 그 철교 잔해를 도로 밖으로 밀어낼 수 있었습니다."

오후 3시 30분이 되자 다리의 사용이 가능해졌다. 패트리쥐 중령은
황초령 고갯마루로 지프를 몰고 올라가 리첸버그 대령에게 차량행렬이

전진할 수 있다고 말했다.

　패트리쉬 : "그 순간에 바람이 산허리를 돌아 불어오던 것을 지금도 기억할 수 있는데, 엄청나게 많은 눈이 바람에 날리더군요. 날씨가 쾌청(快晴)하고 기분 좋은 오후였습니다."

피난민

1081고지 정상부에 대한 최후의 공격을 실시하면서 벌어진 치열한 전투의 와중(渦中)에, A중대 소총수 한 명이 산 아래의 도로를 가리키며 흥분한 목소리로 외쳤다. "저기 좀 보세요!"

그것은 장진호 전투에 있어서 잊지 못할 장면 중의 하나였다. 해병사단 소속 트럭들과 행군종대가 산 아래의 꼬불꼬불한 도로를 따라 전진하는 것이 보였고, 다리가 복구되어 병력들이 그 다리를 건너고 있었다.

도날드 슈먹 중령 : "우리는 서로서로 손을 흔들었는데, 정말 굉장한 광경이었습니다."

1081고지에서 보이는 파노라마 같은 광경은 만약 A중대가 임무달성에 실패했더라면 사단 행군종대가 입었을 피해가 어땠을지를 한눈에 알게 해주었다. A중대원들은 적의 마지막 저항을 분쇄(粉碎)하여 고지 점령을 끝냈고, 잔적(殘敵)을 소탕하면서 수류탄을 다 써버렸다.

배로 : "우리는 수류탄 사용을 중공군보다 더 잘했는데, 잘 던지기도 했지만 수류탄의 성능이 더 좋았거든요."

전투가 끝났을 때 고지 정상은 포격(砲擊)과 폭격(爆擊)으로 눈이 모두 녹아버렸으며, 여기저기 흩어져 있는 적어도 500구가 넘는 중공군 시체로 황량(荒凉)하고 살풍경했다. 현장점검을 위해 산을 올라온 슈먹 중령은 중대가 이룩한 전과(戰果)와 그것을 이루기가 얼마나 어려웠던가에 대해 놀라움을 금치 못했다.

그는 적군이 조직적으로 구축해 놓은 벙커와 참호를 바라보며 "굉장하군"이라고 끊임없이 말했다.

12월 9일 날이 어두워진 후에 배로는 고지 공격을 시작했을 때 225명이었던 병력 중에서 111명만이 다치지 않고 남아 있다고 슈먹에게 보고했다. 그는 또 탄약이 다 떨어졌다고 보고했고, 그 보고를 들은 슈먹은 본부중대장 홉킨스 대위에게 단호하게 명령했다. "고지 위의 A중대에 탄약을 공급하고 부상자들을 후송하라." 홉킨스는 취사병, 군수계, 통신병을 포함한 40명으로 구성된 보급품 운반팀을 구성하여 탄약과 수류탄, 들것을 등에 지고 달빛을 받으며 산을 오르기 시작했는데, 정상까지 4시간 이상이 걸렸다.

홉킨스: "산을 오르며 보니 수많은 중공군의 시체가 길가에 널려 있더군요. 그렇게 많은 적군의 시체를 본 적이 없었습니다. 얼어붙은 시체의 얼굴은 공포영화(恐怖映畵)에서 보통 볼 수 있는 그런 모습들이었습니다."

탄약을 운반한 뒤 홉킨스와 부하들은 부상자들을 후송했는데, 산을 내려오기가 오르기보다 힘이 더 들었고, 부상자들의 고통이 무척 심했다. 산 아래에 도착했을 때 들것 운반병 중의 한 명은 그가 운반해 오던 부상자가 도중에 죽은 것을 알고는 울음을 터뜨렸다. "그 자식을 끌고 오느라 죽을힘을 썼는데, 뒈져버리다니, 염병할!" 그 젊은 해병은 좌절감과 실망, 슬픔에 사로잡혀 눈 위에 앉아 울었다.

그날 밤 흙을 파 구축한 벙커에 다리를 걸치고 잠을 잔 배로는 밤새도록 발이 편안하다고 느꼈다. 다음날 아침 써텐허스트 중사가 벙커 안으로 머리를 들이밀고는, "중대장님, 새로 사귄 친구를 소개시켜 주셔야겠는데요"라고 말했다. 배로가 안을 자세히 들여다보니 어두운 구석에서 적군 병사가 내쉬는 입김이 모락모락 나고 있었다. 배로의 발을 따뜻하게 해 주었던 그 중공군 병사는 거의 죽어 가고 있었고, 기온이 영하로 떨어져 있는 밖으로 끌어내자 바로 숨을 거두었다.

사단 본대와 슈먹의 대대가 연결되는 순간은 그리 극적(劇的)이지 않았다. 정찰대 지휘자인 윌리엄 H. 맥코믹 중사는 슈먹 중령이 지휘소로 사용하던 중공군이 구축해 놓은 벙커 옆에 서 있는 일단의 해병들에게 접근해 갔는데, 맥코믹의 턱수염은 뺨을 스친 총알로 인한 부상으로 피범벅이 되어 있었다.

"만나게 돼서 반갑습니다"라고 누군가가 말했다.

"여기까지 올 수 있어서 다행이군"이라고 맥코믹이 대답했다.

대대본부에 근무하는 해병이 한 명 앞으로 나와, "중사님, 저 옆에 구호소가 있는데, 도와드릴까요?"라고 물었다.

"여기까지 내 힘으로 왔으니까 계속 나 혼자서 가는 게 나을 거야. 여하튼 고맙네."

로이 펄 상병은 1대대 지휘소 벙커에 자리를 잡고 잠이 들어버렸다. "나는 오전 3시경에 잠에서 깨어났고, 소변보러 밖에 나갔다가 차량 전조등의 행렬이 산길를 타고 내려오는 아주 멋진 광경을 목격했지요." 잠시 서서 트럭들이 지나가는 것을 보고 있던 펄은 벙커로 도로 들어가 배낭과 무전기, 소총을 가지고 나와 행렬에 합류했다. 30분쯤 걸었을 때 지프 한 대가 도로 옆에 서더니 귀에 익은 목소리가 어둠 속에서 들려왔다.

"펄, 자네 맞지?"

레이몬드 데이비스 중령이었다. 펄은 그를 본지가 꽤 오래 되어서 무척 기뻤다.

"어떻게 지내셨습니까, 중령님?"

"괜찮았어. 자네는 어땠어?"

"좋았습니다."

해병 전사자의 시신을 고토리에 묻고 있는 모습

"잘됐군. 몸조심해, 펄."
"행운을 빕니다, 부연대장님."
"데이비스 중령과 나는 오랫동안 함께 지냈거든요"라고 로이 펄이
나중에 말했다.

마지막까지 고토리에 남아있던 부대가 빠져나가려 하고 있었다. 휘
날리는 눈발을 맞으며 두 대의 불도저가 광부막사(鑛夫幕舍) 근처에 2
m 깊이의 농구 코트만한 구덩이를 팠으며, 한쪽에 차량 출입구를 만
들어 트럭들이 후진해서 시신들을 내릴 수 있게 했다. 정오가 되기 전
에 그 합동묘지(合同墓地)에는 침낭이나 낙하산천으로 싼 미 해병과
육군, 해군 위생병 그리고 영국군 특공대원의 시신 117구가 매장됐다.
군목이 성경(聖經) 구절을 낭독하고 나서 불도저들이 얼어붙은 흙덩어
리를 시신들 위에 덮어 구덩이를 묻었다.

영현등록반 로버트 골트 하사 : "많은 사람들이 매장의식(埋葬儀式)에
참석했습니다. 사단장 올리버 P. 스미스 장군이 왔고, 리첸버그, 머

레이, 풀러 대령 등 연대장들도 모두 참석했지요. 각 종파(宗派) 별로 군종 성직자들이 다 참석했구요. 물론, 인천(仁川)에서처럼 한국 민간인들이 가져온 화환과 흰색 십자가로 싼 시신들을 묻을 때와는 달랐습니다. 그때처럼 격식을 갖추지는 못했지만 더 진지했지요."

모든 참석자들이 떠난 뒤 해병대가 돌아올 경우에 대비하여 영현등록 담당장교가 나침반으로 좌표를 확인 후, 합동묘지의 모습을 공책에 그렸다. 그 시신들은 1950년 12월 8일 고토리에 묻혔고, 아직도 거기에 그대로 있다.

육군 일병 로날드 컴파드르 : "몇 명의 낙오병이 앞에 서 있던 트럭에 올라타려는 것을 보고 있었는데, 마지막 사람이 타기 전에 그 트럭이 출발해버리자 그가 돌아서서 내가 타고 있던 트럭으로 걸어 왔습니다. 해병대원이었던 그 친구가 입고 있던 파카에 여기저기 피가 묻어 있더군요. 내가 팔을 뻗어 도와주려고 했지만 뿌리치고 천천히 차에 올라타더군요. 너무 오래 걸리길래 좀 서두를 수 없냐고 물었지만 그는 대꾸도 하지 않았습니다. 내가 조급했던 이유는 곧 고토리를 폭파해 버릴 거라는 말을 들어서였지요. 정말로 우리 트럭이 출발하고 5분쯤 지나서 쿵 하고 큰북을 치는 것 같은 소리가 나더니, 연달아서 쿵, 쿵, 쿵하고 소리가 이어지면서 나중에 엄청나게 큰 폭발음이 들리더군요. 트럭 화물칸에 앉아서 검은색 연기가 오렌지색 화염과 함께 높이 솟는 것을 보고는 폭발의 파편들이 우리한테까지 날아올까 봐 걱정했었습니다."

피란민(避亂民)들의 상황에 대하여 걱정한 해병은 별로 없었지만, 윌리엄 홉킨스 대위는 그 걱정에 잠을 이룰 수 없었다. 가장 그의 마음을 아프게 했던 것은 피란민 가족(家族)들이 서로 헤어지게 되는 경우였고, 그는 어린이들이 혼자서 터벅터벅 걸어가는 모습을 자주 보았다. 한번은 오누이 둘이 피란민 무리 속에 섞여 걸어가는 모습을 보았는데, 잠시 후에 보니 누이동생이 혼자 도로 위에서 추위에 벌벌 떨며 미친 듯이 헤매고 있었다. 오빠를 찾고 있는 것이 분명했다. 홉킨스는 단발머리를 한 그 여자아이가 자기 누이동생의 어렸을 때 모습을 떠올리게 했다고 말했다. 그 아이가 지휘소 벙커 옆을 지나가다가 눈 위에 쓰러지자 홉킨스는 그녀를 벙커 안으로 데리고 들어와 뜨거운 차와 C-레이션을 먹여 기운을 차리게 해 주었다. 그리고 나서 길을 곧장 따라가면 산악지대를 벗어날 수 있다고 가르쳐 준 뒤 유감스러워 하면서 그녀를 밖으로 내보냈다.

12월 10일 밤 홉킨스가 잠에 떨어졌을 때 도로에는 행군하는 병력이 거의 없었는데, 대부분의 해병부대들이 이미 안전지대로 이동하였기 때문이었다. "후위부대 역할을 하던 부대만이 우리보다 북쪽에 있었습니다"라고 그가 말했다. 12월 11일 오전 2시에 그는 도로에서 몇백 미터밖에 떨어지지 않은 곳에서 들려오는 커다란 폭발음에 잠에서 깼다. 그것은 제1해병사단의 마지막 부대가 새로 설치된 답교를 건넜으며, 패트리쥐 중령의 공병대가 그 다리를 폭파(爆破) 했다는 걸 의미했다. 그와 함께 배로 대위의 A중대도 1081고지 정상에서 철수하라는 지시를 받았고, 새벽까지는 해병 1연대 1대대 전체가 남쪽으로 행군해 가기 시작했다.

철교 잔해가 있는 곳에서 1,500 m쯤 떨어진 도로 옆에서 홉킨스 대위는 얼어죽은 시체를 한 구 발견했는데, 자기 누이동생의 모습을 떠올리게 했던 그 단발머리의 여자 아이였다.

마지막 전투

전사한 해병의 시신 한 구를 지프 범퍼에 묶고, 두 구를 후드에 실은 풀러 대령은 고토리(古土里)를 출발할 준비를 마쳤고, 그의 운전병 오빌 존스 병장은 지프로 운반해 가려고 시신을 더 찾고 있었다.

"해병의 시신인지 꼭 확인하게"라고 풀러가 말했다.

오후 3시경에 고토리를 출발한 풀러는 도로를 따라 행군하는 병력에게 격려의 말을 외치며 나아갔다. "귀관들이 미국 해병대원이란 걸 잊지 말라. 세상의 모든 공산주의자(共産主義者)가 몰려와도 귀관들의 전진을 막지 못할 거야."

위생병 클레이풀 : "후미(後尾)에 있던 C중대원들 몇 명은 마지막으로 출발한 트럭에 올라탈 수 있었지만, 나는 트럭 한 대가 빙판에 미끄러져 절벽에 걸리는 걸 목격했었기 때문에 산악지대에서 차를 타고 가기가 두렵더라구요. 부상자들과 시신들이 차에서 떨어져 나오거나 침낭 속에서 이리저리 뒹굴고 난리가 났었습니다."

그 트럭이 전조등이 켜진 채 절벽 밑으로 떨어져, 운전석이 위를 향한 채 땅에 박히자 전조등 불빛이 절벽 위까지 환하게 비추었다. 그것을 본 클레이풀은 도로가 평탄해질 때까지 차를 타지 않겠다고 결심했고, 평탄해지면 승차해야겠다고 생각했다.

육군과 해병과의 알력이 다시 한 번 노출(露出)되었다. 측면 엄호

고토리로부터 철수하는 해병대원들

임무를 맡은 일단의 육군병력이 도로까지 내려와 행군종대에 끼려 한
다는 이야기를 들은 로버트 태플렛 중령은 답교까지 걸어가서 그 말이
사실이란 것을 확인하였다. 그가 "나는 자네들이 우리 측면을 방어하
고 있는 걸로 알고 있었는데"라고 고함을 질렀지만, 병사들은 아무도
그의 말에 대꾸하지 않고 앞에 가는 병사만 바라보며 줄지어 도로를
따라 걸어갔다. 그러더니 잠시 후에 그들의 지휘관이 나타나서는 "나
는 앤더슨 중령인데, 무슨 문제가 있소?"라고 말했다.

"당신들이 저기 능선을 방어하기로 되어 있지 않소?"

앤더슨 중령은 능선 위의 바람이 너무 거세다고 불평하면서, 자기가
도로 위로 내려가서, 해병들이 그러는 것처럼, 다리를 건너기로 결정
했다고 말했다. 태플렛은 그를 개자식이라고 부르고는 육군병사들이
도로를 따라 걸어가는 것을 한 가지 이유 때문에 받아들이겠다고 말했
다. "너희들 같은 쓰레기 군인들이 우리 측면에 있는 것을 원치 않기

야전 미사를 보고 있는 해병대원들

때문에 우리가 알아서 하마."

　마지막 부대가 고토리를 떠나기 전에 해병 1연대의 천주교(天主教) 군종신부가 미사를 집전(執典) 하였다. 해병 1연대 수색중대(搜索中隊) 폴 마틴 일병은 미사의 설교가 신앙(信仰)을 위해 죽어간 성자(聖者)와 순교자(殉教者)에 대한 것이었다고 기억하고 있다.

　"많은 사람들이 신부의 말에 귀를 기울였는데, 그 중에는 내가 무신론자(無神論者)라고 여기던 몇 명의 해병들도 있었습니다. 미사가 끝나자 사단의 후위(後衛)를 맡은 수색대를 제외한 전병력에게 고도리를 떠나라는 명령이 내렸지요. 우리는 그때 벌써 마을의 남쪽에 포진하고 있었고, 행군종대의 마지막 부대가 우리 진지를 지나가자 나는 얼마 안 되는 병력에 경무장(輕武裝)한 수색대가 사단의 후미를 방어한다는 것이 얼마나 명예로운 것인지 확실하게 깨달았습니다."

　오후 늦게 긴장감(緊張感)이 높아가는 가운데 마틴은 누군가가 후위로 남은 것에 대해 농담을 하는 소리를 들었다.

　"어이, 마을 전체가 우리 거네."

"소대장님, 고토리 이장(里長)에 취임(就任) 하시죠!"

철교 잔해 부근에서 검문소를 운용하던 윌리엄 베이츠 소령은 마지막 차량이 통과할 때까지 거기 머무르기로 되어 있었다. 12월 11일 오전 2시경에 사단 전체가 철교 잔해를 통과했다는 연락을 받은 베이츠는 검문소를 봉쇄하고 부하들과 함께 도로를 따라 내려갔다. 그러나 그는 가파른 절벽과 꼬불꼬불한 도로사정 때문에 시야(視野)가 가리고 가청(可聽) 거리가 짧아져 수색중대의 1소대와 전차들이 그때까지도 뒤에 남아 있다는 것을 알지 못했다.

수색대는 전원이 수색대 근무를 자원(自願)한 현역(現役)으로 전투경험이 있고 자부심이 높은 해병들이 모인 부대였는데, 사단의 눈과 귀로 알려진 그들의 능력이 그날 밤 시험대에 오르게 되었다. 어네스트 하겟(Ernest Hargett) 중위가 지휘하는 1소대의 임무는 사단 행군종대의 후미를 이루고 있는 10대의 전차를 엄호하는 것이었다. 전차들이 사단의 후미가 된 것은 만약 답교가 서면 전차의 무게를 견딜 수 없다는 것이 판명되더라도 전차 뒤에는 다른 차량들이 없기 때문에 전차들만 포기하면 될 거라는 생각에서였다. 전차들은 전조등을 켠 채 도로를 따라 내려오고 있었는데, 전차에서 내린 승무원들이 전차가 절벽 쪽으로 너무 가까이 가지 않도록 전차 운전병을 유도하였다. 마지막 전차 뒤에는 수많은 피란민(避亂民)들이 따라오고 있었고, 수색대원들은 그들이 전차행렬에 바짝 따라붙지 못하게 하느라 애를 썼다.

전차들이 고토리 남쪽으로 뻗은 도로의 양편에 있는 두 개의 봉우리를 통과하자 중공군이 따라붙기 시작했다. 수색대원들은 그때까지도 무장한 중공군이 피란민 대열에 침투(浸透)하여 앞으로 나오려고 하는 것을 알지 못하고 있었다.

기관총 사수 조지 지글러 일병이 도로 옆의 무릎까지 빠지는 눈밭을 헤치고 걸어오는 몇 명을 발견했는데, 하얀 눈 속에서 그들의 모습이

간신히 보였다. 처음에는 피란민(避亂民)이라고 생각했던 지글러는 그
들이 가까이 다가왔을 때야 돼서야 군복과 무기를 확인할 수 있었다.
"전투 준비"라고 하겟 중위가 말했다.

지글러 : "빌리 J. 페이지 상병이 자동소총을 가지고 가까이 서 있었
고, 나는 기관총을 팔에 끌어안고 있었습니다. 도로를 따라 남쪽으로
가고 있는 전차들을 내려다보고 있다 보니 점점 더 외롭다는 느낌이
들더군요. 갑자기 상당수의 중공군이 도로 동쪽에 나타나 피란민들보
다 앞서 우리 쪽으로 다가오자 페이지와 나는 동시에 사격을 시작했
고, 둘이서 적어도 열 명은 사살했을 겁니다. 그랬더니 적군이 눈이
쌓여 있는 곳으로 숨어버리더군요."

몇 시간 동안 도수장 위에 대기하며 답교를 건너는 전차의 수를 조
심스럽게 세고 있던 공병들은 마지막 아홉 대가 왜 나타나지 않는지
궁금해했다.

자정이 조금 지나 후미에서 오고 있던 전차의 브레이크가 동파(凍
破)되어 도로를 가로막아 버렸다. 그 고장난 전차의 앞에 있던 전차들
은 계속 굴러가 도로의 모퉁이를 돌아 사라져 버렸지만 뒤에 있던 아홉
대의 전차들은 답교에서 1,500 m쯤 떨어진 곳에 고립된 채 남겨졌다.
고장난 전차를 우회(迂回)하려는 여러 번의 시도가 실패했고, 그 전차
를 도로 옆으로 밀어내 버리려는 시도도 성공하지 못하는 바람에 도로
위에 줄지어 서 있던 아홉 대의 전차들은 오도가도 못하게 되었다.

마지막 전차 뒤에 시끄럽게 떠들면서 몰려오고 있던 피란민 대열 속
에서 동요(動搖)가 일어나는 것을 보고 있던 피트 블랜드 병장은 누군
가가 중국어 억양이 강한 영어로 일단의 중공군이 투항하고자 한다고
말할 때까지 무슨 일이 벌어지고 있는지 알지 못했다. "중공군 병사들
이 지금 항복합니다"라는 말이 반복해서 들리자, 블랜드는 소대장에게
보고하려고 도로를 따라 걸어 내려갔고, 소대장과 그가 돌아왔을 때
전투가 바로 시작되었다. 피란민 대열에서 5명이 앞으로 나오더니 해

병들을 향해 일렬로 걸어왔는데, 그때는 몇 명의 해병 화력조가 도로 건너편에 자리잡고서 사격할 준비를 갖추고 있었다. 기관총을 진지 오른쪽에 설치한 지글러 일병은 그에게 가까이 다가오던 선두의 중공군이 비무장인 것을 알 수 있었다.

하겟 중위는 카빈 소총의 사격모드를 자동(自動)으로 놓고 그 중공군을 대면하려고 앞으로 나갔고, 지글러와 블랜드를 좌우(左右)에 거느린 조지 아미오트 상병이 자동소총을 가지고 그를 엄호했다.

"소대장님, 조심하세요!"

아미오트는 뒤에 오던 4명의 중공군이 따발총으로 무장했다고 단정했다. 하겟은 자기 소총으로 겨냥하고 쐈지만 총이 얼어 있어 발사되지 않았다. 그는 지체 없이 중공군에게 달려들어 소총을 몽둥이처럼 휘둘러 앞의 두 명을 땅바닥에 쓰러뜨리고, 세 번째 적군은 뒷걸음치게 만들었다. 딱딱 소리와 함께 방망이 수류탄이 피란민 대열 속에서 날아와 폭발하는 바람에 하겟은 땅바닥에 쓰러졌으나, 몽롱한 정신상태로 땅에 누운 채 아미오트가 자동소총으로 그 허둥거리는 중공군 다섯 명을 사살하는 소리를 들었다. 시끄러운 총소리가 산과 계곡 사이에서 메아리지더니 서서히 사라져갔다. 민간인 한 명이 "많아, 많아"라고 한국말로 외치는 소리를 들었던 하겟은 나중에 가진 인터뷰에서 그 남자는 피란민 속에 침투한 적이 많다는 것을 미군에게 경고하려는 것이었다고 말했다.

블랜드 병장 : "그러던 중에 피란민들 속에서 중공군이 벌떼처럼 튀어나왔고, 동시에 측면에 있던 철도제방에서도 중공군들이 몰려나왔습니다. 탄창을 교체한 아미오트는 우리들과 함께 적에게 사격을 퍼부었고, 얼마 되지 않아 주위의 산비탈에는 중공군 시체가 널렸습니다. 몇 구는 통나무처럼 도로 위로 굴러 내려왔지요. 한 구는 내 발 밑에까지 굴러 왔다니까요."

수류탄이 지글러의 진지 근처에서 폭발하면서 몇 명의 중공군이 그에게 달려들었다. 잠시 정신을 잃었던 지글러는 두 명의 적군이 다가와 기관총 총열을 움켜잡는 것을 힘없이 바라보다가, 다음 몇 초 동안 그 중공군들과 기관총을 서로 차지하려고 다투었으나 결국 기관총은 중공군의 손에 넘어갔다.

세 번째 수류탄이 포물선을 그리며 날아와 아미오트의 등 뒤에서 폭발했으나, 유리섬유 박판(薄板)으로 만든 실험용 방탄조끼를 입고 있던 그에게 심각한 상처를 입히지 못했다. 그러나, 하겟이나 지글러처럼 그도 폭발에 잠시 정신을 잃었다.

맨 뒤에 서 있던 전차의 후미에 달려 있는 내부교신용 전화가 총에 맞아 고장이 나자, 수색대원들은 소총의 개머리판으로 전차 몸체를 두드렸으나 아무런 반응이 없었다. 제 정신을 차린 하겟은 옆에 서 있던 셔먼 전차를 움직여 전투에 참가시키려고 도로를 뛰어갔다. 그가 전차에 접근했을 때 중공군이 던진 휴대폭약이 전차궤도 위에 떨어지면서 폭발하는 바람에 다시 한 번 땅바닥에 쓰러졌으나 심각한 부상을 입지는 않았다.

블랜드 병장 : "중공군이 우리 진지를 유린하기 시작했을 때 소대장이 돌아왔고, 적군 두세 명이 달려오더니 맨 뒤 전차가 서 있는 곳까지 이르렀습니다. 우리는 부상당한 빌리 페이지 상병과 레오나드 퍼코 일병을 그 전에 그 전차 밑으로 밀어넣었으며, 그들에게 피해가 가지 않게 중공군을 사살해 버렸습니다."

절벽 위의 중공군이 병력을 증강하고 있는 것을 알아챈 하겟은 어려운 결정을 하여야만 했다. 상식적으로는 소대를 후퇴시켜야 했지만 그의 임무는 전차들을 엄호하는 것이었기 때문에 소대향도(嚮導) 제럴드 A. 한센 병장을 보고 "골 소령에게 가서 우리가 버티고는 있지만 도움이 필요하다고 말하라"라고 지시했다.

한센은 고개를 내려갔고, 그때까지 수색대원들은 사단 행군종대가 제자리에 서서 전차 옆에서 벌어진 전투의 결과를 기다리고 있다고 생각했다. 하지만 도로의 커브를 지나서 한센은 도로 위에 줄지어 서 있는 전차들이 버려져 있는 것을 발견하고는 충격을 받았다. 강철로 만든 그 괴물같이 생긴 물건들은 도로 한복판에 웅크리고 있었는데, 엔진이 그때까지도 돌아가고 있었고 해치는 열려 있었으나, 승무원은 한 명도 보이지 않았다. 더 충격적인 것은 사단병력이 아무 데도 보이지 않는 것이었다. 병력이 몇 명 안 되는 수색소대는 이제 퇴로를 차단당하고 적에게 포위되어 전멸당할 급박(急迫)한 위험에 처하게 되었다.

접전이 벌어지는 곳에서는 적이 투척한 휴대폭약이 날아와 폭발하면서 로버트 E. 디모트 일병을 절벽 쪽으로 날려보냈지만, 떨어져나간 그의 몸이 기적적으로 가파른 계곡 위의 툭 튀어나온 바위에 걸린 덕분에 의식을 잃은 디모트는 간신히 거기에 매달려 있었다.

블랜드 병장 : "아무도 디모트가 없어진 것을 모르고 있었는데, 다들 정신이 없었거든요. 자동화기 사수인 리차드 무어 일병이 탄약이 떨어졌다며 여분(餘分)이 있느냐고 묻더군요. 내가 가지고 있던 것은 8발들이 클립 한 개와 M-1 소총에 장전되어 있던 네 발이 전부였습니다. 그때 마침 네 명의 중공군이 우리와 피란민들 사이에 기관총을 설치하고 있는 것이 눈에 들어왔습니다. 피란민들은 사격을 피하려고 도로 위에 납작 엎드려 있었는데, 나는 목표를 겨냥해서 네 발의 실탄을 발사하고 나서 중공군들이 천천히 땅바닥에 쓰러지는 모습을 지켜보았습니다. 내가 마지막 클립을 장전하고 있을 때 무어가 나에게 자기와 내가 전차의 후미에 남아 있는 마지막 해병이라고 말해 주더군요. 나는 셔먼 전차의 밑으로 기어가서 레오나드 퍼코 일병의 몸에서 탄띠를 벗겨냈는데, 나는 그때 그가 죽었다고 생각하고 있었거든요. 그 옆에 누워있던 빌리 페이지 일병도 심하게 부상을 입고 있었습니다."

그때 뒤에서 수류탄이 터졌고, 무어는 "어, 나도 맞은 것 같은데"라고 침착하려고 애쓰면서 페이지에게 물었다.

"남은 탄창 있어?"

"그럼."

페이지는 갖고 있던 실탄이 가득 찬 두 개의 탄창을 무어에게 주면서, "담배 한 개만 줘, 짜샤"라고 말했다. 블랜드에 의하면 페이지와 무어는 형제처럼 지냈으며, 항상 서로 더 잘하려고 경쟁(競爭)했다는 것이었다.

"나도 맞았어, 방금"이라고 무어가 말했다.

"어, 그래? 어디야?"

"엉덩이."

"하! 그렇군."

탄띠를 챙긴 블랜드는 무어에게 가자며, 떠날 시간이라고 말했다. 그 둘은 황급하게 뛰어가 도로가 굽은 곳을 돌다가 하겟 중위와 스탠리 라몬트 중사를 마주쳤다.

블랜드 : "무어와 나는 소대장이 몇 명의 해병을 더 인솔해서 빌리 페이지를 구하러 가기를 기대했지만, 불가능하다는 것을 알게 됐지요. 그때 도로 주위에는 중공군이 너무 많았고, 우리가 할 수 있는 일이 한 가지뿐이라는 것을 알고 뒤돌아서서 그곳에서 빠져 나왔습니다."

하겟 중위 : "어떻게 해야 할지 모르겠더군요. 해병대 장교에게는 물러나서 후퇴하고, 퇴각한다는 것이 무척 힘든 일이었습니다."

다리에 부상을 입어 절뚝거리던 라몬트 중사가 결정을 못하고 서 있던 그에게 전투소음 속에서 고함을 질렀다. "소대장님, 우리 측면에 중공군이 기관총을 설치했고, 지금은 사탄(射彈)이 높게 떨어지고 있지만, 곧 제대로 목표를 겨냥하기 시작할 겁니다. 부상자들도 대부분 한센을 따라 가버린 데다가 버려진 전차들을 써먹을 방도(方途)도 없구요. 지금 후퇴하거나 아니면 여기서 죽는 거지요."

하겟은 남아 있는 소대원들에게 남쪽을 향해 출발하라고 명령했고, 페이지는 아직도 실종자(失踪者) 명단에 기록되어 있다.

답교 위에 있던 윌리엄 R. 굴드 대위와 몇 명의 공병대원은 후미 전차와 수색소대가 나타나지 않자 점점 초조해졌다. 사단의 다른 부대들은 공병들을 무방비(無防備) 상태로 남겨 놓고 오래 전에 도로를 따라 어둠 속으로 사라져 버렸기 때문에 그들의 고립감(孤立感)과 취약한 방어능력에 대한 걱정이 더욱 커졌다. 굴드가 카빈 소총을 무릎에 놓고 도수관 건물 외벽에 등을 기대고 앉아 있을 때 남쪽에서부터 일단의 병력이 종대(縱隊)를 지어 접근해 왔다. 그가 세어보니 13명이었는데, 완편(完編)된 해병 1개 분대와 같은 숫자였다. 장진호 전투를 치른 사단에 그런 완편된 분대가 없다는 생각이 굴드에게 떠올랐을 때, 이미 선두의 병사가 앞으로 쭉 뻗은 굴드의 다리를 걸어 넘어가고 있었고, 굴드는 그의 손에 들린 따발총을 볼 수 있었다. 그 공병장교는 나머지 병력이 모두 지나갈 때까지 꼼짝 않고 제자리에 앉아 있었으며, 그들이 가버린 뒤에도 몇 분 동안은 머리도 돌릴 생각을 못했다.

예상치 못하게 적군이 지나가고 나서 얼마 후 굴드는 도로 위에서 나는 발자국 소리와 무기들이 달그락거리는 소리를 들었는데, 누군가가 퉁명스럽게 소리쳤다.

"헤이!"

"응?"

"너 해병이야?"

"그렇다."

"소속 부대는?"

"제 1해병 공병대대. 자네는?"

"수색중대, 1소대."

"어서 오게. 만나서 무척 반갑군."

다리 남쪽 끝에서 어네스트 디파지오라는 이름의 수색대 병장이 어둠 속에서도 오래 전부터 알고 있던 얼굴을 알아보았는데, 니콜라스 칸조나 중위였다.

"우리가 마지막 부대입니다, 중위님."

"확실해?"

"그럼요."

칸조나는 그를 한쪽 구석으로 끌고가서 입고 있던 옷 깊숙한 곳에서 그의 어머니가 보내준 조그만 치안티 적포도주(赤葡萄酒) 병을 꺼냈다. "나는 적당한 순간을 위해 이걸 아껴두었었는데, 지금이야말로 적당한 순간이 틀림없군"이라고 그가 말했다.

칸조나는 배낭에서 포도주병 따개를 꺼내어 어둠 속에서도 능숙하게 병을 열었다. 그들은 한 모금씩 쭉 들이킨 후 서로 축하했고, 다시 한 모금씩 들이킨 뒤 나머지 수색 소대원들이 다리를 건너는 것을 바라보았다.

몇 분 후 윌리 해리슨 준위가 360 kg짜리 티엔티 폭약을 터트리자 둔중한 폭발음이 다리 주위의 산봉우리와 계곡에 울려 퍼지면서 담교가 커다랗게 벌어져 있는 계곡 속으로 떨어졌다. 그때 시간은 1950년 12월 11일 오전 2시 30분이었다.

마지막으로 빠져 나온 해병은 디모트 일병이었는데, 날이 밝으면서 정신이 돌아온 그는 자신의 몸이 발전소가 내려다보이는 절벽(絶壁)에 걸려 있는 것을 발견했다. 디모트는 머리가 아프고 귀가 울리는 가운데서도 조심스럽게 움직여 도로 위로 올라왔고, 후들거리는 다리를 이끌고 남쪽을 향해 가능한 한 빨리 걸었다. 그는 걸으면서 매순간마다 자기를 겨냥하여 쏘는 총소리가 날지도 모른다는 걱정을 했다.

하겟 중위 : "해병에게조차 정말 힘든 밤이었습니다."

해병대가 산악지대를 빠져 나오면서 끝이 없을 것 같던 좁고 꼬불꼬불한 도로가 쭉 뻗은 길로 바뀌었다. 새벽이 되어 그들 앞에 파노라마 같은 광경이 펼쳐졌는데, 수동(水洞)에서부터 너른 충적평야(沖積平野) 지대가 아직도 수십 km 떨어진 흥남부두(興南埠頭)에 닻을 내리고 대기하고 있는 수송선 함대가 보일 정도로 뻗어 있었다.

수색중대 윌리엄 L. 고버트 일병 : "그때부터 우리는 총알 한 방 쏘지 않았습니다. 중공군이 혹시 따라오지 않나 계속 뒤를 돌아보기도 했고, 매복을 예상하여 능선을 주시하기도 했지만 아무런 일도 일어나지 않았습니다. 단지 레오나드 퍼코 일병과 빌리 페이지 상병을 뒤에 남겨 두어야 했던 것이 유감이었습니다. 해병대원은 아주 소중한 존재이고 한 명이라도 잃으면 큰 손실(損失)이었으니까요."

탈출

지난날을 회고하면서 군의관 리트빈은 자기가 행군하면서 자는 방법을 알아냈다고 믿고 있다. 두껍게 껴입은 옷이 먼지와 추위에 뻣뻣해지는 바람에 그가 아래턱을 가슴에 대고 걸어가면서도 자세를 바로 유지할 수 있도록 해준 것 같았다. 그는 이따금씩 머리를 끄덕거리며 걸어도 정신을 차리고 보면 1,500 m쯤 와 있다는 것을 알 수 있었다. 리트빈은 굽어진 도로를 돌았을 때 차갑고 맑은 하늘 아래 펼쳐져 있던 아름다운 광경을 지금도 생생하게 기억하고 있는데, 드디어 3 km만 더 가면 산악지대를 벗어날 수 있는 곳까지 도착했던 것이었다.

프랭크 비풀크 상병 : "계곡으로 내려가자 마치 미네소타에서 플로리다로 온 것 같은 느낌이더군요. 와, 더 이상 춥지가 않았습니다. 공기 중의 소금기를 맡으면서 멀리 정박(碇泊)해 있는 수송선들을 보았을 때 이제는 아무 문제가 없다는 것을 알았습니다."

"나는 그만 두겠어"라고 패트릭 스팅글리 상병이 말하자 영화 〈부러진 화살〉(Broken Arrow)에 나왔던 대사(臺詞)인 것을 기억하는 주위의 해병들이 힘없이 웃었다.

영국군 특공대원 론 모이스 : "그러나 수동 남쪽에 도착했을 때 우리는 대포와 박격포 포탄 세례 그리고 저격병의 사격을 받았습니다. 그런데 알고 보니 우군(友軍)이 쏜 것이었더군요."

마이클 카프라로 대위 : "산악지대를 거의 벗어났을 때 총소리가 아래쪽에서 들려오자 모두들 '이런, 중공군이 앞에 와 있다니'라고 생각했습니다. 하지만 그들은 서로 총질을 하던 망할 놈의 땅개들이었습니다."

레이몬드 머레이 중령 : "미 육군 3사단이 엄청난 양의 화력을 퍼붓고 있었는데, 글쎄 우군끼리 쏘아대고 있지 뭡니까! 게다가 맞추지도 못했어요."

〔장진호 전투에서 보여준 미 육군의 능력에 대한 미 해병대의 혐오감(嫌惡感)과 분노(憤怒)가 극에 달하자 해군장관(海軍長官) 프랜시스 P. 매튜스가 일선 지휘관들에게 공문(ALNAV 126)을 보내 다음과 같은 내용을 지시했다. "해군 및 해병대원은 타군(他軍)에 대해 부정적 견해나, 그들의 역할을 축소하는 듯한 발언을 해서는 안 된다. 미국으로 돌아오는 모든 해병대원이 언론(言論)과의 인터뷰를 함에 있어 공문(ALNAV 126)의 내용과 의미에 대하여 숙지(熟知)하도록 조치를 취할 것"〕

군의관 리트빈 : "진흥리에 도착하여 기적(汽笛)소리를 연방 내고 있던 낡은 증기기관차(蒸氣機關車)에 탔는데, 기적소리가 멋지고 즐겁게 들리더군요. 기관차 연통에서 연기가 나면서 불똥이 바람에 날려 입고 있던 파카에 구멍을 냈지만, 아무도 신경 쓰지 않았습니다."

산악지대에서 내려오는 해병대를 위해 흥남 교외(郊外)에 텐트촌이 세워졌지만, 많은 텐트가 텅 비어 있어 사단이 입은 손실에 대하여 가슴 아픈 증언(證言)이 되었다.

발 상태를 검사하기 위해 대대 구호소에 들렀던 잭 스테판스키는 후송되어야 한다는 말을 들었다. 왠지 떠나고 싶지 않았던 그는 소지품을 챙기려고 다리를 절룩거리면서 텐트로 돌아와 소대장 조지 맥노턴 중위를 만났다.

스테판스키 : "소대장님이 손을 내 어깨에 얹고는 떠나는 것을 아쉽게 생각하지 말라고 말하더군요. 내가 임무를 훌륭하게 완수했으며,

장진호 전투 직후 흥남에서 거행된 전사자 매장식에 참석한 해병대원들

멋진 해병이라고 말해 주셨죠. 그때는 목소리가 떨려서 고맙다는 말도 못했습니다. 그저 고개만 끄덕이며 미소를 지으려고 애썼지요. 내 일생에서 가장 행복했던 순간이었습니다."

조지 크로츠 : "나는 좀더 나은 해병대원이 될 수 있었고, 되었어야만 했었습니다. 해병이 된다는 것은 일종의 특권(特權)이었으며, 할 수 있을 때 좋은 해병이 된다는 것은 꼭 필요한 일이었습니다."

흥남(興南)시 교외(郊外)의 낮은 구릉(丘陵)에 자리잡은 공동묘지(共同墓地)에는 미국 국기가 반기로 게양되었고, 거기에서 멀리 눈 덮인 산들이 보였으며 바람이 방향에 맞추어 불어올 때면 중공군의 나팔 소리가 메아리쳐 들려왔다.

"어느날 증오(憎惡)가 그치고 영원히 재발(再發)하지 않기를 바랍니다"라고 군목이 모여 있던 사람들에게 말했다.

마지막으로 스미스 장군이 모자를 옆구리에 끼고 앞으로 나와 전사자에 대한 경의(敬意)를 표하던 사람들을 마주섰을 때 그의 은발(銀髮)이 희미한 겨울 햇빛에 반짝거렸다.

"전사자들의 안식처(安息處)가 당분
간 고향이 아닌 외국땅이란 것이 유감
(遺憾)이긴 하나, 어디에 누워 있건 그
들이 이룩한 것과 그들이 바친 희생에
대한 기억은 함께 싸웠던 형제들에 의
해 잊혀지지 않을 것입니다."

1950년 12월 12일 아침 제1해병사
단은 수송선에 승선(乘船)하기 시작했
다.

군의관 리트빈 : "승선 사다리의 꼭대
기에 오르자 해군 수병들이 나를 붙잡
아 감자자루를 던지듯 함정 난간 너머

홍남 철수 직전 전사자 묘지를
방문한 스미스 장군

로 던지더군요. 그렇게 행복했던 적은 그 전(前)이나 그 후(後)에도
없었고, 다시는 불행하다는 생각을 안 하기로 다짐했습니다."

로버트 P. 카메론 : "수송선에 자리를 잡고는 긴장을 풀려고 뜨거운
물에 피부가 뻘게지고 몸에서 한기(寒氣)가 가실 때까지 샤워를 했습
니다. 누군가가 지나가면서 내 오랜 친구인 존 에반스가 유담리(柳潭
里) 남쪽에서 전사했다고 말해 주었는데, 샤워중이었기 때문에 눈물
이 뺨을 타고 흘러도 괜찮았습니다. 샤워하면서 그의 얼굴과 다른 사
람들의 얼굴을 떠올렸더니 눈물이 계속 흐르더군요. 그들을 떠올리며,
눈물을 흘리는 것이 먼저 간 해병들에 대한 경의를 표시하는 방법이었
습니다."

수주 후 필라델피아 해군병원에서 기운을 차린 츄엔 리 중위는 헨
리 포스터 중사에 대한 생각을 하고는 처음으로 그의 죽음이 가슴에
사무쳐왔다. 포스터의 미망인(未亡人)과 연락을 취해 함께 싸웠던 사
람들 사이에서 차지하는 그의 비중(比重)이 대해 이야기를 해주고 싶
었으나, 그는 미망인의 주소를 적어두지 않았다. 그는 또 포스터가 제

대(除隊)를 기다렸으며 그녀와 늦게나마 신혼여행(新婚旅行)을 가려 했다는 것도 말해주고 싶었다.

40년 후 저자(著者)와 이런 이야기를 하던 그는 말을 하다가 갑자기 목소리가 변했다. "군인으로서 포스터 중사와 나는 가까운 사이였습니다. 그의 아내에게 해주었어야 할 이야기가 너무 많이 있지요." 손으로 눈을 누르며 울던 리는 울음을 멈추고 떨리는 목소리로 말했다. "지금까지도 나는 그에게 마음을 열지 않았던 것이 아쉽습니다. 그를 좀더 잘 알 수 있었을 텐데. 그는 뛰어난 해병이었습니다."

동상에 걸린 발을 치료하느라 요코스카 해군병원에서 여러 주를 보낸 데오도어 헛슨은 같은 부대에서 온 사람을 만났을 때마다 포스터 중사의 소식을 묻곤 했고, 그들은 모두 포스터 중사가 고토리(古土里) 북쪽에서 전사했다고 말했다. 그러나 헛슨은 그 말을 마음으로부터 인정할 수가 없었는데, 왜냐하면 장진호 전투기간중 그는 전사했다는 소식을 들은 모모(某某)가 바로 다음날 근무를 서고 있는 경우를 여러 번 보았기 때문이었다. 네다섯 명의 해병이 포스터 중사가 죽었다고 말을 해주었는데도 헛슨은 그것을 사실로 받아들이려 하지 않았다.

헛슨: "죽음이란 것이 포스터 중사 같은 사람에게는 어울리지 않는 가정(假定)이었지요."

결국 헛슨은 그레이트 레이크스 해군기지(海軍基地)의 병원으로 이송(移送)되었는데, 노스 시카고에서 가까운 곳이었다. 첫 번째 주말 외출(外出) 때 헛슨은 터키 힐에서 맺은 약속을 지키기 위해 제네시 가(街)의 리알토 빌딩에 들렀다. 토요일 아침 10시경이었고, 아파트는 2층에 있었다. 헛슨이 문을 두드리자 찰칵하고 체인을 잠그는 소리와 함께 문이 살짝 열렸지만, 문 안에 있던 여자는 — 포스터 중사의 처제(妻弟) — 헛슨의 까만 얼굴을 보자 빨리 문을 닫았다.

"무슨 일이세요?"

"안녕하십니까. 나는 미 합중국 해병대의 데오도어 B. 헛슨 일등병

(一等兵)이며 헨리 포스터 중사의 전우입니다."

그녀가 체인을 풀고 그를 들어오게 한 뒤 소파에 앉으라고 말했다. 헛슨이 모자를 무릎 위에 놓고 안절부절못하고 있을 때 포스터 부인 (夫人)이 잠옷 위에 실내 코트를 걸친 모습으로 슬리퍼를 신고 방으로 들어섰다. 두 사람 사이의 대화는 어색하게 시작됐는데, 헛슨은 포스터에 대해 이야기할 때 그가 아직도 살아있는 것처럼 현재시제(現在時制)를 사용하는 실수를 저지르지 않으려고 했기 때문에 말문이 자주 막혔다. 그는 그녀의 남편이 그 힘든 날 밤에 땅콩버터를 막대기 끝에 한 뭉치씩 뭉쳐서 부하들에게 먹여준 일과 담요를 자기에게 준 일, 그리고 통역관에게 철모를 준 일을 그녀에게 말해 주었다.

"그다운 행동이었군요"라고 포스터 부인이 말했다.

몇 마디 더 말을 나눈 뒤 포스터 부인이 말했다. "아마 들으셨겠지요."

헛슨: "그녀의 말에 그의 죽음을 받아들이기 시작했는데, 그 시점에서 더 이상 그 사실을 부인할 수가 없었거든요. 우리는 거기에 앉아 ─ 나는 소파에, 포스터 부인은 의자에 ─ 잠시 동안 포스터 중사에 대한 이야기만 했습니다. 내가 가려고 자리에서 일어났을 때 그녀가 중사에 대한 이야기를 좀더 나눌 수 있게 다시 들러달라고 부탁했습니다. 하지만 나는 다시 그 집에 들르지 않았습니다. 마음이 너무 괴로울 것 같아서요."

흥 남 철 수

《뉴스위크》는 미군이 1950년 겨울 북한에서 중공군에게 당한 패배를 진주만 이래 최악의 패배(敗北)라고 불렀고, 국무장관(國務長官) 딘 애치슨은 남북전쟁 시의 불런 전투 이후 미군이 겪은 가장 큰 패배라고 말했다. 하지만 그런 중에도 미8군과 10군단에 속한 모든 사단 가운데 단지 제 1해병사단만이 찬사(讚辭)를 받았으며, 역사가(歷史家) 에드윈 P. 호이트는 해병대가 수행한 장진호에서부터의 행군(行軍)을 "군사상(軍史上) 가장 위대한 후퇴작전 중의 하나"라고 불렀다.

해병대원들은 장진호 전투와 관련하여 후퇴(後退)라는 말을 듣기를 좋아하지 않았다. 해병 7연대 B중대 장교 중에서 유일하게 몸 하나 다치지 않고 그 전투를 치른 우드로 윌슨 테일러가 그 말에 대해 가장 적절한 설명을 했다.

"내 말 좀 들어보세요. 그건 공격작전(攻擊作戰)이었지 후퇴작전(後退作戰)이 아니었습니다. 장진호 전투 전체가 공격작전이었다는 말입니다. 처음에 우리는 북쪽으로 유담리까지 쳐 올라갔고, 다음으로는 유담리에서 서쪽으로 1,500 m 지점까지 공격해 갔으며, 그리고는 남쪽으로 유담리에서 황초령까지 공격했습니다. 내가 묻고 싶은 것은 우리가 그러는 중에 후퇴한 적이 있었냐는 것입니다."

조셉 오웬 : "우리는 수동에서 중공군과 처음 조우(遭遇)했을 때부터

홍남에서 철수하는 UN군과 함께 승선한 피란민들

그들을 무찔렀고, 나중에 답교를 건너면서도 그들을 무찔렀습니다. 그들이 우리에게 항복했지, 그 반대가 아니었습니다. 후퇴라니, 무슨 말을 하고 있는 겁니까?"

　사실, 장진호 전투는 전반적인 전략적(戰略的) 패배 속에서 이루어낸 일련의 전술적(戰術的) 승리였다. 장진호에서 해병대와 교전(交戰)한 중공군 사단의 숫자는 자료에 따라 다르지만 최소한 6개 사단 이상이었다(스미스 장군은 해병대 사령관에게 "사단이 7개의 중공군 사단에 괴멸적 타격을 입혔고, 다른 3개 사단에 대해서도 부분적 타격을 입혔습니다"라고 말했다). 여하튼, 해병대는 송시륜 장군이 지휘하는 중공군 제9병단(兵團)의 대부분을 무력화시켰는데, 9병단에는 10월 15일에서 12월 15일까지의 전투기간동안 전사 2만 5천 명, 부상 12,500명의 사상자가 발생하였다. 해병대에는 700명 이상의 전사자, 200여 명에 가까운 실종자, 3,500명의 부상자가 발생하였다. 그 위에 6,200명 이상의 비전투 사상자가 발생했는데, 대부분이 동상환자였고, 그 중 1/3 이상이 바로 임무에 복귀(復歸)하였다.

612

맥아더의 상황평가(狀況評價)를 신뢰하지 않았던 트루먼 대통령은 제1차 세계대전 때 함께 복무했던 예비역 육군소장 프랭크 E. 로우를 그의 개인사절로 한국에 파견했다. 대통령에게 보낸 로우의 보고서에서 발췌한 내용은 다음과 같다.

> 장병(將兵)들 사이에 존재하는 긴밀한 협조와 협력의 정신이야말로 진정한 부대단결력(*Esprit de Corps*)을 발현(發顯)하는 것이라면, 그런 정신을 해병부대에서는 쉽사리 발견할 수 있습니다. 작전기간 중에 해병대는 후퇴하거나 철수한 적이 없습니다. 그들은 적의 함정을 벗어나려고 계속 전투를 벌였으며, 두 개 중공군 군단의 전투력을 무력화(無力化)시켰습니다. 사상자가 많이 발생했지만, 대부분 동상 때문이었습니다. 그러면서도 전사자의 시신과 부상자를 함께 거느린 채 임무를 성공적으로 수행하였고, 보유장비를 하나도 잃지 않았습니다. 정말 훌륭하게 임무를 달성하였습니다.

애매하긴 하지만 아마 가장 예상치 않았던 찬사는 1950년부터 1953년까지 벌어진 한국전쟁이 끝난 지 5년 뒤 에드워드 알몬드 장군이 보낸 것이었다. 전쟁일지(戰爭日誌)의 형태로 해병대 역사센터에 기증된 자료에는 다음과 같은 가슴에서 우러나온 헌정사(獻呈詞)가 기록되어 있다.

> 나는 한국에서 나의 지휘하에 10군단에 복무했던 용감한 미 해병대 장병(將兵)들에게 존경과 찬양하는 마음으로 이 책을 바칩니다. 조국을 위한 어떤 전쟁에서도 그렇게 용감하게 전투를 수행한 군인들은 없었습니다. 그들 각자에게 감사를 드립니다.
>
> 에드워드 M. 알몬드, 육군 중장(예비역), 1958년 3월 12일, 앨라배마주(州) 애니스턴에서

몇 년이 지난 후 존 얀시는 가끔 1282고지 전투에 대해 이리저리 생각해 보곤 했다. "나는 머리 속으로 그때 일들을 그려보곤 하는데, 특히 술을 한두 잔 걸쳤을 때 그랬지요. 그렇지요, 나는 기관총을 능선에 배치하지 않았어야 했습니다. 산비탈에 배치해야 했어요. 사계(射界)가 더 좋았거든요." 장진호 전투가 끝나고 일 년 뒤 얀시는 1950년 11월 27~28일 밤에 겁을 집어먹고 꽁무니를 뺀 그 소위를 우연히 만났는데, 얀시는 그때 패리스 아이랜드에서 근무하고 있었다.

"나는 그가 장교클럽에 들어와 바로 올라가는 것을 보았는데, 그의 명성이 그의 귀국(歸國)보다 앞서 퍼진 것이 분명했습니다. 모두들 자리를 옮겨갔으니까요. 혼자 서서 술을 마시고 있더군요. 그리고는 식당에 들어가 여러 명이 식사를 하던 테이블에 앉았지만, 그들이 자리에서 일어나 접시와 포크, 나이프, 유리잔을 들고는 빈자리로 옮기더군요. 그런 것들이 멍청한 짓이라고 생각했지만 이해는 되었지요. 하여간, 나는 그 친구를 불러 함께 앉자고 권유(勸誘)했습니다. '당신이 지금까지 이 기지에서 근무시간 외에 나에게 말을 건 유일한 장교예요'라고 그 소위가 말하더군요. 식사를 하는 동안 그는 명예(名譽)를 회복하기 위해 전쟁이 끝나기 전에 한국으로 돌아가려고 애쓰고 있다고 말했지요. 그 후 그 친구를 다시 보지 못했습니다."

찰스 설리반은 당직(當直) 근무 시간이라고 자기를 깨우던 윌리엄 맥클렁 상사의 꿈을 아직도 가끔 꾼다. "내 발을 흔들어 깨우던 그의 손길을 실제처럼 느끼다가 자리에서 일어났을 때 아무도 없는 것을 알고는 항상 놀라지요."

제임스 랜선은 네이팜탄에 화상(火傷)을 입고 자기에게 죽여달라고 애원했던 육군병사들 생각을 하면 아직도 가슴이 울렁거린다. "우리는 그들이 원하던 것을 해주었어야 했을지도 모릅니다. 그들을 엄청난 고통(苦痛)에서 해방시켜 줄 수 있었을 테니까요."

614

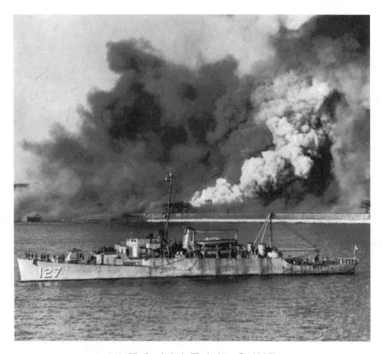

UN군에 의하여 폭파되는 흥남부두

앨런 헤링턴은 아직도 밤에 눈이 내리기 시작하면 자기가 무의식중에 머리 위로 조명탄이 솟아오르는 소리와 공격신호를 알리는 중공군 나팔소리를 들으려고 귀를 기울이고 있다는 것을 알게 된다고 말하고 있다.

군의관 리트빈 : "우리가 얼어붙은 장진호에서 빠져 나올 수 있었던 것은 많은 젊은이들이 싸울 줄을 알았기 때문이었습니다. 장진호 참전 해병들에게 하나님의 은총이 있기를. 그들은 나의 영원한 형제들입니다. 현충일(顯忠日) 때마다 나는 집에 돌아오지 못한 젊은이들 생각을 하염없이 하게 됩니다. 지금도 그때 그들의 모습을 있던 그대로 떠올릴 수 있는데, 그들은 절대로 나이가 들지 않거든요."

제1해병사단의 생존자들은 해병대 역사상 가장 기억에 남을 만한 전투 중의 하나에 종지부를 찍고서 12월 15일에 흥남 부두를 떠나 항해(航海)를 시작했다. 성탄절 전야(前夜)까지 미 해군의 폭파 전문가들이 부두를 폭파할 준비를 하는 동안 모든 미군 병사와 수병, 한국군, 그리고 약 10만 명의 피란민이 수송선에 승선했다. 부두가 텅 비고 함정(艦艇)들이 외양(外洋)으로 나가자 천둥 같은 거대한 폭발음과 함께 흥남 부두가 연기와 화염, 폭발물 잔해로 뒤덮였다.

그 직후, 기함(旗艦) 맥킨리호에서 보낸 전문(電文)이 10군단의 마지막 부대가 해안교두보(海岸橋頭堡)에서 빠져 나왔다는 소식을 동경(東京)의 맥아더 장군에게 알렸고, 맥아더는 그 전문을 워싱턴으로 전달했는데, 그 소식을 들은 트루먼 대통령이 지금까지 받아본 가장 좋은 성탄절 선물이라고 말했다고 한다.

패트릭 로 : "우리는 훌륭한 일을 해냈고, 그건 기억할 만한 가치(價值)가 있는 일이죠."

찾아보기

(인 명)

618

ㅇ

632